法と
ジャーナリズム
第4版

Law of

Journalism

Yamada Kenta
山田健太

勁草書房

序にかえて──言論法（情報法）とは何か

　本書は表現の自由に関わる法領域を、ジャーナリズムと法の双方の観点から考察した、「言論法」の体系的な概説書である。主にマスメディア関連や情報に関わり合いのある法・倫理のあり方を扱うことから、「（マス）メディア法」とか「情報法」とも呼ばれている法分野である。

　研究者や学生を念頭において書かれたものであるが、同時に、取材・編集・報道・制作の一線で活躍するジャーナリスト、印刷や流通、映画・放送や通信に従事する人、さらに図書館司書や博物館学芸員などが、表現活動に関わるさまざまな問題に直面した際に、少しでもその問題解決のための参考にしてもらえるように心がけた。

　インターネット上の表現をめぐってさまざまな人権侵害が生じたり、新しいコミュニケーションの形態が毎年のように生まれるなか、情報のデジタル化にどう向き合っていけばよいのか、メディアをどのように規定するか、一般市民の表現の自由をどのように保障し、あるいは行き過ぎを戒めるのかについては、課題が山積している。しかも、その変化のスピードは速く、立ち止まってじっくり考える暇がなかなかとれない状況にある。

　そうしたなかで2000年前後から、表現の自由に関する法律が相次いで制定されてきた。情報公開法は市民の知る権利を実質的に保障し、表現の自由の枠を広げるものであるが、一方で、新たな社会状況に対応するために作られた法が、結果的にメディアや市民の表現の自由を狭める可能性も指摘されている。特定秘密保護法やインターネット上のプロバイダに関する法律、個人情報保護に関する法律群がそれにあたる。

　さらには、子どもポルノやヘイトスピーチに対し、より強力な法規制がなされたり、それを求める声が強まってきている。そしてこれらに対し一般市民の反応はむしろ規制を支持するようにさえ思えるし、有識者も反対する市民やメディアに対して冷淡な対応をとることが少なくない。さらにメディアのなかですら対応が分かれ、「醜い表現」や「悪いメディア」は規制されて当然との考え方が増えてきている。

　そしてなによりも、2020年の新型コロナウイルス感染症の蔓延によって緊急事態宣言が発出されるなどし、私たちは日常の生活が一変、これまで当たり前に思ってきた移動の自由や集会の自由が奪われる事態を迎えることとなった。

似た事態は、2011年の東日本大震災時の原子力発電所のメルトダウンに伴う宣言でも経験済みではあったが、より広範に取材・報道の自由を含めて表現の自由が影響を受けたことになる。

このような状況に加え、2021年通常国会において表現の自由に関する大きな法案が立て続けに上程され、成立した。デジタル化関連法のなかの個人情報保護法と、プロバイダ責任法、コロナ特措法の改正で、いずれもその基本構造に関わる大改訂であった。

これらの次々生まれる新しい状況に対し、どのように問題を整理し、具体的に対処していけばよいのか、そのためにも表現の自由の基本的な知識と問題アプローチの方法を身に付けておくことが現代人には求められている。本書のなかで、個別問題の基本構造や実態とともに、問題解決に向けての考え方に説明のページを割いたのはそうした理由からである。

憲法や民法、あるいは刑法などと違って、言論法（情報法）という固有の法律がないことはいうまでもない。全体を通じて、比較的新しい法分野であるだけに、既存法の法解釈とともに立法・行政政策を考えねばならないこともあるだろう。それだけに、この法領域を学ぶには、さまざまな知識を総動員する必要がある。表現の自由を中心に据える限り、大きな括りでは公法と呼ばれるカテゴリーに分類されることが多いが、当然、民法や会社法といった私法の法律もよく顔を出すし、国内法に限らず、国際法の知識も必要である。国際人権法の1つとして言論法を捉える姿勢である。

さらに、日々動くメディア状況に対応していかなければならないために、技術的な側面にも気を配らなくてはならない。また、純粋な法律解釈だけでなく、社会における言論・報道機関の役割といった社会学的な要素も重要であるし、だからこそ「言論」というワードにこだわる必要がある。そして、メディアの状況を考えるにあたっては、これまで主に注目されてきた編集面だけでなく、その経営面からの考察も加えた。

表現の自由や権利を考える場合、すべて法律だけで問題が解決するとは限らない。むしろ、倫理やモラルが問題解決の処方箋として活用されることが多い。具体的には、プロフェッショナルとしての職業倫理や報道機関の自主規制といった形で現れることになる。しかもそうした行動規範や基準は、社会の動きに応じて日々変化するものも多い。

こうした対象領域の広がりや流動性は、学問としての言論法の難しさであるとともに、最大のおもしろさである。ひとりでも多くの方に、表現の自由の大切さとともに、ジャーナリズムと法の関係を考えることの楽しさに触れていただければと願う。

法を学ぶ場合の基本は、理論と実際の双方に目配りをすることである。言論法の分野でいえば、法理論とジャーナリズムの現場の状況ということになる。本書の第1の特徴は、単なる法律解釈や判例紹介にとどまらず、現場でその法律がどのように運用されているか、課題があるかに触れている点である。できる限り具体的な事例、それも現在進行形の状況を題材に、その歴史的背景を探ると同時に、法的状況を把握し、必要に応じて処方箋を示すことを心がけた。

もちろん考える時の基本は、現行法規定と判例である。したがって、ページが許す限り、根拠法や参考となる判例を掲載した。これが第2の特徴である。本書で扱うような法令は、残念ながら小型の六法全集などには掲載されていないものが多いし、判例集も他の法分野のように豊富ではない。それだけに、ハンディさを保ちつつ、最低限「これ1冊」ですむような工夫を試みた。

その1つが、左右ページ割りである。左側のページには基本的な説明を、右側ページにはより専門的な説明と参考資料を掲載している。法律専門家や法学部学生でなくても、左側のページはおおよそ読み進むことができるものになっているはずである。さらに、理解を助けるためのグラフィックも随所に織り込んだ。これが、本書第3の特徴である。

そして第4には、本書が現代社会に生起する表現の自由に関する諸問題をできる限り多く扱うなかで、基本的には「国家対個人」という枠組みで表現の自由の問題を分類して、目次だてを行っている。また、メディア形態や表現内容に着目して、実際に問題になりやすい項目別に細分することで、必要な箇所にすぐ行き着けるようにした。目の前の問題に対応しやすくするための工夫である。

最後に改めて、表現の自由を考えるうえで、もっとも大切なこととして、多様な価値観を知ることを挙げておきたい。情報を送る側と受けとる側、見たい側と見たくない側、知りたい側と知られたくない側、取材・報道する側とされる側、情報を収集・利用する側とされる側——往々にしてその利益は衝突し、

場合によってはその人の人生を大きく左右したり、国家や社会のレゾンデートルを揺るがすことにもなる。

　だからこそ、ある一定の画一的な結論を最初から用意することもできないし、その時々に応じて、自分の頭でそれぞれが考える力を養っていかなければならない。そうした判断を、国任せにしたり、識者任せにすることは必ずしもよい結果を招くとは限らない。自分で考える力を身に付けることこそが、安易に法規制に頼ったり、行き過ぎた表現行為の歯止めとなり、表現の自由を大切にすることにつながると信ずるからである。

　本書が、皆さんとともに表現の自由を考えるための１冊になることを、心から願う。

〈凡　例〉

　本書では多くの「判例」を扱っている。要するに事件ごとの裁判所の判断結果であるが、日本の司法制度では、一般に地方裁判所に訴訟を提起し、その後、訴訟当事者のどちらからかが判決に不服であれば、高等裁判所に控訴、最高裁判所に上告が可能で、順に判断が下されることになる。裁判には刑事裁判と民事裁判があり、名誉毀損を例にとると、記事を書かれた人の告発によって検察が出版社を刑法違反として起訴するのが刑事裁判（その手続きは刑事訴訟法）、記事を書かれた人が民法の規定に基づき出版社に損害賠償を求めるのが民事裁判（その手続きは民事訴訟法）である。なお、たとえば出版社が国の行為に対して表現の自由を侵害したとして訴える場合は、国家賠償法に基づく民事訴訟を起こすことになる（これ以外の選択肢もある）。

　裁判所の判断には「判決」と「決定」があるが、これらを文中では「裁判所名、判決か決定かの違い、日時、掲載文献名」の順に、略号で表している。たとえば「最決2003.10.9、刑集1.2.30」は、最高裁判所が2003年10月9日に下した決定で、最高裁刑事裁判集1巻2号30ページに掲載されていることを示す。判決や決定を集めた判例集としては、公式の『最高裁判所判例集』等や「裁判所ウェブサイト www.courts.go.jp」のほか、市販のものがある。

　公表されている判例は一部にすぎないため、これら市販の判例集に頼ることになる。なお、判旨はエッセンス部分の紹介にとどめているので、詳細は判決原文にあたってほしい。メディア関連の判例を集めたものとしては、『メディア判例百選　第2版』（有斐閣、2018年）がある。

最大判	最高裁判所大法廷判決	刑集	最高裁判所刑事判例集
最判	最高裁判所（小法廷）判決	民集	最高裁判所民事判例集
最大決	最高裁判所大法廷決定	集民	最高裁判所裁判集(民事)
最決	最高裁判所（小法廷）決定	高民集	高等裁判所民事判例集
高判	高等裁判所判決	下刑集	下級裁判所刑事裁判例集
高決	高等裁判所決定	下民集	下級裁判所民事裁判例集
地判	地方裁判所判決	行集	行政事件裁判例集
地決	地方裁判所決定	判時	判例時報
		判タ	判例タイムス
		裁時	裁判所時報
		刑月	刑事裁判月報
		家月	家庭裁判月報

一方で「法令」については、多くの法令集が刊行されているが、電子政府の総合窓口（e-Gov）のなかの、「法令　elaw.e-gov.go.jp」が、法律、規則を網羅しているうえに自由語検索も可能であり便利である。本書掲載の法令は、おおよそ2020年10月現在のものであるが、その後の新しい動きについてもできる限りフォローするように努めた。最新のものとしては、2021年5月成立の法律まで対応している。

　本文中、法令のあとのカッコ内は、制定年月日と法令番号である。掲載条文が制定後、改正・追加等されている場合もあるが、掲載年は当該法令の制定年であって改正の経緯は付記していない。したがって個別の掲載条文の状況を反映しているものではないのでご注意いただきたい。条文見出しについては、法令にもともとついている場合のほか、必要に応じて筆者が付したものもある（有斐閣の『六法全書』を参考にした）。

　また、条文中の注記（たとえば、引用法令の説明）についてはその多くを省略しているほか、あくまでも必要な箇所のみを掲載しているので、断りなしに掲載条文に続く条項（号）を省略している場合がある。

　本書は原則、西暦を使用している。法令・判例については、原典あるいは他の参考資料等では和暦（元号）を使用していることがいまだ一般的と思われるので、便宜のために換算表を掲載しておく。

1868年＝明治元年	1950年＝昭和25年
1887年＝明治20年	1965年＝昭和40年
1900年＝明治33年	1989年＝昭和64年＝平成元年
1912年＝明治45年＝大正元年	2000年＝平成12年
1926年＝大正15年＝昭和元年	2019年＝平成31年＝令和元年

〈参考文献〉

　全体を通じて、参考となる文献を以下に掲げた。このほかに、憲法の概説書や判例集が参考になることはいうまでもないが、ここでは省略している。

　言論法（ジャーナリズム法制）とジャーナリズム倫理は、言論表現活動におけるいわば車の両輪であるが、後者については本書姉妹書『**ジャーナリズムの倫理**』（勁草書房、近刊）を参照いただきたい。

法令判例集・事典

武田徹・藤田真文・山田健太監修『現代ジャーナリズム事典』（三省堂、2014年）、渡辺武達・山口功二・野原仁編『メディア用語基本事典』（世界思想社、2011年）、林伸郎編著『出版小六法』（日本エディタースクール出版部、1995年）、飯野守・大石泰彦・後藤登・三浦正広・山田健太編著『マスコミ判例六法』（現代人文社、1999年）、『マスコミ判例百選 第二版』（有斐閣、1985年）、『メディア判例百選 第2版』（有斐閣、2018年）、日本新聞協会研究所編『マスコミ関係事件裁判例集 第1集～第7集』（日本新聞協会、1976～97年）、『マスコミ関係事件判例データ集　1992～96』（日本新聞教育文化財団、2000年）、『やさしく引ける判例総覧　表現の自由・著作権・名誉毀損』（日外アソシエーツ、1993年）、伊藤正己・清水英夫『マスコミ法令要覧』（現代ジャーナリズム出版会、1966年）、いしかわまりこ・藤井康子・村井のり子『リーガル・リサーチ 第3版』（日本評論社、2008年）、吉原功編集代表・JCJジャーナリズム研究会編『キーワードで読み解く現代のジャーナリズム』（大月書店、2005年）、早稲田大学ジャーナリズム教育研究所編『エンサイクロペディア現代ジャーナリズム』（早稲田大学出版部、2013年）、山田健太『ジャーナリスト人名辞典　明治～戦前編』（日外アソシエーツ、2014年）、編集委員会編『ジャーナリスト人名辞典　戦後～現代編』（日外アソシエーツ、2014年）

メディア法制倫理の入門書・基本書

鈴木秀美・山田健太編著『よくわかるメディア法 第2版』（ミネルヴァ書房、2019年）、曽我部真裕・林秀弥・栗田昌裕『情報法概説 第2版』（弘文堂、2019年）、松井修視編『レクチャー情報法』（法律文化社、2012年）、小向太郎『情報法入門――デジタル・ネットワークの法律』（NTT出版、2008年）、奥平康弘『ジャーナリズムと法』（新世社、1997年）、奥平康弘『表現の自由とは何か』（中公新書、1970年）、田島泰彦・右崎正博・服部孝章編『現代メディアと法』（三省堂、1998年）、松井茂記『マス・メディア法入門 第4版』（日本評論社、2008年）、石村善治編『新版　現代マスコミ法入門』（法律文化社、1998年）、浜田純一『情報法』（有斐閣、1993年）、石村善治・堀部政男編『情報法入門』（法律文化社、1999年）、石村善治『言論法教

材』(信山社、1993年)、ナイジェル・ウォーバートン、森村進・森村たまき訳『「表現の自由」入門』(岩波書店、2015年)、志田陽子『「表現の自由」の明日へ——一人ひとりのために、共存社会のために』(大月書店、2018年)、大石泰彦『メディアの法と倫理』(嵯峨野書院、2004年)、畑仲哲雄『ジャーナリズムの道徳的ジレンマ』(勁草書房、2018年)

メディア法制倫理全般を扱った研究書

山田健太『言論の自由——拡大するメディアと縮むジャーナリズム』(ミネルヴァ書房、2012年)、鈴木秀美・駒村圭吾編著『表現の自由Ⅰ　状況へ』『表現の自由Ⅱ　状況から』(尚学社、2011年)、山口いつ子『情報法の構造——情報の自由・規制・保護』(東京大学出版会、2010年)、横大道聡『現代国家における表現の自由——言論市場への国家の積極的関与とその憲法的統制』(弘文堂、2013年)、橋本基弘『表現の自由　理論と解釈』(中央大学出版部、2014年)、エリック・バレント、比較言論法研究会訳『言論の自由』(雄松堂出版、2010年)、成原慧『表現の自由とアーキテクチャ』(勁草書房、2016年)、榎原猛編『世界のマス・メディア法』(嵯峨野書院、1996年)、清水英夫編『法と表現の自由』(学陽書房、1972年)、清水英夫『法とマス・コミュニケーション』(社会思想社、1970年)、清水英夫『言論法研究——憲法21条と現代』(学陽書房、1979年)、清水英夫『言論法研究2——マス・メディアの法と倫理』(学陽書房、1987年)、奥平康弘『表現の自由Ⅰ～Ⅲ』(有斐閣、1983～84年)、石村善治『言論法研究Ⅰ～Ⅳ』(信山社、1992～93年)、岩村正彦他共著『岩波講座・現代の法10　情報と法』(岩波書店、1997年)、立山紘毅『現代メディア法研究——憲法を現実に作動させるファクター』(日本評論社、1996年)、駒村圭吾『ジャーナリズムの法理——表現の自由の公共的使用』(嵯峨野書院、2001年)、市川正人『表現の自由の法理』(日本評論社、2003年)、毛利透『表現の自由——その公共性ともろさについて』(岩波書店、2008年)、林紘一郎『情報メディア法』(東京大学出版会、2005年)、内川芳美・岡部慶三・竹内郁郎・辻村明編『現代社会とコミュニケーション3　言論の自由』(東京大学出版会、1974年)、日本新聞協会研究所編『新・法と新聞』(日本新聞協会、1990年)、新聞編集関係法制研究会編『法と新聞』(日本新聞協会、1972年)、藤田博司・我孫子和夫『ジャーナリズムの規範と倫理』(新聞通信調査会、2014年)、渡辺武達・松井茂記責任編集『メディアの法理と社会的責任』(ミネルヴァ書房、2004年)、原田三朗・日笠完治・鳥居壮行『新・情報の法と倫理』(北樹出版、2003年)、辻雄一郎『情報化社会の表現の自由——電脳世界への憲法学の視座』(日本評論社、2011年)、阪口正二郎・毛利透・愛敬浩二

『なぜ、表現の自由か——理論的視座と現況への問い』（法律文化社、2017年）

定期刊行物

法律関連：『ジュリスト』、『法学教室』（有斐閣）、『法律時報』、『法学セミナー』（日本評論社）

メディア関連：『マスコミ倫理』（マスコミ倫理懇談会全国協議会）、『新聞研究』（日本新聞協会）、『新聞協会報』（同）、『Journalism』（朝日新聞出版）、『民間放送』（同）、『GALAC』（放送批評懇談会）、『放送レポート』（メディア総合研究所）、『放送研究と調査』（NHK放送文化研究所）、『創』（創出版）、『マスコミ市民』（NPO法人マスコミ市民フォーラム）

※以下、休刊・廃刊

『民放』（日本民間放送連盟）、『調査情報』（TBSメディア総合研究所）、『AURA』（フジテレビジョン）、『放送文化』（日本放送出版協会）、『プレス．：ファイル』（東京社）、『総合ジャーナリズム研究』（総合ジャーナリズム研究所）、『出版ニュース』（出版ニュース社）、『新聞経営』（日本新聞協会）

目　次

序にかえて ……………………………………………………………………… i
凡　例 …………………………………………………………………………… v
参考文献 ……………………………………………………………………… vii

第1部　総　論

1　民主主義社会と表現の自由 ………………………………………… 2
　Ⅰ　表現の自由の意義と保障　2
　　　1　なぜ表現の自由が大切なのか／2　人権としての表現の自由
　Ⅱ　民主主義と言論　8
　　　1　表現の自由の優越的地位／2　違憲立法審査の諸基準
　Ⅲ　表現の自由と国家観　14
　　　1　思想の自由市場と闘う民主主義／2　表現の自由のパラダイム転換

2　検閲の禁止と表現規制類型 ………………………………………… 20
　Ⅰ　表現の自由の歴史　20
　　　1　表現の自由の源流／2　表現の自由の確立
　Ⅱ　日本における表現の自由と検閲　24
　　　1　例外と自由の逆転／2　検閲禁止の意味
　Ⅲ　表現規制の類型　30
　　　1　情報の流れ・媒体による類型／2　規制主体・理由による類型

3　取材・報道の自由と報道定義 ……………………………………… 38
　Ⅰ　メディアの自由と権利　38
　　　1　取材・報道の自由の法的保障／2　取材活動をめぐる規制
　Ⅱ　取材源の秘匿　42
　　　1　証言拒否／2　フィルム提出及び押収・差押え
　Ⅲ　報道定義と記者クラブ制度　48
　　　1　報道もしくはプレスの定義／2　記者クラブ制度の現状と課題

4 プレスの公共性と特恵的待遇 ············· 58
  Ⅰ　現代メディア状況と社会的役割　58
    1 社会における表現の自由の状況／2 プレスの社会的役割と公共性
  Ⅱ　プレスの法的・社会的特権　66
    1 編集上の優遇制度／2 経営上の優遇制度
  Ⅲ　メディアの公共性とメディア政策　72
    1 言論公共空間の維持／2 メディアの社会的責任の要請

5 開かれた政府の実現 ············· 80
  Ⅰ　情報化社会における表現の自由　80
    1 知る権利の誕生／2 情報公開制度の全体像
  Ⅱ　情報公開法の特徴　86
    1 情報公開法の法目的と対象情報／2 適用除外情報と救済方法
  Ⅲ　公文書の管理　94
    1 国民共有の知的資源／2 そのほかの情報公開制度

6 個人情報の保護 ············· 102
  Ⅰ　高度情報化と個人情報　102
    1 個人情報とは何か／2 個人情報保護法の特徴
  Ⅱ　個人情報運用の新たな展開　112
    1 運用の実態と民間対応／2 利活用のための規制緩和
  Ⅲ　個人情報の集積と拡散　118
    1 住基ネットと行政効率化／2 マイナンバー制度の導入

7 立法・司法情報へのアクセス ············· 128
  Ⅰ　司法情報へのアクセス　128
    1 裁判の公開と知る権利／2 裁判記録公開の原則と例外の逆転
  Ⅱ　裁判員裁判と取材・報道　132
    1 法廷侮辱による裁判報道規制／2 裁判員制度下の取材・報道規制
  Ⅲ　立法情報へのアクセス　138
    1 議会の公開と知る権利／2 議会報道及び国政調査権

8 情報流通・頒布の自由 ················· 146
  Ⅰ **情報流通の自由の射程範囲　146**
     1 公権力による流通規制／2 社会的勢力・自主的な流通規制
  Ⅱ **著作物の流通システムの保護　152**
     1 流通の実態／2 著作物再販制度
  Ⅲ **図書館・博物館の自由　160**
     1 図書館と表現の自由／2 博物館と表現の自由

9 放送の自由と放送政策 ················· 168
  Ⅰ **放送事業の自由と規律　168**
     1 放送メディアに対する特殊な規制／2 ハードとソフトの分離
  Ⅱ **放送番組の自由と規律　176**
     1 番組準則と調和原則／2　行政指導とBPO
  Ⅲ **公共放送と商業放送の並立　186**
     1 NHK・民放の二元体制／2 所有・番組内容の規制緩和

10 サイバースペースの表現の自由 ············· 194
  Ⅰ **インターネットをめぐる状況　194**
     1 放送と通信の逆転化現象／2 デジタル・ネットワーク化の特性
  Ⅱ **表現の自由の例外拡大　200**
     1 プロバイダの責任と義務／2 事業者責任と共同規制
  Ⅲ **自由と責任のバランス　208**
     1 個人情報発信の自由度と危険性／2 アクセス規制の拡大

第2部　各論

11　国家安全保障と知る権利 ……………………………………………… 216
　Ⅰ　国家秘密の保護と表現の自由　216
　　　1　守秘義務と軍事秘密保護／2　有事立法と表現規制
　Ⅱ　特定秘密保護法と政府監視　224
　　　1　過去の経緯と新たな動き／2　新たな秘密保護法制

12　国家利益との衝突 …………………………………………………………… 234
　Ⅰ　教育水準の確保と表現の自由　234
　　　1　学校における表現の自由／2　教科書検定制度
　Ⅱ　被収容者・公務員の表現の自由　240
　　　1　被収容者の読む自由／2　公務員の意見表明の自由

13　選挙と表現の自由 …………………………………………………………… 246
　Ⅰ　選挙活動の自由　246
　　　1　候補者の表現の自由規制／2　選挙広告・政見放送の自由と限界
　Ⅱ　選挙報道の自由　252
　　　1　メディア媒体の限定／2　公正な報道・論評の意味

14　政治をめぐる表現の自由 ………………………………………………… 258
　Ⅰ　憲法改正と意見の表明　258
　　　1　国民投票運動と広報活動／2　厳しいメディア規制
　Ⅱ　政府・政党の表現行為　262
　　　1　政府言論／2　政党の政治活動

15　社会秩序の維持と大衆表現 ……………………………………………… 270
　Ⅰ　社会秩序の維持　270
　　　1　破壊活動に関連する表現規制／2　サイバー犯罪対策と共謀罪
　Ⅱ　大衆表現の規制　274
　　　1　デモ規制と基準の曖昧性／2　ビラ規制とパブリックフォーラム論

16 平等社会の実現と差別表現 ············· 284

I 差別的表現の実態と国際ルール 284

1 集団的名誉毀損への対応の必要性／2 人種差別撤廃条約

II 差別表現規制の方法と課題 292

1 法規制の可能性と危険性／2 差別用語と自主規制

17 猥褻・性差別表現 ············· 298

I 猥褻表現規制の歴史 298

1 猥褻・ポルノ表現の規制理由／2 猥褻概念の規定

II 規制手段と限界と課題 304

1 公権力規制の問題性／2 自主規制の方向性

18 子どもをめぐる表現規制 ············· 314

I 子どもを理由とした表現規定 314

1 保護されるべき利益／2 何をどう報道すべきなのか

II 報道の自由と救済措置のあり方 322

1 少年法61条の精神／2 ガイドライン規制及び民事救済の可能性

19 広告表現の自由 ············· 330

I 広告の自由の射程範囲 330

1 広告表現の憲法的地位／2 広告特有なルールの適用

II 広告規制の態様 338

1 法による虚偽・誇大の禁止／2 自主規制と媒体責任

20 著作権と文化財の保護 ············· 352

I 著作権の保護領域 352

1 著作権で何を守るのか／2 著作権者・利用者の立場

II デジタル時代の著作権 360

1 データデジタル化と著作権保護／2 新しい時代への対処法

21 名誉毀損と批判の自由 ･･････････････････････････････ 370

   I   **名誉毀損法制の基本構造　370**

       1 守られる名誉とは何か／2 名誉毀損の判断基準

   II   **免責要件　378**

       1 公共性・公益性／2 真実性・真実相当性

22 プライバシー侵害 ･･････････････････････････････････ 386

   I   **権利の成立と展開　386**

       1 プライバシー権の確立と発展／2 日本におけるプライバシー権の
　　　　　権利性

   II   **権利侵害の成立要件　390**

       1 プライバシー権侵害の要件／2 肖像権・パブリシティ権の概念

23 報道被害の規制と救済 ･･････････････････････････････ 400

   I   **名誉毀損・プライバシー侵害の救済手段　400**

       1 損害賠償と名誉回復処分／2 差止め請求

   II   **事件報道免責規定と論評の自由　406**

       1 特例による免責／2 論評による名誉毀損と配信記事の責任

謝辞 ･･ 415

索引 ･･ 421

第1部　総　論

第1講　民主主義社会と表現の自由

Ⅰ　表現の自由の意義と保障

1　なぜ表現の自由が大切なのか

　もし、自分の思っていることが自由に話せなかったら、どんなにか辛いだろう。本も読めない、映画も見られない、音楽も聴けない生活は、つまらないに違いない。人が人であるためには、自由に見たり聞いたり、話したり書いたりできることが大切である。

　いろいろな知識を得ることによって自分を高めることもできるし、芸術を鑑賞することで感性を磨くこともできる。閉ざされた世界で情報から完全に遮断されてしまったのでは、自己の発達は望めないだろう。これを一般に、表現の自由は「自己実現の価値」を持っているという。

　また、仕入れた知識をもとに友達と議論することで、自分の考え方がより洗練され、情報の交換によってその精度が高まっていくことは、日常の生活のなかでも十分に実感できることだ。民主主義社会の発展には十分な審議や討論が大切で、そのためには表現の自由が不可欠であるという考え方で、「自己統治の価値」（自分で自分を治めること、すなわち民主制（政））と呼ばれる。

　こうした、自由に情報を受け、求め、伝えることを、「表現の自由」と呼んできたわけであるが、パフォーマンスは、好きな時に、好きな場所で、好きな方法により、好きな内容を、収集・発表・伝達できることが重要である。それはもし、「政権批判をしてもいいけど、その政権が倒れてから」「映画を上映してもいいけれど、無人島で」といわれたのでは、そうした批判や上映が意味を持たなくなってしまうことがあるからである。形式的に自由が与えられたとしても、表現の自由が保障されたとはいわないゆえんである。

　では、限りなく自由ならよいのかといえば、そうではないことは容易に想像がつく。それがために、さまざまな法律によって、行き過ぎた表現行為を戒めたり、衝突する利害を調整するための仕掛けを作っている。あるいは、経験や常識に基づく社会ルールが存在する。

　判断にあたって、法律や判例は1つの参考にはなっても、とりわけ表現の自由の規制は何が正解かをみつけるのが大変難しい。しかも、常識的な判断を持ち出すことも、時と場合によっては大変危険である。「そんなのは表現の自由には入らないよ」とか「そのくらいなら我慢させるべきではないか」といわれ

● 表現の自由のさまざまなかたち

たとえば平和を訴えるのに、新聞やテレビといったマスメディア以外にも、インターネットや絵画、音楽、デモといったさまざまな表現手法が存在する。ジョン・レノンの「イマジン」やパブロ・ピカソの「ゲルニカ」も、当時の戦争や紛争を憂いての作品である。

また、2003年のイラク戦争に際し「PACE（パーチェ）」（イタリア語で平和）旗が世界の多くの国の街角で掲げられた（写真はイタリア・ピエモンテ州のレストラン。2003年９月筆者撮影）。日常生活がすなわち表現行為そのものであって、本書ではこれら一切の表現の自由を念頭に、主にはメディアをめぐる法と倫理の問題を考えていくことになる。

● 日本の表現の自由規定

日本国憲法（1946. 11. 3公布、1947. 5. 3施行）
第21条［表現の自由］　①集会、結社及び言論、出版その他一切の表現の自由は、これを保障する。

Freedom of assembly and association as well as speech, press and all other forms of expression are guaranteed.

②検閲は、これをしてはならない。通信の秘密は、これを侵してはならない。

No censorship shall be maintained, nor shall the secrecy of any means of communication be violated.

第19条［思想・良心の自由］　思想及び良心の自由は、これを侵してはならない。
第20条［信教の自由・政教分離］　①信教の自由は、何人に対してもこれを保障する。いかなる宗教団体も、国から特権を受け、又は政治上の権力を行使してはならない。
②何人も、宗教上の行為、祝典、儀式又は行事に参加することを強制されない。
③国及びその機関は、宗教教育その他いかなる宗教的活動もしてはならない。
第23条［学問の自由］　学問の自由は、これを保障する。
第97条［基本的人権の本質］　この憲法が日本国民に保障する基本的人権は、人類の多年にわたる自由獲得の努力の成果であつて、これらの権利は、過去幾多の試錬に堪へ、現在及び将来の国民に対し、侵すことのできない永久の権利として信託されたものである。

自由民主党「日本国憲法改正草案」（2012. 4. 27決定）
　表現の自由を保障する21条に２項を新設し、「前項の規定にかかわらず、公益及び公の秩序を害することを目的とした活動を行い、並びにそれを目的として結社をすることは、認められない」とする。

るような表現行為は、往々にしてその時代の社会において少数意見であったり、弱い立場にある表現であることが多いからだ。

　さらに一般論でいうならば、表現規制は「火のないところには煙は立たない」のであって、なにがしかの「弱み」がある場合が多い。たとえば、ポルノグラフィや暴力表現がそれにあたる。また実際、そういった弱みにつけ込んで、この際だから一気に懲らしめてやろう、といった意図をもって規制をする場合も少なくない。とりわけ、公権力が行う規制にそういった色彩が含まれている場合、一般に反対がしづらいだけに規制傾向が強まり、まっとうな社会的評価ができなくなる危険性が高まる。

　しかしこの場合、そうした「弱い立場」の表現が規制されたあと、次にはさらに周辺の表現行為が攻められ、徐々に自由の範囲は縮まっていく可能性が高い。しかも、一度失った自由が回復しづらい「デリケートで傷つきやすい性格」であることも表現の自由の特色である。だからこそ、表現の自由の問題を考える場合は、大きな想像力をもって、「もし」を考えることが期待される。あるいは、過去の経験に即して最悪の場合を常に予測することが求められる。

　そういった意味で、2000年以降に法整備が進んだ有事の際の表現規制を考えるには、湾岸戦争やイラク侵攻における米軍等の検閲行為は参考になるし、日本の戦前・戦中の言論状況を学ぶことも無駄ではないはずである。場合によっては想像力の手助けに、小説の力を借りることも悪くはない。これらの力を総動員して、これから先に述べるさまざまな表現の自由の問題を考えていきたい。

2　人権としての表現の自由

　人権（human rights）とは、人間であれば誰にでも認められる普遍的な道徳的権利である。この道徳的権利が公平と正義の一般原則（道理）に基づく権利であるのに対し、法的権利は法律で定められた権利である。

　また、人は等しく人権（権利）を持っている一方で、人権によって課されている義務も等しく負っている。「すべての人は、皆、ある権利を持っている」とは、「われわれは、われわれの仲間である人々の権利を認め、尊重し、支持する義務を負っている」と同義であることを覚えておかなくてはならない。

　そして、ある種の人権は他の人権よりも重要で、「基礎的」であるとされている。生きる権利は、あらゆる権利のなかでもっとも基礎的であることはいうまでもなかろう。それは、生きる権利なしには他のあらゆる権利はほとんど存

● 表現の自由に関する国際ルール

世界人権宣言（1948. 12. 10採択）

第19条　すべて人は、意見及び表現の自由に対する権利を有する。この権利は、干渉を受けることなく自己の意見をもつ自由並びにあらゆる手段により、また、国境を越えると否とにかかわりなく、情報及び思想を求め、受け、伝える自由を含む。

第18条　すべて人は、思想、良心及び宗教の自由に対する権利を有する。この権利は、宗教又は信念を変更する自由並びに単独で又は他の者と共同して、公的に又は私的に、布教、行事、礼拝及び儀式によって宗教又は信念を表明する自由を含む。

第20条　①すべての人は、平和的集会及び結社の自由に対する権利を有する。

②何人も、結社に属することを強制されない。

市民的及び政治的権利に関する国際規約〔自由権規約〕（1966採択、1979. 8. 4条約7）

第19条　①すべての者は、干渉されることなく意見を持つ権利を有する。

②すべての者は、表現の自由についての権利を有する。この権利には、口頭、手書き若しくは印刷、芸術の形態又は自ら選択する他の方法により、国境とのかかわりなく、あらゆる種類の情報及び考えを求め、受け及び伝える自由を含む。

③②の権利の行使には、特別の義務及び責任を伴う。したがって、この権利の行使については、一定の制限を課すことができる。ただし、その制限は、法律によって定められ、かつ、次の目的のために必要とされるものに限る。

　(a) 他の者の権利又は信用の尊重

　(b) 国の安全、公の秩序又は公衆の健康若しくは道徳の保護

第18条　①すべての者は、思想、良心及び宗教の自由についての権利を有する。この権利には、自ら選択する宗教又は信念を受け入れ又は有する自由並びに、単独で又は他の者と共同して及び公に又は私的に、礼拝、儀式、行事及び教導によってその宗教又は信念を表明する自由を含む。

②何人も、自ら選択する宗教又は信念を受け入れ又は有する自由を侵害するおそれのある強制を受けない。

③宗教又は信念を表明する自由については、法律で定める制限であって公共の安全、公の秩序、公衆の健康若しくは道徳又は他の者の基本的な権利及び自由を保護するために必要なもののみを課すことができる。

④この規約の締約国は、父母及び場合により法定保護者が、自己の信念に従って児童の宗教的及び道徳的教育を確保する自由を有することを尊重することを約束する。

　主要な人権条約としては上記以外に、社会権規約（経済的、社会的及び文化的権利に関する国際規約）、人種差別撤廃条約、女性差別撤廃条約、子どもの権利条約、障害者権利条約、拷問禁止条約、ジェノサイド条約、難民条約、強制失踪条約、国際組織犯罪防止条約、移住労働者権利条約などがある。批准した国際条約については国内法と同様の法効力を持つ。そのほか、一般に死刑廃止条約と呼ばれる「死刑の廃止を目指す市民的及び政治的権利に関する 国際規約・第二選択議定書」や個人通報法制度を定めたの「市民的及び政治的権利に関する国際規約の選択議定書」のような「議定書」もある。

在の意義を失うからである。言論・表現の自由も、それを制限したり奪うならば必然的に人間の尊厳を辱めることになることから、どのような社会でもいつでもそれを保護する義務がある、第一級の自由であると定義されてきた。

　権利のなかには「自由を守るための権利」が存在する。個人の自由を促進する権利（市民的・政治的権利）といってもよいだろう。個人に、行動と選択の自由や自分の地域社会の政治活動に参加する自由を与えることにかかわる権利である。公的機関の権限を制限することによって、国家権力の行き過ぎから個人を守ろうとするもので、信書の秘密、通信・出版、思想・信教、移動の自由の、政府による制限の禁止がそれにあたる。これは同時に、政府の活動範囲を限定しようとするものであることがわかるだろう。

　もう１つ、権利のなかには「生存のための権利」として、個人の社会的、経済的な安全を保障する権利（経済的・社会的・文化的権利）がある。個人の身体的、物質的、社会的、経済的な幸福の保護をめざし、それを保障する権利で、一般にその実現のためには、かなりの程度の政府の関与と介入が必要である。権利達成のために政府の介入を必要とするということは、一面、個人生活によりいっそうの干渉を及ぼすということになる。具体的には、生活扶助、社会保障、教育などがこれにあたる。

　国際条約で表現の自由を保障するものとしては、世界人権宣言19条や自由権規約19条による規定がある。これらは、「すべての人民とすべての国とが達成すべき共通の基準」として国際連合（国連：United Nations）の総会で採択されたものである。後者は、思想・情報を入手する権利を表現の自由の新しい権利として保障するもので、規約を批准（公式に承認し、かつ署名すること）した国家を法的に拘束する。また、人権理事会（UNHRC）ほか人権分野の国際的監督制度が設置されており、各国の人権履行状況につき審査し、改善のためのフォローアップ等の手続きをとる。

　人権保障と国際法の関係を考えるならば、人権は普遍的なもので超国家的性質を持つのであって、内政干渉ではなく国際関心事項としての相互監視するシステムが必要であると考えられている。また、人権を守るのは国際法上の義務であって、国際的保障による国内的実施の推進が期待されている。人権保障の国際化と外圧によって、ある国の支配権力による国内の人権侵害に政治的プレッシャーをかけ、間接的にその国の人権保障（その１つとしての表現の自由）が実現するといったプロセスを想定しているからである。

● 地域人権条約と権利救済手続き

地域的な人権条約としては、ヨーロッパ人権条約（1950年採択）、米州人権条約（1969年採択）、アフリカ人権憲章（バンジュール憲章、1981年採択）が存在するが、アジア地域には人権条約や人権機構は存在しない。したがって、ヨーロッパの国であれば、国内の司法裁判所で人権が守られなかった場合は、人権条約に従ってヨーロッパ人権裁判所で再度、司法審査が受けられるうえ、最後に国連の場でもう一度救済の可能性がある。それに比して、日本は自由権規約選択議定書についても未批准で、個人からの国連への人権救済申立てが認められない状況にあり、地域的救済手段もないため国内における司法審査に限られるという限界がある。

国連人権審査手続きとしては、①国際人権（自由権）規約委員会による規約実施状況の政府報告書の審査があり、さらに、②ある国に関し別の国が不服申立てをしたとき、当委員会に審査権限があることを受諾するという特別の宣言をし署名した場合は、不服申立ての審査ができることになっている。また、③個人が不服申立てをできることを受け入れた国の市民からのものであれば、個人申立ての不服についても審査できる。そして、④審査の結果は各国ごとの履行状況として General Comments（最終勧告、一般的意見）にまとめられる。外務省は実施の法的義務はないとしているが、相当程度の履行義務が国に負わされていると解釈すべきであろう。なお、同規約委員会に対しては民間から報告（カウンターレポート）を提出することができ、近年、日本の人権 NGO からも多くのレポートが提出されている。

このほか、権利侵害を受けた個人から直接国連に訴える手段としては、「1235手続」と「1503手続」に則った国連への通報がある。これは、国連憲章68条に基づき経済社会理事会（経社理）のもとにおかれていた政府委員によって構成される人権委員会（国連人権委員会）と、同委員会に設置されている個人資格の専門家で成る差別防止・少数者保護委員会（国連人権小委員会）で行われていた審査である。前者の委員会が毎年行うことになっていた、1967年経社理決議1235に基づく公開審議・調査手続きと、1970年経社理決議1503に基づく非公開通報審査手続きの審査をさし、後者の小委員会も毎年、人権委員会の任務を援助するかたちで審査を行っていた。2006年に人権委員会が発展的解消し、国連人権理事会が設立されたことにより、これらの任務は原則としてそのまま同理事会に引き継がれている。

人権及び基本的自由の保護のための条約〔ヨーロッパ人権条約〕（1950.11.4採択）
第10条〔表現の自由〕　①すべての者は、表現の自由についての権利を有する。この権利には、公の機関による干渉を受けることなく、かつ国境とかかわりなく、かつ、意見を持つ自由並びに情報及び考えを受け及び伝えるテレビ又は映画の諸企業の許可制を要求することを妨げるものではない。

【参考文献】
久保田洋『人間の顔をした国際学』（日本評論社、1990年）、久保田洋『実践　国際人権法』（三省堂、1986年）、ディビット・セルビー、宮崎繁樹監訳『ヒューマン・ライト』（日本評論社、1988年）、阿部浩己・藤本俊明・今井直『テキストブック国際人権法　第2版』（日本評論社、2002年）、松井芳郎・坂元茂樹・徳川信治・薬師寺公夫・小畑郁編『国際人権条約・宣言集　第3版』（東信堂、2005年）、山崎公士『国際人権──知る・調べる・考える』（解放出版社、1997年）、横田洋三『新国際機構論』（国際書院、2005年）、アマルティア・セン、東郷えりか訳『人間の安全保障』（集英社新書、2006年）

Ⅱ　民主主義と言論

1　表現の自由の優越的地位

　基本的人権は、新たな制限を課す場合の対応に着目して、表現の自由を中心とする精神活動のように憲法で定められた原理原則を厳格に守ろうとするものと、経済活動の自由のように議会の裁量をより広く求めるべきものとに二分されると考えられてきた。一般には、経済的自由に対する制限（規制）については、民主政の過程での回復可能性と裁判所の審査能力の観点から、緩やかな基準で判断することが許されるというのだ。一方で、表現の自由の制限は、他の経済的自由権等に比して特に厳格性を要し、検閲や事前抑制が許されないのはもちろんのこと、過度に広汎な規制や漠然・不明確な規制は許されないとされる。これを「表現の自由の優越的地位」と呼び、「二重の基準」という言葉で表すことがある。

　もちろん、ことさらに表現の自由を大切にするのは、市民一人ひとりが自由に多くの情報と接触することではじめて、自らの人格を磨き、考え、語り、そしてまた意見を伝えたり行動したりすることができるからにほかならない。こうした自由で活発な情報の流通が、民主主義社会の維持・発展に不可欠であるという点では、どの国でもほぼ異論はない。

　しかしその内容が、国家や自国文化の規範を覆すようなものであった場合、それでもなお表現の自由を許すかについては国によって差がある。その場合、英米の行う規制なら許されるが、アラブ世界や社会主義国家の頑迷さは許せない、というのでは説得力に欠けることは明らかである。そのためには、多様な言論を確保しつつ民主主義体制を維持するための国家の役割を考えなくてはならないであろう。すなわち、民主主義と言論の関係を問うものである。

　表現の自由を手厚く保障するもっとも簡便で有効な手段は、公的な規制の範囲をできる限り狭めることである。表現の自由を規制する手段は、検閲を認めない限り本来的に、自主的規制か司法的規制の２つに限定されるはずである。しかも、司法的規制の範囲についても、はじめから限定されていることが望ましい。この点について、かつてのアメリカでは、名誉毀損、猥褻、明白かつ緊急・現存する煽動の三分野の表現に限るべきとの主張があったほどである。

　この考え方がアメリカ的だといわれるゆえんは、その前提に、強力なジャー

● 表現の自由の価値

トーマス・エマースン(Emerson)の「優越的地位(Exalted Position/Superior Position)」論

①個人の自己実現（個人的な意義役割）：個人が自己を実現し人間としての力を発揮することこそが、人としての終極目標であるならば、個人の自己充足を図るために不可欠である。

②真理への到達（思想の自由市場）：反対意見を封殺せず関連する情報がすべて開かれていること、情報の交換が確保されていることが、知識を高め真理を発見するのに不可欠である。

③政策決定への参加（政治的民主主義プロセスの保障）：国民主権の原則を設定したならば、社会の全構成員が決定に参加する前提として国政に参加するものの個人意思及び共同意思の形成のために不可欠である。

④安定と変化の間の均衡（順応性のある社会の実現）：共同体が安定化し住み心地のいいものになるとともに、健全な意見の違いと必要な際に同意を得ることの均衡を保つ社会の安全弁として不可欠である。意見交流を抑圧することは、理性的判断を難しくし、社会が不安定になり愚鈍化し、新しいものの考え方が出てこなくなる。

「価値序列」に基づく表現二分論

アメリカでは従来、高い価値の表現（high value speech）の規制事例として、政府転覆等の文書による煽動・唱導の禁止、公務員の社会主義的な政治活動の禁止、国家秘密情報の公表の禁止、カギ十字の一定地域における表示の禁止が挙げられてきた。これらの規制基準としては、明白かつ現在の危険や必要不可欠な公共的利益の基準がある。その一方で、差別的表現（忌まわしい表現、憎悪表現）や名誉毀損表現、広告表現は、低い価値の表現（law value speech）と類別されてきた。しかし最近では、差別が社会構造に深く関与し、また政治的意味合いを強く持つことから、高い価値の表現として表現規制を厳しくすべきとの考え方が出されているほか、二分類自体への異論もある。

民主主義プロセス論

表現の自由は民主主義の実現・維持・発展といった過程にとって不可欠な存在であることから、特別に手厚く保護されなければならないとする考え方があり、一般に「民主主義プロセス論」と呼ばれる。一方で、表現の自由と民主主義プロセスの結びつきを強調することは、政治的言論のみを厚く保護することにつながりかねないとして、むしろ自己実現の価値を見直すべきとの主張もある。**北方ジャーナル事件最高裁判決**（最大判1986.6.11、民集40.4.872）の「民主制国家は、その構成員である国民がおよそ一切の主義主張等を表明するとともにこれらの情報を相互に受領することができ、その中から自由な意思をもって自己が正当と信ずるものを採用することによって多数意見が形成され、かかる過程を通じて国政が決定される」は、まさに民主主義にとって表現の自由が不可欠であることをさし示しているといえる。

判例にみる「二重の基準（double standard）」論

薬事法事件最高裁判決（最大判1975.4.30、民集29.4.572）では、「職業の自由は、それ以外の憲法の保障する自由、殊にいわゆる精神的自由に比較して、公権力による規制の要請がつよく」、精神的自由（表現の自由）の方が経済的自由に比べ憲法上の厚い保護を受けることを明らかにした。さらに上述の**北方ジャーナル事件最高裁判決**では、「その表現が私人の名誉権に優先する社会的価値を含み憲法上特に保護されるべきである」と判示した。

ナリズムの存在と、制度的に確立された有力な司法の地位があるからである。くしくも第3代合衆国大統領トーマス・ジェファーソンはジャーナリズムの重要性を、「新聞がなくても政府がある社会よりも、政府がなくても新聞がある社会をとる」という言葉で言い表している。

　そうはいっても、表現の自由がまったく制約なく存在するということはありえない。どんなに大切な自由であるといえども、他の基本的人権と同様に、他者の権利や自由を一方的に侵してまで無制約に求められるものでないことは明らかである。憲法は、「公共の福祉」によって制約される可能性があることを述べ、判例も公共の福祉による調整を説く。

　しかしながら、いわば大義名分としての公共の福祉を持ち出せば、常に表現の自由が制約されるのであっては、絶対的保障はまさに空文化してしまうのであって、表現の自由の規制は、「内在的制約」に限定されるべきであるとの主張もあった。すなわち、憲法が表現の自由を条件なしに認める限りは、そこには当然に表現者自身が想定するしかるべき限界があって、それゆえに他者の権利との衝突が回避されるとの考え方である。

　この内在的制約説は、表現の自由を考える場合の基本となるべき考え方ではあるものの、表現主体の自主性に大きく頼ることは結局、公共の福祉説と同様に抽象的な「みえざる制約」を認めることになってしまう可能性がある。したがって最近では、公共の福祉の捉え方として、人権の枠外にあって人権制約のための正当化根拠としてではなく、人権相互間の利害調整弁として活用するべきではないか、と考えられるようになってきている。

　そうしたなか、裁判所も1960年代までは、個別具体的な検討を行うことなく、公共の福祉を理由に表現の自由を制限する傾向にあったが、1970年代以降においては、侵害される自由との間での利益衡量を行うなどの変化がみられる。ただし日本の司法判断においては、表現の自由が他の自由に比して特別であるかについて明確ではなく、むしろ同列に扱っているといった方がよい状況にある。

2　違憲立法審査の諸基準

　表現を制約する方法としては、ある一定の見方に基づいて表現内容を制約する「観点規制」とは異なり、個々の内容の是非には踏み込まず、その形状・形式などから判断して情報の流通を堰き止める「表現内容中立規制」の考え方が

日本国憲法（1946. 11. 3公布、1947. 5. 3施行）

第12条［自由・権利の保持の責任とその濫用の禁止］　この憲法が国民に保障する自由及び権利は、国民の不断の努力によつて、これを保持しなければならない。又、国民は、これを濫用してはならないのであつて、常に公共の福祉のためにこれを利用する責任を負ふ。

第13条［個人の尊重・幸福追求権・公共の福祉］　すべて国民は、個人として尊重される。生命、自由及び幸福追求に対する国民の権利については、公共の福祉に反しない限り、立法その他の国政の上で、最大の尊重を必要とする。

　「公共の福祉」を理由とする表現規制を認めた判決例としては、**食糧緊急措置令違反事件最高裁判決**（最大判1949. 5. 18、刑集3. 6. 839）の「新憲法の保障する言論の自由は……立法によつても妄りに制限されないものであることは言うまでもない。しかしながら国民はまた、新憲法が国民に保障する基本的人権を濫用してはならないのであって、常に公共の福祉のためにこれを利用する責任を負うのである」、**戸別訪問禁止違憲訴訟**（最大判1950. 9. 27、刑集4. 9. 1799）の「（表現の自由は）公共の福祉のためにその時、所、方法等につき合理的制限（が）おのずから存する」、**屋外広告物規制違憲訴訟**（最大判1968. 12. 18、刑集22. 13. 1549）の「この程度の規制は、公共の福祉のため、表現の自由に対し許された必要且つ合理的な制限と解することができる」が代表的である。

　その後、**猿払事件最高裁判決**（最大判1974. 11. 6、刑集28. 9. 393）で利益衡量の手法を採用、さらに**未決拘禁者新聞閲読制限事件最高裁判決**（最大判1983. 6. 22、民集37. 5. 793）では、「自由に対する制約が必要かつ合理的なものとして是認されるかどうかは、右の目的のために制限が必要とされる程度と、制限される自由の内容及び性質、これに加えられる具体的制限の態様及び程度等を較量して決せられるべきものである」と判示した（結果としては閲読制限を認めた）。なお、法令においても公安条例には集団行進を「公安を害するおそれ」がある場合許可しないといった規定がある。

● 表現の自由を狭める仮想壁

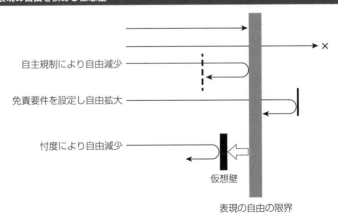

自主規制により自由減少

免責要件を設定し自由拡大

忖度により自由減少

仮想壁

表現の自由の限界

ある。意見の表明（出版や放送など）そのものを一切止めるのではなく、その流通の一部を制約することによって、表現行為がもたらす弊害の防止を目的としている。

その1つ目は「時・所・方法の規制」で、表現をその伝達するメッセージの内容もしくは伝達効果に直接関係なく制限する。病院や学校近隣での騒音規制、住宅地での屋外広告物の禁止、選挙運動の制限などが挙げられる。これらには、一般に厳格な合理性基準が求められる。

2つ目は「付随的制限（間接的制限）」で、徴兵カードの焼却といった象徴的表現と、殺人予告のような象徴的表現以外の行為で行動を伴う言論（スピーチ・プラス）の規制がある。言論部分と非言論部分が1つの表現行為として結合していて、非言論部分（上の例の殺人行為）の規制が言論部分（予告表現）に対して間接的な影響を及ぼす場合である。最小限度の合理性基準が求められ、立法目的が正当であって、規制手段はその目的達成のために合理的に関連していれば規制は許される、とされている。

いずれにせよ表現を規制しようと思った場合、そのための法律を作る必要がある。しかし一方では憲法で表現の自由が保障されていることから、その立法が憲法規定に違反していないかどうかを判断する必要がある。これを一般に違憲立法審査基準と呼ぶわけであるが、個別の裁判事例で表現の自由を規制する場合の判断基準（test）にも使われている。

それでは具体的にどのような基準がとられてきたのか。その第1は「事前抑制禁止」で、検閲の禁止を意味する。第2に、事後的であってもその制限はあくまで例外的であって、しかも制約によって生まれる重大な他の利益を守るために必要不可欠なものでなくてはなるまい。「やむにやまれない利益基準」などと呼ばれるものである。さらに、制約の拡大を未然に防ぐためには、厳格な定義付け（基準の設定）が求められることになる。

多くはアメリカで発達してきた理論であるが、過度に広汎ないし漠然不明確な規制では、表現の自由に萎縮効果を及ぼすことから、制約は必要不可欠で必要最小限においてのみ認められ（過度の広汎性基準）、「明確性」に欠ける立法は許されない。さらには、厳格な審査を行うために、「明白かつ現存する危険」「より制限的でない他の選びうる手段（LRA；Less Restrictive Alternative)」といった基準が生まれた。また、表現の自由といえども「内在的制約」がもともと存在するという考え方や、「表現行動二分基準」「比較衡量基

　社会経済規制立法に対しては、合憲性を推定し「穏やかな基準（最小限度の合憲審査）」により判断し、表現の自由をはじめとする市民的自由に対しては、合憲性を推定しない「厳格な基準（厳しい合憲審査）」を適用することを、「二重の基準」と呼ぶ。ただし、表現内容中立的規制の場合は、両者の中間的な基準といえる厳格な合理性基準やLRA基準が採用されてきた。こうした考え方はアメリカで発達したもので、日本では経済的自由と精神的自由の関係にあてはめて価値序列に基づく二重の基準論が語られてきた。ただし、経済的自由の制約に対しても緩やかな合理性の基準を適用するのではなく、厳格な基準による審査を求めてきたきらいがある。

＜精神的自由の制約に採用される基準＝厳格な審査基準＞

①明白かつ現存する危険（clear and present danger）基準：一般に表現内容規制で採用される基準。ある表現行為が社会に対する実質的な害悪を引き起こす危険の切迫性（蓋然性）と重大性があり、それを避けるための規制手段が必要不可欠である。

②LRA（less restrictive alternative）基準：一般に表現内容中立性規制で採用されることから中間的審査基準とも呼ばれる。抽象的・観念的でなく具体的事実に基づいて厳格に審査され、より制限的でない他の選びうる手段では立法目的が大きく損なわれ、立法目的と規制手段の間に事実上の実質的な関連性があることが必要とされる（ブランデンバーク法理）。

③表現行動二分基準：表現行為と実際の行動を厳格に分離する。

④比較衡量（ad-hoc）基準：事例ごとに制限した場合に生ずる利益と制限しない場合の利益を比較衡量（利益較量）する。

＜経済的自由の制約に採用される基準＝緩やかな審査基準＞

⑤厳格な合理性の基準：消極目的規制で採用され、重要な政府利益を達成するための合理的関連性のある手段がとられていなければ違憲とされる。規制の必要性・合理性及び同じ目的達成のためのより緩やかな規制手段の有無を、立法事実（立法の必要性・合理性を支える社会的・経済的事実）に基づいて審査する。

⑥合理性の基準（明白性の原則）：積極目的規制で採用され、政府の行為が合理的でさえあれば許され、政府の行為が著しく不合理でなければ違憲とされない。

【参考文献】

奥平康弘『「表現の自由」を求めて』（岩波書店、1999年）、奥平康弘『なぜ「表現の自由」か』（東京大学出版会、1988年）、松井茂記『二重の基準論』（有斐閣、1994年）、河原峻一郎『言論及び出版の自由』（有斐閣、1954年）、伊藤正己『言論・出版の自由』（岩波書店、1959年）、榎原猛『表現権理論の新展開』（法律文化社、1982年）、T・I・エマースン、小林直樹・横田耕一訳『表現の自由』（東京大学出版会、1972年）、阪本昌成『コミュニケイション行為の法』（成文堂、1992年）、井上ひさし・樋口陽一『「日本国憲法」を読み直す』（講談社文庫、1997年）、奥平康弘『ヒラヒラ文化批判』（有斐閣、1986年）、チャールズ・ビアード、松本重治他訳『新版　アメリカ合衆国史』（岩波書店、1964年）、デイヴィッド・ハルバースタム、筑紫哲也・東郷茂彦他訳『メディアの権力』（朝日文庫、1999年）、立花隆『アメリカジャーナリズム報告』（文春文庫、1984年）、芦部信喜『憲法学Ⅲ──人格各論(1)増補版』（有斐閣、2000年）

準」が実際の裁判では使われている。

　一方、日本では同じような表現規制区分をしながらも、違憲審査基準が曖昧なまま、一般論としては表現の自由の絶対的保障を謳いながら、個別事例については例外のはずの規制を容認して合憲判断を行う「総論賛成・各論反対」の判決が続いている。さらに、過度に立法者の意思を尊重する傾向にあり、判断の対象となる法律が憲法原則である表現の自由に反しているかどうかの判断を回避しているといっても過言ではない状況にあるといえる。

Ⅲ　表現の自由と国家観

1　思想の自由市場と闘う民主主義

　さまざまな規制基準の存在は、それだけ表現規制の難しさと危うさを示しているものともいえる。だからこそ本当は、内容がどうであろうと表現の自由を最大限認め、誤りがあれば発表後に、その間違いを指摘することで発言者の考えを正していくという方法が、もっともわかりやすい対処法である。このような「思想の自由市場」を大切にする考え方を絶対主義的表現の自由保障と呼び、アメリカや日本がこれにあたる。

　しかしこの考え方は、ある種の性善説に依拠するところがあって、「話せばわかる」という前提が崩れてしまっては、罵詈雑言が飛び交うような状況、ひいては社会的混乱やお互いの人権が無視されるような事態へと陥ることも十分考えられる。そこで欧州諸国では、民主主義の基本理念に反するような言動は保障に値しないし、社会にとって有害であるとして、部分的な表現規制を許容している。

　もっとも典型的なのがドイツで、「アウシュビッツの嘘」という言い方に代表されるように、ユダヤ人虐殺といった歴史的事実を曲解した言動に対しては刑罰を科すほか、そうした思想を持つ判事を解雇したり、盗聴を合法化してまで、非合法組織としてのネオナチグループの壊滅を図っている。場合によっては、言論の自由市場への国家の介入を法的に認め、表現内容に立ち入った言論・表現、結社、思想の規制を行い、罰を科すわけである。

　アメリカ型の「対抗言論（モア・スピーチ）」理論の国は「国家からの自由」に重点をおく考え方であるのに対し、ドイツ型の「闘う民主主義」理論の

● 各国の表現の自由規定（欧米）

アメリカ　権利章典〈アメリカ合衆国憲法修正条項〉（1791確定）

修正第1条［信教、言論、出版、集会の自由、請願権］　連邦議会は、国教を定める法律、又は自由な宗教活動を禁止する法律、言論又は出版の自由を制限する法律、並びに人民が平穏に集会する権利、及び苦情の処理を求めて政府に対し請願する権利を侵害する法律を制定してはならない。

フランス　人権宣言〈人及び市民の権利宣言〉（1789.8.26）

第10条［思想の自由］　何人も、その意見の表明が法律の定める公の秩序を乱すものでない限り、たとえ宗教上のものであっても、その意見を理由として脅かされることはない。

第11条［表現の自由］　思想及び意見の自由な伝達は、人の最も貴重な権利の一つである。したがって、すべての市民は、法律によって定められた場合にその自由の濫用について責任を負うほかは、自由に、話し、書き、印刷することができる。

＊憲法典の本則には人権規定はなく、前文で人権宣言の内容を確認するかたちをとる。

ドイツ　ドイツ連邦共和国基本法（1949.5.23公布）

第4条［信仰・良心の自由］　①信仰及び良心の自由、並びに宗教及び世界観の告白の自由は、不可侵である。

第5条［知る権利等］　①各人は、言語、文書、及び図画によって自己の意見を自由に表明し流布する権利、並びに一般に近づくことのできる情報源から妨げられない権利を有する。出版の自由並びに放送及びフィルムによる報道の自由は、これを保障する。検閲は、これを行わない。

②これらの権利は、一般的法律の規定、少年保護のための法律上の規定、及び個人的名誉権によって制限を受ける。

③芸術及び学問、研究及び教授は自由である。教授の自由は、憲法に対する忠誠を免除するものではない。

第8条［集会の自由］　①すべてのドイツ人は、届出又は許可なしに、平穏に、かつ武器を携帯せずに集会する権利を有する。

②屋外の集会については、この権利は法律により又は法律の根拠に基づいて、これを制限することができる。

第10条［信書、郵便及び電信電話の秘密］　①信書の秘密並びに郵便及び電信電話の秘密は、不可侵である。

②これに対する制限は、法律の根拠に基づいてのみ、これを命ずることが許される。

第18条［基本権の喪失］　意見表明の自由、特に出版の自由（第5条第1項）、教授の自由（第5条第3項）、集会の自由（第8条）、結社の自由（第9条）、信書、郵便及び電信電話の秘密（第10条）、所有権（第14条）又は庇護権（第16a条）を、自由で民主的な基本秩序に敵対するために濫用する者は、これらの基本権を喪失する。この喪失及びその程度については、連邦憲法裁判所がこれを宣言する。

国は「国家による自由」を重要視する国ともいえる。しかしどちらの国家観においても、多様な言論を確保しつつ民主主義体制を維持するため、国家の役割をどう考えるかの違いにすぎないことに注意が必要である。

あるいはまた、国家と言論の関わり方でいうならば、マスメディアへの政府による資金援助や税金の減免措置といった、経済的基盤の保障によって言論の多元性を維持しようとする国も少なくない。いずれも、憲法体制を維持するシステムの1つとして報道（機関）を位置付けているところに特色がある（第4講参照）。

2　表現の自由のパラダイム転換

同様に、社会の価値観によって表現の自由の守り方は変わってくる。これはめざすべき社会像ともいえるし、歴史的背景や時代状況によっても変わってくるものである。ここではそのいくつかを列挙しておきたい。

その第1は、多元主義か個人主義かである。あるいはまた、集団的平等か個人主義的自由主義かの問題である。ごく単純にいえば、本能のおもむくままに自分が思ったことをすべていえば、その人自身は気持ちがよいかもしれないが、その発言によって周囲の人は随分と迷惑したり傷つくかもしれない。みんなの幸せや集団としての調和を保つためには、おのずと個人の発言には限界がある。

そこで、多様な考え方や文化を尊重して、集団それぞれが、あるいは集団のなかの個人それぞれが、できる限り同じような自由と平等を享受するよう、社会的な調整弁を設ける方がよいのではないか、という考え方が出されることになる。一方で、あくまでも個人としての自由の延長線上に、集団としての自由や平等の実現があると考えることもできる。

機会の平等か結果の平等かも、とりわけ差別的表現を考える場合には大きなポイントになる。女性差別が現存する社会において、形式的な平等（機会の平等）を実現しただけでは、現在の差別構造は固定・助長されるとして、結果の平等のためには女性を差別する言動を厳しく取り締まる必要性が説かれる。つまり、より弱い立場の集団及びその集団に属する個人に、手厚い表現の自由を与える（強い立場の集団の自由を規制する）ことが社会的に有益であるとの考え方である。

この考え方によると、当然にマイノリティ側に立った規制判断を行うことに

● 各国の表現の自由規定（アジア）

中国　中華人民共和国憲法（1982. 12. 4公布・施行）

第35条［言論の自由等］　中華人民共和国公民は、言論、出版、集会、結社、行進、示威の自由を有する。

第36条［宗教信仰の自由］　①中華人民共和国公民は、宗教信仰の自由を有する。

第40条［通信の自由、通信の秘密］　中華人民共和国公民の通信の自由及び通信の秘密は、法律の保護を受ける。国家の安全または刑事犯罪を追求する必要により、警察または検察が法の定める手続きに従って通信に対して検査を行う場合を除いては、いかなる組織または個人も、いかなる理由をもってしても、市民の通信の自由及び通信の秘密を犯してはならない。

第51条［自由及び権利の行使の制限］　中華人民共和国市民は、自由及び権利を行使するときには、国家、社会、集団の利益及びその他の合法的自由及び権利を害してはならない。

第53条［秩序遵守の義務］　中華人民共和国市民は、憲法及び法律を遵守し、国家の機密を保守し、公共財産を愛護し、労働規律を遵守し、公共秩序を遵守し、社会公徳を尊重しなければならない。

第54条［祖国の安全、栄誉、利益を護る義務］　中華人民共和国市民は、祖国の安全、栄誉及び利益を護る義務を有し、祖国の安全、栄誉及び利益を害する行為があってはならない。

＊鄧小平指導体制のもと、「四つの近代化」政策実現の流れのなかで制定。

韓国　大韓民国憲法（1987. 10. 29公布、1988. 2. 25施行）

第17条［私生活の秘密と自由］　すべての国民は、私生活の秘密及び自由を侵害されない。

第18条［通信の秘密］　すべての国民は、通信の秘密を侵害されない。

第19条［良心の自由］　すべての国民は、良心の自由を有する。

第20条［宗教の自由］　①すべての国民は、宗教の自由を有する。

③国教は、これを認めず、宗教及び政治は分離される。

第21条［言論の自由等］　①すべて国民は、言論及び出版の自由並びに集会及び結社の自由を有する。

②言論及び出版に対する許可又は検閲並びに集会及び結社に対する許可は、これを認めない。

③通信及び放送の施設基準並びに新聞の機能を保障するために、必要な事項は法律でこれを定める。

④言論及び出版は、他人の名誉若しくは権利、公衆道徳又は社会倫理を侵害してはならない。言論及び出版が、他人の名誉又は権利を侵害したときは、被害者は、これに対する被害の賠償を請求することができる。

第22条［学問の自由］　①すべての国民は、学問及び芸術の自由を有する。

②著作者、発明家、科学技術者及び芸術家の権利は、法律によりこれを保護する。

第26条［請願権］　①すべての国民は、法律が定めるところにより、国家機関に文書で請願する権利を有する。

②国は、請求に対して、審査する義務を負う。

　各国条文は、参議院憲法調査会事務局が各国別に発行する「憲法概要」から引用したほか、高橋和之編『新版　世界憲法集』（岩波文庫、2007年）、初宿正典・辻村みよ子編『新解説　世界憲法集』（三省堂、2006年）、阿部照哉・畑博行編『世界の憲法集　第3版』（有信堂、2005年）、福本歌子『スウェーデンの公文書公開と言論表現権』（青木書店、1997年）を参考にした。

なる。従来は、表現の自由を国家対個人の考え方で捉えることが多く、その限りにおいては主観を交える観点規制を行わないことが最善とされてきた。なぜなら、表現規制に国家の主観が入り込むことで、恣意的な表現規制がなされる余地を極力抑えるためである。しかし、差別的表現の場合はそうした中立的判断こそが社会的強者に与するものとなったり、場合によっては政府寄りになるところに難しさがある。

　これは、観点規制や価値の序列付けの問題でもある。マイノリティ側に立つのか中立なのかによって、公的規制の判断は違ってくる場合が多い。価値序列に基づく判断を認めることは、低い価値の表現と高い価値の表現の区別を生むことになるが、表現の自由の優越的地位の見直しともからみ、難しい問題がある。

　そしてこの問題は、表現の自由の問題を考える際のパラダイム転換を迫ることになる。それは、従来のいかに国家から個人が自由でいられるか、いかに自由に表現の自由を行使できるかという観点だけでは不十分ではないか、という問いかけである。むしろ現代社会においてより重要なテーマとして浮かびあがっているのは、個人対個人の間に生じる問題、ある人の発言によって別の人が傷つくということこそが、社会的に大きな課題であり、それは従来のように表現の自由を強調するだけでは解決しない。

　たとえば、報道による名誉毀損やプライバシー侵害、企業による個人情報の漏示、インターネットへの差別書き込みなど、これらはすべて一方当事者の表現の自由の行使が、もう一方の当事者の人権を侵害する事例である。そしてここでは、国家対個人のように、単純に表現の自由を保障するというだけでは問題が解決しないことが、容易に想像がつくだろう。

　処罰される行為自体は非表現的行為であるが、それが一定の意思表示として行われている以上、処罰が結果的に表現を制約する意味を持つ場合、表現の自由の問題として、その処罰の許容性が問題になる。アメリカの場合、国旗保護法が国旗の焼却を処罰の対象とすることは表現内容に基づく制約であるとして、連邦最高裁は修正憲法1条（表現の自由）違反と判断した（オブライエン事件）。日本では同様の事例として、沖縄国体会場で日の丸を引きずり降ろして燃やしたことが威力業務妨害や器物破損に問われた**日の丸焼却事件**（福岡高裁那覇支部判1995.10.26、判時1555.140）があるが、表現の自由の問題とは認定されなかった。

　なお、政府による国歌・国旗、あるいは元号の強制使用や、違反に対する不利益処分は、憲法19条の思想・良心の自由に反する可能性がある。2003年の東京都教育委員会「入学式、卒業式等における国旗掲揚及び国歌斉唱の実施について」（10.23通達）に基づく職務命令に対する**日の丸・君が代違憲訴訟**で、地裁は、国歌伴奏や斉唱の強制は少数者の思想良心の自由を侵害するとし、当該通達や職務命令は許容される限度を超えるものであり違憲であるとした（東京地判2006.9.21、判時1952.44）。その後、最高裁では要旨「日の丸・君が代強制は、思想・良心に対する間接的な制約に過ぎないから、一応の合理性必要性が認められる限り合憲である。原則として減給以上の処分は裁量権の逸脱濫用にあたり違法な処分」とした（最判2012.1.16、判時2147.127）。半年余りのうちに3つの最高裁小法廷すべてで、同種の事件の合憲判決が出たが、いずれにも補足意見がつき「紙一重の合憲性」とされた。それより前、私立小学校音楽教諭が入学式の際に君が代のピアノ伴奏を拒否した**君が代伴奏強制事件**でも最高裁は、校長の職務上の命令は憲法19条に違反しないと判示している（最判2007.2.27、民集61.1.291）。同判決でも、は「人権の重みよりもなおこの意味での校長の指揮権行使の方が重要なのか、が問われなければならない」として差戻しを求めた少数意見がある。

　日の丸とメディアの関係では、報道機関主催の記者会見場での日の丸掲揚につき、法制定時に問題提起されたが、現在では多くの記者会見場では掲揚と黙礼が実施されている。

国旗及び国歌に関する法律（1999.8.13法127）
第1条［国旗］　①国旗は、日章旗とする。
第2条［国歌］　①国歌は、君が代とする。

元号法（1979.6.12法43）　1　元号は、政令で定める。
2　元号は、皇位の継承があつた場合に限り改める。

【参考文献】

西原博史『良心の自由』（成文堂、1995年）、清水英夫『精神的自由権』（三省堂、1980年）、憲法理論研究会『精神的自由権』（有斐閣、1982年）、長谷川正安『思想の自由』（岩波書店、1976年）、井口大介『人間とコミュニケーション』（一粒社、1982年）、ノルベルト・ボルツ、村上淳一訳『世界コミュニケーション』（東京大学出版会、2003年）、阿部潔『公共圏とコミュニケーション』（ミネルヴァ書房、1998年）、佐藤毅『マスコミの受容理論』（法政大学出版局、1990年）、フレッドリック・シーバーほか、内川芳美訳『マス・コミの自由に関する四理論』（東京創元社、1959年）、ノエル＝ノイマン・エリザベート、池田謙一他訳『沈黙の螺旋理論　改訂版』（ブレーン出版、1997年）、ダニエル・ブーアスティン、星野郁美他訳『幻影の時代』（東京創元社、1964年）

第2講 検閲の禁止と表現規制類型

I 表現の自由の歴史

1 表現の自由の源流

　表現の自由の歴史は検閲の歴史である。かつて支配者は、自らの意に沿わない表現者（思想の持ち主）を閉じ込めたり、追い払ったりと、そうした考えが広まらないような手だてを取るのが一般的であった。あるいは、もっとも原始的な表現規制の方法として文献に現れるのは、著者の処刑や書物の焼却（焚書・焚刑）によって、表現物やその表現者を世の中から抹殺する方法である。

　思想に対する公権力のチェックは、古くギリシャの時代にまで遡ることができるが、800年頃まではそれほど厳しい表現規制はなく、教会でも「読まない方がよいのではないか」といった程度であった。しかしカソリックがヨーロッパ中に行き渡ったころから、キリスト教に合致しない書物に対し圧力をかけ出した。

　15世紀にグーテンベルグが印刷術を発明し、活版印刷による大量配布という新しいコミュニケーション文化（コピーの文化）が誕生すると、新たな対抗手段が必要とされ、「検閲（censorship）」が登場することになる。ローマ教皇は、教会（聖職者）の権威と統治システムを守るため、事前許可なしに出版を認めない旨を通達、さらに具体的な発禁リストを作って思想統制を行った。

　さらにイギリスでは、ギルド（書籍商組合）と結び付いた強力な出版統制を行った。その背景には、限られた職能集団が特別な技能を有することで、出版事業を独占できた社会的事情が存在し、またその集団が国王の庇護のもとにあったことと無縁ではない。しかし、印刷技術の発達で安価・容易に印刷することができるようになり、無許可出版が増大してギルドを通じた力ずくの検閲制度は破綻することになる。

　ちょうどそのころ、検閲制度の廃止に思想的バックボーンも現れた。ジョン・ミルトンによる『アレオパジチカ』（1644年）の出版である。言論の自由の古典といわれる同書は、「思想の自由市場」論の萌芽をみるもので、表現・思想の領域においては自由な言論の流通が保障されれば、正しい言説が間違った言説を駆逐しその結果正しい結論が導かれるとした。その後、ジョン・スチュアート・ミルが『自由論』（1859年）によって、この「思想の自由市場」論を理論的に完成させた。

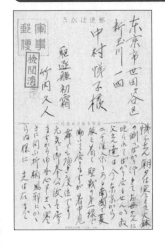

第2次世界大戦中の日本軍による私信の検閲実例（左図の切手位置に「検閲済」印がある。中野千鶴子氏提供）。批判の対象がたとえば国家的な宗教であった場合、1989年2月に出されたイラン・ホメイニ師（当時）のサルマン・ラシディ（Salman Rushdie）に対する処刑宣言というかたちになって現れる。国際的批判のなかで、政府は1995年になって処刑宣言を取り下げたが、本人の生命的危険は続いている。著書『悪魔の詩篇（THE SATANIC VERSES）（上）（下）』（新泉社、五十嵐一訳、1988年）が、イスラム教組マホメットを冒瀆していることを理由としたものである。日本では、翻訳者が殺された（参考に、五十嵐一著『イスラーム・ラディカリズム——私はなぜ「悪魔の詩」を訳したか』法蔵館、1990年）。

1990年代に入ってから顕著になってきた欧州各国における他国民・他民族排斥の言動（ナショナリズムの台頭）もまた、社会の基盤である民主主義を脅かすものとして厳しい取り締まりの対象にある。あるいは、発展途上国では公共の利害優先による個人の人権蹂躙に対する批判は、国家の発展という国益に反するものとして規制されることも多い。

＜ナチズムと言論抑制＞の関係では、ドイツ・ミュンヘンの大学生による地下出版活動を記した、インゲ・ショル『白バラは散らず——ドイツの良心　ショル兄妹』（未来社、1964年）、ハンス・ショル／ソフィー・ショル『白バラの声——ショル兄妹の手紙』（新曜社、1985年）、山下公子『ミュンヒェンの白いばら——ヒトラーに抗した若者たち』（筑摩書房、1988年）、フィルハーバー他編『権力と良心——ヴィリー・グラーフと「白バラ」』（未来社、1986年）、ヘルマン・フィンケ『ゾフィー21歳——ヒトラーに抗した白いバラ』（草風館、2006年）、Ｃ．ペトリ『白バラ抵抗運動の記録——処刑される学生たち』（未来社、1971年）、ミルトン・マイヤー『彼らは自由だと思っていた——元ナチ党員十人の思想と行動』（未来社、1983年）、永井清彦『ヴァイツゼッカー演説の精神——過去を心に刻む』（岩波書店、1991年）、同『荒れ野の40年——ヴァイツゼッカー大統領演説全文』（岩波ブックレット、1986年）、ヴィクトール・Ｅ・フランクル『夜と霧』（みすず書房、2002年）。

＜アメリカにおけるレッドパージと言論抑制（マッカーシズム）＞では、小此木真三郎『フレームアップ——アメリカをゆるがした四大事件』（岩波新書、1983年）、陸井三郎『ハリウッドとマッカーシズム』（社会思想社、1996年）、フレッド・フレンドリー『やむをえぬ事情により……——エドワード・マローと理想を追ったジャーナリストたち』（早川書房、2006年）。

＜仮想監視社会＞を表したものとして、ジョージ・オーウェル『一九八四年』新訳版（ハヤカワ epi 文庫、2009年）、レイ・ブラッドベリ『華氏451度』（ハヤカワ文庫、1975年）。

＜思想の自由市場・検閲＞については、ミルトン『言論・出版の自由——アレオパジティカ』（岩波文庫、2008年）、Ｊ・Ｓ・ミル『自由論』（岩波文庫、1971年）、ロバート・ジャスティン・ゴールドスティーン『政治的検閲——19世紀ヨーロッパにおける』（法政大学出版局、2003年）。

2　表現の自由の確立

　16世紀に入り検閲は近代国家制度として整備され、1530年にはアウグスブルク帝国議会で著書・出版社名を記さない書物の発行を禁止した。イギリスでは1531年からヘンリー8世による書物の販売取り締まりが始まり、1538年からはスターチェンバー（星座裁判所、星室庁）が枢密院の許可を得たものに限り出版を許可する事前検閲制度をとった。その後、1640年にはピューリタン革命のなか議会の圧力により星座裁判所は廃止されたが、検閲制度は存続した。

　自由の萌芽がみえたイギリスであったが、1660年の王政復古による規制強化の動きのなかで、1662年に特許検閲法（出版許可法、Licensing Act）が制定され、再度印刷をギルドと大学に限定、外国からの輸入書物に対しても税関検閲を実施するようになった。しかしギルドの暴利に批判が集まり、1695年には改めて、制度としての検閲は廃止に追い込まれた。

　これを機に規制方法は、いわゆる印紙税法（Stamp Taxation）による経済的締め付けへと転換することになる。しかしこの手法もまた、「知識への課税（tax on knowledge）」として厳しい非難を浴びることになる。そして19世紀前半には、出版の自由とは出版が検閲などの規制を受けないことであるとの考え方が次第に成立し、1858年には印紙税法が全廃されることになった。

　知識への課税の波紋は、その後の歴史に2つの大きな影響を与えることになる。1つは、新天地アメリカでも施行したことが移住者にショックと憤激を起こし、独立戦争の口火にもなったのである。こうした歴史的背景からアメリカは、言論・出版の自由（freedom）は自由（liberty）の砦であると標榜し、三権分立とならび、表現の自由を建国の最重要理念としている。1791年に制定された合衆国連邦憲法修正条項（権利の章典）1条が、表現の自由を謳っていることは周知の事実であって、言論の自由を高次の自由、絶対の自由であるとしている。

　もう1つの影響は、イギリスほかヨーロッパの国々に、表現物への課税への嫌悪感を植え付けたことである。この文化・知識には課税しないという考え方は、いまに引き継がれ、EU加盟国のほとんどは、言論・表現活動のほか文化・芸術活動全般に対し税制優遇制度を設けている。たとえばイギリスでは、従来の出版物に加え、2020年12月からオンライン上の電子書籍や電子ジャーナル等へも、ゼロ税率の適用範囲を拡大した（EU指令に基づく軽減税率もしくはゼロ税率。第4講参照）。

　歴史上に記録が残っているもっとも古い検閲行為は秦の始皇帝（BC259-210年）の「焚書坑儒」といわれているが、ギリシャ、ローマ時代においては、世の中に発表される思想を事前に公権力が審査し、不都合があれば事前に抑えるという検閲手法が、王権君主のもと各地で実施された。当初は、「理想国においては支配者は常に正義であり、美であり、善であるから、誤りはありえない」（プラトンの検閲の意義）というように肯定的に捉えることが支配的であったものの、討論による真実の追求（ソクラテスの弁明）を求める主張も同時になされていた。

　中世キリスト教は異端の広がりに目を光らせ、ローマ教皇庁は「印刷所監督に関する諸規定」を公布（1479年）、活版印刷発明の地ドイツ・マインツでは大僧正が出版物取り締まりのための検問所を設け（1486年）、異端審問を実施した。さらにローマ教皇アレキサンダー6世は出版許可主義をとり（1501年）、ローマ教皇パウロ3世はカソリックに反対する出版物については異端審問所の許可を出版条件とした（1542年）。その後、教皇庁は「禁書目録（Index Librorum Prohibitorum）」を作成（1559年）、続いて「検閲等の十箇条」によって厳しい言論統制を行った。この規制は、1966年に完全廃止になるまで実に400年にわたって続けられた。

　これらに対し、『アレオパジチカ（Areopagitica、「無許可印刷の自由のための演説」）』は「真理と虚偽とを組打ちさせよ。自由な公開の勝負で真理が負けたためしを誰が知るか……他のすべての自由以上に、知り、発表し、良心に従って自由の論議する自由を我にあたえよ」（内川芳美訳）と述べる。16世紀から17世紀にかけては年間推定200タイトルだった印刷物の流通量が、革命期には年間1000〜2000タイトルの増加、部数も3000部まで増えたとされている。さらに1702年には日刊紙「デイリー・クーラント」が発刊され（世界最初の日刊紙は1660年創刊ドイツ「ライプチヒ」とされている）、同時期の官報「ロンドン・ガゼット」の発行部数は6000部と記録されている。

　さらに18世紀に入るとフランス革命の影響で発行部数が1万部を超える印刷物が登場（たとえば、1791年のペイン『人間の権利』は3万部）、19世紀に入るとコーヒーハウス（読書室）の登場などでさらに読み手は拡大していった。1842年創刊のハーバード・イングラムの「イラストレーティッド・ロンドン・ニューズ（絵入りロンドン新聞）」は、60年代には30万部にまで発行部数をのばしている。同時期にはアメリカでも50を超える日刊紙が発行され、発行部数100万部のいわゆる大衆紙時代が到来した。

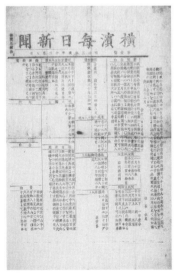

　日本で最初の新聞が登場したのもちょうどそのころである。1862年に幕府が官板バタビヤ新聞を発行、1864年にはジョセフ・ヒコによって「海外新聞」が出されたが、体裁は冊子型で部数も僅かであった。その後、60年代から70年にかけて続々と新聞が刊行されることになる（右写真は日本最初の商業日刊新聞である「横浜毎日新聞」1871年（旧暦明治3年）創刊、日本新聞博物館展示から）。

Ⅱ　日本における表現の自由と検閲

1　例外と自由の逆転

　明治憲法制定以前には、改定律例や讒謗律、出版条例や新聞紙条例などの一般ないし言論関連法によって、表現の自由が制約されていた。これらの法令の内容は、そのまま大日本帝国憲法（明治憲法）下の法規に受け継がれていく。

　明治憲法の制定により、日本ではじめて「言論著作印行の自由」（表現の自由）が憲法上保障されることになった。しかし、明治憲法下で保障されていた表現の自由は、「法律ノ範囲内ニ於テ」にとどまり、法律という形式をとることにより制限可能であった。

　そして実際に、新聞紙条例、出版条例、保安条例、集会条例といった言論統制法の範囲内での自由にとどまらざるをえなかった。さらに、新聞紙法（新聞機関紙条例）、出版法、映画法（活動写真フィルム条例）、私設無線電話規則など、事業規制と内容規制の両面から規制目的がはっきりした法律群が整備されていった。

　また、一般の表現行為については、刑法や治安維持法などのなかで定められた不敬罪のような、個別事由による表現内容に関する規制が、この時期の法規には多数含まれており、検閲も制度化されていった。ただし日本の場合は、事前検閲による発行禁止ではなく、内務大臣（警察）による発売頒布禁止と差押えが広範に認められ、日常的に実質上の検閲が行われた点に特徴があった。

　戦争が激しくなるにつれ表現規制も強化されていく。出版物の将来に向けての発行停止措置を認める、「言論、出版、集会、結社等臨時取締法」などに代表される戦時立法が加わり、自由な表現は完全に影を潜めることになる。

　第2次世界大戦で日本が敗戦しGHQによる占領が始まると、さまざまな占領軍指令により、それまでの法体系が完全に崩壊し、表現規制法規のほとんどが効力を失った。占領期には、自由の行き過ぎや混乱の整理からコミュニケーション法の必要性が提唱されたり、日本新聞協会が設立され、新聞倫理綱領や編集権声明が出されるなどの動きもあった。この時期は、占領政策に反する言動を禁止した「プレス・コード（日本新聞規則ニ関スル覚書）」を別とすれば、市民やメディアが久し振りに自由な言論を手にし、それは間もなく訪れる真の自由獲得のための準備期であったといえるだろう。

● 戦前・戦中の法規

大日本帝国憲法（1889.2.11）
第29条 日本臣民ハ法律ノ範囲内ニ於テ言論著作印行集会及結社ノ自由ヲ有ス
第26条 日本臣民ハ法律ニ定メタル場合ヲ除ク外信書ノ秘密ヲ侵サルルコトナシ
第31条 本章ニ掲ケタル条規ハ戦時又ハ国家事変ノ場合ニ於テ天皇大権ノ施行ヲ妨クルコトナシ

新聞紙法（1909.5.6法41、1949.5.24廃止）
第12条 ①時事ニ関スル事項ヲ掲載スル新聞紙ハ管轄地方官庁ニ保証トシテ左ノ金額ヲ納ムルニ非サレハ之ヲ発行スルコトヲ得ス
　一　東京市、大阪市及其ノ市外３里以内ノ地ニ於テハ2000円
第23条 ①内務大臣ハ新聞紙掲載ノ事項ニシテ安寧秩序ヲ紊シ又ハ風俗ヲ害スルモノト認ムルトキハ其ノ発売及頒布ヲ禁止シ必要ノ場合ニ於テハ之ヲ差押フルコトヲ得
第27条 陸軍大臣、海軍大臣及外務大臣ハ新聞紙ニ対シ命令ヲ以テ軍事若ハ外交ニ関スル事項ノ掲載ヲ禁止シ又ハ制限スルコトヲ得
＊明治時代の新聞取締法（定期刊行雑誌も対象）としては、1869年に新聞紙印刷条例を布告し許可制をとり、1873年の新聞紙発行条目を経て1875年の新聞紙条例によって内務省許可制を強化し、事実上の検閲制とした。さらに、83年、87年には全面改正し新聞紙法に続く。

出版法（1893.4.14法15、1949.5.24廃止）
第3条 文書図画ヲ出版スルトキハ発行ノ日ヨリ到達スヘキ日数ヲ除キ３日前に製本２部ヲ添ヘ内務省ニ届出ヘシ
第19条 安寧秩序ヲ妨害シ又ハ風俗ヲ壊乱スルモノト認ムル文書図画ヲ出版シタルトキハ内務大臣ニ於テ其ノ発売頒布ヲ禁シ其ノ刻版及印本ヲ差押フルコトヲ得
第26条 皇室ノ尊厳ヲ冒瀆シ、政体ヲ変壊シ又は国憲ヲ紊乱セムトスル文書図画ヲ出版シタルトキハ著作者、発行者、印刷者ヲ２月以上２年以下ノ軽禁錮ニ処シ20円以上200円以下ノ罰金ヲ附加ス

改正治安維持法（1941.3.10法54、1945.10.15廃止）
第1条 国体ヲ変革スルコトヲ目的トシテ結社ノ組織シタル者又ハ結社ノ役員其ノ他指導者タル任務ニ従事シタル者ハ死刑又ハ無期若ハ７年以上ノ懲役若ハ禁錮ニ処シ情ヲ知リテ結社ニ加入シタル者又ハ結社ノ目的遂行ノ為ニスル行為ヲ為シタル者ハ３年以上ノ有期懲役ニ処ス

　明治憲法下の主な言論統制法規は以下のとおり。1940年に設置された情報局をはじめ、内務省警保局検閲課、陸海軍報道部、航空本部、警視庁検閲課などで厳しい検閲を受けた。＜新聞、出版関係＞新聞紙法、新聞出版用紙の割当に関する法律、新聞紙等掲載制限令、出版法、不穏文書臨時取締法、新聞紙事業令、出版事業令、言論、出版、集会、結社等臨時取締法。＜映画、放送関係＞映画法、広告取締法、電信法、無線電信法、臨時郵便取締法。＜軍事、国防関係＞国家総動員法、軍用資源秘密保護法、国防保安法、戦時刑事特別法、戒厳令、要塞地帯法、陸軍刑法、海軍刑法。＜治安関係＞刑法、治安警察法、警察犯処罰令、治安維持法、思想犯保護観察法。

　前述のとおり明治憲法の自由はあくまでも「法律の留保」の範囲内であり、数々の言論規制立法が存在したうえ、天皇大権によっていつでも規制の網がかけられる法的土壌があった。すなわち、言論は一見保障されているようであって、実は自由ではなかったのである。

　戦前の恩恵的あるいは例外的な自由に比して、戦後は「自由と例外」が完全に逆転し、真の表現の自由を獲得したといえる。「取り締まりの体系」から「自由の体系」への転換が大きなポイントで、「臣民」から「主権者たる国民」への転換であるとともに、「法律の範囲内」から「一切の自由」への転換であった。これらによってコミュニケーション法の性格も、国家による言論の統制から、言論の自由の保障を原理原則とする法体系に変更されたのである。

　こうした表現の自由の保障は、日本だけでなく第２次世界大戦後の多くの国で定められ、同時に世界標準として国際法の分野でも明文化された。先に挙げた世界人権宣言や自由権規約がそれにあたり、表現の自由・情報流通の自由は、いまや民主主義社会共通の原則となっている。

　日本の表現の自由の内容は多義的であるが、その特徴の第１は、表現行為に対する公権力による干渉を許さないという自由権としての側面である。そして第２に、表現の自由には一般市民の表現の自由とともに、メディアの取材、報道、頒布といった表現の自由が含まれる。ただし日本では法制上、放送についてのみ特別の規律が存在するものの、（マス）メディアに一般の表現の自由と異なる特別の包括的保障や法的・社会的な責務（責任）を求める考え方はとられていない。第３の特徴は、表現の自由は情報受領権としての「知る権利」を含むと考えられている。この知る権利は、情報受領を妨げられない権利にとどまらず、情報の開示請求権としての側面をもあわせ持つ。

　なお、日本の表現の自由保障の特徴はその絶対的保障にある。すなわち、憲法21条の本則において例外を設けることをしないうえ、その２項で「検閲」禁止と「盗聴」の禁止（通信の秘密の保障）を明記する。これは、戦争になれば当然のごとく政府が検閲を行い、テロの防止のために盗聴を日常的に実施している多くの国との決定的な差異であるといえる。憲法上で手厚い保障を与えられているがゆえに、表現者は自らの意思でその限界をわきまえる必要があるといえ、実際、戦後の日本では他国に比してマスメディア業界を中心に自主規制が広範に行われている実態がある。これもまた、ある意味では「内在的制約」の１つの表れ方といえる。

● 日本の言論弾圧の歴史

　日本でも17世紀前半の江戸時代にキリシタン関係書物の販売や読書を規制したほか、徳川家の事蹟や猥褻な内容の出版を禁止する「町触れ」が出された（1722年）。明治政府による最初の規制法規は**新聞紙印行条例**（1869年）で、発行を許可制にし政治的評論を禁止した。その後、自由民権運動の広がりのなかで言論活動は花開き、これに危機感を持った政府は印行条例を改定し**新聞紙条例**を制定、さらに**讒謗律**を公布した（1875年）。讒謗律は名誉毀損罪と政治的誹謗罪をあわせた言論規制法規であるが、その目的は反体制的言論の規制にあった。

　しかしそれでも自由民権運動の勢いはとどまらず、政府は**太政官布告**を出し（1876年）、出版警察による検閲と取り締まりを強力に行った。布告では「国安ヲ妨害スト認メラルル者ハ、内務省二於イテ、ソノ発行ヲ禁止又ハ停止スヘシ」と定められ、この警察による発禁処分は敗戦まで続くことになる。明治憲法にあわせて制定された**新聞紙条例**では、内務大臣の発行禁止停止権、保証金制度、陸海軍大臣による記事差止め権などが規定され、**出版条例**では、発行前10日に正本を内務省に届けることが義務付けられた（1887年）。そして1925年、政府は集会・結社取締法の集大成ともいえる**治安維持法**を制定する。

　世は大正デモクラシーの全盛でもあり、憲法擁護、閥族打破、言論擁護の運動が全国に広がっていた。一方、当時の内閣は終始言論弾圧の姿勢を変えようとせず、米騒動の報道禁止措置をめぐって新聞社の集まりであった春秋会は一致して内閣の打倒を訴えた。そのなかで起きたのが白虹事件（1918年）で、大阪朝日新聞（8月26日付夕刊）の記事のなかの「白虹日を貫けりと昔の人が呟いた不吉な兆」が不敬罪にあたるとして、記者と編集発行人を新聞紙法違反で起訴、有罪となった。これを機に朝日新聞社は、長谷川如是閑、鳥居素川などの時代を代表する論陣であった編集幹部が総退陣、村山龍平社長も経営から引くことになり、批判性が一気に弱まるきっかけとなった。

　新聞紙法にいう「安寧秩序を乱す出版物」としては一般に、君主制を否定するもの、皇室の尊厳を冒瀆するもの、共産主義等の理論、戦術を宣伝・煽動・支持するもの等が挙げられた。同時に内務省は「示達、警告、懇談」といったかたちで、記事を掲載すると発売禁止処分にすることを事前に通達することによって、事実上の記事掲載の差止めを行った。出版法に関しても、天皇は国家を代表する最高の機関にすぎないという憲法学説がもとで、美濃部達吉の著書が発禁処分となる天皇機関説事件が起きた（1935年）ほか、滝川事件（1933年）、河合事件（1938年）、津田事件（1940年）などがあった。治安維持法によっても、共産党員の一斉検挙と関係団体を解散に追い込んだ三一五事件（1928年）のほか、大逆事件（1910年）、四一六事件（1929年）、人民戦線事件（1937年）と反政府運動はことごとく弾圧され、横浜事件（1942年）では当時の雑誌編集者が一斉検挙され多くは獄死した（2003年に再審が決定したものの、2009年に免訴判決で終結）。

　満州事変以降、メディア統制はさらにその厳しさを増すことになる。たとえば1937年の日中戦争に際し、新聞紙法27条に則り陸海軍省令や外務省令で広範な記事掲載の制限が行われるようになった。さらに1938年の**国家総動員法**では、メディア企業の休止・合併・開催が政府の命令で行えることになった。こうした事業面でのメディア統制はその後、用紙統制や1県1紙体制をめざすことになる。統合前は2422紙あった新聞は55紙に、出版社も3664社から20社になった（現在の大分合同新聞などは名称にその名残がある）。

2　検閲禁止の意味

憲法は表現の自由に対する制限規定を特には設けていないが、実際には猥褻や名誉毀損といった、表現の内容に立ち入った規制法規が数多く存在する。それではなぜ、憲法では制約がない表現の自由が、その内容を理由として規制を受けることが許されるのかが問題となる。さらにもし許されるとしてもどのような基準によってどの範囲内に限定されるのかが明らかでなければ、自由の体系に転換した意味はなくなってしまう。

そこで裁判所は規制事例を通じて、いくつかの原則を明らかにしてきている。事前抑制の性格を有する表現規制については税関検査事件最高裁判決で、検閲を行政権による事前審査に限定した。この検閲該当範囲の限定化が、裁判所による発行等の差止め処分を可能にし、北方ジャーナル事件最高裁判決による出版差止め命令につながることになる。

一方で最高裁は、当初は表現の自由を規制する理由として「公共の福祉」（憲法12、13条）を挙げていたが、1980年代以降は表現の自由の意義や規制理由の正当性について、より詳細な検討を加えるようになった。税関検査事件で明確性の原則に触れた最高裁は、北方ジャーナル事件では公共的事項に関する言論表現の重要性に触れ、明確性の原則についてもより詳しく言及している。

しかし、最高裁が表現の自由規制法規それ自体を違憲とした例はまだ存在せず、裁判所が表現の自由に一定の理解を示す状況はあるとはいえても、表現の保障の拡大には必ずしも結び付いていないことも同時に指摘されなければならない。それどころか2000年以降、とりわけメディアの表現の自由についてはその自由の範囲を限定化する動きすらみえる。

検閲の絶対的禁止は、検閲の概念を限定すればするほど有効性を失うわけで、どのような歯止めがありうるか問われることになる。そのヒントとなるのが、先述の北方ジャーナル事件最高裁判決における伊藤正己裁判官の補足意見であろう。そこでは仮処分と検閲の類似性を説き、憲法の禁止する検閲として、①表現行為が受け手に到達する前に公権力によって抑止される、②裁判所の審査内容が表現の思想内容そのものに及ぶことの2条件を示した。

同判決はもう1つ、政治的・常識的評価と法的評価の峻別という問題を提起した。そこでは、当事者が野党第一党の公認候補と革新攻撃常習の雑誌発行人であるとして、事前抑制を正当化している。確かに、判決はイエロー・ジャーナリズム的雑誌に対する見せしめ処置としてその後、写真週刊誌に対する抑止

● 検閲定義

　「検閲」が何をさすかには大きく2つの考え方がある。**広義説**は憲法21条2項の検閲禁止規定は事前抑制の原則禁止を明記したものであって、一切の事前抑制がこれにあたるとする。結果、その禁止を絶対的として運用することは実際に不可能であり、検閲であっても一定のものは許されざるをえないという結論を導くことになる。一方で**狭義説**は、事前抑制の原則禁止は21条1項に内包されており、2項の規定は行政による事前の検閲制度のみを限定的に禁止するものであって、それは例外を許さない絶対的なものであるとする。そのほか、事前・事後を厳密に区別せず、発行後に内容を検査するものであっても、実質的に事前検閲と同視しうる影響を表現の自由に与える場合は、憲法の禁ずる検閲とする考え方もある。2019年に起きた「あいちトリエンナーレ」展示中止事件では、こうした検閲のとらえ方も議論となった（第8講参照）。

　裁判例としては、**第2次教科書訴訟東京地裁判決**（東京地判1970.7.17、判時604.35）が、「『検閲』とは、これを表現の自由についていえば公権力によって外に発表されるべき思想の内容を予め審査し、不適当と認めるときは、その発表を禁止するいわゆる事前審査を意味し、また、『検閲』は、思想内容の審査に関する限り、一切禁止されていると解すべきである」として、公権力による事前抑制を全面禁止する考え方を示した。

　これに対し、関税法109条と関税定率法21条の違憲性が争われた**税関検査事件最高裁判決**（最大判1984.12.12、民集38.12.1308）では、「検閲がその性質上表現の自由に対する最も厳しい制約となるものであることにかんがみ、これについては、公共の福祉を理由とする例外の許容……をも認めない趣旨を明らかにしたものと解すべきである」と検閲の絶対的禁止を宣言したうえで、「憲法21条2項にいう『検閲』とは、行政権が主体となって、思想内容等の表現物を対象とし、その全部又は一部の発表の禁止を目的として、対象とされる一定の表現物につき網羅的一般的に、発表前にその内容を審査した上、不適当と認めるものの発表を禁止することを、その特質として備えるもの」として、精査厳密化による「検閲」非該当性の余地を拡大した。さらに**北方ジャーナル事件最高裁判決**（最大判1986.6.11、民集40.4.872）で、「事前抑制は、表現の自由を保障し検閲を禁止する憲法21条の趣旨に照らし、厳格かつ明確な要件のもとにおいてのみ許容されうる」と厳格明確要件の提示をしつつ、司法による事前差止め（事前抑制）行為を容認した。このほか、口頭弁論または審尋抜きの仮処分の妥当性についても、反論の機会なく事前規制されることを意味するだけに、問題性を指摘する声がある。

　上記以外に、行政の「検閲」行為が問題となり裁判で争われた事例としては、在監者の閲読制限（第12講参照）や**岐阜県青少年条例訴訟**（第17講参照）がある。前者は監獄法による在監者の文書閲読の制限が検閲にあたるかが争われた事例で、最高裁は利益較量のうえ合憲判断を下した。後者は多くの地方自治体で制定されている青少年条例による有害図書指定及び自動販売機への収納禁止が検閲にあたるか争われた事例で、最高裁は検閲にあたらないとした。

　また、出版物等の押収や差押えが、事実上の発行禁止処分に該当するとして問題になった事例もある。『愛のコリーダ』事件など猥褻刊行物に関して起きやすいが、**天皇風刺ビラ差押え事件**（最判1990.12.13、判例地方自治85.93）でも問題になった。さらに行政機関ではないが、日本放送協会（NHK）が政見放送の音声の一部を削除したことについて、検閲にあたるか争われた**政見放送削除事件**もある（第13講参照）。

効果を上げたとみられているが、一方で、表現者の風評や媒体の性格からして規制はやむなしの風潮を安易に作り上げた面を否定できない。

　常識的見方を常に忘れることなく、一方で感情論や常識論と憲法に則った法律論との峻別が必要であって、これは「社会通念」の危険性にもつながるものである。あくまでも基本は思想の自由市場であって、水道蛇口論（元栓を締めることで情報の流れを元から断ち切ること）の問題性を問うていく必要がある。悪質な表現行為の「浄化」は社会的了解が得やすいが、「社会的良識」によって一切の発表機会を失うことの危険性に留意し、あくまでも事後規制で対処することが原則である。

Ⅲ　表現規制の類型

　表現規制は、いつ、誰が、どのようなかたちで行うのかをみていくことで、いくつかのカテゴリーに分けることができる。すなわち、①情報流通のどの段階でストップしたものか、②規制をしようとする主体は何か、③その理由や手段はどういうものか——である。

1　情報の流れ・媒体による類型

　自由権規約は、「あらゆる種類の情報及び考えを求め、受け伝える自由を含む」と、表現の自由が保障されるためには収集から伝達まですべての過程において自由な情報流通が確保されていることが必要であるとしている。

　その情報の流れを仮に「収集、発表、頒布」の三段階に分けて考えることにしよう。濃淡はあるにせよ、表現主体が個人であっても大マスコミであっても、新聞・テレビ・インターネットのいずれであっても、およそ基本は、情報を集め、それらをまとめ、そして発表する、という過程を踏むことになる。さらに発表された情報は、受け手である聴衆や読者・視聴者に伝わって、はじめて意味を持つものになるからである。

　まず最初の「情報収集・受領過程」は、自分が欲する情報をいかに入手するかということである。人の話を聞く、インターネットで検索する、図書館で調べ物をする、といった行為のほか、音楽会や美術館に行ったりすることも、大切な情報の収集・受領である。メディア企業の場合であれば、新聞社や放送局の記者、カメラクルーが取材するという行為が、この段階に含まれる。そうし

　①事実上の発表機会の喪失：国外においてはすでに発表済みのものであって、発表そのものが一切禁止されるわけではないし、税関により没収、廃棄されるわけではないから、発表の機会が全面的に奪われてしまうというわけではない、とするが、流入が止められれば国内における発表の機会が奪われることに変わりはなかろう。世界中のどこかで発表の機会が与えられていれば、表現の自由は保障されているという解釈は、好きな時間・場所での発表を是とする表現の自由の考え方に反する。また、情報流通の自由化が進んでいるなかで、情報鎖国政策が本当に可能だろうか。

　②目的と規制態様の不明確性：税関検査は、思想内容等それ自体を網羅的に審査し規制するものでないとしたが、検閲に該当しないとされる付随的部分的とは何をさすのか不明であるし、検査行為をすること自体の問題性は減じない。また、思想チェックでなければ表現規制が許されるという解釈にも疑問が残る。

　③規制機関の性質・判断権者の恣意性：税関は、関税の確定・徴収を本来業務とする機関で思想内容のチェックを使命とはしていないとしたが、明瞭な検閲専門機関による検閲に限定化するものであれば、戦時中の検閲のようなものしか該当しないことになってしまう。しかも、現場判断で表現規制をすることが恣意的な規制につながることへの問題認識に欠けている。

　④司法審査の留保による救済方法及び時期：司法審査の機会が与えられており、行政権の判断が最終的なものではないとしたが、表現の自由はタイミングの問題であるという重要な視点が欠落している。救済の機会があることによって行政による規制が許容されては表現の自由は守れない。

● 表現の自由モデル１（情報流通）

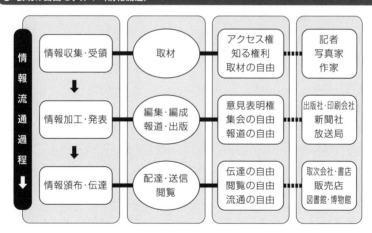

たことから、この段階における表現の自由を、取材の自由、情報収集・受領権、情報請求権、アクセス権、知る権利といった言葉で表すことが多い。

　次の「情報加工・発表過程」の基本は、まとまった自分の意見を、自分が好きなタイミングに、好きな所で、好きな方法により発表することである。発表の方法は、出版もあれば番組を放送することも、映画を作ったり講演会でしゃべることもあるだろう。自分の作品の個展を開いたり、音楽を演奏するということもこの過程の表現行為である。マスメディアであれば一般に、報道とか、出版、放送と呼ばれる行為をさす。ここからわかるように、集会の自由や意見表明権のほか、報道の自由、出版の自由、放送の自由といった言葉で表される、表現の自由の中心的な表現行為過程である。

　たとえば出版の場合、編集プロダクション、出版社や印刷会社、あるいは発行に携わる個人が、直接間接の規制を受けたり、自主的に出版を取り止めたりするのはこの過程であることが多い。裁判所の仮処分による出版差止め、合理的で必要やむをえない限度の制限として最高裁が容認した教科書検定制度もこの過程に該当する。

　そして最後の「情報頒布・流通過程」は、そうして発表された情報が、受け手に届くまでの過程をさし、インターネットを経由して電子メールやデータを送信したり、販売店が新聞を配達すること、衛星放送であれば衛星を経由して情報が流れ、家庭のテレビ受像機を通じて番組を見聞きする一連の過程をさす。媒体によってさまざまな態様があり、雑誌の場合はキオスク（駅の売店）やコンビニエンスストアであったり、書籍であれば書店や図書館で、私たちはそれら表現物を手にするわけであるが、その前には出版流通を専門に扱う卸業者である取次会社が存在する。

　放送やインターネットなどの通信の分野では送信・伝送段階において、近年、情報流通を規制する法律が相次いで施行されている。不正アクセスや成りすましといわれるインターネット特有の犯罪を防ぐためもあるが、媒体特性から、印刷媒体とは違って発表段階よりも流通段階においてその規制の網をかける傾向にあるといえるだろう。さらに、書籍や雑誌広告の掲載・掲出拒否や、図書館・博物館における閲覧制限等も、受け手が出版の事実を知ったり、読む・見る権利を奪うものとして、このカテゴリーに含めて考えることができる。この過程では、頒布の自由、伝達の自由、閲覧の自由、通信の自由として問題を扱うことになる。

● **表現の自由モデル2（媒体別規制）**

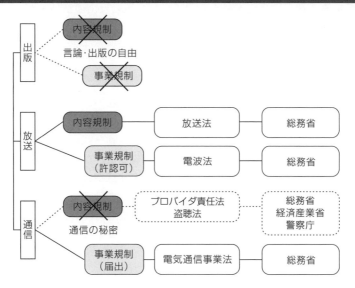

　従来の通信メディアはコモンキャリアとしての性格上、事業規制を受け（その代わりに経営上特別の保護を受け）、その一方で表現内容については一切の関与を認められず（通信の秘密を守ることの法的義務付け）、言い方を変えれば内容については責任を負わずにすんでいた。

　しかし、その通信と放送にまたがるかたちで発展してきたインターネットメディアにおける法体系（表では「電脳モデル＝インターネット・モデル」と表記）の特徴は、表現内容規制は受けるが事業規制は原則ない（市場参入・撤退は自由）というものである。その意味で、新しい第4の類型ということができるだろう。

　ただしこれは、現実を立法によって追認したものであって、インターネット上の表現内容を放送メディア同様、法規制の対象とするかどうか（第4の新しいメディア法形態として固定化するかどうか）については、今後の議論に委ねられている状況にある。通信と放送の融合法制として注目された情報通信法構想を受け、放送法体系の変更が行われ、事業規制については一体化の方向性が示されたが、内容規制については両者は別カテゴリーに据え置かれたといえる（第9講参照）。

		内容規制	
		あり	なし
事業規制	あり	放送モデル	通信モデル
	なし	電脳モデル	出版モデル

　もう１つわかりやすい表現行為の分類方法は、情報を運ぶ媒体に着目することである。日本に限らず多くの国では、表現の自由の法体系がメディア媒体別、具体的には「出版、放送、通信」別に規定されていることが一般的であるため、それぞれの法制度の特徴を知っておくことが肝要である。しかもこれらの規制内容としては、コンテンツ（表現内容）とビジネス（事業）があり、それぞれ別の法律で対応することになっている。

　活字メディアに関しては、規制をする法律がないことが特徴になる。戦前・戦中には、新聞紙法や出版法が紙誌面の内容を規制するとともに、事業活動についても制限を加えていたが、戦後は一切の規制を認めていない。放送メディアに関しては、内容・事業ともにそれぞれ規制法が存在する。ただし、放送内容の規制は「自由のための規律」である点に注意が必要である（第９講参照）。

　一方で通信メディアに関しては、内容については憲法で「通信の秘密」が保障され、制限が認められていないが、事業活動を行うことについては法律上の定めがある。ただし、この通信の法体系は、郵便や電話のようなパーソナルコミュニケーションを前提にしていたため、インターネットに代表される新しい通信形態を想定していなかった。そこで、内容についても何らかの制限を認める考え方が強まり、個別の対応がなされつつある（第10講参照）。

2　規制主体・理由による類型

　規制を行った者によって分類する場合、その第１は個別の法律による公権力規制である。具体的には、税関検査、教科書検定、青少年保護条例に基づく読書規制、事前差止め請求仮処分による規制などである。このカテゴリーに属する法規制については、そのほとんどが裁判所で争われ、規制が是認されつつあるが、いまなお違憲の疑いが強いものが少なくない。あるいはまた、社会状況の変化から見直しを迫られているものもある。

　第２は、公権力によらないまでも、出版や放送に対して巨大な社会的な力を持つものによる横槍によって出版が見合わされたり、情報流通がストップしたりする場合である。具体的には、政権政党や政治家からの政治的プレッシャーや、社会グループからの暴力による威迫が挙げられる。このカテゴリーの場合は、プレッシャーの真偽すら明らかにされず、水面下で処理されることが多く、さらに出版社や放送局への影響力もきわめて大きいだけに、問題は深刻である。一方で、市民によるメディア批評活動は今日の市民社会においては必要

● 表現の自由モデル3（規制主体）

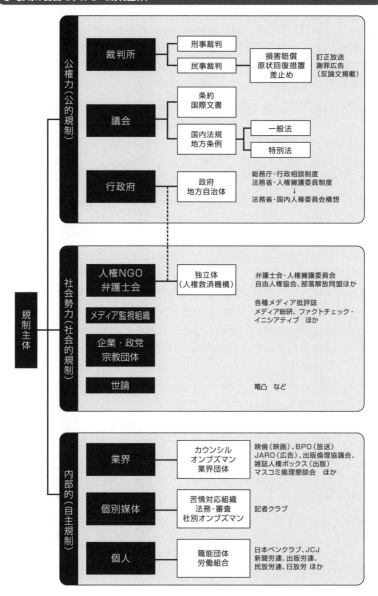

不可欠なものになってきている。

　第3は、いわゆる自主規制である。新聞・放送・出版社、取次会社、広告代理店（広告会社）、あるいは小売店が、それぞれの段階で業界共通や独自の自主的判断によるコントロールを行っている。その本旨は、言語機関としての社会的責務であるとともに、公権力からの言論介入の口実を与えないために、事前にその危険性を摘み取るための自衛手段であるが、往々にしてメディア自身の利害関係や事なかれ主義から自ら口を塞いでしまう例がみられる。

　次に、規制の理由付けによって分ける場合の1つ目は、表現内容によって行う規制である。内容規制には、主に政治的内容に関する出版物の表現、差別・猥褻等の表現、個人の人格を損なう表現——がある。

　最初のカテゴリーとしては、国家の安全、社会の安寧を守ることを理由に、2013年にできた特定秘密保護法や米軍関連を定める刑事特別法・秘密保護法が、軍事・防衛上の秘密等を報ずることを禁止している。また、破壊活動防止法は、違法行為を扇動したり社会秩序を乱す言論を禁じている。あるいは、民主主義の基本である公正な選挙を行うために、公職選挙法が一部の報道を規制している。

　次のカテゴリーは、社会の環境や秩序を守るために行う表現規制で、平等な社会を作る、風紀を守る、あるいは子どもの健全な成長を期待するといった、社会目的の実現との調整が必要となる。人種や性などを理由とした差別的表現や暴力的表現の自主規制、猥褻表現物の刑法による禁止などが該当する。

　そして最後のカテゴリーには、刑法及び民法上の名誉毀損、あるいはプライバシー侵害を理由とした、個人の人格権を守るための規制がある。近年では、差別、猥褻表現も当該個人もしくは集団の人格権侵害にほかならないことから、むしろこのカテゴリーに含めて考えることもある。

　もう一方の内容によらない規制とは、販売の時、所、方法（態様）といった情報発信のタイミングを規制する方法である。映画の年齢による入場規制などは、古くから実施され社会的に定着している表現内容中立規制である。このように青少年のためを規制目的にするのが典型例で、表現発表行為は自由を保障しつつ、主に流通過程による制限によって目的達成を図ろうとするものである。ただし、出版の自由とは、自分が好きなときに好きな場所で好きな手法で出版・販売できなければ、出版の価値が半減してしまうこともあるだけに、実質的な発表の自由を守るためには規制の拡大に注意が必要である。

● 表現の自由モデル4（規制態様）

検閲（事前規制）　　　事後抑制　　　事前抑制（検閲）

表現内容（観点規制）

個人的利益	社会的利益	国家的利益
名誉、プライバシー 著作権	社会秩序、善良風俗 子ども保護	適正教育 公正裁判、公正選挙 国家・外交秘密

表現態様（内容中立的規制）

方法	場所	時
例	例	例
販促方法の制限（新聞勧誘）	販売場所の制限（成人向け図書）	放送時間の制限（たばこ広告）

【参考文献】

内川芳美『マス・メディア法政策史研究』（有斐閣、1989年）、内川芳美編『現代史資料　マス・メディア統制　1・2』（みすず書房、1973年・1975年）、松本三之介・山室信一『日本近代思想大系』（岩波書店、1990年）、正木ひろし『近きより　1〜5』（現代教養文庫、1991年）、奥平康弘『治安維持法小史』（岩波書店、2006年）、村上直之『近代ジャーナリズムの誕生』（岩波書店、1995年）、春原昭彦『日本新聞通史　4訂版』（新泉社、2003年）、小糸忠吾『新聞の歴史』（新潮社、1992年）、松浦総三『戦時下の言論統制』（白川書院、1975年）、佐藤卓己『現代メディア史』（岩波書店、1998年）、香内三郎『言論の自由の源流』（平凡社、1976年）、ジョナサン・ローチ、飯坂良明訳『表現の自由を脅かすもの』（角川書店、1996年）、エリク・ド・グロリエ、大塚幸男訳『書物の歴史』（白水社、1955年）、ロベール・エスカルピ、清水英夫訳『出版革命』（日本エディタースクール出版部、1979年）、美作太郎、藤田親昌、渡辺潔『言論の敗北』（三一書房、1959年）、海老原光義ほか『横浜事件　言論弾圧の構図』（岩波ブックレット、1987年）、小野貞、大川隆司（共著）『横浜事件・三つの裁判──十五年戦争下最大の言論・思想弾圧事件』（高文研、1995年）、木村亨（松坂まき編）『横浜事件木村亨全発言』（インパクト出版会、2002年）、山田健太『見張塔からずっと──政権とメディアの8年』（田畑書店、2016年）、同『愚かな風──忖度時代の政権とメディア』（田畑書店、2020年）、清水英夫『出版学と出版の自由』（日本エディタースクール出版部、1995年）

第3講 取材・報道の自由と報道定義

I メディアの自由と権利

1 取材・報道の自由の法的保障

　マスメディア、そのうち特に言論・報道機関（ザ・プレス）は、市民の「知る権利」に奉仕するものとして、重要な社会的役割を担っていると考えられている。最高裁も「報道の自由は、憲法21条が保障する表現の自由のうちでも特に重要なもの」と判示する。

　マスメディアの自由が憲法によって明示的に規定されている国は、ドイツやスウェーデンなどを除いて必ずしも多くないものの、多くの国においては裁判所の判断を通じて特別な権利が付与されてきている。日本においても、憲法21条の「言論、出版その他一切の表現の自由」に新聞や放送などのいわゆるマスメディアの表現の自由が含まれることには学説上ほぼ異論はなく、判例も「報道の自由」との概念のもとそうした考え方を認めている。

　さらに、後述するように個別の法律によって、一定の言論・報道機関を特別に保護したり優遇したりしており、その意味で言論・報道機関に対し制度として特別な地位を与えてきた。一般市民の知る権利を補完し、憲法の保障する表現の自由を総体として保障するためには、報道機関の報道が欠くべからざる存在であることを鑑みると、「憲法上の制度」として認めるべき実態を備えているといえるだろう。

　ただし判例にいう報道の自由は、言論・報道機関の意見表明の自由のみをさし、報道の前段階である取材の自由や、出版物の流通・頒布の自由が包含されるかどうかについてはむしろ否定的である。具体的には、報道の自由は憲法21条の保障のもとにある一方、取材の自由は憲法上尊重されるというにとどまっている。一方で通説は、表現の自由の保障には情報の収集・加工・頒布の全過程で自由が保障されることが必要とされており、自由権規約19条では、情報流通の自由という考え方ですべての過程が包含されることが明示されている。

　報道活動が表現の自由に含まれることについて最初に最高裁が認めたのは1950年代の北海タイムス事件であるが、より明示的には1960年代に、博多駅テレビフィルム提出命令事件の決定で、「事実の報道の自由は、表現の自由を規定した憲法21条の保障のもとにある」と判示した。一方で取材の自由についての判例の流れを追ってみると、当初最高裁は、朝日新聞記者証言拒否事件にみ

● 報道の自由を認める判例

朝日新聞記者証言拒否事件最高裁判決（最大判1952.8.6、刑集6.8.974）「〔憲法21条は〕一般国民に平等に認められたものであり、新聞記者に特別の権利を与えたものではない。……国民中の或種特定の人につき、その特種の使命、地位等を考慮して特別の保障権利を与うべきか否かは立法に任せられたところであって、憲法21条の問題ではない」

北海タイムス事件最高裁決定（最大決1958.2.17、刑集12.2.253）「新聞が真実を報道することは、憲法21条の認める表現の自由に属し、またそのための取材活動も認められなければならないことはいうまでもない」

博多駅テレビフィルム提出命令事件最高裁決定（最大決1969.11.26、刑集23.11.1490）「報道機関の報道は、民主主義社会において国民が国政に関与するにつき、重要な判断の資料を提供し、国民の『知る権利』に奉仕するものである。したがって、思想の表明の自由とならんで、事実の報道の自由は、表現の自由を規定した憲法21条の保障のもとにあることはいうまでもない」

● 取材の自由を認める判例

朝日新聞記者証言拒否事件最高裁判決（最大判1952.8.6、刑集6.8.974）「未だいいたいことの内容も定まらず、これからその内容を作り出すための取材に関しその取材源について、……証言拒絶の権利までも保障したものとは到底解することができない」

博多駅テレビフィルム提出命令事件最高裁決定（最大決1969.11.26、刑集23.11.1490）「報道機関の報道が正しい内容をもつためには、報道の自由とともに、報道のための取材の自由も、憲法21条の精神に照らし、十分尊重に値いするものといわなければならない」

外務省沖縄密約事件（外務省秘密電文漏洩事件、西山記者事件）最高裁判決（最判1978.5.31、刑集32.3.457）「報道機関が公務員に対し根気強く執拗に説得ないし要請を続けることは、それが真に報道目的からでたものであり、その手段・方法が法秩序全体の精神に照らし相当なものとして社会観念上是認されるものである限りは、実質的に違法性を欠き正当な業務行為というべきである」

● 知る権利への奉仕の意味

　取材・報道の自由（プレスの表現の自由）と一般市民の表現の自由の関係をどう捉えるかについては、取材・報道の自由をあくまで市民の表現の自由の延長線上にあるものと考えることもできる。この場合には当然、プレスに特権を認めない代わりに、責任を課すこともないわけであって、プレスが現実に社会で果たしている役割は、あくまでも社会的・倫理的責任に基づくものであるということになる。一方で、プレスの知る権利への奉仕をある種の法的な義務であると捉えることによって、一般市民が有する自由とは異なったレベルの特別な表現の自由（取材・報道特権）を認め、一方で法制度上の義務として特別な責任をプレスが負うこととなる。

　こうした違いから、日本の判例や学説の多くは、プレスに一般市民の表現の自由以上の権利や優越的地位を与えることに消極的であるのに対し、ドイツでは、プレスがコミュニケーション過程で果たす社会的役割を「プレスの公的責務（Öffentliche Aufgabe）」として位置付け、証言拒絶権や公的情報への開示請求権などの特権を認めてきている（第4講参照）。

られるようにきわめて消極的な見解を提示していたものの、それから17年後の博多駅テレビフィルム提出命令事件で見解を転換し、取材の自由の尊重を宣言した。そして、外務省沖縄密約事件で取材の自由につき独自の射程距離を認め、積極的に承認するに至ったのである。

なお頒布の自由については、情報流通の自由として別に取り扱う（第8講参照）。

2　取材活動をめぐる規制

取材・報道をめぐっては、法文上の規定もしくは解釈運用によって、さまざまな規制が行われている。ここでは、司法・立法・行政別に主に取材活動による制限実態を確認する。

第1に、司法情報へのアクセス規制については従来から、①法廷内カメラ撮影の制限（ビデオ／スチール）、②訴訟記録（民事・刑事）の閲覧制限、③在監者（拘留者）との面会制限——というかたちで取材規制を受けてきた。また、少年事件の審判については、一般市民同様に傍聴をまったく許されない状況にある（第7・18講参照）。

さらにこの点については、2009年の裁判員制度施行に伴い、裁判員に対する接触禁止や判決後の裁判員記者会見における裁判所職員による質疑応答の制限が実施されている。

この点、海外では法廷侮辱罪による報道禁止命令が出されることがあり、公判前から判決後も含め、容疑者・被告の特定情報の報道が禁止されたり、無罪判決時の判決批判が罰せられる例がある。これに関連して事実上、取材についても制約を受けることになる。

第2に、立法情報へのアクセス規制については、①国会カメラ撮影の制限、②官庁に設置される審議会等に対する傍聴規制がある。前者は、国会における証人尋問の際に、カメラによる撮影行為（スチールカメラ）、テレビ中継・収録などの行為（ムービーカメラ）を禁止するものであったが、1988年1月の議院証言法再改正によって、許可されることになった。後者は、審議会の位置付けによっては公開の対象となっていないものも多く、オフレコ扱いの会議であることから報道が制限されるものが多い（第7講参照）。

第3の行政情報へのアクセス規制としては、①自治体ほか公的機関の取材拒否、②警察の情報秘匿傾向や広報体制の強化・充実、③庁舎管理権の強化、④

● 公権力の取材規制事例

　地方自治体が実際に行った取材拒否事例としては、白石愛媛県知事（当時、以下同じ）の日刊新愛媛事件や、石原東京都知事や田中長野県知事が記者会見時に特定社への回答を拒否した事例を挙げることができる。前者は、愛媛県が1984年8月から85年12月にかけて、県政に批判的な立場をとる日刊紙「日刊新愛媛」の取材を一定期間全面的に拒否、これに対し同紙は損害賠償請求訴訟を提起した。同紙の廃刊に伴い訴訟が取り下げられ、決着をみないまま終結した。あるいは2010年代に入り、官公庁や自治体が庁舎への出入りや移動に制限を加える事態も発生している。たとえば経産省は各部屋の扉を施錠し、取材はすべて事前予約を取って、別室で行う方式を採用した。これによって、受けたくない取材や記者に会わずにすませるなどの弊害が起きている。2020年のコロナ禍では、記者会見の回数や人数が制限されたり、議会の傍聴も制約を受けるなどの事例が報告された。

　1990年以降、各県警の匿名発表が増加している問題がある。犯罪被害者等基本法やそのもとでの基本計画を受けた被害者側からの要望とするほか、報道されたあとに被害者から警察が抗議を受けても対応できないことが理由とされている。神奈川や和歌山では、原則、実名発表したうえで、広報文に被害者等からの匿名要望を付記するかたちが定着している。また、少年事件の匿名発表は内部規則に基づくもので、裁判でも警察に実名発表の責任を負わせるものがあることや、報道による二次被害が生じていることから、被害者や当事者が警察側に人権の擁護を強く求めた結果と推定される。さらに2019年に発生した京都アニメーション放火事件では、被害者の実名報道に対し世間からは厳しい批判が寄せられるなど、社会全体に実名報道の必要性が希薄化しているなかで、行政側もますます匿名発表化している。

　取材への応諾拒否については、取材申し込みを拒否する場合と、記者会見の出席を認めない場合に大別でき、さらにその拒否主体が公的機関かなどによっての類別も可能であろう。前述日刊紙愛媛はその双方に該当し、前者の事案として週刊紙が公立学校への取材を拒否された**泉北コミュニティ事件**で裁判所は、「取材の対象たる当該公的機関所属の公務員にその取材への応諾義務を課すという意味での取材の権利が、報道機関に対し、憲法上保障されているものではない」と判示している（大阪地堺支判2007. 11. 28、判時1640. 148）。

● 取材源の秘匿と情報源の明示

　取材源の秘匿は一般に外部に対してと理解されており、報道機関内部においては編集責任者がニュースソースを了解している必要があるとされている。報道に責任を持つためには、編集権を有する者が知っている必要があるという論理であって、具体的には新聞社でいえば編集局長や直属の部長をさすと考えられているが、秘匿がジャーナリスト個人に認められた特権であるとするならば、矛盾することになりうる。ただし、大手の新聞社・放送局に所属する記者にのみ与えられたものとするのであれば、社内においては情報を共有する（上司に教える）余地があると考えられる。

　一方で政治報道の場合などでは便宜的に、「高官」「首脳」などの隠語で、オフレコ発言の情報源をぼかしたり、発言者の責任を回避する手法が一般に使われている。2000年以降、記事ねつ造事件などがきっかけとなって、アメリカでは情報源を明示する傾向にある（AP通信編集局長綱領の改訂ほか）。日本の報道界でも、裁判員裁判実施を前にした事件報道見直しのなかで（2008年1月発表の日本新聞協会、日本民間放送連盟の見解参照）、容疑者情報の出所を明らかにする意味から「情報源の明示」を謳っている。

個人情報からの隔離——が挙げられるだろう。警察発表時の匿名発表や広報体制強化に伴う情報コントロールは2000年前後からの大きな特徴で、都道府県の警察が事件や事故を広報する際に、関係者の氏名を匿名発表する傾向が強まってきた。従来から、未成年の容疑者や性犯罪被害者、精神障害者などについて匿名発表が行われる場合があったが、比較的軽微な刑事事件の被害者や交通事故の当事者についても、匿名発表が広がっている。

　また、検察庁や警視庁・警察署庁内への立入禁止あるいは取材拒否処分による報道規制を、庁舎管理権に基づく措置として行う事例がみられる。個人情報との関係では、1985年6月の住民基本台帳法改正に伴い、一部自治体において、法に基づくかたちで報道機関による台帳の閲覧が全面的に禁止され、取材活動の基礎となる個人情報を行政機関から入手することに障害が生じている。

Ⅱ　取材源の秘匿

1　証言拒否

　取材の自由が具体的に争われた事例としては、裁判所が記者に証言や取材メモ等の提出を求めた場合の取材源（ニュースソース）の秘匿をめぐる問題がある。内部告発の場合など、その情報提供元の秘匿が守られないと、取材先との信頼関係を失い将来の取材行為に支障が生じ、ひいては取材行為自体への規制と結果的に同じ効果を引き起こすとして、取材源の秘匿は日本の報道界の長年の慣行（職務上の倫理的義務）として確立している。

　証言拒否については、刑事訴訟法と民事訴訟法で業務上秘密の証言拒絶（拒否）権が規定されている。刑事訴訟法149条は、医師、助産師、弁護士、聖職者といった列挙主義を採用しており、朝日新聞記者証言拒否事件で最高裁は、公共の福祉（公正な裁判）を優先し、刑事訴訟法によって医師等に認められている証言拒絶権を新聞記者に類推適用することを認めなかった。

　一方、民事訴訟法197条（旧281条）では広く「職業の秘密」を規定しており、1980年の北海道新聞記者証言拒否事件では、民事訴訟法によって認められている証言拒絶権が、新聞記者に適用される場合があることを承認した。さらに2006年に一連の証言拒否事件で最高裁は、証言が求められる場合の条件を明示的に追加、同一事例で新聞・放送・通信・雑誌記者についておおよそ同様の

刑事訴訟法（1948.7.10法131）

第149条［業務上秘密と証言拒絶権］　医師、歯科医師、助産師、看護師、弁護士（外国法事務弁護士を含む。）、弁理士、公証人、宗教の職に在る者又はこれらの職に在つた者は、業務上委託を受けたため知り得た事実で他人の秘密に関するものについては、証言を拒むことができる。但し、本人が承諾した場合、証言の拒絶が被告人のためのみにする権利の濫用と認められる場合（被告人が本人である場合を除く。）その他裁判所の規則で定める事由がある場合は、この限りでない。

朝日新聞記者証言拒否事件（石井記者事件）最高裁判決（最大判1952.8.6、刑集6.8.974）

「未だいいたいことの内容も定らず、これからその内容を作り出すための取材に関しその取材源について、公の福祉のため最も重大な司法権の公正な発動につき必要欠くべからざる証言の義務をも犠牲にして、証言拒絶の権利までも保障したものとは到底解することができない」

民事訴訟法（1996.6.26法109）

第197条［証言拒絶権］　①次に掲げる場合には、証人は、証言を拒むことができる。

二　医師、歯科医師、薬剤師、医薬品販売業者、助産師、弁護士（外国法事務弁護士を含む。）、弁理士、弁護人、公証人、宗教、祈禱若しくは祭祀の職にある者又はこれらの職にあった者が職務上知り得た事実で黙秘すべきものについて尋問を受ける場合

三　技術又は職業の秘密に関する事項について尋問を受ける場合

第198条［証言拒絶の理由の疎明］　証言拒絶の理由は、疎明しなければならない。

北海道新聞記者証言拒否事件（島田記者事件）最高裁決定（最三小決1980.3.6、判時956.32）

「新聞記者の側と情報を提供する側との間において、取材源を絶対に公表しないという信頼関係があって、はじめて正確な情報が提供されるものであり、従って取材源の秘匿は正確な報道の必要条件であるというべきところ……『職業ノ秘密』に該る」

地方自治法（1947.4.17法67）

第100条　①普通地方公共団体の議会は、当該普通地方公共団体の事務に関する調査を行うことができる。この場合において、当該調査を行うため特に必要あると認めるときは、選挙人その他の関係人の出頭及び証言並びに記録の提出を請求することができる。

　NHK記者証言拒否事件最高裁判決（最大判2006.10.3、最高裁ウエブサイト）では、保護に値するか否かは、証言拒絶によって犠牲になる真実発見及び裁判の公正と、秘密の公表によって生ずる不利益の比較衡量で決するとした。その衡量にあたっては、①報道が公共の利益に関するものであること、②取材の手段、方法が一般の刑罰法令に触れるとか、取材源となった者が取材源の秘密の開示を承諾しているなどの事情がないこと、③当該民事事件が社会的意義や影響ある重大な民事事件であるため、当該取材源の秘密の社会的価値を考慮してもなお公正な裁判を実現すべき必要性が高く、そのために当該証言を得ることが必要不可欠であるといった事情が認められないこと、といった条件が揃った場合に、拒絶の特段の事情を認めるとした。

判断が示された。

　1980年判決では、「公正な裁判の実現」と「取材源秘匿により得られる利益」を比較衡量しつつ、公正な裁判の実現にほとんど必須な場合にのみ証言を求めることができるとしていたのに対し、2006年判決では、報道関係者の取材源が、民事訴訟法にいう「職業の秘密」に該当すると明確に認め、拒否できる場合の条件を定めた。またその前提として、取材源の秘匿が取材の自由を確保するために必要なものとして、重要な社会的価値を有することを認めたのが特徴である。

　これによって、従来から考えられてきた証言拒否の利益である、①取材源（内部告発者）の保護、②担当記者及び当該報道機関の信頼性の確保、③報道界全体もしくは取材・報道の自由という社会的利益の確保、はおおよそ裁判所によって認容されたといえよう。ただし一方で、刑事事件や地方自治法100条に基づく出頭要請の拒否（証言拒否）が許されるかどうかについては、未だに定かではない。しかし、前述の1952年最高裁判決は、裁判所が取材・報道の自由について十分理解を示していなかった時代のものであり、判例変更の可能性は高いとも考えられるが、限定列挙の壁はなお厚い。

　この点、刑事事件では裁判所（検察）も記者の証言を求めることにつき自重しているため、問題を回避してきているという面が否めない。一方では地方自治体の百条委員会における証言要請が珍しくない実態があり、取材の自由に対する理解が地方議会においては浅薄であることが窺える。報道機関は現在でも出頭拒否、宣誓拒否、証言拒否などの使い分けによって対処しているが、こうした「その場しのぎ」の対応策ではなく、アメリカ（31州及び特別区で「シールド法」が存在）やドイツにみられるような特別法の検討が求められる。なお、1997年の民事訴訟法改正にあっては、結果的には成文化されなかったものの、報道関係者の証言拒絶権を明文化しようとの動きもみられた（新聞界の反対で見送られた経緯がある）。

　これとは別に、取材源に限定されない、広く記者活動によって得られた内容にまで、判例が及ぶかどうかの問題が残る。またこれを広げていくと、いわゆる自己取材情報（ワークプロダクツ）と呼ばれる、録画テープ（取材テープ）や取材メモの差押えや提出命令を拒否できるかの問題に行き着く。

　なお、記者（報道関係者）が事件の当事者として証言を求められた場合には、裁判所に出頭し証言を行った場合も存在するほか、一方で1968年発生の金

● ビデオテープの提出拒否

博多駅テレビフィルム提出命令事件最高裁決定（最大決1969.11.26、刑集23.11.1490）　RKB毎日放送、NHKなど4局の取材フィルムの提出を裁判所が求めたもので、「フィルムの提出命令が許容されるか否かは、審判の対象とされている犯罪の性質、態様、軽重及び取材したものの証拠としての価値、公正な刑事裁判を実現するにあたっての必要性の有無を考慮するとともに、……取材の自由が妨げられる程度、これが報道の自由に及ぼす影響度合いその他諸般の事情を比較衡量して決せられるべき」であり、「報道機関が蒙る不利益は、報道の自由そのものではなく、将来の取材の自由が妨げられるおそれがあるというにとどま」り、受忍されなければならないと判示した。

録画ビデオテープ証拠採用事件（銀座駅事件）地裁判決（東京地判1970.9.11、刑裁月報2.9.970）　「法令により特に禁じた場合以外は、何人もこれを受信し、複写し、使用しても何ら放送、放映の権利を害するものではない」と、放映されたニュースを警察官が録画したビデオテープの証拠能力を認容した。

放映済みテープ証拠採用拒否事件（大阪空港夜間飛行禁止等請求事件）地裁判決（大阪地判1971.11.15、判時651.28）　「フィルム等は編集物として性質上製作者の主観が無意識的にせよ加味されていないとは断定できないから、直接の証拠等に比して証拠価値が劣ることは否定できず、裁判の証拠として使用すると将来の取材活動について有形無形の不利益が生ずるであろうことは否定できない」

日本テレビビデオテープ差押え事件（リクルートビデオテープ押収事件）最高裁決定（最決1989.1.30、刑集43.1.19）　「将来の取材の自由が妨げられるおそれがあるという不利益にとどまる。……適正迅速な捜査を遂げるためになお忍受されなければならない」

TBSビデオテープ差押え事件（ギミア・ぶれいく事件）最高裁決定（最決1990.7.9、刑集44.5.421）　「報道機関において、将来本件と同様の方法により取材することが仮に困難になるとしても、その不利益はさして考慮に値しない」

＊この事件では、TBSは任意の提出を拒否し、また押収されたテープは放映済みのテープではなくいわゆるマザーテープであったが、これらの点は、「差押当時既に放映のための編集を終了し、編集に係るものの放映を済ませていたのであって、本件差押により申立人の受ける不利益は、本件ビデオテープの放映が不可能となって報道の機会が奪われるというものではなかった」などと、放映済みとオリジナルの差異について十分な検討があったとはいい難い。

渋谷暴動テレビフィルム証拠採用事件（渋谷暴動事件）高裁判決（東京高判1983.7.13、高刑36.2.86）　博多駅事件テレビフィルム提出命令事件最高裁決定が未放映分を含むテレビフィルム原本の提出命令であったのに対し、放映済みテレビニュースの録画テープであって、「入手の方法に強制の要素はいささかも含まれていない」として「将来の取材の自由が妨げられ、ひいては報道の自由が侵害される結果を招来するものではない」とする。

刑事訴訟法（1948.7.10法131）

第99条［押収・差押］　①裁判所は、必要があるときは、証拠物又は没収すべき物と思料するものを差し押えることができる。但し、特別の定のある場合は、この限りでない。
③裁判所は、差し押えるべき物を指定し、所有者、所持者又は保管者にその物の提出を命ずることができる。

嬉老事件では、TBS記者が「現場での体験を放送以外の場所で明らかにすることは記者としての良心に反する」として被害者としての証言を拒否した事例がある。また、1985年発生の豊田商事会長刺殺事件の目撃証人として証言を求められた際には、検察側証人として出廷する、弁護側で出廷する、出廷そのものを拒否するなどと、報道機関間で対応が分かれた。

2　フィルム提出及び押収・差押え

　同様な事例として、裁判所へのニュース・フィルムの提出や、捜査過程におけるニュース素材の提供が問題となることが増加してきている。いずれの場合も裁判所は、司法の公正・円滑な遂行や捜査の必要性から、ニュース・フィルムにとどまらず未編集のビデオテープを、裁判所、検察庁、警察の各段階に提出することを命ずる決定を下しており、事実上、取材の自由が大きく制約されているといえる。

　検察による差押え・押収について最高裁は、1989年の日本テレビの事例で、捜査上の必要性に基づく押収を広範に認める立場を確認した。また、捜査段階における警察の差押え・押収についても、1990年に起きたTBSの事例で、放映の機会を逸したわけではなく問題なしと判断をした。

　これらからわかることは、報道目的以外に取材の成果物を利用することは、将来における取材活動に他者の協力を得られなくなるおそれがあり、取材の自由を侵害するという論理を、最高裁は真っ向から否定していることになる。ただし、いずれの決定においても少数意見がついており、そこでは報道機関の立場を保護すべきとの判断が示されている（2017年の**鹿児島県制圧事件**では、ドキュメンタリー番組の取材中の場面を記録したDVDの証拠採用を認めなかった）。

　また、審判中及び公判中の証拠採用については、博多駅テレビフィルム提出命令事件と渋谷暴動テレビフィルム証拠採用事件等が参考になる。前者で最高裁は、報道機関の取材源秘匿の必要性と公正裁判実現の必要性を比較衡量して、「報道機関の将来における取材活動の自由を妨げることになるおそれがないわけではない」としつつ、放映済みテレビフィルムがデモ隊に対する機動隊の暴力の有無を確認するためという報道目的外の利用であったとしても、公正な刑事裁判の実現のため受忍されるべき範囲とした。後者は放映されたテレビニュースの録画ビデオの証拠採用が問題とされたが、ビデオテープ等の取り調

● ニュースマスメディアの位相

マスメディア | **パーソナルメディア**

ニュースメディア

通信	インターネット ※上記のすべてに重なる可能性あり		郵便・電話
放送	ラジオ／データ放送		SNS
	テレビ		音声・動画配信
	映画・ビデオ・DVD		
再販著作物	音楽用CD・レコード		
活字	新聞／デジタル出版		新聞
	雑誌		雑誌
	書籍		書籍
	立看・チラシ		立看・チラシ

　現行法規が想定している特例を与えるのに適当なメディアとは、おおよそ「言論・報道機関」もしくは「言論・報道機関が発行・放送する媒体」ということであって、これを少し別の言い方で表現するならば、「ニュースを伝えるマスメディア」ということになるだろう。従来の、新聞紙・雑誌といった紙媒体か、ラジオや地上波テレビといった放送媒体か、といった媒体の種別や形態に拠った区分けが、デジタル・ネットワーク化のなかで変わらざるをえないなかで、具体的にはインターネット上の「報道」にもその範囲を拡大することを意味している。こうした報道（ニュースメディア）の範囲拡大は、たとえばNHK・民放連や新聞協会あるいは雑誌協会といった、業界団体を中心とする話し合いで調整してきた報道ルールを、関係メディア間でどう調整するかという、新しい、そして難しい問題を生むことにもなる。

べが報道の自由と抵触するおそれはないと判示している。

　一方、メディアへの証言や証拠提出は求めない代わりに、取材源（情報源）を刑事訴追するという新たな事態が発生し、2008年以降、大きな社会問題となった。いわゆる「僕パパ」事件では、講談社刊『僕はパパを殺すことに決めた』で大量の供述調書が引用されたことに端を発し、その提供者として鑑定医が刑法の情報漏洩罪で逮捕され、有罪判決を受けた。ほかにも読売新聞記事が理由で、情報源と目される自衛隊員が捜査対象となり、起訴はされなかったものの内部で懲戒処分を受けた。これらは、間接的な証言拒否の否定ともいえ、報道界に大きな課題を突きつけている（第11講参照）。

Ⅲ　報道定義と記者クラブ制度

1　報道もしくはプレスの定義

　一部の言論・報道機関が特別な地位にあると前述したが、具体的にどのようなメディアに対し、取材・報道の自由を特に保障するのかという問題がある。従来、日本の法令では大きく３つの方法によって、マスメディアに線引きを行っている。

　その第１は、「メディア（事業）形態」によるものである。具体的には水防法や気象業務法にみられるように、「放送機関、新聞社、通信社その他の報道機関」といった表記方法で、主な報道機関を列挙している。組織名ではなく、媒体名を表記する方法としては、消費税法、刑事訴訟法、著作権法、金融商品取引法、地方自治法、少年法、陪審法などにあるように、「新聞紙、雑誌その他の刊行物に掲載」「新聞紙その他の出版物」「新聞紙」「新聞紙其ノ他ノ出版物」がある。さらに、労働関係調整法、子どもポルノ禁止法などでは、「新聞、ラジオその他公衆が知ることができる方法」「新聞、ラジオその他の方法」という定め方がなされている。この第１の規定方法がもっとも多く、現行法令の150を超える条文にある。

　「その他」に何が含まれるかは時代によって変化するものと解釈され、少年法では、「その他の出版物」に印刷メディアだけでなく放送メディアも含めるというのが通説であり、最近ではインターネットなどの通信メディアも含める説が有力で、実際にもそうした運用がなされている。

個人情報保護法＜個人情報の保護に関する法律＞ （2003.5.30法57、2021改）

第57条 ［適用除外］　①個人情報取扱事業者及び個人関連情報取扱事業者のうち次の各号に掲げる者については、その個人情報等及び個人関連情報を取り扱う目的の全部又は一部がそれぞれ当該各号に規定する目的であるときは、この章の規定は、適用しない。

　　一　放送機関、新聞社、通信社その他の報道機関（報道を業として行う個人を含む。）　報道の用に供する目的

　　二　著述を業として行う者　著述の用に供する目的

　　三　宗教団体　宗教活動（これに付随する活動を含む。）の用に供する目的

　　四　政治団体　政治活動（これに付随する活動を含む。）の用に供する目的

②前項第1号に規定する「報道」とは、不特定かつ多数の者に対して客観的事実を事実として知らせること（これに基づいて意見又は見解を述べることを含む。）をいう。

③第1項各号に掲げる個人情報取扱事業者等は、個人データ、仮名加工情報又は匿名加工情報の安全管理のために必要かつ適切な措置、個人情報等の取扱いに関する苦情の処理その他の個人情報等の適正な取扱いを確保するために必要な措置を自ら講じ、かつ、当該措置の内容を公表するよう努めなければならない。

第146条 ［委員会の権限の行使の制限］　①委員会は、前3条の規定により個人情報取扱事業者等に対し報告若しくは資料の提出の要求、立入検査、指導、助言、勧告又は命令を行うに当たっては、表現の自由、学問の自由、信教の自由及び政治活動の自由を妨げてはならない。

②前項の規定の趣旨に照らし、委員会は、個人情報取扱事業者等が第57条第1項各号に掲げる者（それぞれ当該各号に定める目的で個人情報を取り扱う場合に限る。）に対して個人情報等を提供する行為については、その権限を行使しないものとする。

衆議院個人情報保護に関する特別委員会附帯決議

1　個人情報の保護に関する法律案に対する附帯決議

　高度情報通信社会の進展に伴い個人情報の利用が著しく拡大していることにかんがみ、政府は、本法の施行に当たっては、表現の自由等の基本的人権を尊重し、個人情報の有用性に配慮しつつ個人の権利利益の保護に万全を期するよう、特に次の諸点につき適切な措置を講ずべきである。

　　三　主務大臣の権限行使に当たっては、「表現の自由、学問の自由、信教の自由及び政治活動の自由を妨げてはならない」とする本法の規定の趣旨を徹底すること。

　　四　出版社が報道又は著述の用に供する目的で個人情報を取り扱う場合は、個人情報取扱事業者に係る義務規定の適用除外となることを明確にすること。

＊個人情報保護法で定められた報道定義はその後、2006年成立の**探偵業法**（探偵業の業務の適正化に関する法律）の対象定義に援用されるなどしている。情報収集のための聞き込み、張り込み等が規制の対象になることから、とりわけ雑誌等の取材活動への影響が危惧されている。

第2の分類は、印刷媒体を念頭においた「発行形態」による規定である。選挙に関する報道・評論の自由を認める対象について、「新聞紙にあっては毎月3回以上、雑誌にあっては毎月1回以上、号を逐って定期に有償頒布するもの」と規定した公職選挙法148条がこの例にあたる。法律名にもなっている日刊新聞紙特例法などにみられるように「日刊新聞紙」を挙げる法令は数多い。この変型が、発行形態に内容を加味したかたちで、会社法は939条に、公告の方法として、「時事に関する事項を掲載する日刊新聞紙に掲載する方法」と書いている。

あるいはまた、土地区画整理法などでは、「定期刊行物」という表記がなされている。これらでは、発行が定期的で回数が一定数以上であることや、有料販売であることを条件にしていることがわかる。さらに場合によっては、「総合して」「発行部数の多い」との限定によってスポーツや経済など紙面構成が特定分野に限定される専門紙などを除外する手法がとられている。

なお、放送媒体についても公職選挙法は、「基幹放送事業者」として一部の放送媒体に絞りをかけている。具体的には、免許事業であって総合放送を実施する地上波テレビ・ラジオがこれに該当し、一部の衛星放送（CS）やケーブルテレビは除外されている（第13講参照）。これらは、対象エリアに対する普及率や、間接的には媒体の性格を念頭においた規程として分類することが可能である。

第3は、「内容・目的」に着目した分け方である。郵便法では「政治、経済、文化その他公共的な事項を報道し、又は論議することを目的とし、あまねく発売されるもの」と規定する。同様な規定として、「時事を報ずる」と報道内容を例示している法令もある。個人情報保護法では、「報道の用に供する」と規定しているが、これは報道を行うために利用する目的と読み替えることが可能である。

さらに個人情報保護法では、「不特定かつ多数の者に対して客観的事実を事実として知らせること（これに基づいて意見又は見解を述べることを含む。）」と新たな絞り込みをかけた報道定義を行っている。これによって同法の報道定義は、①放送機関、新聞社、通信社その他の報道機関、②報道の用に供する目的、③不特定かつ多数の者に対して、④客観的事実を事実として知らせること——を「報道（あるいは報道機関）」の条件としている。

この解釈にあたって、国会等では「いやしくも報道をされる以上、それは客

　日本の記者クラブの起源は一般に、1890年の大日本帝国議会開設まで遡ることができる。当時の主要新聞であった時事新報記者の呼びかけで、議会の傍聴を求めて議会出入り記者団を作ったというのである。その後、地方紙の記者が合流し同盟新聞倶楽部に発展、これが現在の国会記者会になった。戦時中、政府が翼賛報道機関として積極的に記者クラブを利用したこともあって、占領中にGHQのインボデン新聞課長が「記者クラブは新聞の自由を妨害するものとして解散あるいは改組せよ」（1946年）と警告したのに対し、取材上の問題に一切関与しないし、共同会見の場合も非クラブ員の参加は自由とし、「親睦団体」として存続させる、といった経緯で存続したとされている。

　今日では、たとえば中央官庁に設けられている記者クラブは、登録された記者の集まりとして存在し、取材対象機関の建物のなかに構成者が独占的に使用できるスペース（記者室＝プレス・ルーム）を確保して活動している。この作業スペースは社ごとに区切られ、専用の机や電話がおかれ記者が常駐しており、資料の配付等が行われる。一般にはこうした常駐記者のなかでクラブ会費を徴収し、輪番で幹事を選出し、クラブ運営が行われている。議決はクラブ総会で行い、入会規程等の会則を持つ。日常的な作業スペース以外に記者会見場（記者会見室＝カンファレンス・ルーム）が用意されており、会見・発表が行われる。会見は記者クラブ主催が一般的であるが、実質的には発表側が主導権を持つものも多い。

国の庁舎等の使用又は収益を許可する場合の取扱の基準について（1958.1.7大蔵省管財局長通達1）
2　次の施設は、国の事務、事業の遂行のため、国が当該施設を提供するものであるから、この基準でいう使用又は収益とはみなさないことができる。
　　ロ　新聞記者室

　京都府記者クラブ訴訟で地裁は、「記者室に関わる便宜供与は府の広報活動の一環であり、目的内使用である」（京都地判1992.2.10、判タ781.153）と判示、同様の**京都市記者クラブ訴訟**では地裁が、「[記者室の設備は]取材活動のための必要最小限のものであり、[市長の記者懇談会は]記者を接遇し広報業務を円滑に行うものであり、日常の取材活動を補う貴重な機会として捉えられている」とした（京都地判1995.4.5、判タ915.110）。同事件の高裁では、「公金支出が違法であるか否かは、それが裁量権の範囲を逸脱し、又は乱用した場合にあたるか否かによって判断されるものであり……便宜供与を受けることがジャーナリストの倫理に違反するかどうかを問うのとは論点」が異なるとした（大阪高判1996.2.28、最判1996.9.3）。一方で同時期に記者クラブに対して提訴した**京都市政記者クラブ訴訟**では、記者クラブについて「きわめて限られた範囲の第三者を相手にする活動であって、それが被告の構成員である構成社、会員から独立した別個の社会的活動とは評価できない」と判示し当事者能力を有しないと門前払いした（京都地判1994.12.19、判タ883.167）。裁判所での傍聴席の確保や判決要旨の交付が記者クラブ加盟社のみに認めていることにつき、フリーライターが国家賠償請求を行った**寺澤有記者クラブ訴訟**でも、裁判所は当該行為が「司法行政上の便宜供与」で裁量に委ねられているとし、加盟社（新聞・通信・放送）にのみ認める区別的な取り扱いには合理性があると判断した（東京地判2006.1.25、判タ1229.234）。

観的事実を事実として知らせるためにかかれていると判断」「社会の出来事
（客観的事実）を不特定多数の人に知らせようとする意図のもとに事業として
行われるもので、いわゆるスキャンダル報道を含む」「結果的に事実に反する
かどうかは関係ない」などとの解釈説明がなされた。この点、外縁が不明確で
時代により意味内容も変遷する「報道」を、一般的・固定的に、しかも従来よ
り限定するかたちで定義してしまう危険性はどうしても拭えないのではなかろ
うか。

　内容分類でもう１つのパターンが、独禁法、著作権法で定める「著作物」で
ある。ただし、この両者が意味するものは大きく異なり、前者は、新聞、書
籍・雑誌、音楽用 CD に限定されるのに対し、後者は著作権が発生するものす
べてを包含するきわめて広い対象を意味することになる。さらに郵便法の第三
種郵便規定では、「広告50％以下」という規定もされている。

　このほか放送・通信メディアにおいては、詳細な区分規定が放送法や電気通
信事業法等においてなされている。

　こうしたプレス定義が、メディア・コンテンツの「峻別・限定化」によっ
て、良いメディアと悪いメディアを分けたり、「一般化」によって特権を剥奪
したりするための道具に使われる傾向が少なからず存在する。さらにまた、行
政による恣意的判断（疑似検閲）によって公権力の「メディアコントロール」
を進行させるものであるとすれば、十分な注意が必要である。

2　記者クラブ制度の現状と課題

　上記のような法律上の報道もしくは報道機関の定義とは別に、事実上、一定
の報道機関を法的にも実態上も区別している社会制度が存在する。それが「記
者クラブ」で、全国で1000を超えるともいわれている。その実態は、日本で活
動する主要メディアがその取材先との関係でまとまった組織を形成し、記者会
見を開いたり取材ルールを自主的に定めたりする、特定報道機関による取材・
報道のための機関である。一方、取材される側（一般には官公庁などの公共機
関）も、情報の発表先として重宝してきた経緯がある。

　記者クラブの性格について、日本新聞協会は従来、「親睦団体」（「記者クラ
ブに関する新聞協会の方針」1949年、その後、1985年編集委員会見解まで踏
襲）としてきたが、実態が「取材機関（活動団体）」であることは明らかであ
り、1997年、新聞協会は新たな見解によって、記者クラブの性格付けを現実に

記者クラブに関する日本新聞協会編集委員会の見解（2002.1.17、2006一部改訂）抜粋

　記者クラブが主催して行うものの一つに、記者会見があります。公的機関が主催する会見を一律に否定するものではないが、運営などが公的機関の一方的判断によって左右されてしまう危険性をはらんでいます。その意味で、記者会見を記者クラブが主催するのは重要なことです。記者クラブは国民の知る権利に応えるために、記者会見を取材の場として積極的に活用すべきです。

　記者会見参加者をクラブの構成員に一律に限定するのは適当ではありません。より開かれた会見を、それぞれの記者クラブの実情に合わせて追求していくべきです。公的機関が主催する会見は、当然のことながら、報道に携わる者すべてに開かれたものであるべきです。

○記者室はなぜ必要か

　報道機関は、公的機関などへの継続的な取材を通じ、国民の知る権利に応える重要な責任を負っています。一方、公的機関には国民への情報開示義務と説明責任があります。このような関係から、公的機関にかかわる情報を迅速・的確に報道するためのワーキングルームとして公的機関が記者室を設置することは、行政上の責務であると言えます。常時利用可能な記者室があり公的機関に近接して継続取材ができることは、公権力の行使をチェックし、秘匿された情報を発掘していく上でも、大いに意味のあることです。

　ここで注意しなければならないのは、取材・報道のための組織である記者クラブとスペースとしての記者室は、別個のものだということです。したがって、記者室を記者クラブ加盟社のみが使う理由はありません。取材の継続性などによる必要度の違いも勘案しながら、適正な利用を図っていく必要があります。

　記者室が公有財産の目的外使用に該当しないことは、裁判所の判決や旧大蔵省通達でも認められています。ただし、利用に付随してかかる諸経費については、報道側が応分の負担をすべきです。

EU（欧州連合）駐日欧州委員会代表部「日本の規制改革に関するEU優先提案」（2003.10.16、仮訳）＊2002年版と内容は同じである。

①外国報道機関特派員に発行されている外務省記者証を、日本の公的機関が主催する報道行事の参加許可証として認め、国内記者と平等の立場でのアクセスを可能にすること。

②記者クラブ制度を廃止することにより、情報の自由貿易にかかわる制限を取り除くこと。

日本新聞協会編集委員会代表幹事名通達「外国記者登録証所持者の定例記者会見への参加に関しご協力お願いの件」（2004.3.29）抜粋

　外国メディア支援の具体的な手だてとして、各記者クラブに以下の2点を要請します。

⑴公的機関で行われるオンレコの記者会見に（会見の主催者が公的機関であれ、記者クラブであれ）、外務省発行の外国記者登録証を所持する外国メディアの記者も参加できる原則を確認し、クラブ内での周知徹底をはかり、適切に対応する。当然ながら、記者会見への参加は、主催者が示すルールと報道倫理の順守が条件となる。

⑵会見場のスペースが十分ではなく、希望者全員を収容しきれない場合でも、各クラブの事情が許す限り、代表取材などの形での外国メディアの会見参加を支援する。

あわせ「取材拠点」とし、「記者室と記者クラブの分離」「便宜供与の返上」など、大きな方向転換を行った。

しかしその後も引き続き、情報公開訴訟や住民監査請求を通じて、特定の報道機関に対する金銭的な援助が問題となっているほか、記者クラブ非加盟社（者）の会見参加拒否や優先的な情報提供、作業スペースの確保などについて疑問の声があがるなど、記者クラブの排他性や非公開性の見直しが迫られている。そこで新聞協会は、閉鎖的・横並び体質・特権意識といった批判があることを認め、総合的な見直しを行い、2002年見解をまとめるに至った。

記者クラブが「開かれた存在」であることを改めて強調する内容であるが、基本的考え方はすでに1997年に示されたものと同じといえよう。ここでは、一般にいわれている記者クラブ存在の意義（メリット）と弊害（デメリット）をまとめておく。

メリットとしては、①記者教育機関、②ムダな競争の抑制、③権力の監視、④情報公開窓口、⑤官公庁・企業側の情報デリバリーの受け皿、が挙げられる。③は、行政の肥大化に伴い国民の直接監視が困難になったことで、知る権利を代行する報道機関による権力監視が必要となったために、権力監視機能を有する制度上の組織として存在する意義を認めるものである。⑤は、官公庁・企業側の情報提供のツールの1つとして記者室が設置されており、ニュースの受け皿の1つとしての機能も無視しえない、というものである。

一方でデメリットとして挙げられるものは、取材力やチェック機能の低下を引き起こすような、①閉鎖性・排他性、②癒着（なれあい）・便宜供与（たかり）、③庁舎管理権の乱用、④発表側の広報・パブリシティー手段としての利用、⑤報道機関間の横並び意識、⑥特権意識、⑦取材拒否やオフレコ取材、である。

ただし一方で、一定のメディアを選抜して取材を許可することが必要な場面も少なくない。その場合、選抜方法の公正さや公開性が担保されることを前提に、こうした取材便宜を特権的に求めることは、市民の知る権利を結果的に担保することにつながる点も見過ごせない。

むしろ、記者クラブを積極的に位置付ける必要性もそこから生まれる可能性がある。とりわけ権力と対峙する際に、個々の社では実現が難しい記者会見を実現したり、会見拒否に一致して反対することでその市民権を得ることができるだろう。ただし実際は、一部の社が政治家の立場に立って記者会見を取り仕

● 記者クラブの位置付け

記者クラブに関する日本新聞協会編集委員会の見解（2002.1.17、2006一部改定）抜粋
○取材・報道のための組織

　記者クラブは、公的機関などを継続的に取材するジャーナリストたちによって構成される「取材・報道のための自主的な組織」です。

　日本の報道界は、情報開示に消極的な公的機関に対して、記者クラブという形で結集して公開を迫ってきた歴史があります。記者クラブは、言論・報道の自由を求め日本の報道界が一世紀以上かけて培ってきた組織・制度なのです。国民の「知る権利」と密接にかかわる記者クラブの目的は、現代においても変わりはありません。

　インターネットの急速な普及・発展により、公的機関をはじめ、既存の報道機関以外が自在に情報を発信することがいまや常態化しており、記者クラブに対し、既存のメディア以外からの入会申請や、会見への出席希望が寄せられるようになりました。

　記者クラブは、その構成員や記者会見出席者が、クラブの活動目的など本見解とクラブの実情に照らして適正かどうか、判断しなくてはなりません。

　また、情報が氾濫する現代では、公的機関が自らのホームページで直接、情報を発信するケースも増え、情報の選定が公的機関側の一方的判断に委ねられかねない時代とも言えます。報道倫理に基づく取材に裏付けられた確かな情報こそがますます求められる時代にあって、記者クラブは、公権力の行使を監視するとともに、公的機関に真の情報公開を求めていく社会的責務を負っています。クラブ構成員や記者会見出席者は、こうした重要な役割を果たすよう求められます。

　記者クラブ制度には、公的機関などが保有する情報へのアクセスを容易にするという側面もあります。その結果、迅速・的確な報道が可能になり、さらにそれを手掛かりに、より深い取材や報道を行うことができるのです。

　誘拐事件での報道協定など、人命や人権にかかわる取材・報道上の調整機能も、記者クラブの役割の一つです。市民からの情報発信に対しても、記者クラブは開かれています。

● 政府から記者クラブあての要請書

　記者会見は原則、報道機関側に主催権があるとされているが、首相や官房長官の会見は、もっぱら官邸側が主導するかたちで実施されている。それは制度の問題であるとともに、実態的な力関係にも関係するが、その象徴的な事件が2018年年末に起きた。内閣官房総理大臣官邸報道室長・上村秀紀名で内閣記者会あてに、Ａ４・１枚ほどのタイトルのない平成30年12月28日付文書が記者室に張り出された。「12月26日午前の官房長官記者会見における東京新聞の特定の記者による質問について……事実誤認等がありました」「東京新聞側に対し、これまでも累次にわたり、事実に基づかない質問は厳に慎んでいただくようお願いしてきました。……にもかかわらず、再び事実に反する質問が行われたことは極めて遺憾です」「（国内外で閲覧可能な会見の）場で、正確でない質問に起因するやりとりが行われる場合、内外の幅広い層の視聴者に誤った事実認識を拡散させることになりかね（ず）」「度重なる問題行為については……内閣広報室として深刻なものと捉えており、貴記者会に対し、このような問題意識の共有をお願い申し上げるとともに、問題提起させていただく」といった内容だった。

切ったり、会見拒否を利用して抜け駆けをねらうなどの行為が後を絶たず、むしろ「無用論」の声が強まっている実態がある。

こうしたなか、2002年にはEUから記者クラブ廃止を含む公式な改善申し入れがなされた。外国メディアに対する記者会見の開放などが進んでいる一方で、取材現場では相変わらずクラブ非加盟の雑誌記者・フリーライターをはじめ、クラブ加盟社であっても非常駐を理由とした取材排斥事例が後を絶たず、記者クラブの存在が実際の取材機会の平等性を阻害している状況が続いている。報道界は、被害者の生命の安全確保のため、誘拐事件が起きた場合、地元記者クラブを通じて警察側と報道協定を結び、事件解決までの取材・報道を自粛する慣行を長年保ってきた。しかし実際は、誘拐事件以外でも報道自粛が行われる事例が発生しており、こうした「不報協定」が拡大することには疑問の声が強い。

2009年に入り、記者クラブ制度の今後に影響を与えるであろう出来事が2つ生じている。1つは、8月からの裁判員裁判の実質開始に伴い始まった、判決後の司法記者クラブ主催による裁判員記者会見である。開始前の最高裁と新聞協会との間の協議によって設営されることになった会見は、裁判員との取材機会を確保する点では大きな意味を持ちうるにせよ、裁判所職員が裁判員の回答を遮断したり報道自粛を求めるなど、記者会見のコントロール権が公権力側に存在するかのような展開になっている。

また、同時期の9月に発足した民主党政権は、野党時代から記者会見のオープン化や特定記者との懇談（自宅取材）の拒否などを明らかにしていたこともあり、記者会見のオープン化についてはフリーランス記者の受け入れ等が実現した。知事時代に記者クラブを廃止し「取材道場」と称した取材拠点を用意、記者会見についてもオープン化を実践した田中・元長野県知事も中央政界入りするなど、政治主導で記者クラブ体制の変更が迫られたといえる。

ただし、自公政権の復帰もあり記者クラブ制度自体の大枠は変わることなく継続している。さらに安倍政権下には首相の会見機会の減少とともに、2020年のコロナ禍においては感染防止を理由として出席記者数や質問数の制限にあわせて、会見のあり方が問題となった。また、菅官房長官の会見においても、従来の事実上の時間無制限の会見形態から、質問者、質問数、質問時間を厳しく制約するスタイルに変更され、さらには特定記者を排除することを意図するとみられる「要請文」が記者クラブあてに提出され問題となった。

● 記者クラブの弊害

　記者クラブ弊害として挙げられることが多い3点については、さらに以下の問題に細分できるが、本質的な問題は、こうしたクラブシステムが公権力（大企業・財界等）取材のツールとして社会的な必要性が認められ、形態・手法として妥当なものといえるかどうか、あるいは当事者にとって便利であっても、それが社会的に（第三者からみて）許容される公正さや透明性を担保しうるかという点であろう。

　第1の「閉鎖性」には、記者クラブへの入会、記者室の使用、記者会見への参加、の3つの側面がある。竹内・元鎌倉市長の「広報メディアセンター」設置（1996年）や田中・元長野県知事の「脱・記者クラブ宣言」（2001年）は、後者2つについて県の権限としてクラブ加盟の有無によらず何人にも公開するというものであった。

　第2は「便宜供与（権力癒着）」では、接待ともいえるような食事や物品の供与、記者室の維持運営のための経費負担、取材上の優先的・恣意的・差別的取り扱い、の3つの側面がある。物品の供与については、新聞労連の「記者クラブ改革提言」（1994年）が出された前後から激減しているといわれる。取材上の特別扱いは、時としてオフレコ取材と裏腹の関係でもあり、取材先の情報操作の危険性と隣り合わせである。

　第3の「不報協定」は、黒板協定といわれるクラブの現場判断で結ぶもの（白書などの発表モノの事前交付に伴うものなど）、業界として認知されているもの（誘拐報道協定、叙勲褒章協定など）、行政側の申し出に応じて特別に応じるもの（湾岸戦争避難報道、皇太子妃結婚・出産報道、グリコ森永事件報道、イラク自衛隊報道など）、の3つに分かれる。社会的に大きな問題となるのは最後の場合であるといえる。

【参考文献】

　<取材、報道の自由全般>については、山田健太『沖縄報道——日本のジャーナリズムの現在』（ちくま新書、2018年）、山田健太『ジャーナリズムの行方』（三省堂、2011年）、山田健太『3・11とメディア』（トランスビュー、2013年）、天野勝文・生田真司編『新版　現場からみた新聞学』（学文社、2002年）、桂敬一『現代の新聞』（岩波新書、1990年）、山本明、藤竹暁編『図説　日本のマス・コミュニケーション　第3版』（NHKブックス、1994年）、岸本重陳『新聞の読みかた』（岩波ジュニア新書、1992年）、門奈直樹『ジャーナリズムの現在』（日本評論社、1993年）、川嶋保良他『新版　マス・メディアへの視点』（地人書館、1993年）、小山栄三『比較新聞学』（有斐閣、1951年）、『取材と報道』（日本新聞協会、2002年）、原寿雄『ジャーナリズムの思想』（岩波新書、1997年）。城戸又一・新井直之・稲葉三千男編『講座　現代ジャーナリズム（全6巻）』（時事通信社、1974年）、香内三郎他『現代メディア論』（新曜社、1987年）、高木徹『戦争広告代理店』（講談社、2002年）、羽島知之監修・藤岡伸一郎編著『マスコミ文献大事典（全3巻）』（日本図書センター、2003年）

　<記者クラブ問題>については、丸山昇『報道協定』（第三書館、1992年）、西山武典『「ザ・リーク」新聞報道のウラオモテ』（講談社、1992年）、現代ジャーナリズム研究会編『記者クラブ』（柏書房、1996年）、藤岡伸一郎『取材拒否』（創風社出版、1990年）、岩瀬達哉『新聞が面白くない理由』（講談社文庫、2001年）、上杉隆『ジャーナリズム崩壊』（幻冬舎新書、2008年）、森達也・森巣博『ご臨終メディア』（集英社新書、2005年）、小俣一平『新聞・テレビは信頼を取り戻せるか——「調査報道」を考える』（平凡社新書、2011年）、南彰『報道事変——なぜこの国では自由に質問ができなくなったのか』（朝日新書、2019年）、臺宏士『報道圧力——官邸 VS 望月衣塑子』（緑風出版、2020年）

第4講 プレスの公共性と特恵的待遇

Ⅰ 現代メディア状況と社会的役割

1 社会における表現の自由の状況

　いま、「デジタル・ネットワーク」というキーワードによって、表現の自由を支える1つの要因である社会インフラが大きく動いている。近年、メディア企業のコングロマリット化や既存マスメディア事業への新規参入の困難性がいわれるなか、他方では、通信と放送の融合に象徴されるように、大きくメディア地図が書き換えられようとしている。

　また、コンピュータ分野の技術革新によって、個人発信情報の拡大化が進み、DTPによる個人出版やインターネットを通じてのパーソナルコミュニケーションの延長線上で、個人から不特定多数向けの情報発信がきわめて容易かつ安価で可能な時代が到来している。それはまた、ニューメディアからマルチメディアへの流れのなかでの、情報の飛躍的多様化と双方向性の実現でもある。

　メディアの巨大化（商業化）とパーソナル化という一見相反した流れのなかで、いったい「マスメディア」とは何なのか、「ニュースメディア」は特別なのか、そもそも世の中に「公共的なメディア」は必要なのか、といった疑問が出されつつある。前述した、特別な地位を持つ「ザ・プレス（言論・報道機関）」に対する根本的な疑問である。

　これまでは、至極当たり前に受け入れられていた、「プレスは社会に必要な存在である」という前提が崩れつつあるといってもよい。あるいは、少なくとも、これまではプレスの代表格に挙げられてきた「新聞」は、すでにそうした地位を失っているのではないか、あるいは特別な扱いはやめるべきではないか、との声が高まっているといった方がよいかも知れない。

　これは、「民主主義の維持装置」としてのプレスの役割はもう終わってしまったのか、国際協調、平和保持、民主的政治過程の維持といった民主主義の確立や市民の権利保護（人権擁護）の実現、さらに地方自治の本旨などのためには「憲法制度上の存在」としてプレスは必要ないのか、市民の「知る権利の負託」に応える存在としてのプレスは虚構にすぎないのか——という問いかけでもある。

　まったく逆のベクトルで考えるならば、守るべき表現の自由なり社会的制度

米国連邦最高裁のステュアート判事は1974年、「修正憲法１条の中で規定されているプレスの自由の条項は、個人の特定の自由は権利を保障している他の自由権規定とは異なり、本質的に憲法の構造的規定であり、制度にまで保護を与えている」として、憲法は三権をチェックする第４の制度として自由なプレスを構想しており、プレスの特別な法的地位（特権）を保障していると述べた。

ただしこうした特権論に対しては、表現の自由の平等主義や、プレスに過大な権力を与えるという批判、特権を与える代わりにプレスに義務や責任を負わせることへの危惧などから、当初から今日に至るまで根強い批判がある。また、プレス定義の困難さと恣意的なプレスや情報の峻別の危険性も指摘されている。

自由と責任を享受する「ザ・プレス」とは、企業もしくは媒体を意味するのか、個々のジャーナリストもしくはその集合体かという問題が場合によっては生じるが、本書では特別の断りをしない限り、こうした法人と個人の双方を包含した概念として考える。たとえば、取材源秘匿などの場合は一般に記者個人の権利として問題になるし、選挙報道特権の場合は新聞などの媒体やメディア企業としての法人を対象としているなど、その時々に応じて使い分けをすることになる。また、企業に属さないフリーランスも、その条件を具備するのであればプレスたりうる。

● 各国の付加価値税における軽減税率

各国の新聞社の収入に対する付加価値税（V.A.T.）軽減税率を比較したもの
（全国間税会総連合会、日本新聞協会ウェブサイトほか参照）

国名	新聞（紙）の税率	電子版の税率	標準税率
スウェーデン	6　（%）	6　（%）	25　（%）
デンマーク	0	0	25
スペイン	4	—	21
イタリア	4	4	22
ベルギー	0	0	21
フランス	2.1	2.1	20
ドイツ	7	7	19
スイス	2.5	2.5	7.7
イギリス	0	—	20
ノルウェー	0	0	25
カナダ	5	—	5
ブラジル	3.65	—	17
オーストラリア	10	—	10
南アフリカ	14	—	14
韓国	0	—	10
中国	13	—	17
日本	8	10	10

としての「ザ・プレス」があるとすれば、どのような条件を具備したものになるのか。ドイツではそうしたプレスを、「社会的責任（公的任務）」を負う「制度的保障」（institutionelle garantie）として定義しているが、日本における「プレスの公共性」を改めて考えておくことは、明文の憲法的保障がないからこそ必要であるといえよう。

　制度的・現実的・客観的に個人としての表現の自由をやや超えて存在する報道活動に着目した場合、その意味に沿った「報道の自由」や「報道機関」というトータルな社会的制度が事実として存在することに気付く。Freedom of speech が、口頭での意見表明に代表される個別（人）的な自由をさすのに対し、Freedom of the press は、報道活動（機関）といった制度的ニュアンスを含むものである。

　プレスを疑似的に、いわば憲法上要請（保障）された制度（憲法制度としてのプレス）として認めることは、個人が行う表現活動と報道機関が行うメディア活動を分け、後者を個人を超えた客観的なものとして、個人と違った憲法上の保障を与えることである。そうした一般市民とは区別された特別の法的地位を、「プレスの社会的役割・使命もしくは特権」と呼ぶわけであるが、そのためには、プレスなしには民主主義は成り立たないこと（憲法に不可欠な活動との位置付け）が不可避であろう。

　この説明手法としてもっとも一般的と思われるものは、社会的合意（もしくは契約）によって存在する権力（一般的には国家政府）が許せないかたち（濫用）で現れた時、見極め、識別し、報道（事実を指摘）することによって、それをチェックすることが社会的に必要であるというものである。チェックを検察・警察頼みにすることはできない。なぜならば、それ自体が権力であって濫用がありうるからである。ただし、プレスが権力に対し直接にチェッキング機能を果たすというよりむしろ、市民が権力をチェックするのに役立つ情報を提供することが求められるといった組み立てが必要であろう。

２　プレスの社会的役割と公共性

　こうしたプレスの成立条件として何が求められているかを考える際、その第１は、「言論の多様性」の確保であろう。これまでの日本の法制度で一定のメディア企業の経営を保護してきたのは、紛れもなく、社会における言論の多様性を維持するために、複数のプレスの存在が必要と考えられてきたからであ

● マスメディア集中排除原則

　多くの国では言論の多様性維持のため、マスメディア集中排除（マス排）原則を採用し市場占有率やメディア接触者数などの基準によって独占（寡占）を防いでいる。日本では、免許事業である放送を制限することによって集中化を防ぐ仕組みを有する。基幹放送普及計画（1988. 10. １郵政告660）では、「一の者によって所有又は支配される放送系の数を制限」するとし、具体的には、出資（放送事業者に対する議決権保有）と役員（複数の事業者間での役員兼任）を制限することで、地域の情報独占を防ぐとともに、コングロマリット化を防ぐことによって地域性の維持にも貢献している。

　放送法では、「基幹放送をすることができる機会をできるだけ多くの者に対し確保することにより、基幹放送による表現の自由ができるだけ多くの者によって享有されるようにする」（放送法91条2項1号）ため、マス排原則の基本的な部分が法定化されている（93条1項4号・2項、電波法7条2項4号）。原則の特例や支配関係の基準の具体的割合については、「マス排省令」と呼ばれる放送法の委任を受けた総務省令（基幹放送の業務に係る特定役員及び支配関係の定義並びに表現の自由享有基準の特例に関する省令、基幹放送の業務に係る表現の自由享有基準に関する省令の認定放送持株会社の子会社に関する特例を定める省令）において規定されている。

　当初は、新聞社が放送局を支配することを防ぐことを想定した、クロスメディア（異なるメディア媒体間）所有に関する規制であったが、放送事業の発達の中でルールを拡大し、複数の放送局支配の禁止規定の色彩を強く持つようになった。大きな流れとして、地域内において異業種間（新聞社と放送局）の兼営がなされている実態が広く存在する一方で、禁止原則を堅持し、またその運用を厳格化・強化する方向にあるといえる。新聞・テレビ・ラジオの3事業兼営を禁止するわけであるが、「当該放送対象地域において、他に基幹放送事業者、新聞社、通信社その他のニュース又は情報の頒布を業とする事業者がある場合であって、その地上基幹放送の業務が行われることにより、その一の者（その一の者が支配関係を有する者を含む。）がニュース又は情報の独占的頒布を行うこととなるおそれがないときは、この限りでない」との例外をおくことで、法制定当時、すでに開局していた放送局を中心に現状を追認し現在に至っている（マス排省令3条2項）。

　一方で同業種間については、放送法改正のたびに徐々に緩和されてきている。これは、ローカル局の経営難に端を発し、具体的な経営救済を想定してのルール変更である。総務省が2003年12月に発表したマス排緩和方針は、ローカル局の合併・統合を、後押しする効果を持つとされる。従来の原則は、できるだけ多くのものに放送の機会を与え、メディアの多様性・多元性・地域性を保障するための制度的担保であった。さらに2008年には認定持株会社制度の導入により、業種を超えたグループ化も可能となった（第9講参照）。

基幹放送の業務に係る特定役員及び支配関係の定義並びに表現の自由享有基準の特例に関する省令（2015. 3. 27総務省令26）
第1条 ［目的］　この省令は、基幹放送の業務に係る特定役員及び支配関係の定義並びに表現の自由享有基準の特例に関して、放送法の委任に基づく事項を定めることを目的とする。
＊支配関係に該当する議決権の占める割合は10分の1（5条）、兼任役員は5分の1（6条）。

る。それは、会社法や税法上の優遇措置による、財政上・経営上の優遇措置によって、経営企業体としてのメディアの安定・継続を図ったものにほかならない。あるいはずばり、放送法に定めるメディア集中排除原則は、複数メディアを存在させるための法制度である。

　したがって、資本の集中化現象が進んでいるとすれば、法的措置を含め、それを抑制する必要があるということになる。しかし現実は、国際的な経済競争に打ち勝つため、非メディアからの市場侵略に対抗するため、あるいは新しいメディア媒体にコンテンツを流通させるための資本獲得のために、資本の集中化が避けられない状況にある。

　とりわけインターネット・ビジネスにおいては、GAFA と呼ばれる米国系企業の Google、Apple、Facebook、Amazon が情報通信の世界の支配力を強め、たとえば「グーグル八分」といわれるように、Google 検索に表示されないことは世の中に存在しないかのような状況が現出している。あるいは、検索語との関係で個人誂えの広告を自動的に表示させる機能などによって、その人にとって便利なコンテンツサービスであることにとどまることなく、社会全体の情報をまるで掌で扱うかのごとく状況が生み出されている。しかもそうした情報を制することが、ビジネス上の成功に直結していることから、規模の利益を求めた企業の集中化・巨大化が避けられない。

　こうした状況は出版界にもいえる。デジタル化はこれまでの出版社中心の活版の世界を一変する可能性を秘めている。すなわち、本を通じて「読者＝出版社＝作家」をつないでいた状況が、コンテンツ流通の変化によって、従来の出版社の立場が、たとえば回線業者（キャリア）や電気機器事業者（メーカー）にとってかわられるかもしれないのである。

　第2は、「情報内容の公共性」の確保であろう。日本でプレスが享受している報道上の特恵的待遇や法的特権は、まさにこの公共性をベースにしたものである。もちろんプレスの存在意義は多義的であって、行政情報の速やかな伝達を企図もするし、一般市民の表現の自由をより効果的にかつ平等に確保するための方策という側面もある。しかし最大かつ最重要な公共的価値とは、「ウォッチドッグ」とか「社会の木鐸」という言葉に代表される、権力チェック機能を果たすことである。

　大所高所に立って市民の知りたい欲求に応える社会的役割と言い換えることができようが、それが単なる覗き見趣味的な好奇心に終始したり、タレントや

● マスメディア集中排除原則の「原則」と「特例」

＜原則＞ ＊放送事業者の種別等については第9講参照

①基幹放送の業務の認定において、基幹放送の業務を行おうとする者が次のいずれにも該当しないこと（放送法93条1項4号）

　　イ　基幹放送事業者

　　ロ　基幹放送事業者に対して支配関係を有する者

　　ハ　イ又はロの者がある者に対して支配関係を有する場合におけるその者

　　※　特定地上基幹放送局の免許の審査についても、上記と同様（電波法7条2項4号）

　　※　認定放送持株会社は総務省令で定める範囲内で複数の基幹放送事業者を子会社化可能（放送法162条1項による93条1項4号の読み替え）。

②「支配関係」の基準（放送法93条2項、マス排省令5条以下）

　　イ　議決権の保有

　　・地上基幹放送事業者（放送対象地域が重複する場合）：10分の1超

　　・地上基幹放送事業者（放送対象地域が重複しない場合）：100分の33.33333超

　　・衛星基幹放送事業者：100分の33.33333超

　　・移動受信用地上基幹放送事業者：100分の33.33333超

　　ロ　役員の兼務

　　・代表権を有する役員、常勤役員の兼務

　　・5分の1を超える業務を執行する役員の兼務

③維持義務（放送法104条、電波法76条4項）

　　・認定基幹放送事業者について、マスメディア集中排除原則の規定（放送法93条1項4号）に該当しないこととなったときは、総務大臣は、その認定を取り消すことができる（放送法104条）。

　　・特定地上基幹放送局の免許人について、マスメディア集中排除原則の規定（電波法7条2項4号ロ）に適合しなくなったときは、総務大臣は、その免許を取り消すことができる（電波法76条4項）。

＜特例＞

①地上基幹放送事業者の主な特例（マス排省令3条）

　　イ　ラジオ兼営特例：放送対象地域の重複を問わず、AM・短波・FM4局まで兼営可

　　ロ　テレビ・ラジオ兼営特例：放送対象地域の重複を問わず、テレビ1局とAM・短波・FM4局まで兼営可

　　ハ　認定放送持株会社の子会社の特例：認定放送株式会社の子会社となる地上基幹放送事業者の放送対象地域の数の合計が12まで子会社化可能

④衛星基幹放送事業者の特例（マス排省令4条）

　　・使用するトランスポンダが4を超えない場合、兼営可

　　・ただし、地上基幹放送事業者と支配関係がある場合は、東経110度CS放送については2トランスポンダを超えない場合兼営可となるが、BS放送については原則として兼営不可（例外規定あり）

⑤移動受信用地上基幹放送事業者の特例（マス排省令4条の2）

　　・使用するセグメント数が13以内であれば、兼営可

有名人の動向ばかりを追いかけていたのでは想定と異なってしまう。また、報道には多かれ少なかれ自らテーマを発掘し、それに独自の価値付けをしてニュースとして社会に伝達していく面が欠かせないが、その価値付けが独りよがりになってはならない。報道内容が公共性を保つことは、私企業であるプレスにとっては難しいものであるがゆえに、最大限の努力と注意を払って守る価値があるともいえる。

　この点における大きな問題が、企業間の資本競争のインセンティブとなっている「売れるコンテンツ」指向であり、言い方を変えれば、部数・視聴率競争優先の企業経営である。メディアのエンタテインメント化と呼ばれるもので、ニュース報道ですらこうした娯楽中心主義の影響を受けないわけにはいかない状況にある。報道番組のニュースエンタテインメント（ニュースのショー化）が進むとともに、客観中立報道主義の美名のもと、発表ジャーナリズムの横行と公権力の情報操作の危険性を指摘する声も強まっている。

　あるいは、横並び報道による事実の隠蔽や事なかれ主義の蔓延、ニュースソースとの癒着関係、さらには政治献金や各種審議会への参加にみられる政・官・財・マスコミの権力構造も無縁ではなかろう。2003年には、日本テレビによる視聴率調査会社に対する工作が明らかになり、数字によってテレビ番組の善し悪しが決まる実態をはからずも露呈するかたちとなった。

　そして第3は、「市民との双方向性」の確保である。これには、市民からメディアに対するアクセス容易性という側面とともに、メディアから市民に対する説明責任の貫徹や、社会的責任の果たし方の具体的表れといえるだろう。近年、マスメディアに対する市民の信頼性が低下するなかで、メディア自身の見える化（透明性の確保）が大きな課題となってきている。取材過程での取材先との関係や、報道過程における政権への慮りが問題視されているからだ。

　2020年に、検察庁法案が大きな政治的社会的テーマであった最中、しかも緊急事態宣言中に、新聞記者らが焦点の検察庁幹部と賭けマージャンをしていたことが発覚したことは、その一例に過ぎない。テレビ番組におけるやらせ取材の類いも跡を絶たず、報道機関がきちんと説明ができる取材をしているかどうかは、いまやプレスの必須条件となってきている。

　放送法のなかでは放送基準の制定と公開、番組審査機関の設置と審議の公開が定められているほか、訂正放送の規定も持つ。これらはまさに、自らの報道姿勢を視聴者に明らかにし、視聴者による報道内容のチェックを予定する制度

● プレスの特別な地位（新聞を中心に）

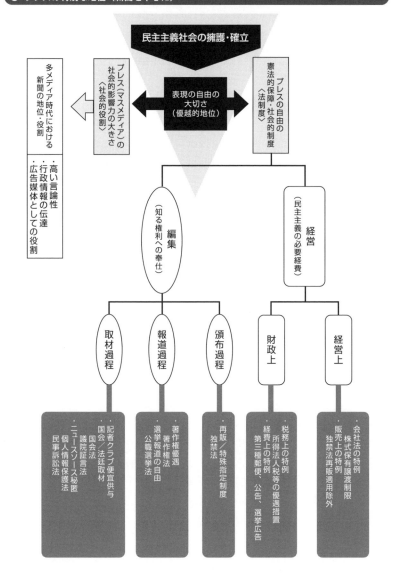

民主主義社会の擁護・確立

表現の自由の
大切さ
〈優越的地位〉

プレス（マスメディア）の
社会的影響力の大きさ
〈社会的役割〉

プレスの自由の
憲法的保障・社会的
制度
〈法制度〉

多メディア時代における
新聞の地位・役割

・高い言論性
・行政情報の伝達
・広告媒体としての役割

編集
〈知る権利への奉仕〉

経営
〈民主主義の必要経費〉

取材過程

・記者クラブ便宜供与
・国会／法廷取材
国会法
議院証言法
・ニュースソース秘匿
個人情報保護法
民事訴訟法

報道過程

・著作権優遇
著作権法
・選挙報道の自由
公職選挙法

頒布過程

・再販／特殊指定制度
独禁法

財政上

・税務上の特例
所得法人税等の優遇措置
・経費上の特例
第三種郵便、公告、選挙広告

経営上

・会社法の特例
株式保有譲渡制限
・販売上の特例
独禁法再販適用除外

-65-

である。NHK においては独自の情報公開制度を有し、非開示決定があった場合には独立機関において、その妥当性を審査する仕組みを有している。

Ⅱ　プレスの法的・社会的特権

1　編集上の優遇制度

　プレスの表現の自由が一般人のそれに比して優遇されている例は、日本の法制度上でも少なくない。第3講で扱ったとおり、取材過程における記者クラブ制度はその最たるものである。明確な法的根拠とまではいえないものの、（旧）大蔵省局長通達によって行政官庁の報道機関に対する金銭的便宜供与が認められているほか、司法・立法・行政情報の提供において、特段の配慮がなされている（優先取材権の確保）。

　たとえば、裁判所は傍聴席の確保にあたり、司法クラブ加盟各社に優先的な席の割り当てを行うほか、判決文ほか裁判記録の写しを配布している。また、強い制約があるものの開廷前の公判廷撮影を代表者に許可する慣行が確立している。同様な例は、国会や地方議会の本会議や委員会においても同じである。この点、国会法・同規則では報道機関の傍聴を認める旨の規定が明文化されている。

　また、民事裁判では証言拒否が判例上確立しており、取材源の秘匿が認められていることも取材の自由を確保するうえで大きな特権である。関連して、個人情報保護法では報道機関の保有する取材上の個人情報を適用除外にし、取材の自由に配慮している。2004年に成立した内部告発者保護制度（公益通報者保護法）においても、通報先の1つとして報道機関が入ると解釈されている。

　スウェーデンの出版自由法（情報公開法）では、たとえば警察は捜査情報を家族に漏らすことは法で禁止されていても、ジャーナリストに話すことは認められている。また、情報公開制度のなかで手数料等の減免措置を定めることが一般的で、海外ではプレスからの請求を無料にしたり、一般市民からの請求に優先して取り扱う規程を持つ例もみられる。

　報道・頒布過程においては、公職選挙法や著作権法上でプレス特権の定めがある。前者は、選挙期間中の選挙報道の自由を保障するもので、定期刊行、有償頒布、第三種郵便許可、継続発行の条件を満たす特定の報道機関のみに与え

公職選挙法（1950. 4. 15法100）

第148条［新聞紙、雑誌の報道及び評論等の自由］　③前2項の規定の適用について新聞紙又は雑誌とは、選挙運動の期間中及び選挙の当日に限り、次に掲げるものをいう。ただし、点字新聞紙については、第1号ロの規定は、適用しない。

　　一　次の条件を具備する新聞紙又は雑誌

　　　イ　新聞紙にあつては毎月3回以上、雑誌にあつては毎月1回以上、号を逐つて定期に有償頒布するものであること。

　　　ロ　第三種郵便物の承認のあるものであること。

　　　ハ　当該選挙の選挙期日の公示又は告示の日前1年（時事に関する事項を掲載する日刊新聞紙にあつては、6月）以来、イ及びロに該当し、引き続き発行するものであること。

　　二　前号に該当する新聞紙又は雑誌を発行する者が発行する新聞紙又は雑誌で同号イ及びロの条件を具備するもの

破壊活動防止法（1952. 7. 21法240）

第15条［傍聴］　③弁明の期日には、立会人及び新聞、通信又は放送の事業の取材業務に従事する者は、手続を傍聴することができる。

公益通報者保護法（2004. 6. 18法122）

第2条［定義］　①この法律において「公益通報」とは、労働者が、不正の利益を得る目的、他人に損害を加える目的その他の不正の目的でなく、その労務提供先又は当該労務提供先の事業に従事する場合におけるその役員、従業員、代理人その他の者について通報対象事実が生じ、又はまさに生じようとしている旨を、当該労務提供先若しくは当該労務提供先があらかじめ定めた者、当該通報対象事実について処分若しくは勧告等をする権限を有する行政機関又はその者に対し当該通報対象事実を通報することがその発生若しくはこれによる被害の拡大を防止するために必要であると認められる者に通報することをいう。

＊内閣府ガイドラインによると、3項目めの「必要であると認められる者」に消費者団体や周辺住民などとともに、個人情報保護法に定義される報道機関が含まれるとされている。

日刊新聞紙の発行を目的とする株式会社の株式の譲渡の制限等に関する法律（1951. 6. 8法212）

第1条［株式の譲渡制限等］　一定の題号を用い時事に関する事項を掲載する日刊新聞紙の発行を目的とする株式会社にあつては、定款をもつて、株式の譲受人を、その株式会社の事業に関係のある者に限ることができる。この場合には、株主が株式会社の事業に関係のない者であることとなつたときは、その株式を株式会社の事業に関係のある者に譲渡しなければならない旨をあわせて定めることができる。

＊関連して、金融商品取引法上の財務諸表の提出義務についても特例が認められている。1992年改正の同法24条3項により有価証券報告書の提出義務が発生したが、1993年大蔵省令58号「企業内容等の開示に関する省令（1973年大蔵省令5号）の一部を改正する省令」によって、日刊新聞紙特例法に基づき定款で譲渡制限を定めている社で株主名簿を整備している場合は、改正後に新たに提出義務が生じた社について義務を免除されることになった。

られているものである（第13講参照）。後者は報道目的での引用を特別に認めている（第20講参照）。放送法の政見放送規程もプレスの社会的役割に鑑み、一定の放送機関に放送を義務付けているものであるが、それは特恵的待遇とも読み替えることが可能である。

　公職選挙法による選挙広告のほか、多くの法律で公告制度が定められているが、その掲載媒体に日刊新聞紙等を定めていることも、プレスの社会的役割を前提としたものといえる。同様の規定は、郵便法・同規則上の第三種郵便規定にも該当する。低廉な価格を設定することで、より多くの市民に情報が行き渡ることを可能にしているからである。もちろんこれらの規定は、単に編集上の特権であるだけではなく、メディア企業体の経営安定化にも寄与するもので、後段に述べる経営上の特権ともいえる。

　なお、これらの規定については、メディアの多様化とりわけインターネットの普及のなかで、徐々に変化の兆しをみせている。たとえば、裁判所競売物件を扱う公示については民事執行法（64条）・民事執行規則（4条3項）でその扱いが定められているが、新聞掲載の義務付けがはずされた法改正以降、裁判所が直接インターネット上で情報提供する例が増えている。

　同様な例は、企業情報のディスクロージャー制度として規定されている、株式会社の決算書類など会社法上のさまざまな公告制度についてもあてはまる。これらは、「新聞が唯一のマスメディア」であった時代の名残りともいえるが、一方で、いまでも確実に全国あまねく格差なく情報を伝える手段であることの証しともいえるものである。

　さらに、後述の再販制度によって実現している著作物の同一定価販売も、平等な情報アクセスを確保するという観点からみると、編集上の特恵的法制度と考えることもできる。

2　経営上の優遇制度

　経営面に関しては、言論の多様性確保のためのプレス（マスメディア企業）の集中化を抑止する株式所有制限や系列化阻止と、マスメディア企業に対する公的資金による財政的援助が主要な法制度である。

　1つ目の所有に関する規定には、前節で述べたマスメディア集中排除原則に代表されるクロス・オーナーシップに関する制限がある。ここでの焦点は日本の場合、テレビを中心とする放送局で、新聞、テレビ、ラジオの三事業兼営が

● 郵便制度上の特例

　第三種郵便物の制度は、国民文化の普及・向上に貢献すると認められる刊行物の郵送料を安くして、購読者の負担軽減を図ることにより、その入手を容易にし、社会文化の発展に資する、との趣旨で設けられている。

郵便法（1947. 12. 12法165）

第22条［第三種郵便物］　①第三種郵便物の承認のあることを表す文字を掲げた定期刊行物を内容とする郵便物で開封とし、郵便約款の定めるところにより差し出されるものは、第三種郵便物とする。

②第三種郵便物とすべき定期刊行物は、会社の承認のあるものに限る。

③会社は、次の条件を具備する定期刊行物につき前項の認可をする。

　一　毎年1回以上の回数で総務省令で定める回数以上、号を追つて定期に発行するものであること。

　二　掲載事項の性質上発行の終期を予定し得ないものであること。

　三　政治、経済、文化その他公共的な事項を報道し、又は論議することを目的とし、あまねく発売されるものであること。

郵便法施行規則（2003. 1. 14総務省令5）

第6条［定期刊行物の発行回数］　法第22条第3項第1号の総務省令で定める回数は、毎年4回とする。

内国郵便約款（2007. 10. 1　郵便事業株式会社）

第166条［第三種郵便物の承認条件］　①当社は、次の条件を満たす刊行物について第三種郵便の承認をします。

　(1)毎年4回以上、号を追って定期に発行するものであること。

　(2)掲載事項の性質上発行の終期を予定し得ないものであること。

　(3)政治、経済、文化その他公共的な事項を報道し、又は論議することを目的とし、あまねく発売されているものであること。

②次に掲げる刊行物は、前項3の条件を満たしません。

　(1)会報、会誌、社報その他団体が発行するもので、その団体又は団体の構成員の消息、意見の交換等を主たる内容とするもの

　(2)全体の印刷部分に占める広告の割合が100分の50を超えるもの

　(3)1回の発行部数が500部に満たないもの

　(4)1回の発行部数に占める発売部数の割合が100分の80に満たないもの

　(5)定価を付していないもの

＊広告掲載比率は1966年にそれまでの40％から50％に変更され、92年には除外広告の範囲を広げることで実質的な比率引き下げが実現している。

第三種郵便物の認可条件である「広告」から除外する広告について

(1)広告であっても、次の条件をすべて備えたもの

　①特定の分野ごとに、その分野名を明記して、6つ以上の広告主の広告をまとめて掲載したもの、②ラジオ・テレビ面など、ある程度固定した紙面に継続して掲載してあるもの、③読者が商品・サービス等を比較検討して選択できるように分類・整理して掲載してあるもの

(2)社会通念上公共性が高いと判断される次のような広告

　①国等が行う広告、②死亡、お詫び及び尋ね人の広告、③意見広告、④学校等の入学案内

禁止されているほか、BS、CSの衛星放送事業やケーブル事業への参入についても株式やチャンネル数の所有制限がある。ただし、とりわけ地方放送局の救済や新規事業の振興政策によって、制限は緩和される傾向にある。

　また、新聞の場合には会社法上の特例として、株式の保有・譲渡を制限することが可能となっている。日刊新聞を発行する会社は、特別法に基づき会社の定款にその旨を定めれば、株式の譲渡に際して譲渡先をその会社に関係のある者に制限することと、株式の保有者がその会社と関係がなくなった場合に、その保有者の持っている株式を会社に譲渡するよう求めることができる。新聞社が外部の資本によって容易に買収されることを防ぎ、新聞社の資本面の独立を保証することで、言論の独立性を担保するものである。

　2つ目には、販売についての規定である。特に新聞、書籍・雑誌といった出版物については販売上の規定が、経営にきわめて大きな影響を与えている。新聞の場合は全販売エリアをほとんど漏れなくカバーする専売テリトリー制（特定の新聞発行者に系列化された責任区域配達制度）に支えられた戸別配達制度（宅配）によって、大部数・高普及率を維持している。書籍・雑誌の場合は取次という出版物専門の卸業を通じた委託販売制度によって、多品種の出版物刊行を実現し小規模の書店が維持されている面が強い、といわれている。

　これら販売流通システムを実質的に支える法制度が、発行本社と小売業との販売契約の中心をなす再販売維持契約（独禁法の定める再販禁止条項の適用除外制度）で、定価販売を実現している。ただしこの再販制度に対しては、業界を過度に優遇しており、むしろ販売サービスの低下や価格の硬直化を招いているとして、法改正の動きが続いている。出版物については、すでに時限再販や部分再販が実施されており、今後の範囲の拡大が求められている（第8講参照）。

　3つ目は、財務上の規定である。EU各国のように付加価値税（VAT）の軽減税率が定められていたり、北欧諸国のように国庫補助がなされる例もみられる。日本では、税務上の特典としては、所得税、地方税など各種税制において、免税・非課税・課税軽減などの措置がとられてきた。2019年からは消費税の軽減税率が導入され、食品とともに新聞が適用品物に指定されている。

　法人所得税については、企業が支出する交際費は、資本金額の区分により一定額を控除した残額について課税されるが、取材費については特例として交際費不算入が定められ、経費として認められる。また減価償却に関しては、報道

消費税 (1988法108、2016. 3. 31法15改正)

附則第34条二号　一定の題号を用い、政治、経済、社会、文化等に関する一般社会的事実を掲載する新聞（１週に２回以上発行する新聞に限る。）の定期購読契約（当該新聞を購読しようとする者に対して、当該新聞を定期的に継続して供給することを約する契約をいう。）に基づく譲渡

※専門紙やスポーツ紙も含まれる一方、一般日刊紙であってもコンビニエンスストアやスタンドでの即売分は対象ではない。

租税特別措置法施行令 (1957. 3. 31政令43)

第37条の5 ［交際費等の範囲］　②法第61条の４第３項第３号に規定する交際費等から除かれる費用は、次に掲げる費用とする。

　　二　会議に関連して、茶菓、弁当その他これらに類する飲食物を供与するために通常要する費用

　　三　新聞、雑誌等の出版物又は放送番組を編集するために行われる座談会その他記事の収集のために、又は放送のための取材に通常要する費用

減価償却資産の耐用年数等に関する省令 (1965. 3. 31大蔵省令15)

　　別表第１、２では、普通乗用車の耐用年数は６年と定められているが、報道通信用のものは５年。一般企業の印刷設備の耐用年数が10年となっているのに対し、モノタイプ、写真、通信設備等の印刷設備は３年。そのほか、活字・鉛版地金の特別償却、写真製版装置等の特別償却、出版物、雑誌の返品調整引当金、返品債権特別勘定などについても規定。

関税定率法 (1910. 4. 15法54)

第3条 ［課税標準及び税率］　関税は、輸入貨物の価格又は数量を課税標準として課するものとし、その税率は、別表による。

＜別表　関税率表＞

第10部　木材パルプ、繊維素繊維を原料とするその他のパルプ、古紙並びに紙及び板紙並びにこれらの製品

　　第47類　木材パルプ、繊維素繊維を原料とするその他のパルプ及び古紙

　　第48類　紙及び板紙並びに製紙用パルプ、紙又は板紙の製品

　　第49類　印刷した書籍、新聞、絵画その他の印刷物並びに手書き文書、タイプ文書、設計図及び図案

第16部　機械類及び電気機器並びにこれらの部分品並びに録音機、音声再生機並びにテレビジョンの映像及び音声の記録用又は再生用の機器並びにこれらの部分品及び附属品

　　第85類　電気機器及びその部分品並びに録音機、音声再生機並びにテレビジョンの映像及び音声の記録用又は再生用の機器並びにこれらの部分品及び附属品

＊新聞用紙やテレビ受信機などが「無税」措置されている。

東京国税局長通達 (1955年)

　　外国新聞社・通信社から提供されるニュース及びフィーチャーに対し、日本の新聞社・通信社が支払う対価のうち、著作権の使用料に該当しないものについては所得税の源泉徴収を行わない（非課税）。

通信用自動車や日刊新聞紙印刷設備などの耐用年数（減価償却期間）が短縮されている。ほかにも、外国通信等に支払う通信料に対する所得税の取り扱いも非課税となっていたり、2004年までは新聞用紙の輸入関税も軽減されていた。

　最後の4つ目は、その他の経営上の優遇規定で、外国でも一般的な郵便料金の割引制度が挙げられる。日本の場合は、郵便のうち特定の定期刊行物（新聞含む）は第三種郵便に分類され、通常の半分程度の郵便料金が適用される。かつては、鉄道料金や電報・電話料金にもプレスレートが設定されていたが、日本電電公社等の民営化とともに廃止され、現在では従量制割引に一本化された経緯がある。

Ⅲ　メディアの公共性とメディア政策

1　言論公共空間の維持

　ここまで述べてきた制度によって「守られている」プレスであるが、結果として、日本では特殊な情報環境を提供するメディアとして存在するに至っている。もちろんそこには、ここに挙げた法・社会制度のみならず、歴史的背景も強く作用している。その普及状況・接触実態を媒体別にみてみるならば、新聞は、全国どこでも毎朝決まった時間に自宅まで届けられる制度が整備されていて、しかも1日に5000万部近い新聞が発行され、その普及率は1000人当たり450部を超える。こうした大部数・高普及率の国は世界で唯一である。しかも、それら新聞のほとんどは、世界情勢から芸能ニュースまで、硬軟取り混ぜた総合ニュースを扱っている。

　テレビはどうだろう。これまた、日本中どこでも無料（もしくは廉価な受信料）で複数のチャンネルがみられることは、決して普通のことではない。しかも、再放送がきわめて少なく、広告もせいぜい2割程度で、報道から娯楽まで、これまた多種多様な番組が流されている。しかも、公共放送であるNHKと商業放送である民放がほどよく拮抗している珍しい国である（第9講参照）。

　そして、書籍や雑誌である。キオスク等で多様な雑誌が売られている国は確かに多い。しかし、相当に小さな街でも駅前や商店街には本屋があり、そこに行けば、さまざまなジャンルの最新刊から実用書、文庫や新書の類、あるいは雑誌やコミックスがきちんと揃えられていて、しかもその値段が、東京であろ

● 特例措置の縮減

　会社法（旧商法）や金融商品取引法（旧証券取引法）をはじめ多くの法令で公告の制度が定められており、従前は日刊紙を利用することを求めていたが、2000年以降順次、インターネット（電子公告）を選択肢に加えることになった。さらに、破産法等においては公告制度の掲載媒体から新聞をはずし、官報のみとなった。

会社法（2005. 7. 26法86）
第939条［会社の公告方法］　会社は、公告方法として、次に掲げる方法のいずれかを定款で定めることができる。
　　一　官報に掲載する方法
　　二　時事に関する事項を掲載する日刊新聞紙に掲載する方法
　　三　電子公告
旧商法（1899. 3. 9法48）
第166条［定款の記載事項］　⑤会社ノ公告ハ官報又ハ時事ニ関スル事項ヲ掲載スル日刊新聞紙ニ掲ゲテ之ヲ為スコトヲ要ス

非訟事件手続法（1898. 6. 21法14）
第102条［公示催告についての公告］　①公示催告についての公告は、前条に規定する公示催告の内容を、裁判所の掲示場に掲示し、かつ、官報に掲載する方法によってする。
②裁判所は、相当と認めるときは、申立人に対し、前項に規定する方法に加えて、前条に規定する公示催告の内容を、時事に関する事項を掲載する日刊新聞紙に掲載して公告すべき旨を命ずることができる。
株式会社産業再生機構法（2003. 4. 9法27）
第31条［資金の貸付けに関する機構の確認］　③前項の規定による公告は、時事に関する事項を掲載する日刊新聞紙に掲載する方法又はインターネットを利用する主務省令で定める方法でしなければならない。

　新聞事業に対する「事業税」（地方税の１つ）は、1951年以来、地方税法により、他の公益性の高い社会福祉法人や学校法人などと同様、その公益性に鑑み一貫して「非課税」の措置を受けてきた。税負担の不均衡是正と財政確保の見地から、85年度の税制改正（地方税法等の一部を改正する法律）において、マスコミ七業種の非課税措置は撤廃された。
地方税法（1950. 7. 31法226）※削除された地方税法の条文は以下のとおり
第72条の４［事業税の非課税の範囲］　②道府県は、左の各号に掲げる事業に対しては、事業税を課することができない。
　　一　時事の報道を目的とする新聞を発行する新聞業及びこれらの新聞を送達する事業
　　二　学術研究、学校教育、社会教育等に関する出版物を発行する出版業で政令で定めるもの及びもっぱら教育の用に供する映画を製作する事業で政令で定めるもの
　　三　新聞に広告を掲載することを取り扱う事業で政令で定めるもの
　　四　教科書の供給を行う事業で政令で定めるもの
　　五　一般放送事業

うとどんなに都心から離れた所であろうと同じである国は日本くらいだ。

　これらマスメディア状況の一部は、確かに戦争による言論統制の産物である
という側面もある。あるいは、メディアの横並び体質や権威化を助長している
との批判も免れまい。日常的に、新聞やテレビの「悪口」や「堕落」を聞かな
い日はないといってもよいだろう。しかしそれでも、こうしたマスが存在して
いる社会の価値を、しかも世界で唯一といってもよいメディア体制を、崩壊さ
せることに熱心であるだけでなく、もっと活用する道を考えることも必要だろ
う。

　それではなぜ、マスメディアが社会にとって必要なのか。その理由のなかで
とりわけ大切にしたい点は、世の中における「言論公共空間」を提供し、それ
によって私たちはさまざまな社会選択が可能になるとともに、自己の人格形成
にとっても重要な役割を果たしうると考えるからだ。そしてこうした社会的役
割こそがメディアの「公共性」であって、独立性や公平性、自律性や公開性、
アクセス平等性や容易性、事業の安定性や継続性、多様性や地域性といった要
件を満たすことが必要になってくる。

　上記の要件が満たされることによって、そのメディアは一般市民から認知、
信頼され、その社会において「情報の広場」としての役割を担うことになる。
そこで私たちは、さまざまな情報や知識を受け求め、そして意見を闘わせ、場
合によっては集約され世論として社会を動かすことにもなるだろう。

　インターネットや携帯電話の有用性は明らかである。いずれこうした IT メ
ディアがマスメディアの担ってきた役割を肩代わりする日が来るのかも知れな
い。あるいはそもそも、前述の条件を具備した公共的なメディアの存在は不要
であるとの判断が下されるかも知れない。しかし少なくとも今日において、戦
後80年弱、私たちの社会は法もしくは社会的制度として、こうした役割と条件
を特定のメディアに負わせてきたのであって、それがはじめに述べたメディア
状況を制度的に支えているのだ。しかもそうした社会的役割を「ニューメディ
ア」が担うことは物理的にまだ十分ではないと考える。

2　メディアの社会的責任の要請

　むしろ、既存メディアに「公共」であるがゆえに与えられてきた特恵的な地
位を「特権」と勘違いし、またそうした優遇措置を守ることが目的化すると
き、メディアの自己崩壊が始まるといえる。だからこそ、公共的な存在であり

● プレスの責任制度

　プレスの社会的責任のありようとして、先に挙げた多様性、内容の公共性、双方向性のほかにも、今後の課題としては以下を挙げることができる。

①透明性の確保：新聞社や出版社の多くは、資本の独立性を確保する観点などから株式を上場していない企業がほとんどである。しかも、財務諸表についても特例措置によって、非公開となっている社が少なくない（大蔵省通達によって、新聞社の多くは社員持株会が大株主であることが多く、その株数を１とすることで公開基準を満たさないことが多い）。しかし、その企業の公共性に鑑み、どのような資本構成であるのかは社会的に明らかにすべきではないかと思われる。

②内部的自由の確保：日本では日本新聞協会の「編集権声明」（1950年）に代表されるように、編集権は経営者に存するとの考え方が支配的であり、また判例も一貫してそれを是認してきている。しかし、報道の自由の基本は企業内の個々のジャーナリストの表現行為の自由であるべきであって、社に従属した社員記者に、表現の自由を体現することは困難であるといえまいか。

③反論権の確保：日本のメディアにあっては、市民からのアクセス権の保障が法的にないばかりか、自主的な制度上でもほとんどない。僅かに一部の放送局において、パブリックチャンネル的な枠を確保したり、視聴者代表の第三者機関が経営を含めた監視機能を果たす場合があるに過ぎない。

④報道被害の自主救済：自ら招いた被害や過ちを、自らの責任でもって救済（回復）・訂正（改善）することは当然の責務である。しかもこの際、今日、多くの一般企業で導入されてきた内部統制システムとしての法令遵守（コンプライアンス）の観点ではなく、外部、すなわち市民社会の目でチェックする制度の導入が求められている。この点、日本においても放送界を筆頭に業界内に自律的な機関、いわゆる第三者機関を設けるに至っている。海外では一般にプレス・カウンシル（報道評議会）あるいはプレス・オンブズマンと称されている制度群がある。

　一方で、上記のような制度を公権力の側が「悪用」して、メディアコントロールの道具として利用するようなことがないよう注意が必要である。たとえば、透明性を求めて詳細な報告書を求めたり、官製の救済制度を作る動きが繰り返し表面化しており、自由を確保するための責任制度が、自由を殺すことになる危険性を示している。そうした側面から、政党のメディア政策も検証が必要な対象であるといえる。

【参考文献】

長谷部恭男編『融ける境　超える法④　メディアと制度』（東京大学出版会、2005年）、長谷部恭男、金泰昌編『公共哲学12　法律から考える公共性』（東京大学出版会、2004年）、齋藤純一『思考のフロンティア　公共性』（岩波書店、2000年）、名和小太郎『叢書コムニス３　情報の私有・共有・公有——ユーザーからみた著作権』（NTT出版、2006年）、花田達朗『公共圏という名の社会空間——公共圏・メディア・市民社会』（木鐸社、1996年）、ユルゲン・ハバーマス、細谷貞雄、山田正行訳『公共性の構造転換——市民社会の一カテゴリーについての探究　第２版』（未来社、1994年）、小山剛、駒村圭吾編『論点探究　憲法』（弘文堂、2005年）

続けるためには、条件を着実に実行するための不断の努力がメディア自身に求められるし、市民社会自体がそれを監視する力を持たなくてはなるまい。

　価値付けされないフラット化した情報や、自分の興味がある分野の情報しか求めないプル・メディア化、非シリアスで面白志向といったエンタテインメント化が確実に進行している。だからこそ、報道に限らずすべての発信情報に対しては、送り手のジャーナリズム性や受け手との共同性が、よりいっそう求められることになっていくであろう。自由で豊かな言論公共空間を提供し続けることができてこそ、一般商品やサービスではない「憲法メディア」たりうるのであって、社会における存在価値があるといえる。

　あわせてもう１つ、なぜ表現の自由なのか、についても確認しておきたい。日本の憲法では、表現の自由が絶対的に保障されていることについては、改めて述べることはしない。ここでは表現の自由を支えるシステムに、トライ＆エラーは通用しないことについて触れておきたい。表現の自由はとても壊れやすいし、いったん壊れると復旧させることはとても困難であるからだ。それゆえに表現の自由は、「ガラスの城」だといわれてきている。

　そうしたなか日本では、一般市民の表現の自由に比べ、一段とマスメディアの表現の自由を厚く保障してきている。たとえば、選挙時の表現の自由や、プリミティブ表現と呼ばれる集会やデモ、ビラやチラシの規制状況を思い起こすとき、特定のメディアの自由を厚く保障することで、社会全体の情報流通を保障し、バランスをとってきたことに気付くであろう。

　また、日本では憲法で自由保障が謳われて以降、表現の自由の拡張を裁判等を通じて「闘って」勝ち取ってきたというよりは、公権力側も権力行使を抑制的に行い、メディアも行き過ぎを自重するなかで、ほどよく自由が成立してきた社会であるといえる。この点、たとえばアメリカのように表現者自身が常に自由のための闘いを継続することによって、その境界線を明確にしたり、ドイツのように厳格で具体的な法規定を定め、その立法作用をさらに憲法裁判所がチェックするという社会とはまったく様相を異にする。

　したがって、メディアは自らの自由を「攻めて守る」という姿勢が欠如していて、メディア関連の訴訟というと、専ら国や一般市民から攻められる「防御的訴訟」に終始している。法廷メモ訴訟にせよ、情報公開請求訴訟にせよ、知る権利の拡張のための裁判事例は、専ら個人の頑張りに頼ってきた国といえよう。

　プレスの内部的自由は具体的には、①編集権の確保（紙面作りの基本方針、重要課題についての編集方針、日常的な編集上の決定への関与）のほか、②人事案件への参加（事前協議、承諾、拒否権）、③経営上の決定への参加（予算の決定、経営上の決定等への関与）に分けて考えられる。また、④良心の自由の確保（自己の信念に反する編集方針には従わないことができる自由、そうした職務命令違反によって不利益が生じない権利）も、重要な一項目である。

　①の一形態としては、編集者（記者）の編集過程への参加（編集者と経営者の関係）を協定として明文化するものがあり、通常「編集綱領」として存在する。1930～70年代の西ドイツで幾つかの新聞社で締結され（現在でも南ドイツ新聞で存在する）、日本では毎日新聞社が類似の綱領を持つ。ただし日本の場合は、先に挙げた編集権声明によって専ら経営者に編集権があるとしていることが影響して、このような考え方は広がっていない。

　④はフランスにおいて労働協約のなかの良心条項として法制化されている。労働として良心に反する強制を禁止したものである。法制度上に「良心条項（Clause de conscience）」が存在し、新聞・定期刊行物の編集方針の変化がジャーナリスト個人の良心を侵害する場合に、一定の金銭を受け取って退職をすることができることを規定する場合もある。良心条項の効果として、フランス独特の企業内ジャーナリスト集団である「記者会（Societe de redacteurs）」を生み出し、一定の編集参加権を確保している。このように、私法上の経営者と編集者の間の「契約」として結ぶ方法のほか、ドイツのように「プレス法（メディア法）」として規定する方法が考えられる（ブランデンブルク州プレス法）。

　また日本の場合は、経営者が最高決定機関である業界団体が倫理綱領を制定していることに象徴されるように（新聞、民放、雑誌、書籍のいずれもが該当する）、経営と編集が未分離である面や、ジャーナリストが個として存在するというより企業に従属しているという側面があることを見逃せない。その関係もあって、ジャーナリストの強力な職能団体が存在せず（写真家や作家の団体はある）、これまでは記者クラブに代表されるように「企業ジャーナリスト＞フリージャーナリスト」の構造が存在していた。

　日本において唯一、反論権制度類似のものとして制度化されているのが、訂正放送である。同制度は、番組によって被害を被ったものが放送局に対し、訂正・お詫び放送を求めることができる放送法上の制度である。裁判所は公法上の権利であって個別具体的な請求権を否定している。一般的な反論権については、新聞広告をめぐって争われた事例があり、ここでも裁判所は反論権を否定している（第9・23課参照）。

サンケイ新聞対日本共産党事件最高裁判決（最判1987.4.24、民集41.3.490）「憲法21条等のいわゆる自由権的基本権の保障規定は、国又は地方公共団体の統治行動に対して基本的な個人の自由と平等を保障することを目的としたものであって……この制度［反論権］が認められるときは……批判的記事、ことに公的事項に関する批判的記事の掲載をちゅうちょさせ、憲法の保障する表現の自由を間接的に侵す危険につながるおそれも多分に存するのである」「私人間において、当事者の一方が情報の収集、管理、処理につき強い影響力をもつ日刊新聞紙を全国的に発行・発売する者である場合でも、憲法21条の規定から直接に、……反論文掲載の請求権が他方の当事者に生ずるものでないことは明らか」と判示する。

　そもそもの憲法規定に立ち返って考えるとき、日本では表現の自由に一切の条件を付すことなく、絶対的な自由を保障している。この意味するところは、表現を行う者に当初からある種の「自制」を求めていることを予定しているのであって、まさに内在的に自主的な態度をとることが期待されており、だからこそ絶対的な自由を保障していると考えるべきである。

　その意味で考えるならば、日本社会における表現の自由は「曖昧さ」が特徴であって、それをめぐる絶妙なバランスの取り方も、それなりに理に適ったありようであるといえなくはない。まさに、自律的な自主規制によって法規制を避け、表現の自由の枠を確保してきたのであって、その点について立法・行政といった公権力側も一定の配慮をしてきた結果であるとの解釈である。

　一般にいわれるような、メディアの過剰な自主規制やタブー批判、あるいは護送船団方式による業界横並び体質も、こうした観点からみた場合、一定程度は制度上の「必要悪」として許容すべき点が出てくるのではないだろうか。まさに、日本流の表現の自由モデルということである。

　しかしいま、こうした状況が、行政権限の拡大や一部マスメディアの行き過ぎた取材・報道姿勢、さらにはインターネットを通じての個人発信情報の影響力の拡大によって、大きくバランスが崩れてきたといえる。公権力側の問題としては、本書各論部分（第2部）で示す具体的な新規立法や、行政権の恣意的な運用（法解釈の変更）によって、表現の自由の可動域が縮減する状況が、とりわけ2000年代に入ってから続いているからである。

　表現の自由と隣接領域である学問の自由も、先の戦争の反省から設けられた条文という意味で表現の自由と似た性格を有する。2020年に生じた日本学術会議の任命拒否は、こうした歴史的経緯を離れ、自由で独立した学術・研究活動を行政権の管轄下に位置付けるものであって、表現の自由領域で起きていることと同じ事態が生じている一例として数えることができよう（第12講参照）。

　こうした時期に、従来のバランスの取り方のなかで大きな地位を占めるマスメディアが、そのあり方を社会に示すことによって、改めて日本型表現の自由モデルの再構築を図る必要があるだろう。それによってこそ、マスメディアをはじめとするジャーナリズム活動が市民の「知る権利」の代行者として認められるのであって、民主主義の維持装置としてメディアの特恵的待遇が社会的に了解されると考えられるからである。

● 日本学術会議を巡る議論

　日本学術会議の会員は形式的に内閣総理大臣の任命に拠ることとされているが、2020年10月の改選期にあたって、会議が推薦した会員の一部を官邸が拒否したことで社会問題化した。従来は、「義務的任命権」と考えられていたものを政府は、解釈変更し「裁量的任命権」であるとして、公務員人事の一環であって専ら首相に任免の権限があるとした。

日本学術会議法（1948法121）

前文　日本学術会議は、科学が文化国家の基礎であるという確信に立つて、科学者の総意の下に、わが国の平和的復興、人類社会の福祉に貢献し、世界の学界と提携して学術の進歩に寄与することを使命とし、ここに設立される。

第7条［組織］　日本学術会議は、210人の日本学術会議会員をもつて、これを組織する。

2　会員は、第17条の規定による推薦に基づいて、内閣総理大臣が任命する。

第17条［会員の推薦］　日本学術会議は、規則で定めるところにより、優れた研究又は業績がある科学者のうちから会員の候補者を選考し、内閣府令で定めるところにより、内閣総理大臣に推薦するものとする。

科学技術・イノベーション基本法（2020.6.24法63：科学技術基本法の抜本改正）

第6条［大学等の責務］　研究開発法人及び大学等は、その活動が科学技術の水準の向上及びイノベーションの創出の促進に資するものであることに鑑み、振興方針にのっとり、科学技術の進歩及び社会の要請に的確に対応しつつ、人材の育成並びに研究開発及びその成果の普及に自主的かつ計画的に努めるものとする。

※法の対象に、「科学技術（人文科学のみに係るものを除く）の振興」から「科学技術・イノベーション創出の振興」と、自然科学に加え人文・社会科学に広げたことにポイントがある。

【参考文献】

浜田純一『メディアの法理』（日本評論社、1990年）、高木教典他編『自由・歴史・メディア』（日本評論社、1988年）、今西光男『新聞資本と経営の昭和史——朝日新聞筆政・緒方竹虎の苦悩』（朝日選書、2007年）、ダニエル・フット、渡辺武達・松井茂記責任編集『叢書　現代のメディアとジャーナリズム3　メディアの法理と社会的責任』（ミネルヴァ書房、2004年）、ジェローム・A.バロン、清水英夫他訳『アクセス権——誰のための言論の自由か』（日本評論社、1978年）、堀部政男『アクセス権とは何か』（岩波新書、1978年）、リチャード・S.ワーマン、松岡正剛訳『情報選択の時代』（日本実業出版社、1993年）、ノルベルト・ボルツ、村上淳一訳『世界コミュニケーション』（東京大学出版会、2002年）、第八次新聞法制研究会編者『新聞の編集権』（日本新聞協会、1986年）、マイケル・コロネンウエッター、渡辺武達訳『ジャーナリズムの倫理』（新紀元社、1993年）、ジョン・L.ハルテン、橋本正邦訳『アメリカの新聞倫理』（新聞通信調査会、1984年）、川中康弘『新聞の自由と責任』（南窓社、1972年）、内川芳美他編『講座　現代の社会とコミュニケーション3　言論の自由』（東京大学出版会、1974年）、内川芳美他編『清水英夫教授還暦記念論集　法とジャーナリズム』（日本評論社、1983年）、渡辺康行『「内心の自由」の法理』（岩波書店、2019年）、内野正幸『表現・教育・宗教と人権』（弘文堂、2010年）

第5講 開かれた政府の実現

I 情報化社会における表現の自由

1 知る権利の誕生

　表現の自由の歴史を考える場合、公権力（支配者）による表現の自由の抑制の歴史とともに、情報の所有形態や流れがどう変化してきたかを辿ることも有益である。たとえば中世の教会は、その教えを荘厳な教会建築や宗教画、さらには宗教音楽によって大衆に伝え、キリスト教に帰依させることを試みた。近代においてナチスドイツのヒトラーは、映画やラジオといった当時最新のメディアを駆使した巧みな宣伝手法によって、自らの支配を広げていった。

　かつて、支配者は情報を独占し操作することで社会の安定と政権の維持を図ったが、新しい社会モデルは明らかにその方向性を異にしている。すなわち現代において、理想モデルとされている民主主義社会は、必要な情報を市民一人ひとりが自由に得ること、そして発信できることを前提としている。それはまた、「情報主権者」としての市民の誕生でもある。

　そうした社会を私たちは「情報化社会」と呼び、伝達手段の高度化（電子化等）により、情報の共有化が実現する社会であると考えてきた。その成立要件としては、インターネットのような双方向性を実現させる技術的要因とともに、情報公開制度の実現に代表される制度的充実が不可欠である。

　表現の自由を、受け手すなわち一般市民からみた場合、妨げられずに自由に表現を受け取る権利として「知る権利（the right to know）」概念が発達し、日本においても1969年の博多駅テレビフィルム提出命令事件最高裁決定のなかで同権利に言及し、市民権を得る段階にまできている。また同年の「悪徳の栄え」事件最高裁判決でも、「知る自由」の指摘があった。

　ここで、「知る自由」と「知る権利」の違いを確認しておこう。一般には前者が付随的受動的権利であり、知りたいことを妨害されない権利であるのに対し、後者は自律的請求的権利といわれ、進んで情報を収集する権利である。知る自由は、邪魔されないという点から、「消極的権利」といった言い方もされることがあり、たとえば、在監者の閲読制限や税関検査、青少年の読書規制といったかたちで問題とされる。一方、知る権利は「積極的権利」で、情報公開制度、プレスといった特殊な社会制度の存在を前提とすることになる。

　「知る権利」の起源は、ケント・クーパーに求めることが一般的で、さらに

	原始	中世	近代	戦後	情報化社会
情報の所有者	大衆	権力者（支配者）／教会	政府／軍	政府／大企業／マスコミ	市民
所有の形態	共有	独占	独占	寡占	共有
情報の流れ	自由	一方向（上→下）	一方向（上→下）	一方向（上→下）	双方向
伝達の手段	口コミ	印刷物／音楽／絵画	マスメディア（映画／ラジオ／新聞／書籍）	マスメディア（新聞／テレビ／雑誌）	インターネット等／情報公開制度
情報不足	生活の破綻	社会不安	社会不安	精神的不安	（なし）

● 知る権利

　アメリカの AP 通信社専務理事であったケント・クーパーは、1956年に第2次世界大戦中の国家権力によって行われるマスメディア操作を問題とした『知る権利』を出版。同じころ、ハロルド・クロスは『人民の知る権利』を出版し、情報の自由は憲法が保障しようとしたすべての自由のなかでもっとも基礎となるものであると主張し、FOIA（米国情報自由法）制定への理論的支柱となった。

　1948年の第1回新聞週間には、日米共通標語として「あらゆる自由は知る権利から（Your right to know is the key to all your liberties）」が掲げられた。その後、日本では1953年の新聞週間標語に「報道の自由が守る"知る権利"」が、アメリカでは「あなたの新聞はあなたの知る権利のために闘う」が選ばれている。

● 判例における知る権利・知る自由

博多駅テレビフィルム提出命令事件最高裁決定（最大決1969. 11. 26、刑集23. 11. 1490）
「報道機関の報道は、民主主義社会において、国民が国政に関与するにつき、重要な判断の資料を提出し、国民の「知る権利」に奉仕するものである」
悪徳の栄え事件最高裁判決色川裁判官反対意見（最大判1969. 10. 15、刑集23. 10. 1239）
「憲法21条にいう表現の自由が、言論、出版の自由のみならず、知る自由をも含むことについては恐らく異論がないであろう。……けだし、表現の自由は他者への伝達を前提とするのであって、読み、聴きそして見る自由を抜きにした表現の自由は無意味となるからである。情報及び思想を求め、これを入手する自由は、出版、頒布等の自由と表裏一体、相互補完の関係にあると考えなければならない」
新聞閲読制限事件最高裁判決（最大判1983. 6. 22、民集37. 5. 793）
「意見、知識、情報の伝達媒体である新聞紙、図書等の閲読の自由が憲法上保障されるべきことは、思想及び良心の自由の不可侵を定めた憲法19条の規定や、表現の自由を保障した憲法21条の規定の趣旨、目的から、いわばその派生原理として当然に導かれるところとであり、また、すべての国民は個人として尊重される旨を定めた憲法13条の規定の趣旨に沿うゆえんである」

広く社会に知らせたものが、ニューヨーク・タイムズ紙が政府の圧力に屈することなくベトナム戦争に関する秘密文書を報じたペンタゴンズ・ペーパー事件であるといわれている。市民の知る権利に奉仕するものとしてのプレス（言論報道機関）の存在が、市民にとってはっきりと確認できたからである。

　ここまでみてきてわかるように、知る権利とプレスの関係は二面性を持っている。1つは、権力に対するウォッチドック（監視者）としての役割をきちんと発揮しているプレスとして、知る権利を実効あるものにするための重要な社会的役割を担う側面である。もう1つは、政府や企業におもねるマスメディアには期待せず、市民が直接知る権利を行使するといった側面である。

　そこで、プレスが機能している限りにおいては、知る権利の実現方法としては、情報公開制度に代表される統治機構への直接的アクセスの保障である直接的方法と、プレスを通じて必要な情報を間接的に入手する手段を確保する間接的方法があることになる。後段のプレスの法的地位については、主にアメリカ、イギリス、日本にみられるように、プレスと一般人の表現の自由の保障レベルは原則同じと捉える「社会責任論」と、ドイツやフランスに代表されるように、プレスの持つ表現の自由は一般人のそれよりもより強く保障されているとする「法的責任論」がある（第3講参照）。

　なお知る権利は、自由権規約19条でも保障されているほか、多くの国において憲法上明記されるか、判例上確立している。さらに、公的情報の開示請求権についても、いわゆる情報公開法としてすでに各国で制度化されており、アジアでは韓国がいち早く施行している。

2　情報公開制度の全体像

　情報公開制度の基本には、公的情報（public information）はその社会の構成員である市民のものであるという考え方があり、だからこそ公的情報に市民はアクセスする権利（the right to access）を有するという原則が成り立つ。本来は、国民の代議者による議会が成立し、健全なチェック機関としての言論機関が存在する限り、直接個々の市民が公的情報を知る必然性は薄いはずであったものが、国家による情報の秘匿化と情報寡占の進展によって、皮肉にも新しい制度的担保を必要にしたという面も否定できない。

　すなわち、近代立憲民主制は早くから議会の公開を確立したが、行政の公開性は問題とされなかった。それは、統治機構が議会中心に構想され（立法国

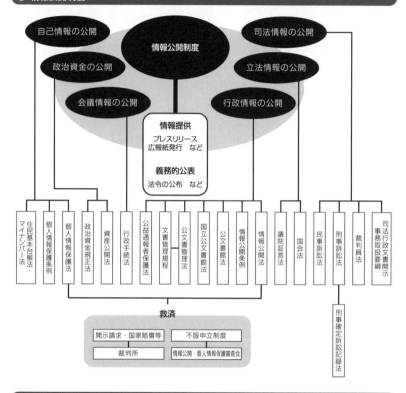

● 情報公開制度

● 情報民主主義

　従来、一般的に提唱されてきた情報民主主義（Information democracy）の基本的な権利モデル。近年はインターネットを念頭においたデジタル・ネットワーク時代における、インターネット民主主義やデジタル民主主義が謳われている。
①知る権利（right to know）：知りたい
②プライバシーの権利（right of privacy）：知られたくない
③情報使用権（right to utilize）：利用したい（情報を共有したい）
④情報参加権（right to participate）：参加したい（意思を反映させたい）
⑤情報監視権（right to watch）：チェックしたい

家）、議会活動の公開性が確立している限り、政府に関する必要な情報は市民に流れると信じられていたからである。しかし「積極国家化」（行政国家化による行政の肥大化）によって、統治機構内における行政部の比重が高まり、行政情報の自由な流通への期待が生まれることになった。

　また、自由な言論と自由なプレスが存在し保障されている限り、必要な情報はプレスを通じて市民に流れるとの確信が存在した。しかし政府情報の大量・多様・専門化によって、取材・報道活動に関するマスメディアの権能を独自かつ強固なものとして再構成する必要が生まれた。これが結果的にはメディアの巨大化（場合によっては寡占化）につながり、市民が欲する情報が必ずしも伝わらない状態を生み出したり、場合によっては一般市民とメディアの利害が一致しない場合が生じたりすることとなった。こうした「マスメディアの機能不全」が、市民による直接的な情報アクセスを生み出したのである。

　広義の情報公開制度は、行政情報の公開（狭義の情報公開制度）、会議情報（意思形成過程情報）の公開のほか、司法情報（裁判）、立法情報（議会）の公開、さらに自己情報の公開（自己情報コントロール権の保障）と政治資金情報の公開（政治家資産の透明化）——という大きく6つのカテゴリーに分けて考えることができる（前頁参照）。これらは主に公的情報を透明化し、民主制度を支える大切な柱である。

　行政情報の公開制度の場合、町村を含めたすべての行政レベルに公文書に対するアクセスの制度的担保があることが重要である。なぜなら、たとえば自分の家の前の道路の建設計画を知りたいと思った場合でも、その道が国道であれば情報公開法で対応できるかも知れないが、県道であれば県に、町道であれば町に情報公開制度があることが求められるからである。最近は重要かつ実質的な意思決定が、政府や各省庁に設置されている各種審議会や研究会で行われることが多いことから、これらの会議の公開（傍聴、会議録の公開など）も大きな課題となっている。

　この情報公開制度を求める社会の流れをみてみると、最初は市民運動のなかで情報公開の考え方が芽生え、広がっている。具体的には、1960年代の薬害告発運動（サリドマイド禍、クロム禍）や、消費者運動（商品の安全性、公共料金決定）、さらには環境保護運動や社会福祉運動における、自らの命や健康のために、真実を求め情報を自分たちの手に入れる切実な思いが出発点である。

　引き続き、ロッキード疑獄（1976年）、外務省沖縄密約事件（1972年）、さら

　国レベルでも、地方自治体における関心の高まりを受けて、1979年12月に設置された「情報公開問題に関する連絡会議」等で検討を重ね、80年5月には「情報提供に関する改善措置等について」の閣議了解を行った。一方、当時の野党は80年代に情報公開法案を提出したが制定には至らなかった。その後、政府は91年12月に情報公開問題に関する連絡会議申し合わせというかたちで「行政情報公開基準」を策定した。93年8月に連立内閣が成立してから情報公開法に対する関心が国レベルで急速に高まり、94年12月に発足した行政改革委員会のもとで行政情報公開部会が検討を進め、96年11月1日に情報公開法要綱案を発表した。行政改革委員会は同年12月に「情報公開法制の確立に関する意見」を総理大臣に具申し、政府は98年に情報公開法案を提出、継続審議ののち99年に成立した。

情報公開法＜行政機関の保有する情報の公開に関する法律＞（1999.5.14法42）
　1条で、政府の説明責任（アカウンタビリティ）と市民の開示請求権を認めている。これは、知る権利の具体的な権利保障を実質的に認めたものと解釈されている。県政の適正な運営といった行政目標が目的化されている一部の条例とは明らかに異なる法目的といえる。憲法解釈としては、知る権利が具体的権利性を持つという見解と、情報開示請求権としての知る権利は抽象的な権利にとどまるとの見解（憲法で保障する表現の自由は、あくまで自由権の範囲にとどまるとの考え方）に分かれているが、後者の場合は、21条を根拠に直接、政府情報の開示を裁判において求めることはできず、個々人が情報を請求できるためには具体的な法律または条例の定めが必要とする。最高裁は、知る権利が表現の自由の範疇であることを認めつつも、請求権的な権利として認めるには至っていない。
第1条［目的］　この法律は、国民主権の理念にのっとり、行政文書の開示を請求する権利につき定めること等により、行政機関の保有する情報の一層の公開を図り、もって政府の有するその諸活動を国民に説明する責務が全うされるようにするとともに、国民の的確な理解と批判の下にある公正で民主的な行政の推進に資することを目的とする。
第3条［開示請求権］　何人も、この法律の定めるところにより、行政機関の長に対し、当該行政機関の保有する行政文書の開示を請求することができる。

独立行政法人等情報公開法＜独立行政法人等の保有する情報の公開に関する法律＞（2001.12.5法140）
第1条［目的］　この法律は、国民主権の理念にのっとり、法人文書の開示を請求する権利及び独立行政法人等の諸活動に関する情報の提供につき定めること等により、独立行政法人等の保有する情報の一層の公開を図り、もって独立行政法人等の有するその諸活動を国民に説明する責務が全うされるようにすることを目的とする。

　このほか、最高裁を除く司法行政情報に関しては、「裁判所の保有する司法行政文書の開示に関する事務の基本的取扱いについて」（2001.3.29最高裁総一第82号事務総長依命通達）があり、総務局長名の高裁長官・地裁所長・家裁所長宛の内部通達文書は、開示の申出、その対応として開示する場合と不開示の場合等の手続き、さらには申出や開示実施の方法、苦情手続き等について定めている。

には数々の談合事件といった政治疑獄に直面して機運が高揚した。国民の間に政治に対する不信感と、その解決のためには政治家の手に握られている公的情報を白日のもとに晒すことの必要性を求める声が高まったのである。

　こうしたなか、自由人権協会、情報公開法を求める市民運動といった市民団体を通じて情報公開制度を求める市民の声が高まり、情報公開権利宣言（1981年）のような具体的なかたちとして政治を動かすに至った。作成されたモデル条例案は、多くの地方自治体でも参考にされ、1980年代に続々と条例が誕生していった。地方自治体レベルでは、すでに都道府県と市区町村をあわせた1787団体中、1町を除き条例が整備されている（2018年3月現在）。一方で政府の動きは、1980年の閣議了解以降なかなか進まなかったが、細川政権誕生によって実現に向けて大きく舵が切られ、約20年の時を経て1999年に国会を通過するに至った。

　情報公開制度と同様に、政治倫理制度についても条例とともに法制化が進み、1992年には資産公開法が成立し、政治資金規正法を側面から強化することとなった。これらは政治家への企業献金など政治資金と政治家自身の資産の公開を義務付けるものである（第7講参照）。

Ⅱ　情報公開法の特徴

1　情報公開法の法目的と対象情報

　情報公開法・条例（及び要綱）のポイントは、国や自治体が情報を隠そうとしても、それに対し裁判の場で争える法的環境を作ったことにある。実際、個々の情報公開制度は、公的情報の開示請求を市民の権利として保障するとともに、行政機関の不開示決定に対し救済制度を整備するなど、市民の知る権利を具体的・実効的に保障するものとして機能している。国・地方自治体の行政処分に関しては、すでに多くの不服申立てや裁判の事例が積み重ねられ、公開のための具体的な判断基準もできつつある。以下に、日本の情報公開制度（法・条例）の特徴を挙げておく。

　第1は、法（制度）目的である。「知る権利」は一般に、国民主権の理念（憲法1条）や国民一人ひとりの幸福追求権（13条）を背景に、表現の自由（21条）を根拠に主張される。表現の自由が単に、国民が広く思想や情報を伝

スウェーデン 出版の自由に関する基本法（1949制定、1976大改正）は、18世紀以来の公文書公開の伝統を背景に、すべての人に「公表を目的として報道機関に情報を提供する権利」を付与。そもそも、イギリスにおける1965年の出版許可法廃止の影響を受け、1765年にプレス自由法（憲法典の一部）を制定した。

アメリカ 情報自由法（FOIA；Freedom of Information Act、1966制定、1974大改正、1996電子情報自由法に衣替え）は、何人も、理由を明示する必要なく、記録の開示請求を行うことができる。行政機関は10日以内にこれに応じる義務がある。会議公開法（Government in the Sunshine Act、1976制定）は、合議制の行政機関の会議についての公開原則を定める。

ドイツ ドイツ連邦共和国基本法（ボン基本法、1949制定）は、5条1項で知る権利を規定。連邦情報庁が設置され、プレスに情報を告知することを義務化している。そのほか、各州出版法が州政府のプレスに対する情報提供について規定。

韓国 公共機関の情報公開に関する法律（1996.11成立、1998.1.1施行）は、行政機関だけでなく、裁判所や国会、特殊法人も対象としている。

　フィンランドが1950年代に公文書公開法（1951制定、1999大改正）を制定したほか、1970年代にはデンマーク（行政関係文書公衆アクセス法）、ノルウェー（公衆アクセス法、1997大改正）、フランス（行政文書アクセス法）、オランダが、1980年代に入ってから、カナダ、オーストラリア、ニュージーランド、オーストリアが、1990年代に入ってからは、イタリア、ハンガリー、スペイン、ポルトガル、ベルギー、アイスランド、アイルランド、チェコが相次いで情報公開法制度を確立している。イギリスは1985年に地方自治体情報アクセス法を制定していたが、2000年に国レベルの情報自由法を制定、施行している。1990年代以降は、ヨーロッパ以外の地域でも徐々に法整備が進んでいる。アジアではタイが公的情報法（1997年）、中東ではイスラエルが情報公開法（1998年）、アフリカでは南アフリカ共和国が情報アクセス促進法（2000年）を制定している。

　アメリカ情報自由法はすでに電子メールによる請求を認めているが、日本では中央官庁においてはインターネットによる情報公開請求は受け付けていない。地方自治体のなかには、奈良県橿原市、沖縄県浦添市、神奈川県逗子市などに始まり、電子メールによる請求を受け付ける自治体が増えてきている。岡山市ではさらに、開示・非開示の結果通知をメールで行い、開示が決定した文書については市のウエブサイトで60日間掲載され、誰でも閲覧できるシステムを2003年11月から運用している。

　閲覧情報については、公文書が電磁的記録の場合、そのままデータファイルでの提供（謄写）がなされる例も増えてきている。ただし、料金設定の関係上、電子データだと法外な手数料になる場合などもあり、申請・閲覧・謄写のすべての過程においてデジタル対応するべく全面的な見直しが必要である。これらも含め、制定以来実質的な改正が一度もなされないまま20年以上が経過していることの問題が露呈しているといえる。

　なお、こうした開示方法の多様性においては、障害者の実効的アクセスを担保することも大切なことである。海外の例では、視覚・聴覚の障害者向けの特別な措置を義務付けるものもある（南アフリカ、カナダなど）。高齢者や在宅生活者も含め、こうした面での情報アクセスの平等性を高めることも、今後の課題である。

達し、またそれを受け取る自由のみならず、政府が保有する情報の開示を求める権利（政府情報開示請求権）を含む、との考え方に基づく主張である。

　第2は、誰が利用できるかの問題である。法は「何人」も利用できるとし、日本国民に限定していない。一方、条例のなかには住民や区域内に勤務先を持つ者、あるいは利害関係人に限定しているものも少なくない。この問題性はたとえば、沖縄の在日米軍基地の情報を知りたいと思えば、アメリカの情報自由法を利用するように、上流のダムの建築や他県からの不法投棄について、その県の住民でなくても当該県に情報公開を求めたいことがあることから、容易に想像がつく。請求方法は一般に、窓口か郵送である。

　請求の障害になるものとしては、費用と手間が挙げられる。法の場合、閲覧と謄写（コピー）の両方に手数料が求められることになっている。また、請求に際しては電子的方法が認められていない。海外では、手数料に減免措置を設けて、「公益目的」と判断される場合は、割安の料金設定をしている例もあるが、この点でも日本の対応は遅れている。

　外務省等一部の省庁で請求件数が多く、法で定められた期間に処理できずに問題となっているが、リスト整備や新たな公開制度の導入などの改善が早急に必要となっているといえるだろう。その意味からも、「自動公開制度」は検討の価値がある。アメリカ情報自由法では、多くの請求が事前に予想される事項については、予め情報公開制度に則ったかたちで情報を公開することになっており、たとえばクリントン不倫疑惑公聴会記録は政府ホームページに全文公開された。行政機関のサービスの一環である「情報提供」とは似て非なるものといえる。

　第3は、対象となる機関・情報である。あらゆる公的情報の公開が基本原則であるが、地方自治体の場合、当初は実施機関から公安委員会や警察本部長、議会を対象外とするところがあったが、2018年段階ですべての警察関連は対象となった。また議会についても、独自の公開条例を有することで、すべての都道府県で議会情報の公開制度が運用されている。

　あらゆる過程の情報の公開が原則であるが、実際は決済終了後に限定することにより、意思形成過程の情報が一切秘匿されたり、文書不存在を理由にする傾向がみられる。当初は、録音データやコンピュータ入力の電子（デジタル）情報を対象外とするところがあったが、法や運用によって対象となる情報を限定してしまわないことが求められる。

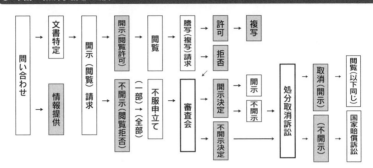

2018年度の情報公開法に基づく各省庁（46機関）と独立行政法人等（193法人）の対応状況は、決定総数14万6377件で、うち省庁の対応だけみると、全面開示29.3％、部分開示68.5％で、全面不開示は2.2％であった（総務省まとめ）。開示請求件数は行政機関の場合、2001年の5万件弱から2012年に10万件を超え、さらに2015年以降増加スピードが増して2018年には15万件超えとなった。開示請求件数が多い省庁は、8万件台の法務省、3万件台の国土交通省、1万件台の厚生労働省で、人事院、防衛省が続く。なお、不服申立ての件数は1万3350件、新たに不開示等の処分取消しを求める訴訟の件数は19件であった。

● インカメラ審理

情報公開訴訟において、裁判所が不開示事由該当性を判断するための証拠調べとして、裁判所は不開示とされた文書を直接見分して判断する方法を「インカメラ審理」と呼び、アメリカ等で、部分的に採用されている。裁判所が実質的な判断ができるというメリットの一方で、訴えた側の原告は、当該文書の内容を確認できないし、また被告の側も、文書の具体的内容を援用しながら弁論を行うことができないという状況が生まれる。また、裁判所がインカメラの結果に基づき判決をした場合、両当事者が上訴理由を的確に主張することが困難となるうえ、上級審も原審の判断の根拠を直接確認することができないまま原判決の審査をしなければならないことになる。

インカメラ方式の採用について、**沖縄米軍ヘリ墜落事故公開訴訟最高裁決定**（最決2009.1.15、金融法務事情1865.42）で、「情報公開訴訟において証拠調べとしてのインカメラ審理を行うことは、民事訴訟の基本原則に反するから、明文の規定がない限り、許されないものといわざるを得ない」としたが、泉徳治裁判官補足意見では、「インカメラ審理は、裁判所が当該行政文書を直接見分し、自ら内容を確認して実体判断をするための手続であるから、国民の知る権利の具体化として認められた行政文書開示請求権の司法上の保護を強化し、裁判の信頼性を高め、憲法32条の裁判を受ける権利をより充実させるものということができる。裁判を受ける権利をより充実させるものである以上、情報公開訴訟におけるインカメラ審理は、憲法82条に違反するものではないと解すべきである」と、新たな立法による導入は憲法に抵触しないとした。

ただしそれ以上に、それらの行政情報がきちんと記録され、保存・保管されていることが肝要である。いい加減な記録であったり、それがきちんと整理されていなければ、たとえ公開請求をしても、当該文書がみつからない結果となってしまう。法制定から2020年で20年が経過し、制度として定着する一方で、官あるいは政治家の「隠したい」という気持ちが強く出ることで、空洞化とも呼べる事態も現出している。とりわけ2010年代に入ってから、公開しないためにすぐ捨てたり、そもそも最初から記録を作らないという政府の姿勢が明らかになってきたからである。

すべての公的機関には、情報公開制度の原点である説明責任義務（アカウンタビリティ）に立ち返り、公的記録は国民の共有財産であり、それを残し公開することは行政サービスではなく義務であることを再確認してもらう必要がある。同時に「みせてやる」意識の変革が絶対必要条件だ。

2　適用除外情報と救済方法

情報公開制度の実効性を担保する最大のポイントは適用除外の定め方である。原則全面公開のルールのもとでの、法や条例はそれぞれ適用除外事項の基準をおいている。情報公開法5条における「適用除外規定」は、開示義務の例外を定めることによっていわば法によって公開しなくてもよいお墨付きを与えるわけであり、その規定が曖昧であったり、運用を誤ると、法そのものの性格を「情報非公開法」に変えてしまう危険性を包含している。適用除外事項の主なものは、国家安全情報、個人情報、企業情報、意思形成過程の情報である。

日本の場合、憲法9条で戦力放棄・交戦権否定を定めていることから、軍事情報に関する制約がきわめて限定されていたが、2013年に成立した特定秘密保護法により、この適用除外の範囲も拡大する可能性が否定できない。防衛省保有の国家秘密情報は、実質的には秘密の価値がないものまで形式的なマル秘文書で守られているものも多く、本来、秘密文書指定と非開示は直接リンクするものではなく、個別の判断が求められるはずだが、運用上は形式的・自動的に政府の意思が優先され秘匿される危険性がぬぐえない（第11講参照）。

同様のことは個人情報についてもいえる。知事の交際費などについて、相手先の個人情報やプライバシー保護のために支払先を墨塗りにするなどの措置が、法目的に沿うものであるかどうかは吟味が必要である。

企業情報公開の当否については、行政機関の保有する企業秘密の無制限な公

情報公開・個人情報保護審査会設置法（2003.5.30法60）
第１条［趣旨］　この法律は、情報公開・個人情報保護審査会の設置及び組織並びに調査審議の手続等について定めるものとする。
第３条［組織］　①審査会は、委員15人をもって組織する。
②委員は、非常勤とする。ただし、そのうち５人以内は、常勤とすることができる。
第６条［合議体］　①審査会は、その指名する委員３人をもって構成する合議体で、不服申立てに係る事件について調査審議する。
②前項の規定にかかわらず、審査会が定める場合においては、委員の全員をもって構成する合議体で、不服申立てに係る事件について調査審議する。

　内閣府（2016年に総務省に移管）に設置され有識者・弁護士等で構成する情報公開審査会が、2001年４月の情報公開法施行以来２年間で不服申立てを受けた件数は717（審議会に諮問された件数。不服申立件数は2001年＝1359、2002年＝914）件であった。国の行政機関の不開示決定理由には、文書不存在、不開示規定に該当、存否応答拒否などがあるが、申立総数のうち465件が不開示情報であることを理由にしたものであった。これに対し審査会答申では、274件（約６割）について行政機関の不開示処分を妥当ではない（一部も含む）とし、判断を妥当とした191件を大きく上回った。各自治体の条例でも2000年は「逆転率」（一部開示含む）が５割を超え（ただし、2001年は34％）、行政機関の必要以上の秘匿傾向が改めて問われるとともに、審査会の意義が確認できる。
　2009年の委員構成は元判事２人・元検事２人・元官僚１人・弁護士３人・公認会計士１人・大学教員６人で、常勤委員はすべて元判事と元検事であった。当初はいわば逆転開示を認める比率が４割近くあったものが一時は半減し、その後に常勤委員に弁護士が就任すると傾向に変化がみられた。なお、2004年度答申のうち２か月以内はわずか４％にすぎず、５〜６か月が18％ともっとも多いほか、１年以上が１割を超えるなど答申所要日数の長期化が目立っており、開示請求に対する決定までの長期化ともども、実際の請求から開示までの時間の短縮が課題となっている（情報公開クリアリングハウス調べ）。

行政機関情報公開法に係る答申件数の推移（総務省発表、年度）

	答申件数	開示	一部開示	不開示（判断妥当）		答申件数	開示	一部開示	不開示（判断妥当）
2001年	177	23	48	106 (60%)	2011年	586	20	121	445 (76%)
2002年	540	38	189	313 (58%)	2012年	550	31	145	374 (68%)
2003年	773	45	244	484 (63%)	2013年	501	46	122	333 (66%)
2004年	671	19	179	473 (70%)	2014年	598	42	135	421 (70%)
2005年	641	16	154	471 (73%)	2015年	931	60	163	708 (76%)
2006年	512	14	86	412 (80%)	2016年	839	52	122	665 (79%)
2007年	547	10	55	482 (88%)	2017年	566	33	82	451 (80%)
2008年	586	27	91	468 (80%)	2018年	557	60	75	422 (75%)
2009年	658	23	162	473 (72%)	2019年	658	74	133	451 (69%)
2010年	623	33	131	459 (74%)					

開は、公正な競争を阻害し、企業の存立を脅かすとの観点から、適用除外が認められている。ただし、企業利益と市民の知る権利のバランスがポイントで、企業秘密が「人の生命・健康に関する情報」であり、請求権者の生命・身体・健康に悪影響を及ぼす場合で、公にする必要があると認められれば、たとえ情報提供時に非公開の申し合わせがあったとしても、適用除外規定の〈例外〉から開示義務という〈原則〉に戻る仕組みを持っている。

そのほか法では、警察情報（犯罪予防、捜査情報）、試験問題などの行政運営情報や、議会、委員会等の討議内容などの合議制機関情報が適用除外事項として認められている。なお、宮内庁（皇室）情報については、「文化的歴史的資料」にあたるとして、対象文書から外すことで制度の対象外にしているのも、日本的特徴といえる。

冒頭に指摘したように、法制化のポイントは裁判で争えることと、その前段階に不服申立制度によって、迅速・無料で第三者による審判が受けられることである。

まず「行政救済」についてみていくと、法では情報公開・個人情報保護審査会、条例ではたとえば東京都情報公開審査会といった、第三者的救済機関（諮問機関あるいは参与機関）が設置され、不服申立ての制度が整備されている。これらは、行政不服審査法による行政機関への不服申立てに対する決定または裁決にあたり、審査会に諮問するかたちをとっている。

次の段階である「司法救済」は、取消訴訟というかたちをとる。非公開決定は行政処分にあたるので、行政事件訴訟法が定める抗告訴訟によって裁判所に提訴し、救済を受けることになる。

情報公開訴訟の難しい点は、公開の法廷で証拠となる行政文書を出すことができないため（出した段階で「公開」してしまうことになってしまう）、どのような手法で行政機関がいう秘密の内実を判断するかという点にある。これは、形式秘と実質秘をどう見分けるかという問題でもあるとともに、公開・非公開の判断基準の問題でもある。そこでは、厳格な違憲審査基準が妥当するのか、当該情報の開示に関わる個人的利益をどのように考慮するのか、といった検討事項がある。

裁判所が文書公開の可否を実質審理するための方策として、訴訟のなかで新たな工夫が加えられつつある。すでに実施されているものとしては文書の中身が推定できるような、詳細な索引の作成を求めることで、裁判所が公開の是非

● 情報公開関連の主な判例

　情報公開条例の性格付けについては、**大阪府水道部懇談会公開訴訟地裁判決**（大阪地判1989. 4. 11、判タ705. 129）が、「条例は……憲法21条等に基づく『知る権利』の尊重と、同法15条の参政権の実質的確保の理念に則り、それを府政において具現化するために制定されたものと認められる」と述べる。

　意思形成過程情報については、**大阪安威川ダム調査資料公開訴訟最高裁判決**（最判1995. 4. 27）が、「専門家が調査した自然界の客観的、科学的な事実、及びこれについての客観的、科学的な分析であると推認されるのであり、その情報自体において、安威川ダム建設に伴う調査研究、企画などを遂行するのに誤解が生じるものとは考えられない。……文書が全体調査の途中における調査結果であることから、本件非公開情報を公開することによる誤解が生じるものとは認めがたい」として公開を認めている。

　適用除外条項については、**神奈川県建築確認書公開訴訟高裁判決**（差戻審＝東京高判1991. 5. 31）で、「特定の個人の識別性については、当該文書そのものだけでこれが認められるという必要はなく、当該文書での情報のほかに、容易に取得しうる他の資料を総合することにより特定個人を識別できる場合をも、非公開事由に該当すると解すべきである。……特定個人のプライバシーを最大限保障しようとする条例の態度に徴すると、少なくとも、他の資料と総合するとそれと同程度に容易に特定個人を推測しうる場合もまた、同様に特定個人を『識別し得る』と考えるのが相当」と判断した。一方で**鴨川ダムサイト事件**では、ダムサイト候補地点選定位置図の公開は混乱を招くとして非公開が認められている（最判1994. 3. 25、判時1512. 22）。

　警察・議会情報については、**県警・県議会出張旅費公開訴訟地裁判決**（仙台地判1998. 4. 14）で「県が行う招宴などの金額を開示しても今後、金額が制限されるような事態は考えにくい。宮内庁職員との懇談会などの情報を事後に公開しても、行幸啓に関する今後の警備に影響が生じる恐れもない。……文書を公開しても、皇族の権威が傷つくことは思われず、今後の支障にならない」として公開を認めた。

　沖縄返還に伴う日米合意文書の公開を求めた**沖縄密約公開請求訴訟**では、地裁では「行政機関の側が不開示決定の時点までに廃棄・移管等によって保有しなくなったことを主張立証しなければならない」ので不開示決定は違法だとしたものの（東京地判2010. 4. 9）、高裁で原告の逆転敗訴となり（東京高判2011. 9. 29）、さらに最高裁は「開示請求の対象とされた行政文書を行政機関が保有していないことを理由とする不開示決定の取消訴訟においては、その取消しを求める者が、当該不開示決定時に当該行政機関が当該行政文書を保有していたことについて主張立証責任を負うものと解するのが相当である」として、政府の説明責任を実質免除した（最判2014. 7. 14）。これは、政府が秘匿したい文書は破棄し、情報隠しを正当化することにつながり、情報公開を進めるうえで大きなネックになる可能性が高い。

● 地方自治体の情報公開条例

　日本で最初の情報公開条例は、山形県金山町公文書公開条例（1982年3月）、都道府県レベルでは、神奈川県の「機関の公文書の公開に関する条例」（1982年11月）である。都道府県では公安委員会・警察本部長を実施機関に加え、議会を情報公開の対象としている（なお、12団体は議会独自で情報公開条例を定めている）。神奈川県では、情報リテラシーの滋養、情報インフラ環境の整備などを含めて「情報権」の確立を謳っている。

を判断できるようにする「ボーン・インデックス方式」がある。現在、議論が続いているものとしては「インカメラ方式」がある。後者については2009年の最高裁決定において、補足意見ではあるが憲法に抵触するものではないとして立法化する余地があることが示されている。

　情報公開法・条例に係る公開拒否処分取消訴訟のうち、認容（一部認容含む）割合は半数を超えるといわれており、取り下げや和解の事例も実質開示であるケースが多いことから、実質公開率は高いとみられている。これまでのところは、公共事業や開発などの関係書類の公表を求めたものや、首長の交際費や会議費等の公金支出の実態を探るものが多いのが特徴である。ほかに、教育情報や医療情報の公開等の事例がある。また、開示拒否処分の取消訴訟ではないが、同様の効果を狙ったものとして、文書破棄や公開遅延等を理由とした損害賠償請求や敗訴後の非公開再決定の無効確認訴訟などがある。

Ⅲ　公文書の管理

1　国民共有の知的資源

　公文書の管理については、情報公開法制定当時からの残された課題であったわけであるが、2003年以降の政府内の調査研究を踏まえ、2008年11月には報告書「『時を貫く記録としての公文書管理の在り方』～今、国家事業として取り組む～」を発表、これを受けて2009年に公文書管理法が成立した（2011年4月施行）。公的情報の公開にとって、情報公開法と公文書管理法（文書管理規程）は車の両輪ともいえる関係にある。

　公文書を「健全な民主主義の根幹を支える国民共有の知的資源」と位置付け、「主権者である国民が主体的に利用し得るものであること」を明確にした。また、行政文書のうち意思決定過程文書の保存義務を認め保存対象文書を列挙したことや、行政文書の廃棄について総理大臣の同意を要件としている。

　なお同法では、公文書の作成と保存に関して各省庁共通のルールとして「行政文書の管理に関するガイドライン」を定めることとし、歴史的に重要とされる公文書（特定歴史文書）については国立公文書館で永久保存されることも決められている。一方で、国会や裁判所の公文書については引き続き対象外であり、判決文などの裁判記録が裁判所（検察）の独自判断で破棄される実態につ

● その他の情報公開関連法規

民事訴訟法（1996. 6. 26法109）

第223条［文書提出命令等］ ①裁判所は、文書提出命令の申立てを理由があると認めるときは、決定で、文書の所持者に対し、その提出を命ずる。この場合において、文書に取り調べる必要がないと認める部分又は提出の義務があると認めることができない部分があるときは、その部分を除いて、提出を命ずることができる。

④前項の場合において、当該監督官庁が当該文書の提出により次に掲げるおそれがあることを理由として当該文書が第220条第四号ロに掲げる文書に該当する旨の意見を述べたときは、裁判所は、その意見について相当の理由があると認めるに足りない場合に限り、文書の所持者に対し、その提出を命ずることができる。

一 国の安全が害されるおそれ、他国若しくは国際機関との信頼関係が損なわれるおそれ又は他国若しくは国際機関との交渉上不利益を被るおそれ

二 犯罪の予防、鎮圧又は捜査、公訴の維持、刑の執行その他の公共の安全と秩序の維持に支障を及ぼすおそれ

⑥裁判所は、文書提出命令の申立てに係る文書が第220条第四号イからニまでに掲げる文書のいずれかに該当するかどうかの判断をするため必要があると認めるときは、文書の所持者にその提示をさせることができる。この場合においては、何人も、その提示された文書の開示を求めることができない。

⑦文書提出命令の申立てについての決定に対しては、即時抗告をすることができる。

行政手続法（1993. 11. 12法88）

第1条［目的等］ ①この法律は、処分、行政指導及び届出に関する手続に関し、共通する事項を定めることによって、行政運営における公正の確保と透明性の向上を図り、もって国民の権利利益の保護に資することを目的とする。

第9条［情報の提供］ ①行政庁は、申請者の求めに応じ、当該申請に係る審査の進行状況及び当該申請に対する処分の時期の見通しを示すよう努めなければならない。

②行政庁は、申請をしようとする者又は申請者の求めに応じ、申請書の記載及び添付書類に関する事項その他の申請に必要な情報の提供に努めなければならない。

第39条［意見公募手続］ ①命令等制定機関は、命令等を定めようとする場合には、当該命令等の案及びこれに関連する資料をあらかじめ公示し、意見の提出先及び意見の提出のための期間を定めて広く一般の意見を求めなければならない。

行政不服審査法の改正（2014. 6. 13法69）

処分に関し国民が行政庁に不服を申し立てる制度（不服申立て）について、関連法制度の整備・拡充等を踏まえ、①公正性の向上、②使いやすさの向上、③国民の救済手段の充実・拡大の観点から、制定後50年ぶりの抜本改正が2014年にされた。具体的には、審理員による審理手続・第三者機関への諮問手続の導入、不服申立ての手続を「審査請求」に一元化、審査請求をすることができる期間（審査請求期間）を3か月に延長することなどが内容である。

いては、早急な改善が求められているといえる。

　こうしてできあがった「国家の記録」システムであるが、早くもほころびが見え始めている。2010年代に立て続けに起きた、政府による公文書の改竄・隠蔽・廃棄問題である。モリ・カケ・サクラと称された森友学園、加計学園、桜を見る会にまつわる文書が、首相答弁に合わせるように書き換えられたり、公開請求があった後に廃棄されたり、不存在として隠されたりしたからである。

　ほかにも、自衛隊の現地日報の隠蔽など同様な事件が後を絶たず、情報公開の手前の公文書の作成・保管という段階で大きく揺れていることになる。さらには、天皇代替わりに係る皇室会議については、「お目出たいことだから」という理由で記録がとられず（したがって議事録もない）、閣議など重要な会議ほど議事概要だけで議事録を作らない、コロナ関連の専門家会議などでは発言者名をはずすといった、文書管理の原則に反する違法もしくは不当な状況が続いている。

　また、同法が抱える制度上の課題としては、日常業務には利用していない文書（半現用文書）を、「中間書庫」と呼ばれる特別な取り扱い対象にし、文書の散逸を防ぎ移管をスムーズにする仕組みを作ることが求められる。特定歴史文書の利用（開示）請求が、情報公開法の適用除外理由と同じレベルで拒否される可能性があるのも残された問題で、諸外国の例にならい「30年原則」（一定期間を経過した歴史文書は原則公開とする）等のルールを採用しない限り、沖縄返還や核持ち込みにみられる外交上の秘密文書が、その存在すら明らかにされないことになってしまう。

　こうした歴史的文書の制度的保存が、最初に国レベルで議論されたのは、1988年に議員立法で成立した公文書館法で、その後、99年には国立公文書館法が制定されるに至っている。前者は国・地方公共団体が公文書の保存や利用に関し、適切な措置を講ずる責務があることを定めている。一方後者は、国が保管する公文書の保存のために必要な措置等を定めることで、国立公文書館または国の機関が保管する歴史資料として重要な公文書の適切な保存と利用ができるよう制定された。

　なお、1971年に総理府（現・内閣府）の付属機関として開館した国立公文書館では、新・旧憲法をはじめ法律の原本ほか「終戦の詔書」など、日本政府の各官庁から移管された公文書等を保有し、一般に公開している。所蔵資料は順次デジタルアーカイブ化されており、公文書、和書・漢籍などが、インター

● 行政文書の流れイメージ図

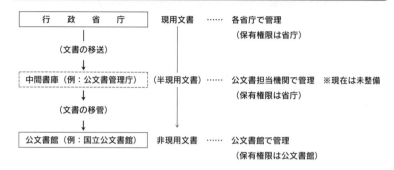

```
┌─────────────────┐      現用文書  ……  各省庁で管理
│ 行  政  省  庁 │                    （保有権限は省庁）
└─────────────────┘
        │
   （文書の移送）
        │
┌──────────────────────┐
│ 中間書庫（例：公文書管理庁）│ （半現用文書）……  公文書担当機関で管理  ※現在は未整備
└──────────────────────┘                    （保有権限は省庁）
        │
   （文書の移管）
        │
┌──────────────────────┐
│ 公文書館（例：国立公文書館）│  非現用文書  ……  公文書館で管理
└──────────────────────┘                    （保有権限は公文書館）
```

＊公文書管理の透明性を外部識者からなる第三者機関「公文書管理委員会」（2010年６月内閣府に設置）によって確保する仕組みが設けられており、特定歴史公文書等の利用請求に係る異議申し立ても受け付けている。

公文書管理法＜公文書等の管理に関する法律＞（2009.7.1法66）
第１条［目的］　この法律は、国及び独立行政法人等の諸活動や歴史的事実の記録である公文書等が、健全な民主主義の根幹を支える国民共有の知的資源として、主権者である国民が主体的に利用し得るものであることにかんがみ、国民主権の理念にのっとり、公文書等の管理に関する基本的事項を定めること等により、行政文書等の適正な管理、歴史公文書等の適切な保存及び利用等を図り、もって行政が適正かつ効率的に運営されるようにするとともに、国及び独立行政法人等の有するその諸活動を現在及び将来の国民に説明する責務が全うされるようにすることを目的とする。
第８条［移管又は廃棄］　①行政機関の長は、保存期間が満了した行政文書ファイル等について、第５条第５項の規定による定めに基づき、国立公文書館等に移管し、又は廃棄しなければならない。
②行政機関の長は、前項の規定により、保存期間が満了した行政文書ファイル等を廃棄しようとするときは、あらかじめ、内閣総理大臣に協議し、その同意を得なければならない。この場合において、内閣総理大臣の同意が得られないときは、当該行政機関の長は、当該行政文書ファイル等について、新たに保存期間及び保存期間の満了する日を設定しなければならない。
第14条［行政機関以外の国の機関が保有する歴史公文書等の保存及び移管］　①国の機関は、内閣総理大臣と協議して定めるところにより、当該国の機関が保有する歴史公文書等の適切な保存のために必要な措置を講ずるものとする。
第15条［特定歴史公文書等の保存等］　①国立公文書館等の長は、特定歴史公文書等について、第25条の規定により廃棄されるに至る場合を除き、永久に保存しなければならない。
第16条［特定歴史公文書等の利用請求及びその取扱い］　①国立公文書館等の長は、当該国立公文書館等において保存されている特定歴史公文書等について前条第４項の目録の記載に従い利用の請求があった場合には、次に掲げる場合を除き、これを利用させなければならない。

ネット経由で「いつでも、どこでも、誰でも、自由に、無料で」利用できる。同館は、国立公文書館法に基づき2001年に独立行政法人化されたが、2007年には体制の強化のために国の機関に戻す方針を発表、さらに公文書管理法の制定により、その位置付けと役割は重要性を増してきている。

　また、外務省は外交史料館を、防衛省は防衛研究所図書館を別途設置・運営しており、前者は1971年の開館以来、明治以降の外交記録の管理、保存、展示、公開を実施するほか、『日本外交文書』の編纂刊行事業を行っている。整理済み資料から順次「外交記録公開文書」として一般公開に供されているが、戦後の重要外交交渉記録は除外されるほか、あくまでも行政サービスの一環として行われていることからの限界も多い。なお、両館が保有する主に太平洋戦争戦前期の記録等については、国立公文書館アジア歴史資料センターに提供され、インターネット上で一般公開されている。そのほか、皇室関係の公文書は宮内庁書陵部が所蔵している。

　情報公開法・条例と同様、この種の公文書も当然、国レベルだけではなく地方自治体レベルでも同様な保存・利用がなされる必要がある。山口県文書館（1959年）を皮切りにすでに138団体（33都道府県、8政令指定都市、97市区町：2017年現在）では公文書館・アーカイブズが整備され、運用が始まっている。一方で、地方公共団体に対して法律上の文書管理の義務を課し、国同様に「国民共有の知的資源」としての位置付けを明確にしていくことが必要であるとの指摘もある（衆議院内閣委員会附帯決議）。

2　そのほかの情報公開制度

　情報公開法は専ら行政機関が現に保有する文書を対象にしたものであるが、国の機関の周縁には私たちの生活に深く関係した公的情報が数多く存在する。具体的には、公社や公団、公庫や金庫といった特殊法人、国立大学や各種研究所にみられる独立行政法人、さらには社団法人や財団法人といった公益法人の類いである。そこで、公的情報の公開のターゲットは、これらの機関が保有する公的文書に対するアクセスをどのように確保するかとなる。

　その結果、独立行政法人は原則として、2001年に制定された独立行政法人等情報公開法に基づき情報開示義務を負うこととなった。手続きは法人ごとの定めによるため仔細は異なるものの、原則として1か月以内に開示・非開示の決定通知が行われる仕組みを持つ。

● 歴史文書の情報公開

公文書館法（1987. 12. 15法115）

第1条［目的］　この法律は、公文書等を歴史資料として保存し、利用に供することの重要性にかんがみ、公文書館に関し必要な事項を定めることを目的とする。

第2条［定義］　この法律において「公文書等」とは、国又は地方公共団体が保管する公文書その他の記録（現用のものを除く。）をいう。

第3条［責務］　国及び地方公共団体は、歴史資料として重要な公文書等の保存及び利用に関し、適切な措置を講ずる責務を有する。

第4条［公文書館］　①公文書館は、歴史資料として重要な公文書等を保存し、閲覧に供するとともに、これに関連する調査研究を行うことを目的とする施設とする。

②公文書館には、館長、歴史資料として重要な公文書等についての調査研究を行う専門職員その他必要な職員を置くものとする。

第5条　①公文書館は、国立公文書館法の定めるもののほか、国又は地方公共団体が設置する。

②地方公共団体の設置する公文書館の当該設置に関する事項は、当該地方公共団体の条例で定めなければならない。

国立公文書館法（1996. 6. 23法79）

第1条［目的］　この法律は、公文書館法及び公文書等の管理に関する法律の精神にのっとり、独立行政法人国立公文書館の名称、目的、業務の範囲等に関する事項を定めることにより、歴史公文書等の適切な保存及び利用に資することを目的とする。

＊現用文書ではなくなった文書は、原則として廃棄ないし公文書館への移管となるが、実際は非現用文書がすべて公文書館に移管されるわけではなく、また、移管権限が公文書館にないため移管が進んでいない。アメリカのように、原局が保管・廃棄権を持つなど、文書の存在について責任を負うことや、引き続き情報公開の対象とすることが望まれる。

＊図書館法（1950. 4. 30法118）第9条［公の出版物の収集］、国立国会図書館法（1948. 2. 9法5）第24条［公の出版物の納入］、地方自治法（1947. 4. 17法67）第100条18項［公の出版物の送付等］は、公的出版物の図書館への納付を通して、一般市民への公開を実行しているといえる。

＊国立公文書館は2000年度から、公文書館をはじめとするアーカイブズ（Archives）において働く専門職員である「アーキビスト」の認証を開始した。これに先立ち2018年12月には「アーキビストの職務基準書」を公表している。

● 医療情報の公開

　個人情報保護法の成立に伴い医療現場でも「カルテ開示」が法的義務となった。「診療情報の提供等に関する指針」（厚生労働省2003. 9. 12）によると、現に保管中の診療記録すべてが公開の対象となり、開示請求の際には理由記載は不要であり、患者死亡の場合は遺族に情報提供義務があること、非開示理由として訴訟対応や抽象的な拒否理由は認められないことを明示した。また、診療中の診療情報の提供として処置・治療の方針など7項目を列挙し、医療法上のインフォームド・コンセントを補充するかたちになっている。

同法は開示請求の仕組みとは別に、組織、業務、財務などの基礎的な情報の提供を義務付けている（22条）。また、総務省行政管理局は監督省庁を通じて、社会的批判が強かった随意契約の執行状況を公表することを指導するなど、統一的な運用がなされているものも存在する。

　同法に基づく公開制度を持つ組織としてはたとえば、日本銀行法に基づく認可法人である日本銀行がある。同行は、開示請求の対象となる「法人文書」を、日本銀行の役職員が職務上作成・取得した文書、図画及び電磁的記録であって、役職員が組織的に用いるものとして日本銀行が保有しているものと定め、「国の機関、独立行政法人等、地方公共団体の内部または相互間の審議・検討・協議に関する情報で、公にすると率直な意見交換や意思決定の中立性を損なったり、不当に国民の間に混乱を生じさせるおそれのあるもの」など4項目を不開示情報としている。

　また、請求した文書が不開示とされた場合には不服申立てが可能で、その場合、日本銀行総裁は内閣府に設置されている情報公開審査会に諮問を行い、その答申を尊重しつつ不服申立てに対する決定を行うことと規定している。なお、当初の不開示等の決定や不服申立てに対する決定について、裁判所に訴訟を提起することができるのは、通常の行政機関と同様である。

　また、独立行政法人等情報公開法の制定過程で、特殊法人たるNHKを対象とすべきとの主張がなされたのに対し、報道の独立性を脅かす危険性があるとし、独自の情報公開制度を2001年7月に開始した。その結果、前記公開法では「NHKは、政府の諸活動としての放送を行わせるために設立させた法人でないと理解され対象外とする」とされた。

　従来から公開してきた業務報告書、財務諸表、予算書、経営委員会議事録などに加え、「放送による言論と表現の自由を確保しつつ、視聴者への説明責務を果たしていくため、視聴者の皆さん一人ひとりの求めに応じて、NHKが保有している文書を開示していく（＝情報開示）」ために、NHK情報公開基準（会長指示2000.12.19）と同規程（会長指示2001.6.12）を制定している。開示の対象は「NHK職員が業務上共有するものとして保有している文書」で、「放送番組編集の自由を確保する観点等から……放送番組の企画、取材、収録等について記録した文書その他放送番組の編集に関する情報を記録したもの」などを対象外としている。

● 閣議記録の公開

2014年4月から政府の閣議及び閣僚懇談会の議事録公開が、「首相官邸」ウエブサイト上で公表する形式で始まった。民主党政権の置き土産ともいえる議事録公開であるが、政府の行政サービスの1つとしての実施である。その結果、「閣議等の議事録には、公表時点で情報公開法第5条の定める不開示事由に該当する内容については記録しない取扱いであること」という「非公開」原則が採用されている。5条に該当するものは記録しない意味は、政府が重要だと思う防衛情報や公安情報は、そもそもどのような話をしたのか（あるいはしなかったのか）、政府として開示する意思はないので、記録としても残さないということだ。

また、「議事録」公開と呼ばれているが、正確には「議事要旨」に過ぎない。その記録は、出席者である内閣官房副長官や内閣法制局長官などのメモをもとに作成するとされている。しかし、その作成の根拠となったメモの取扱いなどについては全く不明であるし、そもそも録音をしているのか否かも不明である。なお、2012年11月29日付の「閣僚会議等に関する調査結果の概要」では、174の閣僚会議等が存在し、その多くが議事録作成が可能と報告されている。実際、行政機関の会議のほとんどは、速記者が入るか録音をしつつ事務担当者が詳細発言メモを取っている実態がある。また、前述検討チームの報告書「閣僚会議等の議事録等の作成・公開について」では、すべての閣僚会議等に対し原則議事録の作成を求め、議事録を作成しないとする閣僚会議等に対しても議事要旨は作成するよう求めているのである。公文書管理法が、意思決定過程情報を合理的に跡付けるための文書を作成することや、相互に密接な関連を有する行政文書をまとめて保存することを定めていることにも反する。

【参考文献】

前田利郎『あなたが情報主権者！』（ぎょうせい、1988年）、前田利郎『情報化社会を疑う眼』（ぎょうせい、1992年）、ジュリスト増刊『ネットワーク社会と法』（有斐閣、1988年）、堀部政男・永田真三郎編『情報ネットワーク時代の法学入門』（三省堂、1989年）、奥平康弘『知る権利』（岩波書店、1979年）、奥平康弘・石村善治編『知る権利──マスコミと法』（有斐閣選書、1974年）、秋山幹男他（共著）『情報公開』（学陽書房、1987年）、ジェローム・Ａ．バロン、清水英夫他訳『アクセス権──誰のための言論の自由か』（日本評論社、1978年）、清水英夫編『情報公開と知る権利』（三省堂、1980年）、清水英夫『情報公開』（日本評論社、1981年）、第二東京弁護士会編『情報公開ハンドブック』（花伝社、1988年）、松井茂記『情報公開法』（有斐閣、2001年）、松井茂記『情報公開法入門』（岩波新書、2000年）、宇賀克也『新・情報公開法の逐条解説　第4版』（有斐閣、2008年）、北沢義博・三宅弘『情報公開法解説　第2版』（三省堂、2003年）、兼子仁他編『情報公開条例』（北樹出版、1984年）、日本図書館協会図書館の自由に関する調査委員会編『図書館と自由8　情報公開制度と図書館の自由』（日本図書館協会、1987年）、清水英夫他編『政治倫理と知る権利』（三省堂、1992年）、第二東京弁護士会『情報公開・個人情報保護審査会　答申例ポイントの解説』（ぎょうせい、2009年）、右崎正博・三宅弘編『情報公開を進めるための公文書管理法解説』（日本評論社、2011年）、日下部聡『武器としての情報公開』（ちくま新書、2018年）、杉本浩明『社会を変えた情報公開』（花伝社、2016年）、森田明『論点解説　情報公開・個人情報保護審査会答申例』（日本評論社、2016年）、『公文書危機〜闇に葬られた記録』（毎日新聞出版、2020年）、瀬畑源『国家と記録』（集英社新書、2019年）、『外交を記録し、公開する〜なぜ公文書管理が重要か』（東京大学出版会、2020年）、松岡資明『アーカイブズが社会を変える』（平凡社、2011年）

第6講 個人情報の保護

I 高度情報化と個人情報

1 個人情報とは何か

個人情報とかプライバシーという言葉が日常生活で、頻繁に使われるようになった。しかしその意味するところは、使用する場面や個々人によって相当に開きがあるといえる。もちろん、時代や文化によって、大きな違いがあることもまたいうまでもないことである。だからこそ、勝手に私の情報を使って頭に来るとか、何で自分のことをそんなに知っているのか気持ち悪い、といったことが起きたり、法的な問題に発展したりすることも少なくないのである。

しかも、おおよそ1990年代後半以降、情報（データ）のデジタル化が急速に進み、情報を簡単に収集し、それをデータベース化したり、加工して利用することがたやすくできるようになってきている。その簡便さは、大切な個人の情報を扱うことへの心理的プレッシャーを忘れさせたり、物理的にも膨大なデータをコストや労力をかけずに「悪用」することを可能にしたり、故意でないにせよ他人に「流出」させてしまうことにもつながっている。

そうした「危険度」が増すなか、よりいっそう個々人の個人情報をきちんと守ることが必要であるという議論が盛んになってきた。その守り方はおおよそ、個人情報を集めることをやめさせる（収集の制限）、持っている情報を使わせない（利用の制限）、自分の情報のありかを知ることができる（自己情報のコントロール）、に集約が可能である。

そして実際、公的機関にしろ民間企業にしろ、個人の情報を勝手に収集したり使ったりすることを制限（禁止）する制度を整備してきている。また同時に、個人情報に限らず情報の漏示を防止するための制度も強化されてきている。これらは、単に「個人」の問題ではなく、社会あるいは国のレベルにおける「安心・安全」の確保のための方策としても有効であるからだ。

なお、一般に個人情報と呼ばれているものには、「絶対秘」とすべきセンシティブ（機微）情報、「原則秘」であるプライバシー情報、「相対秘」であるパーソナル情報、「公開秘」であるオープン情報の4カテゴリーがあると考えるとわかりやすい（プライバシー概念については第22講参照）。

絶対秘に含まれる思想信条等の情報はそもそも収集自体が認められていないものであって、社会的に問題となるのは、行政機関が収集しているような税務

● 個人情報（プライバシー）の概念図

<table>
<tr><td>

①センティブ情報
**だれが考えてもプライバシー
と考えられる情報**

収集自体が違法・違憲の政治的思想、信仰宗教などの内心情報、手紙、日記、家計簿などの個人作成の私的情報　など

絶対非公開（憲法上の保護）

`絶対秘`

</td><td>

②プライバシー情報
**一般的にプライバシー
と考えられる情報**

戸籍謄本・抄本、前科調書、納税記録、社会保険記録、国勢調査記録などの国・地方自治体が強制力を持って保持する個人情報。学業成績書、医療カルテ、読書リストなど特定機関が特定目的のために保持する職業上知り得た個人情報　など

原則非公開（法律上の保護）

`原則秘`

</td><td rowspan="2">非
公
開</td></tr>
<tr><td>

④パブリック情報
**法令の規定によって
何人でも閲覧できる情報**

登記簿、公務員の氏名・職名のように個人情報ではあるが公共性の観点から公開されていることが望まれるもの　など

原則公開

`公開秘`

</td><td>

③パーソナル（個人識別）情報
**プライバシーに該当するかどうかが
判然としない情報**

氏名、電話番号、住所、勤務先、学歴のように一部オープンにしている個人情報。住民票のように一定条件のもとにアクセス可能な個人情報など

条件付き公開（自己管理）

`相対秘`

</td></tr>
</table>

自己情報コントロール権の対象

● 情報（データ）利活用に伴う法制度の変遷

第1世代　**旧・行政機関個人情報保護法**（1988年）
　　　　　　　高度情報通信ネットワーク社会形成基本法（2000年）

第2世代　**個人情報保護法、行政機関個人情報保護法、独立法人個人情報保護法**（2003年）
　　　　　　　住基ネット1次稼働（2002年）

第3世代　**改正・個人情報保護法＝ビッグデータ活用法**（2015年）
　　　　　　　マイナンバー本格稼働（2016年）、医療ビッグデータ法（2017年）、
　　　　　　　スーパーシティ法＝改正国家戦略特区法（2020年）

第4世代　**新・個人情報保護法＝包括的個人情報利活用法・デジタル監視法**（2021年）
　　　　　　　デジタル社会形成基本法（2021年）、デジタル庁設置（2021年）、
　　　　　　　改正マイナンバー法＝マイナカード義務化法（2021年）

情報などの原則秘や、企業が所有する顧客情報などの相対秘ということになる。とりわけ、自分の住所や電話番号・メールアドレスなどは、必要に応じて一定の範囲で相手方に伝えているものだけに、その保存や利用がトラブルのもとになることが少なくない。

こうした個人情報を包括的に守るための法制度の中核が個人情報保護制度であって、日本の場合は情報公開同様に地方自治体が先行した。1980年代前半から各地で条例化され、自治体保有情報の管理基準として役立つとともに、自己情報の開示を求める際の根拠規定としても多くの実績をあげてきた。国レベルでも、1988年にコンピュータ上の行政機関保有情報に関し保護法が成立したが、いくつかの点で満足な内容であるとはいいがたかった。

一方で、個人情報の売買はその後より日常的になり、「名簿図書館」なるものが繁盛する結果となった。また、情報のデジタル化によって個人情報はより体系的に保存・蓄積され、本人の知らないところで多くの情報が行き交う社会が到来した。一般生活において、知らない会社からDMが届いたり、自分の名前がブラックリストに誤って登録されたがために生活に支障が生じることは、決して珍しいことではなくなった。企業の側でも、個人情報の提供を受ける場合には、「記載内容をDMに使用することの許諾」等をとるようにはなってきたものの、それらは全体からみればまだ一部のことであり、むしろ蓄積された情報が無断で持ち出されたり流出したりすることの方が社会問題となってきたといえる。

こうしたなか、2000年に住民基本台帳法が改正され、政府・自治体の住民情報の一括管理・広範な運用が始まるにあたって、本格的な個人情報保護法制の必要が指摘され、国会の附帯決議によって住民基本台帳ネットワークシステム（住基ネット）の本格運用までに個人情報保護の基本法を制定することとなったのである。

なお、民間部門の規制の仕方には、アメリカのように業法によって、とりわけ個人情報を多く扱う（それだけ問題が発生する可能性も高くなる）業種にだけ法律を作る方法（ポジティブリスト方式）と、基本的な原則だけを法制化しその他は自主的な規定に任せる方法がある。多くのヨーロッパ諸国では、包括的にすべての民間企業保有の個人情報に網をかけたうえで、一部に適用除外を設けるといった方法（ネガティブリスト方式）がとられている。プライバシー保護法などによって、個々人にプライバシーの権利を付与する考え方も広がっ

● **新・個人情報保護法制の全体像**

所管	総務省		個人情報保護委員会	各地方公共団体
法令	個人情報保護法（行政機関）	独立行政法人等個人情報保護法	個人情報保護法	保護条例 / 個人情報
対象	国の行政機関	独立行政法人等	民間事業者	地方公共団体等
学術研究			適用除外	
個人情報の定義等	照合可能性		容易照合可能性	団体により異なる
	非識別加工情報		匿名加工情報	規定なし（一部団体を除く）

⬇

┌───┐

個人情報保護委員会

新・個人情報保護法

国の行政機関 地方公共団体 等 （条例による必要最小限の独自の保護措置を許容）	・国立病院 ・公立病院 ・国立大学 ・公立大学 ・国立研究開発法人 等	民間事業者

対象を拡大し規律を精緻化

容易照合可能性（個情法の定義に統一）

匿名加工情報（個情法の名称に統一し、規律も明確化）

└───┘

ている。

　日本の場合、2009年9月の消費者庁の発足に伴い、従来、内閣府国民生活局
企画課個人情報保護推進室で行っていた個人情報保護の推進に関する事務は、
同庁企画課個人情報保護推進室で行われることになった。さらに2016年の法改
正に伴い、個人情報保護法に係る所管業務は「個人情報保護委員会」に移管さ
れた。同委員会は委員長及び委員8人から構成され、個人情報保護に関する基
本方針の策定から、監視・監督（指導や勧告・命令など）、そして苦情斡旋を
業務内容とする。なお、近隣領域である後述のマイナンバー法は内閣府が所管
しているが、同領域の監視・監督も委員会の範疇である。

2　個人情報保護法の特徴

　個人情報保護の対象には、公的部門が保有する個人情報と民間部門が所有す
る個人情報に大別が可能で、日本の法制度はこれまで、おおよそその2つに対
応するかたちで、行政機関個人情報保護法と個人情報保護法が存在した。2003
年に成立し2005年4月に全面施行された個人情報保護法はいわゆる基本法であ
り、冒頭に個人情報の取り扱いについての基本理念を定め、国や地方自治体の
責務を明らかにするとともに民間事業者が遵守すべき義務を規定している。こ
れによって個人情報を保有する者は、収集、保管、利用において、それぞれ守
るべき義務が課されることになった。

　その後、保護の仕組みは後述するように2015年の大きな改正を経て、2021年
には従来の3つの法律（個人情報保護法、行政機関個人情報保護法、独立行政
法人等個人情報保護法）を一本化し、地方公共団体の個人情報保護制度につい
ても全国的な共通ルールを規定することに伴い、全体の所管を個人情報保護委
員会に一元化した。コロナ禍における政府対応の遅れが行政の非デジタル化に
要因があるとの名目で、一気に制度変更が進んだことになる。

　デジタル庁の創設などと合わせた、デジタル関連の一括法案のなかでの変更
であったが、個人情報の定義を国・民間・地方で統一するとともに、行政機関
等での匿名加工情報の取扱いを民間同様に変更、適用除外規定から学術研究分
野を切り離すなど、収集された個人情報をいっそう「使いやすく」するための
制度変更がなされることになった。同時に、行政機関による個人情報の収集・
管理の中央一元化を進め、さらにマイナンバーカードへの搭載情報を大きく増
やすことになった。これらに対しては、漏洩等の危険性や深刻性が増すこと

● **個人情報保護法制**

個人情報保護法＜個人情報の保護に関する法律＞ (2003. 5. 30法57)

第１条［目的］　この法律は、デジタル社会の進展に伴い個人情報の利用が著しく拡大していることに鑑み、個人情報の適正な取扱いに関し、基本理念及び政府による基本方針の作成その他の個人情報の保護に関する施策の基本となる事項を定め、国及び地方公共団体の責務等を明らかにし、個人情報を取り扱う事業者及び行政機関等についてこれらの特性に応じて遵守すべき義務等を定めるとともに、個人情報保護委員会を設置することにより、行政機関等の事務及び事業の適正かつ円滑な運営を図り、並びに個人情報の適正かつ効果的な活用が新たな産業の創出並びに活力ある経済社会及び豊かな国民生活の実現に資するものであることその他の個人情報の有用性に配慮しつつ、個人の権利利益を保護することを目的とする。

第２条［定義］　③この法律において「要配慮個人情報」とは、本人の人種、信条、社会的身分、病歴、犯罪の経歴、犯罪により害を被った事実その他本人に対する不当な差別、偏見その他の不利益が生じないようにその取扱いに特に配慮を要するものとして政令で定める記述等が含まれる個人情報をいう。

⑤この法律において「匿名加工情報」とは、次の各号に掲げる個人情報の区分に応じて当該各号に定める措置を講じて特定の個人を識別することができないように個人情報を加工して得られる個人に関する情報であって、当該個人情報を復元することができないようにしたものをいう。

　一　①第一号に該当する個人情報　当該個人情報に含まれる記述等の一部を削除すること（当該一部の記述等を復元することのできる規則性を有しない方法により他の記述等に置き換えることを含む。）。

　二　①第二号に該当する個人情報　当該個人情報に含まれる個人識別符号の全部を削除すること（当該個人識別符号を復元することのできる規則性を有しない方法により他の記述等に置き換えることを含む。）。

第３条［基本理念］　個人情報は、個人の人格尊重の理念の下に慎重に取り扱われるべきものであることに鑑み、その適正な取扱いが図られなければならない。

　旧「行政機関個人情報保護法（行政機関の保有する個人情報の保護に関する法律）」(2003. 5. 30法58）は、個人情報保有制限、利用目的明示、適正取得、正確性確保、安全性確保、従業員義務、利用・提供制限などを定めるとともに、当該保有個人情報を保有する行政機関の長に対し、開示請求、訂正、利用停止の請求権を定める規程を持っていた。利用停止は一般には、当該保有個人情報の利用の停止又は消去、提供の停止のかたちをとる。これに対し行政機関は保有個人情報の開示・訂正・利用停止義務を負う。

　前身の「行政機関の保有する電子計算機処理に係る個人情報の保護に関する法律」(1988. 12. 16法95）は、対象が政府・自治体保有のコンピュータ上の情報に限定されていたこと、情報主体である個人に開示請求のための権利が明確に付与されなかったこと、その関連で訂正や削除、利用停止についてはあくまでも情報所有者側の「恩恵的な所為」に期待せざるをえなかった点で問題があった。こうした背景には、この保護法の真の目的が１条に定められていたように、政府機関がより効率的に個人情報を利用できるようにするためのものであって、個人情報の保護は副次的なものとすらいえるものであったことに由来する。

や、監視国家化が大きく進むとの強い批判が出ている。

　法の主たる対象となるのは、個人情報を個人情報データベース等として所持し、事業に用いている事業者（個人情報取扱事業者）である。ここでいう「個人情報」とは、生存する個人の情報であって、特定の個人を識別できる情報（氏名、生年月日等）をさし、他の情報と容易に照合することができることによって特定の個人を識別することができる情報（たとえば、学生名簿との照合によって個人の特定が可能な学籍番号）も含まれる。

　そうした個人情報を含む、コンピュータ等で容易に検索できるデータベースや、目次や索引等によって体系的に整理された紙のデータベース等を「個人情報データベース等」と定義している。したがって、未整理の紙のデータ等は該当しないことになる。そして、個人情報データベース等を構成する個人情報は「個人データ」と呼ばれ、事業者が、開示、訂正、削除等を行うことのできる権限を有する個人データを「保有個人データ」として、法によって中核的に保護する構造をとる。

　以上から、一般に個人情報と考えられているもののうち、法の対象となるのはデータベース化されている個人情報データである。同事業者は収集、保管、利用等に関して法的な義務を負うことになり、主務大臣への報告やそれに伴う改善措置に従わない等の適切な対処を行わなかった場合は、事業者に対して刑事罰が科されることになった。

　個人情報取扱事業者は、①利用目的の特定（17条）、②目的外利用の禁止（18・19条）、③適正取得（20条）、④利用目的の本人通知・公表（21条）、⑤正確性確保（22条）、⑤安全管理措置（23条）、⑦従業員・委託先監督（24・25条）、⑧漏洩の報告（26条）、⑨第三者提供の制限（27～31条）、⑩保有データ内容の公表・開示（32・33条）、⑪訂正・追加・削除・利用停止（34～36条）などの義務を負うことになる。

　上記の各項目はおおよそ、「収集制限、内容正確性保持、収集目的明確化、利用制限、データ安全保護、公開、個人参加、管理責任」といった、個人情報保護のための根本ルールである欧州経済協力開発機構（OECD）プライバシーガイドライン8原則（1980年）を踏襲したものである。

　報道機関については、立法時の大きな議論の結果、保護義務を課される事業者の対象から外されることになった。取材時において、個人情報を収集する際に本人からの直接収集や許諾が必要とされては、取材が成立しなくなることか

● **個人情報に関する苦情・不服申立ての流れ**

＜民間情報に関する苦情処理の仕組み＞ （条文は個人情報保護法）

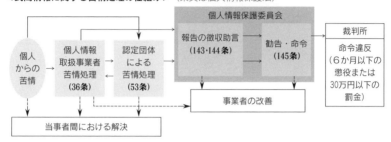

＜公的情報に関する不服申立ての仕組み＞

　開示請求・訂正請求・利用停止請求に対して行政機関や独立行政法人等が行った決定に不服がある場合は、行政不服審査法に基づき、不服を申し立てることができることが、各個人情報保護法に規定されている（自己情報の開示請求については、個人情報保護法を利用するものの、広義の情報公開制度の一形態と捉えることができる）。申立人は審査会に直接、意見書や資料を提出することも可能である。

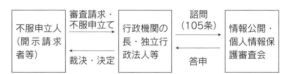

● **適用除外規定の範囲**

　法57条（旧76条）は「適用除外」を定めるが、2021年改正で、GDPR の十分性認定への対応を目指すことを理由に、学術研究機関等を一律の適用除外の一覧から外し、利用目的制限、要配慮情報取得制限、第3者提供制限といった、個別の規律のなかで例外措置を設けて対応することにした。これによって、原則、民間事業者と同じ規律が適用されることになる。

事業者	目的	適用の有無	関連条文
報道機関（個人含む）	報道	○→○	21条（表現の自由）
著述業（出版社含む）	著述	○→○	21条（表現の自由）
学術研究組織（医療機関含む）	学術研究	○→△（要配慮個人情報取得等に限定）	23条（学問の自由）
宗教団体	宗教活動	○→○	20条（信教の自由）
政治団体	政治活動	○→○	21条（表現の自由）

ら当然の対応といえよう（第3講参照）。あわせて、著述業、学術団体、宗教団体、政治団体も「適用除外」対象として一律列挙されることになった（ただし、2021年改正で学術系は変更）。

なお、ここで対象とならなかった者も、「個人情報は、個人の人格尊重の理念の下に慎重に取り扱われるべきものであることに鑑み、その適正な取扱いが図られなければならない」（法3条）という個人情報保護法の基本理念を尊重して、個人情報の保護に自主的に取り組むことが求められている。個人情報の適正な取り扱いのため必要な措置を自ら講じ、その内容を公表することを規定されていることから、各企業は自主的に遵守規程を制定するとともに、苦情の申立てがあった場合は、迅速・適正な対応をとる体制を作り上げることが求められる。

そのほかに法の特徴としては、民間団体による個人情報保護を推進する観点から、苦情の処理業務等を行う「認定個人情報保護団体」の仕組みを導入したことがある。

一般市民にとってのポイントは、自己情報については開示や訂正・削除を求める法的根拠を持ったことである。したがって、これに応じない企業に対しては、裁判で争う道が開けている。ただし実際の手順としてはまず、企業の対応が不十分な場合はその企業が加盟している認定個人情報保護団体等の苦情窓口に申し立て、対応を求めることになる。当事者間で問題が解決されない場合は、法の規定に従い行政機関が乗り出し、勧告や命令によって問題解決を図ることになる。この段階で、企業は問題発生を公表することも義務付けられている。

個人情報保護法の制度上の課題としては、自己情報コントロール権の目的規定への明記、センシティブ情報の取り扱い原則禁止、個人情報取扱事業者を監督する第三者による監視機関の設置である。さらに、表現の自由の観点からは、「報道定義」によって適用除外を受けることができる報道機関を峻別し、かつその可否の判断が主務大臣（公権力）に委ねられる構造が法制化されることになった。

また、行政機関が保有する個人情報についても、民間事業者同様に収集・保有・利用の制限・禁止の規定を有し、保有の制限（61条）、利用目的明示（62条）、不適正利用の禁止（63条）、適正な取得（64条）、正確性確保（65条）、安全管理義務（66・67条）、漏洩の報告義務（68条）、利用提供の制限（69〜73条）や、開示・訂正・利用停止と審査請求（76〜106条）について定める。

　個人情報保護のための自主的な仕組みとして、個人情報の収集・利用・管理などの取り扱いについて一定の条件を満たしている事業者に対し、第三者的性格を持つ認証機関が付与する認証マーク制度がある。これらは個人情報保護に関して一定の水準を確保している事業者、事業団体を差別化する役割を果たすとともに、利用者に判断材料と安心感を与える効果を持つ。

　なお、2004年に工業標準化法が改正され、2005年10月から新・JISマーク表示制度が始まった。これは、1948年の法制定以来の「国の認定」の制度から「民間の第三者機関による認証」へと制度の基本的仕組みを大きく変えるものになっている。同法の2005年改正によって国がJISマーク表示制度の対象となる商品等を限定する「指定商品制」が廃止され、事業者自らがJIS該当性表示を行う、「自己適合宣言」ができるようになった。

プライバシーマーク（Pマーク）

　通産省（現・経産省）の指導で財団法人日本情報処理開発協会（JIPDEC、現・一般財団法人日本情報経済社会推進協会）が、主にはオンラインショッピングサイト向けに、個人情報について適切な保護ができる体制が整備されている事業者かどうかを審査し、認定された事業者にマークを与える制度で、JIS Q15001に準拠する。

　Pマーク制度の運用において、認定事業者が起こした漏洩、紛失、改竄、不正取得などの個人情報に係る事故への対処として、欠格レベルに応じた措置がとられることになっている。もっとも重い「取り消し」のほか、「認定の一時停止」「勧告」「注意」の4段階に分かれており、一時停止処分を受けた事業者はその期間中、ウエブサイトや名刺などでPマークの使用は一切中止しなくてはならない。

● 個人情報マネジメントシステム

　従来は、総務省の「電気通信事業における個人情報保護に関するガイドライン」（1998.12.2郵政省告示570）や、通産省の「民間部門における電子計算機処理に係る個人情報の保護に関するガイドライン」（1997.3.4通産省告示98）をもとに、民間の自主規制が行われていた。これに対し「個人情報保護に関するコンプライアンス・プログラムの要求事項（JIS Q15001：1999）」は、上記通産省告示をもとに1999年に制定されたもので、事業者が、自ら保有する個人情報を保護するために求められる、方針、組織、計画、実施、監査及び見直しを含むマネジメントシステムのことをさす。コンプライアンス・プログラム（CP）とは、法令等の違反行為や事故を未然に防ぐことを目的として制定される、いわば企業によるリスク・マネジメント（危機管理）のシステムである。

　その後、JIS Q15001：1999はJIS Q15001：2017となり、事業者が個人情報保護を実践するために持つ管理システムとしての個人情報保護マネジメントシステム（PMS；Personal information protection management systems）として、方針を作成、それに基づいて計画を作成し（Plan）、実施し（Do）、点検し（Check）、見直し（Act）を行うといった、いわゆるPDCAサイクルを循環・継続することによって、事業者の管理能力を高めていくことをめざすとされている（スパイラルアップによる継続的改善）。

　一方、部門ごとに制定されていた各省庁のガイドラインも、「個人情報の保護に関する法律についてのガイドライン」（2016.11個人情報保護委員会）に一本化されたうえで、各特定分野ごとのガイドラインを有する制度に変わった。

　本来であれば民間以上に厳しいルールを定めるべきと思われるところ、利用目的の特定や変更に曖昧さを残すほか、「相当の理由」があれば目的外利用や提供を可能とするなど、保護よりも利活用のしやすさに軸足が置かれた規定となっている。目的規定への自己情報コントロール権の明記など基本ルールと同様の問題のほか、データ結合の禁止の適用範囲や方法、裁判所管轄の特例、罰則の強化など、引き続き検討が必要である。

　なお、2005年末までに、すべての都道府県・市区町村において個人情報保護条例が制定されている。

Ⅱ　個人情報運用の新たな展開

1　運用の実態と民間対応

　政府は、個人情報保護法の規定に基づき全面施行を前に「個人情報の保護に関する基本方針」（2004.4.2閣議決定）を策定、個人情報の保護に万全を期すべく国、地方公共団体、個人情報取扱事業者等が講ずべき措置を示した。そこでは、個人情報の保護と有用性への配慮、各事業者の自律的な取り組みと各主体の連携を挙げたうえで、各事業者に対しては、事業者が行う措置の対外的明確化、責任体制の確保、従業者の啓発を示している。

　個人情報保護法は施行3年後の見直しを定めていたことから、内閣府及び各省庁は、「個人情報保護に関する取りまとめ（意見）」（2007年6月29日国民生活審議会）を踏まえ、2008年4月上記基本方針を一部変更、事業分野ごとの個人情報保護に関するガイドラインの共通化に取り組むことなどを決め（2008年7月25日個人情報保護関係省庁連絡会議申合せ）、実行した。

　上記取りまとめにおいてもっとも議論されたのは「過剰反応」に関する問題で、小学校等の教育機関での名簿作成が中止となって緊急連絡に不都合が生じたり、災害時の要救護者リストの作成が止まったり明らかにされなかったりしたために支援活動ができなくなる、自治会名簿が作成できず日常活動に支障が出ている、などの事態が報告されている（「個人情報保護に関するいわゆる「過剰反応」への対応に係る調査報告書（平成19年度）」）。

　報道関係では、公務員幹部が人事に際し個人情報であることを理由に経歴の公表を拒んだり、警察が当事者の意向であると称して氏名を匿名にしたり、意

● 外国人管理の実態

　日本では長く、日本で暮らす外国人に対し「外国人登録法」による指紋押捺義務を課してきたが、2000年に義務化を撤廃した経緯がある。しかし2007年の入管法改正により同年11月20日から、16歳未満の外国人、在日コリアン（韓国・朝鮮人）などの特別永住者、外交官等を除く「全ての来日・在日外国人」を対象者とし、入国に際し顔写真を撮影し指紋を採取することを新たに義務化した（日本版 US-VISIT＝外国人個人識別システム）。

　これらの制度については、生体情報というもっとも保護基準が高いセンシティブ情報であるにも関わらず、情報セキュリティ上、重大な脆弱性があるとの指摘があるほか、外国私企業にその技術的運用を委ねている点（世界的にアクセンチュアが受託するのが一般的とされている）、要注意人物との照合が十分ではなく実効性が薄い点など、強い批判がある。

　また2009年7月には、携帯を義務化している外国人登録証明書（外登証）を「在留カード」に変更し、在留外国人の個人情報を包括的に管理する制度が2012年7月から導入された。登載情報は、氏名、国籍、旅券情報、在留資格、就労先、指紋などとされている。同制度は、3か月を超えて日本に滞在する外国人を対象にした新たな在留管理制度で、在留管理を厳格化して不法滞在者を減らしつつ、外国人の利便性も高めるのが改正の狙いとされる（2019年末の在留外国人は約293万人）。

　従来、外登証は不法滞在者でも取得できたが、適法な滞在者にのみ在留カードを交付し、住民基本台帳にも登載することで、住所変更などは自治体を通じて法務省も継続的に管理できるようにし、また、職場や学校に対しても受け入れた外国人の情報を国に提供する努力義務を課すことで、国が一元管理する管理強化制度となっている。不法滞在者を対象から外し、在日コリアン（韓国・朝鮮人）には別途、「特別永住者証明書」を交付し、証明書携帯を義務化しないとした。

入管システムの主要データ結合イメージ図

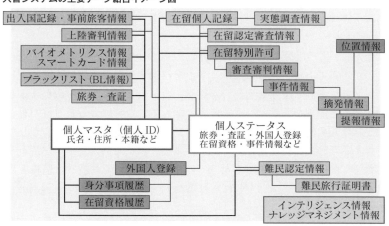

（西邑亨『入管システム最適化計画の構想と問題点』31頁から引用）

図的に情報をぼかすなどのほか、発生事実の公表自体を拒否する事例も報告されている。また、公務員住所録が作成されなかったり非公開になることで、事件発生時に確認の緊急連絡をとることに支障が出ている。

こうした事態に対し上記審議会は、「本人の同意を得なくても提供できる場合」を設けることについての「意見」として、「慣行として公にされているもの」や「安全・生活」を同意なしでの提供を認める場合として法条文に追加する案が示されたものの、法改正は見送られた。

個人情報保護については、業界団体がガイドラインを定めているほか、多くの企業が個別に保護基準を策定し公表している。行政官庁のガイドラインとしては、事業全般をカバーする個人情報保護委員会の「個人情報の保護に関する法律についてのガイドライン」ほか、医療や金融・信用、個人遺伝情報など特定分野のガイドラインが存在する。

このうち直接、メディアに関係するものとしては、「電気通信事業における個人情報保護に関するガイドライン」（2017年総務省告示）と「放送受信者等の個人情報保護に関するガイドライン」（2017年総務省告示）がある。NHKの受信料契約や民放有料放送の受信契約者のほか、料金支払者、勧誘の対象者、さらには視聴者も含め、その個人情報の収集・管理・利用についての規程を定めるものである。なお、業界団体や個別事業者が定める基準の多くは、これらガイドラインに沿ったものになっているが、実際は「JIS Q15001：2017（個人情報保護マネジメントシステム－要求事項）」を強く意識したものになっている。

ただし、こうした制度整備にもかかわらず、情報漏洩事件が繰り返し発生するのが現実である。さらにはネット上を浮遊する個人情報の問題は、リベンジポルノと称されるような元恋人が撮影したヌード写真がばら撒かれるといった他者による深刻なプライバシー侵害と並んで、自身によるある種の悪ふざけ画像が、半永久的にネット上に残ることによっても生じている。こうした事態に対処するために、自己情報コントロール権によって個人データを持っている者に対して削除や訂正を求めるだけでは、ネット上に流れ続ける情報を止めるには不十分であるとして、「忘れられる権利（the rights to be forgotten）」の主張がなされている。

2012年１月、EU（欧州連合）は個人情報保護に関する従来方針を改訂し、新たに「データ主体の忘れられる権利・消去する権利」を盛り込んだ。個人

● 住民基本台帳閲覧制度

　行政管理の住民情報に関しては、アクセスの制限のための制度整備も進んでいる。従来、市町村が住民の住所、氏名、生年月日、性別をリスト化し、町名ごとなどにファイル化して申請に応じて閲覧させる「住民基本台帳大量閲覧制度」が存在していた（住民基本台帳法11条）。不特定多数の個人情報を大量にみることができるので、「大量閲覧制度」と呼ばれており、自治体から「合法的に」流出した個人情報を悪徳商法事業者が活用するなどの事例が後を絶たず、社会問題化していた経緯がある。そこで個人情報保護法施行にあわせ、2006年11月の住民基本台帳法の改正によって、大量閲覧制度が廃止され、一般企業等による営業目的の住民基本台帳の大量閲覧（リスト閲覧）が禁止された。

　閲覧ができるのは住民基本台帳の一部（氏名・住所・性別・生年月日の４項目）の写しをリスト化した台帳の閲覧で、①国・地方公共団体が公用のために行う請求、②統計調査、世論調査、学術研究のうち公益性が高いと認められるもの、③公共的団体が行う地域住民の福祉向上に寄与する活動で、公益性が高いと認められるもの、④訴訟の提起ほか特別な事情が認められる場合、とされている。また、閲覧者の氏名、利用目的の概要、閲覧年月日、閲覧に係る住民の範囲といった閲覧状況について公表されることになっている。

　なお、個票閲覧（一般閲覧）についても、従来は「何人でも、市町村長に対し、住民票の写しの交付を請求することができる」と公開原則であったものが、プライバシー保護の観点から2008年５月に交付制度が全面改正され、①自己または同一世帯に属する者、②国・地方公共団体が公用のため、③特定事務委任者（弁護士等）の職務上必要な場合、④自己の権利行使等の確認に必要な場合に限定されている（法12条以下）。これに伴い、報道機関が取材目的で住民票を閲覧する行為も、多くの自治体によって許可されなくなったと報告されている。

　同様に、選挙人名簿（抄本）の閲覧についても、2006年６月の公職選挙法改正によって、閲覧できる場合が明確・限定化され、違反者に対する制裁措置が新設された。閲覧が認められるのは、①特定の者が選挙人名簿に登載されていることを確認するため、②候補者・政治団体が選挙運動をするため、③統計調査、世論調査等で政治・選挙に関するものを実施するため、とされている。また、閲覧状況の公表や不正閲覧や利用に対する選挙管理委員会による勧告や命令制度も定められた。各自治体の公表資料からは、上記の住基台帳や選挙人名簿の閲覧に関して、報道機関等の世論調査のための閲覧が多いことがわかる。

　なお、戸籍についてもかつては閲覧が自由な時期もあったが（1976年の戸籍法改正で閲覧制度は廃止）、現在では本人等ごく限られた親族のほかは、①自己の権利行使のため、②国・地方公共団体が公用のため、③弁護士等の職務上必要な場合等に交付請求が限定されている（戸籍法10条以下、2007年５月改正）。

データ管理者はデータ元の個人の請求があった場合に、当該データを削除することが義務付けられることになる。いまや個人情報保護の国際基準であるGDPR（EU 一般データ保護規則）では、データ主体である個々人の市民からのアクセス権を保障している。この17条が削除権となるが、削除を求められた側の表現の自由を制限することも事実であって、どのようなバランスを取っていくかは今後の課題といえる（第22講参照）。

2　利活用のための規制緩和

　そもそも個人情報保護法は当初から、「規制強化によるプライバシー保護」という面とともに、「保有データ利用のための制度整備」という一面をあわせ持つ。とりわけ2015年の法改正以降、利活用のための規制緩和が急速に進んでいる。もちろん、本人の権利強化、利用・公表及び提供規制の強化も行われているものの、利用・提供の促進のための新制度の導入が進んでいるからだ。

　緩和の大きなポイントは、匿名加工情報（2015年）及び仮名加工情報（2020年）だ。個人データから氏名や個人識別符号を削除し、データを特定個人に紐づけられないかたちにすることで、個人情報保護法の定める規制を受けずに自由に利活用できることになった。情報の匿名化による、いわゆるビッグデータ利用である。従来から、購入履歴に代表されるような情報が「非識別非特定」であることを理由に、利活用する方法があったわけだが、新制度では誰の情報かわからないことで個人情報ではなくなったとして、よりスムーズな利用が可能になったわけだ。

　これによって、本来であれば個人情報として取り扱う必要があるものも、「少しぼかせばよい」レベルになり、使う側の論理によって個人情報のビジネス利用（データビジネス）が進むことになった。形式的に本人特定ができないということから、データ保有側の本人開示も不要だ。しかもこうしたビッグデータ利用は、行政機関が保有する情報の民間利用にも適用されている。

　2020年の新型コロナウイルス感染症の蔓延防止のためとして、Yahoo! やNTT 等から利用者の行動履歴や購買履歴のデータが厚労省に提供されたり、人流データとして広く活用される例がみられた。逆方向の流れとしては、法に定められた「公衆衛生の向上」のためとして、一般統計調査への協力と同様、本人同意なしの行政機関保有の個人情報の第三者提供がなされてもいる。緊急事態であり命を守るためという理由ではあるものの、運用次第で個人情報保護

● Google ストリートビュー

2008年にサービスを開始した「Google マップ・ストリートビュー」は、従来の2次元情報であった Google マップのある種の進化形であって、360度カメラを搭載した専用車等で撮影した街路の写真を地図上で公開するサービスである。日本では2008年8月に主要12都市で開始し、ほぼ全国にエリア拡大している。しかし、画像に人物が特定できるかたちで写っていたり、撮影用カメラの位置が高いため、民家の塀のなかがみえるなど、その写り込み情報が新たな個人識別情報やプライバシーの問題を生むことになった。

すなわち、自宅の表札や車のナンバー、意図せず偶然写り込んでしまった人物の問題である。Google は「オプト・アウト」方式を採用し、問題がある画像は、申し出によって削除するとしているが、その手続きが十分周知されていなかったことや、そもそも個人が識別できる情報を勝手に頒布すること、公道からの撮影はいっさいプライバシー侵害にあたらないとする方針自体にも批判があった。その後、専用窓口を設け常時苦情の受け付けをするといった対応が進むとともに、表示エリアや撮影中エリアの情報もウエブサイト上で公開している。

自治体が問題視し地方議会が是正決議をするなど社会問題化したことから、Google は、2009年5月の対応（ナンバープレートのぼかし、カメラの高さを落としての再撮影）に続き、同年9月には追加対応（撮影中エリアの公表など）を発表している。なお、削除件数の公表や撮影の事前告知は「できない」としている。さらにいえば、Google はプラットフォーム事業者であって、情報の提供をしているに過ぎず、表現行為そのものではなく法的責任を負わないという企業姿勢をとっている点や、一部地区の撮影をしなかったり自主的に情報提供を自粛したりする地域があるなど、その基準も不明確であって、表現行為としては課題が残る。

総務省研究会では2009年6月に、個人情報保護違反にあたらないとする見解を示しつつも、必要に応じて削除依頼に対応するなどの体制を求めていたが、その後も、ストリートビューの画像を2次利用してプライバシーを侵害しているサイトが存在するなどの報告が寄せられたため、改めて同年8月に2次利用を阻止するための技術的措置の検討や公開画像の悪用禁止の周知徹底などの対応策を新たに Google 側に求めた。

一方で、2014年には過去の画像データの閲覧サービスを開始し、ある種の映像アーカイブとしての側面も示している。東日本大震災の被災地も含め、土地の移り変わりの貴重な「記録」として活用されている。

● 電子タグ、生体認証といった新しい技術状況

RFID（Radio-Frequency IDentification、ワイヤレス方式の非接触自動識別）タグがさまざまな生活の場面で実用化されてきている。電子タグあるいは無線タグとも呼ばれる、IC チップ（マイクロチップ）と超小型無線アンテナで構成される超小型の情報記憶・送信装置である。すでに IC タグの原理自体は、JR 東日本 Suica（スイカ）などプリペイド型カードで使われている技術であるが、現在はゴマ粒大のものも登場し、図書館における蔵書タグ（千葉県富里市立図書館、アカデミーヒルズ六本木ライブラリーほか）や、スーパーマーケット等の商品タグ（ウォルマート、プラダほか）として利用されてきている。経済産業省と総務省では、「電子タグに関するプライバシー保護ガイドライン」を2004年6月8日に公表している。

さらにこのチップを体内に埋め込むことで、個々人の所在情報管理や買物の自動決済に活用する例も、ドイツやスウェーデンでみられる。ほか、アメリカでは受刑者管理（米カリフォルニア州の刑務所）に利用されている。

のルールが形骸化する危険性があることがわかったことになる。

　一方で、個人情報の国家もしくは社会管理は、すでに相当程度進行している実態もある。たとえば、警察庁は全国に通称Ｎシステム（自動車識別システム）を配備し、犯人の検挙に効果をあげている。また、駅や商店街、銀行やコンビニエンスストアでは、防犯カメラの設置が常態化しており、なかには、カメラ設置の告知がないものもあるといわれている。

　このほか、生体認証（バイオメトリクス）システムの導入も急速に進んでいる。日本でも2006年３月申請分以降、ICチップと通信アンテナ（コイル）を埋め込んだ生体認証機能付きの「電子パスポート」（IC旅券、ｅ–パスポート）が導入され（2005年６月改正の旅券法）、2009年段階では旅券記載の身分情報と顔画像情報だけだったが、指紋情報の登録も始まっている。

　アメリカでは2004年１月５日以降、入国者に対し原則として生体情報（指紋及び顔輪郭情報）を採取する「US-VISIT（United States Visitor and Immigrant Status Indicator Technology、米国訪問者・移民現況表示技術)」が、2001年の同時多発テロを受けてのテロ防止のため導入されている。これと同じ制度が、日本でも2007年以降、要注意人物（Watch List）と照合することを目的に導入された。

Ⅲ　個人情報の集積と拡散

1　住基ネットと行政効率化

　マイナンバー制度の導入によって、住基カードの発行は2015年12月で終了し、制度の代替が進んではいる。しかしその基本構造は同じであることから、歴史的経緯を含め住民基本台帳制度（ネットワーク＝住基ネット）の話から始める。住基ネットは2002年８月５日の１次稼動に続き、2003年８月25日から２次稼動（本格稼働）した。国民一人ひとりに11桁の番号を付け（住民票コード）、住所、氏名、生年月日、性別の４情報と、変更情報（変更年月日と変更理由）とあわせた本人確認６情報を全国ネットで、政府・自治体が共有化するシステムである。

　住基ネットは市区町村、都道府県、地方公共団体情報システム機構（J-LIS、旧・地方自治情報センター）、及び行政機関を専用回線で結んで構成されてい

● ビッグデータの利活用

　個人データの「有効」活用をめざした動きが進んでいる。2013年に総務省は「パーソナルデータの利用・流通に関する研究会」報告書を公表、個人に関する情報を、いわゆる「ビッグデータ」として収集、利用することを考えている企業への便宜を図る考え方を示した。その後、同年6月には「世界最先端IT国家創造宣言（いわゆる新IT戦略）」が閣議決定され、報告書で示された考え方をもとに制度の見直し作業が進み、2015年の個人情報保護法改正につながった。従来の個人データを再分類することで、自由利用の範囲を一気に拡大するというのが見直しの大きなポイントである。具体的には、「特定／非特定」と「識別／非識別」の組み合わせである。ここで特定とはその情報が誰だかわかってしまうこと。非特定とはその情報が誰だかわからないこと。識別とは誰か一人の情報であることがわかるが、その一人が誰であるかまではわからないこと。非識別とは誰の情報であるかがわからず、さらにそれが誰か一人の情報であることもわからないこととしている。

　その結果、〈識別特定情報〉は、その人が誰だかわかり、かつ一人の個人を指すので明確な個人情報とされるのに対し、〈識別非特定情報〉は、その人が誰かはわからないが一人の個人のデータであって、「データの組合せによる個人の特定の可能性がある情報」といえる。これに対し〈非識別非特定情報〉は、その情報が誰か一人の情報であることもわからないので、個人が特定されるリスクが下がり、情報の加工を進め識別の困難性を高くしたデータは、いわゆる統計情報と同じような性質を持つと考えられる。

　焦点は、このなかの識別非特定情報を「個人の特性を低減したデータ」にすることによって、利活用できるようにするということにある。しかし、ビッグデータの解析処理技術が進めば進むほど、個人の特定化が容易になることは明らかで、2013年のスノーデン・ファイルの公表によって、米国諜報機関が収集した通信ログの解析から個人の行動を分析・監視していた事実からもわかる。一方で、企業側はより具体的な行動パターンがわかるほどビジネス利用価値は高いといえ、政府はそうした企業利益を優先させる決断をしたといえる。

　議論の前提となった前記報告書の第1の特徴は、「実質的個人識別性」という概念を導入し、パーソナルデータを3種類に分類した点である。ビッグデータとして収集、利用される情報には、位置情報や購買履歴など、個人情報保護法における「個人情報」にあたるか否かが明確でないものが多い。そこで、実質的に個人識別性を判断しようという試みである。その結果、①実質的個人識別性があるデータとして、端末IDなど、個人のPCやスマートフォンなどの識別情報や、継続的に収集される購買・貸出履歴、視聴履歴、位置情報、②IPアドレス、クッキーや、匿名化されたパーソナルデータのうち、他のデータとの連結で再識別化の可能性があるデータ、③実質的個人識別性のないデータとして、国の統計など、再識別化を不可能または十分に困難にしたといえるデータにそれぞれ分け、実質的個人識別性を持たないパーソナルデータは、保護の対象には当たらず、自由に利活用することができるとした。

　また、再識別化の可能性がある匿名化データでも、①適切な匿名化措置を施していること、②匿名化したデータを再識別化しないことを約束・公表すること、③匿名化したデータを第三者に提供する場合は、提供先が再識別化をすることを契約で禁止すること、の三条件を満たせば自由に利活用できるとしている。これは企業が一定の「約束」をすれば個人データを自由に利用できることを意味する。個人情報保護法の改正目的が、個人情報の「保護」のためではなく、企業活動の足かせである個人データ利用の制限の「緩和」（規制緩和）であることに、日本社会の進む方向性がよくみえる。

る。開始後しばらくは、いくつかの自治体で接続を拒否していた。住民メリットとしては、住民票の広域交付や転出入・パスポート発行手続きの簡略化を実現するとともに、希望者に対しICチップの付いた住民基本台帳カード（住基カード）を有償交付（一部、自治体負担）し、公的個人認証サービスの開始と各種情報の一元化をめざした。なお、民間の利用は法で禁止されている。

　住民基本台帳法では上記6情報のネットワーク化が規定されているのみであり、それが利用できるのは93の法定事務における本人確認情報の利用を中心とするとされていたが、その後の行政手続オンライン化関連三法（2002年12月成立）によって、稼動後1年で14省庁264事務に拡大した。

　住基カードは記憶容量が32キロバイト（約32000字分）という大容量カードで、住基ネットが規程する領域（住基ネット利用領域、券面事項確認領域）のほか、公的個人認証領域と各市町村が自由に活用できる独自利用領域がある。公的個人認証サービスとは、インターネットを利用した公的書類の届け出や電子商取引を行う場合、本人であることを確認するシステムで、ネット上の印鑑証明ともいわれる。住基ネットを運用する地方公共団体情報システム機構は、自身のウエブサイト等で住基カードの独自利用領域の多目的利用を推奨している。ここに挙げられたサービスが、そのまま現在のマイナンバーカードに引き継がれていることになる。

　現在、国レベルで稼働中の個人別の固有番号制としては、住基カード以外に、基礎年金番号、健康保険番号、パスポート番号、納税者番号、運転免許証番号などがあるとされる。こうした国民の個人情報の管理が重複投資で無駄があるとして、政府はすでに1968年には各省庁統一個人コード連絡研究会議を設置し、「国民総背番号制」の導入をめざした。このときには、政府による国民監視であるとして批判が強く頓挫したが、2000年代後半の「消えた年金」問題に伴い、社会保険庁の個人情報管理があまりにも杜撰であったことから、改めて情報の統合が議論になった経緯がある。

　一般には、氏名、本籍、現住所、性別、生年月日を中心的な情報とし、その他の管理対象となる情報として、社会保障制度納付、納税、各種免許、犯罪前科、金融口座などが挙げられていた。その後、政府は年金手帳や健康保険証、介護保険証の役割を果たす「社会保障カード」構想を発表、2013年に共通番号法（マイナンバー法）として法制化されるに至った。

住民基本台帳法（1967.7.25法81）

第30条の3［住民票コードの記載等］　市町村長は、次項に規定する場合を除き、住民票の記載をする場合には、当該記載に係る者につき直近に住民票の記載をした市町村長が当該住民票に直近に記載した住民票コードを記載するものとする。

住民基本台帳法施行規則（1999.10.6自治省令35）

第1条［住民票コード］　住民基本台帳法第7条第13号に規定する住民票コードは、次に掲げる数字をその順序により組み合わせて定めるものとする。

　一　無作為に作成された十けたの数字

　二　一けたの検査数字（住民票コードを電子計算機に入力するときの誤りを検出することを目的として、総務大臣が定める算式により算出される数字をいう。）

　法7条は住民票の記載事項として、氏名、出生の年月日、男女の別、世帯主の氏名及び世帯主との続柄、戸籍、住民となった年月日、住所変更の年月日、転入届出の年月日、従前の住所、選挙人名簿への登録、国民健康保険の被保険者、後期高齢者医療の被保険者、介護保険の被保険者、国民年金の被保険者、児童手当の支給を受けている者、米穀の配給を受ける者、住民票コード、前各号に掲げる事項のほか政令で定める事項――などを挙げる。

　住基ネット違憲訴訟最高裁判決（最判2008.3.6、民集62.3.665）は、「憲法13条は、国民の私生活上の自由が公権力の行使に対しても保護されるべきことを規定しているものであり、個人の私生活上の自由の一つとして、何人も、個人に関する情報をみだりに第三者に開示又は公表されない自由を有する」としたうえで、「行政機関が住基ネットにより住民…の本人確認情報を管理、利用等する行為は、個人に関する情報をみだりに第三者に開示又は公表するものということはできず、当該個人がこれに同意していないとしても、憲法13条により保障された上記の自由を侵害するものではないと解するのが相当である。…自己のプライバシーに関わる情報の取扱いについて自己決定する権利ないし利益が違法に侵害されたとする被上告人ら（原告ら）の主張にも理由がない」と判示した。理由のなかで最高裁は、当該個人識別情報は本人確認情報であって秘匿性の高い情報とはいえず、住民票コードもその秘匿性の程度は同程度であるとしている。

　上記最高裁判決の原審である大阪高裁は、住基ネットは個人情報保護対策に欠陥があり、拒否する人への運用はプライバシー権を著しく侵害し憲法13条に違反するとして、原告の住民票コードの削除を命じた（大阪高判2006.11.30）。その後、相手方である四市のうちの1つ箕面市は上告を断念し確定、該当者のコード削除を2008年に実施した。また、金沢地裁は、住基ネットはプライバシーの保護を保障した日本国憲法第13条に違反すると判断（金沢地判2005.5.30）。翌日、名古屋地裁は、プライバシーの侵害を容易に引き起こす危険なシステムとは認められないと判断した（名古屋地判2005.5.31）。両件についてはいずれも高裁で合憲判断があり、上告は棄却された（最判2008.3.6）。

　このほか、住基ネットをめぐっては、関係経費の費用返還を求める住民監査請求や、個人情報の外部提供中止を求めたり、住民票コードの削除を求めるなどの行政訴訟が提起されている。

2 マイナンバー制度の導入

　食の安全の観点から牛の全頭検査が行われているが、それを可能にしているのが固有番号制度だ。実は私たち人間にもすでに同様な番号が振られており、住民基本台帳法に基づく住民票コードは、牛同様の固定番号10桁と、盗難等の場合に変更が可能な1桁から構成されている。2011年になって、このコードが「社会保障と税に関わる番号制度」として改めて脚光を浴びることになった。

　名前は変わったものの、以前から何度も消えては出てくる国民総背番号制度やグリーンカード制度（納税カード）の導入で、すべての国民（在留外国人含む）に固有番号を振り分け、個々人の関連個人データを捕捉しようという制度そのものである。具体的には、年金、医療、介護、そして税務の各分野がその中心である。たとえば、個人とともに法人にも固有番号を振ることで、国内すべてのお金のやり取りを政府が掌握でき、脱税が防げると考えられるからだ。民主党政権下の2011年6月には、『社会保障・税番号大綱〜主権者たる国民の視点に立った番号制度の構築〜』が発表され「マイナンバー法」と呼ばれていたが、自公が政権に復帰したのちに「共通番号法（行政手続における特定の個人を識別するための番号の利用等に関する法律）」と名前を変え、2013年5月に成立した（2018年10月施行）。

　検討過程の説明によると、消費税の大幅引き上げによってしわ寄せを受ける社会的弱者を守るために、必要な給付を行わねばならず、そのためには基準となる全国民の所得情報を的確に把握する必要があるとする。年金支給や医療・介護・保育・障害に関する助成においても、限られたパイを公正に分配するために社会保障と税を一体として捉えることにより、社会保障給付を適切に受ける権利を守ることが実現するという。議論の終盤で発生した東日本大震災を受け、「大災害における真に手を差し伸べるべき者に対する積極的な支援」のために有効であるとの一節も加わった。さらに2020年のコロナ禍においては、緊急給付にはマイナンバーカードの普及が不可欠とされた。

　しかし、なぜすべてを一本化した共通番号が必要なのか、そもそも可能な限り多くの個人情報をデジタル化し、オンライン・ネットワークに載せることが正しい選択なのかという根本的な疑問が残る。さらには、個人を固有の番号で捕捉・管理するという「思想」そのものへの反発を持つ人もいるだろう。そうした感覚的な嫌悪感の根源にあるのは、政府は当初、この番号制度を「権利の拡大」と位置付けていたが、実は「自由の縮減」の代償が大きいことを、直感

共通番号法＜行政手続における特定の個人を識別するための番号の利用等に関する法律＞
（2013. 5. 31法27）

第1条［目的］　この法律は、行政機関、地方公共団体その他の行政事務を処理する者が、個人番号及び法人番号の有する特定の個人及び法人その他の団体を識別する機能を活用し、並びに当該機能によって異なる分野に属する情報を照合してこれらが同一の者に係るものであるかどうかを確認することができるものとして整備された情報システムを運用して、効率的な情報の管理及び利用並びに他の行政事務を処理する者との間における迅速な情報の授受を行うことができるようにするとともに、これにより、行政運営の効率化及び行政分野におけるより公正な給付と負担の確保を図り、かつ、これらの者に対し申請、届出その他の手続を行い、又はこれらの者から便益の提供を受ける国民が、手続の簡素化による負担の軽減、本人確認の簡易な手段その他の利便性の向上を得られるようにするために必要な事項を定めるほか、個人番号その他の特定個人情報の取扱いが安全かつ適正に行われるよう行政機関の保有する個人情報の保護に関する法律、独立行政法人等の保有する個人情報の保護に関する法律及び個人情報の保護に関する法律の特例を定めることを目的とする。

第3条［基本理念］　①個人番号及び法人番号の利用は、この法律の定めるところにより、次に掲げる事項を旨として、行われなければならない。

一　行政事務の処理において、個人又は法人その他の団体に関する情報の管理を一層効率化するとともに、当該事務の対象となる者を特定する簡易な手続を設けることによって、国民の利便性の向上及び行政運営の効率化に資すること。

二　情報提供ネットワークシステムその他これに準ずる情報システムを利用して迅速かつ安全に情報の授受を行い、情報を共有することによって、社会保障制度、税制その他の行政分野における給付と負担の適切な関係の維持に資すること。

三　個人又は法人その他の団体から提出された情報については、これと同一の内容の情報の提出を求めることを避け、国民の負担の軽減を図ること。

四　個人番号を用いて収集され、又は整理された個人情報が法令に定められた範囲を超えて利用され、又は漏えいすることがないよう、その管理の適正を確保すること。

②個人番号及び法人番号の利用に関する施策の推進は、個人情報の保護に十分配慮しつつ、行政運営の効率化を通じた国民の利便性の向上に資することを旨として、社会保障制度、税制及び災害対策に関する分野における利用の促進を図るとともに、他の行政分野及び行政分野以外の国民の利便性の向上に資する分野における利用の可能性を考慮して行われなければならない。

③個人番号の利用に関する施策の推進は、個人番号カードが第1項第1号に掲げる事項を実現するために必要であることに鑑み、行政事務の処理における本人確認の簡易な手段としての個人番号カードの利用の促進を図るとともに、カード記録事項が不正な手段により収集されることがないよう配慮しつつ、行政事務以外の事務の処理において個人番号カードの活用が図られるように行われなければならない。

的に感じているからにほかならないと思われる。

　ここでは４つのフェーズに分けて考えてみたい。第１に、番号制度そのものの問題については、弱きに厳しく強きに甘い制度になる可能性がすでに指摘されている。少なくとも、現在の給与所得者が特段に厳しく捕捉される構造には変化はなく、また個人に比べ法人にやさしい状況にも変わりはない。さらに効率性や利便性を謳うわけであるが、一般市民にとっての必要性はみえてこない。にもかかわらずその金銭的負担は大きく、制度構築だけですでに１兆円以上がかかっているほか、データの保管や運営には膨大な経費がかかる。その上、コスト面からプロテクトを甘くせざるをえない状況すら、すでに言及されている。また、実際に運用に携わる地方自治体の業務負担が増すなど、当初の構想はすでに破たん状態にあるともいえる。

　第２に、番号制度の仕組みにも疑問がある。基本設計は、2008年の住基ネット訴訟最高裁合憲判決に従っているが、そのベース自体が正しいかという抜本的な問題だ。個人情報の収集・ネットワーク化が許されるのは「情報が容易に漏洩する具体的危険がないこと」が条件になるが、この「具体的危険」を判断基準にすることこそがまさに「危険」である。実際すでに、住基ネットからの情報漏洩が起きているが、危険性の議論は一度も起きていない。また、漏洩の危険には罰則の強化をもって対処するという方法をとるが、厳罰主義自体の妥当性とともに罰則によって漏洩を完全に防ぐことができるという考え方を変える必要がなかろうか。そもそも日本では、「妨げられない自由権」を保障しているものの「自己情報コントロール権」を、裁判所が積極的に承認していない問題点もすでに指摘されているところである。

　第３が、際限のない利用拡大による「監視社会」の危険性である。政府は行政デジタル化の推進力としてマイナンバーカードを位置付けており、2023年度中の全国民普及をめざしている。そのための方策として、公務員とその家族にカード取得を事実上義務付けるとともに、マイナンバーカード取得者に対しマイナポイントというお買い物ポイントを付与したり、健康保険証との共有化も実施段階である。銀行口座との紐づけも決まっている。

　さらに、自動車免許証としての活用や、スマートフォンへの搭載も2023年中の実装をめざし具体的検討に入った。この際には、多要素認証を導入するとされ、具体的には指紋などの生体認証が検討されている。これは、パスポート以上に全国民の生体情報（顔認証、指紋情報）の強制収集・国家管理を意味し、

デジタル社会形成基本法（2021.5.19法35）

第3条［全ての国民が情報通信技術の恵沢を享受できる社会の実現］　デジタル社会の形成は、全ての国民が、高度情報通信ネットワークを容易にかつ主体的に利用するとともに、情報通信技術を用いた情報の活用を行うことにより、デジタル社会におけるあらゆる活動に参画し、個々の能力を創造的かつ最大限に発揮することが可能となり、もって情報通信技術の恵沢をあまねく享受できる社会が実現されることを旨として、行われなければならない。

第8条［利用の機会等の格差の是正］　デジタル社会の形成に当たっては、地理的な制約、年齢、身体的な条件、経済的な状況その他の要因に基づく高度情報通信ネットワークの利用及び情報通信技術を用いた情報の活用に係る機会又は必要な能力における格差が、デジタル社会の円滑かつ一体的な形成を著しく阻害するおそれがあることに鑑み、その是正が着実に図られなければならない。

第10条［個人及び法人の権利利益の保護等］　デジタル社会の形成に当たっては、高度情報通信ネットワークの利用及び情報通信技術を用いた情報の活用により個人及び法人の権利利益、国の安全等が害されることのないようにされるとともに、高度情報通信ネットワークの利用及び情報通信技術を用いた情報の活用による信頼性のある情報の自由かつ安全な流通の確保が図られなければならない。

第16条［事業者の責務］　事業者は、基本理念にのっとり、その事業活動に関し、自ら積極的にデジタル社会の形成の推進に努めるとともに、国又は地方公共団体が実施するデジタル社会の形成に関する施策に協力するよう努めるものとする。

※同法の制定に伴い、高度情報通信ネットワーク社会形成基本法（IT基本法）は廃止する。官民データ活用推進基本法（2016法103）やサイバーセキュリティ基本法（2014法104）、通信・放送融合技術の開発の促進に関する法律（2001法44）、コンテンツの創造、保護及び活用の促進に関する法律（2004法81）は引き続き、併用する。

デジタル庁設置法（2021.5.19法36）

第5条［組織の構成］　②　デジタル庁は、内閣の統轄の下に、その政策について、自ら評価し、企画及び立案を行い、並びに内閣府及び国家行政組織法第1条の国の行政機関と相互の調整を図るとともに、その相互の連絡を図り、全て、一体として、行政機能を発揮しなければならない

　デジタル庁がデジタル化の推進のための組織であることは自明であるが、当然ながらセキュリティ面の充実という重要な役割も担っている。いわば、アクセル役とブレーキ役を兼ねた組織であることが特徴である。同様に、名称からはチェック機関のように思える個人情報保護委員会も、両側面の役割を担っていて、監督機能とともにデータの利活用促進のための働きも同時に行う。

マイナンバーカードの目的を逸脱するものであろう。

　そして第4が、取材報道の自由の観点からの疑問である。個人情報保護法制定時も、取材の自由が制約される危険性が議論され、結果として、表現の自由の尊重規定を入れ、報道目的等での情報収集を適用除外にすることで、折り合いをつけた経緯がある。番号法はきわめて広範な個人情報を射程範囲におくことになるが、これらの収集や公表が制約を受ける危険性をどう回避するのか、不透明である。「正当な理由」があれば提供可能というが、取材行為がこれに含まれるかどうかは解釈次第であって、行為規範としては成立しえず萎縮効果を生む可能性が指摘されている。

　なお、「番号制度については、国家による個人情報の一元管理、特定個人情報の不正追跡・突合、財産その他への被害があるのではないかという懸念」が示されたことから、2014年1月、内閣府に特定個人情報保護委員会（委員長・堀部政男）を設置し「監視・監督その他の制度上の保護措置」が講じられることになった。特定個人情報保護評価の委員会規則の制定、欧米で実施されているプライバシー影響評価に相当する特定個人情報保護評価の指針の作成・公表、特定個人情報の保護についての広報・啓発等を行ってきたが、2016年に個人情報保護委員会（PPC）に改組された。

● 医療ビッグデータの活用

医療ビッグデータ法（次世代医療基盤法）＜医療分野の研究開発に資するための匿名加工医療情報に関する法律＞(2017法28)

第1条［目的］　この法律は、医療分野の研究開発に資するための匿名加工医療情報に関し、国の責務、基本方針の策定、匿名加工医療情報作成事業を行う者の認定、医療情報等及び匿名加工医療情報の取扱いに関する規制等について定めることにより、健康・医療に関する先端的研究開発及び新産業創出を促進し、もって健康長寿社会の形成に資することを目的とする。

　病歴等の医療情報は高度な要配慮情報で秘匿性がとりわけ高いわけであるが、この生データを匿名加工することで、研究所や製薬会社、行政が利用できるようになる。また、保険証とマイナンバーカードの共通化等によって、医療情報のデジタル・ネットワーク化をめざすことで、いっそうの大量な医療情報の蓄積を可能とし、AI医療につなげるとしている。さらに、医療情報のみならずすべての領域の個人情報を、個別の本人同意なしに一括して収集・管理・利用することを予定しているのが「スーパーシティー」構想である（国家戦略特別区域法によって設定）。

　感染情報という意味では医療情報の一種で、それに行動履歴を付加した個人情報の把握を図るのが、2020年の新型コロナウイルス感染症のクラスター発見・蔓延防止の「切り札」として登場した「接触確認アプリ（COCOA）」である（2020年6月19日リリース）。行政による管理を回避するという観点から、運営元は厚労省であるものの、システムの基盤はGoogleとAppleに拠るもので、行政は利用者のなかの感染者・濃厚接触者の情報を直接把握しないという仕組みを採用している。

【参考文献】
個人情報保護実務研究会編『個人情報保護　管理・運用の実務』（新日本法規出版、2003年）、奥津茂樹『個人情報保護の論点』（ぎょうせい、2003年）、稲垣隆一編『個人情報保護法と企業対応』（清文社、2003年）、宇賀克也『個人情報保護法の逐条解説　第4版──個人情報保護法・行政機関個人情報保護法・独立行政法人等個人情報保護法』（有斐閣、2013年）、右崎正博ほか編『別冊法学セミナー：新基本法コンメンタール情報公開法・個人情報保護法・公文書管理法』（日本評論社、2013年）、宇賀克也『番号法の逐条解説』（有斐閣、2014年）

I 司法情報へのアクセス

1 裁判の公開と知る権利

　憲法82条は裁判公開の原則を定めており、これは権力者の意向に沿った密室裁判を防止し、公正な裁判を実現するための制度的保障であるとされてきた。しかし今日では、行政情報へのアクセスと並び、司法情報へのアクセスを担保するものとして市民の知る権利の実現のための具体的な権利保障と考えられるようになってきている。

　裁判の公開原則を実質的に保障するものとしては、一般市民の裁判の傍聴、報道機関の裁判取材・報道、裁判記録の公開──の3つがある。

　裁判の傍聴については、警備上の理由等から傍聴席への物品持ち込みを厳しく制限するとともに、傍聴中の行為についても写真撮影ほか傍聴人のメモ採取行為を長く禁止していた。1989年の法廷メモ訴訟最高裁判決によって実質的に解禁されたものの、それはあくまでも裁判長の許可のもとでの限定的な措置とされており、一般市民の裁判へのアクセスが権利として認められたものとはいえない。

　報道機関の法廷取材は、記者席の優先割り当てや判決文等の配布など、一般市民に比して優遇された取り扱いを受ける一方で、特に音声及びカメラ取材については刑事と民事の各訴訟規則によってきわめて厳しい制約のもとにある。具体的には、音声の録取や中継が全面的に禁止されているほか、スチール及びムービーのカメラ取材は裁判官入廷後開廷前の約2分間、しかも定められた方向のみと撮影範囲も制限されている。

　法廷内カメラ撮影は戦後の一時期、まったく自由に行われていたが、その取材マナーの悪さから北海タイムス事件最高裁決定で法廷内での写真撮影禁止が支持されて以降、一貫して最高裁は原則禁止としている。その歴史的経緯は、「完全自由→全面禁止→一部解禁」という流れになる。

　現在の規定は1987年の最高裁と報道界の間で結んだ取り決めによるもので、91年に若干の緩和があった。一般人の傍聴同様、裁判所（官）の「恩恵的な」許可に依っているものであり、法律上の禁止措置ではないだけに、各裁判官（裁判長）の裁量で取材が認められる可能性もないわけではない。しかし、関係当事者の心理的影響やプライバシー侵害を理由として、一般的な撮影解禁の

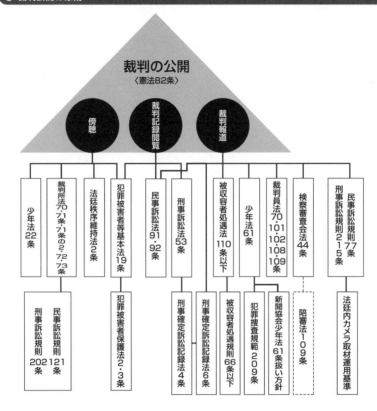

日本国憲法（1946.11.3公布、1947.5.3施行）
第82条［対審及び判決の公開］　①裁判の対審及び判決は、公開法廷でこれを行ふ。
②裁判所が、裁判官の全員一致で、公の秩序又は善良の風俗を害する虞があると決した場合には、対審は、公開しないでこれを行ふことができる。但し、政治犯罪、出版に関する犯罪又はこの憲法第3章で保障する国民の権利が問題となってゐる事件の対審は、常にこれを公開しなければならない。
第37条［刑事被告人の権利］　①すべて刑事事件においては、被告人は、公平な裁判所の迅速な公開裁判を受ける権利を有する。

　なお2010年代以降、被害者保護の観点等から公判廷で関係者の名前を匿名にすることが増えている。被害者遺族等のために傍聴機会を確保するため、一般傍聴席の一部を裁判所が遮蔽することも相次いでいる。

動きはまったくみられない。なお外国では、アメリカに代表されるように法廷のテレビ中継が行われている国も存在する。

2　裁判記録公開の原則と例外の逆転

　司法へのアクセス制限は、傍聴だけでなく、訴訟が確定したあとも続いている。刑事訴訟法53条によると、確定した刑事訴訟の裁判記録（判決文及び提出書類）は「原則」閲覧が可能である。しかし実際は、裁判記録の閲覧は専ら検察の裁量によって制限が可能な状況にあり、複写に至っては事実上禁止されている状況にある。

　もちろん、全面的に禁止されているわけではないばかりか、数字上では9割以上が閲覧を認められている。たとえば、保険会社が保険金支払いの判断をするために刑事裁判記録を閲覧・謄写する場合、それが拒否される例はまずないといわれている。また、二・二六事件のように研究者が研究目的で過去の裁判を請求した場合も、閲覧・謄写が認められてきている。一方でジャーナリストが閲覧希望をすると、ほとんどの場合、閲覧すら許されないのが実態である。

　その規制根拠となっているのが、1987年に制定された特別法である刑事確定訴訟記録法の「例外」事項で、他の関連公判の維持、事件関係人の名誉・プライバシー保護を理由として、具体的な理由の開示も、救済の手段も設けられることなく、一方的に閲覧が認められない事例が発生している。しかも謄写は、法規定がないことを理由に、担当検察官の裁量に委ねられており、拒否処分があったとしてもそれを理由に争うことすらできない状況にある。

　従来は学説においても、個別具体的な閲覧（謄写）請求権があるかについては否定的な見解が強く、裁判でも非公開の範囲を限定化しつつ、犯人の更正や関係者のプライバシー保護といった漠然とした文言で広く閲覧の例外を設けること自体は追認してきた。しかし、救済方法が十分担保されていない点や、保管・判断権者が当事者の一方である検察官であることも、公正な判断が下されるのかという点で問題がある。

　なお同様の規定は、民事訴訟記録についても定められており（民事訴訟法91条、92条）、原則閲覧が認められている。ただし、民事訴訟法の改正によって、文書提出命令の範囲から刑事確定訴訟記録が除外されたことや、情報公開法の対象文書に同記録が含まれないことについても議論がある。一方で新たに、犯罪被害者保護法が、訴訟記録の閲覧を制度化している。

● 法廷内取材の制限根拠規定

刑事訴訟規則（1948. 12. 1 最高裁判所規則32）
第215条［公判廷の写真撮影等の制限］　公判廷における写真の撮影、録音又は放送は、裁判所の許可を得なければ、これをすることができない。但し、特別の定のある場合は、この限りでない。
＊民事訴訟規則（1996. 12. 17最高裁判所規則5）第77条も同様。

法廷内カメラ取材の標準的な運用基準
〈1987年1月ルール〉代表取材、スチール1台＋ビデオカメラ1台、脚立禁止、着席後から開廷までの2分間、被告人撮影禁止、傍聴席中央から裁判長席に向かって正面のみ、拡大禁止
〈1991年1月ルール〉裁判官入廷開始時から開廷までの2分間、裁判長・検察官・弁護人席の撮影可、裁判官の拡大撮影は可

法廷秩序維持法＜法廷等の秩序維持に関する法律＞（1952. 7. 31法286）
第1条［この法律の目的］　この法律は、民主社会における法の権威を確保するため、法廷等の秩序を維持し、裁判の威信を保持することを目的とする。
第2条［制裁］　裁判所又は裁判官が法廷又は法廷外で事件につき審判その他の手続をするに際し、その面前その他直接に知ることができる場所で、秩序を維持するため裁判所が命じた事項を行わず若しくは執つた措置に従わず、又は暴言、暴行、けん騒その他不穏当な言動で裁判所の職務の執行を妨害し若しくは裁判の威信を著しく害した者は、20日以下の監置若しくは3万円以下の過料に処し、又はこれを併科する。

● 法廷内表現行為の規則事例

　法廷メモ訴訟（レペタ訴訟）最高裁判決（最大判1989. 3. 8、民集43. 2. 89）は、アメリカ人弁護士であるレペタ氏が、傍聴席でメモを取ろうとしてそれを拒否されたことに対し、知る権利の侵害であるとして起こした訴訟。最高裁判決は、傍聴人のメモ行為につき、その権利性は否定するものの、法廷警察権の行使のうえで、裁判長は傍聴人がメモをとる自由を原則として許容すべきであると判断した。なお**北海タイムス事件最高裁決定**（最大決1958. 2. 17、刑集12. 2. 253）では、「たとえ公判廷の状況を一般に報道するだけの取材活動であっても、その行動が、公判廷における審判の秩序を乱し、被告人その他訴訟関係人の正当な利益を不当に害するが如きものは、もとより許されないところである」と判示している。

　1982年6月2日のロッキード裁判において配布された東京地裁発行の「傍聴券」（武藤久資氏提供）の裏面に印刷された注意書き。『フォーカス』に法廷内隠し撮り写真が掲載された直後のためか、持ち込み不可のものとして「写真機」「録音機」がゴム印で押されている。

傍聴についての注意

1. 服装をととのえること
2. 静かにし審理のさまたげになるようなことをしないこと
3. 新聞や本を読むなど不体裁な行ないをしないこと
4. 裁判長の許可を受けないでメモや録音をとつたり写真をうつしたりなどしないこと
5. 開廷中はみだりに自分の席をはなれないこと
6. 証人、鑑定人などが宣誓するときは起立すること
7. 大きな荷物、危険な物、その他審理のさまたげになるような物を持ちこまないこと
8. その他裁判長の命令に従い、又は裁判所職員の指示に従うこと
上記の各項に違反した者は退廷を命ぜられ、又は処罰されることがあります

写真機　録音機

80. 7. 10000 平

　なお、刑事確定訴訟記録の閲覧を最高裁まで争った事例としては、三島署事件（現職警察官強姦事件）、金丸略式裁判事件、群馬県警事件などがあり、いずれもジャーナリストが閲覧不許可処分の取消しを求めたが認められなかった。一方、大学教授が学術研究のため死刑確定事件の記録全部の閲覧・謄写を請求し不許可になった事件では、裁判所は不許可処分を取り消した。

　このほかに、在監者との面会が厳しく制限され、ジャーナリストもしくは報道目的の面会は認められない傾向にある。いわゆる接見取材の制限である。こうした状況に対して相互アクセス権訴訟では、ジャーナリストが死刑囚との面会（取材）を再三申し入れたものの認められず、違憲訴訟を起こした経緯がある。判決前に死刑の執行がなされ、最高裁の判断は得られなかったものの、地裁では原告の訴えが一定程度認められた面もある（第12講参照）。

　司法関連のメディア規制としてはもう1つ、少年審判の傍聴禁止と記録の非公開が挙げられる。審判は当事者以外、一切の立ち会いを禁止しており、一般人はもとより、被害者や事件関係人の傍聴も禁止されている。それはまた対メディアも同様であり、一切の取材は不可能となっている。記録については、被害者に対して審判書要旨が示されるほか、家庭裁判所が重大事件と判断したものについては、要旨が記者発表されるケースもあった（神戸児童連続殺傷事件）。しかし通常はそういった発表は一切なく、警察の補導（逮捕）段階の非公開（未発表）の壁と相成り、情報のほとんどは司法・警察に独占・隠蔽されているといってもよい状況が続いている（第18講参照）。

Ⅱ　裁判員裁判と取材・報道

1　法廷侮辱による裁判報道規制

　2002年以降、急浮上してきた問題に、裁判員制度導入に伴う取材・報道規制がある。裁判員制度とは、市民を「裁判員」の名称で裁判（官）の仲間入りをさせ、具体的な刑事重大事件の裁判を執り行う制度である。政府の司法制度改革推進本部「裁判員制度・刑事検討会」で議論され、2004年に司法改革関連法の1つとして、裁判員法が成立した（2009年5月21日から実施）。

　裁判員・候補者への取材目的の接触・報道の禁止や裁判員の守秘義務についての議論は、大きく2つに分けられる。1つは、裁判・事件報道を規制あるい

● 刑事訴訟記録閲覧（制限）の根拠規定

　最高裁は、憲法82条の権利性について「刑事確定記録の閲覧を権利として要求できることまでを認めたものではない」（最決1990.2.16、判時1340.145）と否定している。

刑事訴訟法（1948.7.10法131）

第53条［訴訟記録の公開］　①何人も、被告事件の終結後、訴訟記録を閲覧することができる。但し、訴訟記録の保存又は裁判所若しくは検察庁の事務に支障のあるときは、この限りでない。

②弁論の公開を禁止した事件の訴訟記録又は一般の閲覧に適しないものとしてその閲覧が禁止された訴訟記録は、前項の規定にかかわらず、訴訟関係人又は閲覧につき正当な理由があって特に訴訟記録の保管者の許可を受けた者でなければ、これを閲覧することができない。

③日本国憲法第82条第2項但書に掲げる事件については、閲覧を禁止することはできない。

刑事確定訴訟記録法（1987.6.2法64）

第4条［保管記録の閲覧］　①保管検察官は、請求があつたときは、保管記録を閲覧させなければならない。ただし、同条第1項ただし書に規定する事由がある場合は、この限りでない。

②保管検察官は、保管記録が刑事訴訟法第53条第3項に規定する事件のものである場合を除き、次に掲げる場合には、保管記録を閲覧させないものとする。ただし、訴訟関係人又は閲覧につき正当な理由があると認められる者から閲覧の請求があつた場合については、この限りでない。

　　一　保管記録が弁論の公開を禁止した事件のものであるとき。

　　二　保管記録に係る被告事件が終結した後3年を経過したとき。

　　三　保管記録を閲覧させることが公の秩序又は善良の風俗を害することとなるおそれがあると認められるとき。

　　四　保管記録を閲覧させることが犯人の改善及び更生を著しく妨げることとなるおそれがあると認められるとき。

　　五　保管記録を閲覧させることが関係人の名誉又は生活の平穏を著しく害することとなるおそれがあると認められるとき。

＊刑事確定訴訟記録法施行規則（1987.12.14法務省令41）は保管機関や閲覧・請求の手続きについて定める。

犯罪被害者保護法＜犯罪被害者等の権利利益の保護を図るための刑事手続に付随する措置に関する法律＞（2000.5.19法75）

第2条［公判手続の傍聴］　刑事被告事件の属する裁判所の裁判長は、当該被告事件の被害者等又は当該被害者の法定代理人から、当該被告事件の公判手続の傍聴の申出があるときは、傍聴席及び傍聴を希望する者の数その他の事情を考慮しつつ、申出をした者が傍聴できるよう配慮しなければならない。

第3条［被害者等による公判記録の閲覧及び謄写］　①刑事被告事件の属する裁判所は、第1回の公判期日後当該被告事件の終結までの間において、当該被告事件の被害者等……から、当該被告事件の訴訟記録の閲覧又は謄写の申出があるときは、検察官及び被告人又は弁護人の意見を聴き、閲覧又は謄写を求める理由が正当でないと認める場合及び犯罪の性質、審理の状況その他の事情を考慮して閲覧又は謄写をさせることが相当でないと認める場合を除き、申出をした者にその閲覧又は謄写をさせるものとする。

＊2008年12月からは、犯罪被害者が検察官とは別に「求刑」を認める被害者参加制度がスタートしている。

は禁止するのかどうか。実際に規制する場合、理由・範囲・期間はどうすべきなのか。規制する場合に法的な罰則を付けるのか否かという問題である。2つ目は、裁判員に対する取材行為や自発的な公表を禁止するのかどうか。あるいは裁判員の個人情報に法的な保護を与えるのかどうかである。同時にこの取材行為を禁止する場合には罰則を設けるのかどうかという議論が付随している。さらに、そのような守秘義務に違反して行われた報道（放送番組や雑誌・新聞の誌紙面）に、罰則を科すのかどうかという問題も含まれる。

　もともと、12世紀のイギリスで発達した法廷侮辱の考え方を援用するもので、2003年に示された制度概要では、逮捕以降判決までの各段階において「守秘義務」「接触禁止」「予断報道禁止」を挙げていた。最終的には、裁判員は生涯、守秘義務を負い、合議の内容を一切口外してはならないとされ、メディアは裁判員との接触、個人情報の公表（報道）を法で禁止されるほか、予断を与える報道の自主規制が期待されることになった。

　法では予断報道の禁止規定はおかれなかったものの、法規制を求める意見は根強く、報道界の自主規制次第では法見直し時に再燃しかねない状況にある。ただし、仮に法規制をするとなると、その対象となる報道内容、対象者などの広範性や曖昧さが問題となると想定される。

　戦前・戦中には、新聞紙法あるいは出版法に法廷侮辱罪と同じような規定があり、公判報道はこれらの法律によって厳しい規制を受けていたとともに、裁判官や裁判あるいは司法全体に対する批判を許さない運用を行ってきた。もう1つ、参考になるのは検察審査会法の規定である。検察審査会は、一般市民によって構成されるという側面で裁判員制度と類似の制度である。検察審査員に指名された場合は、メディアから接触があった場合はそれを拒否するように、事務局より指導されている。その期限は無期限であるとのことであるが、実際の適用状況で守秘義務規定違反の事例はない。

　また、1943年に執行が停止されている陪審法は、109条で陪審員に対する守秘義務規定（罰則付き）と報道機関に対する漏泄事項の報道の禁止（罰則付き）を定めるほか、110条では裁判所内で陪審員の外部との接触禁止（罰則付き）を、111条では請託、意見の伝達の禁止（罰則付き）を規定している。この漏泄（漏洩）規定をそのまま現在の検察審査会法にあてはめて、一般国民から選ばれた検察審査員が包括的な守秘義務を課され、同時にメディアの報道が規制を受けているという現状がある。

民事訴訟法（1996法109）
第91条［訴訟記録の閲覧等］　①何人も、裁判所書記官に対し、訴訟記録の閲覧を請求することができる。

②公開を禁止した口頭弁論に係る訴訟記録については、当事者及び利害関係を疎明した第三者に限り、前項の規定による請求をすることができる。

⑤訴訟記録の閲覧、謄写及び複製の請求は、訴訟記録の保存又は裁判所の執務に支障があるときは、することができない。

第92条［秘密保護のための閲覧等の制限］　①次に掲げる事由につき疎明があった場合には、裁判所は、当該当事者の申立てにより、決定で、当該訴訟記録中当該秘密が記載され、又は記録された部分の閲覧若しくは謄写、その正本、謄本若しくは抄本の交付又はその複製の請求をすることができる者を当事者に限ることができる。

一　訴訟記録中に当事者の私生活についての重大な秘密が記載され、又は記録されており、かつ、第三者が秘密記載部分の閲覧等を行うことにより、その当事者が社会生活を営むのに著しい支障を生ずるおそれがあること。

　民事裁判の場合、事件記録は第1審の裁判所で保管され、保管事務は書記官の権限であることから（裁判所法）、閲覧請求を拒否された場合は異議申立てができる（民訴法121条）。判決原本は50年保存（以前は永久）、通常の民事事件記録は5年保存のため、すでに著名事件の多くが廃棄済となっていることがわかっている。一方で刑事裁判の場合、事件記録は第1審担当の検察庁に送られ、保管検察官がその任に当たる。民事同様に閲覧を拒否された場合は異議申立て（準抗告）ができる。なお、特別保存指定されたものなど一部の記録は、内閣と最高裁判所の申し合わせにより「歴史公文書」として国立公文書館に移管されることになった。刑事記録の保管期間は刑事確定訴訟記録法で規定されている。

刑事訴訟法（1948.7.10法131）
第81条　裁判所は、逃亡し又は罪証を隠滅すると疑うに足りる相当な理由があるときは、検察官の請求により又は職権で、勾留されている被告人と第39条第1項に規定する者（弁護人または弁護人になろうとする者をさす：編注）以外の者との接見を禁じ、又はこれと授受すべき書類その他の物を検閲し、その授受を禁じ、若しくはこれを差し押えることができる。但し、糧食の授受を禁じ、又はこれを差し押えることはできない。

第281条の4　①被告人若しくは弁護人又はこれらであつた者は、検察官において被告事件の審理の準備のために閲覧又は謄写の機会を与えた証拠に係る複製等を、次に掲げる手続又はその準備に使用する目的以外の目的で、人に交付し、又は提示し、若しくは電気通信回線を通じて提供してはならない。

　一　当該被告事件の審理その他の当該被告事件に係る裁判のための審理

　二　当該被告事件に関する次に掲げる手続

②前項の規定に違反した場合の措置については、被告人の防御権を踏まえ、複製等の内容、行為の目的及び態様、関係人の名誉、その私生活又は業務の平穏を害されているかどうか、当該複製等に係る証拠が公判期日において取り調べられたものであるかどうか、その取調べの方法その他の事情を考慮するものとする。

　裁判員法と検察審査会法はおおよそ同じ法構成をとるわけで、戦前の明治憲法と現行日本国憲法における表現の自由保障は、180度その方向性が異なるが、そうした大前提を抜きに戦前の陪審制度における表現規制が50年の時を経て、突然復活したとの見方もできる。

2　裁判員制度下の取材・報道規制

　すでにみてきたように、司法情報へのアクセスはほとんど権利化されたものがなく、公的情報のなかでももっとも厚い「壁」に阻まれたものということができる。その一方で皮肉なことに、報道機関に対しては一般市民の知る権利に比して格段に優遇された「行政サービス」としての便宜供与がなされてきた歴史がある。傍聴しかり、カメラ撮影しかり、そして判決文交付しかりである。

　それが、裁判員制度の実施を受けて、ある種、一般市民同様の厳しい規制を受けるようになったとの見方も、一面ではできるかも知れない。裁判員情報の公表しかり、接触しかり、評議の秘密の開示しかりである。

　たとえば従来であれば、記者会見における発表と報道機関の報道は異なるという理由で、誘拐事件や少年事件であっても当該当事者の特定情報を、報道機関が知ることができる場合が少なくなかった。しかし裁判員制度下では、そのような報道機関としての「例外」は、いっさい認められていない（特定の報道機関を対象とした判決後記者会見は実現している）。

　同様に、各種公務員法や刑法で定める守秘義務があったとしても、記者は「当然に」公務員から職務上知りえた秘密を聞き出し、報道してきた。まさにそれこそが取材であり、報道であったわけである。そのような正当な取材行為は違法性を欠くものとして、裁判所も認めてきた経緯がある。しかし、裁判員制度下においては明文としての例外あるいは適用除外措置がないとともに、解釈上においてもいっさいの例外を認めないかの主張が根強くある。報道機関の側にもむしろ、裁判員の保護のためにはやむなしの空気が強い。

　以下では具体的に、法がどのような取材・報道規制を定めているかを確認しておきたい。

　第1が、裁判員特定情報の公表禁止である。名前や住所・職業はおろか、男女の性別も年齢も一切、裁判所は公表しない（裁判所は、この種の属性情報を持ち合わせていないので公表のしようがないとしている）。これは、裁判員選任手続きの密室性とあいまって、どのような市民がどのような手続きで裁判員

● 接見取材及び証拠閲覧

　被収容者処遇法は、刑事施設の被収容者（受刑者、未決拘禁者、死刑確定者ほか）と留置施設の被留置者（いわゆる容疑者ほか）の外部交通について定めている。ここではこのうち、面接（接見）についてのみ扱い、信書の発受については第12講で触れる。なお、法は立場に応じて個別に規定を設けるが、原則的な規定を持つ受刑者を例に挙げる。

　相互アクセス権訴訟は、取材目的での面会を不許可とした拘置所長の処分の違法性を、雑誌編集者の対馬滋と名古屋拘置所の木村修治（1987年死刑確定）が共同で訴えたもの。東京高裁は1995年8月10日、死刑判決を受けた被勾留者と外部者との接見を許可するか否かは拘置所長の裁量的判断にまつべきであると判示（上告中の1995年12月死刑執行）。

被収容者処遇法＜刑事収容施設及び被収容者等の処遇に関する法律＞（2005.5.25法50、旧・刑事施設及び受刑者の処遇等に関する法律＝2006法58で改題）

第111条［面会の相手方］　②刑事施設の長は、受刑者に対し、前項各号に掲げる者以外の者から面会の申出があった場合において、その者との交友関係の維持その他面会することを必要とする事情があり、かつ、面会により、刑事施設の規律及び秩序を害する結果を生じ、又は受刑者の矯正処遇の適切な実施に支障を生ずるおそれがないと認めるときは、これを許すことができる。

第114条［面会に関する制限］　①刑事施設の長は、受刑者の面会に関し、法務省令で定めるところにより、面会の相手方の人数、面会の場所、日及び時間帯、面会の時間及び回数その他面会の態様について、刑事施設の規律及び秩序の維持その他管理運営上必要な制限をすることができる。

②前項の規定により面会の回数について制限をするときは、その回数は、1月につき2回を下回ってはならない。

● 裁判員制度をめぐる報道規制の動き

裁判員制度・刑事検討会「考えられる裁判員制度の概要について」（2003.10.28）

(3)裁判の公正を妨げる行為の禁止

ア　何人も、裁判員、補充裁判員又は裁判員候補者に事件に関する偏見を生ぜしめる行為その他の裁判の公正を妨げるおそれのある行為を行ってはならないものとする。

イ　「報道機関はアの義務を踏まえ、事件に関する報道を行うに当たっては、裁判員、補充裁判員又は裁判員候補者に事件に関する偏見を生ぜしめないように配慮しなければならないものとする。」との点については、報道機関において自主的ルールを策定しつつあることを踏まえ、更に検討するものとする。

最高裁が求める事件報道のあり方

　裁判員に予断を与える恐れがある報道として、①容疑者の自白の有無や内容、②容疑者の生い立ちや人間関係、③容疑者の弁解の不自然さを指摘すること、④容疑者が犯人かどうかにかかわる状況証拠、⑤容疑者の前科・前歴、⑥有罪を前提とした有識者のコメントの6項目を例示した（平木正洋、最高裁刑事局総括参事官（当時）のマスコミ倫理懇談会全国協議会における2007年9月27日の講演内容）。

になったかの情報が国民に対して、まったく閉ざされる状況を作っている。

　第2に、裁判員接触の禁止である。現も元も裁判員に対する接触は原則禁止される。ただし元職については、「職務上知り得た秘密」を知る目的に限定される。したがって、秘密でない事項については取材が可能になるということで、判決後の記者会見が設定されるに至っている（司法記者クラブと地方裁判所間の合意によって実施されている）。

　第3に、守秘義務による報道禁止である。もちろん、報道に限定されたものではなく裁判員自身がブログ等で公表すること（漏らすこと）自体も罪となる。対象は現・元で微妙に異なるが、共通するのは「評議の秘密その他の職務上知り得た秘密」である。元職については、評議の経緯等について「感想」レベルであればよいと解釈されている。

　法では、評議の秘密のうち「裁判員の意見又はその多少の数」を禁止事項としているが、評議経過のすべてがいけないのか、評議の概要や雰囲気でも許されないのか、などグレーゾーンについては不明瞭であって、表現規制としての厳格性に欠けるとの強い批判がある。実際、裁判所側はすでに実施された記者会見において、裁判員の発言を制止したり、発言内容の報道自粛を求めるなど、2009年9月の実施当初からその解釈にあたって「混乱」が続いている。

　また、裁判員法に伴って新設された刑事訴訟法281条の3以下によって、被告人・弁護人が、検察官が開示した証拠について取材記者に対しみせる行為は、「目的以外の目的で、人に交付し、又は提示し、若しくは電気通信回線を通じて提供」することに該当し、罰則付きで禁止されることとなった（法281条の4）。政府は立法過程の国会答弁で、証拠の目的外使用禁止の必要性として、証人威迫等の防止、内部告発者に対する報復防止、名誉・プライバシーの侵害防止を挙げているが（2004年4月7日衆議院法務委員会）、実際にはすでに取材の拒否事例が報告されている。

Ⅲ　立法情報へのアクセス

1　議会の公開と知る権利

　憲法57条は、両議院の会議の公開を定めている。前述の裁判の公開規定と同様、この規定がそれ自体、市民の立法情報へのアクセス権を直接かつ具体的に

裁判員法＜裁判員の参加する刑事裁判に関する法律＞（2004.5.28法63）

第70条［評議の秘密］　構成裁判官及び裁判員が行う評議並びに構成裁判官のみが行う評議であって裁判員の傍聴が許されたものの経過並びにそれぞれの裁判官及び裁判員の意見並びにその多少の数については、これを漏らしてはならない。

第101条［裁判員等を特定するに足りる情報の取扱い］　①何人も、裁判員、補充裁判員選任予定裁判員又は裁判員候補者若しくはその予定者の氏名、住所その他の個人を特定するに足りる情報を公にしてはならない。これらであった者の氏名、住所その他の個人を特定するに足りる情報についても、本人がこれを公にすることに同意している場合を除き、同様とする。

第102条［裁判員等に対する接触の規制］　①何人も、被告事件に関し、当該被告事件を取り扱う裁判所に選任され、又は選定された裁判員若しくは補充裁判員又は選任予定裁判員に接触してはならない。

②何人も、裁判員又は補充裁判員が職務上知り得た秘密を知る目的で、裁判員又は補充裁判員の職にあった者に接触してはならない。

第9条［裁判員の義務］　②裁判員は、第70条第１項に規定する評議の秘密その他の職務上知り得た秘密を漏らしてはならない。

第108条［裁判員等による秘密漏示罪］　①裁判員又は補充裁判員が、評議の秘密その他の職務上知り得た秘密を漏らしたときは、６月以下の懲役又は50万円以下の罰金に処する。

②裁判員又は補充裁判員の職にあった者が次の各号のいずれかに該当するときも、前項と同様とする。

　　一　職務上知り得た秘密（評議の秘密を除く。）を漏らしたとき。

　　二　評議の秘密のうち構成裁判官及び裁判員が行う評議又は構成裁判官のみが行う評議であって裁判員の傍聴が許されたもののそれぞれの裁判官若しくは裁判員の意見又はその多少の数を漏らしたとき。

　　三　財産上の利益その他の利益を得る目的で、評議の秘密（前号に規定するものを除く。）を漏らしたとき。

③前項第３号の場合を除き、裁判員又は補充裁判員の職にあった者が、評議の秘密（同項第２号に規定するものを除く。）を漏らしたときは、50万円以下の罰金に処する。

⑤裁判員又は補充裁判員が、構成裁判官又は現にその被告事件の審判に係る職務を行う他の裁判員若しくは補充裁判員以外の者に対し、当該被告事件において認定すべきであると考える事実若しくは量定すべきであると考える刑を述べたとき、又は当該被告事件において裁判所により認定されると考える事実若しくは量定されると考える刑を述べたときも、第１項と同様とする。

⑥裁判員又は補充裁判員の職にあった者が、その職務に係る被告事件の審判における判決（少年法第55条の決定を含む。以下この項において同じ。）に関与した構成裁判官であった者又は他の裁判員若しくは補充裁判員の職にあった者以外の者に対し、当該判決において示された事実の認定又は刑の量定の当否を述べたときも、第１項と同様とする。

第109条［裁判員の氏名等漏示罪］　検察官若しくは弁護人若しくはこれらの職にあった者又は被告人若しくは被告人であった者が、正当な理由がなく、被告事件の裁判員候補者の氏名、裁判員候補者が第30条に規定する質問票に記載した内容又は裁判員等選任手続における裁判員候補者の陳述の内容を漏らしたときは、１年以下の懲役又は50万円以下の罰金に処する。

保障することには、判例、学説とも否定的である。しかしながら知る権利の観点からは、行政情報と同様に議会情報（国会情報）についても、市民のアクセスが十分に確保される必要がある。具体的には、一般市民の傍聴と報道機関の報道が、十分に確保されているかが問われることになる。

　一般市民の国会傍聴については、本会議以外の委員会の公開が厳しく制限されていることが問題となる。現在の国会運営が委員会中心主義であることを鑑みると、憲法の要請による委員会の公開原則の確立が望まれるが、現行法上、国会法52条では報道機関以外の傍聴は原則許されていない。

　また、傍聴に際しての規律も必要以上に厳格と思われ、帽子、杖、外套のほか、鞄を持ったままの入場もできない。傍聴時のメモの採取は認められているが、録音やカメラ撮影は禁止されている。こうした国民（市民）に対する厳しい規制をカバーするものとして、制度的に報道機関の報道を定めているものといえるだろう。

　憲法は公開を定めるとともに、秘密会の規定をおいている。これは、国家安全上の討議などの場合、「国益」を守るために公開の例外を設けたものである。記録についても、「特に秘密を要する」もの以外は公開を定めているが、これが具体的に行政における「極秘」に該当するものか、より広範な秘密の範囲を想定しているのかは判然としない。また裁判で争えるものかについては否定的な見解が強い。

　議事録の公開については「官報」によって、本会議及び委員会の議事録はすべて公開されている。官報自体は有料であるが、公立図書館で常備しているほか、衆参両院のホームページ上でも公開しており、誰でもある程度容易にアクセスできる状態にある。法令については政府が電子政府構想の一環として法令データベースを公開、これによって、現在施行されている法律、規則等をインターネット上で入手できるようになった。ただし、批准している国際条約や実際に運用されている規則で未掲載のものがあるなど、改善の余地もある。

　なお、地方議会については地方自治法115条が公開を定める。地方自治体においては、情報公開条例の対象機関に議会を含めたり、独自に議会情報公開条例を制定するなどの形式で、立法機関の情報公開制度が一般化しつつある。

　制度上では、国会活動に関わるすべての情報を対象とした情報公開制度が待たれる（たとえば、国会保有情報公開法）。その場合の対象機関は、衆参両院ほか、国立国会図書館、裁判官弾劾裁判所、裁判官訴追委員会、及びその他の

● 裁判員制度と類似の法制度

検察審査会法（1948. 7. 12法147）
第44条［評議の秘密］　①検察審査員、補充員又は審査補助員が、検察審査会議において検察審査員が行う評議の経過又は各検察審査員の意見若しくはその多少の数その他の職務上知り得た秘密を漏らしたときは、6月以下の懲役又は50万円以下の罰金に処する。
旧第44条　②前項の事項を新聞紙その他の出版物に掲載したときは、新聞紙に在つては編集人及び発行人を、その他の出版物に在つては著作者及び発行者を2万円以下の罰金に処する。

陪審法（1923. 4. 18法50、1943. 4. 1法88施行停止中）
第109条　①陪審員評議ノ顚末又ハ各員ノ意見若其ノ他ノ多少ノ数ヲ漏泄シタルトキハ千円以下ノ罰金ニ処ス
②前項ノ事項ヲ新聞紙其ノ他ノ出版物ニ掲載シタルトキハ新聞紙ニ在リテハ編輯人及発行人其ノ他ノ出版物ニ在リテハ著作者及発行者ヲ二千円以下ノ罰金ニ処ス

● 立法アクセスを定める法令

日本国憲法（1946. 11. 3公布、1947. 5. 3施行）
第57条［会議の公開と会議録］　①両議院の会議は、公開とする。但し、出席議員の3分の2以上の多数で議決したときは、秘密会を開くことができる。
②両議院は、各々その会議の記録を保存し、秘密会の記録の中で特に秘密を要すると認められるもの以外は、これを公表し、且つ一般に頒布しなければならない。

国会法（1947. 4. 30法79）
第52条［傍聴と秘密会］　①委員会は、議員の外傍聴を許さない。但し、報道の任務にあたる者その他の者で委員長の許可を得たものについては、この限りでない。
②委員会は、その決議により秘密会とすることができる。
③委員長は、秩序保持のため、傍聴人の退場を命ずることができる。
第62条［公開の停止］　各議院の会議は、議長又は議員10人以上の発議により、出席議員の3分の2以上の議決があつたときは、公開を停めることができる。
第63条［秘密記録の非公表］　秘密会議の記録中、特に秘密を要するものとその院において議決した部分は、これを公表しないことができる。
第118条［会議の紀律］　①傍聴人が議場の妨害をするときは、議長は、これを退場させ、必要な場合は、これを警察官庁に引渡すことができる。
②傍聴席が騒がしいときは、議長は、すべての傍聴人を退場させることができる。
第118条の2　議員以外の者が議院内部において秩序をみだしたときは、議長は、これを院外に退去させ、必要な場合は、これを警察官庁に引渡すことができる。
＊衆議院規則221～232条及び参議院規則220～231条に関連規定あり。
地方自治法（1947. 4. 17法67）
第115条　①普通地方公共団体の議会の会議は、これを公開する。但し、議長又は議員3人以上の発議により、出席議員の3分の2以上の多数で議決したときは、秘密会を開くことができる。
②前項但書の議長又は議員の発議は、討論を行わないでその可否を決しなければならない。

国会におかれる機関や国会の所管のもとにおかれる機関が想定される。国会が設置した東京電力福島原子力発電所事故調査委員会の調査記録は、公開方法が定まらないまま国立国会図書館が引き継ぎ「保管」したままになっており、公開されるかどうかは不明のままである。また、会議の公開自体も積極的になされるべきであって、衆参両院の委員会及び憲法調査会等がその対象として考えられる。

2　議会報道及び国政調査権

　一般審議の報道については、傍聴による記録、スチール及びビデオのカメラ撮影が自由に行えるものの、証人喚問については時の政権によって取材が認められる範囲が大きく変更される状況にある。現在は、代表取材のもと音声・画像ともに生中継が認められているが、1988年の議院証言法改正によって、一時は音声と入場後喚問開始前のカメラ撮影のみが認められるにすぎない状況が続いた。この画像の中継禁止措置は、リクルート事件の証人喚問を前に、当時の政権党であった自由民主党の意向で行われたものである。

　なお、国会取材には衆議院が発行する許可証が必要であり、通常は国会記者会（国会を取材対象とする記者クラブで、議事堂前に国会記者会館を構える）を通じて申請をする。この国会記者証は、他の国家機関（省庁や裁判所等）でも身分証明書として準用されており、外国報道関係者の場合は、外務省発行の証明書をこれに代用することになる。

　衆参両院では近年、審議のテレビ中継とともにインターネット中継を行っている。本会議や委員会等の国会審議を国会内、各省庁及び政党本部に有線テレビジョンで中継放送するとともに、報道機関等を通じて国会審議を国民に公開するため、放送局や通信社等にも配信を行っている。また、インターネット上に国会審議中継専用のホームページを開設し、本院の本会議や委員会等の審議をインターネットで国内外に中継している。このインターネット審議中継は生中継とともに、録画中継（「ビデオライブラリ」）も行っている（衆議院 www.shugiintv.go.jp、参議院 www.webtv.sangiin.go.jp）。衆参両院の議事録については、本会議、委員会ともに国会会議録検索システム（国立国会図書館、kokkai.ndl.go.jp）で公開されている。

　なお、憲法62条は「両議院は、各々国政に関する調査を行ひ、これに関して、証人の出頭及び証言並びに記録の提出を要求することができる」と議院の

● 審議公開の原則

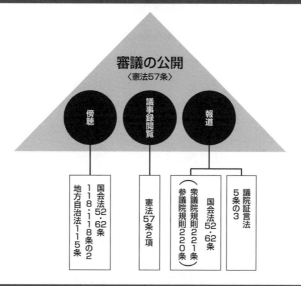

審議の公開
〈憲法57条〉

傍聴 ── 国会法52・62条
118・118条の2
地方自治法115条

議事録閲覧 ── 憲法57条2項

報道 ── 衆議院規則221条
（参議院規則220条）
国会法52・62条
5条の3
議院証言法

● 議会の中継

議院証言法＜議院における証人の宣誓及び証言等に関する法律＞ （1947. 12. 23法225）
第5条の3 ①委員会又は両議院の合同審査会における証人の宣誓及び証言中の撮影及び録音については、委員長又は両議院の合同審査会の会長が、証人の意見を聴いた上で、委員会又は両議院の合同審査会に諮り、これを許可する。
＊1988. 11. 26法89の改正により、「委員会又は両議院の合同審査会における証人に対する尋問中の撮影については、これを許可しない。」として撮影を全面禁止。その後の再改正によって、事実上、撮影はできるようになったが、「許可制」である。

　参議院では、1998年1月より放送局等への審議映像の無償提供を開始するとともに、インターネット中継の実験放送を開始し、翌年4月1日から本格実施した。ネット中継は民間業者（ワイドスタッフ）に業務委託されている。衆議院では、「国会の情報公開の一環として国会における審議を公開することにより、審議を活性化し国民に開かれた国会とするため」とその理由を述べる。録画中継に関しては、過去数年間の審議映像をいつでも視聴することができ、こうした動きは地方議会でも一般化している。
　ただし2020年のコロナ禍に際し、感染防止を理由として議会傍聴が大きく制限された。地方議会においては、インターネット中継で代替できるとして一切の傍聴を禁止したり、場合によっては記者の取材も制限を受けることになった。ネット配信では伝わらない状況（たとえば、速記を止めた場合はネット中継も中断することから、その時の議場内の様子など）があることなどから、ネット配信で代替することは違法の疑いを拭えない。

「国政調査権」を明記している。議院が国政に関する情報を収集し、国民に国政情報を提供することは、知る権利に応えることにもなるといえる。国政調査権が行使できる対象は、国政に関しての情報に限定され、調査はあくまでも一定の目的と関連性を持っていることが求められる（国会法103〜106条）。

したがって、調査目的と関係のない個人のプライバシーに関わる事項については制限を受けることがある（この判断に争いがある場合は、裁判所が判断を下す）。調査権は条文上、強制力を有するとされているが、プライバシーや公務員の守秘義務と抵触する場合には、証言や文書提出命令は制約を持つとされている。またこれ以外にも、裁判で係争中の事件についての調査や、確定後においても実質的な再審理の意味を持つような調査は許されないと解釈されている。

もう1つ、ここでは「政治活動・資金の透明化」について触れておく。一般には、選挙の公正さを確保するため（第13講）、あるいは政治家資産の公開のため（第5講）とされている。

前者については、選挙資金が不当に支出されれば、選挙の公正さが害されるという趣旨から、政治資金規正法によって資金の流れに一定の制限を加えている。現行の規制では不十分だとしてよりいっそうの強化を求める声がある一方、政治家からは現行の制度では十分な資金を集めることができないとして、非公開範囲の拡大も含め一般企業からの政治献金を受けやすくするための法改正を求める声が後を絶たない。一定の政治目的の実現のために献金することは、ある種の表現の自由の行使でもあり、支出について厳格に過ぎることについては問題が生じる可能性がある一方、その資金の流れは小口のものも含め完全に公開されるかたちでバランスをとる必要があるだろう。

同様な意味で後者については現在、閣僚等については資産の公開が義務付けられるとともに、多くの自治体でも同様な条例を具備し首長の資産公開を実行している。その公開の範囲に家族を含めることには、プライバシーの観点から議論があるが、政治活動の透明性を確保し、市民の知る権利に応えるためには、ごく限られた期間の特定人に関するものであることからも、公開によるプライバシー上の制約は一定程度許されるというべきであろう。

● 政治資金の透明化

資産公開法＜政治倫理の確立のための国会議員の資産等の公開等に関する法律＞（1992. 12. 16 法100）

第1条［目的］　この法律は、国会議員の資産の状況等を国民の不断の監視と批判の下におくため、国会議員の資産等を公開する措置を講ずること等により、政治倫理の確立を期し、もつて民主政治の健全な発達に資することを目的とする。

第5条［資産等報告書等の保存及び閲覧］　①前3条の規定により提出された資産等報告書及び資産等補充報告書、所得等報告書並びに関連会社等報告書は、これらを受理した各議院の議長において、これらを提出すべき期間の末日の翌日から起算して7年を経過する日まで保存しなければならない。

②何人も、各議院の議長に対し、前項の規定により保存されている資産等報告書及び資産等補充報告書、所得等報告書並びに関連会社等報告書の閲覧を請求することができる。

政治資金規正法（1948. 7. 29法194）

第1条［目的］　この法律は、議会制民主政治の下における政党その他の政治団体の機能の重要性及び公職の候補者の責務の重要性にかんがみ、政治団体及び公職の候補者により行われる政治活動が国民の不断の監視と批判の下に行われるようにするため、政治団体の届出、政治団体に係る政治資金の収支の公開並びに政治団体及び公職の候補者に係る政治資金の授受の規正その他の措置を講ずることにより、政治活動の公明と公正を確保し、もつて民主政治の健全な発達に寄与することを目的とする。

第20条［収支報告書の要旨の公表］　①第12条第1項又は第17条第1項の規定による報告書を受理したときは、総務大臣又は都道府県の選挙管理委員会は、総務省令の定めるところにより、その要旨を公表しなければならない。

第20条の2［収支報告書等の保存及び閲覧等］　①第12条第1項又は第17条第1項の規定による報告書、第12条第2項及び第14条第1項の規定による書面並びに第19条の14の規定による政治資金監査報告書は、これらを受理した総務大臣又は都道府県の選挙管理委員会において、前条第1項の規定により報告書の要旨を公表した日から3年を経過する日まで保存しなければならない。

②何人も、前条第1項の規定により報告書の要旨が公表された日から3年間、総務大臣の場合にあつては総務省令の定めるところにより、都道府県の選挙管理委員会の場合にあつては当該選挙管理委員会の定めるところにより、当該報告書、第14条第1項の規定による書面又は政治資金監査報告書の閲覧又は写しの交付を請求することができる。

【参考文献】

中村泰次・弘中惇一郎・飯田正剛・坂井眞・山田健太『刑事裁判と知る権利』（三省堂、1994年）、福島至編『コンメンタール刑事確定訴訟記録法』（現代人文社、1999年）、ほんとうの裁判公開プロジェクト『記者のための裁判記録閲覧ハンドブック』（新聞通信調査会、2020年）、宮野彬『裁判のテレビ中継を』（近代文藝社、1993年）、松井茂記『裁判を受ける権利』（日本評論社、1993年）、L. レペタ他、浜田純一訳『MEMOがとれない』（有斐閣、1991年）、自由人権協会編『人権を護る』（信山社、1997年）、澤地久枝『密約——外務省機密漏洩事件』（中公文庫、1978年）、山崎豊子『運命の人（一）～（四）』（文藝春秋、2009年）、西山太吉『沖縄密約——「情報犯罪と日米同盟」』（岩波新書、2007年）

第8講 情報流通・頒布の自由

Ⅰ 情報流通の自由の射程範囲

1 公権力による流通規制

　表現の自由は、単に表現者の意見表明の自由にとどまらず、それが自由に流通し、受け手にきちんと伝わることを含んだ、情報流通の全過程を保障するものと理解されるべきである。自由権規約は表現の自由を保障する条項で、「あらゆる種類の情報及び考え方を求め、受け、伝える自由を含む」（19条2項）と規定し、明確に情報流通の自由を表現の自由の1つとして位置付けている。この「求め受け伝える自由」を受け手の側からみて知る権利と称し、判例上でも憲法21条が保障する表現の自由に含まれるものとして認めるに至っていることは、すでに述べたとおりである。

　この「情報頒布（流通・伝達）過程」の表現規制は、一般に表現の内容の規制ではなく、時、所、方法といった表現内容中立的な規制が多いことが特徴である。よって、表現内容を規制する場合に比して、求められる厳格性は劣ると考えられることが一般的である。しかしそれでもなお、表現の自由の規制である点にいささかも変わりなく、その規制に際しては相応の厳格審査が求められるだろう。

　具体的には、規制に対しては「違憲性」が推定され、その立証責任は本来、規制する側（一般には公権力側）が負うことになると考えるのが妥当である。また、規制目的の正当性や規制手段の適正性についても、単なる明白性の証明にとどまることなく、実質的な合理的関連性の基準や、LRA 基準が証明されなくてはならない。

　情報の流れを堰き止める形態としては、表現規制一般にならって規制主体別に、公権力、社会的勢力、自主規制の3つに分けて考えることができる。

　第1に公権力によるものとしては、税関検査が挙げられる。外国で出版された表現物が善良風俗に反すると認められた場合、その輸入が禁止される。いわゆる猥褻表現物に対する水際規制であるが、情報のデジタル化によって持ち込みがきわめて容易になったことに加え、インターネットの普及によって居ながらにして海外から自由に情報を摂取可能な環境が実現したいま、こと個人レベルでの猥褻表現物の輸入・持ち込みに関していえば、水際規制の意味はほとんど失われているといえるだろう。

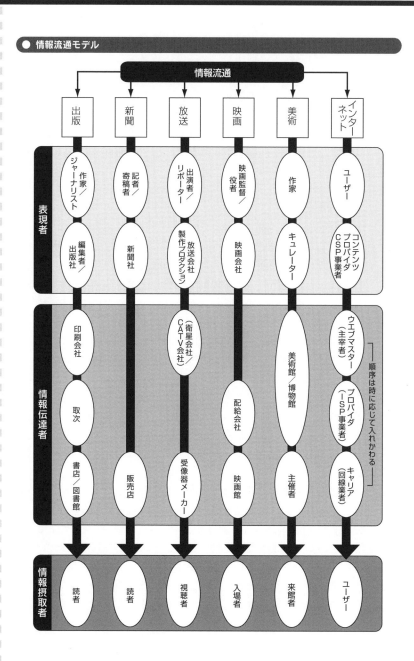

● 情報流通モデル

情報流通

| 出版 | 新聞 | 放送 | 映画 | 美術 | インターネット |

表現者

- 作家／ジャーナリスト
- 記者／寄稿者
- 出演者／リポーター
- 映画監督／役者
- 作家
- ユーザー

- 編集者／出版社
- 新聞社
- 放送会社／製作プロダクション
- 映画会社
- キュレーター
- コンテンツプロバイダCSP事業者

情報伝達者

- 印刷会社
- 取次
- 書店／図書館
- 販売店
- （衛星会社／CATV会社）
- 受像器メーカー
- 配給会社
- 映画館
- 美術館／博物館
- 主催者
- ウエブマスター（主宰者）
- プロバイダ（ISP事業者）
- キャリア（回線業者）

順序は時に応じて入れかわる

情報摂取者

- 読者
- 読者
- 視聴者
- 入場者
- 来館者
- ユーザー

　国内刊行物に対する公権力規制としては、警察による摘発や青少年条例による販売規制が挙げられる。刑法の猥褻文書に該当するとして写真集やコミックスを摘発したり、場合によっては発行人や編集者、写真家や作者などを逮捕するということがある（第17講参照）。こうした場合は、証拠物として差押え・押収されることによって通常、当該刊行物は市場から姿を消すことになり、さらにその後、休刊（廃刊）に追い込まれることも少なくない。あるいは売春防止法の幇助罪を適用して、ピンクチラシを印刷する印刷業者が摘発される事例もある。

　条例による「有害」図書に指定された場合も、コンビニエンスストア等での販売が事実上できなくなることから、単に未成年者への販売制限というだけでなく、成年の見る自由（購入の機会）も事実上失われるとともに、この場合も刊行物の存続自体に大きな影響を与えることになる。こうした意味でも、販売・流通過程に対する公権力の介入は、その表現行為自体に決定的な影響を与えるとともに、それが出版自体の規制ではなく、単に流通上の制限に過ぎない場合であっても、その実態は出版行為自体にも及ぶことになる場合が少なくない。

　この点については、裁判所も古く1960年代にはすでに、「捜査官による押収が、司法警察の域を超えた行政予防措置の役割さえも演じかねない」（悪徳の栄え事件・最高裁判決要旨）と、その危険性を認めている（第17講参照）。なお条例では、販売行為として自動販売機による販売を禁止したり、書店における指定図書の陳列方法を制限するほか、頒布、レンタル、贈与など、幅広く規制の対象を定めている。また緊急指定や包括指定、あるいは警察官の立入権の導入といった指定方法の変更が、流通過程への行政の介入をより容易にしているとの批判がある。

　あるいはまた、オウム真理教事件に関連して警察は令状（差押え許可状）に基づき1995年4月、国立国会図書館から1年余の利用記録すべて（利用申込書53万人分、資料請求票75万件、複写申込書30万件）を押収した。これによって、利用者がいつどのような本を借り出し、どの箇所を複写したのかを警察が知るところとなった。図書館の自由に関する宣言（日本図書館協会）にもあるとおり、図書館側が利用者の個人利用記録（プライバシー）を守ることではじめて、読書の自由が達成されるものと考えられることから、問題ある処置といえるだろう。

● 流通規制の法令

関税法（1954.4.2法61）

第67条［輸出又は輸入の許可］　貨物を輸出し、又は輸入しようとする者は、政令で定めるところにより、当該貨物の品名並びに数量及び価格その他必要な事項を税関長に申告し、貨物につき必要な検査を経て、その許可を受けなければならない。

第69条の11［輸入してはならない貨物］　次に掲げる貨物は、輸入してはならない。

　　七　公安又は風俗を害すべき書籍、図画、彫刻物その他の物品

　　八　児童ポルノ

　　九　特許権、実用新案権、意匠権、商標権、著作権、著作隣接権、回路配置利用権又は育成者権を侵害する物品

関税定率法（1910.4.15法54）※現在は輸入禁制品の規定はない。

旧第21条［輸入禁制品］　①次に掲げる貨物は、輸入してはならない。

　　四　公安又は風俗を害すべき書籍、図画、彫刻物その他の物品

● 海外でも続く流通規制をめぐる議論

　猥褻表現物についても出版が認められた限りは原則、自由な流通が法的には保障されるべきである。1987年にフランスが、青少年向け刊行物法を根拠に男性向けポルノ雑誌や同性愛専門誌に対し、未成年者への販売・広告の禁止命令または自主的な中止を求める警告を行った。その際、大統領が「いかなる検閲にも反対する」と表明するなどの強い非難が起きた。

　1986年のアメリカでは、ポルノグラフィ諮問委員会の報告書を受けて、セブン・イレブン等のコンビニエンスストア・チェーンに対し、ポルノ出版物の流通・販売店のブラックリスト公表を示唆する手紙を送付した。この結果、１万店以上の店が取扱いを中止した。その後、連邦裁はリスト公表を差止めたほか、ACLU（アメリカ自由人権協会）などからは「ポルノは好みの問題であり、政治家が評論家のように振る舞うべきではない」との意見が出された。また93年には連邦裁が、猥褻図書をヤミ販売していた書店主に対し商売・腐敗禁止法違反の罪で資産没収を判示した。5対4の僅差であった判決には、「判決は自由な言論と表現の権利に対する明白な侵害」との少数意見が付けられている。

　イギリスの猥褻出版法にはトップシェル規定があり、「人を堕落させるもの」「邪悪なもの」は棚の一番上におかなければならない旨を定めている。子供の手が届くようなところにおいたり売ったりした場合は、罰金刑となる。これに対し卸業も兼ねる大手書店チェーンは、『プレイボーイ』など6誌をトップシェルに指定した。これに対し、編集者は法律の解釈に頭を悩ましたうえ、卸売業者の顔色もうかがわなければならないとの批判もある。

● 猥褻表現物の流通規制

　1995年２月、取次15社がヘアヌード写真集をめぐる出版社の猥褻図画販売容疑で家宅捜索を受け、配布先リストや納品書等が押収された。同容疑では印刷所も家宅捜索を受け関係書類が押収されているが、94年には印刷会社が猥褻図画販売幇助で書類送検された例がある。また、書店に対しては81年に猥褻図画販売目的・所持で書店社長が逮捕、83年に最高裁が上告を棄却し刑が確定している。

2 社会的勢力・自主的な流通規制

　公的な強制力を有しないまでも、場合によってはより厄介なのが、2つ目の社会的勢力による規制圧力や自主規制である。そのかたちはさまざまで、"草の根ファシズム"とでもいうべき善良な市民の顔をした官製市民運動が、非常に大きな影響力を発揮することがある。天皇・皇室関係の出版物については、宮内庁の意向のほか右翼等からの直接的な暴力を伴う圧力によって歪められることもある。週刊誌が鉄道会社を批判する内容の記事を掲載したところ、系列の駅売店の販売と管内の電車中吊り広告の掲出が拒否されたり、1988年末の昭和天皇死去前に起きた自粛ブームの時には、大手書店が天皇批判本の扱いを控えたこともあった。

　また、インターネットをはじめとするオンライン上の表現の自由の問題については、情報発信者の特定が難しいことから、プラットフォーム（ネットワーク）事業者や接続業者（プロバイダ）、あるいは当該情報交換や通信の場である電子掲示板やフォーラムを運営する管理者や主宰者の責任を問う声が強まっている。

　具体的には、プロバイダ責任法はプロバイダに違法情報の削除を求めるものであるし、出会い系サイト規制法はアクセスログの提供など、回線・プロバイダ事業者が否応なしに自主的な規制という名のもとに法的規制の一翼を担わされる仕組みである。むしろデジタル・ネットワーク上を流れる情報については、その流通に携わる者に重い責任が課されているといっても過言ではない（第10講参照）。

　従来、流通に携わる者あるいは直接的に影響力を行使しうる立場にある者は、できる限り表現物の内容に判断を下さないことを善しとしてきた。それは、表現内容を理由に流通をストップさせることは、表現者の意見発表の自由を妨害することにほかならないし、判断をするということはその表現物の内容に責任を持つことを意味するからである。たとえば、出版物が法に反する内容を含んでいた場合に、出版社や作者とともに印刷会社や書店が刑事罰を受け損害賠償を支払うという結果が好ましいとは思われない。

　実際、印刷会社が自分の工場で刷る印刷物の中身をチェックする、新聞社が自紙に掲載する広告の内容の真偽をすべて確認する、書店や取次が扱う本や雑誌の内容が法に抵触しないか一つひとつ判断することが、いかに非現実的で滑稽なことであるかということは容易に想像できよう。もちろん、「一目瞭然」

● **流通規制の具体例**

　1991年以降の青少年条例規制強化は、緊急指定、包括指定、警察官の立ち入りといった各制度の導入にみられるとおり、流通過程に対する行政の恣意的な介入を容易にしたものといえる。現実に、警察官による立入調査や現場指導は常態化しているという。さらに千葉県では1994年、同人コミック誌の展示即売会に対して県警から青少年条例に基づく指導が行われ、イベントが中止に追い込まれた。青少年保護条例の強化において、そのうしろだてとなったのは、自民党政務調査会長名の同党国会議員あて「青少年健全育成のためのコミック雑誌等有害図書の『請願』への対処法について」という文書（1991年2月8日付）であった。2020東京オリンピック開催を理由とした「浄化」指向が首都圏を中心として強まり、結果として大手コンビニエンスストアチェーンはそろって、2019年8月末をもって店内から「成人雑誌コーナー」を撤去した。その結果、販売されていた雑誌の過半が休廃刊し、社が倒産するなどの影響が出た。

　1997年の少年事件実名の顔写真掲載をめぐって、『週刊新潮』及び『フォーカス』に対し法務省のほか兵庫県も知事と教育長名で、神戸市も市長と教育長名でそれぞれ回収を求める抗議文を送っている。こうした抗議文の効果は間接的に流通過程に現れ、当時のNHKの調査によると、神戸市内の8割近くの書店が販売を取りやめた。あるいは市民団体からの抗議・要請で自主的に販売を中止するケースも過去に報告されている。『ちびくろサンボ』の復刻本や『悪魔の詩』といった、差別的表現に関わる出版物の場合は、大手書店が店頭におかないなどの措置をとった。

　週刊文春販売拒否事件（東京地決1995.7.22）は、1994年に起きたJR東日本による『週刊文春』の販売拒否事件。文春が1994年6月23日号から4号にわたってJRの批判記事を掲載したところ、JRは販売差止めの仮処分、名誉毀損訴訟を提起する前に、自社管内にあるキオスクにおいて文春の販売を扱わないよう事実上要請、取引契約の破棄を示唆した。仮処分決定で裁判所は頒布の自由（販売流通過程の保障）に理解を示したが、販売部数の落ち込みは出版社にとって大きなプレッシャーとなった。そこで次年度の販売契約更改を前に、文春側はお詫びを掲載することでJRは訴訟を取り下げ、雑誌販売を従来どおり行うこととなった。

　＜天皇（皇室）関連の表現物＞については、かつての第一次安保闘争時代の深沢七郎「風流夢譚」（『中央公論』1960年12月号）、大江健三郎「セブンティーン」（『文学界』1961年1～2月号）や、昭和天皇死去前後の『長崎市長への7300通の手紙──天皇の戦争責任をめぐって』（径書房）等に対する発行元への脅迫や、紀伊國屋書店による天皇批判本取扱い自粛などがある。また、小山いと子「小説美智子さま」（『平凡』1961年1月号）は宮内庁の申し入れにより連載が中止され、予定されていた単行本化も見送られた経緯がある。皇室の行事写真はかつて、新聞・通信社の当番社が宮内庁の嘱託となって代表して撮影し、各社に配布する制度をとっていたが、宮内庁の「過剰」な不掲載要請が問題となることもあった（中山俊明『紀子妃の右手──〔お髪直し〕写真事件』情報センター出版局）。こうした皇室関連本に関する「自粛」は21世紀に入ってからも起きている。オーストラリアの作家が雅子妃の生涯を描いた『プリンセス・マサコ（原題英語）』を2006年に刊行した。この邦訳が当初は講談社から出版される予定であったが、宮内庁から事実に誤りがあるとの文書申し入れを受け、結果的に出版は中止される事態となった。その後、2007年8月に宮内庁からのクレームがあったとされる鬱病や長女誕生の経緯などを含めた『【完訳】プリンセス・マサコ』（第三書館、藤田真利子訳）が出版されている。当初の訳者である野田峰雄が『「プリンセス・マサコ」の真実』（第三書館）のなかで、宮内庁や外務省の圧力で新聞から出版広告が掲載拒否された顛末に触れている。

の違法行為を見逃してよいということではないし、必要最小限の一般的注意を払うことまで否定するものではないが、むしろ彼らに与えられた社会的責務は、問題表現を削除する「関門」の役割ではなく、できる限りスムーズに受け手が欲する情報を伝達する「ナビゲーター」の役割ではなかろうか。

　そしてまた、販売流通ルートできわめて重要な地位を占めるキオスクや大手書店が、表現内容しかも自分に都合が悪いとか時代状況にそぐわないという理由で取り扱いを拒否することは、「コモンキャリア」としての責務を放棄することにつながりかねない。コモンキャリアとは一般に、通信や運輸などその事業の公共的性格に鑑み、分け隔てなく定められた料金で、顧客に役務の提供をすることを求められている事業者をさす。この考え方は、インターネット接続業者に拡大しうるとともに、出版などの情報流通サービスを担う業種にもあてはめて考えることが可能であろう。

　なお、映画、テレビ、ビデオ等における年齢別視聴制限も、広く一般的に行われている流通過程における表現の自由の制限事例である。その多くは自主規制であるが、映倫による年齢による映画の区分け（レーティング）と、それに基づく映画館への入場制限は、社会に馴染んでいる制度といえるだろう。あるいは CS 放送などではペアレンタルロックといった名称で、あらかじめ年齢による視聴制限を登録することで、該当する番組が映らないような仕組みが一般的になっている。同様な機能（Vチップと呼ばれることが多い）をすべてのテレビに備えることを法制化する国も現れつつある。

Ⅱ　著作物の流通システムの保護

1　流通の実態

　活字出版物の場合は、大きく「直販」と「小売店経由」に分けることができ、その販売額はほぼ半分ずつと推計されている。そして後者はさらに、「取次ルート」と呼ばれる取次販売会社を経由して書店や図書館に流れる分と、「CVS ルート」「鉄道弘済会ルート」と呼ばれるコンビニエンスストアやキオスク（駅売店）に流れる分に分かれる。書籍の場合は前者が中心で、雑誌の場合は後者が中心というのが現状である。

　近年、アマゾンに代表されるネット書店が一般化してきたり、ブックオフに

● 著作物再販関連の法令

独禁法は、米国シャーマン法、クレイトン法等を参考に1947年制定、53年に改正され再販制度が新設された。同法の運用は、他省庁から独立した公正取引委員会があたり（27条）、同委員会は、学識経験者等から内閣総理大臣が任命した５人の委員の合議制によって運営され、400人以上の職員をかかえる事務局があり、全国７か所に地方事務所がある。同法による一般的禁止事項としては、私的独占（３条）、不当な取引制限（３条）、不公正な取引方法（19条）などがある。不公正な取引方法は６項目が規定され（２条９項）、さらにその具体的な内容として16の行動類型が告示（1982.6.18公正取引委員会告示15号）されている（一般指定）。

独禁法＜私的独占の禁止及び公正取引の確保に関する法律＞ （1947.4.14法54）

第23条［再販売価格維持契約］　①この法律の規定は、公正取引委員会の指定する商品であつて、その品質が一様であることを容易に識別することができるものを生産し、又は販売する事業者が、当該商品の販売の相手方たる事業者とその商品の再販売価格を決定し、これを維持するためにする正当な行為については、これを適用しない。ただし、当該行為が一般消費者の利益を不当に害することとなる場合及びその商品を販売する事業者がする行為にあつてはその商品を生産する事業者の意に反してする場合は、この限りでない。

④著作物を発行する事業者又はその発行する物を販売する事業者が、その物の販売の相手方たる事業者とその物の再販売価格を決定し、これを維持するためにする正当な行為についても、第１項と同様とする。

著作物再販制度の取扱いについて （2001.3.23公正取引委員会）

1　著作物再販制度は、独占禁止法上原則禁止されている再販売価格維持行為に対する適用除外制度であり、……競争政策の観点からは同制度を廃止し、著作物の流通において競争が促進されるべきであると考える。

しかしながら……同制度が廃止されると、書籍・雑誌及び音楽用 CD 等の発行企画の多様性が失われ、また、新聞の戸別配達制度が衰退し、国民の知る権利を阻害する可能性があるなど、文化・公共面での影響を生じるおそれがあるとし、同制度の廃止に反対する意見も多く、なお同制度の廃止について国民的合意が形成されるに至っていない状況にある。

したがって、現段階において独占禁止法の改正に向けた措置を講じて著作物再販制度を廃止することは行わず、当面同制度を存置することが相当であると考える。

● 書店の変容

1960年代半ばの紀伊國屋の店舗拡張以降、書店の大型化が本格化する一方で、1990年代以降、書店数の減少に拍車がかかっている。もっとも売場面積十数坪の書店の減少は、地域商店街自体の衰退とも関係し、書店だけの問題といえない面もある。さらに最近では、万引きによる営業損失の拡大や、デジタル万引きといわれるカメラ付き携帯電話による情報取得で雑誌の売り上げが落ち込んでいることも影響しているという。他方で、2002年以降は新潮社を皮切りに角川書店や集英社といった既存出版社の独自配信に加え、電子書店パピレスなどのパソコン及び携帯電話向け配信が始まり、「書籍」の形態も多様化している。また、電子書籍用のタブレット型専用端末にはじまり、スマートフォン向けのケータイ小説やマンガ配信が一気に広がり、電子出版を後押ししてきている。

代表される従来とはまったく異なる古書店チェーンが隆盛を極め、新たな流通ルートが確立しつつあるが、いまでも日本の出版物流の中心は取次を経由する流通システムであることに違いはない。なぜならこの出版流通システムこそが、他の商品とは異なるユニークな社会制度であり、後述するように法あるいは社会的に保護されてきたからである。

ただし、一見合理的な取次システムは、情報流通ルートの単線化と裏腹の関係にある。そして、大多数の本が取次を経由し、しかもその多くが日本出版販売（日販）、トーハンの大手2社で扱われているということは、そこさえ押さえれば出版物の流通はほぼ止まってしまうということにもなりかねない。なおかつ、他業界の卸売と違うのは、出版取次が単なる物流にとどまらず、集金、情報などきわめて広範囲な機能を持ち、絶対的な地位を確立している点である。

そこで、こうした大出版社→大取次会社→大書店という出版流通構造が、一般読者の知る権利の要請に応えているのか見直しが求められている。出版物の多様性を、読者が出版物に接するレベルで確保することは、出版流通に携わるプレーヤーの責務であろう。同時に、ルートの多様化が現実的に難しいのであれば、出版情報をどのように一般市民に伝えるかという問題や、欲した出版物をいかに容易に入手できるようにするかという問題の解決が求められることになる。

そしてもう1つ現在の出版流通システムを担う者が、法的な保護を受け、実質的に表現の自由が保障されることの鍵を握っていることの認識を深め、流通規制が当該刊行物の発売中止と同様な効果を生む重大性を知る必要がある。出版流通におけるコモンキャリアはその影響力の大きさから、表現内容規制を行うことはあまりに危険である。もちろん、自主的な規制の一環として、書店が販売方法を制限したり、扱う刊行物を限定することはこれまでも行われてきたし、むしろ積極的な意味合いも大きい。

コミック本で行われているレーティングもその1つである。各書店やコンビニエスストアなどの販売の一線で、「売るために」「読者のために」「店のイメージや品位を保つために」書物の選別が行われるのは当然である。その過程でたとえば、現在の社会常識から一定の猥褻表現物を成人向け出版と判断することはありえよう。しかしそれは、決して出版物の善悪を決めることではなく、あくまでも読者層に合わせた「区分」に過ぎないとの自覚が必要であって、その範囲でのみ読者に対する責任を果たすことが求められよう。それらの

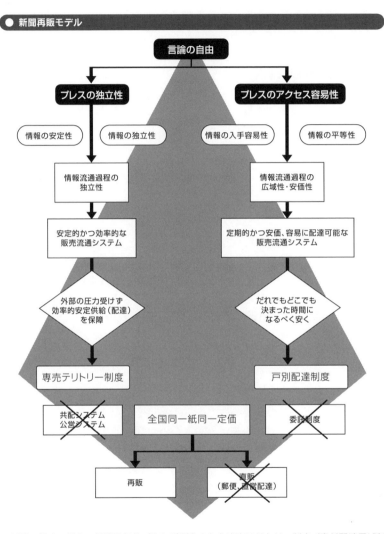

● 新聞再販モデル

新聞の場合、特定の新聞発行社ごとに系列化された専売テリトリー制度（責任配達区域制度）によって、全販売エリアをもれなくカバーする戸別配達制度が支えられており、これが大部数・高普及率を維持する要因となっている。書籍・雑誌の場合は、取次という出版物専門の卸業を通じた委託販売制度によって、多品種の出版物刊行を実現し小規模の書店が維持されている面が強い。

決定が、過程も含めて公開された合理的な基準に基づいて組織として行われているか、という点も重要である。

2 著作物再販制度

　出版物の多様性を保つために認められている社会システムとして、再販制度（再販売価格維持契約制度）がある。一般に商品やサービスは、自由な競争市場のなかで生産・販売・提供されることがもっとも消費者利益に適うとされ、独禁法によって競争を阻害する要因を厳しく排除している。ただし、価格競争や熾烈なマーケット競争が必ずしも消費者のためにならない商品として、書籍・雑誌、新聞、レコード盤・音楽用テープ・音楽用CDの「著作物」6品目が定められている（独禁法23条に基づく公正取引委員会〈公取委〉の「解釈」）。

　独禁法の一般原則では、商品の供給者（たとえば新聞社）がその商品（新聞）の取引先である事業者（販売店）に対して転売する価格（月極購読料）を指示し、これを遵守させるといった再販行為は許されない。なぜなら、不公正な取引方法（再販売価格の拘束）に該当するからである。しかし、前条の規定によって、メーカー（出版社や新聞社、レコード会社）が定めた価格で小売店（書店や販売店、レコード店）が販売する、一律定価販売が可能になっている。

　同様の制度はドイツで法制化されているほか、新聞の同一定価販売は多くの国で事実上行われている実態がある。いわば言論の多様性を維持することが民主主義社会にとっての必要条件であるとし、そのために過剰な価格競争を回避し、出版社や新聞社の数的確保を図るための制度である。再販制度はまた、こうした経営的側面だけではなく、居住地や貧富、年齢や性別といった差なく、できる限り廉価な価格で等しく情報にアクセスできる環境を作るものでもある。今日の情報・メディア環境にあっても、活字出版物が、全国のどこでももっとも情報の格差なく総合的な情報や多様な意見を提供する媒体であるとの前提が崩れない限り、再販制度の意義は続くと思われる。

　ただしこうした考え方に対しては、多メディア化状況にあって、新聞や出版が果たしてきた社会に必要不可欠なメディアとしての役割は終わったとか、制度が一般的な業界（あるいは媒体）保護ではなく、新規参入を阻み既存の特定企業の既得権益保護政策と化している、制度が価格の下方硬直性や固定化を招

新聞発行については、独禁法及び特殊指定によって「定価割引・差別定価、押し紙の禁止」が定められている。特殊指定はもともと新聞の乱売合戦を抑制する目的で1955年に制定されたもので、景品類、無代紙、差別定価・定価割引、押し紙を「新聞業の不公正な取引方法」として禁止したものである。その後62年に、上記指定４品目のうち前二者は景品表示法に移され、「新聞業における景品類の提供に関する事項の制限」告示（1964.10.9）によって禁止されている。

新聞業における特定の不公正な取引方法（特殊指定）（1999.7.21公正取引委員会告示９）

１　日刊新聞の発行を業とする者が、直接であると間接であるとを問わず、地域又は相手方により、異なる定価を付し、又は定価を割り引いて新聞を販売すること。ただし、学校教育教材用であること、大量一括購読者向けであることその他正当かつ合理的な理由をもってするこれらの行為については、この限りではない。

２　新聞を戸別配達の方法により販売することを業とする者が、直接であると間接であるとを問わず、地域又は相手方により、定価を割り引いて新聞を販売すること。

３　発行業者が、販売業者に対し、正当かつ合理的な理由がないのに、次の各号のいずれかに該当する行為をすることにより、販売業者に不利益を与えること。

　　一　販売業者が注文した部数を超えて新聞を供給すること（販売業者からの減紙の申出に応じない方法による場合を含む。）。

　　二　販売業者に自己の指示する部数を注文させ、当該部数の新聞を供給させること。

備考　この告示において、「日刊新聞」とは、一定の題号を用い、時事に関する事項を日本語を用いて掲載し、日日発行するものをいう。

【参考文献】

清水英夫、武市英雄、山田健太、林伸郎『新版　マス・コミュニケーション概論』（学陽書房、2009年）、植田康夫編『新現場からみた出版学』（学文社、2004年）、高須次郎『出版の崩壊とアマゾン──出版再販制度〈四〇年〉の攻防』（論創社、2018年）、伊従寛『出版再販』（講談社、1996年）、伊従寛編『著作物再販制と消費者』（岩波書店、2000年）、桂敬一他編『21世紀のマスコミ─新聞』（大月書店、1997年）、箕輪成男編訳『本は違う──イギリス再販制裁判の記録　新装版』（新泉社、1992年）、出版流通対策協議会編著『本の定価を考える──再販制はなぜ必要か』（新泉社、1992年）、原寿雄他『本と新聞』（岩波ブックレット、1995年）、堀太一『新聞の秘密』（光文社、1959年）、村上錦吉『新聞販売の法的考察』（毎日新聞大阪開発、1982年）、新聞公正取引協議委員会規約研究会編『わかりやすい新聞販売の諸規則　改訂３版』（新聞公正取引協議委員会、2003年）

いているとの強い批判があることも事実である。公取委はかつてより、再販制に対して否定的で、化粧品等の再販商品についてはすべて20世紀中に撤廃され、残る著作物再販制度についても廃止が適当との考えを持っている。

　公取委は1998年3月に、「競争政策の観点からは廃止の方向で検討されるべきものであるが、本来的な対応とはいえないものの文化の振興・普及と関係する面もあるとの指摘から、著作物再販制度を廃止した場合の影響を含め引き続き検討」する旨の見解を公表した。

　そして2001年3月に、弾力的運用によって商品価格の多様化を実現することを条件に、「当面存置」の結論を得て今日に至っている。その後、公取委に関係事業者、消費者、学識経験者等を構成員とする著作物再販協議会が組織され、議論が続けられているが、規制緩和の流れが続いているだけに先行きは不透明である。ただし、過剰な景品付き販売といった違法不当な新聞販売実態が継続している状況もあり、むしろ制度の将来は業界の姿勢にかかっているともいえる。

　なお、流通過程におけるメディア政策として諸外国でも一般的なものに、日本でいうところの第三種郵便制度があり、定期刊行物に対して割安の郵便料金を設定している。さらに一部の国では、新聞配達を半公営化したり国家補助をすることで、配達システムの維持を図る例もみられる。

　こうした新聞を含む出版事業に対する社会的な経営サポートは、EU諸国をはじめ世界中の多くの国で実施されている、付加価値税の軽減税率というかたちでもみられる（第4講参照）。またここにいうサポートの対象は、出版社や新聞社といった発行元だけではなく、書店や販売店といった流通業者に対するサポートでもある点にも注意が必要である。

　良い書店の存在は、少なくとも公立図書館と同程度に文化的に必要であるのであって、書店が文化の窓口であり、歴史的にも公共図書館的役割を担ってきたことは否定しがたいと思われる。しかし実際は、売り場面積の拡大、書店の大型化の一方で、伝統的な「町の本屋さん」は急速にその姿を消している。それが情報の偏在を生むことになるのか、インターネット等による新しい技術に伴う流通システムが、これらのマイナスを補いあまりあるものになりうるのか、いまがまさにその分岐点にあるともいえる。

図書館法（1950. 4. 30法118）

第2条［定義］　①この法律において「図書館」とは、図書、記録その他必要な資料を収集し、整理し、保存して、一般公衆の利用に供し、その教養、調査研究、レクリエーション等に資することを目的とする施設で、地方公共団体、日本赤十字社又は一般社団法人若しくは一般財団法人が設置するものをいう。

第3条［図書館奉仕］　図書館は、図書館奉仕のため、土地の事情及び一般公衆の希望にそい、更に学校教育を援助し、及び家庭教育の向上に資することとなるように留意し、おおむね次に掲げる事項の実施に努めなければならない。

　七　時事に関する情報及び参考資料を紹介し、及び提供すること。

図書館の自由に関する宣言（日本図書館協会、1954採択・1979改訂、1979. 5. 30総会決議）

　図書館は、基本的人権のひとつとして知る自由をもつ国民に、資料と施設を提供することをもっとも重要な任務とする。

1　日本国憲法は主権が国民に存するとの原理にもとづいており、この国民主権の原理を維持し発展させるためには、国民ひとりひとりが思想・意見を自由に発表し交換すること、すなわち表現の自由の保障が不可欠である。知る自由は、表現の送り手に対して保障されるべき自由と表裏一体をなすものであり、知る自由の保障があってこそ表現の自由は成立する。知る自由は、また、思想・良心の自由をはじめとして、いっさいの基本的人権と密接にかかわり、それらの保障を実現するための基礎的な要件である。それは、憲法が示すように、国民の不断の努力によって保持されなければならない。

2　すべての国民は、いつでもその必要とする資料を入手し利用する権利を有する。この権利を社会的に保障することは、すなわち知る自由を保障することである。図書館は、まさにこのことに責任を負う機関である。

3　図書館は、権力の介入または社会的圧力に左右されることなく、自らの責任にもとづき、図書館間の相互協力をふくむ図書館の総力をあげて、収集した資料と整備された施設を国民の利用に供するものである。

4　わが国においては、図書館が国民の知る自由を保障するのではなく、国民に対する「思想善導」の機関として、国民の知る自由を妨げる役割さえ果たした歴史的事実があることを忘れてはならない。図書館は、この反省の上に、国民の知る自由を守り、ひろげていく責任を果たすことが必要である。

5　すべての国民は、図書館利用に公平な権利をもっており、人種、信条、性別、年齢やそのおかれている条件等によっていかなる差別もあってはならない。外国人も、その権利は保障される。

6　ここに掲げる「図書館の自由」に関する原則は、国民の知る自由を保障するためであって、すべての図書館に基本的に妥当するものである。

この任務を果たすため、図書館は次のことを確認し実践する。

第1　図書館は資料収集の自由を有する

第2　図書館は資料提供の自由を有する

第3　図書館は利用者の秘密を守る

第4　図書館はすべての検閲に反対する

図書館の自由が侵されるとき、われわれは団結して、あくまで自由を守る。

Ⅲ　図書館・博物館の自由

1　図書館と表現の自由

　情報流通過程の重要な一翼を担うのが、図書館であり博物館（美術館、動物園、水族館などの社会施設を包含する）であって、市民の知る権利を保障する機関である（近接するものとして公民館がある）。憲法が保障する表現の自由の一過程である頒布の自由には、利用者の図書館や博物館を通じて知りたい情報（資料）にアクセスする権利が包含されていよう。

　同様に、図書館は単なる情報（本）の通過地点ではなく、より積極的に流通を活発化し、情報の片寄りがあればそれを正し、利用者（市民）の知的欲求を刺激し続ける社会的責務を負っていると考えられる。そのためにはまず、運営者や担い手である司書・職員自体の知的活動が自由であらねばならない（図書館及び司書の知的自由と呼ばれることもある）。

　これからわかるように、図書館における表現の自由を考える場合、図書館を運営する側（図書館・司書の表現の自由）と、利用する側（利用者の表現の自由）の両側面がある。ただ多くの場合、その立場は変わっても守ろうとする利益は一致する場合が一般的である。

　第1に、図書館は「収集の自由」を確保する必要がある。それは、図書館の知る権利の実現であるとともに、それを通じての利用者の知る権利を充足させるものでもある。そしてそのためには、図書館がたとえ公立であっても行政等から完全に独立して選書の自由を保障されていることが不可欠であるし、一方で図書館側は収集の基準を公開することやその購入（入手）情報を迅速に広報することが求められる。収集にあたって、少数意見も含めて多様な考え方を客観的にバランスよく集めることは、単に倫理の問題ではなく法の要請であるともいえる。

　利用希望が多いベストセラーを図書館が複数購入する「複本問題」もこの視点から考えるならば、利用者の選択の幅を狭めることなく多様な情報に接する機会を確保することと、読みたい時に読みたい本が読める読む自由のバランスをどこに求め、片面的な知る権利になっていないかが問われることになる。蔵書の多様性が損なわれる、一部の作家以外の著作者の生活が脅かされる、などの批判に対し図書館側は、利用者サービスであり、市民一人あたりの数を考え

● 閲覧制限

国立国会図書館は、柳美里著「石に泳ぐ魚」(『新潮』1994年9月号所収)の利用禁止措置を行った。これに対し日本図書館協会は2003年3月6日、「国民の知る自由を保障するという貴館の役割に鑑み、憲法に定められた国政調査権の存する国会の議員をも含めた、完全な閲覧禁止措置には深い危惧をいだきます。閲覧禁止の理由として、貴館は最高裁判決がこの『石に泳ぐ魚』の頒布差止めを命じたものとされておられますが、この判決は裁判の被告である著者と出版者に出版等の公表を差し止めたもので、国民が当該作品を読むことを禁じたわけではありません。また原告も図書館に対して、閲覧禁止を求めたものでもありません」として、「できる限り早い時期に閲覧禁止措置の見直し」を求めた。

また2008年には、在日米軍犯罪の処理に関する法務省内部資料(「合衆国軍隊構成員等に対する刑事裁判権関係実務資料」(「秘」指定)法務省刑事局1972年3月作成)を所蔵・公開していた国立国会図書館が、5月の法務省からの閲覧禁止要請に従い6月から利用禁止(目録からの削除)措置をとったことが明らかになり、問題となった。批判を受け11月からは「条件付き利用」に変更し一部は閲覧可能になったものの、主要部分はほぼすべて割愛・黒塗りされていたため、開示請求訴訟が提起された(2010年に禁止措置解除)。このように、同館においては、行政機関からの要請のほかプライバシーや猥褻などを理由として、館長の決裁によって利用禁止もしくは書誌データから削除をする資料があり、その基準や指定の方法、さらには何が指定されているかもわからない状態は「図書館の図書館」のとる姿勢として疑問がある。

そのほか、社会的に注目を集めた事件に関連し、図書館資料の閲覧制限がたびたび問題となっている。2006年11月の山口市同級生殺害事件では加害少年が自殺をしたことで一部の新聞が実名報道したことから、新聞閲覧を制限する図書館があった。この際には、従来の各館の自主的な個別対応から一歩踏み込み、「未成年である犯罪容疑者の実名や顔写真が雑誌や新聞に掲載された場合、公共図書館では原則公開(提供)する」旨の見解(図書館の自由委員会)を発表している。また2007年の少年事件の供述調書を掲載した単行本でも同様の議論が発生した。法務省の人権擁護局が人権侵犯事例として「勧告」をしたことを受けての措置であるが、多数の図書館は利用制限条件にあたらないとして特段の閲覧制限をしなかった経緯がある。

● Google ブック検索訴訟

Google が提供するサービスの1つに「ブック検索」があり、すでに一部では書籍の中身の閲覧や所蔵図書館情報の検索も可能である。これを一気に拡大し、世界中の図書館の蔵書をもとに1500万冊の書籍アーカイブズの構築と有償・無償の閲覧・配信サービスを予定した。これに対し全米作家協会と全米出版社協会が提起したのが「Google ブック検索訴訟」であり、①書籍の無断デジタル化は著作権法違反であり、アメリカ国内ルールである「フェアユース(公正利用)」は通用しない、②申請しなければ権利が保護されないという「オプト・アウト(離脱)」方式を採用することは、権利者の立場を弱体化するおそれがある、③私企業の先行的行為が容認されることで、この分野における事実上の独占状態を生じ、情報流通の多様性を損なう危険性がある——といった批判が出された。2009年に、対象を英語圏の出版物に限定するなどの和解案が示されたが、独仏は政府が異議申立てを行ったほか、アメリカ国内でも司法省が法的懸念を表明するなどしている。日本からは、日本ペンクラブが和解への反対意見書を米国連邦地裁に提出、公聴会で意見陳述した。その後、Google がサービス対象国や内容を縮小し、事実上、収束した。

れば、人口が多い図書館での複数購入は問題ないとの立場をとっている。関連して、ラベリングと呼ばれる一定の資料を隔離したり、逆に特に推薦したりするといった行為も、利用者にある種の偏見や利用を誘導するものであって、問題がある。

第2は、利用者の「閲覧の自由」を守る必要があるということである。図書館にはまず、民族、性、宗教、年齢、政治的思想、その他いかなる理由によっても、サービスの差別をしないことが求められる。資料への利用者アクセスの保障である。図書館側はそのために、利用者にあわせたわかりやすい配架と容易な検索システムを準備する必要があるし、収集した図書については一義的に「貸し出し（開架）の義務」が発生すると考えるべきであろう。

障害者に対しては、そのハンディキャップを補うサービスが求められることになる。近年のパソコンを利用したサービスにあたっては、とりわけ高齢者や障害者にとって情報格差が生じないような措置がとられる必要がある。

そして重要なもう1つのポイントが、いかなる図書館資料も図書館から閉め出されたり取り除かれたりしないこと、である。政治的、宗教的な理由はもちろんのこと、性差別や人種差別などの観点から除去や制限が求められる事例が多発している。購入後、図書の内容に問題があることが判明した場合においても、むやみに閉架措置をとったり貸出を制限したり、ましてや廃棄処分を行うことが許されるか疑問である。

外部からの圧力や自主的な措置として、流通過程のプレーヤーが内容に踏み込んで価値判断をすることは、原則として認められないことを確認する必要がある。裁判でプライバシー侵害を理由として出版差止めが認められた作品について、国会図書館は一切の閲覧禁止措置をとった。1997年に起きた神戸児童連続殺傷事件に際しても、複数の公立図書館が、少年の顔写真を掲載したことが問題視された雑誌の閲覧を制限した。これは裁判所等の判断を斟酌したものではあるが、必要以上に過度の表現規制といえるであろう。

これに対し図書館協会は、安易な提供制限はやめるべきとした見解を発表した。そして提供制限をしうる条件として、①頒布差止めの司法判断が示されたこと、②当局から図書館にその旨の通知があったこと、③被害者（債権者）から制限をして欲しい旨の申し入れがあったこと——を挙げ、この3つが満たされた場合においてのみ制限を行うことができるとしている。

同時に、利用貸し出し記録の保秘が重要である。利用者の読書傾向は、思想

　『ドリトル先生物語』『ヴェニスの商人』『マザー・グース』など、いまでも読み継がれている名著といわれる作品が、たびたび図書館で検閲の対象となってきている。たとえば、アメリカ国南西部の町を飛び出したハックと、黒人のジムがミシシッピ川を筏で下る小説である『ハックルベリー・フィンの冒険』（マーク・トウェイン著）は、文明と自然の対立、人種問題を扱いつつ、少年の成長を描いているが、差別語の使用や人種差別を理由にアメリカの学校図書館では頻繁に検閲対象となっている。日本の場合、岩波版では訳者前書きで、差別語使用のお断りを注記している（ナット・ヘントフ『誰だハックにいちゃもんをつけるのは』（坂崎麻子訳、集英社文庫、1986年）、亀井俊介『ハックルベリー・フィンは、いま――アメリカ文化の夢』（講談社学術文庫、1991年）、『ハックルベリー・フィンの冒険』（村岡花子訳、新潮社、1959年）、『ハックルベリー・フィンの冒険（上・下）』（西田実訳、岩波文庫、1977年））。なお、1970～80年代において、アメリカの図書館でもっとも制限を受けている図書は、アリス .D.『十五歳の遺書――アリスの愛と死の日記』（平井イサク訳、講談社、1996年）といわれている。

　米国連邦議会は2000年、連邦政府の補助金を受けている公立図書館を対象に、青少年がインターネット上のポルノサイトに接続しないよう、接続防止装置の設置を義務付ける法律を制定した。これに対し、ペンシルベニア州の連邦裁判所は2002年、「接続防止装置は医学分野など多くの非ポルノサイトへの接続も不可能にしており、憲法に違反する」と判断していた。しかし、連邦最高裁は2003年、判事4人が「憲法は公共図書館で何の制約も受けずに情報を得る権利を保障してはいない」と判断。別の判事2人も「成人が要望した場合、防止装置を解除することが認められている限り、違憲ではない」と判断し、6対3の多数決で合憲判決を出した。

　船橋西図書館蔵書廃棄事件（船橋市立図書館事件）最高裁判決は、公共図書館をはじめて「公共の場」として定義した（最判2005.7.14、民集59.6.1569）。この図書館定義は、従来から主張されてきた公共機関のパブリック・フォーラムとしての位置付けを、情報の流通と関連づけ図書館に限定したうえでより明確かつ明文で宣言したものである。これは、表現の自由の一形態として図書館の資料提供を位置付けたとも解釈でき、もしそうであるならば、1986年の有名作家夫人肖像権事件や99年の石に泳ぐ魚事件で付箋添付請求がなされているが（具体的には図書館ではなく出版社に対する依頼である）、これらの措置を図書館に命ずることは困難になるとも考えられる。

　この理論に関連して、アメリカの**クライマー事件**を挙げることができる。判決では、図書館利用者の利用を妨害したホームレスへの退館命令を違法と認定、その理由として、①公立図書館の基本的性格は、伝統的パブリック・フォーラムではなく、蔵書利用という文字コミュニケーションを保障する目的限定的なパブリック・フォーラムである。②公立図書館を利用する権利は、修正1条が保障する情報を受け取る権利の中心的位置を占める、としている（アメリカ第3巡回区連邦控訴審裁判所判決1992.3.23）。

　一方で**東大和市図書館事件**では、東大和市立図書館長が実名報道記事は少年法61条違反のおそれがあると判断し、同館運営規則10条の規定に基づき、閲覧禁止措置をとったことに対し、図書館は地方自治法244条の「公の施設」であって、閲覧禁止も含めた図書館の管理運営は設置者にあるとして、設置者である自治体に広い裁量権を認めている（東京地判2001.7.18）。

（内心）の自由に直結する問題でもあり、その利用記録は司書の「職務上の秘密」に該当するものである。法に基づく令状捜索の場合を除いては、図書館記録の開示は認められないことを確認する必要があるし、その差押えが認められるには、他にとりうる手段がない場合など、厳格な基準に基づく判断がなされるべきである。また、図書館はリストの提出をやむをえず行った場合、個人情報保護の観点からもその旨を公表する必要があると考えられる。

2　博物館と表現の自由

　博物館（美術館や水族館、動物園も含む広義の「ミュージアム」）も図書館と同じで、研究・収集・展示の自由が保障されていることが、博物館の自由を守る原則である。とりわけその運営にあたる、館長とキュレーター（学芸員）の自立性が担保されていることが、博物館の自由の確保には大切である。

　あるいはよりわかりやすい例でいうならば、美術館においては作品展示という形態を通じて「芸術の自由」を実現させているともいえる。それは作者の、作品を作る、あるいはイマジネーションをする自由であり、それを発表し世の中に訴える自由である。芸術が、常に時代を反映し、場合によっては権力を批判してきた事実は「ゲルニカ」の例を挙げるまでもなく、歴史から明らかである。

　そしてこうした作者の表現の自由を担保するのが、今日においては美術館（とりわけ公的なミュージアム）の収集活動や、展示であるといえる。美術館というパブリックスペースにおいて、作者と鑑賞者とのコミュニケーションを成立させる役割を持つからである。それは、博物館（美術館）が情報流通の欠くべからざる重要な位置を占めていることの現れである。

　すなわち、表現物の情報伝達（頒布）者として表現の自由実現の一端を担っているとともに、自らの表現者としての研究・収集・展示の自由を発揮するという両側面があるといえるだろう。こうした役割や自由は、いかなる博物館も（あるいは前述の図書館も含めて）共通して有するものに違いないが、公立の博物館においてはパブリックスペースとしての表現の場の提供という意味において、前者の意味合いがとりわけ重要になる。

　なお、博物館近似の社会施設として、地方自治体の公民館はまさにその役割をより強く持つ機関であるといえるし、そうした観点から催し物の企画やスペースの貸し出しが行われる必要がある。

● 図書館データのデジタル化とプライバシー

　地方自治体のなかには、総務省のモデル案に従って住基カード、さらにはマイナンバーカードを図書館利用カードとして利用する動きがあるが、国家管理のネットワークに利用者情報データベースをリンクすることも含め、慎重にあるべきだろう。同じことは大学図書館でも注意が必要で、学生証を図書館利用カード、学内 LAN アクセスカードなどと共用することが多くなりつつある。こうした一元管理は、不必要なデータ結合の可能性を生み、情報漏れの可能性を高めるものであって、貸出記録の保護の原則に反する。さらに館内のデータ管理においても、利用者個人の管理ファイルと、蔵書の貸出管理ファイルは、できるだけ結合をしないような方策がとられ、かつ貸出記録はその記録が必要なくなった時点（通常は返却時点）で原則消去することが好ましいと考えられる。

　図書館の指定管理者として運営に携わった蔦谷書店（TSUTAYA、カルチュアコンビニエンスクラブ＝CCC）は、佐賀県武雄市立図書館において図書利用カードと T ポイントカードの共用を開始し、システム上、個人別の利用記録が蓄積・ビジネス利用されることになることから議論を呼んだ（貸出記録は保存の対象外であると説明されている）。図書データのデジタル化に関するものとしてこのほかに、蔵書に IC タグを付けることも広がり、蔵書の所在情報管理や貸出業務の効率化に役立っている。しかし一方で、IC タグから発せられる識別信号によって、当人の意思とは無関係に利用状況を第三者が知ることができるようになることで、どんな本を手にとったか誰にも知られることがない、といったある種の「匿名性」が失われるということを意味する（第5講参照）。

● 博物館の社会的地位

博物館法（1951. 12. 1法285）
第2条［定義］　①この法律において「博物館」とは、歴史、芸術、民俗、産業、自然科学等に関する資料を収集し、保管し、展示して教育的配慮の下に一般公衆の利用に供し、その教養、調査研究、レクリエーション等に資するために必要な事業を行い、あわせてこれらの資料に関する調査研究をすることを目的とする機関のうち、地方公共団体、一般社団法人若しくは一般財団法人、宗教法人又は政令で定めるその他の法人が設置するもので次章の規定による登録を受けたものをいう。

文化芸術基本法（2001. 12. 7法148）
前文　文化芸術は、人々の創造性をはぐくみ、その表現力を高めるとともに、人々の心のつながりや相互に理解し尊重しあう土壌を提供し、多様性を受け入れることができる心豊かな社会を形成するものであり、世界の平和に寄与するものである。……我が国のブナk芸術を図るためには、ブナk芸術の祖たる表現の自由の重要性を深く認識し、文化芸術活動を行う者の自主性を尊重することを旨としつつ、文化芸術を国民の身近なものとし、それを尊重し大切するよう包括的に施策を推進していくことが不可欠である。

補助金適正化法（1950法179）＜補助金等に係る予算の執行の適正化に関する法律＞
第6条［補助金等の交付の決定］　①各省各庁の長は、補助金等の交付の申請があつたときは、当該申請に係る書類等の審査及び必要に応じて行う現地調査等により、当該申請に係る補助金等の交付が法令及び予算で定めるところに違反しないかどうか、補助事業等の目的及び内容が適正であるかどうか、金額の算定に誤がないかどうか等を調査し、補助金等を交付すべきものと認めたときは、すみやかに補助金等の交付の決定をしなければならない。

　同時に、利用者（来館者）が収蔵資料や展示品に可能な限り自由にアクセスできる環境が整備されている必要がある。博物館資料は公的な所有物であるという観点から考えると、これは、博物館側からすると「公開の義務」というべきものでもある。

　こうした博物館の展示の自由が正面から大きな社会問題になったのが、「あいちトリエンナーレ2019」で起きた、展示会内展示「表現の不自由展・その後」の展示中止であった。一般市民からの脅迫等を受け、主催者である愛知県知事は開幕からわずか3日での中止を決断、その後、出展作家の展示ボイコットや変更などの抗議活動や、県が設置した有識者会議（あいちトリエンナーレのあり方検証委員会）の報告などを受け、閉幕1週間前に条件付き再開を行った。これをきっかけに、近年相次いでいた美術館での展示の差し替えや中止問題が改めてクローズアップされるとともに、地方自治体が運営・主催する博物館や美術展示会の独立性の「弱さ」が明らかになった。

　上記企画展の抗議を受けた出品作の問題を遡ると、富山県立近代美術館事件に行き着く。博物館が政治的発言に左右され、その所蔵作品の収集や展示がゆがめられることは、戦時中に戦意高揚作品の展示しか許されなかったことを想起するまでもなく、あってはならないことであるが、その国の文化程度の現れともいえる。また歴史系博物館の場合には、その展示方針や展示物をめぐりさまざまな議論がなされてきた（たとえば、平和祈念展示資料館、沖縄県平和祈念資料館、広島平和祈念資料館など）。

　この間訴訟にまで発展した大きな事案としては2014年に起きた、さいたま市大宮区三橋公民館の「9条俳句不掲載」事件がある。公民館だよりの常設欄への掲載を、句の内容が公平中立に反するとして不掲載としたことに対し、裁判所は思想信条を理由とした不公正な取扱いであるなどと判示、区側は謝罪・句の掲載が認められた（第14講で詳述）。

　また、上記トリエンナーレにおいては、いったん採択が決定していた文化庁の補助金が不交付になるということで（補助金適正化法6条）、「カネは出すがクチは出さない」という国家助成のあり方が大きく揺らぐことになった。多くの芸術がなにがしかの公的資金の援助を受けている現実を思うとき、内容に関与しつつ、恣意的な選別をしない、ということの困難さを痛感する。しかしこでもその基準は、キュレーターの独立性と専門性を尊重し、その自由を最大限保障することにあることは言を俟たない。

● 研究の自由と公開の義務

博物館学芸員が研究の過程で、収集資料を長く手元に留め置き、一般公開されない場合がある。もちろん、資料が傷んでいて公開に適さないなどのほか、その資料的価値が特定されない場合なども含まれるわけであるが、原則は、新着資料についてはその公開非公開の別なく、できる限り早く購入（入手）事実を一般に知らせる義務を負っていると考えるべきであろう。それは、とりわけ国及び地方自治体の公立博物館が公的存在であり、その収蔵資料は公的な情報であるからであって、行政機関の情報が公的情報であるのと同様な意味からである。

● 富山県立近代美術館事件

富山県立近代美術館で1986年３月に開催された富山の美術86年版の展覧会に、版画「遠近を抱えて」（大浦信行）が出展され、その後、同館はシリーズ10点を購入した。展覧会終了後の６月、富山県議会において自民・社会両党の議員から、同作品は天皇を侮辱するとの趣旨の発言があったことから、同県教育委員会と同美術館は作品を「非公開措置」にした。そして８年後の93年10月には、作品を売却するとともに作品が掲載されている図録の在庫をすべて焼却処分とした。関連して、美術館から図録の寄贈を受けた県立図書館においても、閲覧貸し出し中止が決定された。なお図書館は90年３月、図録の条件付き公開を決定したが、その初日に閲覧者が当該作品掲載ページを破り捨てるという事件が発生した。

これに対し、図録の開示請求や特別観覧申請がなされたが、すべて却下され、この処分の取り消しを求めた行政不服審査法に基づく審査請求も却下されている。その後、県等に対し売却・焼却処分の無効と作品の買い戻し・図録再発行等を求めた訴訟が提起されたが、裁判所は一審（富山地判1998. 12. 16、判タ995. 96）で作品の特別閲覧（収蔵庫内での開示）と図録の閲覧を認めたが、高裁・最高裁では図録の閲覧拒否に限って違法性を認めた（最判2000. 10. 27）。

【参考文献】アメリカ図書館協会知的自由部編、川崎良孝・川崎佳代子訳『図書館と自由12 図書館の原則改訂２版──図書館における知的自由マニュアル　第７版』（日本図書館協会、2007年）、日本図書館協会図書館の自由に関する調査委員会編『図書館と自由16　表現の自由と「図書館の自由」』（日本図書館協会、2000年）、日本図書館協会図書館の自由に関する調査委員会編『図書館と自由11／「読む自由」と図書館活動──読書社会をめざして』（日本図書館協会、1990年）、富山県立近代美術館問題を考える会『公立美術館と天皇表現』（桂書房、1994年）、ず・ぽん編集委員会『ず・ぽん①』『ず・ぽん⑪』（新泉社、1994～2005年）、有川浩『図書館戦争』『図書館内乱』『図書館革命』『図書館危機』ほか（メディアワークス、2006年～）、上田伸治『本と民主主義─アメリカの図書館における「表現の自由」の保護と制限』（大学教育出版、2006年）、日本図書館協会図書館の自由委員会編『「図書館の自由に関する宣言1979年改訂」解説　第２版』（日本図書館協会、2004年）、ロバート・ペック、川崎良孝他訳『図書館・表現の自由・サイバースペース─知っておくべき知識』（日本図書館協会、2002年）、日本図書館協会図書館の自由委員会編『「図書館の自由」に関する文献目録─1950－2000』（日本図書館協会、2005年）、あいちトリエンナーレ実行委員会『情の時代　あいちトリエンナーレ2019』（生活の友社、2020年、同展示会公式記録集）、川口幸也編『ミュージアムの憂鬱～揺れる展示とコレクション』水声社、2020年）、岡本夕佳・アライ＝ヒロユキ編『あいちトリエンナーレ「展示中止」事件～表現の不自由と日本』岩波書店、2019年）、Chim↑Pom（チン↑ポム）『芸術実行犯』（朝日出版社、2012年）、佐藤一子『「学びの公共空間」としての公民館～９条俳句訴訟が問いかけるもの』（岩波書店、2018年）

第9講　放送の自由と放送政策

I　放送事業の自由と規律

　日本の放送メディアにおける表現の自由を考える場合、その制度的特徴である放送メディアの特殊な法的地位と、公共放送と商業放送の並立体制が前提となる。さらに現在、技術的進歩によって放送の形態そのものが急速に変化し、かつてのように、放送＝テレビ・ラジオという言い方ではすまされない状況だ。それに伴って放送政策や法制度も変化を遂げつつあり、2010年には放送の定義も、「公衆によって直接受信されることを目的とする電気通信の送信」（放送法2条1号）と「無線通信」から「電気通信」に変更された。これは、放送が電波からインターネットを含めた配信に大きくシフトしたことを意味する。

1　放送メディアに対する特殊な規制

　第1に、「免許事業としての放送」としての側面を考えてみる。放送のための無線局を開設するためには、総務大臣の免許が必要である（電波法4条）。そこでは、①工事設計の技術水準が一定レベルに達していること、②周波数の割当てが可能であること、③十分な財政的基礎が存在すること、④局開設の根本的基準に合致していること（同法7条）が求められている。免許の交付を通じて、旧郵政省（総務省）が所管官庁として、テレビ・ラジオ等を強く監督してきている歴史が存在し、それが放送の個性や独立性を消してきた、との批判がなされるゆえんである。

　第2の特徴は、「包括的な法規制の存在」である。日本の放送は、1950年に制定された電波法と放送法によって規律されている。電波法は、放送のための無線局への電波の割当てなど技術面を規律し、放送法は、放送の種類、放送を行う事業体のあり方などを規定するとともに、放送番組の内容に関する条項（同法4条）を含んでいる。当初は、上記二法のほかに電波監理委員会設置法があり、これらを「電波三法」と呼び称していたが、1952年に免許権限を持っていた同委員会自体が廃止され、郵政省（現総務省）に管轄が移ることで、放送行政の現在のかたちが完成したといえる。

　放送法、電波法に1953年施行の有線電気通信法をあわせて、放送・通信52年体制と呼ばれてきた（同時に制定された公衆電気通信法は85年に、KDD法は98年にそれぞれ廃止。なお、85年には電気通信事業法、日本電信電話株式会社法＝NTT新法が制定されている）。また、1973年の有線テレビジョン放送法

● 日本の放送体系とデジタル化推移

地上波放送		衛星放送		CATV
テレビ	ラジオ	BS	CS（既存 / 110度）	

・ほかに有線ラジオ放送あり

テレビ
- 放送開始（1953）
- テレビ免許大量交付（57）
- テレビジョン放送
- カラー（60）
- 音声多重（82）文字多重（85）
- アナログ放送
- データ多重（96）
- 放送開始（2003）
- サイマル放送
- デジタル放送
- 2006年までに放送開始（親局）
- 2012年までに完全移行（中継局）
- 2012年3月完全終了

ラジオ
- NHK設立（26）
- 中波（AM）（25）
- 音声放送
- 民放開局（51）
- 短波（52）
- 超短波（FM）（69）
- アナログ放送
- 実用化試験放送開始（2003）
- デジタル放送

BS
- 放送開始（1987）
- アナログ放送
- 放送開始（2000）
- デジタル放送
- 2011年3月完全終了

CS 既存
- 放送開始（1992）
- アナログ放送
- 放送開始（1996）
- デジタル放送
- 2011年7月音声放送終了
- 1998年テレビ放送終了

CS 110度
- 放送開始（2002）
- デジタル放送

CATV
- 放送開始（1955）
- 自主放送開始（1963）
- アナログ放送
- 放送開始（2000）
- デジタル放送

年表目盛：1950 / 1970 / 1990 / 2003 / 2020

［視聴世帯数］

	テレビ	ラジオ	BS	CS	CATV
世帯数	4,800万		1,152万（うち375万）	335万	2,333万

テレビ
- NHK（2チャンネル）
- 放送大学
- 民放127社

ラジオ
- NHK（2チャンネル、国際含む）
- 放送大学
- 民放47社
- 「FM」民放337社
- 「AM」
- コミュニティFM（削域放送事業者含む）

BS
- NHK（テレビ3チャンネル）
- NHK（テレビ1チャンネル）
- 民放10社

CS
- NHK（データ3社）
- 民放テレビ101社（178チャンネル）
- 民放ラジオ1社（604チャンネル）
- 民放テレビ13社（1チャンネル）
- 民放1・2社

CATV
- 事業者数45,2003社
- （うち自主放送688社）
- 事業所施設数74,280社

施行によって、有線（電気通信事業法、電気通信役務利用放送法と有線テレビジョン放送法、有線ラジオ放送業務の運用の規正に関する法律）と無線（電波法、放送法と電気通信事業法、電気通信役務利用放送法）の２本建て法体系が完成した。これが従来、通信・放送サービスにおいて採用されてきた、縦割り行政の原点でもある。

　しかし通信と放送の融合をめざした2010年の放送法大改正（2011年完全施行）によって、法制度の一本化が図られ、上記の法律は原則、放送法への統合が行われた（電波法と電気通信事業法は存続）。

　第３は、「所有制限」の側面である。これには、株式上場規制と外国人所有制限、さらには集中排除原則があるが、1990年代後半以降、急速に緩和が進んでいる。民放の資金調達手段を多様化させるため、1995年１月に上場規制は撤廃され、民放各社の株式上場・公開が可能となった。外国人規制は、多くの国で国家政策の一環として文化保護の観点等から、株式規制、役員規制、市場占有率規制を行っており、日本においても株式所有の制限が行われている。集中排除原則については、法により「３事業（新聞、テレビ、ラジオ）兼業禁止」「同一事業運営の制限」を行ってきたが、ケーブルテレビや衛星放送、さらにデジタル放送の開始にあたって徐々にその基準の解釈を変え、兼営の余地を拡大してきた経緯がある。

　また、2008年には認定放送持株会社制度を導入、放送局が他業種との連携も含め、メディア・コングロマリットを形成することも合法的に可能になった（第４講参照）。目的の１つは、グループ化による規模の利益の追求を可能とし、国際マーケットを含めた市場競争力の強化があるが、フルデジタル化による支出増や多メディア化によるマーケットの分散化に伴う広告収入減をカバーするために、放送局同士の経営救済のためのグループ化の道を開いた側面もある。

　従来の規制根拠は、①電波は印刷メディアの紙やインクとは違い公的に管理すべき公的財産とする「公物性（特殊性、公然性＝public domain theory）」、②放送に使用しうる電波（周波数）は有限であるから、これを使用する者（放送事業者）は一種の特権を享受することになり、したがって権利に伴う責任が発生するという「有限性（稀少性＝scarcity theory）」、③放送は他のメディアとは異なり、スイッチを入れるという単純な行為があれば、大人とともに幼児に対しても無差別に伝達活動を開始し、とりわけテレビは映像と音声によっ

● 免許事業規定

電波法（1950.5.2法131）
第1条［目的］　この法律は、電波の公平且つ能率的な利用を確保することによつて、公共の福祉を増進することを目的とする。
第13条［免許の有効期間］　①免許の有効期間は、免許の日から起算して5年を超えない範囲内において総務省令で定める。ただし、再免許を妨げない。
第76条［無線局の免許の取消等］　①総務大臣は、免許人等がこの法律、放送法若しくはこれらの法律に基づく命令又はこれらに基づく処分に違反したときは、3箇月以内の期間を定めて無線局の運用の停止を命じ、又は期間を定めて運用許容時間、周波数若しくは空中線電力を制限することができる。
④総務大臣は、免許人が次の各号のいずれかに該当するときは、その免許を取り消すことができる。
　三　第1項の規定による命令又は制限に従わないとき。

放送法（1950.5.2法132）
第91条［基幹放送普及計画］　①総務大臣は、基幹放送の計画的な普及及び健全な発達を図るため、基幹放送普及計画を定め、これに基づき必要な措置を講ずるものとする。
②基幹放送普及計画には、次に掲げる事項を定めるものとする。
　一　基幹放送を国民に最大限に普及させるための指針、基幹放送をすることができる機会をできるだけ多くの者に対し確保することにより、基幹放送による表現の自由ができるだけ多くの者によつて享有されるようにするための指針その他基幹放送の計画的な普及及び健全な発達を図るための基本的事項

基幹放送局の開設の根本的基準（1950.12.5電波監理委員会規則21）
第9条［基幹放送の普及］　開設しようとする基幹放送局は、第3条及び第6条から前条までに規定する条件を満たすほか、その局を開設することが放送の公正かつ能率的な普及に役立つものでなければならない。
第10条［優先順位］　第3条から前条までの各条項に適合する基幹放送局に割り当てることのできる周波数が不足する場合には、各条項に適合する度合いから見て最も公共の福祉に寄与するものが優先するものとする。

　東京U局開設に当たっての一本化調整にからみ、当時の郵政省が行った免許申請拒否処分に関し、東京高裁は「免許の付与について割り当てられる周波数が申請者の数に足りない場合には、多数の申請が殺到し、かつ、申請者間において過当な競争を招き、種々の弊害が生ずるおそれがないとはいえないから、このような場合においては、申請者の協力を得て、公共放送の目的に合致し、運営上も経営上も安定した基盤を持つ放送事業者が免許を受けられるように調整することには、それなりの合理性があり、……いわゆる一本化の調整のための行政指導をすることが違法であるとはいえない」と判示した（東京高判1998.5.28、判時1666.38）。

て衝撃的な伝達力を持つので、家庭への浸透性や未成年者への特別な影響力があるという「衝撃性（社会的効果性＝impact theory）」、であった。

　しかし、技術の発達や受け手の意識変化のなかで規制根拠の希薄化がみられるようになってきた。１つは、稀少性・有限性の物理的前提の変化である。ケーブルテレビについてはほとんど無限に放送局の開設が可能であるし、デジタル放送によるチャンネル数の増加も著しい。また、海外からも国境を越えた電波（国境テレビ、越境テレビ）が日常的に飛来する時代が到来している。

　もう１つは、メディア・リテラシー向上による衝撃性の緩和である。視聴者の学習効果やリテラシー教育の成果で、受け手がテレビとの接し方を学習してきている。そのほかに、そもそも新聞の方が選択可能性が低いとの主張もなされる。新聞は一世帯一紙が一般的であるが、テレビであれば一世帯で複数チャンネルの視聴が可能であるといった理屈である。

2　ハードとソフトの分離

　新しい放送形態の登場は、これまで当たり前と思われてきた放送のありようを大きく変えつつある。その１つが「ハード（頒布者）とソフト（表現者）の分離」と呼ばれる現象である。

　衛星放送には現在、放送衛星（BS＝Broadcasting Satellite）と通信衛星（CS＝Communication Satellite）を利用したものがある。1989年の放送法及び電波法の一部改正により、衛星放送については、放送設備を所有しない事業者が放送サービスを行うことが認められた。放送番組提供者は「委託放送事業者」として、人工衛星を所有する「受託放送事業者」に番組を放送する役務（受託放送）を申し込むことになる。

　従来の放送形態の場合、自社で制作した番組を自己設備を通じて送信し、各家庭の受像器（テレビ）というビューアーで視聴するというかたちをとっていた。それが、いわゆるハードとソフトの分離といわれている、放送設備を持つ者（情報頒布者）と、放送コンテンツを制作する者（表現者・番組制作者）が異なる状況となった。さらに委託事業者は、実際に番組制作を行う者と、プラットフォーム事業者とも呼ばれるチャンネルをとりまとめて加入契約、PPV（ペイ・パー・ビュー）手続きなどのカスタマーサービスを代行する者に二分される。

　有線放送のうち有線ラジオ放送以外のもの、すなわちケーブルによって送信

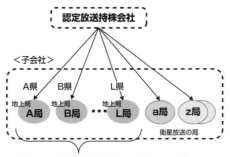

認定放送持株会社

＜子会社＞

A県　B県　　　L県

地上局　地上局　　地上局

A局　B局　・・・　L局　a局　z局

衛星放送の局

原則として、放送対象地域が異なる子会社のみを許容

認定放送持株会社は数の制限を受ける。12局を上限とし、さらに数え方の「工夫」でキー局同士の集中を防止している（関東キー局＝7、近畿準キー局＝6、中京＝3）。さらに、放送対象地域が重なる複数局を子会社にすることも原則禁止としている。2008年のフジテレビを皮切りに、在京キー局はすべて持株会社制を導入、2020年現在、全国に10社設立されている。

2010年改正放送法では、マスメディア集中排除原則の基本部分を法制化し、出資上限を5分の1未満から3分の1未満に引き上げることとした。また、1つの無線免許で、通信と放送の双方を行うことを可能とし、相互参入については「届出」で可能とすることや、NHKの外国人向けテレビ国際放送を、国内でも視聴可能にすることが盛り込まれた。

● 放送の公共性

　放送の公共性と視聴制限で最近議論となるのは、オリンピックやワールドカップでの無料視聴の権利（免許事業としての義務）である。もっとも普及している放送形態（日本の現状でいえば地上波テレビ放送）で無料視聴できることが権利として保障されうるかという問題であり、衛星放送で独占有料放送が始まって以来、ヨーロッパではとりわけサッカーの試合中継をめぐって議論されてきた。放送波は今後ますます多様化し、チャンネル数も増大していくことを考えるとき、そのキラーコンテンツとして人気イベント（スポーツ）を、ある放送波（放送局）が独占することまでも法的に義務化することはできないであろうが、当該放送局はそのうちのとりわけ社会的関心が高いものについては、公共的使命からできる限り多くの視聴者がみられるような方策（たとえば無料放送を行うなどの措置）をとるべきとの指摘もある。

　なお日本の場合、オリンピックとサッカーワールドについては放映権の高騰を防ぐということから、NHKと民放が共同で権利を獲得し、放映についてはくじ引き等で局間の公平性を担保することが行われている。

　公共性担保の具体的な現れとしては、放送に携わるプレーヤーや、その社会的責任において、公共的な番組を提供する仕組みを制度化しようという試みがある。「Pay for Play論」とか「公共サービス放送基金」と呼ばれるもので、受信料もしくは商業放送などによる拠出金によって一定の資金をプールし、その資金を元手に「良質」な番組を制作・発表していこうという制度で、放送局である限り必ず公共サービス放送の負担金を拠出することを法制化することが考えられる。アメリカではより具体的に「公共利益（Public Interest）論」として、民放局はその収入の5％を拠出し、公共放送・商業放送に関わらず「公共的な番組」を制作・伝送する場合に、事業者からの申請によって基金を利用できるかたちが提案されている。

し、不特定多数の受信者が、音声、映像、文字などの情報を受け取ることができるものを有線テレビジョン放送（CATV：ケーブルテレビ）という。1972年に制定された有線テレビジョン放送法によって規定され、施設を自ら設置し運用を行う「有線テレビジョン放送施設者」と、施設者から空きチャンネルを借りて自主制作した番組を伝送する「有線テレビジョン放送事業者」とで、別個の規律があった。2010年放送法改正により、これらは一括して「一般放送」のカテゴリーに含まれることになった。

　事業者及び施設者には、ハードとソフトの両面から規制がかけられ、前者には総務大臣への「届出」が必要であるとともに、自主制作したケーブルテレビ番組に関しては、放送法に定められた番組基準が準用され、番組審議機関の設置も義務付けられていた。改正後も、「登録」もしくは「届出」を行うこととで基本的に変更はない。自主番組を制作せず専ら既存のテレビ番組の再送信を行う場合には、番組に関する規制はないが、その地域に存在するすべてのテレビ局の放送番組（多重放送を含む）を、変更を加えないで同時に再送信する義務を負う点も同じである。

　一方で、後者の施設者は、引き込み端子数が500を超える施設を設置する場合、主務大臣の許可を受けなければならず、端子数51以上500以下の施設は届出で足り、50端子以下で同時再送信のみを行う場合は届出も要しない。事業開始当初は、1地域1事業者原則による事業者保護を行ってきたが、1998年の改正で撤廃された。

　なお、免許手続きに関しては、無線局の免許付与及び再免許に関する裁判事例（FM東京事件、テレビジョン12チャンネル事件）が存在する。無線局における「再免許」とは形式的なもので、実質的に「更新」と変わらない旨が確認されたものの、電波行政における行政の大幅な裁量ならびに政治的介入の可能性については課題が残されたままである。

　こうしたハード・ソフトの分離とも関係するが、2010年放送法改正によって大きく変わったのが「放送」のカテゴリー分けである。従来は放送事業者「一般」と「受託・委託」に分けていたが、これを一変させ、「基幹」と「一般」とした。前者に含まれるのが、地上波、衛星（BSと110度CS）と携帯端末向けのマルチメディア放送で、いわば現在の日本の放送ビジネスモデルのなかでメインともいえる放送形態である。それ以外を後者の一般放送とし、これにはCS放送からケーブルテレビや有線ラジオ放送、さらにはインターネット利用

　ハードとソフトの分離状況と、それに伴う行政機関からの免許等の形態は、従来は以下のとおりであったが、2010年放送法改正によって、地上放送も形式的には分離されることが想定されている。

	地上放送	衛星放送（受委託放送）	役務利用放送	有線テレビジョン放送	チャンネルリース制度を利用した有線テレビジョン放送
事業形態	一致	分離	分離	一致	分離
放送番組の編集		【放送法】・委託放送業務を行おうとする者↓・認定	【役務利用放送法】・電気通信役務利用放送を行おうとする者↓・登録	【有テレ法】・有線テレビジョン放送の業務を行う者↓・届出	
放送施設の設置	【電波法】・放送局を開設しようとする者↓・無線局免許	【電波法】・受託放送をする放送局を開設しようとする者↓・無線局免許	―（電気通信事業者等）	・有線テレビジョン放送施設を設置し、当該施設により有線テレビジョン放送の業務を行おうとする者↓・許可	―（有線テレビジョン放送施設設置者）

（総務省情報通信審議会「通信・放送の総合的な法体系の在り方」答申より）

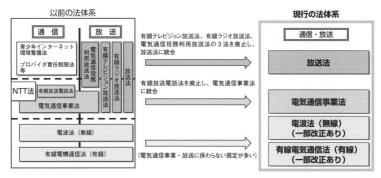

（総務省配布資料をもとに作成）

　2010年改正放送法では、上記の図に示すとおり、放送関連四法を放送法に統合（大括り化）することとした。レイヤー区分への移行と、それに伴うハード・ソフトの分離については、地上放送については、無線局の運用（ハード）と放送の業務（ソフト）を分離することを希望する者のために、無線局の「免許」と放送の業務の「認定」に手続きを分離する制度を設けるとともに、ハード・ソフト一致を希望する者のためには「免許」のみで足りる現行の制度も並置することとした。もう1つ、放送法に定める番組調和原則に従い、放送番組の種別とその種別ごとの放送時間の公表を義務付けることとした。

の放送まで幅広く含まれる。

立法過程においては、ニコニコ動画やYouTubeなどの動画配信サービスが入るか議論もされ、政府見解は一貫して含まないというものではあるが、その境界線は限りなくグレーといえる。一方で前者の基幹放送についても、地上波放送については特に「特定地上基幹放送」という特別枠を設置して、ハード・ソフト分離の適用外にするなど、既存事業者を慮った特別扱いを実施することになっている。

Ⅱ　放送番組の自由と規律

憲法で保障された表現の自由は、放送メディアにおいても要請されていることはもちろんである。ただし日本の放送一般に対しては、番組内容をも含めた広範な法による規律が定められているとともに、行政官庁による水面下の規制ともいうべき行政指導が広範に行われている。さらにこれらを受けて、業界及び個別の放送事業者ごとに自主規制システムが整備されていることも大きな特徴である。

1　番組準則と調和原則

放送が稀少性をもった免許制度に基づく「特別なメディア」であることの引き替えに、その番組内容については、公平・公正であることが求められてきた歴史的経緯がある。

そこでまず問題となるのは、公正とは何かであろう。似たような用語として、公平、中立、不偏不党があるが、一般に「公平」が時間的、数的バランスの違いをさすのに対し、「中立」や「不偏不党」は内容的に中間の立場に位置するものと理解されている。中間地点は、ゴムが伸びるとその真ん中が変わるかのごとく、その社会情勢によって移動しがちでもある。他方、「公正」も定性的な概念で、取扱いにおける質的な客観的中庸を意味し、アメリカ放送界のルールである「フェアネス・ドクトリン（公正原則）」がその一例である。

放送の完全自由化が実現されればともかく、現在のような免許制度が存続する限り、放送の公正維持のための何らかのシステムの存在は必須であろう。しかし、放送における公正は、現在のような自己完結的システムによってではなく、何らかの参加システム（アクセス権、反論権）によって確保すべきである

● 行政・司法の番組内容判断

　総務省が番組内容に問題があると判断した場合、放送法違反（たとえば法4条「番組編集準則」違反）を理由として電波法81条に基づく報告書の提出を求めることが許されるか議論がある。法に基づく行政処分ではないが、従来、総務省（旧郵政省）は、免許権を背景に番組内容に関する「行政指導」を行ってきた経緯がある。

　裁判例としては、瀬戸内海放送が1990年6月に「原発バイバイ」（ちろりん村提供）とのテロップを含むテレビスポット広告を契約途中で一方的に打ち切ったことに対し、裁判所は「その表現の仕方の硬軟は別として…明らかに原子力発電所の必要性を断定的に否定したと認められ……本件テロップは全体として放送基準…に抵触する」と判示した（**原発バイバイCM事件**、高松高判1993. 12. 10、判タ875. 164）。ここでいう放送基準は「社会・公共の問題で意見が対立しているものについては、できるだけ多くの角度から論じなければならない」（46項）であるが、原発反対広告のみの打ち切りを肯定する根拠に倫理基準（そのおおもとの放送法準則）が使われることには批判がある。

● 公正原則（フェアネス・ドクトリン）

　公正原則（Fairness Doctrine）は、1949年にFCC（米国連邦通信委員会）が打ち出した放送政策で、放送事業者に①公共的に重要な争点の放送には適正（reasonable）な時間を当てること、②一方の見解だけが放送されたときは対立する見解に対して放送の適正な機会を与えること、を求めている。そして、この義務が発生する争点が何であるか、何を適正と考えるか、誰に放送機会を与えるかは、すべて放送事業者の裁量に委ねた。しかし反論放送の機会を求める声の増大に放送事業者は手を焼き、次第に問題回避のため「厄介な問題は扱わない」といった雰囲気が醸し出されるに至った。いわゆる放送現場の萎縮効果である。そのため85年8月にFCCは自ら廃止方針を報告書にまとめ、87年8月、萎縮効果と多チャンネル化を理由として同原則の廃止を決定した。

　フェアネス・ドクトリンに関連して、1967年には「パーソナルアタック・ルール」と「ポリティカル・エディトリアル・ルール」を定め、反論放送機会の義務付けを強化した。一方、連邦通信法33条には、「イコールタイム条項」があり、「選挙時におけるすべての公職候補者には平等な放送時間を与えなければならない」と規定している。ただしこれについても、泡沫候補にまですべて平等時間原則を適用するのはおかしいとの指摘を受け、59年の改正で、純粋なニュースやドキュメンタリー番組は適用除外とされている。また、アメリカ大統領選の際にはわざわざ特別立法によって、この条項の停止措置をとってきた経緯がある。なお日本でも同様の規定として、放送法13条・81条がある（第13講参照）。

　FCCは1934年設置の独立行政委員会で、放送・通信における政策決定や行政を行うとともに、立法的裁量や司法的裁量もあわせ持つ、当該分野のオールマイティ的存在である。具体的には、周波数の割り当て、免許基準の策定、免許交付、各種ルールの制定などを行う。

　2003年に入ってFCCは、同一地域でのテレビと新聞の兼業解禁などを柱にするメディア規制緩和案を承認したが、これに対して議会は反発、ブッシュ政権は拒否権を発動する方針を示して圧力をかけた。結局、上下院とも規制緩和に関わる業務に関する予算案を認めないことで、FCCは当該業務ができないようになり、事実上の廃案に追い込まれた（議員提案の修正案が可決された）。

という意見も徐々に強まっている。

　ましてや、公正の基準を所管官庁である総務省をはじめとする政府や政治家から干渉を受けない制度作りが期待される。とりわけ、NHKについては、公共放送であるという点に鑑みて、徹底した参加システム（職員の採用方法、経営の方法などを含む）の確立が必要と思われる。

　日本の放送法にも特有の規定が存在し、代表的なものとして不偏不党や政治的公平を要求する規定がある。もともとNHKの選挙報道に関する規定として整備されたものが、民放も含む一般規定になった経緯がある。ただし判例では、選挙報道が問題になった事例において、放送法は形式的な平等の取り扱いを要求したものではないとする（第13講参照）。

　公平さの中身とともに日本において問題になるのは、その公平さを誰が判断するかという問題である。放送法は、「放送による表現の自由の確保」を「公権力」に対し求めるもの（法1条）と、「放送の政治的公平さ」を「放送事業者」に対し求めるもの（4条）に分かれるが、一般にはこの2つが混同され、「公権力」による「放送の政治的公平さ」の実現が要求されている。

　いま、政治的公平さを例に考えてきたが、この放送法4条1項で定める放送番組の編集基準は、一般に「番組編集準則」と呼ばれ、放送の内容規律の中核として多くの議論を呼んできた。そこでは具体的に、①公安・善良風俗、②政治的公平、③事実報道、④多角的論点の提示、の4つを放送が守るべきものと定めている。

　また基幹放送に限定されたルールであるが、106条では放送番組の編集にあたって、①教養、②教育、③報道、④娯楽の各番組「種別」のバランスを保つことを求めており、一般に「番組調和原則」と呼ばれている。この点に関してはさらに総務省令において、教養、教育、報道、娯楽、広告、その他に分類しているが、放送法において報道番組や娯楽番組の定義は示されていないうえ、教養と教育の区分も実際には困難と思われる。なお、テレビショッピング番組は「その他」に分類することが決まっている。

　こうしたいわば内容規制は、たとえば新聞などの印刷媒体には一切認められないものであって、憲法が保障する表現の自由に抵触するものとしての批判も存在する。その解決策としては、番組編集準則は、放送事業者の自律のための倫理規定であると解するのが妥当であろう。以前は政府も、番組編集準則を「精神的規定」と解釈し、行政が放送法を根拠に番組内容に介入することはな

● 番組内容規定

放送法（1950.5.2法132）

第1条［目的］　この法律は、左に掲げる原則に従つて、放送を公共の福祉に適合するように規律し、その健全な発達を図ることを目的とする。

一　放送が国民に最大限に普及されて、その効用をもたらすことを保障すること。

二　放送の不偏不党、真実及び自律を保障することによつて、放送による表現の自由を確保すること。

三　放送に携わる者の職責を明らかにすることによつて、放送が健全な民主主義の発達に資するようにすること。

第3条［放送番組編集の自由］　放送番組は、法律に定める権限に基く場合でなければ、何人からも干渉され、又は規律されることがない。

第4条［国内放送の放送番組の編集等］　①放送事業者は、国内放送及び内外放送の放送番組の編集に当たつては、次の各号の定めるところによらなければならない。

一　公安及び善良な風俗を害しないこと。

二　政治的に公平であること。

三　報道は事実をまげないですること。

四　意見が対立している問題については、できるだけ多くの角度から論点を明らかにすること。

第81条［放送番組の編集等］　①協会は、国内基幹放送の放送番組の編集及び放送に当たつては、第4条第1項に定めるところによるほか、次の各号の定めるところによらなければならない。

一　豊かで、かつ、良い放送番組の放送を行うことによつて公衆の要望を満たすとともに文化水準の向上に寄与するように、最大の努力を払うこと。

二　全国向けの放送番組のほか、地方向けの放送番組を有するようにすること。

三　我が国の過去の優れた文化の保存並びに新たな文化の育成及び普及に役立つようにすること。

②協会は、公衆の要望を知るため、定期的に、科学的な世論調査を行い、かつ、その結果を公表しなければならない。

第106条［国内基幹放送等の放送番組の編集等］　基幹放送事業者は、テレビジョン放送による国内基幹放送及び内外基幹放送の放送番組の編集に当たつては、特別な事業計画によるものを除くほか、教養番組又は教育番組並びに報道番組及び娯楽番組を設け、放送番組の相互の間の調和を保つようにしなければならない。

　衛星放送の番組編集についても放送法4条が適用されるとともに、番組審議機関設置の義務を負うが、一般放送事業者が行うBSテレビ放送は、総合放送規制の適用が除外される。また衛星放送は原則、1週間の総放送時間の50％以上を有料放送とすることが義務付けられていたが、この規制は1994年に撤廃され、経営財源は事業者の自主性に委ねられることになった。ただし有料放送の料金は、その妥当性について主務大臣の認可を受けなければならない。

かった。

法構造上、同規定違反については罰則の定めがなく、放送局が法的制裁を直接受けることはない。しかし実際には、4条規定には違反した場合の直接的な罰則規定はないものの、現実には電波法76条に基づく制裁を受ける可能性が否定できない。たとえば、放送法に規定された「政治的公平」が守られていないと主務大臣が判断すると、義務規定違反として免許取消の処分ができるとの解釈も文理上では可能である。しかも免許取消以外の処分は電波監理審議会への諮問も不要で、たとえば行政権の独断で放送を停止させることができることになる。

また、基幹放送局の開設の根本的基準の規定を根拠に、番組編集準則違反が免許更新時に考慮されることになる。しかしながら、放送法1条2号及び4条の公平原則は、あくまで「倫理規範（自律的規定）」であって、その判断が行政に委ねられていると解釈することは、好ましくない。しかも電波法76条による制裁があるとすると、罰則を付けていない放送法の趣旨を逸脱する可能性が高い。

もちろん、番組編集準則のほかの条項についてもまったく同様であって、総務省の放送法を根拠とした行政処分や行政措置が可能であるとの解釈は疑問である。これら番組編集準則や調和原則は、番組内容を規制する法規定と解釈するのではなく、放送の自由を放送局が発揮するための「自由のための規律」であると理解することが、法の本来の趣旨であろう。

2　行政指導と BPO

内容規律に関して放送法はもう1つ、番組と広告の峻別を規定している（法12条）。もちろん、民放にのみ関わるルールであるが、視聴者を惑わすことがないようにとの配慮からである。2008年以降、この規定に関連し「テレビショッピング番組」といわれる、スタジオトークをまじえ通販広告（CM）をまとめた番組仕立ての広告の取り扱いが問題視された。民放業界は当該放送を「生活情報番組」として位置付けることを2009年に決めたが、総務省は広告の一形態として位置付け、新規 BS 放送の参入基準としてテレビショッピング番組も含め広告放送比率が低い会社を優先する基準を策定するなど、さらなる規制強化を求めた。

決着は2010年放送法改正時にはかられ、テレビショッピング番組を番組種別

放送法（1950.5.2法132）

第5条［番組基準］　①放送事業者は、放送番組の種別及び放送の対象とする者に応じて放送番組の編集の基準を定め、これに従つて放送番組の編集をしなければならない。

②放送事業者は、国内放送等について前項の規定により番組基準を定めた場合には、総務省令で定めるところにより、これを公表しなければならない。これを変更した場合も、同様とする。

第6条［放送番組審議機関］　①放送事業者は、放送番組の適正を図るため、放送番組審議機関を置くものとする。

②審議機関は、放送事業者の諮問に応じ、放送番組の適正を図るため必要な事項を審議するほか、これに関し、放送事業者に対して意見を述べることができる。

③放送事業者は、番組基準及び放送番組の編集に関する基本計画を定め、又はこれを変更しようとするときは、審議機関に諮問しなければならない。

④放送事業者は、審議機関が第2項の規定により諮問に応じて答申し、又は意見を述べた事項があるときは、これを尊重して必要な措置をしなければならない。

⑥放送事業者は、審議機関からの答申又は意見を放送番組に反映させるようにするため審議機関の機能の活用に努めるとともに、総務省令で定めるところにより、次の各号に掲げる事項を公表しなければならない。

　一　審議機関が放送事業者の諮問に応じてした答申又は放送事業者に対して述べた意見の内容その他審議機関の議事の概要

　二　第4項の規定により講じた措置の内容

第7条　①放送事業者の審議機関は、委員7人以上をもつて組織する。

②放送事業者の審議機関の委員は、学識経験を有する者のうちから、当該放送事業者が委嘱する。

第8条［番組基準等の規定の適用除外］　前3条の規定は、経済市況、自然事象及びスポーツに関する時事に関する事項その他総務省令で定める事項のみを放送事項とする放送又は臨時かつ一時の目的のための放送を専ら行う放送事業者には、適用しない。

　NHK については、法82条（放送番組審議会）で、国内放送に係る中央放送番組審議会、地方放送番組審議会と、国際放送及び協会国際衛星放送に係る国際放送番組審議会をおくことが定められている。中央審議会及び国際審議会の委員は、学識経験を有する者のうちから、経営委員会の同意を得て、会長が委嘱する。民放の番組審議会については、従来は日本民間放送連盟発行の『月刊民放』に議題のみが掲載されているのが一般的であったが、最近は各局運営のウエブサイト上のほか、民放連ウェブサイト内に「番組審議会ポータルサイト」が設置されている。そのほか、名古屋テレビの「オンブズ6」や関西テレビの「オンブズ・カンテレ委員会」など独自の第三者機関を設けたり、検証番組や情報リテラシー向上のための番組を持つ放送局も増えてきている。

のなかの「その他」に位置付けるとともに、法によって種別ごとの放送時間の公表を各放送局に義務付けた（法107条）。これによって、同番組の位置付けをはっきりさせ、その放送時間を明らかにすることによって量的規制につながることが期待されたわけである。ただしこの法改正によって、番組調和原則は従来の放送事業者から視聴者への約束事項から、放送事業者が政府に対し守るべき業務上の義務へと位置付けが変更されることになった。先に述べたとおり、放送法は放送の中身に関するルールを定めるものであるが、表現の自由との関係で国が番組内容を直接、強制力をもって規制することは認められない。そうしたなかで、番組内容の関連条項が義務規定のなかに入ったことは、単なる「地番変更」にとどまらない無視しえない変更といえよう。

　監督権に基づく行政監督官庁（総務省、旧郵政省）による干渉の歴史は古く、"低俗"番組批判が1959年の放送法改正につながり、番組編集準則のなかに「善良な風俗」が追加された。あるいは、"ピンク"番組の是正要求のなかで放送倫理委員会が設立され、事業税の軽減措置延長との引き換えで、放送番組調査会が1992年11月設立された。その後も、選挙報道、やらせ・過剰演出問題や、政治的公平報道を求める政治家、政党からの抗議が繰り返されてきている。

　「行政指導」がはじめて行われたのは1985年で、しかしこの１件を除き80年代には行われていない。それが1993年に、当時の郵政省放送行政局長が国会で「政治的公平は最終的に郵政省が判断する」と発言、90年代には９件の指導が行われた。そしてさらに2000年以降は、2004～07年の３年間で18件と急増している。2009年は前半だけで３件を数えたが、同年後半以降、民主党政権下ではゼロ件である。

　放送法に定める訂正・取消放送に関する規定も、放送に特有のものである（ただし、もともとは戦前の新聞紙法の条文を参考に制定されたとされている）。通例、名誉毀損等については民法の原状回復措置を求めることが可能で、謝罪広告が判例上認められてきているが、放送の場合は特に、放送局に対し自主的に訂正放送等を行う義務を課すものである。総務省資料によると、2000年度以降、実施件数は３～12件で推移している。

　これに関し、訂正放送を求めるための準備行為として、放送番組の内容を確認することが必要となるわけで、同法は番組の保存期間を定めるとともに、要望に応じ視聴を認めることを求めている。1996年のTBS放送番組視聴請求事

● 番組保管義務と訂正放送

放送法（1950.5.2法132）

第9条［訂正放送等］　①放送事業者が真実でない事項の放送をしたという理由によつて、その放送により権利の侵害を受けた本人又はその直接関係人から、放送のあつた日から3箇月以内に請求があつたときは、放送事業者は、遅滞なくその放送をした事項が真実でないかどうかを調査して、その真実でないことが判明したときは、判明した日から2日以内に、その放送をした放送設備と同等の放送設備により、相当の方法で、訂正又は取消しの放送をしなければならない。

②放送事業者がその放送について真実でない事項を発見したときも、前項と同様とする。

③前2項の規定は、民法の規定による損害賠償の請求を妨げるものではない。

第10条［放送番組の保存］　放送事業者は、当該放送番組の放送後3箇月間（前条第1項の規定による訂正又は取消しの放送の請求があつた放送について、その請求に係る事案が3箇月を超えて継続する場合は、6箇月を超えない範囲内において当該事案が継続する期間）は、政令で定めるところにより、放送番組の内容を放送後において審議機関又は同条の規定による訂正若しくは取消しの放送の関係者が視聴その他の方法により確認することができるように放送番組を保存しなければならない。

＊放送番組の保存については、文化財の歴史的保存の観点から永年保存を目的としたアーカイブの設立が期待され、放送アーカイブ構想の議論が進んでいる。

　　放送局の自主規制については、投資ジャーナルグループが提供する番組及びテロップ広告を放映した放送局に対し、東京地裁は「編成部は本件番組の放送開始を決定するに先立ち、実際に本件番組のVTRを見て審査し、右テロップ部分も含めて番組中に出資の勧誘にわたる内容が含まれていないことを確認した上で放送を決定したことが認められ、本件番組の内容の審査に関して……注意義務違反はない」と判示し（東京地判1989.12.25、判タ731.208）、放送局の独自の審査を尊重する態度を示している（**投資ジャーナル事件**）。

　　一方で、**原発バイバイCM事件**（原発広告打ち切り事件）では、原発反対の意見広告は放送基準に反するものであって、広告を打ち切った放送局の判断（契約解除の意思表示）は公序良俗違反とはいえないとした（高松高裁1993.12.10、判タ875.164）。**毎日放送喫茶店廃業事件**では、大阪地裁は民放連の報道指針を「報道を行う者に対する法的義務となり得る」と判示し、倫理綱領違反をもって名誉毀損の成立根拠とした。また、BRC決定の倫理基準を違法性判断基準に借用している（大阪高判2008.9.19）。

　　放送による名誉毀損を理由として訂正・取消請求を求めた**TBS放送番組視聴請求事件**で、裁判所は「訂正又は取消しの放送の関係者は、放送事業者に対し当該放送内容の確認（閲覧）請求権を有し、放送事業者は、右関係者から請求があった場合は、これに応ずべき義務がある」と判示した（東京高判1996.6.27、判時1571.30）。

　　訂正放送の権利性について最高裁は、**NHK生活ほっとモーニング事件**において「放送事業者に対し、自律的に訂正放送等を行うことを国民全体に対する公法上の義務として定めたものであって、被害者に対して訂正放送等を求める私法上の請求権を付与する趣旨の規定ではない」（最判2004.11.25、民集58.8.2326）と判示した（放送内容を理由としての放送局の不法行為責任については第20、21講参照）。

-183-

件において、訂正・取消放送の請求権者の範囲等が判示され、2004年のNHK生活ほっとモーニング事件最高裁判決で、権利侵害された者には訂正放送の請求権はないとされた（判決後、放送局が自主的に訂正放送を実施）。

　自主規制システムについては、基本となる放送倫理基準と苦情対応制度に分けて考えることができる。前者については、民放連の放送基準と、多くの場合それをもとに策定している各放送局ごとの放送（番組）基準があり、これらは公表が義務付けられている。あくまで「自主」的な基準であるが、実際の裁判ではその枠にとどまらず訴訟の判断材料として扱われるケースが出てきている（原発広告打ち切り事件、投資ジャーナル事件、TBS番組視聴請求事件、毎日放送喫茶店廃業事件など）。

　この点に関しては、1997年に放送界（NHKと民放連）が共同で設立した、名誉毀損等の権利救済のための自主規制システムがどのように運用されるかが大きな意味を持つ。同機構は当初、BRO（放送と人権等権利に関する委員会機構）として、視聴者からの人権侵害との苦情の受付と解決をその役務とし、毎年5件近くの裁定を出してきたが、2003年7月に改組し、BPO（放送倫理・番組向上機構）として生まれ変わった。

　同機構は、前述のBROとそれ以前から存在していた放送番組向上委員会が合体したもので、人権救済を扱うBRC（放送と人権等権利に関する委員会）とともに、放送番組委員会、放送と青少年に関する委員会によって、番組の政治的公平や青少年問題等も含め、放送に関する視聴者からの苦情を総合的に扱っていくことになった。

　さらに2007年には、放送法改正によって番組内容を理由とする行政処分規定が新設される動きを受け、機構の強化が迫られた結果、放送人権委員会（放送と人権等権利に関する委員会）、放送倫理検証委員会、青少年委員会（放送と青少年に関する委員会）に衣替えし、現在に至っている。従来の放送番組委員会は外部委員と、放送局のメンバー（各局編成責任者など）から構成されていたが、新組織においては第三者性を高める意味から、すべて外部委員となり、さらにこれら委員の任命は、機構内に別途設けた外部委員からなる評議委員会で決定している。

　メディア自主規制機関として、その財源はすべてNHKと民放に負っているが、委員はすべて外部委員としてきわめて独立性が高い委員会構成となっているのが特徴である。ただし一方で委員構成が、弁護士、研究者、ジャーナリス

● NHK 規定

放送法〔1950.5.2法132〕

第15条〔目的〕 協会は、公共の福祉のために、あまねく日本全国において受信できるように豊かで、かつ、良い放送番組による国内基幹放送を行うとともに、放送及びその受信の進歩発達に必要な業務を行い、あわせて国際放送及び協会国際衛星放送を行うことを目的とする。

第64条〔受信契約及び受信料〕 ①協会の放送を受信することのできる受信設備を設置した者は、協会とその放送の受信についての契約をしなければならない。ただし、放送の受信を目的としない受信設備又はラジオ放送若しくは多重放送に限り受信することのできる受信設備のみを設置した者については、この限りでない。

第65条〔国際放送の実施の要請等〕 ①総務大臣は、協会に対し、放送区域、放送事項（邦人の生命、身体及び財産の保護に係る事項、国の重要な政策に係る事項、国の文化、伝統及び社会経済に係る重要事項その他の国の重要事項に係るものに限る。）その他必要な事項を指定して国際放送又は協会国際衛星放送を行うことを要請することができる。

②総務大臣は、前項の要請をする場合には、協会の放送番組の編集の自由に配慮しなければならない。

第28条〔経営委員会の設置〕 協会に経営委員会を置く。

第29条〔経営委員会の権限等〕 ①経営委員会は、次に掲げる職務を行う。

一　次に掲げる事項の議決

　イ　協会の経営に関する基本方針

　ロ　監査委員会の職務の執行のため必要なものとして総務省令で定める事項

　ハ　協会の業務の適正を確保するために必要なものとして次に掲げる体制の整備

　ヘ　放送局の設置計画並びに放送局の開設、休止及び廃止（経営委員会が軽微と認めたものを除く。）

　ト　テレビジョン放送による国内基幹放送及び協会国際衛星放送の開始、休止及び廃止

　チ　番組基準及び放送番組の編集に関する基本計画

第30条〔経営委員会の組織〕 ①経営委員会は、委員12人をもつて組織する。

②経営委員会に委員長1人を置き、委員の互選によつてこれを定める。

第31条〔委員の任命〕 ①委員は、公共の福祉に関し公正な判断をすることができ、広い経験と知識を有する者のうちから、両議院の同意を得て、内閣総理大臣が任命する。この場合において、その選任については、教育、文化、科学、産業その他の各分野及び全国各地方が公平に代表されることを考慮しなければならない。

第32条〔委員の権限等〕 ①委員は、この法律又はこの法律に基づく命令に別段の定めがある場合を除き、個別の放送番組の編集その他の協会の業務を執行することができない。

②委員は、個別の放送番組の編集について、第3条の規定に抵触する行為をしてはならない。

第33条〔任期〕 ①委員の任期は、3年とする。ただし、補欠の委員は、前任者の残任期間在任する。

NHK 情報公開規程〔会長指示2001.06.12制定〕

第1条〔目的〕 この規程は、NHK情報公開基準に基づき情報公開を円滑に実施するために、必要な事項を定めることを目的とする。

トで放送関係者は含まれていない点に関しては、逆に放送現場との遊離など、批判点ともなっている。

Ⅲ　公共放送と商業放送の並立

　日本の放送は、法によって NHK と民放の役割分担を明確に定めている。NHK が全国放送を義務付けられ、受信料によって経営されているいわゆる「公共放送」であるのに対し、民放は各地域に限定された放送が免許によって認められており、その収入源は放送で流す CF（広告）もしくは視聴契約料金収入に頼っている「商業放送（民間放送）」である。

　ローカル放送が原則である民放であるが、東京の放送局をキーステーションとするネットワーク化によって、事実上の全国放送を行うとともに、地上波デジタルテレビ放送（地デジ）にあわせて広域放送も可能である。なお、BS や CS の衛星放送は民放も全国放送である。

1　NHK・民放の二元体制

　NHK は、放送法15条にいう「公共の福祉のために、あまねく日本全国において受信できるように放送を行うこと」を目的として設立された特別の法人（特殊法人）であり、中波、超短波、テレビ（衛星放送も含む）、テレビ多重放送（音声多重及び文字多重放送）を行うことができるほか、法の定めにより海外向け短波ラジオと衛星によるテレビ・ラジオ放送を実施している。

　NHK と民放はともに番組編集については放送法4条の適用を受けるが、それに加え NHK の国内外の放送番組の編集については、放送法81条にその特則が明示されている。これらを履行するため、学識経験者による放送番組審議会を設置する義務を負う。ただし、番組編成は NHK が自主的に行うことができる。

　なお、民放についても、放送主体ごとに放送番組審議機関を設置する義務がある。通例、「〇〇放送番組審査会」（番審）といった名称で、放送局責任者と地元有識者で構成され、月1回の会合で番組内容全般について審議を行っており、その内容は公開の義務がある。

　1994年の放送法改正により、衛星を利用して海外向けに放送を行う映像国際放送の実施が認められた。さらに2008年改正により、国際放送は邦人向けと外

● 民放テレビネットワーク

原則1局1波で1地域3波以上　　□は旧UHF　□は旧VHF　──はフルネット局　……はクロスネット局

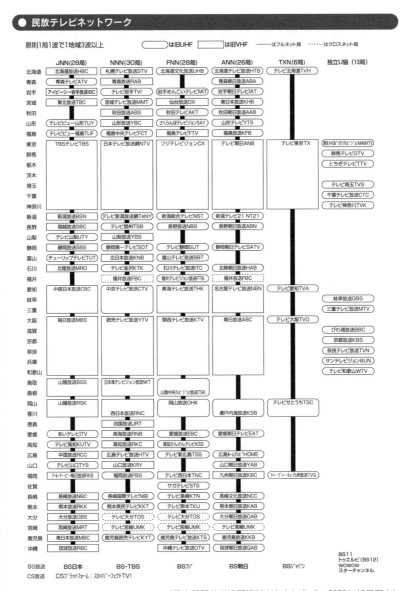

	JNN(28局)	NNN(30局)	FNN(28局)	ANN(26局)	TXN(6局)	独立U協（13局）
北海道	北海道放送HBC	札幌テレビ放送STV	北海道文化放送UHB	北海道テレビ放送HTB	テレビ北海道TVH	
青森	青森テレビATV	青森放送RAB		青森朝日放送ABA		
岩手	アイビーシー岩手放送IBC	テレビ岩手TVI	岩手めんこいテレビMIT	岩手朝日テレビIAT		
宮城	東北放送TBC	宮城テレビ放送MMT	仙台放送OX	東日本放送KHB		
秋田		秋田放送ABS	秋田テレビAKT	秋田朝日放送AAB		
山形	テレビユー山形TUY	山形放送YBC	さくらんぼテレビジョンSAY	山形テレビYTS		
福島	テレビユー福島TUF	福島中央テレビFCT	福島テレビFTV	福島放送KFB		
東京	TBSテレビTBS	日本テレビ放送網NTV	フジテレビジョンCX	テレビ朝日ANB	テレビ東京TX	東京メトロポリタンテレビジョンMXTV
群馬						群馬テレビGTV
栃木						とちぎテレビTTV
茨城						
埼玉						テレビ埼玉TVS
千葉						千葉テレビ放送CTC
神奈川						テレビ神奈川TVK
新潟	新潟放送BSN	テレビ新潟放送網TeNY	新潟総合テレビNST	新潟テレビ21 NT21		
長野	信越放送SBC	テレビ信州TSB	長野放送NBS	長野朝日放送ABN		
山梨	テレビ山梨UTY	山梨放送YBS				
静岡	静岡放送SBS	静岡第一テレビSDT	テレビ静岡SUT	静岡朝日テレビSATV		
富山	チューリップテレビTUT	北日本放送KNB	富山テレビ放送BBT			
石川	北陸放送MRO	テレビ金沢KTK	石川テレビ放送ITC	北陸朝日放送HAB		
福井		福井放送FBC	福井テレビジョン放送FTB	福井放送FBC		
愛知	中部日本放送CBC	中京テレビ放送CTV	東海テレビ放送THK	名古屋テレビ放送NBN	テレビ愛知TVA	
岐阜						岐阜放送GBS
三重						三重テレビ放送MTV
大阪	毎日放送MBS	読売テレビ放送YTV	関西テレビ放送KTV	朝日放送ABC	テレビ大阪TVO	
滋賀						びわ湖放送BBC
京都						京都放送KBS
奈良						奈良テレビ放送TVN
兵庫						サンテレビジョンSUN
和歌山						テレビ和歌山WTV
鳥取	山陰放送BSS	日本海テレビジョン放送NKT				
島根			山陰中央テレビジョン放送TSK			
岡山	山陽放送RSK	西日本放送RNC	岡山放送OHK	瀬戸内海放送KSB	テレビせとうちTSC	
香川						
徳島		四国放送JRT				
愛媛	あいテレビITV	南海放送RNB	愛媛放送EBC	愛媛朝日テレビEAT		
高知	テレビ高知KUTV	高知放送RKC	高知さんさんテレビKSS			
広島	中国放送RCC	広島テレビ放送HTV	テレビ新広島TSS	広島ホームテレビHOME		
山口	テレビ山口TYS	山口放送KRY		山口朝日放送YAB		
福岡	アール・ケー・ビー毎日放送RKB	福岡放送FBS	テレビ西日本TNC	九州朝日放送KBC	ティー・ヴィー・キュー九州放送TVQ	
佐賀			サガテレビSTS			
長崎	長崎放送NBC	長崎国際テレビNIB	テレビ長崎KTN	長崎文化放送NCC		
熊本	熊本放送RKK	熊本県民テレビKKT	テレビ熊本TKU	熊本朝日放送KAB		
大分	大分放送OBS	テレビ大分TOS	テレビ大分TOS	大分朝日放送OAB		
宮崎	宮崎放送MRT	テレビ宮崎UMK	テレビ宮崎UMK	テレビ宮崎UMK		
鹿児島	南日本放送MBC	鹿児島読売テレビKYT	鹿児島テレビ放送KTS	鹿児島放送KKB		
沖縄	琉球放送RBC		沖縄テレビ放送OTV	琉球朝日放送QAB		

						BS11
						トゥエルビ(BS12)
						WOWOW
						スターチャンネル

BS放送	BS日本	BS-TBS	BSフジ	BS朝日	BSジャパン	
CS放送	CSプラットフォーム：スカイパーフェクトTV!					

（日本民間放送連盟資料をもとに作成、2020年12月現在）

国人向けに分けられた。前者は NHK ワールド・プレミアムとして世界各国の放送局に番組供給をしているスクランブル放送である。後者は NHK ワールド TV と同ラジオが世界中にノンスクランブル放送を行っている。このテレビ放送に関しては NHK を中心に民間の資本参加も仰いで株式会社日本国際放送が設立され、2009年から英語放送が始まっている（2014年には、在留外国人にも見られるよう法改正された）。

　NHK の経営方針は、経営委員会によって決定される。経営委員会の議決を必要とされる事項は、収支予算・決算、資金計画、事業計画、放送局の開設、役員の職務執行監督など（法29条）で、2008年改正によるガバナンス強化策として経営委員会の職務権限強化や議事録の公表が盛り込まれた。ただしその後も委員の任命方式の民主化が必要である等の指摘が続けてなされている。

　経営委員会はいわば視聴者の代表として、会長以下の執行部の業務遂行をチェックする役割を担っている。しかし運用において、首相が経営委員の任免権を実質的に行使し自身の意向を反映しやすい委員及び委員長人事を行っているのではないかとの懸念が示されてきた。とりわけ2014年には第2次安倍政権において、委員長や一部委員に政権寄りの発言が多くみられるとして強い批判を招いた。

　放送法は、NHK にも民放にも等しく適用されるが、NHK には、受信料の徴収を認めるかわりに広告で収入を得ることは禁止され（法83条）、全国あまねく放送を受信できるよう普及をはかる義務があり（15条）、民放は、原則として地域を対象とし、広告を収入源とすることとされている。NHK は原則、受信料収入のみをもって運営されているが（収入の約97%）、国際放送は国が費用を負担する（67条）。

　関連して2006年には総務大臣が、放送法65条に基づき、北朝鮮拉致問題に関する事項を重点的に国際放送で扱うように「命令」して、社会問題化し、2008年改正で「要請放送」に変更された（ただし内実に変わりはない）。ほかにも当該改正時には、番組内のデータねつ造問題を契機にして、行政処分規定を盛り込むことが企図されたが、強い反対にあって盛り込まれなかった。

　1990年代以降、NHK が小会社を設立して事業を拡大したり、インターネット分野に進出していることに対して、民放や新聞社ほか既存メディアを中心に批判が起きている。ただし2014年放送法改正によって、インターネット事業についてハイブリッド放送（主画面以外にネット上で関連する異なった番組を流

● NHK受信料

NHK受信料は公共放送としては、世界でも唯一といわれる私人間契約で、放送法で定められた受信契約の締結義務に則り、日本放送協会放送受信規約に従って受信料を支払うことが義務付けられる仕組みである。その徴収率は一時、NHK職員の不祥事などで落ち込んだものの2018年度には8割に達している。ただし不払い者に対する罰則はなく、スクランブル等による不利益もないため、いわゆるフリーライダー（ただ乗り）批判が絶えない。NHKも、2006年以降は支払い督促を行い、さらに民法に基づく裁判によって強制的な徴収を実行、最高裁もこれを容認している。なお、受信設備が徴収対象であるから、チューナー付きパソコン、ワンセグが見られる携帯電話やカーナビも支払い義務がある（最決2019.3.12、東京地判2019.05.15）。一方、NHKを視聴できないテレビの契約締結義務については、2020年段階で裁判所の判断が割れている。

受信料支払い拒否事件において最高裁は2017年に憲法判断を行い、放送が「国民の知る権利を実質的に充足し、健全な民主主義の発展に寄与するものとして、国民に広く普及されるべき」とし、そのために、公共放送と民間放送の二元体制を採用し、公共放送たるNHKを、「民主的かつ多元的な基盤に基づきつつ自律的に運営される事業体」として設立していることを確認。その制度趣旨から、要旨「NHKの財政基盤を受信設備設置者が負担する受信料に求める仕組みは合理的であり、また受信料の支払い義務を受信契約により発生するものとして、受信契約の締結を強制することも必要かつ合理的な範囲内であり合憲」と判断した。（最大判2017.12.6、最高裁ウエブサイト）。また、国際放送についても国による実施要請は知る権利の侵害であるとの訴えが起こされたが、裁判所は受信者の保護法益を認めていない（**国際放送実施要請違憲訴訟**、大阪地判2009.3.31、判時2054.19）。

なお、受信料制度については政府（総務省「放送を巡る諸課題に関する検討会」が「公共放送と受信料制度の在り方に関するとりまとめ（案）」（2020.12.23）を公表している）とNHK自身において、ネット配信時代を見据えた根本的な見直し議論が進んでいる。入口の議論としては、現行の料金体系が妥当なのか、徴収業務にかかる費用が過大ではないのかという議題設定がなされているが、最終的には、現在の受信設備の有無ではなく全世帯徴収にするのか、罰則付きの義務化や未払い者に対するスクランブル放送を実施するのか、といったネット受信料への移行と義務化が最大のポイントとなる。これは同時に、公共放送（公共メディア）の役割の再定義でもあり、また地上波放送中心の現行の「旧・放送」と、ネット動画配信といった通信を含めた「新・放送」を、どのように規律するかの問題である。

放送法
第64条［受信契約及び受信料］　①協会の放送を受信することのできる受信設備を設置した者は、協会とその放送の受信についての契約をしなければならない。ただし、放送の受信を目的としない受信設備又はラジオ放送若しくは多重放送に限り受信することのできる受信設備のみを設置した者については、この限りでない。
日本放送協会放送受信規約
第5条［放送受信料支払いの義務］　放送受信契約者は、受信機の設置の月の翌月から第9条第2項の規定により解約となった月の前月まで、1の放送受信契約につき、その種別及び支払区分に従い、次の表に掲げる額の放送受信料（消費税及び地方消費税を含む。）を支払わなければならない。

すなど）ほか広く「例外」が認められるようになり、2020年4月からはネット同時再送信が始まっている。従来の放送事業における「公共放送」としての位置付けと同様に、インターネット上で受信料によって賄われるどのような「公共メディア」が必要とされるのか、さらなる議論が必要な分野だ。

　一方、民放局においてはキー局を中心とするネットワーク系列化が進み、地方局の場合、キー局からの番組供給なしには放送自体が成立しえない状態を生んでおり、ネットワーク化の進展が言論の多様性を阻害しているとの批判がある。しかし一方では、キー局による番組配給によって一定の安定した広告収入を得ることができ、広告の東京集中という現実があるなかで、ネットワーク化によって地方放送局の自主放送財源が確保されている現実をも見過ごすことはできない。

2　所有・番組内容の規制緩和

　民放局の所有に関して、旧郵政省はガイドライン（通達）として1959年に「マスメディア集中排除原則」を規定した（当初は法律ではなかった）。その内容は、①同一者は、1局しか経営支配できない（ただしラジオ、テレビの兼営は例外）、②同一者が、ラジオ、テレビ、新聞という三事業を経営支配することを禁止をする――というもので、所有・支配の認定に関して、出資比率、役員兼任に関する制限規定を定めている。

　例外は、同じ地域に他の有力なマスメディアが併存する場合、その他の事情により三事業支配が特定地域での大衆情報の独占的供給になるおそれのない場合である。ただし実態は、新聞とテレビの兼営がみられるほか、株を役員等の個人名で所有することによって規定を逃れる状況にあり、三事業支配禁止が形骸化している面も否定できない。

　また旧郵政省は、多チャンネル化の進展により放送の有限稀少性が薄れ、1局当たりの社会的影響力が相対的に低下してきていることを踏まえ、放送事業者の自主性を尊重するかたちで規制緩和を進めている。1992年に通信衛星を利用するテレビ放送のマスメディア集中排除原則を10年間の特例措置として緩和したほか、93年には、衛星系のテレビジョン音声多重放送に対するマスメディア集中排除原則の適用が除外された。文字多重放送の第三者に関しても、この集中排除措置は適用されるが、出資の制限は若干緩和された。

　そして2003年には地上波放送局についても、隣接放送局との兼営を認める方

　政治家・政党からの放送局に対する抗議のうち、主なものだけでも、1993年９月に当時のテレビ朝日報道局長が「非自民政権が生まれるように報道せよ」と指示をしたとされたこと、98年６月の〈ニュースステーション〉でキャスターの久米宏が「自民党に過半数をとらせていいのか」と発言したこと、2002年４月の〈ニュースステーション〉でアンケート調査に回答しなかった議員の実名を流したこと、同年５月の〈スーパーモーニング〉で辞職勧告決議に賛成しなかった議員の顔を映し「顔と名前を覚えておきましょう」といったこと、2003年９月の〈たけしの TV タックル〉で藤井議員が拉致問題を質問する野党議員にヤジを飛ばしたかのような編集を行ったこと、同月のニュース等で村岡議員の自宅前に饅頭をおいて毒饅頭のイメージで撮影したこと、11月の衆議院選挙直前に〈ニュースステーション〉が民主党の発表した主要閣僚を時間をかけて紹介したこと、が挙げられる。事例のなかには放送局の態度として軽率なものもあるにせよ、問題は、政権党からの抗議が免許事業であることを背景とした「圧力」になっていることや、対抗措置として議員のテレビ出演拒否を行ったことである。

　その後も2014年には自民党が在京各局に選挙時の公平中立を求める文書を送付、翌15年には高市早苗総務相が、「１つの番組のみでも、選挙の公平性に明らかに支障を及ぼすと認められる場合といった極端な場合においては、政治的に公平であることを確保しているとは認められない」と国会答弁、さらに「放送法の番組準則に違反したか否かの最終的な判断は総務大臣が行う」と発言した。これについては菅義偉官房長官も会見で、「BPO が番組準則を単なる倫理規範としているのは、同法の解釈を誤解している」と歩調をあわせた。そして2016年年初には高市総務相は「放送法４条は法規範性を持ち、行政から要請されても改善されない場合は、電波の停止に至るような対応が将来にわたってあり得ないとは断言できない」と踏み込んだ。

　また、2001年１月に NHK 教育テレビで放映された「ETV2001シリーズ　戦争をどう裁くか」第２回「問われる戦時性暴力」の編集過程で、政治家の圧力があったかどうかが争われた**NHK 番組改変訴訟**で、政治家の意向を忖度したとして事実上政治家の圧力があったことを示唆し NHK に対する損害賠償の請求を認めた（東京高判2007. 1. 29、判タ1258. 242）。その後最高裁は、「放送事業者又は放送事業者が放送番組の制作に協力を依頼した関係業者から放送番組の素材収集のための取材を受けた取材対象者が、取材担当者の言動等によって、当該取材で得られた素材が一定の内容、方法により放送に使用されるものと期待し、あるいは信頼したとしても、その期待や信頼は原則として法的保護の対象とはならない」と判示した（最判2008. 6. 12、判タ1280. 98）。BPO 放送倫理検証委員会も2009年４月に意見を公表し、NHK の政治との曖昧な分離などを批判し、放送・制作部門と国会対策部門の分離を求めている。

　NHK の放送の独立性に関しては、2019年に明らかになった日本郵政かんぽ生命保険をめぐる経営委員会の対応が深刻だ。かんぽ不正販売問題を伝えた報道（2018年４月の「クローズアップ現代＋」）に関し、日本郵政上級副社長（元・総務事務次官）から抗議を受けた NHK 経営委員会が、個別番組内容に介入し、ネット上から関連情報を削除させたり、会長を厳重注意し、かんぽに対し謝罪文書を提出させていたことが報じられた。さらに、経営委における該当する議論について当初は存在しないとしていたうえ、NHK 独自の情報公開制度に基づく開示請求に対し拒否、再検討の求めに応じて NHK 情報公開・個人情報保護審議委員会が開示を求めたことに対しても拒み続け、最終的に公開された議事録が改竄されていたことが明らかになった。その後も含めこの間、経営委は一貫して説明がないままで、NHK のありようの根幹を揺るがす状況が続いている。

針に転換した。その背景にあるのは、地デジの開始である。旧郵政省は2000年、すべての放送をデジタル化する計画を正式に明らかにし、これまでの衛星・ケーブル系に加え、地上波も完全デジタル放送に向けて動き始めた。

　高画質（ハイビジョン）、高音質（5.1chサラウンド）、双方向、データ放送といった新機能が付加された地デジは、2003年12月1日から関東、近畿、中京地区の一部でスタートし、06年に他の県庁所在地でも放送を開始しその後全国に拡大、11年7月24日に現行のアナログ放送を停波した（東日本大震災の影響で被災地については半年間の延長措置をとった）。地デジは、世界規模の放送デジタル化に遅れをとらないため、現在の電波を整理し移動通信やデジタル放送のための周波数域を確保するため、通信との融合化を進めるためのインフラ条件を整備するための「国策」であるといえるが、具体的にどのような視聴者利益があったのかとの批判がある（同様の批判は、4K・8K化にもある）。

　また、放送の多チャンネル化が進むなかで、すべての放送を同じ基準ではかってよいのか、という問題が生じてきた。たとえば、番組基準の義務付けを、天気予報専門チャンネルや、アダルトチャンネルに課すこと自体無理があるからである。そうなると、同じ電波を使った放送でも、放送法の枠で定めた各種の義務規程の対象となるものとならないものをカテゴリー分けする必要が出てくる。

　具体的には、番組内容基準、番組審査機関の設置、番組基準の策定と公開など、通常の放送局に求められる義務を免除し、そのかわり何らかの放送の限界を規定することが考えられる。こうした観点から、すでに放送法では、前述のとおり基幹放送と一般放送の区分を行っており、後者については前述の放送事業者に対する義務を免除している（たとえば、放送番組審議機関の設置義務の適用除外など）。

　これらは、基礎となる「放送」の種類を組み替え、専門チャンネルは放送の枠から完全にはずし（非放送の考え方）、市場原理のなかで事業的にも内容的にも原則自由なメディア活動を保障し、一方で、社会のなかで比較的影響力が大きく総合編成された番組放送を行うものを「放送」として規定するといった考え方に沿うものである。その場合には、現行の「災害放送」（放送法108条）の義務化のほか、公益目的（NGO活動を含む）のチャンネルを放送カテゴリーに含め特別に保護する（一方で義務を負わせる）ことがあってもよいのではないか、との議論もみられる。

● 所有制限

設立時期の早かった放送局26社については、制限規定が特に設けられていなかったため、TBSなど6社は実際に株式を公開・上場していたものの、その他の民放局は行政指導により株式の上場・公開を事実上禁止されていた。外国人持株比率規制については、放送法93条1項の規定により、外国人等の有する議決権の総数が20%を超える場合は、当該社はその氏名及び住所を株主名簿に記載することを拒否できる。2021年3月には、衛星放送関連会社「東北新社」の事業認定をめぐり、外資規制違反を知りながら申請を行ったとして、子会社が継承しているBSチャンネルの認定を取り消す処分を行った（4月末で放送終了）。総務省幹部との接待疑惑騒動の中で明らかになったもので、総務省側の審査プロセスにも疑念が向けられたままである。

電波法（1950.5.2法131）
第5条［欠格事由］　①次の各号のいずれかに該当する者には、無線局の免許を与えない。
　一　日本の国籍を有しない人
　二　外国政府又はその代表者
　三　外国の法人又は団体
　四　法人又は団体であつて、前3号に掲げる者がその代表者であるもの又はこれらの者がその役員の3分の1以上若しくは議決権の3分の1以上を占めるもの。

【参考文献】

鈴木秀美・山田健太編『放送制度概論〜新・放送法を読みとく』（商事法務、2017年）、山田健太『放送法と権力』（田畑書店、2016年）、西土彰一郎『放送の自由の基層』（信山社、2011年）、磯本典章『アメリカ放送契約論』（信山社、2014年）、村上聖一『戦後日本の放送規制』（日本評論社、2016年）、放送法制研究会『放送法逐条解説　新版』（情報通信振興会、2020年）、川端和治『放送の自由〜その公共性を問う』（岩波新書、2019年）、鈴木秀美・山田健太・砂川浩慶編『放送法を読みとく』（商事法務、2009年）、稲葉一将『放送行政の法構造と課題──公正な言論空間の変容と行政の公共性』（日本評論社、2004年）、舟田正之・長谷部恭男編『放送制度の現代的展開』（有斐閣、2001年）、日本民間放送連盟研究所編『「放送の自由」のために』（日本評論社、1997年）、長谷部恭男『テレビの憲法理論──多メディア・多チャンネル時代の放送法制』（弘文堂、1992年）、鈴木秀美『放送の自由』（信山社、2000年）、日本民間放送連盟編『放送ハンドブック　改訂版』（東洋経済新報社、2007年）、根岸毅・堀部政男編『放送・通信新時代の制度デザイン──各国の理念と実態』（日本評論社、1994年）、片岡俊夫『新・放送概論──デジタル時代の制度をさぐる』（日本放送出版協会、2001年）、浅野一郎ほか（共著）『情報化社会と法』（啓文社、1991年）、塩野宏『放送法制の課題』（有斐閣、1989年）、東京大学社会問題研究所編『放送制度論のパラダイム』（東京大学出版会、1994年）、桑原昌宏・名和小太郎編『ニューメディアと放送・通信法』（総合労働研究所、1993年）、舟田正之『情報通信と法制度』（有斐閣、1995年）、武田徹『NHK問題』（ちくま新書、2006年）、松田浩『NHK──危機に立つ公共放送』（岩波新書、2014年）、音好宏『放送メディアの現代的展開──デジタル化の波のなかで』（ニューメディア、2007年）、稲田植輝『放送メディア入門　増補改訂版』（社会評論社、1994年）、津田正夫『テレビジャーナリズムの現在──市民との共生は可能か』（現代書館、1991年）、日本民間放送労働組合連合会運動史編纂委員会『民放労働運動の歴史（Ⅰ）〜（Ⅶ）』（民放労連、1988〜2003年）

第10講 サイバースペースの表現の自由

Ⅰ インターネットをめぐる状況

1 放送と通信の逆転化現象

　従来、日本の電気通信分野は、制度上「放送」と「通信」に分けることで、異なった法制度が構築され、運用も別々に行われてきた。そのもっとも大きな違いは、放送が不特定多数に対して電波で情報を伝送するコミュニケーション形態で、媒体としてはテレビやラジオといったマスメディアを想定してきたのに対し、通信は1対1のパーソナルコミュニケーションを主体とし、媒体としては電話や郵便が想定されていた。

　通信政策・法制上の基本は、憲法上の要請である「通信の秘密」保護にあり、一般のマスメディアで発生するような表現の自由の諸問題は基本的には想定されていなかった。このことは、電気通信事業者に対して法によって守秘義務が課されている一方、通信内容の規定はまったくなく、むしろ自由であることが守られてきたことからも明らかである。

　しかし1990年以降、高度化された電気通信技術と情報処理技術が結合・発展し、放送と通信の融合化現象が進み両者の境目が曖昧になってきた。そしてこの状況は、インターネットの登場で決定的となる。インターネットは、1対多、もしくは多対多といった、不特定多数が関与する通信を実現し、まさに「インターネット放送」と呼ばれるような通信上の放送を現実のものとした。これは「公然性を有する通信」の誕生を意味し、憲法が想定していた「表現」と「通信」の峻別は不可能な状態になりつつある。

　一方で放送のデジタル化は、マスではないミディメディアとしてのテレビ放送を登場させることになる。あるいは、放送の一形態として始まったデータ放送では、パーソナル放送が実現し、ここでは完全にかつての通信と放送の役割分担が逆転することになった。

　こうしたなか、名誉毀損、プライバシー侵害あるいは猥褻表現の流通など、電子（気）通信ネットワーク上における表現の自由の諸問題が登場してきている。インターネットの普及当初には、「サイバースペース（電脳空間）」とも呼ばれるこのような通信の領域における表現の自由が、現行法規で対応できるかということ自体に懐疑的な主張もあったが、裁判を通じて法解釈も定着しつつある。

● **サイバースペースの規制法概況**

	違法行為		
コンテンツ		**アクセス行為**	
有害コンテンツ	違法コンテンツ	違法アクセス	不正アクセス
暴力 アダルト 誹謗・中傷 憎悪・差別 嫌がらせメール 不要(迷惑)メール チェーンメール 無断リンク	猥褻・児童ポルノ 名誉毀損・侮辱 信用毀損・業務妨害 プライバシー侵害 虐待・脅迫(ハラスメント) 著作権・商標権侵害 偽造・詐欺 情報漏示・守秘義務違反	システムへの無権限アクセス データ改竄 システム破壊 ウイルスの製造・所持 データの違法受信・傍受(盗聴) なりすまし(不正侵入) 個人情報管理義務違反	大量(スパム)メール いたずら(悪意)メール サービス拒否攻撃 責任体制の未整備

刑法

軽犯罪法 ／ 不正アクセス禁止法
著作権法
子どもポルノ禁止法 ／ 刑事訴訟法
ストーカー規制法 ／ 電子署名法
売春防止法 ／ 電子契約法
無限連鎖講防止法
古物営業法

サイバー犯罪条約(2004批准)
テロ資金供与防止条約(2002批准)・テロ資金提供処罰法
改正盗聴法(通信傍受法)
共謀罪法(組織的犯罪処罰法)
改正自衛隊法 ／ 包括的テロ防止条約(2003批准)
特定秘密保護法
武力攻撃事態法・国民保護法
迷惑メール対策法
プロバイダ責任法
青少年ネット規制法
改正青少年条例
改正風営法
出会い系サイト規制法
改正少年法
個人情報保護法
共通番号法(マイナンバー法)
放送法
ヘイトスピーチ解消法
裁判員法
子どもの権利条約(1994批准)
人種差別撤廃条約(1995批准)
社会権規約(1979批准)

　サイバースペース規制の大きな特徴は、従来の「違法行為」に加え、「不正・有害」な行為（有害コンテンツ、不正アクセス）が罪の対象となる点である。この傾向はデジタル時代の刑法罰として、既存法の改正として拡大の傾向をみせている。

一方では、インターネット上の法制度も1990年代後半以降、相次いで立法化されつつある。そこでは、パーソナルコミュニケーションを前提として「通信の秘密」を厳格に運用してきた表現の自由について憲法原則の変更を伴ったり、情報の送り手と受け手との間に介在する通信業者、具体的には電話回線業者やインターネット接続業者（インターネット・サービス・プロバイダ＝ISP）、電子掲示板やホームページの管理者・主宰者、さらにはプラットフォーム事業者をどのように位置付けるか、あるいは表現内容にどこまで責任を負わせるかが大きな問題となっている。さらには携帯電話を介してインターネットに接する、日本独特のケータイ文化も大きな影響を与えている。

インターネット特有の問題として、いわゆるプロバイダの法的責任や、匿名性と捜査の必要性の調整、情報環境のグローバル化に伴う諸外国との表現規制の相違など、表現の自由と規制のバランスをどこに求めるかについて、具体的な方策が求められている。こうした状況に対応した法規制の傾向は、国際条約及び取り決めに基づく国内法整備の側面と、違法から不正・有害への規制対象の拡大である（第15講参照）。

2　デジタル・ネットワーク化の特性

インターネット上の表現の自由のあり方を考える場合、インターネットそのもの、あるいはそこを流れる情報の特徴を理解しなくてはならない。その特徴は一般に、デジタル化に由来するものと、ネットワーク化に由来するものに大別できる。

まずデジタル化の特性としては「複製容易性」が挙げられる。かつては手書きで写していた文書が複写機の登場で簡単にコピーできるようになったが、さらにパソコン上では一瞬のマウスの操作によって大量の情報を複製することができるようになった。その結果、多くの利便を生んだものの、一方では簡単に他人の著作物をコピーし勝手に利用したり、さらに最近では無意識のうちに著作権法違反をしたり、インターネット上の転送やダウンロードを無断コピーと認識しないといった状況もある。これはまた、情報発信の容易性でもある。

これは実は根が深い問題で、そもそもインターネットの世界ではインターネット上の情報をみんなが共有することに意義を見出し、著作権フリーを原則にすべきであるといった考え方が根強くあるからである。しかしこうした「思想」と、現行法制は相容れない面が多い。

● 通信の秘密

　憲法は21条１項で表現の自由を保障し、同条２項で通信の秘密を保障しているが、これはコミュニケーション（情報の伝達）を「表現」と「通信」に区別して、前者はその表現が制約されないことを、後者は通信の秘密が侵されないことを保障しようとしたものと解されている。

電気通信事業法（1984.12.25法86）
第３条［検閲の禁止］　電気通信事業者の取扱中に係る通信は、検閲してはならない。
第４条［秘密の保護］　①電気通信事業者の取扱中に係る通信の秘密は、侵してはならない。
②電気通信事業に従事する者は、在職中電気通信事業者の取扱中に係る通信に関して知り得た他人の秘密を守らなければならない。その職を退いた後においても、同様とする。

刑法（1907.4.24法45）
第133条［信書開封］　正当な理由がないのに、封をしてある信書を開けた者は、１年以下の懲役又は20万円以下の罰金に処する。

● 電気通信事業者

　電気通信事業者は2004年まで、電気通信事業法によって第一種通信事業者と第二種通信事業者に分けられていた。自ら回線設備を保有して通信サービスを行う事業者が第一種で、第一種から回線を借りて通信サービスを行う事業者が第二種である。かつてはNTTとKDDにしか回線設備の保有は認められていなかったが、1985年４月に自由化（民営化）され、DDIや日本テレコムなどの新電電（NCC）各社が誕生した。2020年現在の電気通信業界地図は、NTT、KDDI、ソフトバンク、楽天の４グループに大別できる。一方で伝送路設備を保有しない電気通信事業者（届出電気通信事業者）は1.2万社を超える（総務省データから）。なお、第一種通信事業者は郵政大臣の許可が必要で、外資規制があった。

● インターネット上の名誉毀損表現規制

　インターネット上の表現行為が裁判で争われたもっとも初期の代表例が以下の２つの**ニフティサーブ事件**だ。同判決以降に新たな法制化もあり、同様の判断が今日でも成立するかについては疑問の余地もあるが、いくつかの点で大きな論点を含んでいる（東京地判1997.5.26、判時1707.139。東京高判2001.9.5、判タ1088.94）。１つ目は、地裁がニフティが運営する電子会議室における名誉毀損的な書き込みに対し、現実の社会（オフライン）同様に名誉毀損が成立することを認めた点である。これ以降、オフラインで違法なものはオンラインでも違法であるとの原則ができた。２つ目は、基本的な方向性としてはインターネットの世界で対抗言論の考え方を受け入れたと考えられることである（高裁判決では「罵倒することが言論として許容されるものでもない」と消極姿勢をみせている）。この点は、前後して出された別のニフティサーブ事件では明確に認めている（東京地判2001.8.27、判時1778.90）。そして３つ目は、フォーラム（電子会議室・掲示板）に公然性を認めたことである。判決では「多数の会員が読むことができる」と判断しているが、放送定義の「不特定多数」はこの場合、不特定に重点があると考えるべきであるうえ、フォーラムの実態が登録会員にアクセスが限定されていることから、判決の理由付けには批判もあった（インターネット空間が、不特定多数のアクセスが可能な、公然性を有する空間であることは間違いなかろう）。

　次に「結合容易性」がある。従来は、文字、映像、音声は別々に保存され、私たちの手元に届けられる場合も、書籍、写真集、レコードとそれぞれ別の形態で届けられることが一般的だった。それがいまでは、マルチメディアの登場で、すべての情報が1つのかたちになって扱われるようになっている。

　さらには「検索・蓄積容易性」が挙げられるだろう。デジタル化は図書館での蔵書検索を例に挙げるまでもなく、情報のデータベース化に大きな力を発揮している。そしてこれらは、従来バラバラだったデータを結び付け蓄積することで新たな付加価値を生み出し、情報の高度（2次）利用を容易にしている。前述のデータ結合と相まって個人データの「名寄せ」などが簡単に行われることになる。

　次にネットワーク化の特徴には何があるだろうか。最初に挙げられるべきはやはり「匿名性」であろう。インターネット上の発言の際に、むしろ本名を名乗る方が珍しい。通常は「ハンドルネーム」と呼ばれる仮の名前を使ってコミュニケーションをとることになる。その気楽さやモノの陰から一方的に攻撃できるという安心感から、表現が過激になったり無責任な物言いになったりすることが指摘されている。

　しかも、その発信元を突き止めることは通常は困難を伴う場合が多く、また物理的に不可能な場合もある（ただし一方で、通信の場合は個々のパソコンごとに必ず固有のアドレスが存在し、その意味では必ず発信元がわかるメディアであるともいえる）。

　次に大きな意味を持つのは「ボーダレス性」である。このボーダレスにはいくつかの意味があるが、まず1つは国境のボーダレスである。税関検査に代表されるように、従来、表現物は国境で堰き止めるという制限手法が一般に採用されてきた。それは、国をまたいで表現物が流通することがまれであるという前提である。しかしインターネットは国や距離をまったく意識することなく、自由に情報を発信し受け取ることができる。

　またボーダレスには、情報がフラット化していて規模や信頼性の判断がつきづらい、という意味もある。従来だと、この情報は○○テレビのニュースだからとか、これは週刊誌ダネだからと、その発信元をもとに情報の信頼性やその影響力を推し量ることが可能であった。しかし、インターネット上では自分がみている情報がどの程度信頼できるのかすぐに判断できない場合がたくさんある。その玉石混淆の雑多な情報こそがネットの特徴でもあり、怖さでもある。

● インターネットの個人による新しい使われ方

1999年に起きた**東芝クレーマー事件**は、インターネット萌芽期にその力を社会に知らしめた象徴的な事件である。東芝製家電の購入者が、交渉経緯の音声ファイル等を含めた抗議サイトを開設したところ、多くのアクセスを獲得してメディアの注目を集めたため、東芝も自社サイトで事情を説明するとともに抗議サイトの一部削除を求める仮処分を申し立てた。これに対し世間の非難が東芝側に集中し、社は申立てを取り下げるとともに購入者に直接謝罪をするという事態を迎えた。

一方で、個人がマスメディアを手に入れたことで、紛争当事者がその交渉途中で内容をインターネット上で一般公開することの是非や、匿名での書き込みが一般的で、情報の真偽が判明しないまま、情報だけが増幅し一人歩きする点、あるいはその種のサイトに対して仮処分等の表現行為の差止めを求める動きが一般化していること、企業が自らの身を守るためにメールや電話での苦情受け付けを縮小するなど、新たな課題として浮かび上がった。

ドクターキリコ診察室という、手塚治虫のブラック・ジャックに登場する人物の名をかたったウエブサイトが世間の注目を集めたのは、1998年2月にサイト運営者が送付した毒物で自殺者が出たことによる。その後同種の事件が起きるたびに、自殺サイトと呼ばれる自殺願望者が集まるサイトは「有害」なものとして取り締まりの対象にすべきという意見が出されることになる。これは、自殺本(『完全自殺マニュアル』など)を青少年条例の指定図書にして販売規制をした構図と同じである点に注意が必要である。

● IT社会への推進

外国では、ドイツが1997年にマルチメディア法(情報サービス及び通信サービスのための大綱条件の規律のための法律)によって表現規制の規定を盛り込んだ。また、アメリカでは品位を欠く表現や明らかに不快な表現を禁止する通信品位法(CDA:通信法の一部改正)が制定されたが、すぐに違憲訴訟が提起され最高裁は表現の自由違反で無効と判示した。その後、子どもオンライン保護法(COPA)が制定されるなどしたが、これに対しても違憲訴訟が起こされるなどして修正を余儀なくされるなど、自主規制を原則とする。また、IT(電子)社会の推進のためにはインターネット上の通信の安全や電子商取引の決済機能を安定させる必要があり、法整備が続いている(第6講参照)。

総務省「インターネット上の誹謗中傷への対応に関する政策パッケージ」(2020年9月1日)
「プラットフォームサービスに関する研究会」緊急提言と「発信者情報開示の在り方に関する研究会」中間とりまとめを受けてまとめられたもので、権利侵害情報(違法情報)と権利侵害に至らない誹謗中傷(有害情報)の切り分けを意識したうえで、プラットフォーム事業者の役割の重要性に鑑み、取組支援と透明性・アカウンタビリティの向上を求めるものになっている。具体的な取り組みとして、発信者情報開示に関し、電話番号を開示対象に追加し、開示に係る裁判手続きを円滑・迅速化(関係省令の改正)、コンテンツプロバイダから開示された電話番号に関し、電話会社が弁護士会照会に応じて電話番号の契約者情報としての氏名及び住所を回答することができる場合を明確化(総務省告示の解釈変更)などが挙げられた。このほか、総務省は「インターネットトラブル事例集(2020年版)増補版」を作成・公表するほか、総務省、法務省人権擁護局及び一般社団法人ソーシャルメディア利用環境整備機構が連携して「#No Heart No SNS 特設サイト」において、法務省インターネット人権相談受付窓口及び違法・有害情報相談センターなどの相談窓口の周知広報を推進していくとしている。

　この点と似ているが、「広範性」「高速性」「同時性」も大きな特徴である。個人が発信した情報が億単位の人にすぐにみられる可能性を秘めているとともに、その情報拡大スピードはとてつもなく速い。それこそ、あっという間に情報は世界を駆けめぐるのである。さらにまた、デジタルメリットである複製容易性と相まって、次々と勝手にコピーされ、それは増殖し続け、しかもオリジナルの情報発信者が止めようとしても、あるいは間違っていたからと訂正をしようとも、その行為はむなしさを感じるほど非力である。

　そして最後にもう１つ、「双方向性（インタラクティブ性)」と「フリーアクセス性」を挙げておく必要がある。これまでの多くのメディアは一方通行が一般的であった。電話はそういう意味では双方向性を特徴とする数少ないメディアであるが、一方でマスメディアにはなりえなかった。冒頭に触れたように、多対多の双方向のやりとりが可能で、しかもその情報発信・収集がきわめて容易であることが、ネットワークの大きな特徴である。

Ⅱ　表現の自由の例外拡大

1　プロバイダの責任と義務

　インターネットの場合、その匿名性に守られて表現者の特定が難しいことから、猥褻表現や名誉毀損表現などの問題表現に対して、どのような対応をするかが問われている。そこで、憲法で保障されている通信の秘密の例外として、情報の伝達者であるプロバイダに一定の限度で責任を負わせることで、ネット上の権利侵害のトラブル解決を促す制度が作られた。

　2001年に成立したプロバイダ責任法（プロバイダ責任制限法）は、インターネット上で中傷などの被害を受けた場合、被害者は発信者の氏名や住所など身元についての開示請求権を持つことになった。また、違法な情報がインターネット上に流された場合、それを知ったプロバイダ（インターネット接続業者のほか、サイトを管理する企業や大学も含まれる）や電子掲示板などの主宰者には、削除権が認められた。

　具体的には、プロバイダは被害者から開示請求があった場合は、発信者に意見を聞いたうえ、発信者情報を開示することができる。開示によって生じた発信者の損害についてはプロバイダは責任を負わなくてよい。なお、被害者は入

● プロバイダの義務

プロバイダ責任法＜特定電気通信役務提供者の損害賠償責任の制限及び発信者情報の開示に関する法律＞（2001.11.30法137、2021改）要旨

第3条［損害賠償責任の制限］では、プロバイダによる問題情報の削除を規定する。

①送信を防止する措置を講ずることが技術的に可能な場合であって、当該特定電気通信による情報の流通によって他人の権利が侵害されていることを知っていたとき、あるいは、知ることができたと認めるに足りる相当の理由があるとき。

②情報の送信を防止する措置を講じた場合において、情報の発信者に生じた損害については、当該措置が当該情報の不特定の者に対する送信を防止するために必要な限度において行われたものである場合であって、情報の流通によって他人の権利が不当に侵害されていると信じるに足りる相当の理由があったとき、あるいは、削除の申出があった場合に、当該侵害情報の発信者に対し防止措置を講ずることに同意するかどうかを照会し、当該発信者が当該照会を受けた日から7日を経過しても当該発信者から当該送信防止措置を講ずることに同意しない旨の申出がなかったときは、賠償責任はない。

第5条［発信者情報の開示請求］では、発信者の特定を可能にする条件を示す。

①情報の流通によって自己の権利を侵害されたとする者は、当該開示の請求をする者の権利が侵害されたことが明らかであって、損害賠償請求権の行使のために必要である場合その他発信者情報の開示を受けるべき正当な理由があるときは、プロバイダが保有する当該権利の侵害に係る発信者情報の開示を請求することができる。

第6条［開示関係役務提供者の義務等］

①開示関係役務提供者は、開示するかどうかについて当該発信者の意見を聴かなければならない。

②発信者情報開示命令を受けたときは、開示請求に応じるべきでないとの意見を述べた侵害情報の発信者に対し、遅滞なくその旨を通知しなければならない。

③他のプロバイダから発信者情報の提供を受けたときは、その情報を特定する目的以外に使用してはならない。

④プロバイダは、開示の請求に応じないことにより当該開示の請求をした者に生じた損害については、故意又は重大な過失がある場合でなければ、賠償の責めに任じない。

第7条［発信者情報の開示を受けた者の義務］　発信者情報の開示を受けた者は、当該発信者情報をみだりに用いて、不当に当該発信者の名誉又は生活の平穏を害する行為をしてはならない。

第8条［発信者情報開示命令］　裁判所は、特定電気通信による情報の流通によって自己の権利を侵害されたとする者の申立てにより、権利侵害に係るプロバイダに対し、発信者情報の開示を命じることができる。

第9条［日本の裁判所の管轄権］　裁判所が管轄権を有する場合として、相手方の主たる事務所又は営業車が日本国内にあるときなどを定める。

※これまでに4条構成から、新たな裁判手続き規定を新設し、18条に増えた。

手した情報をもとに発信者を中傷するなどの仕返しをすることは認められない。また、違法情報の削除を求められた場合は、発信者の同意のうえ削除する義務を負うことになった。なお、発信者の連絡がつかなかった場合や削除に応じなかった場合には、プロバイダの権限でその表現を削除しても、それが理由で損害賠償請求を起こされることがなくなった。逆に、違法な表現があることを知り、それが技術的に削除可能でありながらそれを放置した場合には、プロバイダが刑事罰を負ったり、民事賠償の対象となる可能性が生まれた。

　これらには大きな意味がある。1つは、情報伝達者が表現内容に踏み込んで、その善し悪しを判断することで、頒布者を処罰するという新しい領域に踏み込んだことを意味する。もう1つは、プロバイダほか通信事業に従事する者はいままで、憲法で定められた通信の秘密を守ることが義務付けられていたが、その例外を作ったことである。いずれも、表現の自由の観点から、いままでは認められていなかったことで、これは単純に「ネットは特別」というだけではすまされない大きな考え方の転換といえる。

　さらに1990年代後半以降、インターネット利用が一般化しブロードバンド利用（高速大容量回線）の普及によって個々人が扱うデータ量も加速度的に拡大、2000年代後半以降は動画も含め個人発のコンテンツがネット上に溢れる時代を迎えた。そして2010年代に入りスマートフォンの普及に歩を合わせるようにSNS（ソーシャル・ネットワーキング・サービス）や動画・画像共有サービスが始まることで、まさに「誰でも・どこでも・いつでも・安価で・簡単かつ気軽」に、ネット上に情報発信をする時代が到来した。

　それに伴い、ネット上の誹謗中傷もより日常化・深刻化することになる。とりわけ、TwitterやInstagram、あるいはYouTubeといった、生活に溶け込んだメディアへの投稿が、インフルエンサー（ネット上の影響力を有する有名人）を介するなどして瞬く間に拡散し、特定個人や集団を追い詰めることになる事例が少なくない。ある程度閉じた空間であるLINEやfacebookにおいても、特定個人への誹謗中傷が起きることで同様なネット被害が生まれている。しかもその投稿が当人なりの"正義心"であったり、悪意なき拡散（リツイート）や同意であることも多く、それゆえに誹謗中傷の対象となった被害者は、より大きなダメージを受けることになるとともに、その対応が困難な事態を迎えていた。

　こうした状況を受け、2010年代後半以降、とりわけインターネット上の誹謗

　電子掲示板で中傷されたとして、掲示板を管理するインターネットサービス大手「Yahoo!」に対し、プロバイダ責任法に基づいて投稿者の身元の情報開示を求めた訴訟で、東京地裁は2003年3月31日、請求を認め、接続業者に情報発信者開示命令を言い渡した。同法の適用をめぐる初の司法判断で、「内容が真実でないなどの証明があれば、業者はすべての身元情報を開示しなければならない」との見解を示した。なお、真実証明は被害者側に課した。

　プロバイダ責任法に基づく経由プロバイダ（掲示板の管理者ではなく、インターネットへの接続を中継している者）に対する発信者開示請求については、「通信の秘密にかかわる守秘義務を解除するもので、安易な拡大解釈は許されない」（東京地判2003.4.24、金判1168.8）と開示を認めないものと、「中継プロバイダを（開示対象から）はずすと被害救済の道を閉ざす」（東京地判2003.9.17、判夕1152.276）、「掲示板への書き込みは、通常、経由プロバイダを利用して行われるため、情報の開示は、被害を受けた者の利益を守る」（東京地判2003.11.28、金判1183.51）と認めるものに、裁判所の判断が分かれていた。

　これまでは、ネット上の権利侵害に被害回復を図るためには、投稿時のIPアドレスを端緒に通信経路をたどり、発信者を特定したうえで損害賠償請求等を行うという手順が必要だった。その特定のためには、コンテンツプロバイダへの開示請求（仮処分の申立てによるIPアドレスとタイムスタンプの開示）、アクセスプロバイダへの消去禁止の仮処分と開示請求（訴訟提起による氏名と住所の開示）が必要で、賠償請求と合わせると3段階の裁判手続きを要し、時間的にも労力的にも被害者にとって大きな負担となっていた。

　総務省「発信者情報開示の在り方に関する研究会」最終とりまとめ（2020年11月）では、被害者の救済と表現の自由の確保という相反する法益に留意しつつ、裁判例でも該当するか否かの判断が分かれている「ログイン時情報」を、一定の条件を付したうえで発信者情報に加えて開示の対象とすること、現行法上の開示請求権を存置したまま非訟事件手続を新たに加えることで、3段階必要だったものをまとめ1つの裁判手続きで発信者を特定することを提案、制度化された。同報告書内でも指摘されているとおり、当該手続きの悪用・濫用（スラップ訴訟など）の可能性は拭えない。

特定電気通信役務提供者の損害賠償責任の制限及び発信者情報の開示に関する法律第5条第1項の発信者情報を定める省令（2002.5.22総務省令57）
特定電気通信役務提供者の損害賠償責任の制限及び発信者情報の開示に関する法律第5条第1項に規定する侵害情報の発信者の特定に資する情報であって総務省令で定めるものは、次のとおりとする。
　一　発信者その他侵害情報の送信に係る者の氏名又は名称
　二　発信者その他侵害情報の送信に係る者の住所
　三　発信者の電話番号
　四　発信者の電子メールアドレス
　五　侵害情報に係るIPアドレス
　六　発信者の携帯電話端末等の利用者識別符号
　七　発信者のSIMカード識別番号
　八　前号のIPアドレスを割り当てられた電気通信設備から開示関係役務提供者の用いる特定電気通信設備に侵害情報が送信された年月日及び時刻（タイムスタンプ）

中傷への対応が急務とされ、事業者間での自主的な取り組みとともに、政府内で総務省を中心に議論が重ねられている。そこでは、誹謗中傷書き込み（投稿）の未然防止、書き込まれた場合の被害の拡大防止、被害者の救済や支援といった、教育・啓蒙の強化が課題とされた。

　同時に、先に挙げた各種 SNS や Google や Yahoo！といった巨大プラットフォーマーも含めた、プラットフォームサービスが、日常生活に深く浸透し日常生活を含めた社会活動に大きな地位を占めている現状を前提に、これらサービス事業者に一定の社会的責任を負わせることが議論されてきている。これは法・社会制度の変更を伴うもので、「匿名言論」の功罪を十分に吟味し、適法な情報発信をしている者の表現の自由を確保しつつ、情報流通を制限したり被害者救済をはかるための制度設計が求められることになる。

　2020年には、ネット投稿が理由とみられるテレビ出演者の自殺を受け、ネット上の誹謗中傷が大きな社会的関心事になったこともあり対応策を求める声が高まった。被害者がとりうる方策としては、ミュートやブロックといった SNS に設定された機能を使った自己防衛策のほか、SNS などに投稿の削除を求めることや、発信者に損害賠償を求めるといった法的措置が考えられる。当面の改善策としては、①プロバイダ責任法の規定及び運用を改訂し、時間がかかる発信者情報の開示を簡便化し、迅速な被害者救済を図ること、②拡散による「2次被害」を止めることに向け施策が進められている。

　ただし、プロバイダ責任法の要件の判断を誤って発信者情報の開示を行った場合は、プロバイダ等が発信者に対して損害賠償の責任を負うほか、場合によっては刑事上の責任すら負いかねない（電気通信事業法4条、179条）。このことから、これまで実務においては発信者情報開示には時間と手間がかかることが否定できない。そこで2021年にはプロバイダ責任法を改正し、新しい裁判手続きを作ることで裁判所の決定によって、より迅速・簡便に被害者が発信者の情報を取得し、損害賠償等の訴訟手続きをとれる途を開いた。海外の事業者対応への対応も含め、具体的な運用がスムーズにいくかどうかは、裁判所と被害者代理人（弁護士）、当事者であるプロバイダの間できちんと連携が取れるかどうかにかかっている。

2　事業者責任と共同規制

　同時に自主規制の流れも固まりつつある。プロバイダ等が権利侵害に適切か

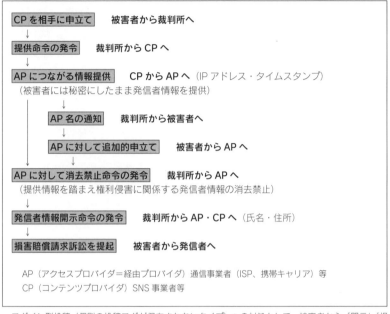

ログイン型投稿（個別の投稿ログが保存されないタイプ）への対処として、被害者から「開示」「提供」「消去禁止」の3つの命令を申立てと、AP あてと CP あての2つの裁判手続を、まとめて行うことができる点がポイント。

● 新たな業界自主規制の動き

　2013年には民間企業を主体として「インターネットの悪用を抑え自由なインターネット環境を護るため」に一般社団法人セーファーインターネット協会（SIA）が発足、「セーフライン」「誹謗中傷ホットライン」の運営が始まっている。前者は違法・有害情報（いじめ、リベンジポルノ、児童ポルノ、違法薬物など）の通報を受け削除依頼を実施、後者は2020年の設置で、被害者から相談に応じ運用ガイドラインに基づき本人に代わって国内外のプロバイダに対し削除依頼を行っている。

　2020年のコロナ禍においては、感染者や家族に対する心ない投稿や、医療従事者に対する差別的投稿などに対応した。2021年現在、適正で迅速な削除や任意開示の促進に寄与していく第三者機関の設置に向けて、専門家で構成される「権利侵害投稿等の対応に関する検討会」が設置されている。セーフラインのアドバイザリーボードとほぼ同じ構成メンバーで、総務省設置のインターネット対応を主導する各種研究会の中心メンバーとも重なっている。

つ迅速に対処し、同時にプロバイダが背負うリスクを回避する意味から、状況別のガイドラインを作り、その判断基準の明確化に努めている。その1つが、電気通信事業者協会（TCA）・テレコムサービス協会（Telesa）・日本インターネットプロバイダー協会（JAIPA）等で構成する、2002年設立のプロバイダ責任制限法ガイドライン等検討協議会が策定する各種ガイドラインである。そこでは、名誉毀損・プライバシー関係（2018年改訂4版）、著作権関係（2003年）、商標権関係（2005年）、発信者情報開示関係（2020年改訂7版補訂版）について、それぞれガイドラインを定めている。

　これらのガイドラインはおおよそ、総務省での研究会報告書を受け、その内容を文書化したものといえ、インターネット上の表現規制の典型的なかたちであるといえる。すなわち、行政において法では規定しきれない表現規制について、研究会の名を借りてその対応策を示し、業界団体がその受け皿となって会員たる個々の事業者を事実上拘束するという形式をとる。

　上記3団体と日本ケーブルテレビ連盟（JCTA）は、違法情報等対応連絡会を組織し、「インターネット上の違法な情報への対応に関するガイドライン」（2014年改訂）や「違法・有害情報への対応に関する契約約款モデル条項」（2016年）とその解説で、警察機関からの送信防止措置依頼を受けて行う対応などについて、具体的に電子掲示板の管理者等がとるべき方策を記している。

　また、「インターネット上の自殺予告事案への対応に関するガイドライン」（2005年）ではインターネット上の殺人予告等の犯行予告情報の警察への情報提供や、自殺サイトへの対応などを会員社に呼びかけるなどしている。2009年には、以前から総務省支援のもとで行ってきた事業を拡大、学校関係者や特定サーバー管理者にも相談受付対象を広げるとともに、消費者からも情報削除依頼等の相談を受け付ける「インターネット違法・有害情報相談センター」を開設した。

　インターネットのような関係者が多数に及ぶ媒体における対応の方法として、あるいは表現の自由に直接関係する制度整備であって官のできることはきわめて限定される必要があることから、行政主導で方向性を示し、自主規制のための環境を財政面も含め整備・支援する方法（共同規制）は有効であることは間違いない。しかし、官民一体となったネット被害防止のための取り組みといえば聞こえはよいが、事実上の「官製自主規制」が表現行為に対する行政による介入を招く危険性について、常に注意が必要であろう。

● 匿名言論の価値

　リアル社会においても存在するものの、インターネット上の表現活動の大きな特徴は「匿名言論」と称される、匿名性に守られた表現活動だ。とりわけ、一般ユーザーがSNS等で発信する情報の多くは匿名性を有し、誹謗中傷等の問題が生じやすい実態もある。こうした侵害情報を止めるには、発信者を特定することが必要であるとともに、そもそも発信者が匿名性によって「守られている」ことに対する批判も強い。

　しかし匿名言論には元来、本音がいいやすい、内部告発等がしやすい、表現に伴う報復等のリスクから守られるといったメリットも少なくない。さらには、社会的な少数者や弱い立場の人が、意見を表明するにあたり、こうした匿名性は社会的バッシングから守る大きな盾になりうる。為政者への批判を、より効果的に行使する方策の1つとしても有効だ。こうしたことから、匿名言論を保障することが、民主政を促進するともいわれてきた。裁判所も、「匿名による表現活動を行う自由は、憲法21条1項により保障されている」と判示する（大阪市ヘイトスピーチ訴訟、大阪地判2000.1.17、裁判所サイト）。

　もちろん一方で、匿名性がヘイトスピーチなどの誹謗中傷表現の閾値を下げ、安易な発信（とりわけ拡散）に寄与している、さらには虚偽情報の発信や犯罪行為の隠れ蓑に使われているとの批判も絶えない。被害者やその弁護士からは、発信者特定が困難となり、結果的に被害救済が遅れたり断念することにも結び付いているとして、匿名性の制限を求める声が強いことも事実である。

● 警察庁のサイバー犯罪対策

　インターネット上の違法・「有害」情報対策を担当する行政機関としては、もう1つ警察庁がある。各都道府県警には「サイバー犯罪対策室」が設置され、出会い系サイトやフィッシング詐欺などのサイバー犯罪対策、子どもポルノ等のサイバーパトロール強化策、サイバーテロへの予防対策のほか、各種広報活動等が実施されている。

　出会い系サイト規制法＜インターネット異性紹介事業を利用して児童を誘引する行為の規制等に関する法律＞（2003.6.13法83）では、児童買春や売春の温床となっている「出会い系サイト」を規制するため、サイト運営者、大人、児童に対してそれぞれ規制が行われる。出会い系サイト運営者には、サイトの広告や宣伝に児童が利用してはならない旨を記載する、サイト利用者が児童でないことを確認することが義務付けられる。違反した事業者には公安委員会から是正命令が出され、それに従わない場合には6カ月以下の懲役か100万円以下の罰金が科せられる。サイト利用者に対しては、出会い系サイトを利用した買春や援助交際を誘う書き込みを禁止するほか、こうした関係を第三者が取り持つことも規制されている。違法な利用者を割り出すため、アクセスログを警察が通信事業者を通じて広範に入手可能としたことで、通信の秘密の例外を大きく広げることになった。衆議院青少年委の附帯決議では、「本法による規制が、憲法に保障されている通信の秘密等の基本的人権を侵害することのないよう十分に配慮するとともに、その運用に当たっては、職権が濫用されることのないよう厳に留意し、IT社会の進展の妨げとならないよう努めること。」が謳われている。

　現実に売買春を行っても児童を処罰しないのに、売買春に至るかどうかもわからない表現行為の段階で処罰するのは不合理であり、表現規制のルールの1つである「表現・行為分離テスト」に反しているとの疑念は残ったままである。

現実に自主規制の現場では緊密な行政との連携が求められているわけで、「違法・有害情報」の通報受付窓口である「インターネット・ホットラインセンター（IHC）」（2006年6月運用開始）は民間組織であるとはいうものの、警察庁と表裏一体の組織であるといえる（警察庁が業務委託）。その活動は、警察への通報、国内プロバイダへの削除依頼、法務省人権擁護機関等の関係機関やフィルタリング事業者に対する情報提供であって、「運用ガイドライン」に基づいて判断を行っている。

この同センターやガイドラインの内容、運用等については、インターネット利用者、プロバイダや電子掲示板の管理者等、ホットラインセンター、専門家等から構成される運営委員会や運用ガイドライン検討協議会において継続的に検討が続けられている。ここでも、まさに警察判断によって表現が違法か否か、それが実務的にはネット上から削除されるか否かの判断基準とならないような歯止めが重要である。

Ⅲ　自由と責任のバランス

1　個人情報発信の自由度と危険性

通信をめぐる裁判事例をみると、猥褻表現をめぐって古くは、音声を中心としたダイヤルQ²サービスと画像を中心としたインターネットの事例が存在する。いずれも猥褻物の公然性（公然陳列）要件を、不特定または多数の人が容易にアクセスし、当該猥褻物を入手（聴取、閲覧）できる状態を設定していることとし、「デジタル信号として猥褻な音声を記憶させた録音再生機」ならびに「わいせつ画像のデータ」を公然陳列された猥褻物としている。

名誉毀損をめぐっては、ニフティサーブ事件において、パソコン通信における名誉毀損を不法行為として認めたほか、システムオペレータ及びネットワークの管理・運営会社の法的責任も認めるリーディングケースとなった。2020年前後からは、発信者を特定し侮辱や名誉毀損による損害賠償が認容される事例も増え、Twitter によるリツイートが罪に問われる事例も出てきた（第21～23講参照）。また、プラットフォーム事業者に情報の拡散防止策を求める裁判事例も、少ないながらも現れてきている（ネット上の過去の自己情報などの削除を求める「忘れられる権利」については、第6・22講参照）。

青少年ネット規制法／青少年インターネット環境整備法＜青少年が安全に安心してインターネットを利用できる環境の整備等に関する法律＞ (2008. 6. 18法79)

第1条［目的］　この法律は、インターネットにおいて青少年有害情報が多く流通している状況にかんがみ、青少年のインターネットを適切に活用する能力の習得に必要な措置を講ずるとともに、青少年有害情報フィルタリングソフトウェアの性能の向上及び利用の普及その他の青少年がインターネットを利用して青少年有害情報を閲覧する機会をできるだけ少なくするための措置等を講ずることにより、青少年が安全に安心してインターネットを利用できるようにして、青少年の権利の擁護に資することを目的とする。

第2条［定義］　③この法律において「青少年有害情報」とは、インターネットを利用して公衆の閲覧に供されている情報であって青少年の健全な成長を著しく阻害するものをいう。

④前項の青少年有害情報を例示すると、次のとおりである。

　一　犯罪若しくは刑罰法令に触れる行為を直接的かつ明示的に請け負い、仲介し、若しくは誘引し、又は自殺を直接的かつ明示的に誘引する情報

　二　人の性行為又は性器等のわいせつな描写その他の著しく性欲を興奮させ又は刺激する情報

　三　殺人、処刑、虐待等の場面の陰惨な描写その他の著しく残虐な内容の情報

第17条［携帯電話インターネット接続役務提供事業者の青少年有害情報フィルタリングサービスの提供義務］　①携帯電話インターネット接続役務提供事業者は、携帯電話インターネット接続役務を提供する契約の相手方又は携帯電話端末若しくは PHS 端末の使用者が青少年である場合には、青少年有害情報フィルタリングサービスの利用を条件として、携帯電話インターネット接続役務を提供しなければならない。ただし、その青少年の保護者が、青少年有害情報フィルタリングサービスを利用しない旨の申出をした場合は、この限りでない。

第18条［インターネット接続役務提供事業者の義務］　インターネット接続役務提供事業者は、インターネット接続役務の提供を受ける者から求められたときは、青少年有害情報フィルタリングソフトウェア又は青少年有害情報フィルタリングサービスを提供しなければならない。ただし、青少年による青少年有害情報の閲覧に及ぼす影響が軽微な場合として政令で定める場合は、この限りでない。

第21条［青少年有害情報の発信が行われた場合における特定サーバー管理者の努力義務］　特定サーバー管理者は、その管理する特定サーバーを利用して他人により青少年有害情報の発信が行われたことを知ったとき又は自ら青少年有害情報の発信を行おうとするときは、当該青少年有害情報について、インターネットを利用して青少年による閲覧ができないようにするための措置をとるよう努めなければならない。

　当初は、規制対象が携帯電話からアクセスできるサイトを制限することを想定し、そのための「有害サイトアクセス制限サービス（フィルタリングサービス）」の導入が急がれた。その原則は、ネット上のウエブサイトを一定の基準で振るい分けし、青少年の閲覧を制限（選択的受信）する方法である。携帯各社は、ホワイトリスト（許可リスト）かブラックリスト（特定分類アクセス制限）の片方もしくは両方のサービスを提供することとした。その「有害」サイトの判断を第三者機関に委ねることとして設立されたのが、モバイルコンテンツ審査・運用監視機構（EMA）であった（2019年に解散）。当時、制限カテゴリーに出会い系などとともに、主張（軍事、政治主張等）が挙げられたことが議論になった。

しかしより大きな根元的な問題は、インターネット特性を利用した個人の発信情報が、従来の表現規制の「常識」を超えてしまった点にある。その第1は個人サイトやウエブログの登場である。最初にその影響力を社会に知らしめたのは、1999年の東芝クレーマー事件である。ウエブ上の告発サイトが話題を呼び、一般メディアが取り上げるに至り、企業は全面謝罪することになる。これはまさに、個人が「マスメディア」を手にし、容易に不特定多数にメッセージを発信し、社会を動かすことが可能になったといえる。

　もう1つが、匿名による無責任な書き込みで新たな「報道被害」が発生していることである。2003年に起きた長崎幼児殺害事件でインターネット上に加害少年の実名や顔写真が書き込まれ、これが加速度的にユーザー間に広がった経緯がある。さらに前述したような誹謗中傷事例が多発するほか、意図的な差別表現の書き込みも少なくなく、反復性がみられるなど悪質な場合も多い。

　一般的な印刷媒体の世界では、できる限り規制の少ない自由な意見発表・交換の場の保障が好ましいとされてきた。ネット上においても原則は同じであると考えられるが、きわめて簡単に情報発信が可能で、しかもその影響力が瞬時にしかも多数に及ぶことを、どう考慮するかが問われている。そこでは、より広範な情報発信の自由を認めれば認めるほど、無責任な言論の拡大を許し、深刻な個人のプライバシー侵害や差別、猥褻表現が氾濫する状況を招く可能性が拡大するという、大きな命題を背負うことになる。

　しかし一方で、個人発の情報で構成される告発サイトや自由な意見交換の場は、もはや否定できない社会的存在である。むしろ、社会の成熟によって隠蔽されがちな社会的弱者や組織内の少数意見のアピールの場として肯定的に捉えることも必要であって、安易な法規制は好ましくない。

2　アクセス規制の拡大

　コンテンツ規制は、現実社会でも起きている表現行為をめぐるトラブルがインターネット上でも発生していることを前提に、既存法をどのように適用するか、直接適用が難しい場合にどのような工夫が必要なのか、という議論であった。これに対しアクセス規制は、インターネット（あるいはサイバースペース）特有の犯罪行為をどう取り締まるか、という話である。

　具体的な法律としては、不正アクセス行為の禁止等に関する法律（不正アクセス禁止法）があるが、そこではアクセスする権限がないにもかかわらず勝手

不正アクセス禁止法＜不正アクセス行為の禁止等に関する法律＞（1999.8.13法128）

第1条［目的］　この法律は、不正アクセス行為を禁止するとともに、これについての罰則及びその再発防止のための都道府県公安委員会による援助措置等を定めることにより、電気通信回線を通じて行われる電子計算機に係る犯罪の防止及びアクセス制御機能により実現される電気通信に関する秩序の維持を図り、もって高度情報通信社会の健全な発展に寄与することを目的とする。

第2条［定義］

④前項に規定する不正アクセス行為とは、次の各号の一に該当する行為をいう。

　一　アクセス制御機能を有する特定電子計算機に電気通信回線を通じて当該アクセス制御機能に係る他人の識別符号を入力して当該特定電子計算機を作動させ、当該アクセス制御機能により制限されている特定利用をし得る状態にさせる行為

　二　アクセス制御機能を有する特定電子計算機に電気通信回線を通じて当該アクセス制御機能による特定利用の制限を免れることができる情報又は指令を入力して当該特定電子計算機を作動させ、その制限されている特定利用をし得る状態にさせる行為

　三　電気通信回線を介して接続された他の特定電子計算機が有するアクセス制御機能によりその特定利用を制限されている特定電子計算機に電気通信回線を通じてその制限を免れることができる情報又は指令を入力して当該特定電子計算機を作動させ、その制限されている特定利用をし得る状態にさせる行為

第3条［不正アクセス行為の禁止］　何人も、不正アクセス行為をしてはならない。

第5条［不正アクセス行為を助長する行為の禁止］　何人も、業務その他正当な理由による場合を除いては、アクセス制御機能に係る他人の識別符号を、当該アクセス制御機能に係るアクセス管理者及び当該識別符号に係る利用権者以外の者に提供してはならない。

● 迷惑メールの防止

　携帯電話の迷惑メールをめぐっては、2002年に**迷惑メール対策法**（特定電子メールの送信の適正化等に関する法律＝2002.4.17法26）が施行され、あて先不明のメールを大量送信した場合は違法となる。NTTドコモが東京都内のインターネットサービス会社に賠償を求めた訴訟で、東京地裁は迷惑メール送信業者に賠償を命じた。業者は2002年、iモード利用者にメールを大量送信できるサービスを悪用して、実在しない約400万件のアドレスへ広告を送り付けるなどした。この場合、受信者側から通信料を回収できないため、「1件の処理に1.2円の損害が生じた」とするドコモ側の主張を判決は認め、「大量のメール不着で生じた損害は、送信者が負担すべきだ」とした。このケースは迷惑メール対策法施行前で、ドコモは契約違反を理由に訴えた。2003年時点のドコモの調査では、iモード（インターネット）を使ったメールは1日約9億5000万通が送信されるが、迷惑メールの類で相手に届かないものは約8億8000万通に上ったという。特定商取引法とあわせて迷惑メール防止二法と呼ばれる。2008年11月には総務省が「特定電子メールの送信等に関するガイドライン」を策定、関係者による効果的な迷惑メール対策の推進に資することを目的に迷惑メール対策推進協議会が設立された。電気通信事業者、送信事業者、広告事業者、配信ASP事業者、セキュリティベンダー、各関係団体、消費者、学識経験者と関係省庁など迷惑メール対策に関わる関係者間の緊密な連絡を確保し、最新の情報共有、対応方策の検討、対外的な情報提供などを行っている（第19講参照）。

に他人のサーバーに侵入した場合には、実際にプログラムを壊すとか、アクセスログを盗むなどの、他の法律で禁止されているような犯罪行為を犯さなくても、侵入行為そのものを罰することにした。

　その点、法律タイトルに「不正」という用語が入っているが、たとえ悪意がなくてもあるいは故意でないにせよ、「断りなく（無権限に）」侵入した行為そのものが問題となる点が重要であり、無権限アクセス禁止法というべきものである。同法では、「成りすまし」と呼ばれる他人のパスワード等を勝手に使って、その人に成り代わってインターネット上で通信や電子取引をすることも厳しく取り締まっている。これも、もちろん他人名義で勝手に買い物をすれば詐欺等が適用される可能性が高いのであるが、そうした悪さをしなくても、単に他人名をかたること自体を、犯罪行為として取り締まっている。

　また、サイバー犯罪条約の国内法化の一環でもあり刑法・刑事訴訟法改正のかたちで、コンピュータウイルスを使ったハイテク犯罪に対応するための新たな法整備が進んでいる（情報処理の高度化等に対処するための刑法等の一部を改正する法律）。その内容は、ウイルスの作成・供用罪の新設や、捜査機関がインターネットサービスを提供するプロバイダに対し、最長で90日間、特定の電子メールを保存するよう要請できる規定を設ける、などである（第15講参照）。

　従来、企業などにウイルスを送りつけた場合、刑法の電子計算機損壊等業務妨害罪で処罰してきたが、個人に対するウイルスの送付も犯罪として取り締まりの対象となり、最高で３年の懲役を科し未遂も罰する。また、刑法の猥褻物頒布罪の要件を拡大し、猥褻画像を電子メールで送る行為も犯罪とするほか、販売目的で猥褻画像を所持する業者なども処罰の対象になった。

　関連して、単純所持やアイコラと呼ばれるアイドルの顔写真とヌード写真を合体させたコラージュ画像、あるいはアニメについても、処罰対象を拡大することが繰り返し一部議員から提案された結果、2014年に単純所持を禁止する子どもポルノ禁止法改正が行われた。憲法上の問題としては、構成要件の明確性が担保されているか、捜査の過程で無権限アクセス行為とは関係のない通信記録の差し押さえの可能性はないかなどがある。また、サイバー犯罪条約関係での刑法等の罰則強化のなかには、既存法（不正アクセス禁止法や子どもポルノ禁止法）の制定時に、議論の末はずされた罰則が復活するものが多く、この点についての議論も不足している状況である。

● インターネット上の猥褻情報規制

　1998年成立の**改正風営法**は、「専ら、性的好奇心をそそるため性的な行為を表す場面又は衣服を脱いだ人の姿態の映像を見せる営業で、電気通信設備を用いてその客に当該映像を伝達すること」により営む業者は「映像送信型性風俗特殊営業」として取り締まりの対象となった（2条8項）。同時にプロバイダは、業者が猥褻映像を流していることを知った場合には送信を阻止するための措置を講ずるよう努める義務を負った（31条の8第5項）。

　また、国内にあるサーバーに猥褻画像データを蓄積して第三者がみられる状態にしたことに対し、画像データもしくはデータを記憶しているコンピュータのハードディスク自体を猥褻物とみなし、刑法175条の猥褻物の公然陳列に該当するとの判決が出されている。警察がインターネット上の犯罪をはじめて摘発した事例として注目を集めた（**ベッコアメ事件**東京地判1996.4.22、判タ929.226）。さらによりサイバーポルノらしい事例としては、容易にモザイクをはずすことができる画像処理ソフトの販売ページと猥褻画像ページをリンクしていたことについて、猥褻図画公然陳列幇助罪を適用した（**FLMASK リンク事件**大阪地判2000.3.30、判タ972.280）。これらに対し当初から、猥褻画像情報は刑法にいう「図画」（物）に該当するのか、マスク処理を施した画像の閲覧は「公然陳列」といえるか、さらに他人の猥褻画像が掲載されたページにリンクを貼ることは陳列罪の「幇助」にあたるのか、といった議論があり、判例・学説とも、有体物であるディスクアレイ（もしくはコンピュータ）を猥褻物とする多数派と、猥褻画像データという無体物を猥褻物とする少数派に分かれている状態である。なお上記判決は、猥褻な画像を掲載しているサイトにリンクを貼る行為や、単に URL を記載するだけの行為も幇助犯になりうることを示しているが、この点は解釈の幅を拡大しすぎているきらいがある。この解釈の延長線上では、検索エンジンも幇助罪に問われることになってしまうからである。

【参考文献】

松井茂記・鈴木秀美・山口いつ子編『インターネット法』（有斐閣、2015年）、増田雅史・生貝直人『デジタルコンテンツ法制〜過去・現在・未来の課題』（朝日新聞出版、2012年）、高橋和之・松井茂記編『インターネットと法』（有斐閣、1999年）、内田晴康・横山経通編『インターネット法　第4版』（商事法務研究会、2003年）、小向太郎『情報法入門　第3版』（NTT出版、2015年）、堀部政男『インターネット社会と法　第2版』（新世社、2006年）、スミーディングホフ編、権藤重光他訳『オンライン・ロー』（七賢出版、1998年）、藤原宏高編『サイバースペースと法規制』（日本経済新聞社、1997年）、清水幸雄編『情報と法』（中央経済社、1998年）、平野晋・牧野和夫『判例・国際インターネット法』（プロスパー企画、1998年）、岡村久道・近藤剛史『インターネットの法律実務　新版』（新日本法規、2000年）、吉崎正弘『マルチメディア社会と法制度』（ダイヤモンド社、1997年）、木村順吾『情報政策法』（東洋経済社、1999年）、田崎篤郎・船津衛編『社会情報論の展開』（北樹出版、1997年）、桂敬一編『21世紀のマスコミ5』（大月書店、1997年）、前川徹・中野潔『サイバージャーナリズム論』（東京電機大学出版局、2003年）、インターネット弁護士協議会編『インターネット事件と犯罪をめぐる法律』（オーム社、2000年）、岡村久道編『インターネット訴訟2000』（ソフトバンクパブリッシング、2000年）、キャス・サンスティーン、石川幸憲訳『インターネットは民主主義の敵か』（毎日新聞社、2003年）、ジェレミー・ハリス・リプシュルツ、尾内達也訳『インターネット時代の表現の自由』（皓星社、2004年）

第 2 部　各　論

第11講 国家安全保障と知る権利

　表現の自由を制限する公的規制の形態を分類する場合、従来は一般に、国家の安全をはかるため（国家的利益）、社会秩序を維持するため（社会的利益）、個人の尊厳を尊重するため（個人的利益）——の３つが挙げられてきた。

　こうした分け方は刑法が保護しようとする法益の典型的分類にならうものでもあるが、その基本に「公（国家）対私（市民）」の二元論的対立構造をおいている。ただし、今日的状況のなかで考えると、むしろ実際は報道被害に代表されるように、メディア対市民といったかたちで「私対私」で表現の自由が問題になる例が増えてきている。

　それからすると、ここで提示した分類法は少し「古臭い」ものであるが、緊急事態宣言下の権利制限を考えると、古典的な公権力による表現規制類型で考えることも重要な意味を持つだろう。そこで、まず最初に、国家として守るべき法益を優先させ、表現行為を制限する場合から考えてみることにしたい。

I　国家秘密の保護と表現の自由

　政府が保有する情報に関しては、どの国にも共通の秘密保護制度が存在するが、そのなかでもっともオーソドックスなかたちが「軍事・外交上の秘密」を保護する制度である。多くの国では刑法等の一般法のほか特別法で、国の安全を脅かすような秘密を公開することや、政府の転覆や革命を煽ったりすることを禁止している。情報公開制度が存在する国においては、そもそも制度の枠外においたり、公開の対象からはずして不開示項目の１つに挙げることが一般的である。

　日本の場合、従来は特別法による軍事（防衛）秘密保護法制と、公務員法による軍事以外の秘密保護法制に分けることができた。また行政情報公開法でも、適用除外事項として「国の安全が害されるおそれ」など防衛・外交上の国家秘密が挙げられている。しかし2013年末に特定秘密保護法が成立し、国の秘密をめぐる状況は大きく変わることになった。ここでは以前と以後の制度を順を追ってみていくことにする。

1　守秘義務と軍事秘密保護

　軍事秘密保護法制に該当するものとしては、①刑事特別法による米軍の秘密保護の制度、②MSA秘密保護法による米軍から日本に供与された防衛秘密の

● 米軍のための秘密保護

MSA 秘密保護法＜日米相互防衛援助協定等に伴う秘密保護法＞（1954.6.9法166）

第1条［定義］　③この法律において「特別防衛秘密」とは、左に掲げる事項及びこれらの事項に係る文書、図画又は物件で、公になつていないものをいう。

第3条［罰則］　①左の各号の一に該当する者は、10年以下の懲役に処する。

　一　わが国の安全を害すべき用途に供する目的をもつて、又は不当な方法で、特別防衛秘密を探知し、又は収集した者

　二　わが国の安全を害する目的をもつて、特別防衛秘密を他人に漏らした者

第5条　③第3条第1項の罪を犯すことを教唆し、又はせん動した者は、第1項と同様とし、同条第2項の罪を犯すことを教唆し、又はせん動した者は、前項と同様とする。

第7条［この法律の解釈適用］　この法律の適用にあたつては、これを拡張して解釈して、国民の基本的人権を不当に侵害するようなことがあつてはならない。

刑事特別法＜日本国とアメリカ合衆国との間の相互協力及び安全保障条約第6条に基づく施設及び区域並びに日本国における合衆国軍隊の地位に関する協定の実施に伴う刑事特別法＞（1952.5.7法138）

第6条［合衆国軍隊の機密を侵す罪］　①合衆国軍隊の機密を、合衆国軍隊の安全を害すべき用途に供する目的をもつて、又は不当な方法で、探知し、又は収集した者は、10年以下の懲役に処する。

②合衆国軍隊の機密で、通常不当な方法によらなければ探知し、又は収集することができないようなものを他人に漏らした者も、前項と同様とする。

③前二項の未遂罪は、罰する。

第7条　①前条第1項又は第2項の罪の陰謀をした者は、5年以下の懲役に処する。

②前条第1項又は第2項の罪を犯すことを教唆し、又はせん動した者も、前項と同様とする。

③前項の規定は、教唆された者が、教唆に係る犯罪を実行した場合において、刑法総則に定める教唆の規定の適用を排除するものではない。

日米秘密軍事情報保護協定＜秘密軍事情報の保護のための秘密保持の措置に関する日本国政府とアメリカ合衆国政府との間の協定＞（2007.8.10締結）

第2条　秘密軍事情報の保護　一方の締約国政府により他方の締約国政府に対し直接又は間接に提供される秘密軍事情報は、この協定の規定が当該情報を受領する締約国政府の国内法令に合致する限り、当該規定に基づき保護される。

第4条　秘密軍事情報の秘密指定及び表示　アメリカ合衆国政府にあっては、秘密軍事情報は、「Top Secret」、「Secret」又は「Confidential」と表示される。日本国政府にあっては、自衛隊法に従って「防衛秘密」に指定される秘密軍事情報は、「防衛秘密」と表示され、「防衛秘密」に指定されない他の秘密軍事情報は、当該情報の機微の程度に従って「機密」、「極秘」又は「秘」と表示される。

　「防衛秘密」であって追加的な表示である「機密」が付されるものには、合衆国の「Top Secret」と同等の保護が与えられる。「防衛秘密」には、合衆国の「Secret」と同等の保護が与えられる。（以下、略）

保護制度、③自衛隊法による自衛隊や防衛省が固有に保持する秘密保護の制度、④有事・テロ対策法制による国家安全上の秘密保護の制度――がある。

　①②は直接的な秘密保護立法であるが、駐留米軍、供与兵器の秘密保護を目的とするもので、直接的に日本の国家秘密を保護する法律ではない。また、①②は直接、報道機関の取材行為が秘密探知にあたる可能性があるのに対し、③は公務員の守秘義務を通して秘密の保護をはかるもので、報道機関は秘密の漏示をそそのかした場合などにおいて、間接的・限定的に刑事罰を受ける点で違いがある。これに対し、④は日本政府が保有する防衛情報を直接的に保護するための法制度で、その規制対象に一般市民とともに報道機関を対象に含む。なお、2007年には日米秘密軍事情報保護協定が締結され、さらに2013年に特定秘密保護法の制定で、軍事（防衛）情報の保護法制がいっそう強化された。

　秘密の範囲等については、①②は法規中に別表のかたちで明文化している一方で、③は「秘密保全に関する訓令」や通達によって「秘」指定を受けたもので、省秘は10万件、200万点に達するともいわれている。また、自衛隊法の2001年改正により、防衛大臣の権限で秘より罰則が重い「防衛秘密」の指定が可能となったことから、対象の拡大と厳罰化が進んだ。

　軍事以外の秘密保護法制は、事務次官会議申し合わせ「秘密文書等の取扱いについて」や各省庁の定める文書管理規程によって、秘密の格付けや取扱い方法が定められている。そのうえで、国家公務員法、地方公務員法、自衛隊法の３つの法律が、ほぼ同じ条文によって公務員の守秘義務を規定している（裁判員法に基づく守秘義務規定については第７講参照）。

　守秘義務の規定は、公務員が「職務上知ることのできた秘密」を在職中はもちろん、職を退いた後も「漏らしてはならない」と禁じている、身分犯規定にあたる。身分犯であるから当該公務員だけが対象になるはずであるが、同時に報道機関の記者が教唆犯、幇助犯に問われ、有罪判決を受けたケースとして外務省沖縄密約事件がある。同事件では、取材活動が国家公務員法111条にいう「秘密漏示のそそのかし」にあたると解釈することで、行政情報へのアクセスの枠が結果として狭まることとなった。さらに特定秘密保護法の制定により、取材行為そのものが秘密の探知行為として処罰の対象になった。

　裁判でも、秘密指定された文書等が本当に守る秘密がある実質秘か、形式的にマル秘印が押してあるだけの形式秘かが大きな争点となるが、公開の裁判でその内容を審議すること自体、秘密の内容を明らかにするという矛盾をかかえ

● 秘密指定の強化と報道活動の規制

　2001年の自衛隊法改正によって、防衛大臣は自衛隊情報を事実上、自由に秘密指定することが可能となり（96条の2）、その秘密の漏洩行為については自衛隊のほか、その他の公務員、民間関係者が従来に比して格段の厳罰で処罰されることになった。また、過失犯や未遂犯も取締りの対象に追加された（122条）。防衛省における秘密は、同省の所掌する事務に関する知識及びそれらの知識に係る文書もしくは図画または物件であって、「特別防衛秘密の保護に関する訓令」「防衛秘密の保護に関する訓令」「秘密保全に関する訓令」の規定によりそれぞれ、特別防衛秘密、防衛秘密、秘の指定を受けたものをいう。改正された秘密保全に関する訓令で、従来存在していた「機密」「極秘」は保全の程度に応じ「秘」「防衛秘密」に移行している。防衛秘密を漏洩させた場合の刑事処分は5年以下の懲役で、防衛省職員・自衛隊員のほか、防衛秘密の製造等に携わる業者等にも適用される。なお、特別防衛秘密は MSA 秘密保護法に基づき指定されたもので、自衛隊法による防衛秘密とは別である（2001年までは防衛秘密と呼んでいた）。罰則はもっとも重く最大10年の懲役である。

自衛隊法（1954. 6. 9法165）
第96条の2［防衛秘密］　①防衛大臣は、自衛隊についての別表第4に掲げる事項であって、公になっていないもののうち、我が国の防衛上特に秘匿することが必要であるものを防衛秘密として指定するものとする。
②前項の規定による指定は、次の各号のいずれかに掲げる方法により行わなければならない。
　一　政令で定めるところにより、前項に規定する事項を記録する文書、図画若しくは物件又は当該事項を化体する物件に標記を付すこと。
　二　前項に規定する事項の性質上前号の規定によることが困難である場合において、政令で定めるところにより、当該事項が同項の規定の適用を受けることとなる旨を当該事項を取り扱う者に通知すること。
ドローン規制法＜重要施設の周辺地域の上空における小型無人機等の飛行の禁止に関する法律＞（2016法9、2020. 7. 14法61改正）
第1条［目的］　この法律は、国会議事堂、内閣総理大臣官邸その他の国の重要な施設等、外国公館等、防衛関係施設、空港及び原子力事業所の周辺地域の上空における小型無人機等の飛行を禁止することにより、これらの重要施設に対する危険を未然に防止し、もって国政の中枢機能等、良好な国際関係、我が国を防衛するための基盤並びに国民生活及び経済活動の基盤の維持並びに公共の安全の確保に資することを目的とする。

● 実質秘判断

　徴税トラの巻事件最高裁決定（最決1977. 12. 19、刑集31. 7. 1053）では「国家機関が単にある事項につき形式的に秘扱の指定をしただけでは足りず、右『秘密』とは、非公知の事項であって、実質的にもそれを秘密として保護すると認められるものをいう」とされた。一方、**外務省秘密電文事件**（北朝鮮電信文事件）**地裁判決**（東京地判1968. 10. 18、下級刑集10. 10. 1014）では、「会談の内容、経過が新聞等により報道されたからといって、その一事をもって直ちに、本件「極秘」及び「秘」扱い電信文を秘密のものとして秘匿すべき必要が消滅したとして、その実質的秘密性を否定することはできない」とした。

るため、新たな審議方法が工夫されつつある。その一例が、「イン・カメラ方式」と呼ばれる裁判官だけが当該行政文書をみて、その秘密の程度を判断する非公開審理や、「ボーン・インデックス方式」と呼ばれる裁判所が指定する方式に従った詳細な索引（インデックス）を行政機関に作成させることによって、当該文書を分類・整理することで実質的な内容審理を可能にする方法である。

とりわけインカメラ審理については、裁判公開との関係をどう調整するかが最大のポイントであるが、先行事例のアメリカなどを参考に、原告の申立（了解）を必要とする、調査結果については調書への記載を行い、当事者は調書を自由に閲覧・複写することを可能とする、などの制度的担保をする案などが示されている（第5講参照）。

2 有事立法と表現規制

1999年に新ガイドラインに伴う周辺事態法が、さらに2001年にはテロ対策特別措置法が成立し、2003年以降、有事法制の本格的整備が始まった。これら法制度は、2001年9月11日のアメリカを標的としたテロ事件以降、急速に高まった国際協調のもとでの国際テロ対策、その後のアメリカを中心とするアルカイダ、イラクへの攻撃・侵攻を受け、日本としての有事（戦争）対策の一環でもあるが、その基調は自民党の集団的自衛権・有事立法提言である「わが国の安全保障政策の確立と日米同盟—アジア・太平洋地域の平和と繁栄に向けて」（2001.3.23、自由民主党政務調査会国防部会）からも明らかなように、従来からの考え方の延長線上にあるものともいえる。

なお、2003年から2004年にかけて成立した有事関連法は、武力攻撃事態法、国民保護法、改正安全保障会議設置法、改正自衛隊法、米軍行動円滑化法（米軍支援法）、外国軍用品等輸送規制法、特定公共施設等利用法、捕虜等取扱い法、国際人道法違反行為処罰法の9つである。

表現の自由との関係で直接関係するのは、武力攻撃事態法及び国民保護法による緊急事態宣言発令時の市民的自由の制限と、指定公共機関の規定である。法によってNHKが指定公共機関となったが、有事の際には、①警報の発令・解除、②武力攻撃事態の状況、③避難の指示・解除といった事項が、指定公共機関に対して要請されることになる。また、国民保護法によって、武力攻撃事態における業務計画について事前に首相あてに報告することが求められる。

● 公務員の守秘義務規定

国家公務員法（1947. 10. 21法120）
第100条［秘密を守る義務］　①職員は、職務上知ることのできた秘密を漏らしてはならない。その職を退いた後といえども同様とする。
第109条［罰則］　左の各号のいずれかに該当する者は、１年以下の懲役又は50万円以下の罰金に処する。
　　十二　第100条第１項若しくは第２項又は第106条の12第１項の規定に違反して秘密を漏らした者
第111条［罰則］　第109条第２号より第４号まで及び第12号又は前条第１項第１号、第３号から第７号まで、第９号から第15号まで、第18号及び第20号に掲げる行為を企て、命じ、故意にこれを容認し、そそのかし又はそのほう助をした者は、それぞれ各本条の刑に処する。

＊最高裁は**外務省沖縄密約事件**で、111条の「そそのかし」を「秘密漏示行為を実行させる目的をもって、公務員に対し、その行為を実行する決意を新に生じさせるに足りる慫慂行為」としたうえで、一定の取材活動は「正当業務行為」（刑法35条）として違法性が阻却されるとした。
　特別職の外務公務員に対しても国家公務員法が準用される。地方公務員法第34条［秘密を守る義務］、第60条［罰則］、第62条［ほう助等］及び、自衛隊法第59条［秘密を守る義務］、第118条・第122条［罰則］に同様な定めがある。そのほか、国税犯則取締法や地方税法にも、秘密漏洩に関する罪が定められている。

事務次官会議申合せ「秘密文書等の取扱いについて」（1965. 4. 15）
１．秘密保全を要する文書等の指定及び作成は、必要最小限にとどめること。
２．秘密文書は、原則として次の種類に区分すること。
　　極秘　秘密保全の必要が高く、その漏えいが国の安全、利益に損害を与えるおそれのあるもの。ただし、「極秘」のうちその秘密保全の必要度がきわめて高度のものを「機密」とすることができるものとすること。
　　秘　極秘につぐ程度の秘密であつて、関係者以外には知らせてはならないもの。
３．「極秘」の区分は、当該省庁の官房長、局長又はこれらに準ずる者が「秘」の区分は、当該省庁の課長又はこれらに準ずる者がそれぞれ指定し、当該文書に作成部課名を表示すること。
４．「極秘」の文書には、必ず一連番号を付し、その所在を明らかにしておくこと。
５．秘密文書には、秘密にしておく期間を明記し、その期間が経過したときは、秘密の取扱いは、解除されたものとする。ただし、その期間中秘密にする必要がなくなつたときは、その旨を通知して秘密の解除を行うものとすること。
６．「極秘」の文書の複製は、絶対に行わないこと。「秘」の文書は、指定者の承認をうけて複製することができること。
７．各省庁は、秘密文書の取扱責任者を指定し、秘密文書の保管、出納等の責に任ぜしめること。
12．各省庁は、以上の取扱いを当該省庁の文書取扱の規定にもり込むこと。

有事とはいえ、報道機関が制度的枠組みに組み込まれ、事実上、検証不能な政府発表情報を放送する義務を負うことの是非や、首相の管理・調整下での放送内容への影響の有無などについて、十分な議論が尽くされたとはいえない。取材・報道の自由に国が介入する口実を与えかねないとして、一部からは強い批判が出され、責務は罰則のない訓示規定にとどめられ、放送局の自主性によって放送をしない選択肢も残された。

　武力攻撃事態法2条6号によって「指定公共機関」は「独立行政法人、日本銀行、日本赤十字社、日本放送協会その他の公共的機関及び電気、ガス、輸送、通信その他の公益的事業を営む法人で、政令で定めるものをいう。」とする。関連して国民保護法では、警報の内容を指定公共機関が放送することを定める一方、「配慮事項」の項で「日本赤十字社の自主性の尊重及び放送事業者の言論の自由の侵害の禁止」などを定める。

　当初はNHKのみが法の対象であったが、2004年の法施行の際に在京・在阪テレビ局など19の民放局が指定された。また、同法規定に則り各都道府県知事の指定により、ほとんどのテレビ局及びラジオ局が「地方指定公共機関」となった。さらにその対象は報道機関すべてに広がる可能性を孕んでいる。なお政府は、有事に際し報道機関に対して報道協定の締結を要請する可能性についても触れており、これは事実上、報道機関が政府の要請に従って「不報協定」を結ぶということになる。

　こうした例は、湾岸戦争時に外務省の要請に従って新聞・放送・通信各社が日本人の移送計画を報道しない取り決めをしたものがあり、同様の事例が発生する可能性はきわめて高い。これは、事実上の行政機関による検閲行為にほかならず、憲法上の疑義がある。海外の事例としては、イギリスには同様の「Dノーティス」制度が存在し、政府の要請があった場合、主要報道機関の間で報道自粛を行ってきている。

　前述の有事関連法のほか、災害対策基本法、新型インフルエンザ等対策特別措置法（現・コロナ特措法）、大規模地震対策特別措置法、原子力災害対策特別措置法、石油コンビナート等災害防止法、日本海溝・千島海溝周辺海溝型地震に係る地震防災対策の推進に関する特別措置法、南海トラフ地震に係る地震防災対策の推進に関する特別措置法の計10の法律には、すでに「指定公共機関」の規定があり、それぞれの責務の定めがある。すでにNHK・民放とも地震速報などで協力体制をとってきているところである。なお、放送法には「災

郵便はがき

112-0005

東京都文京区

水道二丁目一番一号

勁草書房

愛読者カード係行

___

（弊社へのご意見・ご要望などお知らせください）

・本カードをお送りいただいた方に「総合図書目録」をお送りいたします。
・HP を開いております。ご利用ください。http://www.keisoshobo.co.jp
・裏面の「書籍注文書」を弊社刊行図書のご注文にご利用ください。ご指定の書店様に
　至急お送り致します。書店様から入荷のご連絡を差し上げますので、連絡先（ご住所・
　お電話番号）を明記してください。
・代金引換えの宅配便でお届けする方法もございます。代金は現品と引換えにお支払
　いください。送料は全国一律100円（ただし書籍代金の合計額（税込）が1,000円
　以上で無料）になります。別途手数料が一回のご注文につき一律200円かかります
　（2013年 7 月改訂）。

愛読者カード

40394-3　C3032

本書名　法とジャーナリズム〈第4版〉

お名前（ふりがな）　　　　　　　　　　　（　　　歳）

ご職業

ご住所　〒　　　　　　　　　　お電話（　　　）　　ー

本書を何でお知りになりましたか
書店店頭（　　　　　　　　書店）／新聞広告（　　　　　　新聞）
目録、書評、チラシ、HP、その他（　　　　　　　　　　　　　）

本書についてご意見・ご感想をお聞かせください。なお、一部をHPをはじめ広告媒体に掲載させていただくことがございます。ご了承ください。

――――――――――　◇書籍注文書◇　――――――――――

最寄りご指定書店

市　　町（区）

書店

（書名）	¥	（　　）部
（書名）	¥	（　　）部
（書名）	¥	（　　）部
（書名）	¥	（　　）部

※ご記入いただいた個人情報につきましては、弊社からお客様へのご案内以外には使用いたしません。詳しくは弊社HPのプライバシーポリシーをご覧ください。

コロナ特措法＜新型インフルエンザ等対策特別措置法＞（2012法31，2020法4改正）

第5条［基本的人権の尊重］　国民の自由と権利が尊重されるべきことに鑑み、新型インフルエンザ等対策を実施する場合において、国民の自由と権利に制限が加えられるときであっても、その制限は当該新型インフルエンザ等対策を実施するため必要最小限のものでなければならない。

第32条［新型インフルエンザ等緊急事態宣言等］　①政府対策本部長は、新型インフルエンザ等が国内で発生し、その全国的かつ急速なまん延により国民生活及び国民経済に甚大な影響を及ぼし、又はそのおそれがあるものとして政令で定める要件に該当する事態が発生したと認めるときは、新型インフルエンザ等緊急事態が発生した旨及び次に掲げる事項の公示をし、並びにその旨及び当該事項を国会に報告するものとする。

　一　新型インフルエンザ等緊急事態措置を実施すべき期間
　二　新型インフルエンザ等緊急事態措置を実施すべき区域
　三　新型インフルエンザ等緊急事態の概要

②前項第一号に掲げる期間は、二年を超えてはならない。

＊知事がとりうる具体的措置については、第15講参照。

武力攻撃事態法＜武力攻撃事態等における我が国の平和と独立並びに国及び国民の安全の確保に関する法律＞（2003. 6. 13法79）

第3条［武力攻撃事態等への対処に関する基本理念］　①武力攻撃事態等への対処においては、国、地方公共団体及び指定公共機関が、国民の協力を得つつ、相互に連携協力し、万全の措置が講じられなければならない。

④武力攻撃事態等への対処においては、日本国憲法の保障する国民の自由と権利が尊重されなければならず、これに制限が加えられる場合にあっても、その制限は当該武力攻撃事態等に対処するため必要最小限のものに限られ、かつ、公正かつ適正な手続の下に行われなければならない。この場合において、日本国憲法第14条、第18条、第19条、第21条その他の基本的人権に関する規定は、最大限に尊重されなければならない。

第6条［指定公共機関の責務］　指定公共機関は、国及び地方公共団体その他の機関と相互に協力し、武力攻撃事態等への対処に関し、その業務について、必要な措置を実施する責務を有する。

第8条［国民の協力］　国民は、国及び国民の安全を確保することの重要性にかんがみ、指定行政機関、地方公共団体又は指定公共機関が対処措置を実施する際は、必要な協力をするよう努めるものとする。

土地規制法＜国家安全保障上重要な土地等に係る取引等の規制等に関する法律＞案

第1条［目的］　この法律は、その取引等が国家安全保障の観点から支障となるおそれがある重要な土地等について、自由な経済活動との調和を図りつつ、その取引等に対し必要最小限の規制を行うこと等により、我が国の平和及び安全の確保に資することを目的とする。

第9条［土地の所有者の把握に関する情報提供の要求等］　①内閣総理大臣は、重要国土基礎調査の実施のため必要があるときは、関係行政機関の長、関係地方公共団体の長その他の関係者に対して、第一種重要国土区域内及び第二種重要国土区域内に所在する土地の所有者の把握に関し必要な情報の提供を求めることができる。

害放送」規定があり、放送局は災害予防と被害軽減のための放送を行うことを義務付けられている（法108条）が、有事における規定は放送法には存在しない。

　なお、2011年には原子力対策特措法（2021年継続中）、2020・2021年はコロナ特措法に基づき、緊急事態宣言が複数回発出され、移動の自由、集会の自由などの私権に大きな制約がかかり、結果として取材・報道の自由にもさまざまな影響があった。

Ⅱ　特定秘密保護法と政府監視

1　過去の経緯と新たな動き

　政府が有事体制における言論規制を企図したのは実はこれがはじめてではない。もっとも現実味を帯びたのは、自民党が、国家秘密の探知・収集・公表を一般的に処罰する法制度の必要性を訴え、1985年に議員立法として「国家秘密に係るスパイ行為等の防止に関する法律案（国家秘密法案）」を国会に上程したときである。防衛上の秘密、外交上の秘密などの"国益"情報に法的保護をかけることを図ったが、日本新聞協会をはじめ報道界、法曹界、市民団体の強い反対にあい廃案となった。

　1980年に第1次案が自民党・安保調査会特別委員会で発表されて以来、「日米防衛協力のための指針」（ガイドライン）に盛り込まれた「情報の保全」の法的実現をめざし、スパイ防止法制定促進会議や勝共連合の強いバックアップを受けて推進された経緯がある。その後、1982年には第2次案が示され、同法によって刑事特別法やMSA秘密保護法の当該条項を肩代わりすることを企図していた。またここでは、防衛秘密の範囲を広範に捉えたうえ、単純漏洩罪を設けた。さらに、1985年の第3次案で外交秘密も加え、法案化された。

　なお、国家秘密法案のモデルとされているのが、戦前の改正軍機保護法（1937年）や国防保安法（1941年）であり、前者において陸海軍当局の判断により何が軍事秘密とされたか興味深い。たとえば、1937年には中央気象台の観測結果が公表禁止となり、その翌年には暴風警報も禁止、以後、天気予報は許可制となった。さらに後者では、国家機密の名のもとに、軍事機密以外の外交、財政、経済情報も対象に含められ、それらの探知・収集・漏洩は死刑となった。こう

国民保護法＜武力攻撃事態等における国民の保護のための措置に関する法律＞（2004.6.18法112)

第2条［定義］ ②この法律において「指定地方公共機関」とは、都道府県の区域において電気、ガス、輸送、通信、医療その他の公益的事業を営む法人、地方道路公社その他の公共的施設を管理する法人及び地方独立行政法人で、あらかじめ当該法人の意見を聴いて当該都道府県の知事が指定するものをいう。

第7条［日本赤十字社の自主性の尊重等］ ②国及び地方公共団体は、放送事業者である指定公共機関及び指定地方公共機関が実施する国民の保護のための措置については、その言論その他表現の自由に特に配慮しなければならない。

第8条［国民に対する情報の提供］ ①国及び地方公共団体は、武力攻撃事態等においては、国民の保護のための措置に関し、国民に対し、正確な情報を、適時に、かつ、適切な方法で提供しなければならない。

②国、地方公共団体並びに指定公共機関及び指定地方公共機関は、国民の保護のための措置に関する情報については、新聞、放送、インターネットその他の適切な方法により、迅速に国民に提供するよう努めなければならない。

第36条［指定公共機関及び指定地方公共機関の国民の保護に関する業務計画］ ②指定地方公共機関は、都道府県の国民の保護に関する計画に基づき、その業務に関し、国民の保護に関する業務計画を作成しなければならない。

③前2項の国民の保護に関する業務計画に定める事項は、次のとおりとする。

一 当該指定公共機関又は指定地方公共機関が実施する国民の保護のための措置の内容及び実施方法に関する事項

四 前3号に掲げるもののほか、国民の保護のための措置の実施に関し必要な事項

④指定公共機関及び指定地方公共機関は、それぞれその国民の保護に関する業務計画を作成したときは、速やかに、指定公共機関にあっては当該指定公共機関を所管する指定行政機関の長を経由して内閣総理大臣に、指定地方公共機関にあっては当該指定地方公共機関を指定した都道府県知事に報告しなければならない。この場合において、内閣総理大臣又は都道府県知事は、当該指定公共機関又は指定地方公共機関に対し、必要な助言をすることができる。

第50条［警報の放送］ 放送事業者である指定公共機関及び指定地方公共機関は、第45条第2項又は第46条の規定による通知を受けたときは、それぞれその国民の保護に関する業務計画で定めるところにより、速やかに、その内容を放送しなければならない。

第57条［避難の指示等の放送］ 第50条の規定は、放送事業者である指定公共機関又は指定地方公共機関が第54条第7項の規定による通知を受けた場合について準用する。

第101条［緊急通報の放送］ 第50条の規定は、放送事業者である指定公共機関又は指定地方公共機関が前条第1項の規定による通知を受けた場合について準用する。

第174条［基本的人権の尊重］ ①緊急対処保護措置を実施するに当たっては、日本国憲法の保障する国民の自由と権利が尊重されなければならない。

②前項に規定する緊急対処保護措置を実施する場合において、国民の自由と権利に制限が加えられるときであっても、その制限は当該緊急対処保護措置を実施するため必要最小限のものに限られ、かつ、公正かつ適正な手続の下に行われるものとし、いやしくも国民を差別的に取り扱い、並びに思想及び良心の自由並びに表現の自由を侵すものであってはならない。

した流れはとどまることなく、1942年に中央防諜委員会の外郭団体として防諜協会が設立され、言論界の代表が常議員として名を連ねることになるのである。

1980年代当時、秘密保護法制と有事（緊急事態）法制は車の両輪にたとえられ、その法整備が図られたわけであるが、それから20年を経てその両者は新規立法により、いずれも現実のものとなったともいえる。

また、2003年12月以降のイラクへの自衛隊派兵に伴い、防衛庁は現地取材を自粛するよう求めるとともに、活動スケジュール等を報道しないよう防衛庁の記者クラブ（防衛記者会）加盟の16社に対し要請、さらに2004年3月には防衛庁と新聞協会・民放連の間で、イラク現地取材に関する「申し合わせ」とそれに伴う「確認事項」及び立入取材申請書の内容について合意した。ここでいう「隊員の生命・安全」は多くの国の従軍報道規制の「口実」といわれることが多い。いわゆる臨時の報道協定である。自衛隊法改正で防衛秘の枠を広げたこともあわせ、「特別」を理由とした政府の秘匿傾向が強まっているといえよう。

自衛隊取材・報道に関する事件として、2006年7月7日にイラク・サマワからの自衛隊撤退に際して、「安全」名目の取材拒否が経由地のクウェートであり問題となった。また、2008年5月31日付読売新聞が、中国潜水艦の事故記事を掲載したところ、当該情報を漏らした疑いで自衛隊1等空佐（当時）が自衛隊法防衛秘密漏洩容疑で書類送検された。なお同地検は、教唆罪（自衛隊法122条4項）該当の可能性があった記者の行為について、捜査の必要なしとして事情聴取を行わなかったが、こうした取材源の刑事罰を問うこと自体が、実質的に報道機関に圧力をかける行為そのものであるとして、批判を呼んだ。

ほかにも重要施設警備や国家安全保障名目での立法として、ドローン規制法や土地規制法がある。前者は2016年成立以降、改正や運用変更により規制対象を広げ大きな取材上の制約になりつつある。後者は2021年の新法案だが、基地等周辺の土地売買等の制限とともに土地所有者等の情報収集を定めるもので、思想調査に使われかねない危険性が指摘されている。こうした法律群は、とりわけ沖縄県のような米軍基地と隣り合わせの地域において、通常の取材や一般住民の市民的自由を脅かす可能性が高い。

国家秘密ではないが、2007年には刑法の秘密漏示罪（134条）を戦後初適用し、少年事件の鑑定人が供述調書をジャーナリストにみせた行為につき、逮捕・起訴をした（少年供述調書漏洩事件、2012年に有罪確定）。調書を掲載した単行本の筆者及び編集者も任意の事情聴取を受け、取材源への公権力行使に

災害対策基本法（1961. 11. 15法223）
第2条［定義］
　五　指定公共機関　独立行政法人、日本銀行、日本赤十字社、日本放送協会その他の公共的機関及び電気、ガス、輸送、通信その他の公益的事業を営む法人で、内閣総理大臣が指定するものをいう。
第6条［指定公共機関及び指定地方公共機関の責務］　①指定公共機関及び指定地方公共機関は、基本理念にのっとり、その業務に係る防災に関する計画を作成し、及び法令に基づきこれを実施するとともに、この法律の規定による国、都道府県及び市町村の防災計画の作成及び実施が円滑に行なわれるように、その業務について、当該都道府県又は市町村に対し、協力する責務を有する。
②指定公共機関及び指定地方公共機関は、その業務の公共性又は公益性にかんがみ、それぞれその業務を通じて防災に寄与しなければならない。
第57条［警報の伝達等のための通信設備の優先利用等］　前二条の規定による通知、要請、伝達又は警告が緊急を要するものである場合において、その通信のため特別の必要があるときは、都道府県知事又は市町村長は、他の法律に特別の定めがある場合を除くほか、政令で定めるところにより、電気通信事業法第2条第5号に規定する電気通信事業者がその事業の用に供する電気通信設備を優先的に利用し、若しくは有線電気通信法第3条第4項第4号に掲げる者が設置する有線電気通信設備若しくは無線設備を使用し、又は放送法第2条第23号に規定する基幹放送事業者に放送を行うことを求め、若しくはインターネットを利用した情報の提供に関する事業活動であって政令で定めるものを行う者にインターネットを利用した情報の提供を行うことを求めることができる。

武力攻撃事態等における我が国の平和と独立並びに国及び国民の安全の確保に関する法律施行令（2003. 6. 13政令252）
第3条［指定公共機関］　法第2条第6号の政令で定める公共的機関及び公益的事業を営む法人は、次のとおりとする。
　三十八　次に掲げる事業者のうち内閣総理大臣が指定して公示するもの
　　リ　電気通信事業法第9条の登録を受けた同法第2条第5号に規定する電気通信事業者
　　ヌ　放送法第2条第23号に規定する基幹放送事業者及び同法第2条第24号に規定する基幹放送局提供事業者
＊公示（2004. 9. 17）によって、以下の事業者が指定されている。
　電気通信事業者：NTTコミュニケーションズ、KDDI、ソフトバンクテレコム、NTTドコモ、ソフトバンクモバイル
　放送事業者：朝日放送、TBSテレビ、テレビ朝日、テレビ東京、フジテレビジョン、毎日放送、関西テレビ、中京テレビ、中部日本放送、東海テレビ、名古屋テレビ、日本テレビ、讀賣テレビ、大阪放送、TBSラジオ、日経ラジオ社、ニッポン放送、文化放送、東海ラジオ

　コロナ特措法においても、政府対策本部長（首相）は法に基づき指定公共機関に対し、「応援」（27条）のほか「総合調整」（20条）や「必要な指示」（33条）ができるとされている。

対して批判が起こった（第3講参照）。

2　新たな秘密保護法制

　そして迎えた2010年、くしくも民主党政権下で秘密保護法制の法制化が再浮上することになった。きっかけは尖閣列島沖の中国漁船と海上保安庁巡視船の衝突事故のビデオ映像が YouTube 上に流出するという事件であった。その後の政権交代で自公政権に戻った後、わずかな審議時間のなかで衆参両院ともに強行採決によって2013年12月、特定秘密保護法が成立した。

　時の政府は、自らの政権安定のために2種類の法律を制定してきた歴史がある。1つは政権批判を取り締まること、もう1つは政府の秘密を守ることだ。前者はかつて名誉毀損法として存在し、日本の場合、明治政府は樹立とともに政府批判を封じる讒謗律を制定、これはのちの新聞紙条例や出版条例、さらには治安維持法へと拡大した。そして後者の代表は軍機保護法で、軍事に限らず政府が保有する情報を国民から隠すための法制度を整備し、その後の改定で強化されていった。

　しかし今日、これらはその意味合いを大きく変えてきている。それは、政府に対する批判は可能な限り自由にし、政府が有する公的情報は国民のものであるという考え方への転換である。敗戦とともに新しい憲法のもとでは、戦前からの刑法上の名誉毀損は存続したものの、公人への批判を大幅に認める特別規定を追加し（刑法230条の2）、さらに判例でもその枠を拡大してきている（真実相当性の理論の導入）。また、情報公開法を制定し、市民の知る権利を実質上認め、政府に説明責任を負わせるようになった。この意味するところは、19・20世紀的な国家の安定は為政者に委ねるという「古い」考え方から、市民が自らの手で国家の将来を選択するという21世紀型の「新しい」考え方への転換であり、原則と例外の逆転の思考である。

　この基本的な思想の転換を理解したうえで、国家としての秘密の守り方を考える必要がある。そうであるならば、敗戦を経て現憲法が定めた「表現の自由の絶対保障」はきわめて大きな意味を持つ。いうまでもなく、その国の憲法は直前の社会状況を受け、その時代の国民が受けた辛苦を二度と繰り返すことがないよう定められている。だからこそ日本では平和憲法が誕生し、ドイツやイタリアとともに戦争の放棄を謳っている。それは単純に敗戦国として連合国から「押し付けられた」ものではなく、多くの国民の率直な思いを憲法の精神に

● 自衛隊取材に関する取材・報道規則

防衛庁が報道機関に示した要請文「イラク人道復興支援特措法に基づく自衛隊部隊の派遣に関する当面の取材について（お願い）」（抜粋）

　防衛庁としては、派遣部隊及び隊員の安全にかかわる情報は、従来から公表を差し控えているところであり、記者の取材活動において仮に派遣部隊及び隊員の安全に関わる情報を入手した場合にも、報道を差し控えて頂くようお願いします。

　また、派遣隊員の家族について、本人の同意を得ていないと思われる映像の放映等も散見されますが、このようなものは本人のプライバシーとの関係で問題を生じることにもなりかねません。

　以上のことから、上のような報道により派遣される部隊及び隊員等の安全確保を含めた防衛庁の円滑な業務遂行を阻害すると認められる場合は、爾後の取材をお断りすることになります。

　各報道機関におかれましては、現地における取材を可能な限り控えて頂くようお願いいたします。次に示す隊員の生命及び安全に関する事項の報道を自粛されるようお願いいたします。（1）部隊、装備品、補給品等の数量、（2）部隊、活動地域の位置、（3）部隊の将来の活動に関わる情報、（4）部隊行動基準、部隊の防護手段、警戒態勢に関わる情報、（5）部隊の情報収集手段、情報収集態勢に関わる情報、（6）部隊の情報収集等により得られた警備関連情報、（7）他国軍等の情報、（8）隊員の生命及び安全に関すること、（9）その他、部隊等が定める事項

　防衛庁、新聞協会・編集委員会、民放連・報道委員会の「申し合わせ」（2004.3.11）では、イラクでの自衛隊取材の「基本原則」として、①政府の説明責任、②表現・報道の自由の尊重、③自衛隊員、報道関係者の安全確保、④自衛隊部隊の円滑な任務遂行、の4点を挙げている。また、防衛庁に対し情報の取り扱いなどに関する遵守事項を確約した申請書を提出した者に立入許可証を発行することにしている。

● 守秘義務の定め

刑法（1907.4.24法45）
第134条［秘密漏示］　①医師、薬剤師、医薬品販売業者、助産師、弁護士、弁護人、公証人又はこれらの職にあった者が、正当な理由がないのに、その業務上取り扱ったことについて知り得た人の秘密を漏らしたときは、6月以下の懲役又は10万円以下の罰金に処する。

　外務省沖縄密約事件最高裁決定（最決1978.5.31、刑集32.3.457）は、報道機関が公務員に対し根気強く執拗に説得ないし要請を続けることは、それが真に報道の目的から出たものであり、その手段・方法が法秩序の全体の精神に照らし相当なものとして社会通念上是認されるものであることが求められるが、当該取材行為は、その手段・方法において法秩序全体の精神に照らし社会観念上不当であるとした。なお地裁判決（東京地判1974.1.30、判時732.12）は、新聞を通じて国民に報道し、新聞の公共的使命を全うしようという目的をもっており、違法性に欠ける、とした。また高裁判決（東京高判1976.7.20、高刑集29.3.429）は、報道機関が公務員に対して行った取材行為が問われている場合には、そそのかし概念は一般の場合より厳格なものでなければならず、秘密漏示行為に出るかどうかについて、自由な意思決定をすることが不可能とする程度の手段方法を伴ってなされる弊害を招くほどの高度の蓋然性を持つものでなければならない、としていた。

反映させたものにほかならないといえるだろう。

　こうした原則のうえに成り立つ現在の日本の秘密保護法制は、多少、他国とは異なる日本独特の方法をとってきた。一般に、国家の秘密を守るためには、その秘密を漏らすこと（漏洩罪）と、秘密を嗅ぎまわること（取得罪）の両方、いわば情報の〈下り〉と〈上り〉の両方向の情報の流れをストップさせることになる。したがって、秘密法を持つ国は、その両方を罰するわけで、かつての軍機保護法もまさにこの法構成になっていた。しかし戦後の日本は、上り方向の取得罪をなくし、公務員が情報を漏らした場合といった下り方向だけを公務員法で罰する仕組みを採用している。これはまさに、辛い戦争の犠牲の上に手に入れた、日本モデルの表現の自由のあり方、それは同時に秘密の守り方そのものでもある。

　特定秘密保護法は、この大原則を大きく転換させるという意味で、戦後憲法体系の変更を意味するものであるといえるだろう（ちょうど同時期に、集団的自衛権の容認を閣議決定し憲法9条の解釈改憲に踏み切ったことは、きわめて示唆的である）。

　特定秘密保護法の特徴は、政府が隠したいと思う情報を秘密指定し、「秘匿」するための法制度になっている点である。黙っていても増え続ける政府の秘密情報をいかに市民がコントロールするかという意味で、政府の秘密を「監視」する制度こそが秘密保護法の根幹であるべきなのだが、現実はそうなっていない。立法過程の最終盤で急遽決まった3つの「監視」機関はいずれも、調査権限が制約的であったり、構成メンバーが秘密指定する官庁からの出向であるなど、政府の秘密指定の追認機関となる可能性がぬぐえない。具体的な機関は、国会法の改正によって衆参両院に設置をした「情報監視審査会」と、内閣官房に置く各省庁の次官級による「内閣保全監視委員会」、内閣府に設置する審議官級による「独立公文書管理監」とその事務を支える「情報保全監察室」である。

　こうしたなかで、法案に対する賛否を問わず共通して指摘されてきた問題が「取材・報道の自由」への懸念であった。これに対しては、知る権利に対する「配慮条項」を追加するなどの措置を取ったものの、法が持つ根本的な問題については解消には至らないまま、施行を迎えることになった。たとえば処罰対象（秘密の対象）一つをとっても、厳しい批判を受け廃案になった国家秘密保護法案よりも、今回の特定秘密保護法の方が拡大していることがわかる。

特定秘密保護法＜特定秘密の保護に関する法律＞ (2013. 12. 13法108)

第1条 [目的]　この法律は、国際情勢の複雑化に伴い我が国及び国民の安全の確保に係る情報の重要性が増大するとともに、高度情報通信ネットワーク社会の発展に伴いその漏えいの危険性が懸念される中で、我が国の安全保障（国の存立に関わる外部からの侵略等に対して国家及び国民の安全を保障することをいう。以下同じ。）に関する情報のうち特に秘匿することが必要であるものについて、これを適確に保護する体制を確立した上で収集し、整理し、及び活用することが重要であることに鑑み、当該情報の保護に関し、特定秘密の指定及び取扱者の制限その他の必要な事項を定めることにより、その漏えいの防止を図り、もって我が国及び国民の安全の確保に資することを目的とする。

第3条 [特定秘密の指定]　①行政機関の長は、当該行政機関の所掌事務に係る別表に掲げる事項に関する情報であって、公になっていないもののうち、その漏えいが我が国の安全保障に著しい支障を与えるおそれがあるため、特に秘匿することが必要であるもの（日米相互防衛援助協定等に伴う秘密保護法第1条第3項に規定する特別防衛秘密に該当するものを除く。）を特定秘密として指定するものとする。ただし、内閣総理大臣が第18条第2項に規定する者の意見を聴いて政令で定める行政機関の長については、この限りでない。

第4条 [指定の有効期間及び解除]　①行政機関の長は、指定をするときは、当該指定の日から起算して5年を超えない範囲内においてその有効期間を定めるものとする。

②行政機関の長は、指定の有効期間が満了する時において、当該指定をした情報が前条第1項に規定する要件を満たすときは、政令で定めるところにより、5年を超えない範囲内においてその有効期間を延長するものとする。

③指定の有効期間は、通じて30年を超えることができない。

④前項の規定にかかわらず、政府の有するその諸活動を国民に説明する責務を全うする観点に立っても、なお指定に係る情報を公にしないことが現に我が国及び国民の安全を確保するためにやむを得ないものであることについて、その理由を示して、内閣の承認を得た場合は、行政機関の長は、当該指定の有効期間を、通じて30年を超えて延長することができる。ただし、次の各号に掲げる事項に関する情報を除き、指定の有効期間は、通じて60年を超えることができない。

附則

第9条 [指定及び解除の適正の確保]　政府は、行政機関の長による特定秘密の指定及びその解除に関する基準等が真に安全保障に資するものであるかどうかを独立した公正な立場において検証し、及び監察することのできる新たな機関の設置その他の特定秘密の指定及びその解除の適正を確保するために必要な方策について検討し、その結果に基づいて所要の措置を講ずるものとする。

　政府は、特定秘密の指定及びその解除並びに適性評価の実施に関し統一的な運用を図るための基準の策定について（2014年10月14日閣議決定）で、指定の要件該当性の判断基準として、①別表該当性：法の別表事項をさらに具体化した細目に該当するか、②飛行知性：現に不特定多数の人に知られていないか、③特段の秘匿の必要性：漏洩により日本の安全保障に著しい支障を与える事態が生じる恐れがあるか、をあげている。

　政府はインターネット等の情報環境や国際情勢の変化からやむなしとするが、その曖昧模糊とした秘密の拡張がもたらすものは、行政による表現活動の恣意的な取締りと官僚組織内で進む無制限な情報隠しであろう。また、報道の自由を守るためという理由から、「著しく不当な方法」を違法な秘密取得行為の条件にしたが、実際は逆に恣意的な取締りを可能にするマジックワードであり、取材の対象外を広げる効果を持ちかねない。

　なぜなら前例とされる沖縄密約事件では、不当な取材とは社会観念上許されないものだとしているからである。立法過程の国会答弁で繰り返された、「社会観念」上許されない行為のみが処罰の対象であるということは、政府（捜査当局）が「良識」と称する自らの恣意的な判断基準に従い、いつでも記者を拘束することができる仕組みであることを意味するからである。

　また、政府の不当な行為の告発なども含め、いかなる公益目的があろうとも、理由のいかんを問わず情報漏洩を取り締まることにした。これは取材行為についても当てはまり、公益目的があったとしても取材方法に問題があれば、それが理由で処罰されることになる。そして場合によっては、結果として無罪になろうと、もっといえば起訴されなくてもよいのである。政府が発表してほしくないタイミングで拘束し口を封じることが、法を口実として可能となり、しかも探知したとされる秘密の中身が開示されないことから、刑事弁護の活動も困難を極めることが想定されている。そうした検察（政府）の自己に都合のよい解釈によって架空の「良識」が形成され、そうした「倫理」違反を違法行為として裁くという、法と倫理の混同による取材行為の制約が強く危惧される。

　記者が公務員に接触し、公務員が職務上知りえた秘密を聞きだす行為は、まさに通常の「取材」そのものである。警察や検察取材しかり、外務省や内閣府も同様だし、政治家に対する取材も同じである。そして取材を受けた公務員（議員を含む）からみれば、それはまさに「故意の漏洩」そのものである。しかし、情報の漏洩や取得は、①故意・過失による漏洩、②人を騙したり、暴行を加えたり、脅迫したり、窃盗、施設への侵入、不正アクセス行為などにより特定秘密を取得する行為、③これらの未遂、④これらの共謀、教唆、扇動、と定められ、最高10年の懲役が科されることになった。

　正当な取材行為が、違法行為として問われる可能性が危惧されるゆえんである。

● 特定秘密保護法と取材の自由

第22条［この法律の解釈適用］　①この法律の適用に当たっては、これを拡張して解釈して、国民の基本的人権を不当に侵害するようなことがあってはならず、国民の知る権利の保障に資する報道又は取材の自由に十分に配慮しなければならない。

②出版又は報道の業務に従事する者の取材行為については、専ら公益を図る目的を有し、かつ、法令違反又は著しく不当な方法によるものと認められない限りは、これを正当な業務による行為とするものとする。

第23条　①特定秘密の取扱いの業務に従事する者がその業務により知得した特定秘密を漏らしたときは、10年以下の懲役に処し、又は情状により10年以下の懲役及び1000万円以下の罰金に処する。特定秘密の取扱いの業務に従事しなくなった後においても、同様とする。

③前2項の罪の未遂は、罰する。

第24条　①外国の利益若しくは自己の不正の利益を図り、又は我が国の安全若しくは国民の生命若しくは身体を害すべき用途に供する目的で、人を欺き、人に暴行を加え、若しくは人を脅迫する行為により、又は財物の窃取若しくは損壊、施設への侵入、有線電気通信の傍受、不正アクセス行為その他の特定秘密を保有する者の管理を害する行為により、特定秘密を取得した者は、10年以下の懲役に処し、又は情状により10年以下の懲役及び1000万円以下の罰金に処する。

②前項の罪の未遂は、罰する。

第25条　①第23条第1項又は前条第1項に規定する行為の遂行を共謀し、教唆し、又は煽動した者は、5年以下の懲役に処する。

【参考文献】

村井敏邦・田島泰彦編集『特定秘密保護法とその先にあるもの――憲法秩序と市民社会の危機（新・総合特集シリーズ　別冊法学セミナー5）』（日本評論社、2014年）、北海道新聞社編『特定秘密保護法を読む　全条文　反対声明・意見書』（北海道新聞社、2014年）、清水雅彦・臺宏士・半田滋『秘密保護法は何をねらうか』（高文研、2013年）、山田健太「秘密保護法の何が、なぜ、問題なのか」『世界』2013年11月号（岩波書店、2013年）、山田健太「私たちはいかにして『開かれた政府』をどう実現するか」『エディターシップ』3号（日本編集者学会・トランスビュー発行、2014年）、横浜弁護士会編『資料　国家秘密法―議会論議と事例から』（花伝社、1987年）、神奈川新聞社編『「言論」が危うい―国家秘密法の周辺』（神奈川新聞社、1987年）、日本ペンクラブ編『「国家秘密法」私たちはこう考える』（岩波ブックレット、1988年）、上田誠吉『ある北大生の受難―国家秘密法の爪痕』（花伝社、2013年）、グレン・グリーンウォルド『暴露―スノーデンが私に託したファイル』（新潮社、2014年）、ルーク・ハーディング『スノーデンファイル―地球上で最も追われている男の真実』（日経BP社、2014年）

第12講　国家利益との衝突

I　教育水準の確保と表現の自由

　高い教育水準の確保という国家政策の実現に沿って、公教育の場では表現の自由の部分的な制限が認められてきた。ここでは、学生の政治的活動と教科書検定制度について考えてみる。

1　学校における表現の自由

　日本では、児童・生徒・学生の学内外における政治的活動等の自由の保障は十分とはいえず、むしろ学校側の教育目的に沿った包括的な権能による規律が認められてきた（昭和女子大事件）。

　しかし、子どもの権利条約は、18歳未満の青少年の意見表明権（12条）、表現の自由（13条）を定めている。これは、親子間、師弟間など大人と子どもの間では、子どもが一方的に弱い立場におかれることが一般的であり、子どもがいいたいこともいえないまま、大人に服従せざるをえない状況が想定され、子どもの表現の自由ほか、侵害されやすい人権について、特に「子どもの権利」として保障したものである。そしてこれらの権利は、結社や集会の自由を含め、最大限、学校や家庭のなかでも尊重されなければならない。

　より日常的には、服装や頭髪に関し厳しい規律を掲げた「学則」が、ある種の自己表現の自由を過度に制限するのではないかとして問題とされてきた（ブラック校則問題）。あるいは、日の丸・君が代に対する批判的態度が、処分の対象とされた事例も報告されている。たとえば東京都教育委員会では、2003年に国旗掲揚及び国歌斉唱の実施指針を通達し、2004年にはこれを守らなかった公立学校教員を懲戒処分にした。

　なお、憲法23条は「学問の自由は、これを保障する」と定めるが、これは、戦前・戦中の天皇機関説や滝川事件のように、政権の意に沿わない研究や学説が厳しく弾圧された歴史と無縁ではない。アメリカのように表現の自由に包括して学問の自由を別個に保障していない国もあるが、日本の保障の仕方は、教育関係者に研究の自由を保障することが必要であった、ドイツの大学の自治の考え方にならったものとされている。

　一般に憲法で保障する学問の自由には、個人の学問研究活動の自由と、その研究成果を発表する自由、さらに教授の自由が含まれると解されてきた。しかしこの点についても、前述の条約などとの関係から、広く国民一般の学習権と

● 学問の自由をめぐる裁判例

昭和女子大事件は、「生活要録」に反し、政治的団体に加入していた学生が、大学より処分を受けたことをラジオ番組のなかで発言したため、退学処分になったことに対し、処分取消を求めた事件で、「学生の勉学専念を特に重視しあるいは比較的保守的な校風を有する大学が、その教育方針に照らし学生の政治的活動はできるだけ制限するのが教育上適当であるとの見地から、学内及び学外における学生の政治的活動につきかなり広範な規律を及ぼすこととしても、これをもって直ちに社会通念上学生の自由に対する不合理な制限であるということはできない」と判示し（最判1974.7.19、民集28.5.790）、憲法問題については私人間効力を否定することにより処理したと解釈されている。

東大ポポロ事件は、東大構内で上映されていた劇団ポポロの観客中に警官がいることを発見した学生が、暴行を加えたことで刑事罰を受けたことに対し、学問の自由・大学の自治が争われた事件。最高裁は、真に学問的研究・発表のための集会のみが自由と自治を享有するのであって、実社会の政治的社会的活動にあたる集会は真に学問的なものとはいえず保護されない、と判示した（最大判1963.5.22、刑集17.4.370）。

国立大学法人法（2013.7.16法112）

第12条［役員の任命］　①学長の任命は、国立大学法人の申出に基づいて、文部科学大臣が行う。
②前項の申出は、第一号に掲げる委員及び第二号に掲げる委員各同数をもって構成する会議（以下「学長選考会議」という。）の選考により行うものとする。
一　第20条②第三号に掲げる者の中から同条①に規定する経営協議会において選出された者
二　第21条②第三号又は第四号に掲げる者の中から同条①に規定する教育研究評議会において選出された者

学校教育法（1947.3.31法26）

第93条　③　教授会は、前項に規定するもののほか、学長及び学部長その他の教授会が置かれる組織の長がつかさどる教育研究に関する事項について審議し、及び学長等の求めに応じ、意見を述べることができる。

● 教科書検定基準

　義務教育諸学校教科用図書検定基準及び高等学校教科用図書検定基準のうち、社会科固有の条件（高等学校検定基準にあっては地理歴史科及び公民科）について、2014年に以下の改訂を行った。これまで10年に1度行われる学習指導要領の改訂に合わせて見直されてきたが、2014年改訂は通常の時期ではなく異例であった。
①未確定な時事的事象について記述する場合に、特定の事柄を強調し過ぎていたりするところはないことを明確化する。
②近現代の歴史的事象のうち、通説的な見解がない数字などの事項について記述する場合には、通説的な見解がないことが明示され、児童生徒が誤解しないようにすることを定める。
③閣議決定その他の方法により示された政府の統一的な見解や最高裁の判例がある場合には、それらに基づいた記述がされていることを定める。

　そのほか、愛国心などを盛り込んだ教育基本法の目標に照らして、重大な欠陥があると判断された場合、不合格にすることを明記した。ただし、重大な欠陥とはどのようなものなのかなど、具体例は示されないため、不合格を恐れる教科書会社側が無難な記述しかできなくなると危惧されている。

して捉える考え方が強まってきているといえる。すなわち、教育を受ける自由、学ぶ自由の主張である。

　また、大学の自治に関しては一般に、人事や施設管理、研究計画や予算執行などの自治（独立性）が認められるべきとされている。しかし対外的にも（国立大学法人法12条）、学内的にも（学校教育法93条）、新たな法規定によってその独立性は大きく揺らぎつつある。判例では大学の自治は真に学問的研究・発表のためのものに限られるとし、大学構内における警察の情報収集を合法であるとした（東大ポポロ事件）。自由な学問・研究を保障するための大学の自治であるとすれば、安易な警察介入はそれ自体憲法の保障する学問の自由に反する可能性があるとともに、その萎縮効果は表現の自由にも大きな影響を与えると思われる。

　大学の独立性は、公権力の不介入（国家からの自由）が大前提となるものの、一方で近代国家において十全な学修・教育・研究環境の維持のために、公的助成が幅広く行われてきている（国家による自由）。2010年代以降の政府意向の大学教育や研究助成のあり方、2020年に問題化した日本学術会議の問題は、まさにこうした国家と学問（教育・研究）の関係を問うものであった（第4講参照）。

2　教科書検定制度

　教科書検定は、学校教育法34条（旧21条）1項（及び49条、62条）、教科用図書検定規則（文部省令）と教科用図書検定基準（文部省告示）に基づくものであり、実質的には小・中・高それぞれについて定められている学習指導要領（文科省告示）との適合性が審査される制度である。ただし、これらの規定は、一連の教育改革の動きのなかで、1989年に全面的に改められたとともに、その後2006年には基本原則を定めた教育基本法そのものも全面改定された。

　検定制度は、教育水準の全国平準化をめざし、明治時代の「国定教科書」制度時代から続いている、日本独特の教育システムである。教科書としての適切な内容を保障するための制度であるが、その審査が記述内容に及び、検定に合格しないと教科書としての出版は不可能になることから、この制度が憲法21条の禁ずる「検閲」にあたるほか、23条、26条、31条に違反するのではないか、教育基本法の原理に違反するのではないか、という指摘がなされてきた経緯がある（第2講参照）。行政機関によって発行前の著作物の内容についてチェッ

● 教育委員会制度

　戦前は、文部省を頂点とする中央集権的な制度であって、各都道府県知事が直轄する学事課が政府方針を受けて教育行政を実行していた。これが軍国主義教育を招いたとの反省から、戦後、地方分権や教育の中立性の原理に基づいた、独立した教育委員会制度を作り上げてきた経緯がある。

　最初は文部省と教育委員会は対等な関係であった。その後、教育委員を各自治体の首長が任命するようになって、バランスは多少崩れたものの、その精神はかろうじて残っているといえた。しかし中央教育審議会は、2013年12月に答申「今後の地方教育行政の在り方について」をまとめ、これまでの制度を事実上解体し、従来は教育委員会の事務局であった教育長に権限を集中させ、政府の意向を直接反映させる制度に変更することとした。そして2014年国会において、地方教育行政法を改正し教育委員会制度の抜本的変更を実行した。

　いじめや体罰の問題で、むしろ問題の隠蔽をはかりかねない教育委員会の形骸化があることは事実である。しかしその解決策が、文科省の直轄方式であるのかは疑問である。しかも、公教育の中立性を失わせるものであるとともに、地域の特徴を認めず国全体を一色に染めることになりかねない。表現の自由の基本要素は、独立性、多様性、地域性であり、そのいずれも教育の場にとっても重要である。

● 教科書採択の方法

　出版物の流通という側面からみた場合、教科書の採択もまた表現の自由が実行的に保障されているかを考える場合、重要な過程の１つである。公立学校の場合は教育委員会に、国・私立学校の場合は校長に採択権限があるが、特に前者に関し「採択運動」としてさまざまな働きかけがなされている実態がある。1996年に設立された「新しい教科書をつくる会」は、従来の歴史教科書が「自虐史観」の影響を強く受けているとして、「『愛国心』と『公共の精神』について明確に教えている唯一の教科書」として歴史や公民の中学用教科書を作成する一方、教科書採択のための強力な運動を展開しているとされる。

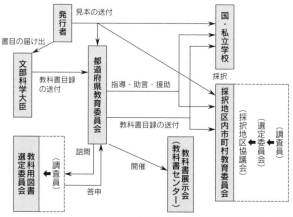

（「新しい教科書をつくる会」ウェブサイトから）

クする制度である以上、不透明な検定手続きのなかで行政側の価値観・歴史観に影響を受ける可能性を否定できないからである。

　検定は、文部科学省初等中等教育局教科書課が行政手続法に則って行うもので、検定基準の改訂では、教科書執筆の新基準として、政府見解に合わない記述の削除を求めることなどを定めた。これは、主として領有権主張や（従軍）慰安婦問題などで、必ずしも政権の意向にそぐわない教科書表現がみられることに対し、検定基準の変更によって、政府方針を明記すること、異なった説がある場合はその両方を紹介することなどを加えることとしたものである。

　なお教科書検定は、教科書を作る民間の教科書会社が、あらかじめ文部科学省が公表した検定基準に基づいて編集をし、同省に申請、教科書調査官が基準等をチェックし、教科書検定調査審議会で審査して、それぞれに検定意見書が示されることになる。これを受け教科書会社の修正を経て、最後は文部科学大臣が合否を決めることになっている。

　この教科書検定の違憲・違法性を争った訴訟としては、第一次から第三次までの家永教科書訴訟と、横浜教科書訴訟がある。裁判所は第一次家永教科書訴訟最高裁判決で、「憲法21条1項にいう表現の自由といえども無制限に保障されるものではなく、公共の福祉による合理的で必要やむを得ない限度の制限を受ける」として、教科書検定制度が憲法21、23、26条に違反しないと結論づけた。比較較量の結果、教科書として不適切な図書は使用を禁止する必要があり、教育水準の確保のためには検定制度は必要であるということである。

　なお下級審では、検定不合格処分を憲法21条違反（適用違憲）とした判決がある。

　以上は「検定」という表現行為の発表段階の問題であるが、2014年に行われたもう1つの大きな変更は、頒布段階の「採択」の方法である。従来、小中学校の教科書は、同じ地区のなかでは同じものを使うことが教科書無償措置法で義務付けられてきた。これに対し沖縄県八重山諸島の竹富町は、地区で選ばれた教科書の在日米軍基地問題の取り扱いが不十分という理由で、2011年から別の教科書を使っていた。それは、地方教育行政法で教科書を選ぶ権利は市町村教育委員会にあると定めていたからであった。

　文部科学省は教科書無償措置法が優先するとして、2014年に竹富町の教育委員会に直接、法的に改善を義務付ける「是正要求」を出したものの、町が従わなかったことから、2014年国会で地方教育行政法を改正し、今後は都道府県単

学校教育法（1947. 3. 31法26）
第34条〔教科書用図書その他の教材の使用〕　①小学校においては、文部科学大臣の検定を経た教用図書又は文部科学省が著作の名義を有する教用図書を使用しなければならない。

教育基本法（2006. 12. 22法120）
　教育基本法の全部を改正する。我々日本国民は、たゆまぬ努力によって築いてきた民主的で文化的な国家を更に発展させるとともに、世界の平和と人類の福祉の向上に貢献することを願うものである。我々は、この理想を実現するため、個人の尊厳を重んじ、真理と正義を希求し、公共の精神を尊び、豊かな人間性と創造性を備えた人間の育成を期するとともに、伝統を継承し、新しい文化の創造を目指す教育を推進する。ここに、我々は、日本国憲法の精神にのっとり、我が国の未来を切り拓く教育の基本を確立し、その振興を図るため、この法律を制定する。
第2条〔教育の目標〕　教育は、その目的を実現するため、学問の自由を尊重しつつ、次に掲げる目標を達成するよう行われるものとする。
　五　伝統と文化を尊重し、それらをはぐくんできた我が国と郷土を愛するとともに、他国を尊重し、国際社会の平和と発展に寄与する態度を養うこと。

第一次家永教科書訴訟最高裁判決（最判1993. 3. 16、民集47. 5. 3483）「普通教育の場においては、教育の中立・公正、一定水準の確保等の要請があり、これを実現するためには、これらの観点に照らして不適切と認められる図書の教科書としての発行、使用等を禁止する必要がある……、教科書という特殊な形態において発行を禁ずるものにすぎないことなどを考慮すると、本件検定による表現の自由の制限は、合理的で必要やむを得ない限度のものというべきであって、憲法21条1項の規定に違反するものではない」
第二次家永教科書訴訟地裁判決＝杉本判決（東京地判1970. 7. 17、判時604. 29）「児童、生徒の心身の発達段階に応じ適切な教育的配慮が払われるべきことは当然であるが、しかし、このような教育的配慮は教科書の執筆、出版をする者が自主的に行なうべきものと解するのが相当である。……「検閲」は、思想内容の審査に関する限り、一切禁止されていると解すべきである。……現行の教科書検定制度自体が思想内容の審査にわたるもので検閲に該当すると断定するのは相当でないといわざるを得ない」
＊第一次は1962・63年度検定に関する国家賠償請求訴訟、第二次は1966年度検定に対する不合格処分取消請求訴訟、第三次は1980・83年度検定に対する国家賠償請求訴訟である。東京教育大学の歴史学者であった家永三郎が記した『新日本史』教科書をめぐる裁判は、最初の提訴から32年の長期にわたって争われた。最高裁は1970年の学習指導要領改訂を理由に、改訂前の学習指導要領に基づく検定不合格処分の取り消しの訴えの利益は失われたものとしたうえで、東京高裁に事件を差戻し、同高裁が一審判決を取り消して訴えを却下して、訴訟は終結した。

【参考文献】
家永教科書訴訟弁護団編『家永教科書裁判』（日本評論社、1998年）、出版労連教科書対策委員会編『教科書レポート』、佐藤学・上野千鶴子・内田樹編『学問の自由が危ない　日本学術会議問題の深層』（晶文社、2021年）

位で原則、同一の教科書を使用することとなった（ただし、県が認めた場合は例外が許される規定を適用し、運用上は別教科書の使用が継続されることになった）。

Ⅱ　被収容者・公務員の表現の自由

　かつて「特別権力関係」と称されていた考え方に、公権力との間である特定の関係に属する者については、場合によっては法律の根拠なしに人権を制限することができ、刑事施設に収容されている被収容者や、公務員、国立大学の学生などがこれに該当するとされてきた。現在では、このような関係においても人権の制限のためには、国の包括的支配権は認められず法律の根拠を必要とし、憲法の人権保障規定も適用され、司法救済が受けられると考えられている。

1　被収容者の読む自由

　刑事施設と被収容者の関係を表現の自由との関連でみると、被収容者である受刑者・死刑確定者・未決拘禁者等の新聞・書籍類の閲読許可制が、憲法が禁ずる検閲にあたるのではないかという点が問題となる。ただし、旧監獄法（31条ほか）が新聞閲読を事実上禁止できる厳しい制限を課していたのに比し、被収容者処遇法（刑事収容施設法）では「時事の報道に接する機会の付与」を努力義務とするなど、大きな改善がみられた。

　同法は、刑事収容施設の管理運営と未決拘禁者、受刑者、死刑確定者等の被収容者の処遇に関する事項を定めたもので、当初、刑事施設一般及び受刑者の処遇について定めていた受刑者処遇法（刑事施設及び受刑者の処遇等に関する法律）を改題したものである。その際に、旧監獄法（1908.3.28法28）を改題した刑事被告人収容法（刑事施設ニ於ケル刑事被告人ノ収容等ニ関スル法律）が、刑事施設における被収容者（未決拘禁者・死刑確定者）の処遇について定めていたが、それとの一本化を図った（同法は2007年6月廃止）。

　裁判所は、購読していた新聞の記事が塗りつぶされて配布された事例で、利益推量のうえでこの措置を合憲と判断した（よど号乗っ取り事件新聞記事抹消事件）。判決のなかで、新聞・図書などの「閲読の自由」が憲法19条や21条の派生原理として導かれるとしたうえで、その制限の程度は必要かつ合理的な範

よど号乗っ取り事件新聞記事抹消事件（未決拘禁者新聞閲読制限事件）は、拘置所長が、定期購読されていた読売新聞掲載の日航機「よど号」乗っ取り事件の関連記事一切を墨で塗りつぶして配布したことに対し、国家賠償を求めた事件。最高裁は、「（閲読の自由は）一定の合理的制限を受けることがあることもやむをえないものといわなければならない。……被拘禁者の性向、行状、監獄内の管理、保安の状況、当該新聞紙、図書等の内容その他の具体的事情のもとにおいて、その閲読を許すことにより監獄内の規律及び秩序の維持上放置することのできない程度の障害が生ずる相当の蓋然性があると認められることが必要であり、かつ、その場合においても、右の制限の程度は、右の障害発生の防止のために必要かつ合理的な範囲にとどまるべきものと解するのが相当である」（最大判1983. 6. 22、民集37. 5. 793）と判示した。

同種の事件としては**『闘争と弁護』閲読不許可処分事件**があり、最高裁判決（最判1980. 12. 19、訟月27. 3. 552）は閲読を許すことによって刑務所職員に対し共同して規律違反行為に出ることが容易に予想され、本件雑誌の閲読不許可処分は刑務所長の合理的な裁量権の範囲内とした。

受刑者の外部投稿についても裁判所は厳しい姿勢を示しており、**受刑者投稿不許可処分訴訟地裁判決**（岐阜地判1988. 7. 4、行集39. 7〜8. 695）は「受刑者の著作物の外部投稿は、信書の発信と同様、受刑者と外部との交通の一態様である」ことを認めつつ、「監獄が多数の受刑者を収容し、これを集団として管理する施設であって、紀律保持の必要があることに鑑み、受刑者の著作物の外部投稿の自由が右目的のために必要最小限度の合理的制限に服することのあることはやむをえないところというべき」とする。なお、**未決拘留者投稿制限訴訟地裁判決**（東京地判1991. 3. 25、判タ769. 126）は、削除指示が「裁量権の逸脱又は濫用として違法であると判断せざるを得ない」と判断された事例である。

このほか、死刑確定者から閲覧希望図書のうち、死刑執行に関する部分を抹消または不許可とされたことに対し、日本弁護士連合会（日弁連）は調査報告書をまとめ、法務省矯正局長ほかに勧告書を送付した。拘置所所長の判断理由は「心情の安定を害する」というものであったが、自己決定権、知る権利、通信の自由の観点から認められるべきであるというのが日弁連の主張である。

刑事施設以上の厳しい扱いがなされている可能性が指摘されるのが、出入国在留管理局（入管）収容施設である。扱いをめぐって抗議のハンガーストライキで死者も出ているが、出入国管理及び難民認定法においても、被収容者の処遇を定めた61条の7において、「⑤入国者収容所長等は、入国者収容所等の保安上必要があると認めるときは、被収容者の発受する通信を検査し、及びその発受を禁止し、又は制限することができる」と、同様の表現規制を規定している。

（写真は拘置所の許可印。三浦和義氏提供）

囲にとどまるべきであって、閲読を許すことによって規律や秩序を維持するうえで放置できない程度の障害が発生する、「相当の蓋然性」があることが必要であるとの基準を示した。

　もう一点、在監者の表現の自由を厳しく制限しているのが、信書の受発信に関する規定と運用実態である。刑事収容施設・被収容者処遇法は刑事施設の長による許可制であることを明示するとともに検査という名の「検閲」をすることを定めている（法126条以下）。これは旧監獄法時代と同じ構造であり、100年前の「在監者」の人権が十分に保障されていなかった時代の名残といえる。現行憲法のもとでは検閲の禁止、通信の秘密に抵触する規定ともいえ、わざわざ本則中に条約の効力を優先する旨を規定している。

　さらに実務運用上で管理者は従来から一貫して、被収容者の意思を確認することなく、問題があると判断した箇所を抹消する処置を執っており、とりわけ発信文書について恣意的な制限が許されうることについては、被収容者の外部への意思伝達を阻害するものとして強い批判がある。実際、刑務所内の人権侵害事例が絶えないなか、外部への意見発表を一方的に制限することは、表現の自由の侵害であるとともに、生命の安全をも間接的に脅かすものともいえる。

　裁判所は、一貫してこの点についても管理者の裁量に委ねられているとして、合憲判断をしているが、反対意見では、死刑囚の信書の発信を具体的必要性や合理性を問うことなく一般的に許していない点をもって、拘置所内の規律・秩序の維持が害されるという障害発生の相当の蓋然性があることの合理的認定と、その合理的根拠の存在、制限が必要とする判断の合理性が必要であるとしている（受刑者投稿不許可処分訴訟）。

　また、面会についても厳しい制約を設けている（法務省矯正局ウエブサイト）。ただし、総体としては、受刑者は最低月2回の面会、最低月4通の発信が保障されるなど、緩和の方向にあるとされている。いわゆる「外事交通」は、内外の批判を受け、徐々に開かれつつあるとみてよさそうである。

2　公務員の意見表明の自由

　公務員の政治的言動は、国家公務員法や人事院規則等によって広範に禁止されており、それに伴い意見表明の自由が、事実上制限されているといえる。最高裁は、公務員の政治的中立性の維持のためには、政治的行為の一律的禁止も許されるとの立場から、公務員が労働組合運動の一環として選挙運動をしたこ

刑事収容施設・被収容者処遇法＜刑事収容施設及び被収容者等の処遇に関する法律＞ (2005. 5. 25法50)

第69条［自弁の書籍等の閲覧］　被収容者が自弁の書籍等を閲覧することは、この節及び第12節の規定による場合のほか、これを禁止し、又は制限してはならない。

第70条　刑事施設の長は、被収容者が自弁の書籍等を閲覧することにより次の各号のいずれかに該当する場合には、その閲覧を禁止することができる。

　一　刑事施設の規律及び秩序を害する結果を生ずるおそれがあるとき。

第71条［新聞紙に関する制限］　刑事施設の長は、法務省令で定めるところにより、被収容者が取得することができる新聞紙の範囲及び取得方法について、刑事施設の管理運営上必要な制限をすることができる。

第72条［時事の報道に接する機会の付与等］　①刑事施設の長は、被収容者に対し、日刊新聞紙の備付け、報道番組の放送その他の方法により、できる限り、主要な時事の報道に接する機会を与えるように努めなければならない。

第111条［面会の相手方］　②刑事施設の長は、受刑者に対し、前項各号に掲げる者以外の者から面会の申出があった場合において、その者との交友関係の維持その他面会することを必要とする事情があり、かつ、面会により、刑事施設の規律及び秩序を害する結果を生じ、又は受刑者の矯正処遇の適切な実施に支障を生ずるおそれがないと認めるときは、これを許すことができる。

第126条［発受を許す信書］　刑事施設の長は、受刑者に対し、この目、第148条第3項又は次節の規定により禁止される場合を除き、他の者との間で信書を発受することを許すものとする。

第127条［信書の検査］　①刑事施設の長は、刑事施設の規律及び秩序の維持、受刑者の矯正処遇の適切な実施その他の理由により必要があると認める場合には、その指名する職員に、受刑者が発受する信書について、検査を行わせることができる。

第128条［信書の発受の禁止］　刑事施設の長は、犯罪性のある者その他受刑者が信書を発受することにより、刑事施設の規律及び秩序を害し、又は受刑者の矯正処遇の適切な実施に支障を生ずるおそれがある者（受刑者の親族を除く。）については、受刑者がその者との間で信書を発受することを禁止することができる。ただし、婚姻関係の調整、訴訟の遂行、事業の維持その他の受刑者の身分上、法律上又は業務上の重大な利害に係る用務の処理のため信書を発受する場合は、この限りでない。

第146条［電話等による通信］　①刑事施設の長は、受刑者に対し、第88条第2項の規定により開放的施設において処遇を受けていることその他の法務省令で定める事由に該当する場合において、その者の改善更生又は円滑な社会復帰に資すると認めるときその他相当と認めるときは、電話その他政令で定める電気通信の方法による通信を行うことを許すことができる。

第291条［条約の効力］　この法律に規定する面会及び信書の発受に関する事項について条約に別段の定めがあるときは、その規定による。

＊未決拘禁者、死刑確定者、各種被収容者、被留置者、海上保安被留置者にもそれぞれ同様の定めがある。

とが公務員法違反に問われた事件で、その処分の合憲性を支持している（猿払事件）。

判決では、公務員の政治的行為の禁止は、それが合理的でやむをえない範囲にとどまる限りは認められるとし、政治的行為以外の類型の意見表明の自由を奪うものでないから憲法21条違反には当たらないと判断した。また、自衛官が国の政策を批判したことで懲戒された事例でも、最高裁は表現の自由の侵害はなかったとしている（自衛隊法61条）。

裁判官についても、自らの意見を新聞に投稿したところ、裁判所から注意を受け、さらに市民集会に参加しフロア発言したことについて、仙台高裁の分限裁判において、裁判所法49条の職務上の義務違反として戒告処分を受けた（寺西和史事件、事件後に再任され判事となったのち2020年退官）。なお分限裁判とは、裁判官の免官と懲戒手続を定める裁判官分限法に規定されている、裁判所で行われる審理のことである。

また、下着姿の自撮り写真や時事問題から判決批評まで、Twitter上で活発な発言を続ける裁判官に対しては、投稿が相手方を傷つけるものとして所属裁判所長官が最高裁に懲戒を申し立てた。最高裁は全員一致で、裁判所法49条の品位を辱める行為として戒告処分とした（岡口基一事件、最大決2018.10.17）。なお、同判事のTwitterアカウントはその後、凍結状態にもなった。法曹界を中心に、分限裁判が裁判官の表現行為を委縮させるものとして強い懸念が示された。

最高裁は分限裁判によって、処分の正当性を主張したが、提起された疑問に対する回答は示されないまま、現状が固定化されたといえるだろう。日本の場合、ネット上の発言が内容にかかわらず一般的に自制させられるなど、裁判官には厳しい自己規律が求められており、それが世間感覚とのずれを作っているとの批判を呼ぶ原因にもなっている。表現の自由訴訟の場合、とりわけ社会的通念や時代感覚が直接量刑や判断を左右するだけに、この指摘は看過できないものがある。

外国ではたとえば、裁判官が表現の自由を規制されるのは、自らが関係した訴訟について、あるいは司法一般についてその尊厳を誹謗・中傷した場合、と規定されていたりする。こうした海外事例も参考にしながら、一切を認めていない日本の現状について、改めて考える機会を持つことも必要ではなかろうか。

国家公務員法（1947. 10. 21法120）

第102条［政治的行為の制限］　①職員は、政党又は政治的目的のために、寄附金その他の利益を求め、若しくは受領し、又は何らの方法を以てするを問わず、これらの行為に関与し、あるいは選挙権の行使を除く外、人事院規則で定める政治的行為をしてはならない。

②職員は、公選による公職の候補者となることができない。

③職員は、政党その他の政治的団体の役員、政治的顧問、その他これらと同様な役割をもつ構成員となることができない。

人事院規則14－7［政治的行為］（1949. 9. 19人事院規則14－7）

人事院は、国家公務員法に基き、政治的行為に関し次の人事院規則を制定する。

6　法第102条第1項の規定する政治的行為とは、次に掲げるものをいう。

十一　集会その他多数の人に接し得る場所で又は拡声器、ラジオその他の手段を利用して、公に政治的目的を有する意見を述べること。

十三　政治的目的を有する署名又は無署名の文書、図画、音盤又は形象を発行し、回覧に供し、掲示し若しくは配布し又は多数の人に対して朗読し若しくは聴取させ、あるいはこれらの用に供するために著作し又は編集すること。

十四　政治的目的を有する演劇を演出し若しくは主宰し又はこれらの行為を援助すること。

＊地方公務員法36条で政治的行為を制限。

　猿払事件は、郵政事務官が北海道猿払地区の労働組合の指示に従って、衆議院選挙の手伝いをしたところ法違反を問われたもの。地裁は、政治活動を制約する場合の禁止行為に対する政策は必要最小限度のものでなければならず、法規定は合理的にして必要最小限度の域を超えるので、違憲である、と判示した（旭川地判1968. 3. 25、下刑集10. 3. 293）。これに対し最高裁は、公務員の政治活動禁止規定は憲法21条に違反せず、罰則規定も合憲であると判断、さらに人事院規則への委任も合憲であるとした（最大判1974. 11. 6、刑集28. 9. 393）。

　寺西事件で最高裁は、政治活動の禁止は必然的に裁判官の表現の自由を一定の範囲で制約することを認めつつ、「制約が合理的で必要やむを得ない限度にとどまる限り、憲法の許容する範囲である」との従来の公務員一般の規制論拠を踏襲した。これに対しては、「裁判官といえども、裁判官である前に一市民である。……裁判官が政党の党員となり、政治結社の社員となることが容認されている以上、これに準ずる程度の政治運動を行うことが禁じられるいわれはない」（最大決1998. 10. 11、ジュリスト1150. 37）との反対意見が述べられている。

裁判所法（1947. 4. 16法59）

第49条［懲戒］　裁判官は、職務上の義務に違反し、若しくは職務を怠り、又は品位を辱める行状があつたときは、別に法律で定めるところにより裁判によつて懲戒される。

第52条［政治運動等の禁止］

裁判官は、在任中、左の行為をすることができない。

一　国会若しくは地方公共団体の議会の議員となり、又は積極的に政治運動をすること。

裁判官分限法（1947法127）

第2条［懲戒］　裁判官の懲戒は、戒告又は1万円以下の過料とする。

第13講 選挙と表現の自由

選挙に関する表現は、選挙活動の自由＝候補者・支援者の表現の自由（通常、候補者や政党が行う選挙運動）と、選挙報道の自由＝選挙に関するマスメディアの表現の自由に二分される。そこで課される制約の多くは、候補者間の資本力や既得権益による格差をなくし、公正な選挙を行うための「知恵」であり、裁判所は一貫して選挙に関する表現規制の正当性を認めている。

I　選挙活動の自由

1　候補者の表現の自由規制

日本では、選挙候補者の表現の自由を非常に厳しく制限しているのが特徴である。公職選挙法によって、戸別訪問による候補者（及び支援者）と選挙民の直接的な接触を全面的に禁止するほか、選挙期間中の文書類の配布、演説会や広告宣伝の手法にまで、厳しい制限が及ぶ。従来、総務省（旧自治省）見解として、インターネットを選挙活動に活用することを原則禁止していたが、2013年の法改正により大幅に緩和された。

各種規制は専ら、資金力の多寡によって選挙運動に優劣が出ることを防ぎ、候補者ができる限り平等な条件で選挙戦を戦えるようにするための方策であるといえる。そしてこの厳しい規制について、最高裁は「公共の福祉のため、憲法上許された必要且つ合理的の制限と解することができる」と、一貫して是認してきている（法定外文書図画頒布禁止事件）。

ここでの問題は2つある。1つは、「公共の福祉」といった漠然とした理由が表現規制の基準足りうるのか、という点である。表現規制である限り厳格な基準を満たすことが必要であるが、公職選挙法の規定にそれらに該当するような規定はみあたらない。実際、こうした政府の規制姿勢は、最近までインターネット利用について「公職選挙法に許可をする規定がない」ことを理由として違法としていた考え方にも現れている。

もう一点は、最高裁はこの規制を表現内容に及ぶ規制ではなく、流通過程における時・場所・方法による規制の一形態と捉え、緩やかな基準での規制が許されると考えている節がある。確かに、集会もポスター掲示も全面的に禁止されているわけではないが、しかし現実的には候補者の自由な表現行為が包括的に大きな制約を受け、有権者全体の知る権利を制約していることに思いを至す

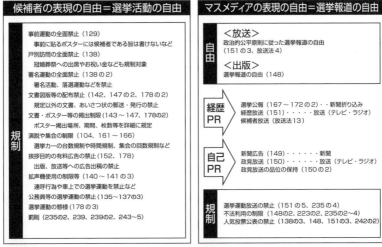

● 選挙期間中の表現の自由

候補者の表現の自由＝選挙活動の自由

規制
- 事前運動の全面禁止（129）
  - 事前に貼るポスターには候補者である旨は書けないなど
- 戸別訪問の全面禁止（138）
  - 冠婚葬祭への出席やお祝い金なども規制対象
- 署名運動の全面禁止（138の2）
  - 署名活動、落選運動などを禁止
- 文書図版等の配布禁止（142、147の2、178の2）
  - 規定以外の文書、あいさつ状の郵送・発行の禁止
- 文書・ポスター等の掲出制限（143〜147、178の2）
  - ポスター掲出場所、期間、枚数等を詳細に規定
- 演説や集会の制限（104、161〜166）
  - 選挙カーの台数規制や時間規制、集会の回数規制など
- 挨拶目的の有料広告の禁止（152、178）
  - 出版、放送等への広告出稿の禁止
- 拡声機使用の制限等（140〜141の3）
  - 連呼行為や車上での選挙運動を禁止など
- 公務員等の選挙運動の禁止（135〜137の3）
- 選挙運動の態様（178の3）
- 罰則（235の2、239、239の2、243〜5）

マスメディアの表現の自由＝選挙報道の自由

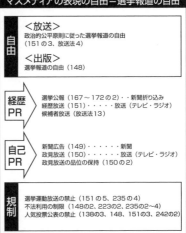

自由
- ＜放送＞
  政治的公平原則に従った選挙報道の自由（151の3、放送法4）
- ＜出版＞
  選挙報道の自由（148）

経歴PR
- 選挙公報（167〜172の2）‥新聞折り込み
- 経歴放送（151）‥‥‥放送（テレビ・ラジオ）
- 候補者放送（放送法13）

自己PR
- 新聞広告（149）‥‥‥‥新聞
- 政見放送（150）‥‥‥放送（テレビ・ラジオ）
- 政見放送の品位の保持（150の2）

規制
- 選挙運動放送の禁止（151の5、235の4）
- 不法利用の制限（148の2、223の2、235の2〜4）
- 人気投票公表の禁止（138の3、148、151の3、242の2）

政党の表現の自由＝政治活動

自由
- パンフレットの頒布（142の2）
- マニフェストの発行・頒布
- 機関紙の発行（201の15）

規制
- 政治活動の制限（201の5〜10、252の3）
- 演説・ポスター等の制限
- 政治活動の態様（201の11）

市民の表現の自由＝選挙運動

自由
- ウェブサイト・SNSの利用（142の3）
- 落選運動

規制
- 事前運動の全面禁止（129）
- 公務員・教育者の地位利用禁止（136の2・137）
- 未成年者による運動の全面禁止（137の2）
- 電子メール利用の禁止（142の4）
- 有料ネット広告の禁止（142の6）

*選挙運動期間中（公職選挙法129条）＝候補者・名簿の届け出から選挙日の前日まで　　*表中の数字は、特に断わりのない限り公職選挙法の条文数を表す

　インターネット利用に関する政府見解のはじまりは『IT時代の選挙運動に関する研究会・報告書』（2002. 8）で、「インターネットを選挙運動の手段として活用すべき」と結論付けていたが、実現までにはさらに10年を要することになった。

　実態としては、解禁以前から部分的に「違法」な情報発信があっても、事実上野放しになっていた面も否定できない。たとえば、2007年の東京都知事選においては、動画投稿サイトに政見放送や街頭演説の映像が投稿され、選挙管理委員会も問題視したものも、YouTubeでは削除等の措置はとられなかった。2008年の鹿児島県阿久根市長選では、現市長が対立候補批判を自己のブログに書き込むなどがあり、2009年には告発を受け警察の取り調べがあった。また、2007年の参議院選挙以降、政党ホームページは選挙期間中も更新されることが一般化しているが、政治活動と理解され事実上「解禁」されていた。

必要がある。

　あるいは、表現方法による制約を仮に認めるとしても、電話による選挙運動が認められる一方で、戸別訪問や電子メールによる運動が禁止される合理的理由は見出しづらい。戸別訪問禁止の理由である買収の防止は、それだけでは表現の自由規制の根拠としては不十分であろう。

　本来、表現の自由が民主主義社会の実現のためにあるもので、その中心的な表現行為として政治的表現の自由があるとすれば、選挙における表現の自由はもっとも尊重すべき表現のカテゴリーに含まれてもおかしくない。現行法上、政治的表現のみが表現の自由のなかで優越的地位にあるとする見解については疑問もあるが、少なくとも、選挙に関する表現の自由が重要であることについては異論はなかろう。

　インターネット上の選挙活動については、10年越しの検討の結果、ようやく2013年5月以降「解禁」となった。具体的には、有権者である一般市民は誰でも、ホームページ、ブログ、SNS、動画共有サービス、動画中継サイトなどの「ウエブサイト等」を利用して、特定候補者のための書き込み（選挙運動）ができるようになった。したがって、TwitterやFacebook等でのつぶやき・コメントや、メッセージ機能を用いたユーザー間でのやり取りなども認められた。候補者や政党は、これに加えて電子メールの利用を認められることになった。また、政党は、インターネット広告を出すこともできる。

　なお、インターネットを利用した選挙運動や活動の際には、自分のメールアドレス等の連絡先を表示する必要があり、これを守らない発信情報は、プロバイダが直ちに削除することができるようにした。また、書き込みが名誉毀損にあたるとして他の候補者や政党等から削除申出があった場合、プロバイダは削除の同意要請を発信者にしてから2日以内に回答がなかった場合、そのメッセージを一方的に削除しても損害賠償責任を負わなくてもよいこととなった（プロバイダ責任法の一般規定は7日以内）。

　文書配布を認めれば誹謗・中傷ビラが撒かれることは容易に想像できる。しかし、有権者はそうした情報も含め、候補者から発せられる政策公約（マニフェスト）とそれらに対する異論反論にアクセスできることが、法的に保障されててしかるべきであろう。

　実際には、候補者の選挙活動を厳しく制限する一方、政党の選挙活動を「政治活動」として別枠で規定することによって、政党活動の自由を広く認めてい

事前運動及び戸別訪問に関する判例

「憲法21条は絶対無制限の言論の自由を保障しているのではなく、公共の福祉のためにその時、所、方法等につき合理的制限の自ずから存することは、これを容認するものと考えるべきである」（最大判1950.9.27、刑集4.9.1799）。その後、下級審では違憲判決が幾つかみられたが、最高裁は改めて戸別訪問禁止の合憲性を確認するとともに、事前運動の禁止や文書類の頒布禁止規定についても合憲判断を下した（最大判1969.4.23、刑集23.4.235）。

文書頒布及び掲示に関する判例

「公職の選挙につき文書図画の無制限の頒布、掲示を認めるときは、選挙運動に不当の競争を招き、これが為、却って選挙の自由公正を害し、その公明を保持しがたい結果を来たすおそれがあると認めて、かかる弊害を防止するため、選挙運動期間中に限り、文書図画の頒布、掲示につき一定の規制をしたのであって、この程度の規制は、公共の福祉のため、憲法上許された必要且つ合理的な制限と解することができる」（最大判1955.4.6、刑集9.4.819）。

● 選挙活動の法的ルール

公職選挙法（1950.4.15法100）

第152条［挨拶を目的とする有料広告の禁止］①公職の候補者又は公職の候補者になろうとする者及び第199条の5第1項に規定する後援団体は、当該選挙区内にある者に対する主として挨拶を目的とする広告を、有料で、新聞紙、雑誌、ビラ、パンフレット、インターネット等を利用する方法により頒布される文書図画、その他これらに類するものに掲載させ、又は放送事業者の放送設備により放送をさせることができない。

②何人も、公職の候補者等又は後援団体に対して、当該選挙区内にある者に対する主として挨拶を目的とする広告を、新聞紙、雑誌、ビラ、パンフレット、インターネット等を利用する方法により頒布される文書図画、その他これらに類するものに有料で掲載させ、又は放送事業者の業務を行う者の放送設備により有料で放送をさせることを求めてはならない。

第142条の3［ウェブサイト等を利用する方法による文書図画の頒布］①第142条第1項及び第4項の規定にかかわらず、選挙運動のために使用する文書図画は、ウェブサイト等を利用する方法により、頒布することができる。

第142条の4［電子メールを利用する方法による文書図画の頒布］①第142条第1項及び第4項の規定にかかわらず、次の各号に掲げる選挙においては、それぞれ当該各号に定めるものは、電子メールを利用する方法により、選挙運動のために使用する文書図画を頒布することができる。

　一　衆議院（小選挙区選出）議員の選挙　公職の候補者及び候補者届出政党
　二　衆議院（比例代表選出）議員の選挙　衆議院名簿届出政党等
　三　参議院（比例代表選出）議員の選挙　参議院名簿届出政党等及び公職の候補者たる参議院名簿登載者

第142条の7［選挙に関するインターネット等の適正な利用］選挙に関しインターネット等を利用する者は、公職の候補者に対して悪質な誹謗中傷をする等表現の自由を濫用して選挙の公正を害することがないよう、インターネット等の適正な利用に努めなければならない。

るために、大政党の候補者が情報発信力では圧倒的に有利になるという不均衡を生じている。あるいはまた、経済力の不均衡をいうにしても、短縮された選挙期間中のみを制約したことで、事実上の選挙戦といわれる事前運動を自由にしている現状は、あまりに片面的形式的な規制であるといわざるをえまい。

2　選挙広告・政見放送の自由と限界

　候補者にとっての数少ない意見表明の自由の発露が、「選挙広告」と「政見放送」である。もっともその総量は厳しく制限されており、印刷メディアでは所定の形式・枚数の範囲内に限って新聞広告や、葉書とポスターが許されるほか、放送メディアではオンエアの回数に法的規制がある。ただし一方で、政党の広告は規制がないことから自由に行うことができるため、実際の選挙では資金力の差によって選挙 PR には差が出ており、現在の規制方法が有権者に候補者の政策を伝えるツールを十分に確保しつつ、公正な選挙活動を担保する制度として最善かどうかは議論の余地がある。

　選挙広告の新聞掲載の経費は税金で賄われ、候補者は金銭的負担なく有権者に主張を伝えることが可能である。なお、これとは別に選挙管理委員会は候補者の経歴等が記載された「選挙公報」と、最高裁判所裁判官国民審査のための「審査公報」を全戸に配布する。

　一方、放送に関しては、NHK 及び民放のテレビ、ラジオを通じて、国会議員、都道府県知事の候補者に、経歴と政見を放送させること（公営の選挙放送）を定める。回数は選挙の種類によって異なる。この中身については、放送局は候補者の政見をそのまま放送することが義務付けられる。また、希望に応じて無償で NHK 等のスタジオで録音・録画ができる。

　なお、政見放送の実施方法については、1994年の衆議院議員選挙制度改革（公職選挙法改正）に伴い大きな変更があった。1つは、衆議院に小選挙区・比例代表制が導入され、従来、政見放送は候補者自身が行っていたものの、小選挙区については候補者個人による放送ができなくなり、国会議員5人以上または直近の国政選挙の得票率が2％以上の候補者届け出政党が行うことになり、比例代表選挙については名簿届出政党が行うこととなった。

　もう1つ大きな変更点は形態に関してで、単独、対談、複数の各形式による放送が可能になったことと、届け出政党が自ら制作した放送用テープを NHK及び民放に提出することができるようになったことである。

公職選挙法（1950.4.15法100）

第150条［政見放送］　①衆議院（小選挙区選出）議員の選挙においては、候補者届出政党は、政令で定めるところにより、選挙運動の期間中日本放送協会及び基幹放送事業者のラジオ放送又はテレビジョン放送の放送設備により、公益のため、その政見を無料で放送することができる。この場合において、日本放送協会及び基幹放送事業者は、その録音若しくは録画した政見又は候補者届出政党が録音し若しくは録画した政見をそのまま放送しなければならない。

②候補者届出政党は、政令で定めるところにより、政令で定める額の範囲内で、前項の政見のための録音又は録画を無料ですることができる。

第150条の2［政見放送における品位の保持］　公職の候補者、候補者届出政党、衆議院名簿届出政党等及び参議院名簿届出政党等は、その責任を自覚し、前条第1項又は第3項に規定する放送をするに当たつては、他人若しくは他の政党その他の政治団体の名誉を傷つけ若しくは善良な風俗を害し又は特定の商品の広告その他営業に関する宣伝をする等いやしくも政見放送としての品位を損なう言動をしてはならない。

第151条［経歴放送］　①衆議院（小選挙区選出）議員、参議院（選挙区選出）議員又は都道府県知事の選挙においては、日本放送協会は、その定めるところにより、公職の候補者の氏名、年齢、党派別、主要な経歴等を関係区域の選挙人に周知させるため、放送をするものとする。

②前項の放送の回数は、公職の候補者一人について、衆議院（小選挙区選出）議員の選挙にあつてはラジオ放送によりおおむね10回及びテレビジョン放送により1回、その他の選挙にあつてはラジオ放送によりおおむね5回及びテレビジョン放送により1回とする。ただし、日本放送協会は、事情の許す限り、その回数を多くするように努めなければならない。

＊比例代表衆議院及び参議院議員についても同様の規定がある。

第149条［新聞広告］　①衆議院（小選挙区選出）議員の選挙については、候補者は、総務省令で定めるところにより、同一寸法で、いずれか一の新聞に、選挙運動の期間中、5回を限り、選挙に関して広告をし、候補者届出政党は、総務省令で定めるところにより、当該都道府県における当該候補者届出政党の届出候補者の数に応じて総務省令で定める寸法で、いずれか一の新聞に、選挙運動の期間中、総務省令で定める回数を限り、選挙に関して広告をすることができる。

③参議院（比例代表選出）議員の選挙については、参議院名簿届出政党等は、総務省令で定めるところにより、参議院名簿登載者の数に応じて総務省令で定める寸法で、いずれか一の新聞に、選挙運動の期間中、総務省令で定める回数を限り、選挙に関して広告をすることができる。

⑤前各項の広告を掲載した新聞紙は、第142条又は第143条の規定にかかわらず、新聞紙の販売を業とする者が、通常の方法（定期購読者以外の者に対して頒布する新聞紙については、有償でする場合に限る。）で頒布し又は都道府県の選挙管理委員会の指定する場所に掲示することができる。

⑥衆議院議員、参議院議員又は都道府県知事の選挙においては、無料で第1項から第4項までの規定による新聞広告をすることができる。（以下略）

前述のとおり、政見放送における候補者の発言を放送局が勝手に手直しすることは法で禁止されているが、差別的表現を放送局が自治省（当時）の判断に従ってカットしたことが裁判で争われた。最高裁は、発言が品位を損なうものであり、放送されなくても法的利益を侵害しないとしたが、少数意見ではいかなる場合も削除は許されるべきではない、との考えも示された（政見放送削除事件）。なお、政見放送の内容によって問題が生じた場合は、その責任は候補者自身が負うことになる（徳島政見放送名誉毀損事件）。

Ⅱ　選挙報道の自由

1　メディア媒体の限定

　選挙報道については、公職選挙法のほか放送媒体については放送法による制限がある。ただし、新聞、雑誌、放送（テレビ、ラジオ）が選挙に関し通常の報道で制約を受けることは一般にはないとされており、むしろ公職選挙法上の規定により、選挙報道の自由が保障されていると理解できる。実際それは、厳しい選挙候補者の表現の自由を補塡するものとして、あるいはその制約がそのままマスメディアの報道に適用されたのでは、有権者が十分な選挙情報を得ることが困難になることから規定されたものとされている。

　自由な選挙報道を許される新聞・雑誌には、定期刊行、有償頒布、継続発行、第三種郵便認可といった発行形態などの条件が定められているとともに（公職選挙法148条３項）、放送についてもNHK及び一定の民放に枠を定めている（151条の３）。法令によってメディアの選別を行う事例の１つであるが、最高裁は、特定の候補者と結び付く弊害を除去するためとして、メディアの限定を是認している。しかし、これがバランスのとり方として十分なものかどうかは改めて検証する必要がある。

　まず、自由を与えられたメディアは、法が定めた条件を満たす一部のメディアにすぎない。それがために、たとえばNGOが選挙ウォッチをしても、あるいは候補者アンケートをしても、その発表はあくまでも選挙期間前しか許されない。もちろん、人気投票結果の報道の禁止（138条の３及び148条１項）との関係があるが、2002年の韓国大統領選挙で話題になったインターネットによる各種情報の交換や落選候補者リストの公表といった、定められた報道機関以外

公職選挙法（1950. 4. 15法100）

第148条［新聞紙、雑誌の報道及び評論等の自由］　①この法律に定めるところの選挙運動の制限に関する規定は、新聞紙又は雑誌が、選挙に関し、報道及び評論を掲載する自由を妨げるものではない。但し、虚偽の事項を記載し又は事実を歪曲して記載する等表現の自由を濫用して選挙の公正を害してはならない。

②新聞紙又は雑誌の販売を業とする者は、前項に規定する新聞紙又は雑誌を、通常の方法で頒布し又は都道府県の選挙管理委員会の指定する場所に掲示することができる。

③前2項の規定の適用について新聞紙又は雑誌とは、選挙運動の期間中及び選挙の当日に限り、次に掲げるものをいう。ただし、点字新聞紙については、第1号ロの規定は、適用しない。

　一　次の条件を具備する新聞紙又は雑誌

　　イ　新聞紙にあつては毎月3回以上、雑誌にあつては毎月1回以上、号を逐つて定期に有償頒布するものであること。

　　ロ　第三種郵便物の承認のあるものであること。

　　ハ　当該選挙の選挙期日の公示又は告示の日前1年（時事に関する事項を掲載する日刊新聞紙にあつては、6月）以来、イ及びロに該当し、引き続き発行するものであること。

　　二　前号に該当する新聞紙又は雑誌を発行する者が発行する新聞紙又は雑誌で同号イ及びロの条件を具備するもの

第148条の2［新聞紙、雑誌の不法利用等の制限］　①何人も、当選を得若しくは得しめ又は得しめない目的をもつて新聞紙又は雑誌の編集その他経営を担当する者に対し金銭、物品その他の財産上の利益の供与、その供与の申込若しくは約束をし又は饗応接待、その申込若しくは約束をして、これに選挙に関する報道及び評論を掲載させることができない。

②新聞紙又は雑誌の編集その他経営を担当する者は、前項の供与、饗応接待を受け若しくは要求し又は前項の申込を承諾して、これに選挙に関する報道及び評論を掲載することができない。

③何人も、当選を得若しくは得しめ又は得しめない目的をもつて新聞紙又は雑誌に対する編集その他経営上の特殊の地位を利用して、これに選挙に関する報道及び評論を掲載し又は掲載させることができない。

第235条の2［新聞紙、雑誌が選挙の公正を害する罪］　次の各号の一に該当する者は、2年以下の禁錮又は30万円以下の罰金に処する。

　一　第148条第1項ただし書の規定に違反して新聞紙又は雑誌が選挙の公正を害したときは、その新聞紙若しくは雑誌の編集を実際に担当した者又はその新聞紙若しくは雑誌の経営を担当した者

　二　第148条第3項に規定する新聞紙及び雑誌並びに第201条の15に規定する機関新聞紙及び機関雑誌以外の新聞紙及び雑誌（当該機関新聞紙及び機関雑誌の号外、臨時号、増刊号その他の臨時に発行するものを含む。）が選挙運動の期間中及び選挙の当日当該選挙に関し報道又は評論を掲載したときは、これらの新聞紙若しくは雑誌の編集を実際に担当した者又はその新聞紙若しくは雑誌の経営を担当した者

　三　第148条の2第3項の規定に違反して選挙に関する報道又は評論を掲載し又は掲載させた者

の民間の、当落に関わる選挙に関する情報発信は、原則として法に違反することになる。

　ただし、すでに日常的にも既存マスメディアの報道を凌駕するほどのデータベースを備えた、インターネット上の選挙情報が生まれた（初期のものとしては、インターネット新聞社〈JanJan〉が運営する「ザ・選挙」や選挙情報専門サイト「ELECTION」など）。また、2009年総選挙に際してはネット大手のYahoo!、楽天、Googleがこぞって選挙特設サイトを実施した（楽天＝政治献金サイト「Love Japan 2009〜選挙に行こう〜」、Google＝政治投稿サイト「未来のためのQ&A」、Yahoo!＝政治情報サイト「みんなの政治」）。

　新聞とインターネットの連動型として、「ボートマッチ」が挙げられる。1986年にオランダで誕生したとされ、選挙に際して有権者と候補者・政党の考え方の一致度を測定するもので、争点になりそうな政策や問題項目を候補者・政党側に事前アンケートもしくはマニフェストを分析してデータベース化し、それと有権者の回答の一致度をみるのが一般的である。日本では、2007年に「毎日新聞社えらぽーと」のほか、「投票ぴったん」、「JAPAN CHOICE」などが実施している。

　特定候補の有利・不利に働くおそれがある報道を規制したいがために、通常はまったく規制がない活字メディアに対し、事実上「大手」の新聞・雑誌社に情報発信を限定する方策をとっている。しかし、ニュースサイトの最大手であるYahoo!は、新聞・通信社情報をそのまま流すだけだから許されるのか、インターネット上で発信される新聞社情報が許され、メールマガジンが許されないのはなぜか、町中の電光ボードはどうするのかなど、その境界線は限りなくグレーであることは明らかで、それは逆に現在の規定方法に無理があることを示している。

2　公正な報道・論評の意味

　公職選挙法は、新聞、雑誌や放送で選挙についての報道、評論する自由を原則認めている。それは、虚偽のデータを流すことや、事実を曲げて報道したり、あるいはそうしたものに基づいて評論したものでない限り、政党等の主張や政策、候補者の人物、経歴、政見などを報道することや、特定の候補者・政党を支持したり反対する評論をすることは何ら法的制限を受けないことであると解されている。なお放送番組については、放送法で候補者に平等の機会を提

● 選挙報道の自由の範囲（放送）

公職選挙法（1950. 4. 15法100）

第151条の3［選挙放送の番組編集の自由］　この法律に定めるところの選挙運動の制限に関する規定は、日本放送協会又は基幹放送事業者が行なう選挙に関する報道又は評論について放送法の規定に従い放送番組を編集する自由を妨げるものではない。ただし、虚偽の事項を放送し又は事実をゆがめて放送する等表現の自由を濫用して選挙の公正を害してはならない。

第151条の5［選挙運動放送の制限］　何人も、この法律に規定する場合を除く外、放送設備を使用して、選挙運動のために放送をし又は放送をさせることができない。

放送法（1950. 5. 2法132）

第13条［候補者放送］　放送事業者が、公選による公職の候補者の政見放送その他選挙運動に関する放送をした場合において、その選挙における他の候補者の請求があつたときは、料金を徴収するとしないとにかかわらず、同等の条件で放送をしなければならない。

● 選挙予測報道規制の経緯

　1992年5月、自民党は公職選挙法を改正して、国政選挙や地方自治体首長、議員選挙など各種選挙で、選挙期間中の予測報道を禁止する罰則付きの改正案を与野党の政治改革実務者会議に提案した。これに対し新聞・報道各社は社説、解説、コラムなどで一斉に反発、新聞協会も「取材報道の自由を大幅に制約するもので容認できない」との見解を発表したことで、与野党実務者会議では「選挙報道の実態には、公正の観点からみて種々問題があるとの認識で一致したが、直ちに法制化することについては、なお報道の自由や有権者の立場を踏まえた多面的な検討が必要だ」として合意に至らず、法制化は見送られた。

　しかし1993年4月、自民党はマスコミの選挙予測報道を規制する条項を盛り込んだ公職選挙法改正案を含む政治改革関連四法案（中心は小選挙区制度導入）を国会に提出。罰則を設けず、「選挙が公正かつ適正に行われるよう、新聞、雑誌、放送による選挙予測報道は慎重に配慮しなければならない」とメディア側に自主規制を求める内容であった。自民党幹部が新聞協会を訪れ理解を求めたものの、新聞協会側は強く反発、そうしたなか衆議院解散により廃案となった。

　その後、小選挙区制への移行によって、従来のような「優勢」「当落線上」「苦戦」といった慣用句による順位付けが難しくなり、情勢を伝えるのに○×をいうしかなくなったため、こうした情勢（当落予想）記事自体の記事スタイルが変わり、当落予想の色彩が薄まったこともあり、法案化の動きは表面化していない。

　なお総務省は近年、選挙のたびにNHK及び民放各社（地上放送、ケーブルテレビ、コミュニティ放送など）に対し、当選確実の放送等に関し、「慎重かつ正確に行い、放送に対する国民の信頼にこたえるよう、十分な配慮をお願いする」旨の要請文書を発している。日本民間放送連盟（民放連）などの業界団体は、番組内容に対する指導（事前規制）であるとして問題視している。

　自民党はさらに踏み込んで2000年代以降、放送各局に政党間の扱いや政策評価に関し数的平等を求める文書を送ったり、個別の番組に抗議を行ったり所属議員の出演を拒否したりする事例が増えている。また、総裁選においても法的根拠はないにもかかわらず、報道の仕方に注文を付けることが慣例化している。

供することを義務付ける（法13条）とともに一般原則として政治的公平さを求めている（4条）。

　すなわち、個別の報道・評論により結果として特定の政党や候補者にたまたま利益または不利益をもたらしたとしても、それは公職選挙法にいう自由の範囲内に属するもので問題はない。そこでは、選挙に関する報道・評論でどのような態度をとるかは、法律上の問題ではなく、編集方針（倫理上）の問題であるとされる。この点、最高裁は要旨、その新聞紙・雑誌が真に公正な報道・評論を掲載したものであれば、その行為の違法性が阻却される、とする（政経タイムス事件）。

　一方、報道が公正を欠いた場合や選挙の公正を害した場合は刑事罰を受けることになっている（公職選挙法148条、235条の2）。形式的であるにせよ、ある新聞が特定の候補者を支持することで公職選挙法に反することとなり、法の規制を受ける可能性があることになる。裁判所によって政治的公平か否かが判断されることの危険性は、ここで改めていうまでもないであろう。少なくとも報道が客観的であることは必要であるとしても、評論については主観的である方が一般的であり、選挙報道規制の場合にはとりわけ、この両者を明確に分離して、後者についてはより自由度を高めることも必要ではないか。

　選挙報道にあたって、新聞社は、政党、候補者によってはニュース価値の大小から紙面上の扱いに差をつけることがある。このため、紙面上不利な扱いを受けた政党、候補者が「選挙の公正を害している」と新聞社を訴えるケースもあるが、裁判所がそうした訴えを支持した例はない。実際の報道でも、候補者をすべて平等に扱うことなく主要候補者のみを扱い、他を「泡沫候補」扱いすることは一般的である。さらに2010年代後半以降では、ファクトチェックとして選挙期間中でも候補者の発言や流通情報の正誤を評価する報道（琉球新報や沖縄タイムスの事例）や、ネット上での検証活動も始まっている。

　主に政治家から当落予測報道が有権者の投票行動に与える影響が大きいとして、1993年に事前の投票結果の予測報道を禁止・制限するための公職選挙法改正案が検討された。自民党が想定した規制の対象は、新聞、雑誌、放送とし、国会議員選挙の場合は、投票日の1週間前から、他のすべての選挙において投票終了までの一定期間、各党の当選者数、党派の消長、候補者の当落予想に関する報道・評論を禁止し、罰則は禁固2年以下または10万円以下の罰金という内容であった。

激戦区シリーズ事件高裁判決（東京高判1986.2.12、判時1184.70）

　有力候補に焦点をあわせ、いわゆる泡沫候補を軽視する選挙レポートの是非が争われ、「選挙に関する報道又は評論について、政見放送や経済放送と同じレベルにおける形式的な平等取材を要求しているとは解し得ない」と判示した。

政経タイムス事件最高裁判決（最判1979.12.20、刑集33.7.1074）

　「いわゆる選挙目当ての新聞紙・雑誌が選挙の公正を害し特定の候補者と結びつく弊害を除去するためにやむを得ず設けられた規定であって……公正な選挙を確保するために脱法行為を防止する趣旨のもの」とし、法が定める条件を具備していない刊行物が、選挙期間中に選挙報道・評論を行ったことについて、罰則規定を適用するにはその記事が「特定の候補者の得票について有利又は不利に働くおそれがある」場合に限定解釈した。これによって、たとえ条件を満たさない新聞や雑誌であっても、真に公正な選挙報道をした限りにおいては罰せられないこととなった。ただしそれでもなお、条件を具備する新聞が特定の候補者・政党に与える影響を気にすることなく自由に報道・論評できるのに対し、同等の自由を確保したわけではないことに注意が必要である。

政見放送削除事件最高裁判決（最判1990.4.17、民集44.3.547）

　参議院選挙候補者が行った政見放送の録画のなかの表現について、NHKは差別表現であると判断し自治省との相談のうえ、削除したうえで放送したことに対し、意に反する削除であるとして争われた。地裁では「そのまま放送」を重視して原告の勝訴、高裁では、政見放送も電波法や公職選挙法などの放送内容上の制約を受けるとして、削除は「止むを得ない緊急避難的措置」として認められるとした。これに対して最高裁は、「（そもそも削除箇所は）品位を損なう言動を禁止した公職選挙法150条の2の規定に違反する」ため、法的利益の侵害はなかったとして削除を許容した。しかし、厳しく制限した選挙運動の数少ない表現行為としての政見放送は、その分だけ手厚く保護されるべきであって、品格を欠く発言かどうかの判断は有権者に委ねるべきではなかろうか。そしてもし当該表現により個別の人権侵害が発生するのであれば、それは事後的に救済されるべきではないかと考えられる。

徳島政見放送名誉毀損事件地裁判決（徳島地判1953.6.24、下民集4.6.926）

　1950年10月の総選挙において、NHK徳島放送局が実施した政見放送中の発言が「人の名誉を毀損するが如き結果を生じせしめた場合には、一面不法行為を構成し権利救済の対象となりうることがあるのは当然の事理である」と判示した。

　近年の議論としては、インターネット上の選挙運動と従来の選挙活動の差異を設ける必要はなく、全面解禁した方がよいのではないかという議論の一方、選挙期間中の政党CMとして、放送局に放映拒否されたものがネットに流れたり、資金力の差が生じている問題、候補者が政見放送中に品位のない言動を繰り返したり、街頭演説でヘイトスピーチを行うことに対する取り締まりの是非などがある（第16講参照）。

第14講 政治をめぐる表現の自由

I 憲法改正と意見の表明

　2007年5月14日、憲法96条が定める憲法改正に関する手続きを内容とする憲法改正手続法（国民投票法と改正国会法）が成立した。この法によって、改正に関わる意見の表明（国民投票運動）や改正に関わる国の広報関連制度が定められたほか、メディアに対しては有料広告の禁止ほか、厳しい規制が加えられることになった。

1　国民投票運動と広報活動

　憲法改正手続法は公正な投票行動を担保するために、有権者（国民）の表現活動に包括的かつ広範に制限をかけることになった。当初はさらに厳格な運動禁止・制限条項があったものの、最終的には投票業務関係者のほか、公務員及び教育者の地位利用が禁止されるにとどまったが、とりわけ教員による憲法関連講義や、労働組合運動に適用される可能性があることから、その運用には注意が必要である。

　また、国による国民投票の広報は「国民投票広報協議会」が担うことになっており、同協議会は国会議員がその議席数に応じて委員を務める。そして新旧対照表などのほか、賛否の意見を掲載した国民投票公報の原稿を作成することが定められている。この記載は「客観的かつ中立的に行うとともに……賛成意見及び反対意見の記載、発言等については公正かつ平等に扱うものとする」とされている。

　しかしながら、そもそも3分の2の賛成をもって改正発議された状況で委員の絶対多数が賛成派のなかで、どのようなかたちで公正さが担保されるのか、選挙報道の公正性担保の司法判断からすると、一定の判断余地が認められる可能性が残るなど、広報主体の政治性については情報の公的コントロールの観点から疑問が残る。なお、印刷・頒布等の事務は選挙管理委員会が担うことになる。

　また広報活動の大きな特徴は、同協議会及び政党が独自に放送や新聞を使って広告を行うことを幅広く認め、むしろこの両者の広報活動を公民投票運動期間中の中心的な情報伝達の担い手としての役割を与える仕組みを採用している点である。ここで認められる政党の広告はすべて無料で実施できるほか、「そのまま放送」が義務付けられている。

● **憲法改正に伴う表現規制規定**

国民投票法＜日本国憲法の改正手続に関する法律＞ (2007.5.18法51)

第11条〔協議会〕　国民投票広報協議会については、国会法に定めるもののほか、この節の定めるところによる。

第12条〔協議会の組織〕　①協議会の委員（以下この節において「委員」という。）は、協議会が存続する間、その任にあるものとする。

②委員の員数は、憲法改正の発議がされた際衆議院議員であった者及び当該発議がされた際参議院議員であった者各十人とし、その予備員の員数は、当該発議がされた際衆議院議員であった者及び当該発議がされた際参議院議員であった者各10人とする。

第14条〔協議会の事務〕　①協議会は、次に掲げる事務を行う。

一　国会の発議に係る日本国憲法の改正案及びその要旨並びに憲法改正案に係る新旧対照表その他参考となるべき事項に関する分かりやすい説明並びに憲法改正案を発議するに当たって出された賛成意見及び反対意見を掲載した国民投票公報の原稿の作成

②協議会が、前項第1号、第2号及び第4号の事務を行うに当たっては、憲法改正案及びその要旨並びに憲法改正案に係る新旧対照表その他参考となるべき事項に関する分かりやすい説明に関する記載等については客観的かつ中立的に行うとともに、憲法改正案に対する賛成意見及び反対意見の記載等については公正かつ平等に扱うものとする。

第100条〔適用上の注意〕　この節及び次節の規定の適用に当たっては、表現の自由、学問の自由及び政治活動の自由その他の日本国憲法の保障する国民の自由と権利を不当に侵害しないように留意しなければならない。

第103条〔公務員等及び教育者の地位利用による国民投票運動の禁止〕　①国若しくは地方公共団体の公務員若しくは特定独立行政法人若しくは特定地方独立行政法人の役員若しくは職員又は公職選挙法第136条の2第1項第2号に規定する公庫の役職員は、その地位にあるために特に国民投票運動を効果的に行い得る影響力又は便益を利用して、国民投票運動をすることができない。

②教育者は、学校の児童、生徒及び学生に対する教育上の地位にあるために特に国民投票運動を効果的に行い得る影響力又は便益を利用して、国民投票運動をすることができない。

第104条〔国民投票に関する放送についての留意〕　放送事業者は、国民投票に関する放送については、放送法第4条第1項の規定の趣旨に留意するものとする。

第105条〔投票日前の国民投票運動のための広告放送の制限〕　何人も、国民投票の期日前十四日にあたる日から国民投票の期日までの間においては、次条の規定による場合を除くほか、放送事業者の放送設備を使用して、国民投票運動のための広告放送をし、又はさせることができない。

　国民投票法は投票実施前の改正の動きが続いている。2015年の投票権の18歳引き下げ（2019年施行）は当初から一定程度想定されていたものではあったが、さらに与野党間の取引材料として同法改正がたびたび政治的課題になっている。その主要課題の1つがメディア規制の強化で、とりわけ野党から資金量の多寡によって広告量に差が出ないよう、テレビ広告を全面禁止するほか、インターネット広告も規制対象にすべきなど、制限強化を期待する声が大きい。大阪都構想の投票期間中に、大阪維新の会の賛成広告の数が反対のものを大きく上回ったことなどが、前例として挙げられることが多い。

放送・掲載に際しては、協議会の広報は「客観的かつ中立的」に行うことが、政党の広告は賛成と反対の双方の政党に対して「同一の時間数及び同等の時間帯」「同一の寸法及び回数」と「同等の利便を提供すること」が義務付けられている。また、放送・掲載ともに、「両議院の議長が協議して定めるところにより、当該放送の一部を、その指名する団体に行わせることができる」という特例を認め、国会に議席を持たない政党やその他の「少数意見」を救う手立てを設けている。

そもそも主たる情報提供を改正主体に委ねることの是非から始まり、政党からみた少数意見を国会の承認のもとに救済するという仕組み自体が、多様な表現を確保する方法、あるいは表現行為のあり方としてはきわめて異例なものといわざるをえない。たとえば、指名されなかった団体は結果的に憲法改正に関する意見を公に公表する機会を実質的に奪われることになる点も、重大な問題として残る。

さらに選挙活動の項でも触れた政党による「政治活動」は、この運動期間中も制約なく行えることが明示されたことにより、政党はいわば、国民投票広報協議会を通じての広報、放送と新聞を利用しての無料広告、一般の政治活動としての有料広告の、3つの方法によって自由な表現活動が担保されることになった。

2　厳しいメディア規制

これらに対し一般市民は、投票前2週間にわたって広告放送を行うことが全面的に禁止され、意見公表の手段を制約されることになる。これは、資金力の多寡によって放送広告の独占がなされ、情報流通に片寄りが生まれることを防ぐための「工夫」とされているが、果たして放送のみを制約することの意味や、そもそも表現の自由を制約することの十分に合理的な理由といえるのか、疑問である。

この有料広告の禁止はまさにメディア規制にも直結する問題である。なぜなら、2週間の間の憲法改正に関わる放送広告が政府公報及び政党広告にのみ「独占」されることになるからであって、このような状況が言論公共空間を提供する「公共メディア」として相応しいといえるかどうかは、引き続き十分な議論が求められる点であろう。

また、これまでも政党提供の選挙あるいは政治広告に関しては、自主倫理基

国民投票法（2007.5.18法51）

第106条［国民投票広報協議会及び政党等による放送］　①国民投票広報協議会は、両議院の議長が協議して定めるところにより、日本放送協会及び基幹放送事業者のラジオ放送又はテレビジョン放送の放送設備により、憲法改正案の広報のための放送をするものとする。

②前項の放送は、国民投票広報協議会が行う憲法改正案及びその要旨その他参考となるべき事項の広報並びに憲法改正案に対する賛成の政党等及び反対の政党等が行う意見の広告からなるものとする。

③第1項の放送において、国民投票広報協議会は、憲法改正案及びその要旨その他参考となるべき事項の広報を客観的かつ中立的に行うものとする。

④第1項の放送において、政党等は、両議院の議長が協議して定めるところにより、憲法改正案に対する賛成又は反対の意見を無料で放送することができる。この場合において、日本放送協会及び基幹放送事業者は、政党等が録音し、又は録画した意見をそのまま放送しなければならない。

⑤政党等は、両議院の議長が協議して定めるところにより、両議院の議長が協議して定める額の範囲内で、前項の意見の放送のための録音又は録画を無料ですることができる。

⑥第1項の放送に関しては、憲法改正案に対する賛成の政党等及び反対の政党等の双方に対して同一の時間数及び同等の時間帯を与える等同等の利便を提供しなければならない。

⑦第1項の放送において意見の放送をすることができる政党等は、両議院の議長が協議して定めるところにより、当該放送の一部を、その指名する団体に行わせることができる。

⑧第1項の放送の回数及び日時は、国民投票広報協議会が日本放送協会及び当該放送を行う基幹放送事業者と協議の上、定める。

第107条［国民投票広報協議会及び政党等による新聞広告］　①国民投票広報協議会は、両議院の議長が協議して定めるところにより、新聞に、憲法改正案の広報のための広告をするものとする。

②前項の広告は、国民投票広報協議会が行う憲法改正案及びその要旨その他参考となるべき事項の広報並びに憲法改正案に対する賛成の政党等及び反対の政党等が行う意見の広告からなるものとする。

③第1項の広告において、国民投票広報協議会は、憲法改正案及びその要旨その他参考となるべき事項の広報を客観的かつ中立的に行うものとする。

④第1項の広告において、政党等は、両議院の議長が協議して定めるところにより、無料で、憲法改正案に対する賛成又は反対の意見の広告をすることができる。

⑤第1項の広告に関しては、憲法改正案に対する賛成の政党等及び反対の政党等の双方に対して同一の寸法及び回数を与える等同等の利便を提供しなければならない。

⑥第1項の広告において意見の広告をすることができる政党等は、両議院の議長が協議して定めるところにより、当該広告の一部を、その指名する団体に行わせることができる。

第108条［公職選挙法による政治活動の規制との調整］　公職選挙法第201条の5から第201条の9までの規定は、これらの条に掲げる選挙が行われる場合において、政党その他の政治活動を行う団体が、国民投票運動を行うことを妨げるものではない。

準に基づき放映を認めてこなかった事例も珍しくない状況のなかで、政党広告を「そのまま放送」することを義務付けられることは、放送の自由や自律を直接的に損なう問題であって疑問である。放送局が意図的に放映しないこと等を排除するための規定と想定されるが、むしろ可能性が高いのは政党広告の表現方法において、誤解を生じさせかねない表現であったり、相手方を誹謗中傷するものであることが想定されるのではないだろうか。

　さらに議論の最終段階で挿入された国民投票に関する放送についての留意（国民投票法104条）は、どのような運用がされるかによって、番組編集の自由が著しく侵害される危険性を内包するものといえよう。すなわち同条項では、放送法４条を挙げ、具体的には「政治的公平さ」を守ることを放送局に求めているが、報道番組も含めて憲法改正を扱う番組に対し、あえて留意を求めることの是非である。

　もともと存在する放送法の遵守を求めているだけで、放送局に制約を課すものではないとの解釈も成り立ちうるが、そうであるならば留意条項を設ける必要性自体がないわけである。むしろ、たとえば協議会（あるいは行政機関）が個々の番組に対し問題があると思った際に、何らかの法的手段をとることができるきっかけを与えるものと読むのが素直であろう。

　これらの規定には罰則を設けることをしないとともに、表現の自由を不当に侵害しないように留意することの条項（100条）を設けているが、そうした趣旨を具体的にどう担保するのかが問われることになる。

Ⅱ　政府・政党の表現行為

1　政府言論

　政府が実行するさまざまな活動のうち、言論活動を伴うものを「政府言論」と呼ぶことがある。憲法が保障する表現の自由は市民の自由・権利であって、政府に表現の自由が保障されているわけではない。政府に一般に求められているのは、市民の知る権利に応える説明責任（アカウンタビリティ）であるといえる。しかし一方で、政府が政府として活動し、自らの政策を実現に導くために、一定の表現行為が求められていることは否定しえない。

　こうした行為にどのような制約が求められるかは、過去から現在に至るまで

● 憲法改正手続法の議論における表現規制

　国民投票法の原案には、現行条文よりさらに強力なメディア規制が予定されていた。審議の過程でその一部は削除されたものの、一方ではいったん消えた条項が復活したものもある。したがって当初の規制条項は、現行法の運用方針や法見直しの際に参考となるであろう。

①新聞・雑誌の虚偽報道等の禁止（原案69条）

　新聞、雑誌、新聞に類する通信は、報道・評論において、虚偽事項の記載、事実を歪曲する記載など、表現の自由を濫用して国民投票の公正を害してはならない旨を定める。インターネット上のブログを含め、ありとあらゆる表現行為が規制の対象になる危険性を包含している。さらに禁固刑を罰則として予定したことも特徴的である。

　また、「虚偽」や「歪曲」に何が該当するかは明確ではなく、恣意的な規制を可能にするとともに、日常的には報道現場に強い萎縮効果をもたらす可能性が強い。公職選挙法では、「選挙に関し、報道及び評論を掲載する自由を妨げるものではない」と自由原則を掲げたうえで、但し書きで虚偽報道の禁止を定めているが、本項では本則で虚偽報道禁止を謳うことで、意図的に「例外と自由の逆転」をはかっている。

②放送の虚偽報道等の禁止（原案71条）

　NHK・民放は、報道・評論において、虚偽事項の放送、事実を歪曲する放送など、表現の自由を濫用して国民投票の公正を害してはならない旨を定める。内容は印刷メディアとほぼ同様であるが、放送の場合は、放送法でも同様の政治的公平さを求める条文はあることからすると（4条）、二重の縛りをかけるものといえるであろう。なお、本項では罰則を設けている点で、さらに強い強制力を持たせている。

③予測投票の公表禁止（原案68条）

　何人も、結果を予測する投票の経過または結果を公表してはならない旨を定める。公職選挙方法においても、当落（選挙予測）報道を全面禁止する改正を1993年に試みたことがあるが、これと同趣旨のものといえるだろう。世論調査・出口調査などの公表、結果予測報道が幅広く規制の対象になると想定される。

④新聞・雑誌の不法利用等の制限（原案70条）

　新聞・雑誌の編集・経営者が、利益供与を受けて報道・評論をすることなどを禁止する旨定めている。わいろをもらって意図的な報道することは絶対にあってはならず、それを禁ずるための法条文と読めば当然のものである。しかし実際は、意見広告の代金支払いや、インタビューを受けた際の茶菓子の提供がこれに該当する可能性もある。すなわち、解釈次第では恣意的な運用ができる使い勝手がよい条項であるといえる。放送広告禁止期間をさらに延長する案や、禁止広告の対象を印刷メディアにまで拡大する案も議論されているところであって、むしろ少数政党や市民団体からは、すべて禁止することによる公平さを求める声が強いなかで、政治的表現の自由や多様性の確保をどのように実現するかは難しい問題である。

【参考文献】

『放送倫理ブックレット４　CM考査』（日本民間放送連盟、1996年）、中山研一『選挙犯罪の諸問題』（成文堂、1985年）、南部義典『Q&A 解説・憲法改正国民投票法』（現代人文社、2007年）、吉田利宏『国民投票法論点解説集──国会の議論から読み解く国民投票法のすべて』（日本評論社、2007年）

議論の対象ではあるが、これらの行為が無制約に認められるとなると、それは
いわゆる政府による国民に対するプロパガンダであって歴史的に許されないと
考えられている。あるいは思想・表現の自由、学問の自由、信教の自由をめぐ
る憲法上の規定は、いずれもが国家がこれらの領域に対し介入することを原則
禁止するものであって、それは言い換えれば政府言論の限界を示すものでもあ
る。すでに扱ってきた、教科書検定や公務員の表現活動（教員に対する君が
代・日の丸の義務化）、選挙や憲法改正国民運動における公務員や教育者の活
動制限、あるいは受刑者等に対する表現行為の制限などは、まさに政府言論の
一側面でもある。

　もっとも一般的な政府言論は各種広報で、政府は記者会見等の狭義の広報の
ほか、税金を投与して各種メディアを活用した宣伝行為を行っている。東日本
大震災においては、電力会社とともに政府が行ってきた原子力発電の推進キャ
ンペーンが、「安全神話」を過剰に形成してきたのではないかと、批判の対象
となった。また、記者会見については、大手既存メディアを優先することで、
一部の報道機関との持ちつ持たれつの癒着があるのではないかとの市民からの
批判が続いている。

　また、日本国民を含む一般市民を対象とした諜報活動について、警視庁公安
部外事３課が行ってきたイスラム教徒対象の諜報活動の公式文書が2010年に情
報漏洩し、その捜査実態が明らかになったことから問題視された。過去には自
衛隊が行ってきた反戦市民運動に対する諜報活動も問題にされたが、その後も
継続して実施しているとされる。そのほか、公安調査庁（公安）が日常的な諜
報活動を実行しているとされ、共産党への盗聴活動が過去に幾度か問題とな
り、訴訟にもなってきている。

　政府や自治体が管轄する公民館等のパブリックスペースにおける表現活動の
許容範囲も問題になることがある。近年、公民館等の貸出基準は「政治的活動
を行わないこと」を明記するのが一般的で、そのために憲法集会や反原発集会
の使用許可が取り消される事例も報告されている。あるいは、イベント開催に
反対する側からの抗議により、映画の上映会等が中止になる例も少なくない。

　これらにおける政府の基本的行為基準は、いかに市民の表現の自由を妨げな
いかという基本に立ち返ることであって、その判断行為は客観的公平性が保た
れている必要がある。政府批判が含まれているといった理由で場の提供を拒否
するなどの行政措置は認められるものでない。その延長線上で、特定の表現行

● **政府言論のカテゴリー**

　政府言論は大きく、①政府が行う表現と、②私人の表現活動に対する政府の助成に分けることができる。また、厳密には政府言論とはいえないが、政治家や政党の言論活動も①に含めて考えてよい場合もありうるだろう。

　政府が行うものの主体は、内閣（閣僚）、行政機関、職員（公務員等）で、以下の種別が考えられる。

　　・情報開示　政府広報・情報提供（記者会見、白書刊行ほか）
　　・政府広聴（パブリックコメント、ヒアリングほか）調査・諜報活動
　　・政府助成　パブリックスペースの提供（公民館、博物館、図書館ほか）

　政府がことさらに強い抗議を行うことで、政策に反する報道に実質的な圧力をかける例としては、沖縄県・自衛隊基地新設をめぐる琉球新報の記事に対するもの、福島原発事故に伴う低線量被曝に関するテレビ朝日系列「報道ステーション」の企画に対するもの、週刊漫画誌『ビッグコミックスピリッツ』掲載の「美味しんぼ」に対するものなどがある（いずれも2014年の事件）。沖縄問題については防衛大臣が当該紙に文書で抗議したほか、日本新聞協会に対しても抗議文を送付した。漫画誌に対しては総理大臣ほか半数近い閣僚が批判コメントを発表した。従軍慰安婦に関するNHK番組に対する政治家圧力も同じカテゴリーといえる。また、場の提供の制約については、東京都美術館の日本彫刻作品展における総理大臣の靖国参拝などを批判した作品の撤去（2014年2月）などがある。

● **公民館等の利用制限事例**

　道路や公園のほか、公民館や音楽ホール・博物館など、公共施設の使用拒否事由としては従来、①申請行事が施設の設備・構造等の外的条件に適さない、②申請順等の中立的基準で処理した結果、③施設の使用が他者の権利や自由を侵害する危険性がある場合とされてきたが、近年は、④政治的中立に反する場合（公平中立性）が加わり、③や④に関する自治体等の判断妥当性が問題となっている（第8・15講参照）。

　泉佐野市民会館事件は、関西国際空港建設反対集会の開催を目的とした市民会館の使用について、周辺住民の平穏な生活が侵害されることなどを理由として使用が許可されなかった事例である。最高裁は、不許可処分が認められるのは、人の生命、身体、財産が侵害され公共の安全が損なわれる、明白かつ差し迫った危険の存在が具体的に予見される場合に限られるとした（最判1995.3.7、民集49.3.687）。

　上尾市福祉会館事件は、労働組合の葬儀を目的とした市福祉会館の使用について、対立団体による妨害の恐れがあるとして使用が許可されなかった事例である。最高裁は、不許可は警察の警備等によってもなお混乱を防止できないなどの特別の事情がある場合に限定され、対立団体の襲撃を理由とした使用不許可処分は許されないとした（最判1996.3.15、民集50.3.549）。

　関連して、公民館職員による市民の表現活動を制限したことが争われた事例として、**9条俳句不掲載事件**がある。2014年に＜梅雨空に「九条守れ」の女性デモ＞の俳句が地元句会で秀句として選出され、さいたま市大宮区三橋公民館で発行される「公民館だより」に掲載される予定であったところ、公民館が文書で「公平中立であるべきとの観点から、掲載することは好ましくないと判断した」と回答、詠み人から掲載と精神的苦痛に対する慰謝料の支払いが提起された。判決では、職員が思想信条を理由とするなど不公正な取扱いをしたとして人格的利益の侵害を認めた（東京高判2018.05.18、最決2018.12.20）。

為を否定したり、必要以上に強い抗議等を行ったりする行為は、社会に「異論」を認めないことを政府自身が体現しているのであって、憲法上許されないと考えられる。

こうした「場の提供」以外にも、私人に対する政府言論の例として、研究・芸術活動等に対する助成措置がある。特定個人に公金を与えることで、その活動をサポートするものであるが、これもまた政府による言論活動の１つのかたちである。この場合にもまた、いかに恣意的な選択にならず、選抜に正当性が担保されていることが重要である（第８講参照）。

2　政党の政治活動

小選挙区制の導入に伴い、政党の政治的社会的役割が大きくになるにつれ、表現領域においても政党の「声」がより大きく反映される仕組みができてきている。その具体的事例が、公職選挙法における選挙期間中の政党の表現活動である「政治活動」と、国民投票法における政党の表現活動である「投票運動」である。

原則、選挙期間中は候補者の表現活動が厳しく制約されるに伴い、一般市民の表現活動も原則禁止されることになっている（インターネット上の選挙活動が、その唯一の例外といえる）。そのなかで、政党のみは原則自由に表現活動を行うことができるという意味で、まさに「オールマイティ」の存在ともいえる（しかもその活動資金は、税金から支出される政党交付金である）。

同様に、国民投票期間中においても、一般市民はテレビに意見広告を出すことなどができないなか、政党はテレビ・ラジオ・新聞に無料で広告を出すことができる仕組みが導入されている（放送局には「そのまま放送義務」も課されている）。これによって政党は、①法定無料広告、②政治活動としてのキャンペーン広告、③政党が主体となって作成する国民投票広報協議会作成の広報、という３つの手段を通じ意見表明が可能となる。

こうした政党のみへの優遇措置は、市民の知る権利を侵害する側面があることを忘れてはならないだろう。しかも政策キャンペーンに関していえば、政権党の場合、政府の広報活動と相乗効果をもって行われる可能性もあり、情報の流通が遍在する可能性が否めないのではないか。

このほかにも、民放における政党の広告（CM）に関して、いくつか特殊な問題が生じる場合がある。その典型例が、「政党スポット」と呼ばれる、選挙

　政党及びその他の政治団体等の選挙運動について法は、「政治活動」という特別なカテゴリーを設けることによって、選挙運動規制の枠を外し相当程度自由な活動を担保している（公職選挙法14章の3）。具体的には、選挙運動として街頭演説やポスターの掲出などで特別枠が設けられ、候補者の選挙運動とプラスして行うことができる。また、政党機関誌の発行については選挙報道が認められる刊行物の条件の枠外として、相当程度自由な発行が認められる。さらに、本文に述べたとおり有料広告を新聞・放送に出稿することも認められている。2003年総選挙から期間中の配布が認められることになった政党「マニフェスト（選挙公約）」の配布方法などをめぐっても、当初は配布できる場所として選挙事務所、演説会の会場、街頭演説の場所に限定されていたが、2007年の公職選挙法改正で拡大された。なお、政党への国家助成である政党交付金の総額は2020年段階で約318億円（1人250円×総人口）で、使途に制限はない。

公職選挙法（1950. 4. 15法100）

第201条の11［政治活動の態様］　①この章の規定による政談演説会及び街頭政談演説においては、政策の普及宣伝のほか、所属候補者の選挙運動のための演説をもすることができる。この場合においては、第164条の3及び第166条の規定は政談演説会に、第164条の5の規定は街頭政談演説に適用しない。

④この章の規定によるポスターは、その掲示しようとする箇所の所在する都道府県の選挙管理委員会の定めるところにより、当該都道府県の選挙管理委員会の行う検印を受け、又はその交付する証紙をはらなければ掲示することができない。この場合において、都道府県の選挙管理委員会の行う検印又はその交付する証紙は、衆議院（小選挙区選出）議員の選挙区ごとに区分しなければならない。

第201条の15［政党その他の政治団体の機関紙誌］　①政党その他の政治団体の発行する新聞紙及び雑誌については、衆議院議員、参議院議員、都道府県の議会の議員、都道府県知事、指定都市の議会の議員又は市長の選挙の期日の公示又は告示の日からその選挙の当日までの間に限り、第148条第3項の規定を適用せず、衆議院議員の選挙にあつては候補者届出政党又は衆議院名簿届出政党等の本部、衆議院議員の選挙以外の選挙にあつては当該選挙につきこの章の規定により政治活動をすることができる政党その他の政治団体の本部において直接発行し、かつ、通常の方法により頒布する機関新聞紙又は機関雑誌で、総務大臣に届け出たもの各一に限り、かつ、当該機関新聞紙又は機関雑誌の号外、臨時号、増刊号その他の臨時に発行するものを除き、同条第1項及び第2項の規定を準用する。この場合において、同条第2項中「通常の方法」とあるのは、当該機関新聞紙又は機関雑誌で引き続いて発行されている期間が6月に満たないものについては「通常の方法」と、当該機関新聞紙又は機関雑誌で引き続いて発行されている期間が6月以上のものについては「通常の方法」と読み替えるものとする。

新聞社による特定候補の支持

　鳥取県の県紙である日本海新聞（新日本海新聞社）では、1990年代後半以降、数度にわたって社の幹部が選挙に出馬し、紙面上の支持も含め社ぐるみの選挙応援を行い、日本新聞協会では政治的公平さに反するものとして厳重注意を行うなどした。

期間中に大量出稿される傾向にある、政党の宣伝 CM である。通常の広告取引として行われるもので、各政党とも億単位の予算をつぎ込んでいる実態がある。なお、同じことは新聞やインターネットへの政党広告にもあてはまる。

　形式的には日常の政党活動として法が規制する選挙運動ではないことを前提に（公職選挙法201条の5、201条の6）、公職選挙法の規制の枠外にあることから、選挙期間中、具体的な候補者に言及するものや自党への投票を誘引するものを除き、放映が認められている。もちろん、選挙運動に該当すれば刑事罰が科されることになる。

　運用実態としては、ある政党の CM を受け付けた場合は、原則、他の政党分についても同様の料金体系で受け付けるということが求められる。これは法が要請する「公平さ」を担保する1つの要因である。政党 CM に候補者放送の規定を準用することはできないが、法の精神から放送局側が自主的な判断で行っているといえる。また投票当日は、各放送局とも CM 放送を自粛している状況にある。

　放送局間あるいは局と総務省・選挙管理委員会との間の解釈確認によって、放映の是非が判断されているが、その結果、ある局では放映されたものが別の局では NG が出されるということも起こっている。また、放映のタイミングも報道番組の前後では流さないなどの原則を持っている局が多い。

　これが通常の広告活動のなかで行われている以上、政党の資金力等の差によって、出稿量の開きが出ることはやむをえないのであるが、一方で新聞紙上の選挙広告を厳しく律し、あるいは候補者 CM を禁止（衆議院小選挙区の場合）することが、公平さの確保になっているのかには疑問が残る。

　また、実質的な選挙広告である以上、その内容は当然、自己の政策や意見の主張であり、他党を直接間接に攻撃するものであることが少なからずある。これはまさに「意見広告」そのものの特徴を持つものであり、反論広告機会の提供などの問題も、将来的には出てきかねない（第19講参照）。2009年総選挙では自民党のネガティブキャンペーンが話題になった。

　このほか、テレビや新聞の場合、候補者が出演する番組・記事、候補者が出ている他の広告、あるいは候補者執筆の著作の紹介・書評は、公平さに欠けるものとして、放送局や新聞社が自主的に番組内容を変更したり、掲載を取りやめる場合が一般的である。映画俳優が立候補している場合に、もし主演作が放映されたならば、間違いなく影響力があると考えることによる配慮である。

　2010年代の安倍晋三長期政権下において、首相や官僚の国会審議において多くの虚偽答弁があったことが判明し、退任後に謝罪と訂正を行う事態となった。その数は、モリ・カケ・サクラと呼ばれる一連の疑惑に関連し、森友学園で139回、桜を見る会前夜祭で118回とされる（2020年12月段階の衆院調査局調べなど）。一方で官邸は、テレビのコメントなどを詳細チェックし記録していることが、情報公開で開示された文書などから明らかになっている。

　街頭の立会演説会で首相を批判する一般市民の野次については、厳しい制止事例が訴訟に発展している。2019年7月の参院選での札幌市内で街頭演説中に、安倍首相に対し野次を飛ばした男性と、批判的なメッセージを記したプラカードを掲げた女性が、その場から北海道警察や警視庁SPによって排除された**首相野次排除事件**で、2人から政治的な表現の自由の侵害だとして損害賠償の訴訟が提起された。道警は道議会で、警察官による避難や犯罪の予防及び制止にあたる「必要な職務執行」だったと説明している。なお、警察官の排除行為が特別公務員職権濫用罪にあたるとして刑事裁判を開くよう求めた付審判請求は2020年11月、札幌地裁で棄却された。

警察官職務執行法（1948法136）
第2条［質問］　①警察官は、異常な挙動その他周囲の事情から合理的に判断して何らかの犯罪を犯し、若しくは犯そうとしていると疑うに足りる相当な理由のある者又は既に行われた犯罪について、若しくは犯罪が行われようとしていることについて知つていると認められる者を停止させて質問することができる。
第4条［避難等の措置］　①警察官は、人の生命若しくは身体に危険を及ぼし、又は財産に重大な損害を及ぼす虞のある天災、事変、工作物の損壊、交通事故、危険物の爆発、狂犬、奔馬の類等の出現、極端な雑踏等危険な事態がある場合においては、その場に居合わせた者、その事物の管理者その他関係者に必要な警告を発し、及び特に急を要する場合においては、危害を受ける虞のある者に対し、その場の危害を避けしめるために必要な限度でこれを引き留め、若しくは避難させ、又はその場に居合わせた者、その事物の管理者その他関係者に対し、危害防止のため通常必要と認められる措置をとることを命じ、又は自らその措置をとることができる。
第5条［犯罪の予防及び制止］　警察官は、犯罪がまさに行われようとするのを認めたときは、その予防のため関係者に必要な警告を発し、又、もしその行為により人の生命若しくは身体に危険が及び、又は財産に重大な損害を受ける虞があつて、急を要する場合においては、その行為を制止することができる。

警察法（1954法162）
第2条［警察の責務］　警察は、個人の生命、身体及び財産の保護に任じ、犯罪の予防、鎮圧及び捜査、被疑者の逮捕、交通の取締その他公共の安全と秩序の維持に当ることをもつてその責務とする。

公職選挙法
第230条［多衆の選挙妨害罪］　選挙に関し、多衆集合して、交通もしくは集会の便を妨げ、又は演説を妨害したものも、同様とする。

第15講　社会秩序の維持と大衆表現

I　社会秩序の維持

　社会秩序を守るために表現の自由を部分的に規制することは、多くの国で行われている一般的規制形態であるといえる。日本でも、善良な風俗や平等な社会の実現をめざしたり、青少年の健全育成などを理由とした、猥褻表現や差別表現の規制が行われているほか、社会の治安を乱すような違法な行為の教唆、煽動、そそのかしを処罰する規定が存在する。前者はより個別に扱うこととし、ここでは後者の治安名目で行われる表現規制を扱う。

1　破壊活動に関連する表現規制

　暴力主義的な破壊活動等に関する表現行為について、日本ではいくつかの法律群で刑事罰を定めている。そのもっとも中心的な法律が破壊活動防止法（破防法）で、刑法に定められた内乱、外患（外国からの攻撃）誘致、外患援助、及びその教唆、煽動する行為を「暴力主義的破壊活動」として処罰する。

　宣伝を禁止する項では、文書図画、無線通信、有線放送によるいわゆる宣伝による罪を定めている。また、内乱、外患の煽動を報道機関・関係者が行えば、教唆、煽動としてその者は刑事罰を受けることになる。暴力主義的破壊活動を行った団体には機関誌紙の印刷、頒布等を禁止する規定があることから、制定当初から言論弾圧の武器になりかねないとの批判が報道界で強かったが、これまでに具体的に規制を受けた例はない。

　なお、その規制根拠・基準として、判例では、公共の福祉による制約が認められてきたが、学説では従来から明白かつ現在の危険を基準にすべきとする説が有力である。公共の福祉基準では、拡大解釈によってかつての治安維持法のような言論弾圧効果を生みかねないとの危惧からである。

　破防法以外の同種の法律としては、いわゆる成田空港緊急措置法や暴力団対策法が挙げられる。前者は、適用期間・対象を限定したうえで集会の自由を制限した1978年制定の特別立法であるが、最高裁判決では、過激派対策というあくまで例外的なケースが対象となっており、拡大解釈の余地はないとして合憲の判断が示されている。

　後者は、市民や企業の民事行為に暴力団員がかかわって資金を得たり、暴力団組織の威力を利用して金品を要求するなど、刑事事件にならないため取り締まることのできなかった暴力団の反社会的な行為を取り締まるとともに、暴力

● **社会秩序維持のための法令・裁判例**

破防法＜破壊活動防止法＞（1952.7.21法240）

第4条［定義］　①この法律で「暴力主義的破壊活動」とは、次に掲げる行為をいう。

一　イ　刑法第77条（内乱）、第78条（予備及び陰謀）、第79条（内乱等幇助）、第81条（外患誘致）、第82条（外患援助）、第87条（未遂罪）又は第88条（予備及び陰謀）に規定する行為をなすこと。

ロ　この号イに規定する行為の教唆をなすこと。

ハ　刑法第77条、第81条又は第82条に規定する行為を実行させる目的をもつて、その行為のせん動をなすこと。

ニ　刑法第77条、第81条又は第82条に規定する行為を実行させる目的をもつて、その実行の正当性又は必要性を主張した文書又は図画を印刷し、頒布し、又は公然掲示すること。

ホ　刑法第77条、第81条又は第82条に規定する行為を実行させる目的をもつて、無線通信又は有線放送により、その実行の正当性又は必要性を主張する通信をなすこと。

二　政治上の主義若しくは施策を推進し、支持し、又はこれに反対する目的をもつて、次に掲げる行為の一をなすこと。

イ　刑法第106条（騒乱）に規定する行為

②この法律で「せん動」とは、特定の行為を実行させる目的をもつて、文書若しくは図画又は言動により、人に対し、その行為を実行する決意を生ぜしめ又は既に生じている決意を助長させるような勢のある刺激を与えることをいう。

暴力団対策法＜暴力団員による不当な行為の防止等に関する法律＞（1991.5.15法77）

第9条［暴力的要求行為の禁止］　指定暴力団等の暴力団員は、その者の所属する指定暴力団等又はその系列上位指定暴力団等の威力を示して次に掲げる行為をしてはならない。

一　人に対し、その人に関する事実を宣伝しないこと又はその人に関する公知でない事実を公表しないことの対償として、金品その他の財産上の利益の供与を要求すること。

暴力団排除条例

　2011年の東京都と沖縄県を最後に、47都道府県すべてで同条例が施行されている。最初に本格的な条例を制定したのは福岡県で（2010年施行）、暴力団抗争が絶えない土地柄であることが関係している。それが全国に広がったのは、いわゆる反社会的勢力との決別によって、暴力団の経済分野への進出に歯止めをかけることがあったとされている。そこでは一般に、暴力団員等への利益供与等が禁止されているが、祭りの屋台等のいわゆるテキヤとの峻別や、芸能界の地方興業における元締め役の代替など、議論は継続中であるといえよう。構成員やその家族に対する社会的排除が行き過ぎているのではないかとの批判もある。

　成田空港緊急措置法違憲訴訟は、成田空港反対派の住民が新東京国際空港の安全確保に関する緊急措置法に基づく、団結小屋の使用禁止処分の取り消しを求めたもので、最高裁は、1、2審と同様、原告の訴えを全面的に退け、「成田空港の安全を確保する高度で緊急の必要性から、集会・表現の自由も合理的な制約を受けるのはやむを得ない」と判示した（最大判1992.7.1、民集46.5.437）。

団の対立抗争の際の危険防止措置を目的に、1992年に施行されたものである。集会・結社の自由を部分的に制約することになることから、制定当時からその運用を注視すべきとの指摘がなされている。

2　サイバー犯罪対策と共謀罪

　1999年に成立した盗聴法では、犯罪の予防や取締りのための盗聴が正式に認められることになった。ここでも、通信の秘密という憲法原則は、治安の維持という目的の前に一歩引くかたちとなっている。無制限な警察による盗聴を防ぐため、盗聴できる犯罪類型を重大犯罪（組織的殺人、薬物犯罪、銃器犯罪、集団密航犯罪）に限定したり、立会人をおくことなどを定めているが、運用においては広範な犯罪捜査のための盗聴が認められている。また、特定の業務については盗聴を禁止する条文（盗聴法15条）をおいているが、そこには報道関係者は含まれない（刑事訴訟法の証言拒否が認められている、弁護士、医者、宗教関係者に限定されている）。

　なお、盗聴の対象となる通信は、電話のほか電子メールも含まれるわけであるが、後者の場合は、要するに電子的な手紙の盗み見である。手紙や葉書の場合はいままでどおり盗み見が許されず、それが電子的になったとたん認められるという矛盾は解決されないままである。さらにまた、掲示板等の管理者が、電子メール・書き込みの記録やログ（通信記録）を任意で警察に提出することも日常的に行われており、犯人摘発に効果を上げる一方で、その歯止めがなくなりつつあるのが現状である。

　そして、治安のために表現の自由に一歩退いてもらう考え方は、さらに広く浸透しつつある。その典型例が2001年末に採択されたサイバー犯罪条約である（2004年承認）。この条約は形式的には欧州議会において作られたもので、英米ほか先進8か国の警察担当者が、サミットの合意を受けて立法作業をすすめ、欧州以外の日米なども当初からオブザーバー国として参加するなかで作り上げられた。

　その目的は2つで、国際テロの防止とその資金源でもある子どもポルノの撲滅である。とりわけ前者は、9.11米国同時多発テロの発生を受けさらに加速した観がある。ただしこの条約には、表現の自由の基本原則を変更してしまう危険性が隠されている。

　問題点の1つ目は、条約の対象となる犯罪の範囲が広く、日本では違法とは

● サイバー犯罪条約

　サイバー犯罪条約（Convention of Cybercrime）は、2001年12月に欧州評議会で採択された。同評議会が1997年から検討を進めてきたもので、国境を越えるコンピュータ犯罪の取締り、処罰のため、犯罪行為を明確化し、捜査手続きをより効率的なものにすることを企図している。条約制定作業を事実上推し進めてきたのは、イギリス、アメリカ、カナダなど「エシュロン（大規模通信傍聴システム）」の構成国であるといわれており、実際、Ｇ８や警察担当者の実務者会議でお墨付きをもらっての作業であったことが伺われる。

　条約は48条からなり、2～13条は犯罪類型を定義、締約国に国内法の整備を求める内容となっている。具体的項目として挙げられているのは、不正アクセス、不法傍受、データの破壊などのデータ妨害、システム妨害、装置濫用、非権限者によるデータの入力・改ざんなどのシステム妨害、装置の不正使用、電子証明書偽造などコンピュータ関連偽造、同関連詐欺で、そのデータアクセスの手段の不当性を問う犯罪類型である。一方、データ内容を問題とするものとして、子どもポルノ関連犯罪、著作権侵害が挙げられる。14～22条は、捜査の手続きに関するもので、冒頭で述べたように、捜査の迅速化のための、コンピュータ内蔵データの応急保全、プロバイダへのデータの提出命令、コンピュータ内蔵データの捜索・差し押さえ、通信記録（トラフィックデータ）のリアルタイム収集、電子データの傍受などを規定する。さらに23～35条は捜査の国際協力に関するもので、条約加盟国の要請に応じて、データの応急保全、通信記録のリアルタイム収集、電子データの傍受共助などに応じることが求められている。

　法務省は同条約批准のための法整備のため、ウイルス作成罪の新設、電子データの証拠収集手続きの整備として、コンピュータウイルスを作成したり供用した場合、あるいは不正利用目的でウイルスを取得したり保管したりした場合に刑事罰を科す。また、子どもポルノも含めた猥褻画像のネット送信の取締り強化のため構成要件を拡充するとともに、電子計算機損壊業務妨害罪に未遂罪を新設した。さらに子どもポルノ禁止法制定時に議論の末に当初案から削除された単純所持罪も2014年には盛り込まれた。上記証拠収集手続きに関しては、警察がプロバイダーに対して特定の電子メールの送信元、送信先、通信日時などのログ（通信履歴）を60日間保管することを義務付ける「保全要請」や、データを記録・印刷のうえ差し押さえたり、不正に作られたデータが没収できる規定が設けられた。

　さらに政府は、**国際組織犯罪防止条約**（国際的な組織犯罪の防止に関する国際連合条約）の批准に伴う国際テロ対策名目で、3度の廃案を経て2017年に共謀罪が導入された。同罪は、2人以上の者が犯罪を行うことを話し合って合意することを処罰対象とするのが大きな特徴である。改正組織犯罪処罰法案のなかの「テロ等準備罪」の創設として提出されたものだが、そもそも立法事実（新しい罰則規定を設ける必要性）がないうえ、600を超える主要な犯罪類型のほとんどが処罰対象となり、適用される団体や組織、重大な犯罪の定義が曖昧であるなど、厳しい批判のなか成立した。

　現実に個人もしくは社会の利益が侵害される前段階で、反社会的な意思を持つこと自体を犯罪とすることで、市民の日常的な会話や電話・電子メールの中身が犯罪行為として処罰の対象となる。そのこと自体も表現の自由との関係で大きな問題を孕むほか、サイバー犯罪条約がらみで予定されている電子メールの保全・リアルタイム傍受といった捜査権の拡大や盗聴法の適用範囲の拡大、室内盗聴の導入などとも強く関連し、より大きな表現行為の制限につながるおそれが高いことに注意が必要である。

されていない有害コンテンツや不正行為まで含まれていることである。条約加入に合わせ国内法の整備が行われ、たとえば子どもポルノの取締り強化の方策として、法制定当時の議論を反故にしかねない犯罪適用範囲の拡大や罰則強化が進められてきた。

2つ目は刑事手続き上の問題である。条約では捜査当局による盗聴の問題はもちろん、不正アクセスなどでは、個人にまでログを常時保存し、緊急提出するように命ずることを求めている。このような捜査手続き強化が、表現行為に与える影響ははかり知れない。

3つ目は、通信の秘密と表現の自由に関連する問題である。条約の存在そのものが国内の法制度を変えつつあるからだ。その最たるものが、従来の刑法の大原則を変更し、実行行為がなくても話し合っただけで処罰される可能性がある「共謀罪」（改正組織犯罪処罰法のなかに新設）だ。そしてこの「犯罪」行為を探知するためには、捜査機関が通信傍受（盗聴）をより積極的に運用する必要がでてこよう。そうなれば、通信の秘密の例外的措置として自制的であるべきという原則が崩れてしまうおそれが多分にある。

私たちは安全のために、どこまで監視を認めるか、という選択を迫られている。欧州には、欧州人権規約や欧州人権裁判所があり、人権に対する強力な救済機関があるが、日本にはそうしたものがなく、人権についての意識も希薄な面が否定できない。こうしたなかで、包括的テロ防止条約やテロ資金供与防止条約も含め、監視のための法律だけが先行していくことに注意が必要であろう。

Ⅱ　大衆表現の規制

一般市民がもっとも安価、簡便な方法で自己の主張を表現する方法の1つが、広場での集会や公道上でのデモ行進、あるいはビラやチラシの配布である。誰しも街なかで、広告テッシュやチラシを受け取る経験は珍しくないし、春闘の季節になれば労働組合の集会やデモがニュースになる。しかし一方で、外国からのニュースで伝えられるような大規模な市民デモや公館前での抗議デモを日本でみることはそれほど多くない。

それでも、日本でも安保闘争と称された1960年代から70年代にかけ、大規模なデモや集会が催され、東京ほか全国各地の大学や市街地を人が埋め尽くした

盗聴法＜犯罪捜査のための通信傍受に関する法律＞ (1999. 8. 18法137)

第3条〔傍受令状〕　①検察官又は司法警察員は、次の各号のいずれかに該当する場合において、当該各号に規定する犯罪の実行、準備又は証拠隠滅等の事後措置に関する謀議、指示その他の相互連絡その他当該犯罪の実行に関連する事項を内容とする通信が行われると疑うに足りる状況があり、かつ、他の方法によっては、犯人を特定し、又は犯行の状況若しくは内容を明らかにすることが著しく困難であるときは、裁判官の発する傍受令状により、電話番号その他発信元又は発信先を識別するための番号又は符号によって特定された通信の手段であって、被疑者が通信事業者等との間の契約に基づいて使用しているもの又は犯人による犯罪関連通信に用いられると疑うに足りるものについて、これを用いて行われた犯罪関連通信の傍受をすることができる。

第12条〔通信事業者等の協力義務〕　検察官又は司法警察員は、通信事業者等に対して、傍受の実施に関し、傍受のための機器の接続その他の必要な協力を求めることができる。この場合においては、通信事業者等は、正当な理由がないのに、これを拒んではならない。

第13条〔立会い〕　①傍受の実施をするときは、通信手段の傍受の実施をする部分を管理する者又はこれに代わるべき者を立ち会わせなければならない。これらの者を立ち会わせることができないときは、地方公共団体の職員を立ち会わせなければならない。

②立会人は、検察官又は司法警察員に対し、当該傍受の実施に関し意見を述べることができる。

第16条〔医師等の業務に関する通信の傍受の禁止〕　医師、歯科医師、助産師、看護師、弁護士（外国法事務弁護士を含む。）、弁理士、公証人又は宗教の職にある者（傍受令状に被疑者として記載されている者を除く。）との間の通信については、他人の依頼を受けて行うその業務に関するものと認められるときは、傍受をしてはならない。

第35条〔関係者による通信の秘密の尊重等〕　検察官、検察事務官及び司法警察職員並びに弁護人その他通信の傍受に関与し、又はその状況若しくは傍受をした通信の内容を職務上知り得た者は、通信の秘密を不当に害しないように注意し、かつ、捜査の妨げとならないように注意しなければならない。

共謀罪法＜組織犯罪処罰法、組織的な犯罪の処罰及び犯罪収益の規制等に関する法律＞
(2009. 8. 18法136、2017. 6. 15改正)

第6条の2〔テロリズム集団その他の組織的犯罪集団による実行準備行為を伴う重大犯罪遂行の計画〕　①次の各号に掲げる罪に当たる行為で、テロリズム集団その他の組織的犯罪集団の団体の活動として、当該行為を実行するための組織により行われるものの遂行を2人以上で計画した者は、その計画をした者のいずれかによりその計画に基づき資金又は物品の手配、関係場所の下見その他の計画をした犯罪を実行するための準備行為が行われたときは、当該各号に定める刑に処する。ただし、実行に着手する前に自首した者は、その刑を減軽し、又は免除する。

一　別表第四に掲げる罪のうち、死刑又は無期若しくは長期十年を超える懲役若しくは禁錮の刑が定められているもの　5年以下の懲役又は禁錮

二　別表第四に掲げる罪のうち、長期4年以上10年以下の懲役又は禁錮の刑が定められているもの　2年以下の懲役又は禁錮

歴史がある。最近では、原発再稼働や米軍基地建設で大規模集会やデモが行われた。さらに遡れば戦後間もない時期にも、多くの新しい権利獲得のためや生活権を守るための集会が、公園や公道で開かれた。このように、プリミティブな表現方式は日本でも十分に機能していた時期があったのであって、現状をもって日本人の国民性にのみ理由を求めるのは正しくなかろう。

　むしろ、激しいデモや集会に懲りて、厳しい規制条項を持つ法や条例を作り、それを追認してきた裁判所が、現在の状況を作ってきたともいえるだろう。最高裁は一貫して、デモ、集会、ビラやチラシの頒布、立て看板の掲出の規制は、公共の福祉のための必要かつ合理的な制限の1つとして認めており、これらは表現の自由に抵触しないとしてきた。

1　デモ規制と基準の曖昧性

　デモ（示威行為）がきわめて容易な表現行為であり、もっともわかりやすく即時性のある、時の政権に対する一般市民の意思表示方法である。実際、2003年のイラク戦争開戦時には、世界の多くの国で反戦平和のデモや集会が100万人規模で開催され、大きな国際世論を形成した。だからこそ逆に、公権力はそのありように対し抑圧的な態度に出ることが少なからずある。

　一口に「デモ」といってもさまざまな形態のものがあり、表現の自由の観点からその規制のあり方を考える場合は通例、請願デモのような静かなデモ（「集団行進」と呼ぶ）と、旗を持ったりシュプレヒコールを行ったりする喧噪的要素を含んだデモ（「集団示威行進」と呼ぶ）に分けて考えるとわかりやすい。

　デモ規制の根拠としては、通例、公安条例と騒音防止条例が挙げられることが多い。これらによって、日本では道いっぱいに広がるフランスデモやジグザグ行進が事実上禁止されているほか、デモ行進のコースも厳しく制限されている。国会前では、マイクを使ったシュプレヒコールや、プラカードの掲示も禁止され、立ち止まることも一切許されないなど、集団示威行進の自由は事実上奪われているといってよい状態にある。

　このほか、刑法、軽犯罪法、道路交通法、あるいは公害防止（環境）条例なども、デモ規制の根拠として使われることがあるが、前記の2条例とともにスムーズな交通往来の確保や騒音の防止を目的として、実質的には表現規制を行うこと自体に疑問が出されてきた。さらにその規制方法が、過度の広範な規制

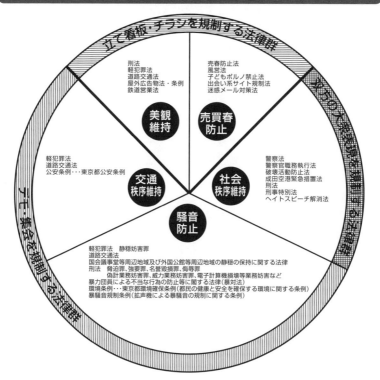

立て看板・チラシを規制する法律群

刑法
軽犯罪法
道路交通法
屋外広告物法・条例
鉄道営業法

売春防止法
風営法
子どもポルノ禁止法
出会い系サイト規制法
迷惑メール対策法

美観維持

売買春防止

軽犯罪法
道路交通法
公安条例…東京都公安条例

交通秩序維持

社会秩序維持

騒音防止

警察法
警察官職務執行法
破壊活動防止法
成田空港緊急措置法
刑法
刑事特別法
ヘイトスピーチ解消法

軽犯罪法　静穏妨害罪
道路交通法
国会議事堂等周辺地域及び外国公館等周辺地域の静穏の保持に関する法律
刑法　脅迫罪、強要罪、名誉毀損罪、侮辱罪
　　　偽計業務妨害罪、威力業務妨害罪、電子計算機損壊等業務妨害など
暴力団員による不当な行為の防止等に関する法律（暴対法）
環境条例…東京都環境確保条例（都民の健康と安全を確保する環境に関する条例）
暴騒音規制条例（拡声機による暴騒音の規制に関する条例）

市民的及び政治的権利に関する国際規約〔自由権規約〕(1979.8.4条約7)

第21条　平和的な集会の権利は、認められる。この権利の行使については、法律で定める制限であって国の安全若しくは公共の安全、公の秩序、公衆の健康若しくは道徳の保護又は他の者の権利及び自由の保護のため民主的社会において必要なもの以外のいかなる制限も課することができない。

　2020年のコロナ禍において脚光を浴びるかたちになった新型インフルエンザ特措法には、緊急事態宣言が発出された場合、知事が土地の収用や移動の制限などの措置がとれることを定めているが、表現行為もまた大きな影響を受けることになる（第11講参照）。具体的には、最長3年にわたり、外出や催事等の協力要請がとられることで、デモや集会は許可されることがなくなり、事実上の禁止となる。

の危険性がある一律禁止ではないか、事前規制に該当しないか、必要にして最小限度かといった吟味も不十分であるといえるだろう。

　だからこそ、その規制基準である暴騒音の定義、規制対象、騒音基準値の根拠の明確性が求められている。あるいは、他に想定される道路渋滞を回避する方法はないか、法手続きは十分か、救済措置は取られているかなどの検討も課題である。恣意的な取締りは、表現の自由への公権力の介入を生みやすく、もっとも危険なものであるからである。

　また、条例による基本的人権の制約は可能であるが、「法律の範囲内」（憲法94条）という制約がある。とりわけ罰則をもってする人権規制は、適法手続き（31条）の要請から慎重さが求められる。ましてや表現の自由についての規制は、よりいっそう慎重であることを要するといえる。また地域的規制によって自治体間の不均衡が著しい場合や、後述のビラやチラシのように広範な流布に支障がきたされる場合は、法のもとの平等に反するおそれがある。

　集会の自由に関しては、2008年2月に予定されていたグランドプリンスホテル新高輪での日本教職員組合（日教組）全体集会の宿泊と会議を、ホテル側が予約を受理しながらその後解約したことから、社会問題化し訴訟に発展した（プリンスホテル教研集会使用拒否事件）。ホテル側は解約無効と使用させる義務があるとした東京高裁の仮処分命令を無視して、会場の使用を拒否、別の団体に使用を認めた。その後の民事訴訟で2009年7月、損害賠償と謝罪広告が認められた（港区は宿泊契約の解約が旅館業法に違反するとして厳重注意、警視庁は同法違反の疑いで社長ほかを書類送検している）。

　また、2008年1月につくばみらい市が予定していたDVに関する講演会が、DV防止法に反対する団体等からの抗議によって中止になったほか、その影響で高校への出前授業等についても取りやめになる事件があった（つくばみらい市講演中止事件）。その後2009年に市側は、講演予定者に謝罪するとともに違約金を支払っている。

　さらにちょうど同じ時期、映画「靖国　YASUKUNI」（李纓監督）の上映をめぐって、当初予定していた映画館が右翼からの抗議行動等によって上映を中止したり、映画「天皇伝説」（渡辺文樹監督）では公共施設が貸出を拒否するなど、表現活動の場をめぐっての事件が相次いだ。社会的な「空気」として、争い事を避けんがために表現の場が狭められる状況には大きな問題があり、とりわけ公共団体が運営する公共施設やホテルなどの公的施設においては、言論

● デモ規制の法令

道路交通法 (1960.6.25法105)

第76条［禁止行為］　④何人も、次の各号に掲げる行為は、してはならない。

二　道路において、交通の妨害となるような方法で寝そべり、すわり、しやがみ、又は立ちどまつていること。

第77条［道路の使用の許可］　②前項の許可の申請があつた場合において、当該申請に係る行為が次の各号のいずれかに該当するときは、所轄警察署長は、許可をしなければならない。

一　当該申請に係る行為が現に交通の妨害となるおそれがないと認められるとき。

二　当該申請に係る行為が許可に付された条件に従つて行なわれることにより交通の妨害となるおそれがなくなると認められるとき。

三　当該申請に係る行為が現に交通の妨害となるおそれはあるが公益上又は社会の慣習上やむを得ないものであると認められるとき。

軽犯罪法 (1948.5.1法39)

第1条　左の各号の一に該当する者は、これを拘留又は科料に処する。

十四　公務員の制止をきかずに、人声、楽器、ラジオなどの音を異常に大きく出して静穏を害し近隣に迷惑をかけた者

二十八　他人の進路に立ちふさがつて、若しくはその身辺に群がつて立ち退こうとせず、又は不安若しくは迷惑を覚えさせるような仕方で他人につきまとつた者

三十三　みだりに他人の家屋その他の工作物にはり札をし、若しくは他人の看板、禁札その他の標示物を取り除き、又はこれらの工作物若しくは標示物を汚した者

国会議事堂等周辺地域及び外国公館等周辺地域の静穏の保持に関する法律 (1988.12.8法90)

第1条［目的］　この法律は、国会議事堂等周辺地域及び外国公館等周辺地域における拡声機の使用について必要な規制を行うことにより、これらの地域の静穏を保持し、もつて国会の審議権の確保と良好な国際関係の維持に資することを目的とする。

第5条［拡声機の使用の制限］　①何人も、国会議事堂等周辺地域及び外国公館等周辺地域において、当該地域の静穏を害するような方法で拡声機を使用してはならない。

第8条［適用上の注意等］　①この法律の適用に当たつては、国民の権利を不当に侵害しないように留意しなければならない。

②この法律の規定は、法令の規定に従つて行われる請願のための集団行進について何らの影響を及ぼすものではない。

＊2010年代以降の新しい動きとしては、ヘイトスピーチ対処のための制度作りがある。一部自治体のヘイトスピーチ規制条例やガイドラインなどが、団体・個人への公共施設の貸し出しを禁止するほか、デモや集会の制限を加えることができる規定を有している（第16講参照）。東京・新宿区では、「デモの出発地として使用できる公園の基準」を変更し限定化することで、事実上、デモをしづらくしている。

公共空間としての社会的役割があると考えるべきであろう。

2　ビラ規制とパブリックフォーラム論

　ビラやチラシの配布（街頭頒布）、ビラやポスターの掲出（電柱貼り）、立て看板といった表現活動も、日頃あまり意識しないものの表現の自由の重要な一形態である。ただしこれらの多くは通常、消費者金融のティッシュや飲み屋のチラシであったり、不動産の立て看板であることが多いのであるが、ここではこうした営利的表現（広告）ではなく集会ポスターや、市民団体、宗教団体、労働組合のビラをイメージしてほしい。

　デモ行進や集会同様、ビラやチラシもきわめてプリミティブな表現方法である。しかし前者が積極的な行動を伴うのに対し、そういったある種の戦闘的な要素は希薄な純粋な表現行為であるにもかかわらず、マスメディアの取材や報道とは明らかに異なる「低位な表現方法」として、厳しい取締りの対象となっている実態がある。

　実際、ビラ貼りを厳しく規制する軽犯罪法や屋外広告物条例の違憲性について最高裁は否定し、その判断はすでに確立している。近年では表現の自由の問題として裁判で争われること自体がなくなっていたが、携帯電話の普及のなかで、いわゆる「迷惑メール」問題としてある種の電子チラシが改めて脚光を浴びるかたちになっている。

　最初に少し古い判例からおさらいしておく。1970年代に政治集会を告知する立て看板を電柱に結び付けたところ、軽犯罪法で起訴される事件があった。下級審では、その内容、動機、目的、手段、場所が正当なものであったかどうかには一切関わりなく、無承諾のはり札行為自体が許されない、と判示した。

　確かに、他人の所有物である電柱に無許可で立て看板をくくりつける行為は「違法」に違いないが、問題は逮捕・起訴までするべき重大な違法行為であって、そのために情報伝達の機会を大幅に奪ってしまうことが社会的に許されるか、という問題である。制定当時からすでに、軽犯罪法の規定が特定思想団体のビラ貼りを恣意的に取り締まる「濫用の危険」を指摘する声があったわけであるが、広告ビラを放置する一方で、思想ビラのみが警察の取締りの対象になることの「意図」が問題にされるべきであろう。

　なお、こうしたビラ配布については2000年以降、取締り事例をもとに憲法訴訟が起こされている。1つは立川反戦ビラ配布事件で、2004年1〜2月に反戦

刑法（1907. 4. 24法45）

第233条［信用毀損及び業務妨害］　虚偽の風説を流布し、又は偽計を用いて、人の信用を毀損し、又はその業務を妨害した者は、３年以下の懲役又は50万円以下の罰金に処する。

第234条［威力業務妨害］　威力を用いて人の業務を妨害した者も、前条の例による。

第234条の２［電子計算機損壊等業務妨害］　人の業務に使用する電子計算機若しくはその用に供する電磁的記録を損壊し、若しくは人の業務に使用する電子計算機に虚偽の情報若しくは不正な指令を与え、又はその他の方法により、電子計算機に使用目的に沿うべき動作をさせず、又は使用目的に反する動作をさせて、人の業務を妨害した者は、５年以下の懲役又は100万円以下の罰金に処する。

＊ほかに、第222条［脅迫］、第223条［強要］も適用可能性あり。

　大田立て看板事件で裁判所は、「軽犯罪法１条33号前段は、貼られたビラの内容如何にかかわらず所有者、管理者の承諾を得ないはり札行為自体を一律に規制し、社会の秩序を維持しようというものである」と判示した（大森簡裁1979. 12. 25、刑月11. 12. 1604）。一方、その後の最高裁判決のなかで伊藤正己裁判官は、**吉祥寺駅ビラ配布事件**では「私的な所有権、管理権に服するところ……にあっても、パブリック・フォーラムたる性質を帯有するときには……表現の自由と所有権、管理権をどのように調整するかを判断すべき」（最判1984. 12. 18、刑集38. 12. 3026）、**大分立て看板事件**では「ビラやポスターを貼付するに適当な場所や物件は、道路、公園等とは性格を異にするものではあるが、私のいうパブリック・フォーラム……たる性格を帯びる」（最判1987. 3. 3、刑集41. 2. 15）との補足意見を述べている。このほか、**大阪市広告物条例事件最高裁判決**（最大判1968. 12. 18、刑集22. 13. 1549）、**軽犯罪法ビラ貼り事件最高裁判決**（最大判1970. 6. 17、刑集24. 6. 280）がある。

　なお、**吉祥寺駅ビラ配布事件最高裁判決**（最判1984. 12. 18、刑集38. 12. 3026）は「表現の自由は、民主主義社会において特に重要な権利として尊重されなければならず、被告人らによるその政治的意見を記載したビラの配布は、表現の自由の行使ということができる。しかしながら、憲法21条１項も、表現の自由を絶対無制限に保障したものではなく、公共の福祉のため必要かつ合理的な制限を是認するものであって、たとえ思想を外部に発表するための手段であっても、その手段が他人の権利を不当に害するようなものは許されない」とする。

　立川反戦ビラ配布事件地裁判決では、「法秩序全体の見地からして、刑事罰に処するに値する程度の違法性があるものとは認められない」として無罪（東京地八王子支判2004. 12. 16、判時1892. 150）、最高裁では、「たとえ表現の自由の行使のためとはいっても、このような場所に管理権者の意思に反して立ち入ることは、管理権者の管理権を侵害するのみならず、そこで私的生活を営む者の私生活の平穏を侵害するものといわざるを得ない」から、被告人らを住居侵入罪（刑法130条前段）で処罰しても表現の自由を保障した憲法21条には反しないと判示した（最判2008. 4. 11、刑集62. 5. 1217）。**葛飾政党ビラ配布事件**でも東京地裁は、ビラ投函は社会通念上容認できない行為とはいえないとして無罪であったが（東京地判2006. 8. 28）、高裁は住民の総意に沿うものとしてマンション玄関ホールの掲示板には「チラシ・ビラ・パンフレット等広告の投函は固く禁じます。」との張り紙があり、立ち入りを認めないことが「住民の情報受領権や知る権利を不当に侵害しているわけでもない」として「他人の財産権の不当な侵害は許されない」とした（東京高判2007. 12. 11、判タ1271. 331、最判2009. 11. 30、裁判所ウエブサイト）。

ビラ配布を目的に立川自衛隊官舎内に立ち入り郵便受けにビラを投函したことにより、住居侵入罪で逮捕された事案である。1審は無罪であったが、その後最高裁で有罪が確定した。もう1つは葛飾政党ビラ配布事件で、2004年12月に葛飾区内のマンションのドアポストに都・区議会報告を入れた行為が住居侵入にあたるとして、住民の通報により現行犯逮捕された事例である。表現の自由と住居の平穏・居住権が争われたわけであるが、最高裁はビラの配布を表現の自由の行使としつつも、管理者の意思に反して立ち入る行為は私生活の平穏を侵害するとして、郵便ポストや新聞受けへのビラの配布は認められないとの解釈が、改めて判例上確認されることとなった。その後、共産党発行のビラを配布した市議会議員や社会保険庁職員が逮捕・書類送検される事件などが続いている。

　これを考える場合の拠り所となるものに、吉祥寺駅ビラ配布事件最高裁判決の補足意見で示された、広場等のパブリック・フォーラムが表現の場所として用いられるときは、表現の自由の保障を可能な限り配慮する、との考え方がある。この判決は私鉄所有地における署名活動について、公道でない場合であっても許容される場合がありうるとの考え方を示したものである。

　「パブリック・フォーラム」の存在は、社会に公共的空間を認めてそこでより多くのコミュニケーションを実現するという、市民のための市民による市民の表現行為の場の確保にほかならない。そこではたとえば、電力会社の所有権侵害という経済的利益の侵害や美観よりも、市民の利用に供する公共的利益が重視されてよかろう。公有地はもちろん、準公共的場所（施設、工作物）については、その安全性が確保されないなど、明確な問題が生ずる場合を除いては、できる限り表現の自由の行使について許容幅を広げて比較較量する必要がある（第14講参照）。

　インターネット等のサイバー空間が、現代のパブリック・フォーラムの機能を有していることは否定しえないだろう。その場におけるブログやSNS・電子メールが、従来の出版物や手紙の代わりというよりも、実際はビラやチラシに近い、手軽さやプリミティブさを有し、それゆえにまた多くの問題を引き起こしがちである。ビラやチラシが思想統制を目的とした取締りであるのに比較して、メールが売春や猥褻物の取締りという差はあるにせよ、恣意的な取締りによって、フォーラム機能全体を否定することがないよう十分な監視が求められる。

● 騒音規制の状況

暴騒音規制条例（拡声機による暴騒音の規制に関する条例）

　1984年に岡山県が全国ではじめて制定し、2008年までに北海道と沖縄を除く45都府県で制定されている（ただし、北海道では公害防止条例のなかで拡声機使用の制限を定めている）。右翼の街宣活動対策をきっかけに、各県警が警察庁と協議のうえ条例を作成しており、各県ともほぼ同じ内容で、拡声機から10メートル離れた地点で85デシベル以上の音を「暴騒音」として取り締まるもの。現場の警察官に関係箇所への立入調査、質問権を認め、停止命令もできる。警察官の停止命令を無視した者には、懲役6か月以下、10万円以下の罰金が科せられる（地方自治体による差異あり）。ドイツの騒音犯罪は、「他人の健康を害する性質のある騒音」と具体的な保護法益を明確に示しており、暴騒音条例にある「地域の平穏」はきわめて抽象的であるといえる。規制方法も場所や活動内容の区別なく一定基準値以上の音を規制している。また85デシベルという基準について、警察側説明は、騒音規制法でくい打ちなどの特定建設作業の規制基準が85デシベルで、ILO（国際労働機関）の騒音限界値も参考にした、としているが、バスが通ると80デシベルを超える一方、85デシベルを超えないように拡声機で演説しても、道路の反対側では車が通るとほとんど聞き取れない実情があり、選択的適用を最初から想定したような規定値になっている。

● パンデミック下の自由制限

コロナ特措法

第31条の6［感染を防止するための協力要請等］　②都道府県知事は、第31条の4①に規定する事態において、当該都道府県の住民に対し、前項の当該都道府県知事が定める期間及び区域において同項の規定による要請に係る営業時間以外の時間に当該業態に属する事業が行われている場所にみだりに出入りしないことその他の新型インフルエンザ等の感染の防止に必要な協力を要請することができる。

第45条［感染を防止するための協力要請等］　②特定都道府県知事は、新型インフルエンザ等緊急事態において、新型インフルエンザ等のまん延を防止し、国民の生命及び健康を保護し、並びに国民生活及び国民経済の混乱を回避するため必要があると認めるときは、新型インフルエンザ等の潜伏期間及び治療までの期間を考慮して当該特定都道府県知事が定める期間において、学校、社会福祉施設、興行場その他の政令で定める多数の者が利用する施設を管理する者又は当該施設を使用して催物を開催する者に対し、当該施設の使用の制限若しくは停止又は催物の開催の制限若しくは停止その他政令で定める措置を講ずるよう要請することができる。

※前者が2021年改正で新設された「まん延防止等重点措置」、後者が「緊急事態措置」である。いずれも、行動の制限を要請・命令、従わない場合は行政罰として過料を科す仕組みを用意する（79条・80条）。45条①では「生活の維持に必要な場合を除きみだりに当該者の居宅又はこれに相当する場所から外出しないこと」等を求めており、移動・集会の自由といった私権制限規定であることがわかる（第11講参照）。

【参考文献】

曽根威彦『表現の自由と刑事規制』（一粒社、1985年）、星野安三郎編『大衆行動の権利』（法律文化社、1969年）、清水英夫編『全検証ピンクチラシ裁判』（一葉社、1993年）、東海テレビ取材班『ヤクザと憲法──「暴排条例」は何を守るのか』（岩波書店、2016年）

第16講　平等社会の実現と差別表現

Ⅰ　差別的表現の実態と国際ルール

1　集団的名誉毀損への対応の必要性

　差別表現の問題は、平等な社会の維持・発展のために、場合によっては発言を多少遠慮してもらうことがあるという意味で、社会的利益と表現の自由の調整というカテゴリーで考えることができる。ただし、差別された人にとってはその人格を著しく傷つけられたことに違いなく、この点では個人的利益との調整の問題ともいえる。

　ただしいずれにしても、日本においては現在までに、差別表現を直接しかも包括的に規制する国内法はない、という大きな特色がある。これはもちろん、差別が存在しないということではないし、差別表現を是認してきたことにはならない。

　実際、差別の煽動を禁止する現行法規としては、電気通信事業法など平等なサービスの提供義務を定める法律が相当数存在する。あるいは、過去から現在に至るまで、部落差別（同和問題）や在日コリアン（韓国・朝鮮人）差別が厳然と存在し、関連して書籍や雑誌の表現（用語）が問題となり、そのたびに出版社や執筆者の謝罪と反省が繰り返されてきた歴史がある。

　それでも、国際レベルでは差別表現の代表事例であった人種差別が、身近なあるいは逼迫した国家レベルの問題としては浮上してこなかったこともあって、差別禁止法といったかたちでの法的な表現規制がないまま今日に至っている。それには、日本が圧倒的多数の同一民族で構成されてきたという事情や、難民等の受け入れに不熱心であったり、地政学的にもいわば市民レベルの人的国際交流が少ない「鎖国」状態にあったこととも無縁ではないといわれる。

　一方で、差別表現事例に対しては、現行の刑法の名誉毀損罪や侮辱罪、あるいは暴力行為等処罰に関する法律の脅迫罪によって対応してきた実績もある。実際、特定個人への差別表現は通例、これらの刑事罰を構成することが想定され、この面では新たな法令の必要性は薄いといえる。

　しかし、「集団的名誉毀損」と呼ばれる、特定集団（階層）に対する差別表現には従来、法務省人権擁護局の勧告など行政指導に頼らざるをえなかった現実があり、その限界がニューカマー（定住外国人）などをめぐる差別表現実態や、インターネット上での憎悪表現の新たな広がりのなかで指摘されてきた。

● ちびくろサンボ事件

　1988年に黒人差別との批判を受け、岩波書店、ポプラ社など当時11社から発行されていたヘレン・バンナーマン『ちびくろサンボ』がすべて絶版、回収になり、図書館でも閲覧制限をする館が相次いだ。関連して、キャラクター商品「サンボ・アンド・ハンナ」の処分、カルピス商標変更処置などが相次いで起こった。児童文学研究の分野ではすでに60年代から大きな議論を呼んでいるテーマで研究書も多い。右が原書（1899年の初版からほとんど変更なく、今日でも販売されている）。下段が左から、岩波書店版（1953年初版ですでに絶版、足立寛氏提供）、径書房版（原書を忠実に翻訳し1999年に刊行）、子ども文庫の会版（さし絵、タイトルを変更し1989年に刊行）。

● ヒトラー「わが闘争」の扱い

　日本では文庫本でも売られているアドルフ・ヒトラー『わが闘争』であるが、フランスでは人種差別撤廃条約の禁止規定、あるいはフランスの人種差別禁止法に該当するということで、発売を禁止すべきであるという裁判が起こされた。結果は、表現の自由に鑑みて、増刷が部分的に認められたものの、『わが闘争』に書かれているレーシズム、人種優越主義が間違いであるという国際法廷の判決文の全文、あるいはヒトラーの主張が間違いであるというきちんとした学問的解説を必ず載せることが条件として付されている。日本版では訳者・平野一郎による序のなかで「バイブルとしてではなく、客観的に批判すべき書として取扱（われ）思想的成長に役立て」ることの期待が述べられている（角川文庫版、オリジナルは黎明書房版）。

詳細な注釈をつけ2016年にドイツで復刊された『わが闘争』（横にある日本語文庫版と比較するとその重厚さがわかる）

とりわけ2010年代以降、一部民族派系市民グループが行う、激しい憎悪表現を伴う街頭示威行動が社会問題となった。「ヘイトスピーチ」が一般用語として広まるとともに、それへの対処法として法的規制が議論されるに至っている。

　そうはいっても、いざ法規制をする段になるといろいろと難しい問題に直面する。その第1に、差別とは何かを定義する必要がある。人種、民族、国籍、肌の色から始まって、性、社会的出自、ハンディキャップ、宗教について、きちんとした法の定義が可能だろうか。新型コロナウイルス感染者に対する差別も大きな問題だ。職業、所得、住居は入るのか、当人が差別されたと思ったときの差別感情をどう考えればよいのか、という問題も避けられない。

　第2には、差別表現行為とは何かについても枠を定める必要がある。名誉毀損や誹謗・中傷といった侮辱表現のほか、憎悪表現、忌わしい表現がそれにあたるのであれば、差別実態を拡大あるいは固定化するようないわゆる差別助長表現は入るだろうか。明白かつ意図的な場合はわかりやすいが、無意識のうちに言ったり書いたりするのが差別表現の特徴であるが、それらも同様に刑事罰を科すべきなのか。これらをひっくるめて「差別的表現」と呼んで規制の対象にすることは可能なのかを考えなくてはならない。

　そしてさらに、特定個人だけでなく集団に対する差別表現も規制対象にすると決めた場合、誰が被害の代表となるのか。たとえば、民事訴訟を起こす場合、その原告は誰なのか約束事が必要になってくる。これらの課題の一つひとつの裏側には、明確・明白な規制基準を求められる表現規制の原則に反するものも少なくない、という大きな問題が横たわっている。

2　人種差別撤廃条約

　しかし国際社会では、実は60年前にこうした問題にある種の決着をつけて、民主主義社会の実現のためには差別表現を徹底して排除することが決められている。そのきっかけとなったのは、第2次世界大戦中のユダヤ人排斥を行ったナチズムである。

　国際連合は、1950年代末の反ユダヤ主義（ネオナチズム活動）台頭を背景に、1960年には国連人権委員会でナチズム非難決議を採択、63年には人種差別撤廃宣言を行うとともに、65年には人種差別撤廃条約を国連総会で採択した。法的義務を伴う前文、本文25条と末文からなる条約として、全会一致で出来上がったものである。そこでは、表現の自由を保障する範囲に線を引き、人種に

市民的及び政治的権利に関する国際規約〔自由権規約〕（1979. 8. 4条約7）
第20条［戦争宣伝及び憎悪唱導の禁止］　①戦争のためのいかなる宣伝も、法律で禁止する。②差別、敵意又は暴力の煽動となる国民的、人種的又は宗教的憎悪の唱導は、法律で禁止する。

あらゆる形態の人種差別の撤廃に関する国際条約〔人種差別撤廃条約〕（1995. 12. 10条約26）
第4条［人種的優越主義に基づく差別・扇動の禁止］　締約国は、一の人種の優越性若しくは一の皮膚の色若しくは種族的出身の人の集団の優越性の思想若しくは理論に基づくあらゆる宣伝及び団体又は人種的憎悪及び人種差別（形態のいかんを問わない。）を正当化し若しくは助長することを企てるあらゆる宣伝及び団体を非難し、また、このような差別のあらゆる扇動又は行為を根絶することを目的とする迅速かつ積極的な措置をとることを約束する。このため、締約国は、世界人権宣言に具現された原則及び次条に明示的に定める権利に十分な考慮を払って、特に次のことを行う。

　(a) 人種的優越又は憎悪に基づく思想のあらゆる流布、人種差別の扇動、いかなる人種若しくは皮膚の色若しくは種族的出身を異にする人の集団に対するものであるかを問わずすべての暴力行為又はその行為の扇動及び人種主義に基づく活動に対する資金援助を含むいかなる援助の提供も、法律で処罰すべき犯罪であることを宣言すること。

　(b) 人種差別を助長し及び扇動する団体及び組織的宣伝活動その他のすべての宣伝活動を違法であるとして禁止するものとし、このような団体又は活動への参加が法律で処罰すべき犯罪であることを認めること。

　(c) 国又は地方の公の当局又は機関が人種差別を助長し又は扇動することを認めないこと。

　留保とは、ある国が多数国間条約の特定の規定を自国へ適用するうえで、その法的効果を排除するかまたは変更することを目的として、一方的に行う意思表示。「解釈宣言」は、条約の規定をなんら変更させるものではなく、自国の解釈を明確にするためのいわば公的記録。
〈日本の留保〉
　日本国は、あらゆる形態の人種差別の撤廃に関する国際条約第4条 (a) 及び (b) の規定の適用に当たり、同条に「世界人権宣言に具現化された原則及び事情に明示的に定める権利に十分な考慮を払って」と規定されてあることに留意し、日本国憲法の下における集会、結社及び表現の自由その他の権利の保障と抵触しない限度において、これらの規定に基づく義務を履行する。
〈アメリカの留保〉
　合衆国憲法及び各種法令は、個人の言論、表現、結社の自由に広い保護を与えている。よって、これらの権利が保護されるべき範囲においては、立法及びその他の方法で権利を制約するような、同条約上のいかなる義務、特に第4、7条によって定められる義務を負うことはない。

対する差別につながる表現は、表現の自由の枠外であることを宣言している。

　同条約は、人権及び基本的自由の平等な享受を実現するために結ばれている人権関係諸条約の１つで、2020年段階で182か国が批准・加入している。締結国に対し、①あらゆる形態の人種差別を撤廃する政策等をすべて適当な方法により遅滞なくとること、②人種隔離及びアパルトヘイトを非難し、この種のすべての慣行を防止すること、③条約の目的及び原則を普及させるため、迅速かつ効果的な措置をとること、④条約に規定する事項の実現のためにとった立法・司法・行政上その他の措置に関する報告を、１年以内（２年目からは２年ごと）に国連人種差別撤廃委員会に提出すること、を義務付けている。

　４条では差別の煽動といった差別表現行為を禁止するとともに、そうした思想及び思想を持つ団体の結社も認めていない。具体的には、①人種的優越に基づく思想の流布、②人種的憎悪に基づく思想の流布、③人種差別の煽動、④特定の人種等の集団に対するものであるかを問わずすべての暴力行為またはその行為の煽動、⑤人種差別を助長し煽動する団体の活動、⑥人種差別を助長し煽動する組織的及びその他の宣伝活動、⑦人種差別を助長し煽動する団体又は活動への参加、の７類型を表現行為に関わる犯罪として定め、メディアを含めた差別的表現行為が法律によって罰せられる対象であることを示している。

　1995年、日本はこの条約を世界で146番目の締約国として加入した。これによって国内でも、差別表現は法的に禁止されることになった。ただし日本政府は、締結にあたって４条が憲法21条の表現の自由と抵触する可能性が高いとして、効力を限定するための「留保」を行った。法によって特定の表現行為を表現の自由の枠外におくのではなく、対抗言論（モアスピーチ）によって人種差別といった民主主義に反する言論を社会から排除する考え方をとったわけである。

　なお、1966年に採択された自由権規約でも19条で表現の自由を保障したのち、20条で戦争宣伝とともに憎悪唱導を禁止している。ここでも日本政府は、「憲法14条において法の下の平等をうたっているほか、刑法、教育法、労働法等の各種の分野で差別、憎悪、暴力の排除に資する措置をとっている。今後このような現行法制でも規制しえない行為により、具体的な弊害が生じるような場合には、表現の自由の要請を十分考慮して立法を検討する」との見解を示し、当面は特段の表現規制立法を行う意図がないことを明らかにしていた。

　その後の人権擁護政策の一環として、2002年には人権擁護法案が上程され（その後廃案）、そのなかで、差別、虐待、ハラスメントを理由とした人権侵

● **人種差別撤廃条約４条を担保する法律群**

①人種的優越・憎悪に基づく思想のあらゆる流布

刑法（名誉毀損、侮辱、脅迫、信用毀損・業務妨害）、暴力行為等処罰に関する法律（集団的脅迫、常習脅迫）

②人種差別の煽動

以下に規定された差別行為の教唆（刑法61条）

電気通信事業法、石油パイプライン事業法、熱供給事業法、電気事業法、工業用水事業法、水道法、ガス事業法、と畜場法、港湾運送事業法、国家公務員法、地方公務員法、労働基準法、土地家屋調査士法、放送法、海上運送法、獣医師法、旅館業法、墓地・埋葬等に関する法律

③人種・皮膚の色・民族的出身の異なる集団に対する暴力行為

刑法、暴力行為等処罰に関する法律

④暴力行為の煽動

上記③の暴力行為の教唆、傷害助勢

⑤人種差別的活動に対する援助の提供

上記②の差別行為の幇助、上記③の暴力行為の幇助

⑥人種差別を助長する団体への参加

破壊活動防止法（団体のためにする行為の禁止違反の罪）

⑦人種差別を助長煽動する宣伝活動への参加

破壊活動防止法（団体の制限処分の違反の罪）

● **差別を禁止する法律群**

障害者差別解消法＜障害を理由とする差別の解消に関する法律＞（2013. 6法65）

第7条［行政機関等における障害を理由とする差別の禁止］　①行政機関等は、その事務又は事業を行うに当たり、障害を理由として障害者でない者と不当な差別的取扱いをすることにより、障害者の権利利益を侵害してはならない。

②行政機関等は、その事務又は事業を行うに当たり、障害者から現に社会的障壁の除去を必要としている旨の意思の表明があった場合において、その実施に伴う負担が過重でないときは、障害者の権利利益を侵害することとならないよう、当該障害者の性別、年齢及び障害の状態に応じて、社会的障壁の除去の実施について必要かつ合理的な配慮をしなければならない。

＊障碍のある人も、ない人も、分け隔てられることなく、相互の人格と個性を尊重し合いながら共生する社会の実現をめざすもので、障碍者への「合理的配慮」が求められる。

部落差別解消法＜部落差別の解消の推進に関する法律＞（2016法109）

第5条［教育及び啓発］　①国は、部落差別を解消するため、必要な教育及び啓発を行うものとする。

第6条［部落差別の実態に係る調査］　国は、部落差別の解消に関する施策の実施に資するため、地方公共団体の協力を得て、部落差別の実態に係る調査を行うものとする。

＊法2条において「基本理念」として、すべての国民が等しく基本的人権を享有するかけがえのない個人として尊重されるものであるとの理念にのっとり、部落差別の解消を推進し、部落差別のない社会を実現することが掲げられている。

害に対し、独立行政機関である国内人権委員会が強制力を持った調査や仲裁、あるいは勧告や訴訟参加による司法解決をすることができるよう求めた。差別についてはとりわけ差別的言動を取締りの対象として明記、法規制ではないものの、同様の効力を持つかたちで行政による制裁機能を持たせた。

　そして2010年代に入ってからの在日コリアンへの激しい差別言動が社会的耳目を集め、2016年には、街頭で繰り返し行われる人権蹂躙のヘイトスピーチ集会やデモ、インターネット上の書き込みを受け、ヘイトスピーチ解消法が成立した。同法は前文で、「本邦の域外にある国又は地域の出身であることを理由として、適法に居住するその出身者又はその子孫を、我が国の地域社会から排除することを煽動する不当な差別的言動が行われ、その出身者又はその子孫が多大な苦痛を強いられるとともに、当該地域社会に深刻な亀裂を生じさせている」と、その立法背景を説明する。

　法務省では成立に合わせウエブサイト上で、ヘイトスピーチの具体例として「○○人は出て行け」「○○人は殺せ」「ゴキブリ○○人」といった、排斥を煽るものや危害を加えるとするもの、差別的な意味で昆虫や動物にたとえるなどして著しく見下したりするものを例示している。なお、ほぼ同時期にできた差別行為をなくすための法律群としては、2013年の障害者差別解消法、2016年の部落差別解消法、そして2019年のアイヌ施策推進法がある。

　地方自治体レベルでも、とりわけ顕著な街宣差別行動がみられた大阪市や川崎市で、もう一歩踏み込んだ規制条例が制定されていった。2016年の大阪市条例ではヘイトスピーチ行為者の氏名公表が、19年の川崎市条例では禁止規定に違反した者に対する3アウト方式を導入（勧告→命令→公表、条例12〜15条）に加え、罰則規定として刑事告発により行政刑罰を科すこととした（23条）。こうした手続きにおいては第三者から審査会の意見を聞くことが規定されているものの、緊急を要する場合は不要とされている。ほかにも、東京都や京都市などで施設貸し出しを制限する規定などを盛り込んだ条例が制定されている。

　差別言動に対する対応としては、教育・啓蒙、当事者救済、禁止の3つが考えられるが、川崎市条例は初めて刑事罰による「禁止」に踏み込んだものである。最終的に司法判断を仰ぐ形式をとっていることで、表現の自由とのバランスに配慮してはいるものの、表現機会を事前審査で止めるという点で行政による疑似検閲であるとともに、青少年条例同様の緊急指定の条項を入れることで、第三者審査が形骸化する危険性を孕んでいる。

● 差別解消に関連する法令と取り組み

　人権教育・啓発の推進に関する日本国内の動きとしては、1994年の国連総会決議「人権教育のための国連10年」を受け、1995年に国連10年国内行動計画を策定・公表した。翌年には人権擁護施策推進法が5年間の時限立法として制定され（1996. 12. 26法120）、人権教育・啓発に関する施策等を推進すべき国の責務が定められるとともに、法務省に人権擁護推進審議会が設置された。この審議会答申等を踏まえ議員立法により2000年に法案が提出され、人権啓発法として制定された。さらに同法に基づき、人権教育及び人権啓発に関する施策の総合的かつ計画的な推進を図るため「人権教育・啓発に関する基本計画」が2002年に閣議決定されている。

人権啓発法＜人権教育及び人権啓発の推進に関する法律＞（2000. 12. 6法147）
第1条［目的］　この法律は、人権の尊重の緊要性に関する認識の高まり、社会的身分、門地、人種、信条又は性別による不当な差別の発生等の人権侵害の現状その他人権の擁護に関する内外の情勢にかんがみ、人権教育及び人権啓発に関する施策の推進について、国、地方公共団体及び国民の責務を明らかにするとともに、必要な措置を定め、もって人権の擁護に資することを目的とする。

● ヘイトスピーチを規制する法・条例

ヘイトスピーチ解消法＜本邦外出身者に対する不当な差別的言動の解消に向けた取組の推進に関する法律＞（2016. 6. 3法68）
第2条［定義］　この法律において「本邦外出身者に対する不当な差別的言動」とは、専ら本邦の域外にある国若しくは地域の出身である者又はその子孫であって適法に居住するものに対する差別的意識を助長し又は誘発する目的で公然とその生命、身体、自由、名誉若しくは財産に危害を加える旨を告知し又は本邦外出身者を著しく侮蔑するなど、本邦の域外にある国又は地域の出身であることを理由として、本邦外出身者を地域社会から排除することを煽動する不当な差別的言動をいう。

＊在日コリアンを念頭においた本邦外出身者に対する不当な差別的言動の解消に向けた取組について、基本理念を定め国及び地方公共団体の責務を明らかにするとともに、教育・啓発をはじめとする基本的施策を定め推進することを目的としている。なお衆参付帯決議により同法の趣旨は、本邦外出身者に対する者かどうかを問わず、国籍、人種、民族等を理由とした排他的言動すべてにあてはまるものとしている。

川崎市ヘイトスピーチ規制条例＜川崎市差別のない人権尊重のまちづくり条例＞（2019. 12. 12条例35）
第12条［本邦外出身者に対する不当な差別的言動の禁止］　何人も、市の区域内の道路、公園、広場その他の公共の場所において、拡声機（携帯用のものを含む。）を使用し、看板、プラカードその他これらに類する物を掲示し、又はビラ、パンフレットその他これらに類する物を配布することにより、本邦の域外にある国又は地域を特定し、当該国又は 地域の出身であることを理由として、次に掲げる本邦外出身者に対する不当な差別的言動を行い、又は行わせてはならない。(1)本邦外出身者をその居住する地域から退去させることを煽動し、又は告知するもの　(2)本邦外出身者の生命、身体、自由、名誉又は財産に危害を加えることを煽動し、又は告知するもの　(3)本邦外出身者を人以外のものにたとえるなど、著しく侮辱するもの

Ⅱ 差別表現規制の方法と課題

1 法規制の可能性と危険性

　従来、日本において差別的表現の問題は専ら「倫理」の問題として取り扱われていた。集団に対する差別的表現に対しては、その集団をある種代表する機関（たとえば、部落差別表現に関する部落解放同盟）が、著者や出版社に対し抗議を行い、非があった場合は自主的な手段として訂正や出版物の回収といった対応がとられることが多かった。

　前述のとおり、差別表現の相手方が特定個人であれば、現行刑法の名誉毀損罪等の取締り対象である。それら表現行為が、非常に過激なもので暴力行為を教唆・煽動するようなものである場合、刑法の殺人、暴行、障害の教唆犯として取り締まられる可能性もある。

　団体についても、人種差別撤廃条約の審議時における外務委員会での政府説明では、破壊活動防止法上の暴力主義的破壊活動を行う団体にあたるとして、活動を制限しうるとの解釈を示している。あるいは、差別に関わる暴行行為の煽動も現行法制でもカバーできる可能性がある。こうした解釈も、オウム事件での広範に運用される適用方法をみると、ありえないことではなかろう。

　一方、同条約でいう人種差別の煽動や宣伝活動の禁止規定は、個人ではなく特定集団に対する名誉毀損もしくは侮辱を罪として認めようというものであり、現行法制での対応はできまい。法規制を求めるのであれば、反復性や悪質性、確信性などを考慮しつつ、新たな犯罪行為として新設が必要な領域である。しかしいずれにせよ、刑事罰を科すことはより慎重な対応が必要であって、当初は民事的救済の途を開ける方策を工夫すべきであろう。

　これに対し、思想の流布の禁止は個々人の内心に立ち入った規制となるおそれがあるだけに、日本国内への適用については慎重論が強い。もちろんまったく反対に、闘う民主主義思想の考え方に沿って、憲法が求める平等原則に反し民主主義社会に脅威を与えるような考え方まで憲法が保護するものではないとして、全面的な規制を求める意見もある。

　条約のなかで差別表現を禁止する４条を留保することによって、日本の場合は当面、直接的に表現行為を規制するような立法措置がとられる可能性は低いといえるであろう。しかしそうした状況のなかでも、報道機関をはじめとする

● 差別（表現）に関する裁判事件

　京都朝鮮学校襲撃事件では、裁判所がヘイトスピーチを含む暴力的示威行動のインターネット上での拡散行為を、人種差別撤廃条約に照らし違法として、示威行動の差止めと街宣禁止損害賠償を命じた（京都地判2013.10.7、大阪高判2014.7.8）、最小決2014.12.9）。同事件に関しては事件発生間もない段階では、建造物侵入・威力業務妨害罪の成立を認め有罪としていたが（京都地判2011.4.21、大阪高判2011.10.28、最小決2012.2.23）、その後の法整備が進むなかで、在日特権を許さない市民の会（在特会）元幹部のネット上の差別動画に名誉毀損が認容され罰金刑が科せられた（京都地判2019.11.29、大阪高判2020.9.14、最小決2020.12.14）。それ以前にも、差別的な街宣やTwitter投稿に対し侮辱行為として損害賠償が認容された（大阪地判2016.9.27、最小決2017.11.29）。また、**ヘイトデモ禁止仮処分命令申立て事件**では、平穏生活圏の侵害を認めたうえでヘイトスピーチ解消法を引用して集住地区におけるデモを禁止した（横浜地裁川崎支決2026.6.2）。なお、条例が表現の自由に反するなどとした**大阪市条例違憲訴訟**では合憲判決が示されている（大阪地判2020.1.17、大阪高判2020.11.26）。

　長野県労組員差別事件では、被差別部落出身者に対する差別表現（葉書）を刑事名誉毀損として認めた事例である（松本簡判1971.5.21）。社会的出自を摘示することが社会状況のなかで社会的評価の低下にあたると判断したものとみられる。また、**和歌山県タクシー事件**でも同様な事例で名誉毀損罪の成立を認めている（和歌山地判1988.11.25）。一方で、**一ツ橋小学校事件**は民事事件ではあるものの、被差別部落出身者であるという事実は「私的事項」であって社会的評価を低下させる性質を持つものということはできないと、プライバシー侵害は認めたものの名誉毀損の成立を否定している（高知地判1992.3.30、高松高判1994.8.8）。また**福岡県大蔵住宅事件**では、被差別部落を中傷するビラの大量配布に対し当該地区の部落解放同盟の役員等が、文書印刷・配布差止めの仮処分と損害賠償を求めたのに対し、裁判所はそのいずれをも認めた（福岡地判1986.3.6）。判決では、ビラは居住する者に対する甚だしい侮辱であって、明らかな差別文書であることから、名誉・人格権を侵害され、耐え難い精神的苦痛を受けているとしている。差別文書の印刷・配布に対し、仮処分による差止め請求を認めた点とともに、部落名や個人名の記載がなく、非難対象の特定が必ずしもできなかったにもかかわらず、原告適格を認めた点が注目される。不特定の集団に対する権利侵害を認めたことは、民事代表訴訟（クラス・アクション）の可能性をひらくものともいえるからである。

　選挙運動に関係して、自己の主張が差別表現であると規制されたとして、候補者が訴えた事例が2件ある。**加須市長選ポスター事件**は、選挙運動用ポスターの文言が同和対策事業特別措置法の趣旨に反するとして、市選挙管理委員会から立候補者に警告書が送付され、文言を目張りせざるをえなかったことに対し、行政の不当な選挙介入であるとして選挙無効を訴えた事件である。判決は、選挙管理委員会の措置は「不当な干渉」に該当するとして選挙無効を言い渡した（東京高判1976.2.25、判時806.20。最判1976.9.30、判時826.17）。一方、「そのまま」放送を法によって規定している政見放送については、NHKが参議院候補者の政見放送における発言中、身体障害者に対する差別用語（めかちん、ちんば）を使用した部分の音声を削除して放送したことに対し、落選した候補者が損害賠償を求めた**政見放送削除事件**で、削除を違法ではないと判示している（東京高判1986.3.25、判時1184.46。最判2000.4.17、判時1357.62）。NHKが事前に自治省（現総務省）に相談のうえ、いわゆる行政指導に沿ったかたちで削除した経緯があったとはいえ、選挙期間中の表現行為にあって、差別的表現の扱いに差があるともいえる結果になっている（第13講参照）。

メディアが、法規制とまったく無縁であることはできまい。いまや、国境を越えた取材・報道活動が一般化するなかで、日本の番組が外国で放映されたり、刊行物が頒布されたりする機会も増えている。当然、そうした際には当該国の国内法の適用を受けるのであって、日本では許される表現が差別的であるとして刑事罰の対象になる可能性は常に存在する。また、外国メディアへの寄稿やレポートなども同様である。

さらに、日本のメディアが陥りやすいのは、海外における取材が差別的表現行為として問題になるケースである。差別的思想を持つ個人や団体を取材し報道すること自体が、それらの宣伝活動に手を貸したとみられる可能性があるし、取材謝礼は資金援助と認定されることもある。あるいは、恣意的に特定のグループを抽出して番組に出演させることなどにも注意が必要である。

また、取材・報道内容を理由として、当該メディアに関して放送免許の認可や税制上その他の優遇措置適用の判断等に影響を与える可能性もなしとはいえない。国や地方公共団体は、条約にもあるとおり、差別解消に向けての努力義務があるからである。

2　差別用語と自主規制

現状として、もっとも一般的に行われている差別表現規制は、さまざまな自主規制であることはすでに述べたとおりであるが、メディアの場合は各業界、あるいは各企業ごとに、言い換え集や禁句集を作成・運用するかたちで実施されている。メジャーな出版社や新聞社・放送局であれば、この種の問題の「専門家」がおり、危なそうな表現は事前にチェックをすることになっている。

それは何よりも、一度問題が起きた場合の「大変さ」を身にしみて知っているからにほかならない。たとえば雑誌の一記事にそうした表現があれば、販売中止、回収、刷り直しといったことや、場合によっては休刊・廃刊というケースも過去にはあった。そうなれば、これらに直接かかる費用や他の広告主への対処など、その損害は億を下らないといわれる。さらにその間、抗議に対する対処に奔走することになり、その労力たるや当該執筆者や編集者にとどまらず、企業にとって大変な損失である。

従来こうした抗議は、「確認会」「糾弾会」というかたちで実施されてきた。これはメディア側に反省と訂正を求めるための機会であって、当事者間交渉の形態としては十分ありうるものである。しかしそれが、時として威圧的であっ

● 差別表現に関する海外事例

デンマーク事件

　1985年7月にデンマーク・ラジオ（テレビ、ラジオの兼営）が硬派のドキュメンタリー番組のなかで人種差別主義者のインタビューを放映したところ、そのインタビュアー兼ディレクターがデンマーク刑法違反で有罪となる事件が起きた。インタビューを受けた本人は集団に対する差別的発言を禁止した226条（b）違反、ディレクターとその上司の報道局長は教唆を定めた23条1項に問われ、いずれも実刑判決が下った。その後、ディレクターだけがヨーロッパ人権裁判所に提訴し、10年後の1994年にようやく、デンマーク政府はヨーロッパ人権条約10条の表現の自由規定に違反したとして、放送局の報道の自由を尊重する結果に終わった。しかし同事件は、人種差別撤廃条約に則った国内法規定によって、国を代表するような「普通」の放送局が、特定の放送番組の内容を理由に有罪になる可能性が十分にあることを、はからずも教えてくれた。

デンマーク刑法

第226条（b）　ある集団をその人種、皮膚の色、国籍または民族的出自もしくは信条ゆえに脅し、侮辱しまたは品位をおとしめる発言またはその他の伝達を、公けにまたは広く人々に知らしめる意図をもって行う者は、罰金または2年未満の単純拘留もしくは懲役に処す。

第23条1項　①教唆、助言または行為により犯罪を補助した者には刑事犯罪を定める条項が適用される。同人が重要性の低い補助もしくは既に確固とした意図の強化のみを行おうとした場合、または犯罪が完了されずもしくは意図された補助が失敗した場合には、減刑される場合がある。

ドイツ刑法

第130条　［民衆煽動罪］　(1)公の平穏を害するに適した方法で、①住民の一部に対する憎悪を挑発した者、または暴力的措置もしくは恣意的措置を煽動した者、②住民の一部に対し他人の尊厳を中傷し、悪意で軽蔑し、または偽りの誹謗をすることによって侵害する者は、3か月以上5年以内の自由刑に処す。

(2)①住民の一部に対するまたは、民族、人種、宗教もしくは民族性によって規定される集団に対する憎悪を挑発する文書、または彼らに対する暴力的措置もしくは恣意的措置を煽動する文書、住民の一部に対し他人の尊厳を中傷し、悪意で軽蔑し、または偽りの誹謗をすることによって侵害する文書を、(a) 頒布した者、(b) 公然と展示し、掲示し、観覧に供し、またはその他の方法で接近可能にした者、(c) 18歳以下の者に提供し、委ね、または接近可能にした者、(d) (a) から (c) までの意味で、当該文書またはその一部を利用するため、もしくは他人にそうした利用を可能にするために、これを製造し、仕入れ、運搬し、在庫として蓄え、提供し、予告し、宣伝し、または輸入もしくは輸入を企てた者、②①号に示した内容の表現を放送によって広めた者は、3年未満の自由刑または罰金刑に処せられる。

(3)国家社会主義の支配のもとで220条 (a) に示された方法で犯された行為を、公の平穏を害する方法で公然とまたは集会において是認し、否定し、些末視する者は、5年未満の自由刑または罰金刑に処せられる。

たり、一般に非公開の場で行われることが多かったために、結果的にメディア側に「畏れ」を抱かせることになり、現場ではつい過剰に自主規制をしてしまいがちになる。

　また糾弾する側の当事者も、その必要性については一貫して主張しつつも、その方法論については1970〜80年代に行き過ぎがあったことを事実上認める方向に転換してきた。今日でも、当事者間の確認作業が必要な場面は多く、必要性は失われていないと思われるが、その経験が社会全体の共有財産となる方法を、報道した側、された側の双方がともに、いっそう工夫していく必要がある。

　メディアに携わる者すべてが鋭い人権感覚を身に付け、個々に的確な判断を下すことができるというのは理想ではあっても、現実的ではないことも知らねばなるまい。そうであるならば、社会的な影響力が強いマスメディアのなかで差別表現を登場させない「知恵」として、ある程度は自動的に言い換えをすることで、差別表現が世に出ていくことを事前に摘み取る手法を認めていかざるをえまい。とりわけ新聞や放送など、判断に時間をかけられないメディアにおいては、何らかの基準がないと日常的な報道活動自体に支障も出かねないといえる。

　一方で、こうした過去の反省に基づいた経験と担当者の知恵のたまものともいえる禁句集が、時の経過とともにその理由が忘れられ、形骸化していることもまた否定できない。さらに、トラブルをおそれるあまり禁句集が必要以上に膨れ上がったり、日常的な見直しや現場の研修が疎かになって、単なる事なかれ主義が蔓延しているのではないか、との批判も起きている。「言葉狩り」との批判もその意味では的を射ているといえるが、それをもって編集者による自主規制を全面否定することにはならないと考える。

　日本のように法的規制がない場合、その裏返しとしては、より節度をもった表現、緊張を保った表現が求められるということになる。さらに、ジャーナリズム組織や公的機関でのマイノリティ優先枠の設置といったかたちで、組織内部での多元性の確保や内部チェックシステムの充実も必要であろう。あるいはまた、ストレートな差別的表現ばかりでなく、事件・事故などを報じる際に不必要に加害者や被害者の属性情報を付加することが、社会的差別意識を助長したり固定化していることにも、もっと気を配らなくてはなるまい。その延長線上として、報道する側として重要なのは、避けるのではなく積極的に差別問題の本質と向き合い報道していくという、「攻めて守る」姿勢であろう。

● スコーキー事件

　アメリカにおける表現の自由の考え方を端的に表わす事例が、1970年代に起こったスコーキー（Skokie）事件である。同事件は、ネオナチ党（国家社会主義党＝ナチズム信奉グループ）のデモ行進申請をめぐる米国憲法修正１条の意味をめぐる争いであったが、言論の自由と生活の平穏（秩序維持）の衝突のなかで、表現の自由（集会、デモ行進）を事前規制することが許されるかどうかが争われた。スコーキー町当局・ユダヤ系市民の主張は、ナチの残虐行為を正当化する表現（示威行為＝デモ行進）は憲法の保障する表現の自由の枠外で、ナチの行進は市内の混乱を誘発するとし、自由はそれを否定するものに対してまで保障するものではない、とした。一方、ネオナチ党を弁護した米国自由人権協会（American Civil Liberty Union）の主張は、いかなる表現をも容認することで民主主義社会が守られるのであって、危険な思想であるとの理由でその表現に対し事前に制限を求めることは、修正憲法１条に違反し、それはまた自らその自由の範囲をせばめる危険性を持ち合わせる、というものであった。連邦裁は、自由人権協会の主張を認めデモ行進を許可した（「スコーキー／ユダヤとナチの凄絶な戦い」〈1981米〉参照）。

【参考文献】
＜差別的表現の全般を扱ったもの＞としては、内野正幸『差別的表現』（有斐閣、1990年）、部落問題研究所編『表現の自由と「差別用語」』（部落問題研究所、1985年）、堀田貢得『実例・差別表現』（大村書店、2003年）、高木正幸『新編差別用語の基礎知識』（土曜美術社、1990年）、湯浅俊彦著『「言葉狩り」と出版の自由』（明石書店、1994年）、師岡康子『ヘイト・スピーチとは何か』（岩波新書、2013年）、エリック・ブライシュ『ヘイトスピーチ──表現の自由はどこまで認められるか』（明石書店、2014年）、前田朗編『なぜ、いまヘイト・スピーチなのか』（三一書店、2013年）
＜人種差別撤廃条約＞については、ナタン・レルナー、斎藤恵彦他訳『人種差別撤廃条約』（解放出版社、1983年）、金東勲『解説人種差別撤廃条約』（解放出版社、1990年）
＜人権救済制度＞については、部落解放研究所編『世界はいま──諸外国の差別撤廃法と日本』（解放出版社、1985年）、マイノリティ研究会編『各国の人権擁護制度』（解放出版社、1995年）、NMP研究会・山崎公士編『国内人権機関の国際比救』（現代人文社、2001年）、アジア太平洋人権情報センター編『人権保障の新たな展望──国内人権機関の機能と役割』（アジア太平洋人権情報センター、2004年）、人権フォーラム21編『世界の国内人権機関──国内人権システム国際比較プロジェクト（NMP）調査報告』（人権フォーラム21、1999年）、反差別国際運動日本委員会編『現代世界と人権　人権侵害救済法・国内人権機関の設置をもとめて』（反差別国際運動日本委員会、2004年）、内田博文『求められる人権救済法制の論点』（部落解放・人権研究所、2006年）
具体的事例を扱ったものとしては、径書房編集部編『「ちびくろサンボ」絶版を考える』（径書房、1990年）、灘本昌久『ちびくろサンボよ　すこやかによみがえれ』（径書房、1999年）、月刊「創」編集部編『筒井康隆「断筆」をめぐる大論争』（創出版、1995年）安田浩一『ネットと愛国』（講談社、2012年）、中村一成『ルポ　京都朝鮮学校襲撃事件──〈ヘイトクライム〉に抗して』（岩波書店、2014年）

第17講 猥褻・性差別表現

Ⅰ 猥褻表現規制の歴史

1 猥褻・ポルノ表現の規制理由

　私たちの周りには性に関わる表現物が溢れかえっている。メジャーな出版社や放送局であっても、「お色気」と称したポルノ表現を売り物にして、その発行部数や視聴率を稼ぐ面も否定しきれない。日本は、世界レベルでも厳しい部類に入る刑事法による猥褻（わいせつ）表現物の法規制をする一方で、ポルノ天国といわれるほど一般書店にまでその種の表現物が溢れているという、二面性を持った国である。

　いまここでも、性、猥褻、ポルノという3つの用語を使ったが、いったいこれらが何をさすのか、なぜ取締りの対象とされてきたのか、そしてどのような方法で取り締まられているのか、を順次考えていきたい。ただし、これらの表現行為が、ポルノを好む人間は駄目人間であるといった、ポルノ無益・害悪論や、単なる商行為に基づくものであって、表現の自由の保障の範囲外である、あるいは公共の福祉を理由に包括的に制約されてしかるべき、という考えには与しないことを最初に確認しておく。

　そしてもう1つの観点として、こうした「猥褻・ポルノ表現」という捉え方とともに、「性差別表現」としてのアプローチも必要である。一般に前者は、刑法175条でその頒布・販売・公然陳列・販売目的の所持が禁止されている「猥褻な文書、図画その他の物」をさすとともに、善良風俗を乱す表現としての取締りも行われてきた。一方で後者は、差別表現の1つとしての女性差別表現をさすことが多いわけであるが、性的指向（異性愛、同性愛、両性愛）や性自認（こころの性）のLGBTQ（＋）を理由とした差別も深刻だ。ここでは、猥褻表現物の規制根拠を整理する際に、一緒に考えることとしたい。

　さて、猥褻が何を示すかについては、日本では専ら裁判所の判断によっている。有名なチャタレー裁判のなかで最高裁は、猥褻三要件を示した。その前提には、守るべき社会的倫理（道徳）として「性行為非公然性の原則」が考えられており、この原則はいまなお生きている。要するに、裸とか性交渉たるもの、他人にみせるモノではなく、専ら秘事として扱うべしということである。あるいはまた、猥褻表現が性犯罪を誘発するとか、社会環境を悪くするという考え方も根強く残っている。

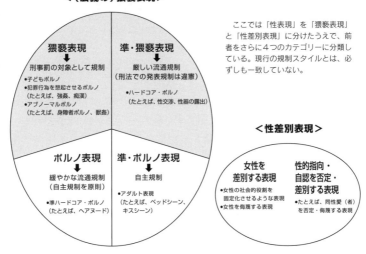

● 性（ジェンダー）表現の分類モデル

＜（広義の）猥褻表現＞

猥褻表現
↓
刑事罰の対象として規制
● 子どもポルノ
● 犯罪行為を想起させるポルノ
（たとえば、強姦、痴漢）
● アブノーマルポルノ
（たとえば、身障者ポルノ、獣姦）

準・猥褻表現
↓
厳しい流通規制
（刑法での発表規制は違憲）
● ハードコア・ポルノ
（たとえば、性交渉、性器の露出）

ポルノ表現
↓
緩やかな流通規制
（自主規制を原則）
● 準ハードコア・ポルノ
（たとえば、ヘアヌード）

準・ポルノ表現
↓
自主規制
● アダルト表現
（たとえば、ベッドシーン、キスシーン）

ここでは「性表現」を「猥褻表現」と「性差別表現」に分けたうえで、前者をさらに4つのカテゴリーに分類している。現行の規制スタイルとは、必ずしも一致していない。

＜性差別表現＞

女性を差別する表現
● 女性の社会的役割を固定化させるような表現
● 女性を侮蔑する表現

性的指向・自認を否定・差別する表現
● たとえば、同性愛（者）を否定・侮蔑する表現

● 猥褻表現を規制する法律群

刑法（1907. 4. 24法45）
第175条［わいせつ物頒布等］　わいせつな文書、図画、電磁的記録に係る記録媒体その他の物を頒布し、販売し、又は公然と陳列した者は、2年以下の懲役若しくは250万円以下の罰金若しくは科料にし、又は懲役及び罰金を併科する。電気通信の送信によりわいせつな電磁的記録その他の記録を頒布した者も、同様とする。

売春防止法（1956. 5. 24法118）
第5条［勧誘等］　売春をする目的で、次の各号の一に該当する行為をした者は、6月以下の懲役又は1万円以下の罰金に処する。
　　三　公衆の目にふれるような方法で客待ちをし、又は広告その他これに類似する方法により人を売春の相手方となるように誘引すること。

関税法（1954. 4. 2法61）
第69条の2［輸出してはならない貨物］　次に掲げる貨物は、輸出してはならない。
　　八　児童ポルノ
　　九　特許権、実用新案権、意匠権、商標権、著作権、著作隣接権又は育成者権を侵害する物品
＊輸入については同法69条の11で規定（第8講参照）

　一方で、こうした猥褻表現を規制するもう1つの根拠が、この種の表現が青少年の健全な成長に好ましからざる影響を与えるという考え方である。全国の都道府県で制定されている青少年条例はこの目的に沿うものであり、1952年の岡山県条例制定以降ほとんど同内容の猥褻表現規制が盛り込まれているのである（条例としては、茨城県下館町が最初）。

　その内容は当初の教育・福祉型から、1970年代以降は急速に治安・罰則型へと変質してきている。80年代までは、制定や改訂のたびごとに違憲性が争われてきたものの、健全育成のためには表現の自由の規制もやむをえないという観点から一貫して規制強化が図られてきた経緯がある。当時争われた、憲法21条（表現の自由）、13条（適正手続き）に関連しての基準の不明確性や、立法・運用上の地域格差は14条（法のもとの平等）に反するのではないか、との主張はいまだ十分に考えてみる価値があるものばかりである。

　この間、条例がどれほど青少年の不良化防止に役立ったかとの精緻な検証は行われないまま、ポルノ有害論だけはますます力を持ってきた。そもそも、公権力がお墨付を与えた健全な文化財にのみに囲まれた社会環境が、真の意味で健全なものといえるのだろうか、との疑問も拭えない。

　しかし2001年以降はさらに、自民党の「青少年の健全育成に関する小委員会」によって青少年条例の法制化ともいえる法案作りが進められた。当初の内容は、性表現・暴力表現等を含む放送・図書・雑誌等の流通規制であったが、報道界からは、行政による過剰規制ではないかとの強い批判が起き、2004年に国会提案された青少年健全育成基本法案では基本理念を謳うにとどめ、さらに表現の自由に対する配慮条項をおいている（同年廃案）。

　2007年には自民党の青少年問題に関する特別委員会（高市早苗委員長）が「青少年の健全な成長を阻害するおそれのある図書類の規制に関する法案」の骨子案を了承、同法案は「有害」図書の販売規制と業界による自主規制を組み合わせた内容で、従前の法案の延長線上にあるものといえる。前記骨子案は法案にはならなかったものの、インターネット上の「有害」情報について検討が進み、結果的には携帯電話上の情報に特化した青少年ネット規制法（青少年が安心してインターネットを利用できる環境の整備等に関する法律）が2008年に成立するに至った（第5講・第18講参照）。

　その後、東京都は2010年の改正で「不健全図書（有害図書）」の対象として、「漫画、アニメーションその他の画像で、刑罰法規に触れる性交若しくは

チャタレー事件最高裁判決 （最大判1957. 3. 13、刑集11. 3. 997）

　1950年に刊行された小山書店版、D.H. ロレンス、伊藤整訳『チャタレイ夫人の恋人』を、警視庁は出版社、書店からすべて押収、発行人と訳者を猥褻文書頒布罪で起訴した。最高裁は、「憲法の保障する各種の基本的人権についてそれぞれに関する各条文に制限の可能性を明示していると否とにかかわりなく、憲法12条、13条の規定からしてその濫用が禁止せられ、公共の福祉の制限の下に立つものであり、絶対無制限のものではない。……性的秩序を守り、最少限度の性道徳を維持することが公共の福祉の内容をなすことについて疑問の余地がない」「性一般に関する社会通念が時と所とによって同一でなく、同一の社会においても変遷がある」として、小説を猥褻文書と判示した。

　この判決が現在でも猥褻基準として生き続けているにもかかわらず、1973年には削除箇所を埋めた完訳本（講談社版）が刊行された。まさに、裁判所も認める「社会通念の変化」によって、猥褻基準がいかようにでもなること、その時の公権力によって恣意的な表現規制が可能なことを、いみじくも現しているともいえる。なお、アメリカでは59年に、イギリスでは60年に無削除版が刊行され、いずれも出版社が無罪を勝ち取っている。

　以下は削除箇所の１つで、主人公２人の肉体関係を描写している部分である。「恋人としての彼は物静かな男だった。女性に対して大変優しく、自分のからだの震えを抑えることができなかった。それでいて、彼はまた、自分を離れた警戒心をもっていて、部屋の外のあらゆる物音に気を配っていた。」（伊藤整訳・伊藤礼補訳『完訳　チャタレイ夫人の恋人』新潮文庫、1996年、44ページ）

　なお、最初の猥褻定義が示された最高裁判決としては、男女の性交や男女の陰部を表現した記事を掲載し販売したとして刑法違反を問われた、**サンデー娯楽事件**が挙げられる。そこでは、「いずれも徒らに性慾を興奮又は刺激せしめ且つ普通人の正常な性的羞恥心を害し善良な性的道義観念に反するものと認められる」と判示された（最判1951. 5. 10、刑集5. 6. 1026）。

悪徳の栄え事件最高裁判決 （最大判1969. 10. 15、刑集23. 10. 1239）

　チャタレー事件最高裁判決の３年後には、マルキ・ド・サド、渋澤龍彦訳『悪徳の栄え（続）』が押収される事件が起き、訳者及び発行人が有罪となった。『チャタレイ夫人の恋人』と同様、すでに当時の発禁本の復刻が出版され、警察の摘発は受けていない状況にある。

　なお、芸術性判断については「文書がもつ芸術性・思想性が、文書の内容である性的描写による性的刺激を減少・緩和させて、刑法が処罰の対象とする程度以下に猥褻性を解消させる場合があることは考えられるが、右のような程度に猥褻性が解消されないかぎり、芸術的・思想的価値のある文書であっても、猥褻の文書としての取扱いを免れることはできない」とした。

　田中二郎裁判官は「言論出版その他一切の表現の自由や……学問の自由は、憲法の保障する他の多くの基本的人権とは異なり、まさしく民主主義の基礎をなし、これを成り立たしめている、きわめて重要なものであって、単に形式的に言葉のうえだけでなく、実質的に保障されるべきものであり、『公共の福祉』の要請という名目のもとに、立法政策的な配慮によって、自由にこれを制限するがごときことは許されない」との補足意見を示した。

性交類似行為又は婚姻を禁止されている近親者間における性交若しくは性交類似行為を、不当に賛美し又は誇張するように、描写し又は表現することにより、青少年の性に関する健全な判断能力の形成を妨げ、青少年の健全な成長を阻害するおそれがあるもの」を含めることとした（都条例7条）。当初、「非実在青少年」という概念で対象を示したことから強い反発を受け、修正された経緯がある。

　また、罰則はないものの子どもポルノ単純所持の禁止も盛り込まれた。これらの規制はいずれも、のちの子どもポルノ禁止法の改正内容と重なっており、条例改正が立法化の地ならし役を務めている感がぬぐえない。さらには、唯一の未制定県であった長野県でも2016年、「長野県子どもを性被害から守るための条例」として条例化した。

2　猥褻概念の規定

　前出チャタレー事件最高裁判決では猥褻の概念を、①みだりに性欲を興奮、刺激し、②普通人の正常な性的羞恥心を害し、③善良な性的道義観念に反するもの——としている。これが「猥褻三要件」として、今日なお生き続けている判断基準である。

　ただしその解釈は、時代感覚によって受け止め方に変化が生じている。法的規制を行う具体的な基準そのものは時代の流れとともに随分と変化し、いまでは作品の芸術性・文学性を加味したり、一般に露骨な猥褻表現をさすハードコアとそれ以外のもので区分けする方法や、絶対許されない表現として子どもポルノなどを例示する考え方などが主張され始めている。

　まず悪徳の栄え事件最高裁判決では、猥褻三要件の継承をしたうえで、①芸術性・思想的価値のある文書であっても猥褻性を有するものは規制の対象、②文書全体の関連において猥褻性は判断される、③表現の自由・学問の自由は絶対無制限ではなく公共の福祉の制限下に立つ——ことを確認した。さらに四畳半襖の下張事件最高裁判決では、猥褻性の判断に文学性を加味した。

　その後、性欲の刺激のみを目的とするような、いわば露骨な性描写のハードコア・ポルノのみを取締りの対象と考える「ハード・コア論」や、精神的社会環境の保護を保護目的とする考え方が示された。また、ストーリー性や総量によって規制に客観性を持たせようとする試みもあった。ただし、聞き心地のよいこの種の「社会環境」も、その実体は従来からいわれてきた「善良な道徳」

四畳半襖の下張事件最高裁判決（最判1980.11.28、刑集34.6.433）

1972年には野坂昭如編集の月刊『面白半分』掲載の「四畳半襖ノ下張」（金阜山人作）が猥褻文書として摘発され、有罪となった。新たに示された判断基準としては、①当該文書の性に関する露骨で詳細な描写叙述の程度とその手法、②この描写叙述の文書全体に占める比重、③文書に表現された思想等とこの描写叙述との関連性、④文書の構成や展開、⑤芸術性・思想性による性的刺激の緩和の程度、⑥文書を全体としてみたとき主として読者の好色的興味に訴えるものであるか否か、である。

愛のコリーダ事件

同時期に、大島渚監督映画「愛のコリーダ」のスチール写真及び脚本を掲載した単行本が猥褻文書として起訴された。一審の東京地裁は、普通人の慣れや捜査機関の放任などを重要参考資料として、社会通念における許容される性表現を推し量ると、当該文書は猥褻文書には当たらないとした（東京地判1979.10.19）。東京高裁でも、社会通念の判断は「事実認定の問題ではなく法的評価の問題であって裁判所に委ねられている」としつつ、「裁判所が性表現に対する普通人の意識を重要な資料にすることは決して不都合なことではない」と判示し（東京高判1982.6.8、判時1043.3）、無罪が確定した。

ポルノカラー写真誌事件最高裁判決（最判1983.10.27、刑集37.8.1294）

団藤重光裁判官は「本件写真は、ほとんどすべてがいわゆるハード・コア・ポルノであって、それじたいにおいてなんら思想・科学・芸術等の主張ないし価値をもつものでないことがあきらかである。もともと、単に人の性慾を刺戟するだけの意味しかないような写真は、性質上、むしろ性具の類と異なるところはないのであって、それは広い意味での表現には相違ないが、「表現の自由」をいうばあいの特殊な意義における「表現」には該当しないというべきであろう。」「性風俗を維持するということは……いわば精神的社会環境ともいうべきものを保護することが許されないはずはない」との補足意見を示した。

メイプルソープ事件

著名な写真家ロバート・メイプルソープの回顧展（ホイットニー美術館）図録を個人輸入したところ、関税定率法に基づく輸入禁制品に該当するとして差止められたため訴えたもの。裁判所は「描写全体に占める比重、画面の構成などからして、人間の裸体を自然な状態で描写したものではなく、性器そのものを強調し、性器の描写に重きが置かれているとみなさざるを得ない写真が含まれており、それが一冊のものとして編てつされているというのであるから、本件写真集は……輸入禁制品に該当する」と判示した（最判1999.2.13、判時1670.3）。

一方、同写真家の作品集の邦訳版『ロバート・メイプルソープ写真集：MAPPLETHORP』（アップリンク、1994年）は国内で市販されていたが、1999年にいったん持ち出した同書が税関で輸入禁止処分を受けたことから行政訴訟（処分取消し及び国家賠償）が提起され、高裁では原告の逆転敗訴となったものの、2008年に最高裁で「写真集は……美術評論家から高い評価を得ていた写真芸術家の主要な作品を1冊の本に収録し、その写真芸術の全体像を概観するという芸術的観点から編集し、構成したものであり……写真が写真集全体に対して占める比重は相当に低いものである上……白黒の写真であり、性交等の状況を直接的に表現したものではない」などとして処分は取り消され（最判2008.2.19、刑集62.2.445）、販売は再開された。

「善良な風俗」と同じではないか、との指摘も一方ではされている。

　こうした猥褻・ポルノ表現規制の合理的根拠としてアメリカでは、1970年に大統領委員会報告が出され、そこでは猥褻物と非行・犯罪との直接の因果関係を立証されえないと結論付けている。そして、規制目的としては性犯罪の誘発防止からゾーニングの奨励による生活環境の保護に移りつつある。ゾーニングとは、販売エリアや方法を限定することによって、みせたくない人、みたくない人への流通を制限することである。

　そしてもう1つの規制根拠が、女性の権利の保護である。これは前述の「性差別表現」とオーバーラップする部分である。アメリカのマッキノン（Mackinnon）がその代表的論者で、「エロチカ」が両性平等の観点に立つ性表現であるのに対し、「ポルノグラフィー（ポルノ表現物）」は男性の女性支配（服従関係）の性的関係を通じた表現である、とする。

　具現化した例として、ミネアポリス条例にみるポルノ表現物の定義は、画像であれ言葉であれ、女性の明白な性的従属を写実的に描き出したものとして、①女性が性的対象物、物、あるいは商品として非人間化されて提示されている、②女性が苦痛や屈辱を悦ぶ性的対象物として提示されている、③女性が強姦において性的快楽を経験する性的対象物として提示されている——を例示する。しかしその判断が難しいのは、女性を蔑視し、女性一般を搾取対象としているものという判断基準が曖昧であって、これが表現の自由の規制基準として認められうるのかという点にある。

Ⅱ　規制手段と限界と課題

1　公権力規制の問題性

　日本における猥褻・ポルノ表現物の規制手段としては、①地方自治体の条例に基づく青少年保護を名目にするものと、②税関による水際での取締り、そして③刑法や売春防止法違反による警察の摘発がある。

　青少年条例は、特定の「有害」図書やビデオ等を指定し、販売・頒布・レンタル等の禁止といった流通規制措置をとるものであって、主として実写の写真集やDVD等が対象である。一方で、法に基づく警察の取締り対象は幅広く、いわゆるハレンチ罪としての実行行為のほか、ポルノ・コミックス（単行本化

　裁判で争われたもの以外にも、「猥褻・有害」図書として、写真雑誌やコミックが摘発を受け、休刊（事実上の廃刊）に追い込まれてきている。たとえば、1984年には予算委員会での自民党からの少女雑誌規制の追及を受けて、『ギャルズライフ』（主婦の友社）が休刊。翌85年には『カミング』（若生出版）が自主回収したほか、『スクリュー』（ラン出版）は摘発を受け休刊、ほかにも『ザ・写真』（東京三世社）など写真雑誌の摘発が続いた。『ブルータス』（マガジンハウス）は警視庁の警告を受け、コンビニエンスストアが販売自粛をした。さらに88年には摘発を受けた『写真時代』（白夜書房）が休刊し、前後して有害図書指定を受けた雑誌を自動販売機で売っていたことをめぐる青少年条例違反の裁判に有罪判決が続いた。こうした流れのなかで、90年以降、青少年条例自体の強化（別項参照）と摘発の強化が続いた。

　95年には『きクゼ！２』（竹書房）が警視庁に摘発され、編集長の写真家・加納典明が逮捕された。さらに2000年には、成人向け写真誌『PePee』（日正堂）を摘発し、出版社社長を逮捕した。この間、条例によって、『an・an』（マガジンハウス）や『遊ぶインターネット』（宝島社）が有害図書指定にも指定された。こうしたなか2002年に『蜜室』（松文館）が摘発され、社長、編集局長、作家が逮捕される事件が起こった。取次経由で一般書店で販売されていたコミックスが摘発された事例ははじめてであった。

蜜室事件（東京地判2004.1.13、最決2007.6.14、松文館裁判 HP）

　地裁判決では、前提となる刑法175条の保護法益として、従来に加え「近時、様々な性表現物が氾濫して、一般の人々にも比較的容易に入手可能な状態となり、その内容も過激さを増してきており、その傾向は、インターネットの普及によって更に強まってきていることがうかがわれるところ、このような性表現物をめぐる社会状況の変化は、それ自体、性的秩序やその基礎となる最少限度の性道徳、更には健全な性風俗の維持にも脅威を及ぼしかねないものというべき」であって、「性的秩序や最少限度の性道徳、健全な性風俗の維持は、性犯罪の抑止や青少年の健全な育成、売春の防止等といった個々の具体的法益の保護を下支えする基礎的な法益ともいえる」と判示した。また、「露骨で過激な内容の漫画本が社会に出回ったのは、本件漫画本が摘発される前の３、４年間に過ぎなかったものと認められ……捜査機関の漫画本に対する摘発がなかったのは、凶悪事件等の捜査に忙しい中、その限られた人員や捜査能力を振り向ける対象として漫画本を想定していなかったために過ぎない」とする。さらに違法性の意識について、「被告人が所管官庁に相談に出向くなど、公的機関の指示を仰ぐなどした形跡がまったく認められないこと」をもって、適法と誤信したとする根拠が薄弱だとして、猥褻文書頒布により有罪とした。

ピンクチラシ事件（東京高判1990.12.10、判タ752.246）

　公衆電話ボックス等に置かれているような風俗営業店紹介のチラシを印刷した業者が、売春防止法違反で摘発され有罪となった（最高裁も1993年上告棄却）。判決では「印刷業者が売春周旋に利用されるのを知っていたのは明白であり、売春の周旋の幇助にあたる印刷行為を処罰しても、表現の自由及び検閲の禁止を定めた憲法21条に違反しない」「この処罰が一般印刷業者に処罰の対象となるような印刷を自粛させる効果があるとしても、それが印刷業者を国家的検閲の代行者とするものではない」とした。

されたマンガ本）を含む出版・発行物やインターネット上の配信情報がある。PTAや宗教団体による組織的活動と連動して、書店やコンビニエンスストア、さらに自動販売機などを中心に全国的に摘発、押収が続けられている。

　第1の青少年条例による規制が、もっとも日常的かつ継続的になされている表現規制ではあるが、その対象は一般に猥褻表現よりはひと回り広い「有害（不健全）」図書と呼ばれるカテゴリーの表現行為である。さらに、取締りの境界線が、曖昧な猥褻定義よりもさらに曖昧であるだけに、従来よりその規制方法には議論があった。また、主婦や親の間に広まり地方自治体を動かした反ポルノキャンペーンの裏に仕掛人がいること、条例改正によって規制の運用や基準が甘くなったこと、自主規制が一般人の知る権利を侵す可能性が高いといった特徴がある。1980年代後半以降の条例改正は、「包括指定・緊急指定・通報制度」といった、実効性を高めるために手続きの簡略化や警察権限の強化を図ったもので、憲法判例上も厳密な基準が求められている表現規制が崩れる可能性を含む。

　第2の税関によるものは、関税法（関税定率法・旧規定）を根拠とする。従来は暴力表現等もチェックの対象であったが、現在では公序良俗違反のいわゆる猥褻表現物のみが対象である。しかしこれについても、インターネットの普及によって形骸化が否めない。実際、メイプルソープ事件で性器を被写体とした写真の税関持込みが認められ、その判断の難しさが指摘されるところである。

　そして第3に、警察による刑法や売春防止法を根拠とした規制がある。主に、刑法175条（猥褻物頒布）によるものと、子どもポルノ禁止法による未成年者を表現対象とした猥褻表現物の規制があり、2002年には一般書店で販売されていたコミックスが摘発され有罪となった（蜜室事件）。なお、対象も旧来の実写の写真や文学作品から広がりをみせている。先に扱ったコミックのほかここでは、電磁的送信、メディア環境の2つの猥褻訴訟を紹介しておく。1つ目はろくでなし子作品の女性器3Dデータ送信訴訟、2つ目は「環境型セクハラ」として話題になった会田誠等の作品をめぐるアート講座訴訟がある。

　売春防止法の適用については、従来よりスポーツ紙、夕刊紙の広告が摘発され、広告業者に罰金刑が言い渡された例もある。そのなかで、売春クラブなどを紹介する宣伝用小冊子（ピンクチラシ）を印刷していた印刷業者を、売春防止法違反（周旋）幇助罪で有罪とする判決が出された。軽犯罪法についても同

女性器3Dデータ送信訴訟（デコまん訴訟）

　事件は、女性器を型どりデコレーションしたアート作品（デコまん）を制作するなかで、自身の女性器を3Dプリンタ用データにして送信しダウンロードさせたとして、2014年に猥褻物頒布罪で、ろくでなし子を逮捕したものである。その後、作品をアダルトショップで展示したこととあわせ、猥褻物公然陳列、猥褻電磁的記録等送信頒布、猥褻電磁的記録媒体頒布で起訴された。地裁では、作品は直ちに女性器を連想させるものではなく「ポップアートとして捉えることは可能で、芸術性、思想性によって性的刺激が緩和されている」と作品の陳列は無罪、一方で3Dデータ配布は「女性器の形状を立体的、忠実に再現している」として有罪（罰金40万円）とした（東京地判2016.5.9）。

　そのまま確定したことで（東京高判2017.4.13、最小判2020.7.16）、猥褻物頒布罪での無罪判決は愛のコリーダ事件以来35年ぶりとされる。最高裁は、猥褻か否かは芸術性の程度を検討しつつ、データを視覚化したもののみから判断すべきだと判示。被告側の主張を勘案しても「女性器を表現したわいせつなデータの配布自体が目的と言わざるを得ない」と結論付けた。なお2014年逮捕時に、大手メディアの多くが「自称芸術家」と呼称したことにも批判があった。

環境型セクハラ訴訟（瓜芸ヌード講座訴訟）

　事件は、京都造形芸術大学（現・京都芸術大学）・東京藝術学舎での公開講座で、ゲスト講師から見せられた作品によって精神的苦痛を受けたとして、受講生が大学を運営する学校法人（瓜生山学園）に333万円の損害賠償を求めたものである。2020年の地裁判決で、猥褻な作品を見せたことは「セクハラにあたる」と認定し、大学側に対し講義内容を事前に告知するなどの義務を怠ったとして、約35万円の賠償を命じた（東京地判2020.12.4）。大学側は2018年に「人はなぜヌードを描くのか、見たいのか」をテーマに全5回の講座を都内で開催。そのなかで、会田誠や鷹野隆大の作品をスクリーンに映したとされる。

　判決では、「露骨な表現で、正常な性的羞恥心を害する猥褻性がある」と指摘、「作品を見るよう強要されたセクハラ」と判断した。そのうえで、作品を講義前に確認した大学側はセクハラを予見できたとして、「退室可能なことを事前に告知するべきだった」と認定し、講座を受けたことと女性が患った急性ストレス障害の因果関係を認めた。原告は、講座の運営に関する裁判で、表現の自由を争うものではない、としている。

「春画」の扱い

　公共博物館において春画の企画展示の引き受け手がいまだにないことが報告されており、英国展の日本への巡回展が実現したのは2015年9月の私立ミュージアム「永青文庫」であった。同館理事長の細川護熙は「出版物では二十数年前から自由に流通しているのに、本物の鑑賞が禁じられているのはおかしな話。そういうタブーは破っていかないといけない」と語っている。春画は書籍や雑誌にはすでに無修正で掲載されているものの、美術展では「大歌麿展」（1998年、福岡市美術館）、「ヒューマン・イメージ」展（2001年、京都国立博物館）、「LOVE」展（2013年、森美術館）などが、展示のごく一部として春画を出品しただけにとどまっていた。

様の事例が報告されている。

　これらには共通して「文化」に対する国家規制の色彩があり、公権力が許容する文化的尺度を示したものといえるだろう。たとえば、ヌード写真集のヘアや性器をめぐる「警告」事例をみるならば、みせしめ逮捕によってその時期における警察の許容幅を示すわけであるが、こうした猥褻基準の設定は健全であろうか。

　2013〜14年に大英博物館で大規模な企画展示があった「春画」についても、2015年夏、警視庁保安課は掲載した週刊誌（『週刊ポスト』『週刊現代』『週刊大衆』『週刊アサヒ芸能』）に対し口頭指導を行い、芸術性を否定するかの対応を続けている（同じく掲載したものの指導がなかった『週刊文春』は、事前に編集長を社内処分していた）。かつては猥褻図画であるとされた時代から（艶本研究国貞事件、最大判1975.4.12）から40年を経たいまの日本社会においても、その文化的価値を警察が判断する状況が続いているということだ。

　あるいは、条例による販売停止や自主規制による取扱い中止が、一般成人のみる自由を侵す可能性についての吟味も必要である。女性の権利保護（性の商品化や性犯罪の誘発、社会の性役割の固定化などの解決）のため、ポルノ・猥褻出版物そのものの存在を認めない立場も理解はできる。しかし差別的表現同様、表現行為そのものを法によって封じ込める、あるいは社会から出版物を抹消しようとするのは、一定の価値基準に基づく事前抑制にほかならず、許されてはならないと考える。

　性情報の氾濫から「分別のある社会」の実現を希望し、国家権力による取締りを期待する向きがあることも否定できないなかで、法規制がなければ何をしてもよいわけではないことは明らかである。みたくない自由を守りながら、みる自由をも尊重する社会システムが日本においても作られなければならない。

2　自主規制の方向性

　猥褻・ポルノ表現物の制約は、そうした表現をみたくない人の消極的な表現の自由保護のためにのみ許されるとして、猥褻表現として刑事罰の対象となる表現行為については限定列挙してその拡大解釈を許さない、とするのが妥当ではないか（冒頭の分類モデル図参照）。そのうえで、ポルノ表現物についてはゾーニング等のあくまでも自主的な流通規制（必要最小限度の法枠組み）による表現規制が期待される。

ギンズバーグ事件（Ginsberg v. New York, 390U.S.629〈1968〉）は、16歳の青少年にヌード雑誌を売ったことで州法違反とされたことに対し、連邦最高裁は、表現の自由の範囲が成人と青少年で異なるのは、青少年の保護育成の観点から青少年の権利を侵害したことにはならないと判示。

「猥褻及びポルノ表現に関する大統領委員会報告書」（The Report of the Commission on Obscenity and Pornography, 1970年）は、①猥褻物と非行・犯罪との直接の因果関係を立証されえない、②同意のある成人に対する性的物件の販売・提示・配布を禁止する法律はすべて廃止すべきである、③一定の性的物件を未成年者に対して商業的に販売することを禁止する立法を行うべきである、④性的物件の公然陳列・郵送を禁止する立法を行うべきである、と述べている。日本における同様なレポートとしては、東京都生活文化局「性の商品化に関する研究」報告書（1990年8月）がある。

なお、子ども向け番組規則の一例としては、アメリカの1990年子どもテレビ法に基づく96年子ども番組規則が挙げられる。96年8月にFCCが制定（91年規則の改定）し、97年9月1日から施行している。子ども番組の定義、放送時間数（週3時間義務化）、子ども番組報告書の作成義務などが定められている。

その後、子どもポルノ防止法（CPPA: Children's Pornography Prevention Act）及び1996年通信品位法（CDA: Communications Decency Act）の2つの法律を制定し、インターネット上のポルノに対する規制を図ったが、いずれも連邦裁最高裁で部分違憲の判断が示された。CDA違憲判決では、「下品な」通信を18歳未満に行うことを禁止した部分を違憲とされた。98年に制定された子どもオンライン保護法（COPA; Children's Online Protection Act）に対しても、連邦裁は2004年に表現の自由を認めた憲法に違反し、無効であるとの判決を下している（再審許可のもと、2009年に連邦最高裁で恒久的違憲判決）。またCOPA再審地裁判決では、LRA基準を適用しフィルタリングの方が制約が少なく効率的であると指摘した。

現在、有効な法律としては、2000年子どもインターネット保護法（CIPA; Children's Internet Protection Act）はいったん違憲判決が示されたものの、2004年に最高裁合憲判決が示されている。政府から補助金を受けている図書館に対して不適切なコンテンツを排除するフィルターを採用することを義務付けるものである。ほかに、子どもオンライン・プライバシー保護法（COPPA; Children's Online Privacy Protection Act of 1998）が2000年に施行され、ウエブサイト上で子どもの個人情報を収集する場合は親の同意を義務化している。

猥褻刊行物ノ流布及取引ノ禁止ノ為ノ国際条約（1936.5.16条約3）
第1条　締約国ハ左ノ犯行ノ何レカヲ為シタル者ヲ発見シ、訴追シ及処罰スル為一切ノ手段ヲ執ルコトニ同意シ従テ左ノ如ク約ス
左記ハ処罰セラレルベキ犯行タルベシ
一　営業ノ為若ハ営業トシテ又ハ頒布若ハ一般ノ展覧ノ為猥褻ナル文書、素描、版画、絵画、印刷物、図画、「ポスター」、徽章、写真、活動写真用「フィルム」又ハ他ノ猥褻ナル物件ヲ作製シ又ハ所持スルコト

それによって、現行の曖昧な猥褻基準のなかで法形式的には広範な法規制の網がかかり、実際は警察現場の恣意的な運用次第でポルノ表現物が氾濫する状態から脱却できる基礎ができるだろう。同時に、現在の野放し感が強い状態から、被表現者の人権を守り、またみたくない人の自由を保障するといったバランス感覚に長けた社会システムがみえてくる。

　猥褻表現物が有害か無害かではなく、ある人にとって不愉快な表現物であるとの観点に立って、ゾーニングなどのアクセスツールの工夫によって、表現の自由とプライバシーの共存を図るということである。これは、性道徳にかかわる風俗犯罪が処罰される根拠は、「他人に対する侵害（ニューサンス）」の防止という原理に依拠すべきであるとした、ハート（Hart）の考え方の延長線上でもある。ただしあくまでも「みたくない権利の保護」という新たな視点が必要である。

　性的表現をめぐるさまざまな試みと意識変化が生まれている。日本における猥褻基準を映画を通じてリードしてきた映倫は、審査基準見直しに関する映倫管理委員長の見解（1992年10月28日）を発表して、形式的な一切禁止から「性器・恥毛は原則として描写しない」という新基準の運用が始まった。こうした映倫基準の変更や有名女優のヘアヌード写真集の刊行が、現実を動かしていることは否めない。同時に、衛星放送開始や海外渡航者の増加、さらにはインターネットによるポルノ画像の一般化・ボーダレス化といった状況が、否応なしに私たちの「感覚」を麻痺させてもいる。

　しかしその裏で、古典的な猥褻表現物規制がなくなったわけではなく、その対応のために出版倫理協議会や放送倫理・番組向上機構（BPO）といった業界自主規制組織が積極的な活動を続けていることを忘れてはならない。前者は、日本書籍出版協会、日本雑誌協会、日本出版取次協会、日本書店商業組合連合会（当時は小売全連）の出版4団体により設置されたもので、従来からの「18禁」マークの添付やビニール本装丁（中がみえないようにする）などのほか、ゾーニング委員会を設置しその販売場所の規制もより強化している。

　後者は、自主的に青少年向け番組を増やしそれを積極的にPRするとともに、委員会からの勧告に従うかたちで番組の見直しを行っている。議論はさらに、一部の国で始まっている番組格付け（Vチップ＝番組自動遮断装置の設置）の是非が今後議論になる可能性がある。

　こうした業界自主規制を今後、さらに発展させていくことが必要なことはい

　青少年条例については、「有害」指定による表現規制が許されるのか、図書の販売規制が検閲もしくは事前抑制に該当する可能性はないのか、など根本的な疑義が継続して示されてきたが、裁判所は「有害図書が青少年の健全な育成に有害であることは社会共通の認識」として一貫して違憲性を否定してきている。「有害」表現物と青少年の「健全」な成長にどのような関連性があるかは不明であるほか、犯罪との関係についても証明されないまま、いわゆる親の「危惧」を代行した公的規制が続けられているのが実態である。このほか、表現の自由度が県や市ごとに異なることの問題性や、有害の基準が不明確であること、救済措置が不十分であること、など表現規制のルールから逸脱しているとの批判が学説には強い。また、子どもの権利条約の立場からは、条例によって一般人の表現の自由より子どもの表現の自由を制限することの問題性も考える必要がある。

　1990年代に入り、各自治体は「有害図書指定制度」の創設や強化を内容とする青少年条例に改正、強化していった。従来の有害図書指定は、第三者機関である審議会が個別に有害かどうかを審査する「個別指定制度」が基本であったが、①一定の基準を定め、一律に販売禁止を行う「包括指定」、②知事が審議会に諮らずに行える「緊急指定」、③警察官による書店への立ち入り調査、④住民による「通報制度」が新しく導入された（なお、一般に個別指定の基準の方が包括指定のものより、より「概括的」であることから、単純に前者の方がましとは言い難い面もある）。条例の傾向を振り返るとおおよそ、60年代に「期待される人間像作り」として条例制定が始まり、70年代を通じて全国に広がるとともに自販機規制が始まり、90年代に入って罰則強化、そして90年代後半以降、インターネット対応が進んでいるといえる。

　1990年代の規制強化は、露骨な性描写のあるポルノ・コミックスは子どもたちに有害である（青少年非行や性犯罪の原因になる）、という母親たちの運動がきっかけであったが、その裏には自民党・加藤六月の全国指令があった。国家秘密法制定のときのスパイ天国キャンペーンでもそうであったが、マスコミ規制を狙う公権力は市民を利用して、自治体議会に法（条例）制定の請願書を提出するなど世論を盛り上げることを考えてくる。こうした世論は、「草の根ファシズム」として強い力を発揮して、結果的に表現の自由を奪うことになるのである。関連して、出版事業は地方税としての事業税の半分を課税免除されていたが、「子どものため」という青少年の健全育成の立場からの運動に加え、「女性の性商品化に反対する」立場からの規制論もあり、その特例措置の延長にあたり自民党から出版界に性描写コミックスの自粛が求められていた。これに対し、大手出版社を中心に自主規制を行い、販売取りやめや自主休刊、チェックシステムの強化などを打ち出した。同時に、コミックスの主要な販売ルートである全国のコンビニチェーンも、次第に取り扱いリストを整備するなど、自主規制を強めていった。

　さらに2004年7月からは一斉に、店内で開けられないように表紙と裏表紙の上下左右の4か所を3センチ幅の透明シールで封印した雑誌が、全国のコンビニエンスストアや書店に並ぶことになった。背景には改正東京都青少年条例の存在があり、従来「成人マーク」を付していた雑誌について「包装するように努めなければならない」としたからである。「有害図書」指定を受けると、コンビニ業界団体である日本フランチャイズチェーン協会の規定によってコンビニエンスストアでの販売ができなくなることから、とりわけ他県への影響力が大きい東京都からの出版社等への流通方法変更の「要請」は、作り手に対し重大な影響を及ぼすことになる。そして2020東京オリンピックを旗印とする「環境浄化」の機運のなかで、2019年夏までに大手コンビニチェーンは店内に設置していた「成人雑誌コーナー」を廃止した。

うまでもないが、一方で、こうした「お墨付き」機関の危険性も常に考慮していなければならない。それは、組織の権威化が番組の萎縮を呼んだり、かつてのザ・ドリフターズの人気番組「8時だヨ！全員集合」が当時のワースト番組に挙げられていた例を出すまでもなく、「時の声」は得てしてトゲのある表現や下品を嫌ったりするものだからである。アメリカの通信品位法の改正案で「下品な表現」を禁止したところ、連邦裁がたび重ねて表現の自由違反であるとしたことは忘れてはならない。

　日本でも半世紀前の曖昧な猥褻基準を唯一絶対の物差しとして守り続けるだけでなく、有害と違法の線引き見直しと、運用（流通規制）中心の時代に合った規制形態への転換をめざさなければなるまい。それと同時に、自主規制の「自主独立」が守られることもまた大切である。2008年に日本ビデオ倫理協会（ビデ倫）の審査担当者が刑法の猥褻図画販売幇助罪容疑で逮捕・起訴され、結果として同協会が閉鎖に追い込まれた事例は、今後の官と民の関係に大きな示唆を与えるものである。

　2007年8月に警視庁生活安全部保安課から同協会が強制捜査を受け、任意の事情聴取は延べ150回を超えたという。同事件は、アダルトDVDのモザイク処理が不十分なまま審査をパスさせ市場に流通させたためと報道されているが、当該作品の猥褻性が殊更に高いのか、曖昧な取締り基準に恣意性はないのか、といった根本的な猥褻基準や取締りの現行運用への問題が伏在していることは間違いない。

　そしてこうした根本問題とともに、業界自主規制基準への「介入」によって、事実上、業界でもっとも歴史もあり独立性も高かった自主規制機関を少なくとも形式的には閉鎖に追い込むことの問題性である。その後、業務は2008年に同協会加盟メーカーが新たに設立した日本映像倫理審査機構に受け継がれ、2010年に映像倫理機構に移行した。さらに2006年段階で当時のビデ倫、コンテンツ・ソフト協同組合（CSA）、日本映像ソフト制作・販売倫理機構の合意のもと設立、従来CSA作品の審査を行っていた「審査センター」に審査業務を委託することとなり、2016年に映像倫理機構から「日本コンテンツ審査センター」に名称変更した。

　1998年2月6日、少年による殺傷事件に関する都道府県・政令指定都市教育委員会担当者の緊急会議で町村文部大臣（当時）は、「子どもに悪影響を与える可能性のあるビデオや出版物に対する規制に、及び腰ではいけない」旨の発言を行ったが、従来の総理府による青少年対策に加え、文部省や総務省の活動が目立っているのが特徴であり、その後、国会の場でも衆議院文教委員会の討議で有害情報対策を求める意見が出された。

　内閣府に設置された「次代を担う少年について考える有識者会議」は同年、コンビニでの雑誌販売の方法やVチップについて提言を首相に提出した。青少年対策本部には、青少年対策推進会議（1989年9月）、青少年問題審議会（1991年7月）が設置されている。2003年には青少年育成推進本部を設置し、青少年育成の基本理念と施策の中長期的な方向性を示す青少年育成施策大綱を策定している。

　一方、自民党・内閣部会「青少年の健全育成に関する小委員会」（田中直紀委員長、委員に野田聖子ほか）は、2002年2月に「青少年有害社会環境対策基本法案」（2000年の青少年社会環境対策基本法素案を修正したもの）をまとめ、さらに2003年7月には、「青少年健全育成基本法案」と「青少年を取り巻く有害社会環境の適正化のための事業者等による自主規制に関する法律案」をまとめた（2004年に基本法案は上程したが廃案）。

岐阜県青少年条例訴訟最高裁判決（最判1989.9.19、刑集43.8.785）

　ポルノ雑誌を18歳未満の青少年に売ってはならない「有害図書」に指定し、自動販売機での販売を禁じた同条例の合憲性が争われたもので、「有害図書が一般に思慮分別の未熟な青少年の性に関する価値観に悪い影響を及ぼし、性的な逸脱行為や残虐な行為を容認する風潮の助長につながるものであって、青少年の健全な育成に有害であることは、既に社会共通の認識になっているといってよい」と合憲判断を示した。なお、伊藤正己裁判官は「包括指定のやり方は、個別的に図書を審査することなく、概括的に有害図書としての規制の網をかぶせるものであるから、検閲の一面をそなえていることは否定できない」などの補足意見を示す。

【参考文献】

奥平康弘・環昌一・吉行淳之介『性表現の自由』（有斐閣人権ライブラリー、1986年）、アイゼンク他、岩脇三良訳『性・暴力・メディア』（新曜社、1982年）、清水英夫・秋吉健次編『青少年条例』（三省堂、1992年）、月刊『創』編集部編『「有害」コミック問題を考える』（創出版、1991年）、武田誠『わいせつ規制の限界』（成文堂、1995年）、長岡義幸『わいせつコミック裁判～松文館事件の全貌！』（道出版、2004年）、長岡義幸『発禁処分～「わいせつコミック」裁判・高裁篇』（道出版、2005年）、『ワイセツって何ですか～「自称芸術家」と呼ばれた私』（金曜日、2015年）、園田寿・臺宏士『エロスと「わいせつ」のあいだ～表現と規制の戦後攻防史』（朝日新書、2016年）、白田秀彰『性表現規制の文化史』（亜紀書房、2017年）、稀見理都『エロ漫画表現史』（太田出版、2017年）、林美一『「国貞」裁判・始末』（三一書房、1979年）、キャサリン・マッキノン、奥田暁子他訳『フェミニズムと表現の自由』（明石書店、1993年）、キャサリン・マッキノン、柿木和代訳『ポルノグラフィ』（明石書店、1995年）、小玉美意子『ジャーナリズムの女性観』（学文社、1989年）、角田由紀子『性の法律学』（有斐閣選書、1991年）、内田剛弘編『愛のコリーダ裁判・全記録〈上巻〉〈下巻〉』（社会評論社、1980年・1981年）

第18講　子どもをめぐる表現規制

I　子どもを理由とした表現規定

1　保護されるべき利益

　「子ども」を理由とした表現規定にも一般的な表現の自由と同様に自由と規制の両側面があり、それは子どもの権利条約の構成に端的に現れる。1989年に採択され、2020年現在で196か国が締約する同条約には、自由を促進するものとしては12条の意見表明権や13条の表現の自由保障規定がある。その一方で、制限規定としては16条にプライバシー・通信・名誉の保護規定が、40条②(b)(vii)では刑法を犯したと申し立てられた子どもに対して、手続きのすべての段階において私生活が十分尊重されることが定められている。

　さらに、17条(e)では有害情報から子どもを保護するための指針を国が発展させることを求める規定がある。また、性的搾取からの保護の観点から34条(c)では演技や物に子どもを出演させることを防止する措置を国に求めている。この点に関しては子どもポルノ禁止条約（児童の売買、児童買春及び児童ポルノに関する児童の権利に関する条約の選択議定書）において、手段の如何を問わず性的行為を行うあらゆる子どもポルノ表現を禁止することを謳っている。

　子どもの表現の自由を規制をするものとしては、青少年条例を中心とする青少年に対する猥褻・ポルノ表現物の販売規制がある（第17講参照）。青少年の健全育成を目的とした親（大人）の立場からの規制であるが、当事者の青少年の立場からすると読む・みる自由を侵害・制約されることにほかならない。

　一方で、子どもを表現対象とすることについての規制としては、未成年者（少年）の非行報道を部分規制する少年法61条がその代表といえる。1985年11月の国連で採択された「少年司法の運営に関する国連最低基準規則」（北京ルール）は、ラベリングや特定情報の公表を明確に禁止している。ほかに1998年に施行された子どもポルノ禁止法では、未成年者が登場する猥褻表現物（写真やビデオ等）を製作、販売することを禁止した。

　子どもポルノ禁止法は国際的批判を受け、単純所持罪の導入やアニメを対象に加えるなどの強化が求められてきた結果、2014年には単純所持を禁止する改正が行われた。これによって、従来の「児童ポルノを製造し、所持し、運搬し、本邦に輸入し、又は本邦から輸出した者」に加え、単に子どもポルノを所

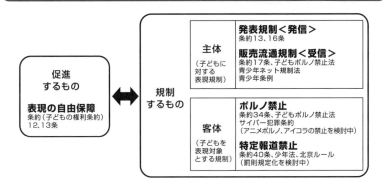

子どもの権利条約〔児童の権利に関する条約〕(1994.5.16条約2)

第3条 ①児童に関するすべての措置をとるに当たっては、公的若しくは私的な社会福祉施設、裁判所、行政当局又は立法機関のいずれによって行われるものであっても、児童の最善の利益が主として考慮されるものとする。

第6条 ①締約国は、すべての児童が生命に対する固有の権利を有することを認める。

②締約国は、児童の生存及び発達を可能な最大限の範囲において確保する。

第12条 ①締約国は、自己の意見を形成する能力のある児童がその児童に影響を及ぼすすべての事項について自由に自己の意見を表明する権利を確保する。この場合において、児童の意見は、その児童の年齢及び成熟度に従って相応に考慮されるものとする。

第13条 ①児童は、表現の自由についての権利を有する。この権利には、口頭、手書き若しくは印刷、芸術の形態又は自ら選択する他の方法により、国境とのかかわりなく、あらゆる種類の情報及び考えを求め、受け及び伝える自由を含む。

②①の権利の行使については、一定の制限を課すことができる。ただし、その制限は、法律によって定められ、かつ、次の目的のために必要とされるものに限る。

　(a) 他の者の権利又は信用の尊重

　(b) 国の安全、公の秩序又は公衆の健康若しくは道徳の保護

第14条 ①締約国は、思想、良心及び宗教の自由についての児童の権利を尊重する。

③宗教又は信念を表明する自由については、法律で定める制限であって公共の安全、公の秩序、公衆の健康若しくは道徳又は他の者の基本的な権利及び自由を保護するために必要なもののみを課すことができる。

第15条 ①締約国は、結社の自由及び平和的な集会の自由についての児童の権利を認める。

②①の権利の行使については、法律で定める制限であって国の安全若しくは公共の安全、公の秩序、公衆の健康若しくは道徳の保護又は他の者の権利及び自由の保護のため民主的社会において必要なもの以外のいかなる制限も課すことができない。

持しているだけの者を処罰対象に加えることとなった（法7条）。ただし、「知らずにたまたま手元にあった」場合を除外するため、「自己の性的好奇心を満たす目的で、児童ポルノを所持した者（自己の意思に基づいて所持するに至った者であり、かつ、当該者であることが明らかに認められる者に限る）」との縛りをかけることになった。

このほか、盗撮を禁止する条文も新設された。また、所持の処罰対象として「三号ポルノ」と呼ばれてきた、水着写真などをさす「衣服の全部又は一部を着けない児童の姿態であって、性欲を興奮させ又は刺激するもの」（2条3項3号）との規定が曖昧である批判が続いていたことを受け、条文に「殊更に児童の性的な部位（性器等若しくはその周辺部、臀部又は胸部をいう。）が露出され又は強調されているもの」という一文が挿入されることにもなった。

なお、運用上の注意として、「学術研究、文化芸術活動、報道等に関する国民の権利及び自由を不当に侵害しないように留意し、児童に対する性的搾取及び性的虐待から児童を保護しその権利を擁護するとの本来の目的を逸脱して他の目的のためにこれを濫用するようなことがあってはならない」（3条）との条文も加わった。

「みたかもしれない」を取り締まることは、各人の私生活に踏み込むばかりか、場合によっては内心にまで干渉することになるとの強い批判を受け、最終段階で絞り込み規定が加わったといえる。裁判所による捜査令状発行が歯止めになるとされるが、実態として捜査機関の令状申請を拒否することがどれほどあるのかも問題とされよう。

子どもの権利を十全に守るためにも、国際犯罪組織の資金源を断ち切るためにも、子どもポルノ取引を撲滅することは必要である。しかし一方で、目的と手段が釣り合っているかどうかが大切であって、とりわけ表現の自由に関わる規制には「厳格さ」が求められる。目的の正当性をもって、強権的な取締りが認められるという理屈は成り立たない。捜査機関の権限ばかりが拡大し、定義の曖昧さがそのまま現存することは、表現の自由に限らず人権保障の原則からしても許されないことである。

こうした新規の立法措置や官製の自主規制から窺えるのは、子どもの非行にはメディアの影響があり、健全育成のためには何らかの規制をするのが望ましい、特に昨今のメディアの状況には憂うべきものがあり規制強化が望まれる、といった一種の「社会的要請」である。さらに別の側面として近年は、子ども

● 子どもポルノ規制

子どもポルノ禁止法＜児童買春、児童ポルノに係る行為等の処罰及び児童の保護等に関する法律＞（1999.5.26法52）は、1991年以降のECPAT（アジア観光における児童買春根絶キャンペーン）の活動や、96年8月の「第1回子供の商業的性的搾取に反対する世界会議」（スウェーデン）等での国際的批判のなかで、与党三党の「児童買春問題等プロジェクトチーム」によってまとめられ法制化された。法2条3項3号の「衣服の全部又は一部を着けない児童の姿態であって性欲を興奮させ又は刺激するものを、視覚により認識することができる方法により描写したもの」といった子どもポルノ定義は、水着姿を規制対象とするなどの曖昧さがあり、表現規制としては疑義がある。また、7条の製造、所持、運搬、輸出入の禁止条項も、悪意なき印刷・発送業者等に、事実上個別の内容チェックを求めるものとなる。

このほかに当初案では、「何人も、自己の性的好奇心を満たす目的で、児童ポルノを所持してはならない」といった単純所持罪が規定されていたが、セルフヌードや未成年夫婦間のヌード写真、所持する表現物の一部に含まれている場合の扱い、表現物を大量に扱う可能性がある報道関係機関や図書館、博物館の扱いなど、規定があいまいで拡大解釈の可能性があるなどの理由で見送られた経緯がある。しかしその後も、2001年の横浜大会に続き2008年にはブラジルで前述のユニセフ会議が開催され、「子どもポルノ消費国」として日本は各国から強い批判を

フランス・ボルドーの有名ワイン「シャトー・ムートン・ロートシルト」1993年のラベル。バルテュス（Balthus）が描く少女の裸体が問題となる可能性を勘案して、アメリカ向けではさし絵部分を無地にして売り出された。

浴びたと伝えられている。会議では、製造、提供のみならず、所持、閲覧、購入、広告のすべてを禁止する「容認ゼロ方針」が確認された。また実写の画像と、漫画やアニメもリスクは同じであるとされた。なお2007年には「国際的な児童ポルノ対策の強化に関するG8司法・内務閣僚宣言」に署名もしている。

こうしたことから、2014年に成立した改正法では、電磁的記録も含め、所持と提供の一切を禁止する。関連して、プロバイダ事業者等は捜査機関への協力や、送信防止措置について努力義務が課されることとなった。さらに、漫画、アニメ、CG、擬似子どもポルノなどの規制やインターネット上での閲覧の制限についても、措置を講ずるよう検討することを条文化することを予定していたが、当該創造物への対象の拡張については、漫画作家や出版者等の強い反対を受け、法制化は見送られた。これまでの運用実態をみると、たとえば画像を記録したメディアを所持していたことをもって検挙しており、現行法での対処が本当に不可能なのかも疑問であるなど、単純所持罪新設の立法事実については疑問が残るといえよう。

の成長発達権や最善の利益の保障といった子どもの権利を擁護・促進するという、より積極的な意味付けもされるようになってきた。

2　何をどう報道すべきなのか

　こうした子どもにとっての守るべき利益を、少年非行事件をめぐってマスメディアの報道によって生じる利害関係を中心に整理してみる。

　まず、非行少年当事者の利益は、少年法の法目的でもある少年の保護育成であることは明白である。矯正による更正のチャンスをより広く与えるためには阻害要因を除去することが必要であり、そのために可能な限り少年本人のプライバシーを守ることが求められる。その1つが、少年法61条に定められた特定情報（本人識別情報）を報道しないとの規定であり、いま1つが22条2項の審判を公開しないとの規定である。少年審判手続きの非公開原則に関連する規定としてはさらに、少年審判規則7条の記録等の閲覧謄写の制限を挙げることができる。

　また、報道によって犯罪社会での箔がつくことを防いだり、それらによって社会復帰後に犯罪社会に戻らざるをえない状況になることを防止する意味もある。さらに、一般の犯罪事件と同様、少年が「犯人」である印象（予断）を、社会及び裁判所に与えないことは本人にとっての大きな利益であることには間違いない。そしてこれらの利益は本人のためであると同時に、矯正によって未来を担う子どもたちを育てる、あるいは犯罪の連鎖を断ち切り、結果として社会を犯罪から守るという意味で社会の利益であり、「社会正義の実現」のためのものでもある。

　被害者が少年である場合に特別の保護対象になるかについては、報道界は実名報道されることの影響は、成人の場合よりも大きいことを理由に、匿名とする事例が増えている。子どもポルノ禁止法の特定報道禁止条項も、こうした被害者の立場の少年を意識したものでもある。

　より凶悪な事件であったり、犯罪が特異であるほど、あるいは流布情報が少ないほど、人は知りたい欲望に駆られることになる。その対象には当然、被疑者に関わる個人情報が多分に含まれる。この点において少年事件の場合、審判の非公開や特定報道の禁止条項により、その少年（被疑者）に関する情報が極端に制限されることから、余計に「みたい」「知りたい」の欲求が強まるものと予想される。

子どもの権利条約〔児童の権利に関する条約〕(1994. 5. 16条約2)

第16条 ①いかなる児童も、その私生活、家族、住居若しくは通信に対して恣意的に若しくは不法に干渉され又は名誉及び信用を不法に攻撃されない。

②児童は、①の干渉又は攻撃に対する法律の保護を受ける権利を有する。

第17条 締約国は、大衆媒体(マス・メディア)の果たす重要な機能を認め、児童が国の内外の多様な情報源からの情報及び資料、特に児童の社会面、精神面及び道徳面の福祉並びに心身の健康の促進を目的とした情報及び資料を利用することができることを確保する。このため、締約国は、

(a)児童にとって社会面及び文化面において有益であり、かつ、第29条の精神に沿う情報及び資料を大衆媒体(マス・メディア)が普及させるよう奨励する。

(b)国の内外の多様な情報源(文化的にも多様な情報源を含む。)からの情報及び資料の作成、交換及び普及における国際協力を奨励する。

(c)児童用書籍の作成及び普及を奨励する。

(d)少数集団に属し又は原住民である児童の言語上の必要性について大衆媒体(マス・メディア)が特に考慮するよう奨励する。

(e)第13条及び次条の規定に留意して、児童の福祉に有害な情報及び資料から児童を保護するための適当な指針を発展させることを奨励する。

第34条 締約国は、あらゆる形態の性的搾取及び性的虐待から児童を保護することを約束する。このため、締約国は、特に、次のことを防止するためのすべての適当な国内、二国間及び多数国間の措置をとる。

(c)わいせつな演技及び物において児童を搾取的に使用すること。

第40条 ①締約国は、刑法を犯したと申し立てられ、訴追され又は認定されたすべての児童が尊厳及び価値についての当該児童の意識を促進させるような方法であって、当該児童が他の者の人権及び基本的自由を尊重することを強化し、かつ、当該児童の年齢を考慮し、更に、当該児童が社会に復帰し及び社会において建設的な役割を担うことがなるべく促進されることを配慮した方法により取り扱われる権利を認める。

②このため、締約国は、国際文書の関連する規定を考慮して、特に次のことを確保する。

(b)刑法を犯したと申し立てられ又は訴追されたすべての児童は、少なくとも次の保障を受けること。

(vii)手続のすべての段階において当該児童の私生活が十分に尊重されること。

子どもポルノ禁止条約〔児童の売買、児童売春及び児童ポルノに関する児童の権利に関する条約の選択議定書〕(2005. 1. 24条約2)

第1条 締約国は、この議定書に従って児童の売買、児童売春及び児童ポルノを禁止する。

第2条 この議定書の運用上、

(c)「児童ポルノ」とは、現実若しくは疑似のあからさまな性的な行為を行う児童のあらゆる表現(手段のいかんを問わない。)又は主として性的な目的のための児童の身体の性的な部位のあらゆる表現をいう。

　そしてまた、これらの欲望は一般に自己の能力では充足不可能であり、マスメディアを通じて実現されるしかない。だからこそメディアが「教えてくれること」を期待する構図が成立する。欲望という名の少年への個人攻撃は、「社会の敵」に対する「公憤」であるともいわれるが、たとえ事件そのものが公憤の対象であるにせよ、特定情報の必要性をいうには不十分であろう。

　これに対しメディア側も、その欲求に応えることを善しとする傾向が強い。なぜなら、こうした求めに応えることが部数や視聴率の向上（経営上の利益）に結び付くと考えられているからである。そこでは、本来ありうべき主体的な報道基準である「報道すべき価値があること」が、「読者・視聴者のニーズに応えること」にのりかわってしまう危険性が常に存在する。すなわち、そこでは読者の関心の対象が公的（公共の関心事）であり、社会構成員として知ることが正当なものであって真に報道価値があるものかどうかは、十分に吟味されないまま報道される危険性が内包されているからである。

　社会一般の価値としては、犯罪抑止効果や捜査活動への協力が挙げられる。社会秩序の維持のための「みせしめ」効果は、従来から報道界等が主張してきているところである。氏名の秘匿が「犯罪少年をつけあがらせる」との根強い批判であり、みせしめのためには名前や顔写真の公表は、きわめてインパクトが大きいという。あるいは、模倣犯等を防止する効果も指摘されているし、いずれ社会に出てくる非行少年が誰であるか知ることは、近隣住人等にとっては必要な情報であるといわれることもある。

　ただしこれらについては、実証的根拠が乏しい、記事等で公表することによって逆に模倣性を刺激する危険性が高い、前歴を公知させること自体が社会復帰の妨げになる、などの反論がなされている。

　将来にわたっての社会的な価値としてはもう１つ、無罪推定の原理が保障され、適正な手続きが保障される状況が確保されることが、きわめて重要なものであるといえる。その意味では逆に、一定程度の審判情報が公開され、手続きの正当性を確認できたり、事件の内容を知り今後の教訓として生かしたりすることは、重要なことである。

　関連して、特定報道の禁止規定を理由に、警察が少年の個人情報を発表しない事例も報告されている。法はあくまでも「報道」の問題を規定しており、メディアの取材行為については何ら制約がないばかりか、事実の究明や公権力行使のチェックのためには、氏名等の情報は必要不可欠である。少年の保護を理

少年法 (1948. 7. 15法168)

第1条［目的］ この法律は、少年の健全な育成を期し、非行のある少年に対して性格の矯正及び環境の調整に関する保護処分を行うとともに、少年の刑事事件について特別の措置を講ずることを目的とする。

第61条［記事等の掲載の禁止］ 家庭裁判所の審判に付された少年又は少年のとき犯した罪により公訴を提起された者については、氏名、年齢、職業、住居、容ぼう等によりその者が当該事件の本人であることを推知することができるような記事又は写真を新聞紙その他の出版物に掲載してはならない。

第22条［審判の方式］ ②審判は、これを公開しない。

「新聞協会の少年法第61条の扱いの方針」 (1958. 12. 16)

　20歳未満の非行少年の氏名、写真などは、紙面に掲載すべきではない。ただし、①逃走中で、放火、殺人など凶悪な累犯が明白に予想される場合、②指名手配中の犯人捜査に協力する場合、など、少年保護よりも社会的利益の擁護が強く優先する特殊な場合については、氏名、写真の掲載を認める除外例とするよう当局に要望し、かつこれを、新聞界の慣行として確立する。

＊過去の顔写真や氏名の掲載事例を受けて、法務省が罰則規定の復活を示唆したこともあり、新聞協会は法務省人権擁護局の担当官や東京家裁の判事との話し合いの結果、例外基準を定めるに至った。実際には、例外規定が適用されたケースは今日までない。ただし、少年保護よりも社会的利益が強く優先する場合の吟味や、広範な特定情報の必要性についての説得力が不十分である。もし明文化した例外を設けるのであれば、もっとも事情に通じているはずの当該裁判官の許可のもとに報道するとか、年齢区分を設けてたとえば18歳未満はいかなる理由があっても絶対報道禁止にする、あるいは顔写真は絶対禁止にする、などの規定の方がより合理的理由がつきやすいと思われる。

犯罪捜査規範 (1957. 7. 11国家公安委員会規則2)

第209条［報道上の注意］ 少年事件について、新聞その他の報道機関に発表する場合においても、当該少年の氏名又は住居を告げ、その他その者を推知することができるようなことはしてはならない。

少年警察活動要綱 (1960. 3. 18警察庁次長依命通達6乙保)

第13条［発表上の留意点］ ②少年の事案については、少年の氏名若しくはその在学する学校名又はこれらを推知させるような事項は、新聞その他の報道機関に発表しないものとする。被害を受けた少年について発表されることが本人の不利益になると認められる場合においても、同様とする。

＊同「少年の逸脱的な非行行為に関する少年警察活動要綱」は「少年警察活動推進上の留意事項について」とともに1999年に全面改正されている。あわせて、2003年には少年警察活動規則（2002. 9. 27国家公安委員会規則20）が施行されている。

少年審判規則 (1948. 12. 21最高裁判所規則33)

第7条［記録、証拠物の閲覧、謄写］ ①保護事件の記録又は証拠物は、法第5条の2第1項の規定による場合又は当該記録若しくは証拠物を保管する裁判所の許可を受けた場合を除いては、閲覧又は謄写することができない。

由とした「匿名」の聖域化が、審判手続きに限らず、前段の捜査段階にまで広がっていることになる。

1 少年法61条の精神

　少年非行報道においては、「少年の保護」と「社会正義の実現」の立場を優先させ、表現の自由の例外的な制限条項として、非行少年の特定情報や審判手続きの報道を禁止・制限している。1990年代後半、一部雑誌が少年の実名・顔写真掲載に踏み切る事例が続き社会問題化し、その是非が裁判でも争われるに至った。報道側は、犯罪抑止や事実の究明のほか、少年司法制度の見直しや社会への問題提起のためと説明（釈明）している。

　写真掲載や実名報道が少年法に違反することは明白である。しかし、ジャーナリズムたるもの、真実の追求のため、あるいは真実を市民に伝えるために、本当に必要とあらば法を破る覚悟が必要な場合があることを否定できない。それによって、記者が刑事罰を受けようが、社が経済的な損失（たとえば損害賠償など）を負うことになろうが、それを超えた強い信念が求められることがある。

　なぜなら、報道機関に期待されていることは、法律を遵守することではなく、真実を報じることであるからである。しかしそれは、私人とりわけ少年の犯罪報道において発揮されることが期待されているのだろうか。

　原則実名報道のごく限られた例外の１つが、少年事件報道であって、少年法61条を受けて「新聞は少年たちの"親"の立場に立って、法の精神を実せんすべきである。罰則がつけられていないのは、新聞の自主的規制に待とうとの趣旨によるものなので、新聞はいっそう社会的責任を痛感しなければならない。すなわち、20歳未満の非行少年の氏名、写真などは、紙面に掲載すべきではない」（日本新聞協会「扱いの方針」）と定めている。

　少年法61条をめぐる罰則規定の変遷と、報道界と法務省等との折衝経緯を振り返ってみても、報道機関の良識に期待し、表現の自由を尊重するからこそ報道機関の判断に法（公権力）が介入し、規定違反に対する刑罰を科すことを避けた経緯がある。戦後の改正で罰則規定の削除が行われたのは、新憲法で保障

少年事件実名報道をめぐっては同時期に2つの訴訟が提起された。1つは**『週刊文春』仮名報道事件**で、1、2審では文春側に30万円の支払いを命じたが、最高裁は2審判決を破棄し審理を名古屋高裁に差し戻した（最判2003.3.14、民集57.3.229）、差戻審では文春側が逆転勝訴した）。もう1つは**『新潮45』実名報道事件**で、1審は少年側が勝訴、2審は新潮側が逆転勝訴し、少年側が訴訟を取り下げたため確定した。

週刊文春事件は、1994年の大阪、愛知、岐阜で起きた連続リンチ殺人事件で、強盗殺人罪などに問われた事件当時18歳の男性が、実名に似た仮名を使った『週刊文春』（1997年7月24日号・8月7日号）の記事で名誉やプライバシーを侵害されたとして、発行元の文藝春秋に損害賠償を求めた訴訟で、少年法61条に違反するか否かが争われた。最高裁は要旨、「不特定多数の一般人が少年本人と推測できる記事は、同条違反になる」との基準を示した。そのうえで「面識のない不特定多数の人が本人だと推測することはできないから、少年法に違反しない」が、「面識のある人には本人だと分かるため、少年の名誉が損なわれた」と認定し、民法上違法となるかについては審理のやり直しを命じ、差戻審では違法性は阻却されるとして不法行為は認められなかった。なお、争点になっていた少年法61条が「報道されない権利」を認めたものかどうかについては判断しなかった（差戻審名古屋高判2004.5.12、判タ1198.220。同最判2004.11.2）。

1、2審判決では、本名と酷似した仮名について「掲載された仮名と経歴により、面識のある特定多数の読者と原告の住む地域社会の不特定多数の読者は、原告を指すと容易に推察できる」などと認定、また少年法の規定を「憲法で保障される少年の成長発達過程において健全に成長するための権利の保護とともに、少年の名誉、プライバシーを保護することを目的とするもの」として、報道は名誉毀損にあたると判示していた（名古屋地判1999.6.30、判時1688.151。名古屋高判2000.6.29、判タ1060.197）。

一方で新潮45事件は、1998年に大阪で起きた通り魔殺人事件で、当時19歳の少年の犯罪行為について、実名、写真等により本人であることが特定される内容の記事が月刊誌『新潮45』（1998年4月号）に掲載されたことにつき、少年はプライバシー権、氏名肖像権、名誉権等の人格権ないし実名報道されない権利が侵害されたとして、記事執筆者、雑誌編集者、発行所に対し、不法行為による損害賠償と謝罪広告を求め争われた。地裁判決ではまず「非公表」の原則について「少年の社会復帰に対する支障を最小限として個人の更正を図りつつ、これによって再犯を予防するという刑事政策的考慮にもまた基くものと解される」とし、少年法も「公共の福祉や社会正義の観点から、少年の有する利益の保護や少年の更生につき優越的な地位を与え強い保障を与えようとするもの」とした。そのうえで「本人であることが分かるような方法による報道をすることが、少年の有する利益の保護や少年の更生といった優越的な利益を上廻るような特段の公益上の必要性を図る目的があったか否か、手段・方法が右目的からみてやむを得ないと認められることが立証されない以上、その公表は不法行為を構成し、被掲載者は右公表によって被った精神的苦痛の賠償を求めることができる」（大阪地判1999.6.9、判時1679.54）と判示した。

なお2審では、「悪質重大で社会一般に不安と衝撃を与えた事件であり、表現行為が社会の正当な関心事であり、かつその表現方法が不当なものではない場合には、その表現行為は違法性を欠き、違法なプライバシー権等の侵害とはならない」（大阪高判2000.2.29、判時1710.121）として、少年に損害賠償を認めなかった。

された表現の自由規定や少年法の社会的機能に配慮し、規定の遵守をできる限り社会の自主性に委ねようとした結果である。罰則がないことは、それだけ報道界自身が高い倫理水準を要求されているということにほかならないわけで、ルール違反を確信的に続けることは、罰則を復活させることにつながりかねないのである。この点、「訓示規定」であることの意味を、メディア側が再認識する必要があると思われる。

　その意味で少年法61条はジャーナリズムの問題であって表現の自由の問題ではないといった方がわかりやすいかもしれない。特定情報が事件の本質追求に不可欠でないとすれば、実名・顔写真報道は専らそのメディアの品性のなさを露呈するものであって、そのメディア自身が責めを負う問題であるといえるからである。

　なお、法で定められた報道禁止項目の内容に序列があるというのが報道界の態度であると推認される。新聞の場合、年齢については何ら断り書きのないままに掲載し、学校名（職業に該当）は何らかの断り書きを添えて掲載、そして氏名・顔写真は不掲載としている。さらに、氏名より写真の方に、より報道しない価値が高いと考えていると思われる。

　少年実名報道が引き起こすもう１つの大きな問題が、裁判所による雑誌掲載もしくは販売の中止要請及び、販売後の抗議である。1997年の神戸児童連続殺傷事件を報じた雑誌の発売に際して、最高裁事務総局家庭局長及び神戸家庭裁判所長は、口頭で発売元編集長あてに検察官調書の掲載及び販売を中止することを求めた。理由は、少年法22条２項及び61条の趣旨に反するというものであった。さらに、これら申し入れが拒否され予定どおり販売されたため、文書による抗議が行われた。

　裁判所の抗議や申し入れが法的拘束力を伴わないことは議論の余地がないが、それらが一方的に発せられることで、頒布段階への自粛効果を生むほか、報道の自由に対する将来にわたっての萎縮効果を生む可能性もある。実際、上記神戸事件の場合、当該雑誌は多くの書店で販売自粛となった。

　一方で、表層的な報道の自由の主張が、公権力の表現の自由への介入を招くという点についても注意が必要である。勧告が雑誌の販売をストップさせ、結果としてプライバシー侵害の拡大を抑制することに役立ったことで善しとするのではなく、出版物の発売や流通の過程に公権力が口を挟むことが、一種の検閲行為であるとの認識を、メディア界自身が十分認識する必要がある。

　少年実名報道についてメディア側は確信的であり、前述の裁判事例以外でも神戸児童連続殺傷事件においては、『フォーカス』（1997年7月9日号）、『週刊新潮』（同7月10日号）の少年写真の掲載、『文藝春秋』（1998年3月号）の検事調書（供述調書）の掲載が大きな話題を呼んだ。また、一般の新聞や放送も、被疑者の年齢・学校名や特定可能な住所を報道するなど、明らかに法条文に反する報道を行っている。あるいは過去を振り返ってみても、報道界は、単に凶悪な犯罪であるとの理由や、歴史的事件の当事者が無名では困るからと、幾たびか法を破ってきた歴史がある。新聞の場合でいえば、古くは小松川女子高生殺人事件（1958年8月）や浅沼社会党委員長刺殺事件（1960年10月）、中央公論社社長宅襲撃事件（1961年2月）、連続ピストル射殺事件（1969年4月）や連合赤軍篭城事件（1972年3月）で実名報道をしてきた。こうした状況のなかで、前述・新潮事件の当事者である『新潮45』編集長は、刑事告訴を受け自誌に反論記事を掲載し（1998年6月号）、少年のやったことは非行の範疇を超えており少年法の保護の対象とはならない、少年の人権の名のもとに事件を封印しようとしている、加害者の人権ばかりで被害者の人権には言及していない、など強く反論した。なお、2004年に前出神戸少年連続殺傷事件の加害少年が仮出所し、特例的に法務省がその事実を発表したが、氏名・写真のほか居場所や現状についても報道は控えられている。

　近年の少年実名報道は一部の雑誌の問題であったが、2006年9月に発生した山口の高校同級生殺害事件では、加害少年が自殺したことを受け、在京局では日本テレビとテレビ朝日が「保護の必要性がなくなった」として実名・顔写真で報道した（TBSとフジは匿名）。なお、朝日新聞は匿名、『週刊朝日』は実名と、同じ系列でも媒体によって分かれる状況も生まれた。ほかに、読売新聞や『週刊新潮』などの活字媒体も実名報道に踏み切った。同様の理由により、加害少年の死刑が確定した光市母子殺害事件の場合、NHKほかすべての主要放送局は実名で報じた（新聞の場合は、毎日新聞、東京新聞など一部の新聞社が匿名を貫いた）。単行本では、光市母子殺人事件の加害少年を実名で表記した出版物（増田美智子『福田君を殺して何になる』インシデンツ、2009年）が刊行され、差止訴訟が起きたが、「少年法を考慮しても報道の自由として許される」と判示した（広島高判2013.5.30）。一方、加害少年名は伏せているものの、供述調書を大量に引用することで、本人及び家族から訴えられたのが『僕はパパを殺すことに決めた』（草薙厚子、講談社、2007年）である。法務省人権擁護局の勧告があったほか、刑事告発を受け検察が情報漏洩元とみられる鑑定医を逮捕・起訴し（著者及び出版社は任意の事情聴取にとどまった）、有罪となった（奈良地判2009.4.15、最判2012.2.13）。同事件は、情報源秘匿の問題でも大きな社会的関心を呼んだ（第3講参照）。

　事実上の実名報道が起きやすいケースは、親が有名人の場合で、親を大きく取り上げることで結果的に少年の特定が容易になる場合である。また、本人がタレントやスポーツ選手で世間的に有名な場合は、親の場合以上に法の趣旨を守ることが現実に困難になる場合も想定されるが、「有名」であることだけで例外とする理由にはなるまい。

　被害者が少年だったケースでは扱いが変わってきている。たとえば連続少女誘拐殺人事件の被害者について、1989年の事件当時は被害者の少女の実名及び顔写真が新聞、雑誌、テレビ等で大きく報道された。しかし、97年の1審判決時には、全国紙すべて（朝日、毎日、読売、日経、産経）が顔写真を使用せず、名前も匿名扱いとした。主な放送局も顔写真の使用は控え、匿名報道を行った。これには、裁判長が報道各社に対し、被害者及び遺族を仮名にするよう配慮を求めたほか、遺族から直接報道各社に要望があったことも影響していると思われる。

2　ガイドライン規制及び民事救済の可能性

　現行の報道規制及び救済方法の特徴の第1は、独立した第三者の「目」による自主規制や救済が存在しないことである。市民の人権侵犯事例に対し、申立人の立場に立って迅速な措置をとるという意味で、スウェーデンやオーストラリアに存在する人権委員会や、その他の国においても一般に存在するオンブズマン的な役割を果たしうる制度である。ただし、現行の法務省人権擁護局がこうした役割を担う機関として相応しいかどうかは議論の余地が大いにある。

　第2の特徴は、裁判所等による行政的規制が曖昧な根拠規定のもと行われている点であろう。前述の最高裁抗議は少年法22条2項に基づくものと説明されているが、果たしてまず内容が両条項に違反するものか、違反しているとして裁判所が「抗議」を行う根拠規定として、内容の違反条項を挙げることで足りるのか。これらに対し、両裁判所は明確な回答を示すに至っていないように思われる。

　さらに第3が、一般的な自主規制（社会的規制、組織的規制、個人的規制）のなかで、取次やコンビニエンスストアなどの一部私企業の判断による広範な規制が事実上の流通をストップさせる影響力を持つ点にある。関連して、図書館における提供（閲覧）制限の問題もある。少年実名報道をした雑誌の閲覧を、複数の公立図書館が制限したからだ（第8講参照）。

　そしてもう1つの新しい問題が、インターネット上の対応策である。最近の未成年者犯罪においては、ほぼ例外なくインターネット上に容疑者の実名や顔写真が書き込まれる傾向にあることは前述のとおりである（第10講参照）。しかも場合によっては誤った情報が飛び交うことすらある。さらにいえば、新聞・放送・出版の異なる媒体の情報を組み合わせることによって、少年の特定が進むといった「パッチワーク被害」も、ネット情報が加味されることによってさらに拡大している。

　いずれにせよ、先に紹介した新聞協会の「扱いの方針」自体、メディアの中心が新聞であり、インターネットはおろかテレビさえもがそれほど大きな力を持っていなかったころの取り決めである。当時に比し、格段にメディア状況が変化し、子どもに関する権利概念も変化したいま、こうした規定をより普遍化し全メディア共通のものにしていくため、検討が求められている。

　そしてもう1つ、救済方法としての課題は「訓示規定」を根拠にしての民事救済である。特定・推知報道されたことを理由にした損害賠償及び謝罪・訂正

少年非行防止のための国連ガイドライン〔リヤド・ガイドライン、1990.12.14国連総会決議〕

43. マスメディア一般とりわけテレビ及び映像メディアは、ポルノ、薬物及び暴力の描写頻度を最低限に留め、暴力及び搾取を好ましくないものとして描くとともに、とくに子ども、女性及び対人関係について、品位を傷つけかつ侮辱的な表現を行なわないようにし、かつ平等の原則と役割を促進するよう奨励されなければならない。

44. マスメディアは、青少年による薬物とアルコールの濫用に関わる情報伝達において、広範な社会的役割及び責任ならびに影響力を有していることを自覚すべきである。マスメディアは、バランスのとれた手法で一貫したメッセージを伝達することにより、その力を薬物濫用の防止のために用いなければならない。薬物に関する効果的な意識啓発キャンペーンがあらゆるレベルで促進されるべきである。

56. 青少年がさらなる烙印、被害及び犯罪者扱いの対象となることを防止する目的で、成人が行なった場合には犯罪と見なされないまたは処罰されない行為は、青少年が行なった場合においても犯罪と見なされず処罰されないことを確実にするための法律が制定されるべきである。

（平野裕二訳、ミランダの会訳を参照）

北京ルール〔少年司法の運営に関する国連最低基準規則〕

(8-1) 不当な公表やラベリングによって、少年が害されることを避けるため（プライバシー権は）あらゆる段階で尊重されなければならない。

(8-2) 原則として、少年犯罪者の特定に結びつくいかなる情報も公表されてはならない。

　イギリスにおいては、1993年に起きたバルジャー事件の少年の扱いがある。同年の有罪評決後、裁判官は少年の氏名と評決時の写真の報道を許可した一方、居場所や裁判そのものの報道、評決後の少年の写真の掲載を18歳まで禁止する報道禁止命令を発した（罰則付き）。18歳に達した2000年には、誕生日直前に、少年の写真と成長ぶりを報道することを禁止する仮処分命令が出された。さらに2001年には、高等法院によって事前に政府が付与した新しい社会保険番号、出生証明、パスポートといったアイデンティティ及び居場所を、インターネットを含むマスメディアが終身報道することを禁止する命令を発した（少年の家族にも新しいアイデンティティが発行された）。なお、メディア側からは表現の自由に対する不当な制限であるとの批判が出されている。

　イギリスでは1989年少年法（Children Act、2004年に追加立法）49条で、少年、関係人、証人の氏名、住所、学校、写真など本人の同一性を推知させる記事の公表を禁止し、違反する事項を公表した者には罰金刑を科している。また、裁判所は命令によって規定の適用を免除する権限を有している。同様な規定は、フランス、ドイツ、アメリカ（州法レベル）にも存在する。

記事等の掲載が、近年求められつつある。実際、従前の弁護士会や法務省等の行政機関の勧告、あるいは裁判所の申し入れや抗議もすべからく、少年法22条や61条という法条文の違反を根拠としたものであることはいうまでもない。

　法令で明文化されることの意味合いは、たとえ罰則がなくてもそれ以外のさまざまな表現規制に「口実」（根拠）を与えることにほかならない。その物言いが正当なものなのか、法的あるいは法の精神から社会的に許されるものなのかが問われるわけである。その意味で、少年実名報道をもとに提起された損害賠償請求訴訟は、被報道者の少年の権利性を明らかにするという点で注目されるものであった。

　下級審では、権利性の是非、すなわち子どもの成長発達権といった新しい権利を認めるか、少年が容疑者であった場合に一般成人に比してより高度な守られるべきプライバシー権が存在するか、少年法は損害賠償請求の根拠規定として有効かが争われ、その判断は事件や裁判所によって分かれていた。

　2003年にあった週刊文春事件最高裁の判決は、そのうちの１つの事件についてであったが、少年法61条の目的や権利性については直接判断することなく、名誉毀損・プライバシー侵害については違法性阻却を認めるに過ぎなかった。したがって、少年法の不報規定の権利性についての最高裁の判断は別の機会を待つしかない。

　なお裁判とは別に、少年法は2000年に改正され、その附帯決議として「悪質重大少年事件等、社会的に関心を集める事件については、少年のプライバシーの保護の重要性に配慮しつつ、犯罪原因を究明し、同様の犯罪の防止に資する方策及び少年法第61条の在り方についての研究に努めること」が決議された。

　少年事件自体の件数も重大刑事事件の件数も減少しているものの、社会の厳罰化を求める声は逆に高まっているともいえ、法の運用も徐々に変わってきた。その延長線上として、2021年改正により2022年からは年長少年（18・19歳）を「特定少年」と別枠に位置付け、61条を「適用しない」こととなった。また、触法少年の仮出所後の扱いについて、当該情報をどの範囲で公表するか、メディアは少年法の適用をそのまま受けて特定報道を行えないのか（従来の解釈では適用範囲）、行った場合は名誉毀損・プライバシー侵害違反として問題とされるにとどまるのか、といった議論も続いている。

● 少年法改正の流れと推知報道の例外化

2022年4月から、民法上の成人年齢が20歳から18歳に引き下げられるのにあわせ、少年法についても、「少年」の定義を変更し18歳未満にするかどうかの検討がなされてきた。そして、法制審議会は2020年10月、対象年齢の20歳未満は据え置いたうえで、「家庭裁判所から逆送（検察官送致）された18・19歳の加害少年については、公判請求された段階で実名報道を解禁すること」を決めた。本人特定情報の禁止の対象から外し事実上、少年保護・更生の対象外としたわけだ。さらに逆送の対象についても、「短期1年以上の罪（法定刑の下限が1年以上）」と大幅に拡大されている。

重大刑事事件については、これまでも一般の刑事法廷で審理がなされ、必ずしも匿名性が厳格に守られているわけではないこともあって、なぜ報道段階のみ少年法の精神に立ち返る必要があるのかについて、議論があったことは確かだ。また、光市母子殺害事件の死刑判決を受け、多くの報道機関が判決（あるいは確定）段階で実名報道に切り替えるなど、「例外」ルール化の動きも続いていた。いわば、ファクト（氏名という事実）を報じるという、原点に立った報道を行うということだ。そうしたなかで、年長少年といえども少年のカテゴリーにおき、未熟な存在であるとしている法構造を妥当と判断する以上、「匿名」報道を維持するという選択肢もありうるわけで、今後はより各報道機関の判断によって差が生まれる可能性がある。

2021年の少年法改正により、「第5章　特定少年の特例」が新設され、61条の「推知報道の禁止」を適用せず、実名・顔写真報道を可能とした。

第三節　記事等の掲載の禁止の特例

第68条　第61条の規定は、特定少年のとき犯した罪により公訴を提起された場合における同条の記事又は写真については、適用しない。ただし、当該罪に係る事件について刑事訴訟法第461条の請求がされた場合（同法第463条①若しくは②又は第468条②の規定により通常の規定に従い審判をすることとなつた場合を除く。）は、この限りでない。

【参考文献】

森田宗一『少年問題と少年法』（有斐閣、1961年）、澤登俊雄・比較少年法研究会『少年司法と国際準則──非行と子どもの人権』（三省堂、1991年）、子どもの人権と少年法に関する特別委員会・子どもの権利に関する委員会編『少年事件報道と子どもの成長発達権』（現代人文社、2002年）、高山文彦『少年犯罪実名報道』（文春新書、2002年）、新倉修編『少年「犯罪」被害者と情報開示』（現代人文社、2001年）、松井茂記『少年事件の実名報道は許されないのか』（日本評論社、2000年）、田島泰彦・新倉修編『少年事件報道と法』（日本評論社、1999年）、飯室勝彦・田島泰彦・渡邊眞次編『報道される側の人権　新版』（明石書店、1999年）、清水英夫・秋吉健次編『青少年条例』（三省堂、1992年）、園田寿・曽我部真裕ほか編著『改正児童ポルノ禁止法を考える』（日本評論社、2014年）、上田正基『その行為、本当に処罰しますか』（弘文堂、2016年）

第19講 広告表現の自由

I 広告の自由の射程範囲

1 広告表現の憲法的地位

　商業言論（Commercial Speech）あるいは営利的表現とも呼ばれる「広告」は、果たして憲法が保障する表現の自由の枠内といえるだろうか。広告表現は、その本質がそもそも商品やサービス、あるいは企業活動一般に関するメッセージであることを理由に、商業活動の一端とみなされ表現行為の範疇外におかれたり、枠内であっても、低位に位置する表現行為であるという見方が強いことを否定しえない。

　しかし、広告が表現行為の一形態であることにかわりはなく、それ自体が文化の担い手であり、場合によってはニュースそのものでもある。また消費者である一般市民にとっては、社会生活を営むうえで広告はきわめて重要な情報源である。その意味で送り手の意識にかかわりなく、受け手にとって広告は社会的価値のある表現行為であることは否定しえない。

　同時に、私企業としてのメディア媒体にとって、いまや広告収入は企業の存続に欠くことのできない収入源である。日本の場合、受信料や購読料で賄うごく一部の例外を除けば、民放の場合はほぼ全部、新聞の場合でも過半が広告収入に頼っているのが一般的で、こうした広告収入によって紙誌面や番組の制作が行われ、広く市民に対して安価な情報提供が可能になっている面も見過ごせない。一見無駄にみえる新聞の広告やテレビのCMも、現在のメディアの成り立ちには不可欠なものである。

　なお、広告が一般にメッセージの伝達であることに相違はないにせよ、企業ブランド等のイメージを伝えるもの、商品・役務の内容を告知するもの、意見を表明するもののほか、公共広告と呼ばれる啓蒙・啓発などの社会性・公共性の高いものなどさまざまである。また、同じ商品広告や意見広告であっても、広告主（スポンサー）によって広告の性格が変わる場合も少なくない。その典型例が、政府（自治体）による広告である。

　広告のなかでも意見広告については、すでに1960年代からアメリカでは、「有料広告であることを理由に憲法上の保護は失われない」との判断が示され、非営利的な意見広告が一般的な政治的言論と差がないことを明らかにしている（ニューヨーク・タイムズ対サリバン事件）。日本でも裁判所は、意見広

● 広告費と広告業界

「日本の広告費」（電通）の分類によれば、その露出メディアには、テレビ、ラジオ、新聞、雑誌のマスコミ4媒体と、プロモーションメディア広告（新聞チラシ、フリーペーパー、DM、屋外、交通、POP、電話帳など）、インターネットがある。2020年の国内総広告費は6兆9381億円で、プロモーションとインターネットが2兆円超えで約3割ずつ、テレビが3割弱、新聞、雑誌、ラジオを合わせて約1割で、マスコミ4媒体の構成比率は漸減傾向にある。

日本の場合、広告主が自社の宣伝・広報戦略に沿って企業ブランドや商品の広告を企画・立案・制作する際、広告代理店（広告会社）のサポートを受けるのが一般的で、どのメディアのどのスペースにどの程度の予算配分をするかという「プランニング業務」と、それにあわせて放送のスポット広告枠や新聞や雑誌の紙面取り、車内吊りなどの交通広告やポスターの掲示スペースの確保を行う「メディア・バイイング業務」が代理店の重要な役割となっている。とりわけテレビCMやクロスメディアの媒体で一斉に広告を出稿する際には、代理店の力が必要となることが多く、日本の場合は、圧倒的な大きな力を持つ電通と、その約半分の規模の博報堂DYホールディングス（2003年10月に、博報堂、大広、読売広告社によって設立）、さらにその半分のADKホールディングス（アサツーディ・ケイ）などがある。グローバル・エージェンシーとの資本提携ともからみ、今後さらに広告界の再編が進む可能性を指摘する声もある。

● 米国における広告の自由の歴史

1970年代後半の米国連邦最高裁の判決は、商業言論に関する古い法哲学を無効とし、広告の憲法上の地位、経済的な役割を認め、修正憲法1条の保護に向かう大きな流れを作った。逆にいえばそれ以前においては、たとえばバレンタイン対クリステンセン事件（1942年）では純粋に営利的な広告表現を、憲法の保護の射程外においていた。そうした考え方に変化の兆しがみえたのが、ニューヨーク・タイムズ対サリバン事件（64年）で、有料の広告のかたちで出されたからといって憲法上の保護は失われないことを確認した。さらにビゲロウ対バージニア事件（75年）で、営利的な表現（単なる事実の報知）であっても、その内容が公益を含むときは憲法上の保障を受けることを認め、営利的言論の自由の拡大が図られた。その後、セントラル・ハドソン・ガス対パブリック・サービス事件（80年）において、営利的広告表現は、虚偽、詐欺的、誤導的なもの、あるいは違法活動に関わるもの以外禁止されないと判示された。そこでは、形態とは関係なく内容によって保護されるか否かが決定されることが明らかになった。

● 政府広報

政府・地方自治体の広報の一環として出稿される広告については、一般的政府広報やお知らせの類と、原発、自衛隊、PKO、北方領土などについての政府見解を主張する意見広告に、大きく二分して考えることが可能である。政府が自己の政策の正当性、優位性をメディアを通じて一方的に喧伝することを無制限に認めることには、何らかの制度的歯止めが必要ではないだろうか。基本的には、政府・自治体出稿（税金の支出を伴うもの）は「解説」もしくは「お知らせ」の範囲に限定し、あえて世論を二分するような問題について取り上げる場合には、反論スペースの無償提供などの措置をあらかじめ用意することが考えられる（戦争賛美面のある出版物を市が刊行したことに関する、高松地判1998.11.24）。

なお、憲法改正国民投票法をめぐり新たな広告表現規制が設けられた（第14講参照）。

告を一般の表現物同様、憲法保障の対象と理解していると解されている（サンケイ新聞反論文掲載請求訴訟）。

　では純粋に商業広告はどうだろうか。アメリカにおいても、当初は制約を受けるとされていた。しかし1976年の調剤薬品の広告を禁止する州法をめぐる連邦最高裁判決で、広告といえども公共的利益を含んでいる限り表現の自由の保護を受けるとの判断が示され、その後は徐々に広告表現の自由の枠が拡大されてきた。これは、広告表現の自由の判断基準が、「営利性基準」から「公共性基準」へと転換してきた結果ともいえる。商品広告であっても受け手からすると貴重な判断材料であったり、逆に意見広告であっても表現者の経済的利益に動機がある場合もありうるのであって、営利的であることと公益目的に反することは直結しないというべきだろう。

　日本の場合、広告表現が一般の表現と同様な保障を受けるかについては、旧「あん摩師、はり師、きゆう師及び柔道整復師法」（あん摩師法）が広告を制限していることについて争われた事件をはじめ、過去の判例は否定的であった。しかし最近の学説はおおむね、広告表現を憲法21条の保障のもとにおくものとしている。

　そのもっとも大切な点は、「規制は当然」から「原則自由」に考え方が180度変わり、原則と例外が逆転したことである。その規制根拠としては、違法取引の基準、営利性の基準、公共の福祉の基準、虚偽・誇大の基準、不公正の基準、プライバシー保護の基準、が挙げられることが多い。さらに公共の福祉基準は、公安秩序、美観風致、安全健康、に分けることができるとされてきた。

　違法取引の基準とは、広告をした商品・役務自体の内容が法に触れる場合、たとえば、殺人や売春の広告であれば、そうした宣伝・広告が規制されてしかるべきということである。広告はその伝えられる情報が正確であることが求められているわけであるが、虚偽・誇大、欺瞞的、誤導的である場合のうち、オーバーな表現によって市民を惑わすことが法的規制の根拠たりうるかについては慎重な判断が必要であろう。なぜなら、一般に広告は刺激的でセンセーショナルな性格を有するのであって、法による表現規制を認めるには、誤認のおそれではなく具体的で明白な危険の存在が必要だと考えられるからである。

　公共の福祉基準の場合、表現規制は明確であることが最低限必要であり、抽象的、一般的な文言は判断基準にはなりえない。したがって、規制には、人の生命、身体、健康といった限定化が求められることになるであろう。これま

● 広告規制の概要

表現一般の法規制

刑法、民法、著作権法、商標法、意匠法
売春防止法、風営法、子どもポルノ禁止法
出会い系サイト規制法、迷惑メール対策法　など

広告特有の法規制

一般（包括）規制	不当景品類及び不当表示防止法（景表法）4 条 私的独占の禁止及び公正取引の確保に関する法律（独禁法） 不正競争防止法　2 条 特定商取引に関する法律（特定商取引法） 消費者基本法　15条、消費者契約法、消費者保護条例 割賦販売法　3 条、無限連鎖講防止法 製造物責任法・・表示に限定 計量法・・計量の表記を規定 放送法・・広告放送の告知 屋外広告物法、屋外広告物条例・・看板などの屋外広告物の規制 道路交通法、軽犯罪法 青少年保護条例・・有害広告物の規制
個別規制	公職選挙法・・選挙期間中の広告量・方法制限 郵便法・・第三種郵便規制による広告比率規制 業法によるもの・・業界ごとの商品・役務規制 （広告セールスの禁止と嘘偽・誇大広告の禁止が典型的規制） 　薬事法　66条・67条、健康増進法　32条の 2 　あん摩師法　7 条 　食品衛生法　19条・20条、JAS 法、19条の 13～19条の 16 　金融商品取引法　66条の 10、貸金業法　16条 　宅建業法　32条、旅行業法　12条の 8 など
法に基づく自主規制	景表法 11条による公正競争規約 　家庭電気製品の表示に関する公正競争規約 など 法枠組みによる行政ガイドライン 　たばこ事業法　財務省・広告指針、薬事法厚労省・広告基準など

自主規制

業界別	広告主（広告主協会、全日本広告連盟、日本アドバタイザーズ協会、日本商工会議所） 日本広告審査機構（JARO） 広告会社（広告業協会） 媒体（新聞協会、民放連、雑誌広告協会　など）
媒体別	広告主 広告会社 媒体 　　新聞、放送、雑誌、案内広告、ネオン、インターネット　など

で、屋外広告物条例の美観風致の維持を名目に政権を批判する集会の告知をした立て看板が規制されたり、広告チラシを公序良俗に反するとして売春防止法で取り締まってきた経緯がある。またこうした規制を裁判所も一貫して容認してきている。そもそも裁判所は、先に挙げたあん摩師法事件で、公共の福祉に反するという理由付けだけで広告禁止を認める傾向にあるからである。

　広告行為が表現活動というより営業活動の一環とみられていた経緯もあって、当初の広告規制の考え方は、「公正競争の確保」が目的であった。ライバル企業に欺瞞的手法によって優位に立つことは認めないという考え方である。この考え方はいまでも変わらないものの、近年、より強調されるのは「消費者利益の確保」である。一般消費者たる市民が、正しい情報に基づき必要な商品・サービスを入手できるために、広告は一定の制約を受けることが許されるということになる。

　ただし、行き過ぎた広告規制は過保護の消費者を生み、自らの判断能力を低下させることにつながるし、一方で、創造性豊かな広告表現を育てる土壌を奪うものにほかならないことに注意が必要である。かつて J.F. ケネディは「消費者の４つの権利」として、安全を求める権利、知らされる権利、選ぶ権利、意見を聞いてもらう権利を挙げた。これを広告との関係にあてはめるならば、求められているのは一方的な規制ではなく、できる限り多くの情報が開示されていること、第三者による検証機関が存在することではなかろうか。

2　広告特有なルールの適用

　車内の中吊り広告やアナウンスの場合、みたくないあるいは聞きたくない人も乗客としてそこに乗り合わせた以上、半ば強制的に広告につきあわされる側面がある。ほかにも飛行機内などの訪問販売などが挙げられるが、従来よりこうした環境における広告表現を、「とらわれの広告」として特別な範疇においてきた。

　表現の自由の重要な側面である「知りたくない自由」を保障するには、むしろ一定の制約を表現者に強いるべきではないかとの考え方である。最高裁も権利性として認めるには至っていないが、少数意見としては「心の平穏を侵害するもの」として法的な利益の侵害として認める考え方を示している（大阪地下鉄事件）。

　また、意見広告や出版広告は広告のなかでも特に強い保障を受けるべきでは

あん摩師法事件最高裁判決 （最大判1961.2.15、刑集15.2.347）

　原告は、同法が虚偽誇大にわたらない穏健な方法による広告まで禁止する趣旨であるとすれば、同規定は憲法11、13、19、21条に違反し、無効であると主張した。これに対し最高裁は、「無制限に許容するときは、患者を吸引しようとするためややもすれば虚偽誇大に流れ、一般大衆を惑わす虞があり……一定事項以外の広告を禁止することは、国民の保健衛生上の見地から、公共の福祉を維持するためやむを得ない」と判示している。一方、少数意見のなかには「（21条は）思想、良心の表現の外事実の報道その他一切の表現の自由を保障しているのであって、広告の如きもこれに包含されるものと解するを相当とする。広告が商業活動の性格を有するからといって同条の表現の自由の保障の外にあるものということができない。……取締当局としては予め一切の広告を禁止しておけば、虚偽、誇大にわたる広告も自然防止することができるであろうが、かくては正当な広告の自由を奪うものであって、取締当局の安易な措置によって、正当な表現の自由を不当に制限するものである」との見解もみられる。

正気塾意見広告事件地裁判決 （長崎地判1991.2.25）

　政治結社正気塾が「昭和天皇に戦争責任はない」趣旨の意見広告の掲載を長崎新聞に申し込んだが、掲載を拒否されたため意見広告の掲載を請求した事件では、裁判所は「掲載請求権を認めるべき法的根拠はなく、これがない以上、本件のような広告契約においても、契約自由の原則が妥当し、被申込者が承諾するかどうかは自由であると解するのが相当である」と判示した。

緑風出版出版広告事件地裁判決 （東京地判1991.11.26、判時1420.92）

　中日新聞は、天皇死去に伴う「昭和史特集保存版」に関連する書籍広告を集稿し、緑風出版発行の書籍『ドキュメント昭和天皇』の広告を掲載することになったが、広告文面中の「昭和天皇の戦争責任を問う。」という箇所が、天皇追悼という特集記事の企画の趣旨に合わないとして、右広告を掲載しない旨の通告がされ、結局掲載されなかったことに対し、出版社から損害賠償請求がなされた。裁判所は直接判断を避け、新聞社の営業活動は出版社と広告代理店の間で正規に結ばれる予定の広告掲載契約の準備行為であって新聞社に賠償責任はないとした。

大阪地下鉄事件最高裁判決 （最判1988.12.20、判時1302.94）

　大阪市営地下鉄の列車内における商業放送に関し、一・二審とも概要「日常生活において、見たくないものを見ない、聞きたくない音を聞かないといった類の自由を本来有しているが、この自由は絶対不可侵のものではなく、違法性の有無は本件放送のなされるに至った事情、その態様、そのもたらす結果などを総合的に勘案して決定されなければならない」とし、1回5秒程度の企業名のアナウンスは一般乗客の嫌悪感の程度から判断して違法と判断できないと判示し、最高裁も是認した。なお、伊藤正己裁判官は、「聞きたくない音を聞かされることは、心の静穏の侵害、すなわち広い意味でのプライバシーの侵害となりうる。通常公共の場所ではプライバシーの権利は強い制約を受ける。しかし、車内放送は必然的に耳に入るので、この場合乗客はいわゆる『とらわれの聞き手』である。このことは、乗客のプライバシーが交通機関側の経済的自由の行使に直ちに優越する事を意味するものではないが、両者を調整する上で考慮される一つの要素となる」との補足意見を示した。

ないか、との見解もある。あるいは意見広告については、それへの反論広告を媒体は受け入れる義務が生じるか、特に意見広告の主が政府の場合で国論を二分するような内容の場合は、そうした要請がより強いのではないかとの主張もある。

　量的な制限を定めたものとして新聞広告の場合、政府の費用で出す選挙広告は、スペース、回数などを公職選挙法で定めている。国政選挙の場合、各選挙管理委員会は総務省自治局のルールに基づき、各新聞に対し一定の選挙広告を掲載申し込みする。あるいは、第三種の特別割引郵送料金が適用される条件の１つとして、広告スペースが全体の紙面の半分以下であることを規定した国内郵便約款がある。

　業界の自主規制によるものとしては、たとえば日本製薬団体連合会は新聞広告の段数やテレビ・ラジオの放送時間の制限、コマーシャルソングの禁止などを長く実施してきた。民放の場合は、業界自主規制としてCMの上限を総放送時間の18%としている。あとでも触れるが、通販広告の集合体ともいえるテレビショッピング番組を、放送法上で番組種別の「その他」に区分し、その比率の公表を義務付けている。さらに憲法改正国民投票期間において、厳しいCM規制を受けることになる（投票前２週間のCM禁止）。

　また、裁判所や財務局の競売公示や決算書類の公告については従来、新聞（または官報）に掲載の義務があったが、2003年からはインターネット上（財務諸表については、通常は自社サイトに掲載されている）でも可能となっている（第４講参照）。従来より新聞掲載を履行する企業がほとんどなく、有名無実化していた現状を追認したかたちとなった。

　制限の形態として、個別・商品別のものも存在する。その代表格はたばこ広告で、日本では、財務省指針と日本たばこ協会等による強力な自主規制ルールを実施してきた。具体的には、①喫煙マナー広告を除き、テレビ・ラジオCMは禁止、②新聞・雑誌広告は読者層で規制となっている。さらに2003年５月に世界保健機構（WHO）総会で採択された「たばこ規制枠組み条約」（2005. 2. 27発効）を受けて、インターネット上や車内広告の禁止、日刊紙については回数制限、公共性が高い場所での屋外広告看板による製品広告の禁止といった規制強化が実施されている（「製造たばこに係る広告を行う際の指針」2004. 3. 8財務省告示109、日本たばこ協会「製造たばこに係る広告、販売促進活動及び包装に関する自主規準」2007. 7. 27改定）。

たばこ事業法（1984. 8. 10法68）

第40条［広告に関する勧告等］　①製造たばこに係る広告を行う者は、未成年者の喫煙防止及び製造たばこの消費と健康との関係に配慮するとともに、その広告が過度にわたることがないように努めなければならない。

②財務大臣は、前項の規定の趣旨に照らして必要があると認める場合には、あらかじめ、財政制度等審議会の意見を聴いて、製造たばこに係る広告を行う者に対し、当該広告を行う際の指針を示すことができる。

③財務大臣は、前項の規定により示された指針に従わずに製造たばこに係る広告を行つた者に対し、必要な勧告をすることができる。

④財務大臣は、前項の規定による勧告をした場合において、製造たばこの広告を行つた者が、正当な理由がなく、その勧告に従わなかつたときは、その旨を公表することができる。

　アメリカではオバマ政権のもと2009年6月、たばこの宣伝・販売を厳しく規制するたばこ規制法が成立、「ライト」「マイルド」などの表現は禁止されることになった。また、アルコール広告についても、アメリカではラジオ・テレビCMを全面的に禁止しようという動きがある。オーストラリアでは、自主規制を行っている広告界に対し、政府は強制力を持った制裁措置を伴った公的ガイドラインを作成する意向を示している。日本でも東京小売酒販組合が1998年5月11日、テレビCMの禁止等を提言した経緯がある。

　従来より子供向け広告の規制が議論されてきたが、最近では子どもの肥満の深刻化を受けて、テレビにおけるジャンクフード広告を禁止する動きもみられる。イギリスでは食品基準局が子どもの肥満とテレビCMの関係についての報告書を2003年秋に発表し、就学前児童向けのスナック・清涼飲料CMを禁止すること、糖分や塩分の数値の高い食品のCMに漫画の人気キャラクターを使用することを制限すること、などを選択肢の1つであるとしたが、立法化には至っていない。

● 比較・クーポン広告

　日本では商習慣、市民感情に合わないとして、長らく「比較広告」を行わないできた歴史がある。しかし公正取引委員会は景表法4条1項については「競争事業者の商品・サービスの比較そのものについて禁止し、制限するものではありません」としており、「比較広告に関する景品表示法上の考え方」（1987. 4. 21）を公表し、実証性・公正性・情報提供性（非中傷性）が確保された比較広告を禁止、制限はしていない。むしろ現状は、ある種の業界自主規制として継続しているといってよい。かつては、化粧品、写真機、自動車（対象銘柄の明示を禁止）が比較を一切禁止してきたが、徐々に変わりつつある。通常、比較広告の問題点として指摘されてきた、①カット・スロート・タイプのけんかに陥りやすい、②消費者に不快な印象を与えがち、③名誉・信用毀損と隣り合わせ、④膨大な広告費の支出も、事例の積み重ねによって解決されてきたといえる。

　また、チラシ等で一般的に行われているクーポン広告についても、新聞では過当競争との関係で禁止されてきたが、1990年の「新聞の『クーポン付き広告に関する規則』の承認について」（公取委）を受け解禁された。メーカー・クーポンとストア・クーポンの二種で、割引券、見本請求券などが付けられている。

　制約の根拠は、国民の健康維持・管理であるが、少なくとも私的領域における喫煙は個人の嗜好の問題として許されるとすれば、広告を法的にしかも全面的に規制することが許されるのかは法律上議論の余地がある。

　同様の自主規制としては、アルコール飲料に関する「酒類の広告・宣伝及び酒類容器の表示に関する自主基準」（酒類業中央団体連絡協議会・飲酒に関する連絡協議会、1988. 12. 9、2018最終改正）がある。日中（5時から18時）のテレビにおける商品広告や飲酒シーンを禁止するほか、屋外広告や交通広告を規制している。

　そのほか、メディア媒体特有の規制として、主に携帯電話を対象とした迷惑メールや出会い系サイト対策、あるいはウエブサイト上の商品広告について、新たな法規制がかけられつつある。

Ⅱ　広告規制の態様

　規制の主たる形態としては、①法律によるもの（一般法規、特別法規）、②行政指導によるもの、③法に基づく業界自主規制によるもの（景表法11条に基づく公正競争規約）、④広告もしくは広告会社が行う自主規制によるもの、⑤広告を掲載する媒体が行う自主規制によるもの——の4つのレベルがある。これ以外にも他の表現行為同様、消費者団体等による社会的プレッシャーが広告表現に大きな影響を与えることになる。

1　法による虚偽・誇大の禁止

　広告表現も憲法で保障された表現の自由の一形態であるということは、その一方で、一般の表現と同様の法規制を受けることを意味し、広告によって名誉・信用毀損、プライバシー侵害を引き起こせば刑事罰を受けるとともに、民事上の損害賠償を請求される可能性がある（刑法、民法など）。また、差別表現や猥褻表現も当然許されないし、肖像権や著作権、工業所有権等を侵すことがないよう注意しなくてはならない（著作権法、意匠法、商標法、実用新案法、特許法など）。

　このほか、交通の妨げや美観風致の維持のための規制法がある（軽犯罪法、道路交通法など）。これらは一般に、広告の形態や表現手法、掲載・放送する媒体の差なく当てはまる。

● 広告・表示の規制根拠となる法令

景表法＜不当景品類及び不当表示防止法＞（1962. 5. 15法134）

第4条［不当な表示の禁止］　①事業者は、自己の供給する商品又は役務の取引について、次の各号のいずれかに該当する表示をしてはならない。

　一　商品又は役務の品質、規格その他の内容について、一般消費者に対し、実際のものよりも著しく優良であると示し、又は事実に相違して当該事業者と同種若しくは類似の商品若しくは役務を供給している他の事業者に係るものよりも著しく優良であると示す表示であって、不当に顧客を誘引し、一般消費者による自主的かつ合理的な選択を阻害するおそれがあると認められるもの

　二　商品又は役務の価格その他の取引条件について、実際のもの又は当該事業者と同種若しくは類似の商品若しくは役務を供給している他の事業者に係るものよりも取引の相手方に著しく有利であると一般消費者に誤認される表示であって、不当に顧客を誘引し、一般消費者による自主的かつ合理的な選択を阻害するおそれがあると認められるもの

　三　前二号に掲げるもののほか、商品又は役務の取引に関する事項について一般消費者に誤認されるおそれがある表示であつて、不当に顧客を誘引し、一般消費者による自主的かつ合理的な選択を阻害するおそれがあると認めて内閣総理大臣が指定するもの

消費者基本法（1968. 5. 30法78）

第15条［広告その他の表示の適正化等］　国は、消費者が商品の購入若しくは使用又は役務の利用に際しその選択等を誤ることがないようにするため、商品及び役務について、品質等に関する広告その他の表示に関する制度を整備し、虚偽又は誇大な広告その他の表示を規制する等必要な施策を講ずるものとする。

不正競争防止法（1993. 5. 19法47）

第2条［定義］　①この法律において「不正競争」とは、次に掲げるものをいう。

　十三　商品若しくは役務若しくはその広告若しくは取引に用いる書類若しくは通信にその商品の原産地、品質、内容、製造方法、用途若しくは数量若しくはその役務の質、内容、用途若しくは数量について誤認させるような表示をし、又はその表示をした商品を譲渡し、引き渡し、譲渡若しくは引渡しのために展示し、輸出し、輸入し、若しくは電気通信回線を通じて提供し、若しくはその表示をして役務を提供する行為

　十四　競争関係にある他人の営業上の信用を害する虚偽の事実を告知し、又は流布する行為

屋外広告物法（1949. 6. 3法189）

第1条［目的］　この法律は、良好な景観を形成し、若しくは風致を維持し、又は公衆に対する危害を防止するために、屋外広告物の表示及び屋外広告物を掲出する物件の設置並びにこれらの維持並びに屋外広告業について、必要な規制の基準を定めることを目的とする。

軽犯罪法（1948. 5. 1法39）

第1条［罪］　左の各号の一に該当する者は、これを拘留又は科料に処する。

　三十一　他人の業務に対して悪戯などでこれを妨害した者

　三十四　公衆に対して物を販売し、若しくは頒布し、又は役務を提供するにあたり、人を欺き、又は誤解させるような事実を挙げて広告をした者

こうした法規群とは別に、広告表現特有の規制法が存在する。しかもそれには、広告表現一般に共通してあてはまるものと、ある特定の業種や商品・役務にのみ適用されるものがある。前者の代表でもっとも包括的に広告を規制するのが、1962年に施行された不当景品類及び不当表示防止法（景表法）である。同法は、広告のほかラベル表示なども含めて「表示」という名のもとに規制しており、さらに法に基づく各業界ごとの公正競争規約や公正取引委員会の告示などにより、不当表示を広範に規制する構造になっている。

同法4条では、商品・サービスの内容や価格・取引条件を誤認させたり公正競争を阻害するおそれがある表示や、いわゆるおとり広告を禁止している。実際には用意していないか、またごく少数しかない商品について通常の価格より著しく安い価格で取引する旨の広告を出して客を集め、実際には他の商品を売りつけるのが「おとり広告」で、公正取引委員会は不動産その他のおとり広告を不当表示として禁止している。さらにこうした規定に違反した場合、公取委は差止めもしくは排除命令が出せることになっている。

これらの規制は、取引の公正な競争を実現することで、一般消費者の利益を保護することを目的としており、独禁法、不正競争防止法、特定商取引法などの規定ができあがっている。さらに1968年には消費者保護基本法が制定され、法律名で消費者保護を謳いその実現をめざした。その後、2004年には消費者の権利や事業者の責務等を規定した消費者基本法に生まれかわり、2009年には消費者庁が発足するに至っている。

このほかにも、屋外広告物法や計量法などの法令が広告や表示を規制する。さらに、テレビ・ラジオのCMについては放送法が、選挙活動に関する広告については公職選挙法が具体的な制限を設けている。地方公共団体レベルでは、屋外広告物条例、消費者保護条例、青少年保護条例などが、それぞれ広告の規制条項を有する。

なお、広告は広告主（スポンサー）が広告スペースを買い、それを自分の商品、企業イメージ、あるいは意見などを広く一般に宣伝するために利用するものであることから、報道と違って広告主の商品や企業、あるいは意見の優れた点をいかに訴えていくかに最大の力点がおかれる。このため、広告でもっとも問題になるのは、広告内容が時としてオーバーなものとなりがちな点である。広告に関する規制法規をみると、虚偽・誇大広告の禁止を謳うものが圧倒的に多い。

薬事法 （1960.8.10法145）

第66条［誇大広告等］ ①何人も、医薬品、医薬部外品、化粧品又は医療用具の名称、製造方法、効能、効果又は性能に関して、明示的であると暗示的であるとを問わず、虚偽又は誇大な記事を広告し、記述し、又は流布してはならない。

②医薬品、医薬部外品、化粧品又は医療機器の効能、効果又は性能について、医師その他の者がこれを保証したものと誤解されるおそれがある記事を広告し、記述し、又は流布することは、前項に該当するものとする。

③何人も、医薬品、医薬部外品、化粧品又は医療機器に関して堕胎を暗示し、又はわいせつにわたる文書又は図画を用いてはならない。

健康増進法 （2002.8.2法103）

第32条の2［誇大表示の禁止］　何人も、食品として販売に供する物に関して広告その他の表示をするときは、健康の保持増進の効果その他内閣府令で定める事項について、著しく事実に相違する表示をし、又は著しく人を誤認させるような表示をしてはならない。

　健康増進法を受け、「商品として販売に供する物に関して行う健康保持増進効果等に関する虚偽誇大広告等の禁止及び広告等適正化のための監視指導等に関する指針（ガイドライン）に係る留意事項」では、法の規制対象者は、一義的には広告主（広告依頼者）であるとしたうえで、広告媒体との関係では「新聞、雑誌、テレビ、出版等の業務に携わる者は、依頼を受けて広告依頼者の責任により作成された『広告その他の表示』を掲載、放送等することから、直ちに同条の適用の対象者となるものではない。しかしながら、当該『広告その他の表示』の内容が虚偽誇大なものであることを予見し、又は容易に予見し得た場合等特別な事情がある場合においては、広告依頼者とともに同条の適用があり得る」と、一定の媒体責任を負わせている。

　なお、「留意事項」のなかで広告その他の表示については、「書籍、冊子、ホームページに特定の食品または成分に係る学術的解説を掲載する場合であっても、その解説の付近から特定食品の販売ページにアクセスが可能である場合や、販売業者の連絡先が掲載されている等……は、営利的言論としての広告等に該当する」と定義し、いわゆるバイブル本（サンプル本）を規制対象に含めている。

　さらに同法第32条の3では内閣総理大臣による勧告、命令が、36条の2では罰則が定められており、事業者への説明ではその内容としては広告掲載の差止めが予定されている、とする。行政の解釈によって広告内容による表現規制が行われる一例であり、行政による勧告による事前差止めを認める法構造自体に憲法違反の疑いが強いうえ、表現行為の違法判断において内容に立ち入った広範な行政の解釈権を与えるものであって問題がある。

あん摩師法＜あん摩マツサージ指圧師、はり師、きゆう師等に関する法律＞ （1947.12.20法217）

第7条　①あん摩業、マツサージ業、指圧業、はり業若しくはきゆう業又はこれらの施術所に関しては、何人も、いかなる方法によるを問わず、左に掲げる事項以外の事項について、広告をしてはならない。

後者の個別法規による特定の業種・商品・役務を対象とする広告規制としては、大きく3つのグループがある。第1には、特定の媒体・特定の内容について広告を禁止あるいは規制するもので、売買春関連やインターネット関連にこの種の規制が多くみられる（子どもポルノ禁止法、出会い系サイト規制法、売春防止法、風営法、迷惑メール対策法など）。

第2には、特定業種について広告セールスを制限するもので、多くの商品・役務について定めがある。裁判になったあん摩師法ほか、医療・金融関係がもっとも一般的であるといえる（介護保険法、獣医療法、薬事法、医療法、柔道整復師法、歯科技工士法、公認会計士法、麻薬及び向精神薬取締法、覚醒剤取締法、金融商品取引法、貸金業法など）。

第3は、あとで触れる健康増進法のほか、業法によって虚偽・誇大広告を禁止するものである（特許法、貸金業法、薬事法、宅地建物取引業法、旅行業法、社会福祉法、食品衛生法など）。また、わかりやすい表示等の条件を付すものもある（割賦販売法、特定商取引法、職業安定法など）。

たとえば、病院の広告はあまり変わり映えしない広告が多いが、それは医療法によって使ってよい診療科名（内科、外科など）ほか、広告に出してよい項目が詳細に規定されているためで、工夫の余地がほとんどないせいであることがわかる。また、薬事法では、医薬品など人間の生命に重大な影響をもたらす商品の広告について、誇大広告の禁止が規定されていたり、ガンその他の特殊な病気に使われるもので、専門医の指導のもとで使わないと危険な医薬品については広告方法を制限できるなどと定められている。

さらに薬事法施行と同時に出された薬務局長通知「医薬品等適正広告基準」では、虚偽・誇大広告について具体的な解釈を示すとともに、広告表示を細かく具体的に例示して、適否を明らかにしている。ただし近年の傾向としては、広告商品の拡大（たとえば治験広告）など法規制の枠は緩みつつある。

なお、これらの法規制のうち、とりわけ業法による規制は、行政指導と表裏一体の関係になっており、厚生労働省の「医薬品等適正広告基準」に代表されるような、所轄官庁からは法に基づく指針（ガイドライン）が示され、それに基づき広告・表示が行われている実態がある。あるいは、公正取引委員会による「公正競争規約」も、典型的な行政指導であり、公取委告示に違反すれば排除命令等の行政処分を受けることになることから、法同様の効力を有する。

景表法＜不当景品類及び不当表示防止法＞ (1962. 5. 15法134)

第11条［協定又は規約］　①事業者又は事業者団体は、内閣府令で定めるところにより、景品類又は表示に関する事項について、内閣総理大臣及び公正取引委員会の認定を受けて、不当な顧客の誘引を防止し、一般消費者による自主的かつ合理的な選択及び事業者間の公正な競争を確保するための協定又は規約を締結し、又は設定することができる。これを変更しようとするときも、同様とする。

②内閣総理大臣及び公正取引委員会は、前項の協定又は規約が次の各号のいずれにも適合すると認める場合でなければ、同項の認定をしてはならない。

　一　不当な顧客の誘引を防止し、一般消費者による自主的かつ合理的な選択及び事業者間の公正な競争を確保するために適切なものであること。

　二　一般消費者及び関連事業者の利益を不当に害するおそれがないこと。

　三　不当に差別的でないこと。

　四　当該協定若しくは規約に参加し、又は当該協定若しくは規約から脱退することを不当に制限しないこと。

出会い系サイト規制法＜インターネット異性紹介事業を利用して児童を誘引する行為の規制等に関する法律＞ (2003. 6. 13法83)

第10条［利用の禁止の明示等］　インターネット異性紹介事業者は、その行うインターネット異性紹介事業について広告又は宣伝をするときは、国家公安委員会規則で定めるところにより、児童が当該インターネット異性紹介事業を利用してはならない旨を明らかにしなければならない。

迷惑メール対策法＜特定電子メールの送信の適正化等に関する法律＞ (2002. 4. 17法26)

第１条［目的］　この法律は、一時に多数の者に対してされる特定電子メールの送信等による電子メールの送受信上の支障を防止する必要性が生じていることにかんがみ、特定電子メールの送信の適正化のための措置等を定めることにより、電子メールの利用についての良好な環境の整備を図り、もって高度情報通信社会の健全な発展に寄与することを目的とする。

第２条［定義］　この法律において、次の各号に掲げる用語の意義は、当該各号に定めるところによる。

　二　特定電子メール　電子メールの送信をする者が自己又は他人の営業につき広告又は宣伝を行うための手段として送信をする電子メールをいう。

売春防止法 (1956. 5. 24法118)

第５条［勧誘等］　①売春をする目的で、次の各号の一に該当する行為をした者は、6月以下の懲役又は１万円以下の罰金に処する。

　三　公衆の目にふれるような方法で客待ちをし、又は広告その他これに類似する方法により人を売春の相手方となるように誘引すること。

第６条［周旋等］　②売春の周旋をする目的で、次の各号の一に該当する行為をした者の処罰も、前項と同様とする。

　三　広告その他これに類似する方法により人を売春の相手方となるように誘引すること。

2　自主規制と媒体責任

　2つ目の大きな規制のカテゴリーは自主規制である。ただし広告の場合は、法に基づく自主規制という特別な制度があり、それが景表法11条で規定される公正競争規約に基づく業界自主規制である。その策定手順は法によって定められており、通常は事業者団体が規約を立案作成し、公正取引委員会の認定ののち公聴会でのヒアリングを経て、認定の要件に適合すると判断されると告示される。

　これからみてもわかるとおり、業界の自主性を形式的に尊重した強力な行政指導の一形態であって、法規制との違いは違反した場合にすぐに裁判になるか、一義的には業界の自主的な実施機関である「公正取引協議会」で扱われるかの違いである。現状では、化粧品、家電製品、銀行、旅行、自動車、不動産など我々の身近な商品・役務に関する数多くの業界で規約が作られ運用されている（なお、出版小売業や新聞業でも公正競争規約を有するが、広告表示ではなく販売上の景品類の提供に関するルールである）。

　具体例として「家庭電気製品製造業における表示に関する公正競争規約」では、永久や完全を意味する用語（永久、永遠、いつまでも、完ぺき、万能、オールマイティ、など）を断定的に使用することはできないし、最上級や優位性を意味する用語（世界一、ナンバーワン、最小、日本で初めて、など）は客観的事実に基づく具体的根拠を表示しなければならないとされている。

　自主規制のなかでの2つ目の形態は、広告出稿側の自主規制である。出稿側には通常、広告主と広告を取り扱う広告会社が存在し、それぞれが業界による倫理綱領と、一般にはそれに基づく各企業レベルでの自主規制基準を持っている。業界のものとしては広告綱領（全日本広告連盟）、倫理綱領（日本アドバタイザーズ協会）、広告倫理綱領（日本広告業協会）などがあるが、実際は制裁機能を持たず、訓示・精神規定の色合いが強い。

　苦情処理システムとして有名なものには、日本広告審査機構（JARO）がある。広告主、媒体、広告会社を構成員として1974年に設立された団体で、消費者から寄せられた苦情処理、広告業界の自主規制活動を行っている。会員社は当初は326社であったが、2020年現在では約900社を数え、法律や行政の規制を受ける前段階で、自主的な解決をめざしている。事前事後の審査機構としては、新聞広告審査協会（1971年設立）等があり、新聞社からの依頼を受け、広告主の業態に問題がないかなどを専門的に調査し、自主規制機関として消費者

新聞広告倫理綱領 (日本新聞協会1958. 10. 7制定1976. 5. 19改正)

　言論・表現の自由を守り、広告の信用をたかめるために広告に関する規則は、法規制や行政介入を避け広告関係者の協力、合意にもとづき自主的に行うことが望ましい。

　本来、広告内容に関する責任はいっさい広告主（著名者）にある。しかし、その掲載にあたって、新聞社は新聞広告の及ぼす社会的影響を考え、不当な広告を排除し、読者の利益を守り、新聞広告の信用を維持、高揚するための原則を持つ必要がある。

　ここに、日本新聞協会は会員新聞社の合意にもとづいて「新聞広告倫理綱領」を定め、広告掲載にあたっての基本原則を宣言し、その姿勢を明らかにした。もとより本綱領は会員新聞社の広告掲載における判断を拘束したり、法的規制力を持つものではない。

　日本新聞協会の会員新聞社は新聞広告の社会的使命を認識して、常に倫理の向上に努め、読者の信頼にこたえなければならない。

　1. 新聞広告は、真実を伝えるものでなければならない。

　1. 新聞広告は、紙面の品位を損なうものであってはならない。

　1. 新聞広告は、関係諸法規に違反するものであってはならない。

日本民間放送連盟放送基準 (日本民間放送連盟2004. 1. 22最終改正) 抜粋

（89）広告は、真実を伝え、視聴者に利益をもたらすものでなければならない。

（91）広告は、健全な社会生活や良い習慣を害するものであってはならない。

（92）広告放送はコマーシャルによって、広告放送であることを明らかにしなければならない。

（100）事実を誇張して視聴者に過大評価させるものは取り扱わない。

（101）広告は、たとえ事実であっても、他をひぼうし、または排斥、中傷してはならない。

（102）製品やサービスなどについての虚偽の証言や、使用した者の実際の見解でないもの、証言者の明らかでないものは取り扱わない。

（103）係争中の問題に関する一方的主張または通信・通知の類は取り扱わない。

（108）占い、心霊術、骨相・手相・人相の鑑定その他、迷信を肯定したり科学を否定したりするものは取り扱わない。

（110）風紀上好ましくない商品やサービス、及び性具に関する広告は取り扱わない。

（118）テレビショッピング、ラジオショッピングは、関係法令を順守するとともに、事実に基づく表示を平易かつ明瞭に行い、視聴者の利益を損なうものであってはならない。

（120）広告は、放送時間を考慮して、不快な感じを与えないように注意する。

（122）視聴者に錯誤を起こさせるような表現をしてはならない。

（123）視聴者に不快な感情を与える表現は避ける。

（124）原則として、最大級またはこれに類する表現をしてはならない。

（126）ニュースと混同されやすい表現をしてはならない。特に報道番組のコマーシャルは、番組内容と混同されないようにする。

（148）週間のコマーシャルの総量は、総放送時間の18％以内とする。

保護の立場から広告倫理の向上に努めている。

　さらにもう１つの形態が、広告を実際に放送したり掲載したりする媒体側の自主規制である。こちらも、業界で定めたものと、おおよそ業界基準に即したより詳細な各社独自の運用ルールがある。たとえば新聞業界では、新聞広告倫理綱領とその運用基準である新聞広告倫理綱領細則があり、詳細な事例集を公刊するほか定期的に各社の広告審査担当者が集まって事例研究を行っている。また放送業界では日本民間放送連盟放送基準が、雑誌業界では雑誌広告倫理綱領があり、ほぼ共通の基準ではあるがそれぞれの媒体に即した掲載・放送基準を示している。そのほか、インターネット広告、ネオン広告、屋外広告などの各媒体においても、それぞれの倫理綱領が制定されている。

　すでに部分的に触れてきたとおり、放送媒体はさまざまな広告規制のもとにある。放送法12条は「番組と広告の識別」を謳い、しかも日本民間放送連盟（民放連）は自主基準として週当たりの広告比率を総番組時間の18％未満とすることを定めている。これに関連して、テレビショッピング番組（通販広告をまとめてスタジオで紹介するなどの番組仕立てにしたもの）や、旧来から行われているスポンサーの商品をドラマ番組内で使用して認知度をあげるなどの広告手法（プロダクト・プレイスメント：Product Placement）、さらには番組連動型広告（たとえば、ドラマの出演者が着ている服が、同局のウエブサイトから同時に購入できるなど）について、どこまでが「番組」とみなしうるのか議論が続いている。

　日本の場合、放送局とスポンサーの間のタイアップについては明確な基準がないのが実情であるが（同様に、映画やゲームにおいても、広く同様の広告手法がとられてきている）、すでに海外においてはプロダクト・プレイスメント広告基準を策定している国も少なくない。テレビショッピング番組についても、各国それぞれの工夫で通常の番組との区分を決めているが、日本では「番組」の１つとして位置付けることで広告の総量自主規制の枠から外したが、各放送局にテレビショッピング番組の放送時間を公表させることで、視聴者の目によって放送局にプレッシャーをかける仕組みをとっている。

　媒体での自主規制は、掲載（放映）広告の媒体責任と密接に結び付いている。新聞広告をめぐる事例で判決は、新聞社にも真実性の調査確認についての義務を認めたが、一般的な注意義務までを含むものではないと解されている。広告の責任は主として広告主に帰せられるものであるが、新聞やテレビなどに

● アドバトリアル

新聞や雑誌の広告のなかには、インタビューなどの記事の形式をとってはいるが、実際には広告（広告主から対価を得ているもの）として存在するものがあるが、こうした記事体広告を「アドバタイジング（広告）」と「エディトリアル（記事）」の造語として、「advertrial」と呼ぶことがある。アドバトリアルについては、①記事と広告の峻別が難しく、誤導を招きやすい、②新聞・雑誌の信頼度を損なうおそれがある、などの強い批判があるが、広告である旨の表示さえあれば問題は生じないであろう。むしろ、記事体広告ではなく広告的色彩を帯びた記事ともいえる、記事下広告と連動した編集記事、招待旅行等の見返りによる協賛企画記事、広告局・制作局作成の記事については、それらの商品で瑕疵があった場合の媒体責任を含め、問題点を十分整理する必要がある。

● 放送における広告規制

2000年代後半以降、民放で議論されているものに通販広告（番組）がある。とりわけ、テレビショッピング番組と称される番組仕立ての通販広告が一般化するなかで、これを広告換算すると民放自主基準の広告総量枠（18％）を超過することから、放送局によっては教養、娯楽に分類するところがある一方、扱われた商品をめぐっての苦情が社会問題化するなかで見直し議論が続いた。2009年4月から日本民間放送連盟（民放連）は同放送を「生活情報番組」と位置付け、その識別や表示方法についてルール化を進めた。一方で総務省は2009年、同放送を広告の一形態と位置付け、2011年以降の新規BS算入基準の1つとして広告放送総量の多寡を設けることとし、新基準に基づく選定を実施した。EU（欧州連合）では、通販広告番組を通常のスポット広告とは切り離し、「テレショッピング番組」などを特別な広告枠として扱うなど、各国で新たな対応がなされつつある分野である。こうした流れを受け、日本では2010年放送法改正において同番組は番組種別のなかの「その他」という特別枠に位置付けられ、同時に各局がその放送時間比率（番組種別割合）を公表する仕組みが導入された。

日本の場合、広告放送は、放送法による識別義務と、民放自主規制による総量規制が主流で、部分的に児童CM等で流し方規制を行っているものの、広告の挿入の仕方（番組の一体性保持）や頻度（回数）などについては緩やかな制限をしてきた傾向にある。こうした点の見直しも迫られているといえる。また、プロダクト・プレイスメントに代表されるような広告とコンテンツを融合させるブランデッド・エンタテインメント広告のありようについても、番組内へのいわば広告の溶け込ましの問題であって、さらなるルール作りが求められているのではなかろうか。

民放連は、1982年に「児童向けコマーシャルに関する留意事項」を策定したほか、2003年には消費者金融CMに関するガイドラインを作成した。後者は、2002年のBPO青少年委員会見解を受けまとめられたもので、「安易な借り入れを助長する表現の排除」「午後5時～9時の時間帯における消費者金融CMの放送は、自己破産や多重債務へつながる危険性あるいは事後の返済に関する責任について注意喚起するものなど、いわゆる啓発型CMを除き、避けることが望ましい」などとしている。なお、放送基準本体においても消費者に金銭の貸し付けを行う業すべてのCMについて慎重な取り扱いを求めている。

掲載・放送された広告については、その媒体についても何らかの責任を負わせるべきではないか、との考え方がある。なぜなら、読者や視聴者が広告を見聞きして消費・購買行動を起こす際に、その媒体の信頼度に左右されることがあると考えられるからである。

　媒体責任の根拠としては従来、①情報提供契約説（消費者と媒体との間には正しい情報の提供を受けるといった暗黙の約束ごとが存在する）、②製造物責任説（広告主であるメーカーは製品の瑕疵に責任を負い、広告表示もその製品の一部を構成する）、③不法行為責任説（広告主と同様に新聞社にも製品の瑕疵についての共同責任がある）、が挙げられる。

　法律に従い媒体責任が明示されているものとしては、たとえば健康増進法のガイドラインがあり、判例に沿って一般的注意義務はないものの、一定の範囲においては媒体責任を負わせるものとなっている。違反した場合は新聞社や放送局等にも、主務大臣による勧告、命令が出され、改善されない場合は懲役・罰金が科される。

　広告を掲載した新聞社に媒体責任を求めたケースで最高裁は、出稿してきた広告主の信用調査をする義務や、掲載製品について個別的に調べる義務は含まないとして、一般的法的注意義務はないと判示した（日本コーポ事件）。ただし、特別な事情がある場合の真実性の調査・確認についての義務を認め、その広告内容が虚偽であることを知っていたり、調査をするまでもなく社会的に広く、その製品や会社について犯罪性や欠陥が流布されていたりするにもかかわらず、何ら確認作業を行わないといった、過失がきわめて明らかな限定的な場合に限っては不法行為責任が問われることになる。

　直接・間接に広告を規制する法規は200を超すといわれているが、これまでは商品・役務別、所轄官庁別の縦割り運用であって、明確な法体系があったわけではなかった。しかしデジタル時代を迎えて、これら全体を串刺しするような法体系に変わる可能性がある。デジタル・ネットワーク化の負の側面が強調されることで、消費者を守るためには広告表現をより強力に規制する必要があるのではないかとの声が強くなっているからである。

　これは前述したように、広告に限らず表現の自由全般に当てはまる傾向であるが、そのなかで従来、広告は契約申込の「誘引」であると捉えていたが、最近では「勧誘」として契約行為の一段階と解釈して、より強力な法規制の対象とする考え方も出始めている。それはたとえば、消費者契約法や製造物責任法

● 媒体責任

日本コーポ事件

1969年から70年にかけて日本コーポ社が竣工前のマンション分譲広告を複数紙に出稿したが、完成前に倒産した。前金支払いなどで損害を受けた被害者が、新聞社には広告掲載にあたり誤りない情報提供の義務があり、広告内容の真実性や実現可能性について調査確認する義務があるなどとして、掲載社に対し債務不履行と不法行為を理由に損害賠償を求めた事件。

最高裁は、真実性の調査確認についての一般的法的義務を否定したうえで、「特別の事情で読者への損害を与えることが予見できる場合には、新聞社側に真実性を調査確認する義務がある」とした（最判1989.9.19、裁判集民157.601）。

「元来新聞広告は取引について一つの情報を提供するものにすぎず、読者らが右広告を見たことと当該広告に係る取引をすることとの間には必然的な関係があるということはできず、とりわけこのことは不動産の購買勧誘広告について顕著であって、広告掲載に当たり広告内容の真実性を予め十分に調査確認した上でなければ新聞紙上にその掲載をしてはならないとする一般的な法的義務が新聞社等にあるということはできないが、他方、新聞広告は、新聞紙上への掲載行為によってはじめて実現されるものであり、右広告に対する読者らの信頼は、高い情報収集能力を有する当該新聞社の報道記事に対する信頼と全く無関係に存在するものではなく、広告媒体業務に携わる新聞社並びに同社に広告の仲介・取次をする広告社としては、新聞広告のもつ影響力の大きさに照らし、広告内容の真実性に疑念を抱くべき特別の事情があって読者らに不測の損害を及ぼすおそれがあることを予見し、又は予見しえた場合には、真実性の調査確認をして虚偽広告を読者らに提供してはならない義務があり、その限りにおいて新聞広告に対する読者らの信頼を保証する必要がある。」

原野商法事件地裁判決 （大阪地判1987.3.30、判夕638.85）

原野商法の広告に出演したタレントが訴えられた事例で裁判所は、「芸能人が、広告に出演する場合に、いかなる注意義務を負うか、換言すれば、その広告主の事業内容・商品についていかなる調査義務を負うかは、個別具体的に、当該芸能人の知名度、芸能人としての経歴、広告主の事業の種類、広告内容・程度などを総合して決められるべきで問題である」としたうえで、「取り扱う商品の推薦を行う場合には、その推薦内容を裏付けるに足りる調査を行うべき義務があるものというべきである。……事業内容を調査することをまったくしなかったのであるから、同人には、前記注意義務に違反した過失があると言わざるをえない」と判示している。

読売新聞社は2000年1月4日付記事で、『週刊現代』『アサヒ芸能』の出版広告を、「毎号の広告内容に、新聞に載せるのにふさわしくない極めて過激な性表現が多数含まれ、改善がみられない」ことから「紙上への広告掲載を当分の間見合わせる」ことを明らかにした。違法とまではいえない広告についても、猥褻、プライバシー侵害の観点から内容に踏み込んで独自に判断を行い、広告掲載を拒否する対応には、とりわけ対象が出版広告でしかも特定の表現ではなく包括的な雑誌単位の出稿拒否であったことから、行き過ぎとの批判もみられた。ただし週刊誌等の出版広告の場合、個別ケースでは日常的に見出しの書き換えや場合によっては白抜きの対応がとられており、問題はむしろ、出版広告を媒体側がどのような場合に拒否できるのかということであろう。

（PL法）、あるいは個人情報保護法の解釈・運用として、広告現場にも大きな影響を与えることになる。

　さらには、インターネット上の広告に限定するならば、プロバイダ責任法に始まり、迷惑メール対策法や出会い系サイト規制法は、主に携帯電話といった特定の新しい広告媒体を対象にした規制法であるものの、その考え方は広く一般の広告媒体・対象に拡大しうるものである。現実には法規制の網の目をくぐった迷惑メールはいっこうに減少せず、それがためにさらなる規制強化の声もあがっているが、表現の自由の観点からは過剰な法規制には注意が必要である。

　なお製造物責任法は、たとえメーカーに落ち度がない場合でも結果として製品そのものの欠陥によって消費者が被害を被った場合には、メーカー側に損害賠償責任を負わせたもので、原則として「情報」はその対象とされてこなかった。具体的には製品のマニュアル書や表示に欠陥があって、誤った使い方をしたために怪我をした場合などは法の対象になるが、カタログや通常の媒体広告は含まれないと解されている。

　しかし、ウエブ上では双方向性を有するがゆえに広告の契約機能を認めざるをえないとともに、消費者にとっては広告が製品に付随する表示と一体のものとして認識されている可能性が高い。すなわち、これまでは広告と表示を分離することで広告表現の自由を確保してきたが、そうした切り分けが許されない事態が現実には進行している一事例である。表示と広告の関係、広告の契約機能の変化が、広告表現の責任のあり方に変化を与え、新しい広告環境を作り出すことになる可能性がある。

SNS 等での政治広告規制

　米トランプ大統領の発言などをきっかけにインターネット上の政治広告規制の動きが、2019年以降始まりつつあり議論を呼んでいる。Google は2019年11月、支持政党に基づく政治広告のターゲット設定を今後は認めない旨発表した。これによって、選挙陣営が有する有権者データベースと Google ユーザーを「カスタマーマッチ」することはできなくなる。Google はどのニュースサイトにアクセスしているかといった閲覧傾向をもとにユーザーの政治的指向を推測するシステムを有している。さらに、明らかな誤解を招く内容の広告も制限するとし、これらは透明性レポートで公開されることになる。また Twitter は2019年11月、同社が運営するSNS 上の政治広告を全面的に禁止すると発表した。具体的には、候補者等が Twitter に広告を出せないほか、意見広告（経済成長、環境保全、社会格差などに関連したもの）について、郵便番号に基づいた居住地や、支持政党、政治指向についての利用者データで、ターゲット層を絞り込むことを禁止するなどの措置がとられることになる。

ステマ（ステルスマーケティング）規制

　「ステマ」は、司法の場でも「消費者に宣伝と気付かれないように宣伝行為をすること」（東京地判2015.7.28）などと定義されているが、現時点では具体的に定義した法や官庁のガイドラインは存在しない。近いものとしては、消費者庁ガイドライン「インターネット消費者取引に係る広告表示に関する景品表示法上の問題点及び留意事項」で、事業者が顧客を誘引する手段として、自ら口コミサイトに口コミを投稿したり、第三者に依頼して投稿させたことにより、一般消費者が実際の商品よりも著しく優良であると誤認するような場合には、景品表示法上の不当表示として問題となるとされている。

　近年、人気サイトでのやらせがたびたび話題になっているが、その多くはステマが問題となったものである。2012年の「食べログ」事件では、飲食店に好意的な評価を投稿しランキングを上げる見返りに金銭を受け取る業者が多く存在していることが発覚し問題になった。あるいはサイバーエージェントはビジネスとして、広告主からの依頼を受けて有名人に自身のブログで商品を紹介してもらうことをしており、その際に広告であることを明示しなくてよいものも多数あるとされた。Instagram や YouTube 上でも、常にさまざまなうわさが飛び交う状況である。そうしたなかで、総体として「よくない」とはされるものの、これらをどのように規制するのか、できるのか、そもそもする必要があるのか結論が出ない状況にある。

【参考文献】

日本新聞協会広告委員会広告掲載基準研究会編『広告表示の基礎知識　改訂第4版』（日本新聞協会、2002年）、豊田彰『改訂新版　広告の表現と法規』（電通、1996年）、長尾治助『広告表示の法的トラブル』（日経広告研究所、1991年）、長尾治助編『アドバタイジング・ロー』（商事法務研究会、1990年）、長尾治助『広告と法』（日本評論社、1988年）、岡田米蔵・梁瀬和男『広告法規』（商事法務研究会、1993年）、山田理英『PL 法時代の「広告・表現」戦略』（産能大学出版部、1995年）、梁瀬和男『PL 法と取扱説明書・カタログ・広告表現』（産能大学出版部、1994年）、内田耕作『広告規制の課題』（成文堂、1990年）、都総合法律事務所編『広告の法理』（民事法研究会、1998年）、梁瀬和男・岡田米蔵『デジタル時代の広告法規』（日経広告研究所、2003年）

I 著作権の保護領域

1 著作権で何を守るのか

　自分が作曲した音楽や描いた絵画を、自分の分身のようにいとおしむ気持ちは万国共通のものであろう。だからこそ、自分の知らないところで勝手に書き変えられて売られたり、まだ未完成だと思っていたものが他人の手で発表されてしまったのではたまらない。同時に、創作活動を生活の糧にしている場合は特に、自分の作品を世に発表することによって得られる対価を、きちんと手にすることができる社会ルールがないと、創作活動を続けていくことが困難になる場合がある。

　一方で、こうした作品を守っていくことは単に著作者のためだけではなく、社会全体にとっても大きな意味があることである。文化の発展・継承を考える場合、たとえば美しい彫刻を大切に守り次世代に伝えていくためには、単に美術館の倉庫に大切に保存するだけではなく、多くの人に観てもらったり本で紹介したりするとともに、お手本として教育の場などである程度自由に使えるような、共有財産として捉えることも必要である。

　著作権（コピーライツ）は、この両側面のバランスを考慮しながら、著作物に関わる権利関係を整理し、文学、美術、音楽、学術などの著作物を保護してきた。日本では著作権法は、著作物の保護を通じて、その著作者の人格的、財産的利益を保護している。法目的にあるように、それによって文化の発展に寄与することが期待されている。

　しかし近年、著作権を取り巻く状況、あるいは著作権に対する考え方自身も大きく変貌を遂げつつある。それは「ライツビジネス」という言葉に代表されるように、著作権を商売の道具として利用する、あるいは著作権自体がお金のなる樹になる状況が生まれているからである。それは著作権法の性格を、伝統的な芸術や文化を保護する法律から、産業保護法的な法律に変えつつある。

　そのターニングポイントは1985年で、この年の改正で著作権法は保護対象に、コンピュータ・プログラムを加えることになった。それは、情報化社会が進展し、たとえば子どものゲーム１つとってもコンピュータ・ゲームが主流になるなかで、当然の流れであったともいえる。さらにこの流れを決定的にしたのが、「ミッキーマウス著作権」と呼ばれる、アメリカにおけるディズニー・

● 著作権の概要

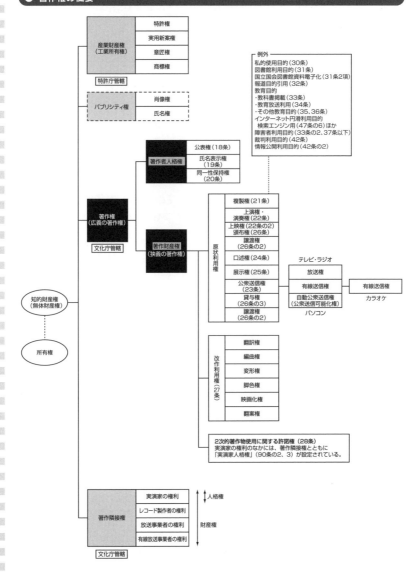

キャラクターの独占使用権（著作権）を大きく延長するための法改正である。

世はまさに「知財（知的財産権）ブーム」。著作権のうち経済的価値の側面だけがクローズアップされてきているといえるだろう。ただし著作者は、財産権のみならず著作者人格権をも保護されている点で、特許法など他の知的財産権法とは異なる。その意味で、情報化社会の内実がネットワークに大量の著作物が流通することである以上、著作権の経済的価値を主張する傾向が強くなるほど、著作者人格権の重要性も高まってしかるべきだ。

なお、世に存在する著作物の形態やその利用のされ方は千差万別である。著作物をめぐる法律問題に対処するためには、理論的な理解が前提とはなるが、その存在形態や利用方法に応じた具体的な対応が求められることはいうまでもない。それゆえ、判例の蓄積が重要な分野であるといえる。

広義の著作権は、著作者人格権と著作財産権（狭義の著作権）に分けることができる（これらに著作隣接権を合わせて著作権と呼ぶこともある）。このうち、前者の著作者人格権は、著作者の人格的利益を保護するもので、公表権（著作権法18条）、氏名表示権（19条）、同一性保持権（20条）の3つが著作権法で保障されている。著作物を公表するか否か、公表する場合の時期や方法をどうするか、その時、著作物の作者であることを主張してその氏名をどのように表示するか、については著作者の一身性に委ねられる。また、著作物の完全性を維持するために、無断で変更や削除をすることは認められず、こうした行為に対して異議申立てを認めている。

なお、著作者人格権にはこれ以外にも実質的には、著作者の名誉・名声を害することを防ぐ名誉権や、出版を取りやめる絶版請求権、改訂要求権などがあるとされている。

一方で後者の著作財産権は、作品としての著作物を利用する際に発生する権利で、基本はコピーする権利（複製権）である。まさに英語で著作権を Copy rights というように、アメリカではもともと著作権＝著作財産権＝複製権で、人格権側面を認めていなかったことに由来する。この著作財産権は、新しいメディアの誕生や技術の発展のなかで、どんどん対象が広がる傾向にある。

職務上作成される著作物については、原則として「法人著作」となり、本来は自然人にしか創作できない著作物の著作権を法人に認めている（著作権法15条）。これは、著作権取引の便宜上、法人を著作者と擬制したにすぎない。たとえば新聞記事の場合、その著作権は執筆記者ではなく社が保持する。

● 著作権の概念

　日本の著作権法は、著作者は著作権と著作者人格権を有するとし、規定形式上では著作権には著作（者）財産権しか含まれないことになる。これは、両者を別個のものとして捉える、いわゆる二元的構成論を意味すると考えられるが、それでは著作権を財産権としてのみ捉えることでよいのかを考えるならば、著作者人格権と著作財産権を密接不可分のものとして捉える一元論にも一理がある。

　法2条は、著作物の定義を「思想又は感情を創作的に表現したものであつて、文芸、学術、美術又は音楽の範囲に属するもの」としている。著作物は、範囲、表現方法、成立順、著作者の数、継続性、公表性などによって分類が可能である。法では10条で法の保護対象となる主要な著作物を列挙している。

著作権法（1970. 5. 6法48）

第1条［目的］　この法律は、著作物並びに実演、レコード、放送及び有線放送に関し著作者の権利及びこれに隣接する権利を定め、これらの文化的所産の公正な利用に留意しつつ、著作者等の権利の保護を図り、もつて文化の発展に寄与することを目的とする。

第10条［著作物の例示］　①この法律にいう著作物を例示すると、おおむね次のとおりである。
　一　小説、脚本、論文、講演その他の言語の著作物
　二　音楽の著作物
　三　舞踊又は無言劇の著作物
　四　絵画、版画、彫刻その他の美術の著作物
　五　建築の著作物
　六　地図又は学術的な性質を有する図面、図表、模型その他の図形の著作物
　七　映画の著作物
　八　写真の著作物
　九　プログラムの著作物
②事実の伝達にすぎない雑報及び時事の報道は、前項第一号に掲げる著作物に該当しない。

● 著作権の国際的保護

　主な国際条約としては、著作者の権利を保護する**ベルヌ条約**（文学的及び美術的著作物の保護に関するベルヌ条約、1886年）と、著作隣接権を保護する**ローマ条約**（実演家、レコード製作者及び放送機関の保護に関する国際条約、1961年）のほか、2002年からはWIPO（世界知的所有権機関）の実効力を発揮するため、**WIPO著作権条約**（著作権に関する世界知的所有権機関条約：WCT）と**WIPO実演・レコード条約**（実演及びレコードに関する世界知的所有権機関条約）が発効している。さらに、アメリカ主導で1994年のマラケシュ協定に伴って**TRIPS協定**（知的所有権の貿易関連の側面に関する協定：WTO協定の一部）が結ばれたが、世界的にみて著作権保護が遅れている国のルールを国際基準にする動きであるとして批判もある。ベルヌ条約は内国民待遇の原則を確立し、内外差別をしないこと、国内法で定めるべき著作権の範囲を規定した点に特徴がある。このほか、1952年成立の**万国著作権条約**がある。本などに記されている©表示は、方式主義国の要件を満たすため、この条約によって定められている。当初は、ベルヌ条約非加盟のアメリカなど、方式主義の国と無方式主義の国をつなぐものであった（1989年にアメリカも加入）。

　従来は、包括的に著作権は社にあるとの考え方が一般的で、運用もこの考え方に沿って行われてきたが、署名記事や撮影者がはっきりしている写真の場合においては、少なくとも著作者人格権は著者本人に帰属し、著作権についても無条件かつ自動的にすべて社に属するとは限らないとする考え方が強くなりつつある。また、データベース事業の開始による２次使用に伴い、慣習等によっていた権利関係を明確にする動きが出てきている。

2　著作権者・利用者の立場

　著作者・著作権者は権利の侵害があった場合、損害賠償を求めることができるとともに、侵害する者または侵害しようとする者に対し、侵害の停止・予防を請求することができる（著作権法112条）。また、訂正などの方法で著作者の名声等を回復するための措置を求めることもできる（115条）。一方、侵害した者には罰金のほか懲役刑も科されている（119条）。

　日本における著作権処理の方法として、もっともシステム化されたものは音楽著作権で、日本音楽著作権協会（JASRAC）が包括的一元的に一括処理を行っている。たとえばテレビ局の場合、日常の番組で数多くの音楽を使用しており、個別に権利処理をすることは物理的に不可能なため、JASRACと民放連との間で包括的な使用権料交渉が行われ、年間契約で支払額が決まっている。

　このほかでは、日本複製権センター（JRRC）が印刷媒体の著作権処理の処理代行や啓蒙活動を行っている。JRRCは2012年に複写権センターから名称変更し、企業等の利用者との間に複写利用許諾契約を結んで複写使用料を受領し、日本文藝家協会、日本漫画家協会、日本写真著作権協会ほか８団体で作る著作者団体連合や新聞著作権協議会などの権利委託者に分配する制度を持っている。そしてもう１つは、デジタル方式の録音・録画機器に対しての措置で、私的録音・録画補償金制度と呼ばれるものである。購入時点で指定ハード機器に一定の「コピー代」を転嫁させ、それを分配給付する制度であるが、2015年より停止中である。

　著作権は、自らが著作物を創作する著作者ないし著作権者となる場合と、他人の著作物を利用する両側面がある。とりわけ他者の著作物を利用する場合には、原則として著作者（著作権者）の利用の許諾が必要である。

　ただし創作物のすべてに著作権が発生するかというとそうではない。あるいは、権利はあっても自由に利用できるものも存在する。ここでは、新聞を例に

〈複製〉

・私的使用（個人的利用）＝30条：テレビ番組を自宅のビデオやDVDに録画しあとでみるとか、美術館で気に入った絵を写真に撮影するなどが挙げられる。ただし私的使用であっても、デジタル機器の場合は、購入時に「補償金」をメーカーを通じて著作権者に支払う制度がすでに存在する（30条2項）。

・図書館でのコピー＝31条：図書館法で定められた図書館に限り、館内の図書を一定の制限のもとで複写することが許されている。2009年改正で国立国会図書館が所蔵資料をデジタル化することが認められた。

・教材利用＝33条、34条、35条、36条：教科書への掲載、教育番組での放送、授業・試験問題での使用が可能であるが、補償金を支払わねばならない場合が存在する（33条2項、34条2項、36条2項）。

・障害者利用＝33条の2、37条、37条の2、38条5項：点字による複製、録音、聴覚障害者のための文字放送等が可能である。

・裁判利用＝42条：裁判手続のために必要と認められる場合及び立法又は行政の目的のために内部資料として必要と認められる場合には、複製することができる。

・情報公開目的利用＝42条の2：行政機関情報公開法等による開示のための利用。

・インターネット利用円滑化目的＝47条の6：検索エンジンがサーバーにネット上のコンテンツを複製しデータベース化することを2009年改正で合法化した。

〈引用〉

・報道目的等の引用＝32条：公正な慣行に合致し、報道、批評、研究その他の引用の目的上正当な範囲内であれば引用が可能である。

・論説の転載＝39条：新聞、雑誌に掲載された政治、経済、社会上の時事問題に関する論説は、他の新聞、雑誌に転載したり、放送することができる。

・政治上演説等の利用＝40条：公開で行われた政治上の演説又は陳述及び裁判手続上の陳述は原則、許諾を必要としない。国・地方公共団体の機関又は独立行政法人の公開の演説又は陳述は、報道目的であれば掲載、放送することができる。

・事件報道の利用＝41条：盗難事件の絵画を紙面掲載するなど、写真、映画、放送等で時事の事件を報道する場合には、当該事件を構成するなどの著作物は、報道の目的上正当な範囲内において、複製・利用することができる。

〈上演・放送・展示〉

・営利を目的としない上演等＝38条：営利を目的としない上演、演奏、上映、口述ができる。

・翻訳、翻案等による利用＝43条：翻訳、翻案等による利用ができる。

・放送事業者等の一時的固定＝44条：自己の放送のために、自己の手段又は当該著作物を同じく放送することができる他の放送事業者の手段により、一時的に録音し、又は録画することができる。

・展示、小冊子発行＝45条、46条、47条：原作品の所有者又はその同意を得た者は、これらの著作物をその原作品により公に展示、小冊子を発行することができる。また公開の美術の著作物等は原則、自由に利用できる。

・プログラム著作物の利用＝47条の3：プログラムの著作物の複製物の所有者は、コンピュータで利用するために必要と認められる限度において、複製、翻案することができる。

とって著作権法を読み解いてみよう。新聞紙面に掲載される記事や写真は、著作権法上、以下の３つに大別できる。

その第１は、著作物としての保護を受けないもので、「事実の伝達にすぎない雑報及び時事の報道」（法10条２項）がこれに該当する。具体的には、人事往来、死亡記事、火事、交通事故など単純なストレートニュースにおける事実関係を追った記事だけに限定される。ここにいうストレート記事が何かは解釈の幅があるが、通常「ベタ記事」と呼ばれる見出しも含め１段扱いで、内容的にも警察発表をそのまま書いたようなものをさすことが一般的である。なお、法令や判決などにも著作権はないが（13条）、政府刊行の白書などの報告書類は法の保護を受ける。

第２は、著作権はあるが、報道、学術研究など社会公共目的という条件で自由利用できるもので、「時事問題に関する論説」（法39条）が該当する。本来ならば完全に著作権の保護を受けるべきである時事問題に関する論説ではあるが、さまざまな意見を広く読者に伝えるという報道の公共目的を果たす場合に限って、特にその転載を認められている。ここでいう「論説」について新聞協会は、原則として「社説」あるいは社説とみなされる「論説記事」をさすとの見解をとっている。したがって、署名入りの時事に関する評論、解説記事が対象とならないのはもちろん、署名、無署名を問わず各社の「コラム」も利用範囲から除かれると解釈されている。なお、情報公開法・条例による情報開示（コピー）も法令による例外措置である。そのほか、障害者利用や教育目的による例外が定められている。

第３は、著作権保護の対象となるもので、報道・評論・解説などの一般記事、報道写真、図案、編集著作物など、上に該当しないものはすべて当てはまる。これらの記事の複製、転載については、当然のことながら当該新聞社等の許諾を得なければならない。このような著作物の例外的な無断利用が認められる場合は、法条文に従うわけであるが、実際は従来の慣行に従って利用（引用）することが求められる。そして、その際には著作者名や出典などの出所の明示も必要である。引用の線引きについては、パロディ事件や富山県立近代美術館事件がある（第８講参照）。

ただしその例外が私的利用のコピーで、お気に入りの新聞記事をコピーしてとっておく場合などである。自宅でビデオやDVDに放送を録画し、あとで家族で楽しむ場合などがこれにあたる。また、法で定められた範囲において図書

● パロディ

　他人の作品をパロディのために使用することについては、グラフィックデザイナーのマッド・アマノが公刊されている写真のなかの山岳写真を利用してパロディ作品を作ったところ、著作権及び著作者人格権の侵害であるとして訴えられた。**パロディ事件最高裁判決**（最判1980.3.28、民集34.3.244）は「正当な範囲内の引用」として、三条件を示した。

　①引用を含む著作物の表現形式上、引用して利用する著作物と引用されて利用される著作物とを明瞭に区別して認識することができること

　②前者が主、後者が従の関係があること

　③引用される側の著作者人格権を侵害するような態様でなされるものでないこと

　引用には、コピー（コート＝そのまま引用、抜粋、要約）、オマージュ、パロディの段階があると考えられ、要約とパロディ以外については何らかの許諾（対価の支払い）が必要となるとされている。

● 貸与権と公共貸与権（公貸権）

　書籍が除外されてきた理由は、図書館や江戸時代から続いてきた貸本屋の存在にある。全体としての影響が小さかったこともあり、無断での貸与を結果として放置してきたわけであるが、1990年代以降、急激に増加してきたマンガ喫茶や大型レンタル書店によって、書籍の売れ行きが影響を受けているとみられることから、2003年に入って日本雑誌協会、コミック作家の会と日本文藝家協会、日本ペンクラブを中心に、貸与権の復活を求める声が強まり、2005年に著作権法附則４条の２が撤廃された。なお、レンタル店ではたとえばビデオテープの場合、レンタルビデオの購入価格を販売用のセルビデオの価格より高く設定することで、著作財産権・著作隣接権を保護している。

　貸与のなかでも、図書館が貸し出す著作物については、特別な制度が必要になる。現行法では、非営利かつ無償の貸与の場合は、著作者の許諾を必要としない（著作権法38条４項）。営利としない上演（38条１項）とのバランスを考慮したものといわれているが、図書館の大量購入・複本制度などをきっかけに、作家の財産的利益を守りつつ、著作物の文化的価値の共有をめざす方策を要求する声が出始めている。イギリスやスカンジナビア諸国などでは「公貸権（public lending right）」として、図書館側が貸し出し回数をカウントすることなどにより、それに応じた金額を著作者側に支払うことを取り決め、その財源を税金等で賄っている。いわば、公共的な貸本については、その著作者の損失を国家で補塡する考え方である。すでにビデオや映画フィルムについては「ライブラリー価格」として同様な制度が法制度化されている。図書館側からは図書館関連予算を圧迫し、結果として利用者サービスの低下につながるとの強い反対があるが、多様性の確保と文化振興のためには考慮されてよい制度であろう。

著作権法

第26条の３［貸与権］　著作者は、その著作物（映画の著作物を除く。）をその複製物の貸与により公衆に提供する権利を専有する。

著作権法附則　※2005年に廃止

第４条の２［書籍等の貸与についての経過措置］

　新法第26条の３の規定は、書籍又は雑誌（主として楽譜により構成されているものを除く。）の貸与による場合には、当分の間、適用しない。

館の新聞や本を館内でコピーすることは、著作物を社会の文化財として共有し、国の文化の発展に資するという観点から認められている（法31条）。

Ⅱ　デジタル時代の著作権

1　データデジタル化と著作権保護

　権利ビジネスの興隆が著作権法体系に大きな影響を与えつつあることはすでに触れたが、同じことはデータデジタル化についてもいえる。デジタル化が、著作権者の保護と文化財の社会的共有のバランスを大きく崩す可能性を孕んでいるからだ。

　それはたとえば、音楽シーンを考えてみても、従来、自分が聴きたい曲があれば、レコード店で買うか、友人に借りてテープに録音して楽しむということが一般的であった。しかしいまでは、レンタル店があって廉価でCDを借りることができるし、インターネット上から自分のパソコン上にダウンロードすることも容易である。しかもそのコピーはごく簡単に作成できる。さらに重要なのは、質もまったく劣化しない。

　すなわち、オリジナルとまったく同品質のコピーが、きわめて容易に、安価に、いくらでも作成でき、しかもそれは、場合によってはネットワークを通じて世界中にばらまくことも可能である。「私的複製」を許すことは、無尽蔵なコピーを黙認することと近似の結果を招く危険性が生じている。従来のように、個人的に楽しむのであれば目をつぶろう、という寛容な精神は通じないのである。

　しかも、従来は社会的・経済的に大きな価値を持つ著作物は、プロの手によって作り出されプロの手によって利用されるのが一般的な利用法であり、だからこそ例外的にアマチュアによる「私的利用」が認められてきたともいえる。それがいま、デジタル化によって様相は一変し、誰もがクリエーター兼ユーザーとして活動する（当人が意識しているかどうかは別として）時代を迎えていることになる。

　業務として慣習的に行ってきた著作権処理が変更を迫られている面も見過ごせない。たとえば、新聞社でも放送局でも従来は、二次使用権についてきちんとした契約をせず、出演交渉をしたり執筆をしてもらっていたりした経緯があ

● 著作権等の保護期間

　著作権の存続期間は、創作の時に始まり「死後〇年間」と定める。アメリカは2003年改正で「死後70年間」に延長、これはディズニー社の意向に沿ったものであると伝えられており、それゆえに「ミッキーマウス著作権」と呼ばれる。ビジネス面からは、著作権を長く設定することは有利になるが、一方で文化の発展を考えた場合、たとえばミッキーマウスを自由に利用した創作活動を禁止することは、新たな発展の可能性を消しているともいえる。2018年に日本でもTPP（環太平洋パートナーシップに関する包括的及び先進的な協定）の効力が生じ、原則的保護期間が50年から70年に延長された。関連して、アメリカ等に戦時加算（著作権の保護期間に戦争状態にあった時期＝真珠湾攻撃からサンフランシスコ講和条約締結日までの約10年間を加算する条項）の権利行使をしないよう求めている。

・著作者の権利（著作権）：創作の時から著作権者の死後70年
・著作隣接権：実演等を行った時点から70年
・特許権（特許法）：出願の日から20年
・実用新案権（実用新案法）：出願の日から10年
・意匠権（意匠法）：登録の日から20年
・商標権（商標法）：登録の日から10年で更新可能
・育成者権（種苗法）：登録の日から25年（樹木は30年）

　上記2つの最広義の著作権は、一切の手続きは必要とせず、著作物が作られた時点で自動的に付与されることになっている（国際ルールとしての「無方式主義」）。一方、それ以下の産業財産権等は、権利取得のためには申請や登録といった手続きが必要である。

● ネット上の著作権

　公衆送信のうち、公衆からの求めに応じ自動的に行うものを「自動公衆送信」という。インターネット上のホームページにアクセスして情報を閲覧する、これらの情報をダウンロードする、などの行為が該当する。こうしたインタラクティブ送信では、送信行為を権利者（ホームページ制作者）が個別に把握することは事実上困難であることから、送信には至っていなくても、制作者が情報をネットワークに接続済みのサーバー（自動公衆送信装置）にアップし、誰でもその情報にアクセス可能な状況になった状態をもって「送信可能化」とし、著作者の権利を発生させるという便宜がとられている。なお、インターネット放送のように、サーバーに情報を記録することなく入力・送信する行為も、送信可能化とみなされる。

　インターネット上の「リンク」機能が、著作権侵害にあたるかについても議論があったが、現段階では権利侵害にはあたらないという解釈が一般的である。自分が制作したホームページ上に他人のURLを記すことでリンク付けして、自由に特定の制作ページに「飛んでいく」（関連付けをする）ことを認めることは、まさに、インターネットのネットワーク性を最大限に生かしたもので、これを制限することはインターネットの特性そのものをも阻害するというのが根底にある考え方である。しかしながら、フレーミング機能などを利用して、さも自分が作成したかのごとく他人のページを自分のページに取り込んでしまうようなレイアウトでみせることは、権利侵害行為として批判がある。他人のページのバナー広告を無断でカットし、他人の情報で自己のウエブサイトを充実させようとしたと判断され、著作権法ではなく不正競争防止法違反であると判断される可能性も指摘されている。

る。かつては作家が、自分の本を出版するのに出版社と明文化された契約書を結んでいる例は稀であった。こうしたルーズな著作権契約実態が、デジタル時代には許されなくなってきたといえる。それは、著作権者にとっても自己の著作権が侵害される可能性を高めるとともに、著作権利用者にとっても自由な使用の妨げになるからである。

ではデジタル化に対抗するためにどうするか。選択肢は4つ——私的利用を一切認めないか、技術によってコピーすることを制約するか、複製に対して強制的に使用料をとるか、著作権フリー（複製を自由に認める）にするか、である。

第1の選択肢はある種の囲い込みであるが、すでに一部のレコード会社が実施したように、発売CDにコピーガード（プロテクト）をかけて、一切の複製ができないようにする方法だ。既存データのデジタル化を認めないということも、同様の選択といえる。実際、小説や美術品など、2次利用としてのデジタル化については、紙メディアの出版や放送番組制作とは別に、別途使用許可（著作権権利処理）が必要となっている。

第2は、テレビのデジタル放送ですでに実施されているが、家庭で受信した放送コンテンツ（番組）は10回までしかコピー（孫コピー）はできないようなコピーブロックがかけられている（「ダビング10」制度）。

第3の方法は前述のとおり、著作権の集中管理の仕組みや補償金制度が実行されてきた。電子すかし技術によって、ネット上の課金システムも技術的には可能とされている。

確かに第4の選択肢のように、インターネット上の作成物はすべて自由に使えるもの、と割り切ってしまえば話は早いが、現実的にすべての制作物をそうした扱いにすることはできない。もちろん、インターネットの特性を考えた場合、できる限りネット上の情報を共有するということはありうると思うし、「シェアウエア」「フリーソフト」といった名称で、数多くの著作物ができる限り自由に使用できる工夫が図られていることもまた事実である。

そうしたなか日本におけるデジタル対応の最大のポイントは、「フェアユース（fair use）」の導入のあり方である。アメリカの著作権法体系では旧来より、日本のように自由利用できる場合を個別例外的に定め制限を外していくのではなく、「みんなのため（公正な利用）」であれば著作権の有無にかかわらず自由に利用できる規定が存在する。そして、著作権者が権利侵害だと思えば、司法の場に訴えて自身の権利を保護する（損害賠償を求める）という方法だ。

著作権の管理事業は長らく、著作権ニ関スル仲介業務ニ関スル法律（1939法67、仲介業務法）のもとで行われていたが、IT時代にそぐわないなどの理由から管理事業者を許可制から登録制に改めるなど改訂され、著作権等管理事業法（2000.11.29法131）として生まれ変わった。対象も著作権のみから著作隣接権全般に拡大されている。2020年現在、管理事業団体として登録されているのは、日本音楽著作権協会ほか29事業者となっている。

なお、著作権法上保護の対象となる著作物になるためには、以下の条件をすべて満たす必要がある。

・「思想又は感情」を表現したもの（単なるデータはダメ）
・思想又は感情を「表現したもの」（アイデアはダメ）
・思想又は感情を「創作的」に表現したもの（模倣はダメ）
・「文藝、芸術、美術又は音楽の範囲」に属するもの（工業製品はダメ）

● 日本版フェアユース規定

2000年代以降、インターネット情報検索サービスのための複製やコンピュータによる情報解析のための複製など、法改正を繰り返し自由利用の範囲を徐々に広げてはきていた。使い勝手が悪いとの批判が絶えない一方で、海賊版の横行や訴訟で解決することへの抵抗感、基本的な法構造は維持すべきとの意見も強く、結果としては「米国のフェアユースのような一般的・包括的な権利制限規定ではなく、明確性と柔軟性の適切なバランスを備えた複数の規定の組合せによる『多層的』な対応を行う」という玉虫色の決着の結果が、「柔軟な権利制限規定」ということになる（「デジタル化・ネットワーク化の進展に対応した柔軟な権利制限規定に関する基本的な考え方」文化庁著作権課、2019年10月24日）。

具体的には、①通常権利者の利益を害さない行為類型として「著作物に表現された思想又は感情の享受を目的としない利用や電子計算機における著作物の利用に付随する利用等」を、②権利者に与える不利益が軽微な行為類型として「著作物の所在検索サービスや情報分析サービス等、電子計算機による情報処理の結果の提供の際、著作物の一部を軽微な形で提供する行為」を認めた。

なお、こうした制限緩和の結果、書籍や資料などの全文をキーワード検索して、キーワードが用いられている書籍や資料のタイトルや著者名・作成者名などの検索結果を表示するために、書籍や資料などを複製する行為が認められた。これは、著作権者の許諾なく著作物を丸ごとスキャニング（複製）することや、作成したデータをさらに別の事業者に頒布（譲渡）・公衆送信することが自由にできることを意味する。

すでにGoogleに代表されるようなウエブ検索サービスの場合、インターネット上で閲覧可能なウエブ著作物を自社サーバーに蓄積し、分析・商業利用しており、こうした利用を法制上認容していることからすると、その延長線上に過ぎないという考え方が強い。しかし根幹の著作権者の人格的な利益を守る意味では、少なくとも著作権者のコントロール権を保持し続ける必要があるだろう。日本の場合、個人情報保護の法規定でも同様であるが、産業界の利活用や社会的利益のために個人の権利が一方的に制約を受けるとともに、本人が知りえないかたちで第三者が自由利用できる仕組みになってしまっている点には注意が必要である。

前に触れたように、アメリカではもともと人格的利益を保護する発想がなかったことも関係して、公共的利益に供する場合は無料で使え、私益のためなら権利者に相応の対価を支払うというビジネスライクな合理的な考え方でもある。

　この考え方がデジタル時代にもてはやされるのは、とりわけ多くの権利関係者が存在するような創作物の2次利用の場合などに迅速な権利処理が期待できること、デジタル・ネットワークのメリットを生かしたサービスやビジネスを展開するには柔軟で包括的な権利処理が不可欠なこと、などが理由に挙げられる。産業界を中心に一層の制限緩和が求められていたなか、2018年著作権法改正によって「柔軟な権利制限規定」を導入し、いわゆる日本版フェアユースが実現した。

2　新しい時代への対処法

　技術の発展や社会状況の変化に合わせて、いくつかの新しい使用権を設定してきている。その1つが、公衆送信権（著作権法23条）である。もともと、放送については放送権を設定していたが、さらに音楽有線事業の登場によって有線放送権を創設した（1971年）。その後、通信カラオケのような利用者の要求に従い個別に送信する場合にも対応できるように、有線送信権を変更した経緯がある（1986年）。これによって同時に、オンラインのデータベース事業にも対応できることになった。

　さらに携帯電話の普及などで、ネット通信が有線・無線の区別なく行われる事態に対応するため、新たに公衆送信権を設けこれらの権利を統合した（1997年）。公衆送信権は、放送権、有線送信権、自動公衆送信権（送信可能化権を含む）から構成される。従来の権利だけだと、幾多の権利処理が必要となり現実にそぐわないため、かえって著作権者の権利保護にとって障壁となるためである。この規定によって著作者は、公衆によって直接受信されることを目的として、無線または有線の送信を行う排他的権利を有することになる。

　ほかにも、データベース事業が一般化するなかで、1986年の著作権法改正では「データベース著作物」（12条の2）を新たに定めた。新聞や雑誌、電話帳や時刻表などの「編集著作物」（12条1項）とは、データの体系付けやキーワードの選定といった創作行為が加わっている点で異なるとされている。なお、両者ともそれらを構成する個々の著作物が存在する場合、第三者が利用しようとした場合には、データベース、編集著作物の著作権者とともに、素材と

● 図書館資料のデジタル送信

　図書館向けデジタル化資料送信サービスは、著作権者・出版者団体などの関係機関で構成される「資料デジタル化及び利用に係る関係者協議会」で取りまとめた「国立国会図書館のデジタル化資料の図書館等への限定送信に関する合意事項」（2012. 12. 10、2019改正）に基づいて2014年から運用されている（著作権法31条③を適用）。参加館は2020年段階で全国の公共図書館、大学図書館等1236館で、送信対象資料は国立国会図書館 NDL がデジタル化した資料のうち、流通在庫（出版者、書店等の市場）がなく、かつ商業的に電子配信されていない等、一般的に書店等において購入が困難である、いわゆる絶版等の理由で入手が困難な資料となる（漫画、絵本、商業出版者の雑誌は取扱いを留保している）。この制度によって、利用者は最寄りの図書館で閲覧・複写が可能となった。

　この制度を発展させるかたちで、すべての本（雑誌）が家に居ながらにして読める仕組みが検討されている。地域間格差や障碍者等のアクセシビリティの解消、研究者学生の教育環境の充実の観点からは大きな意味がある一方で、図書館・出版界をいかに守るかは重要である。多様で豊かな出版を守ることが、結果的に市民・読者の知る権利を守ることになるからだ。また、図書館の館数は増加し続けている一方、資料購入予算は1990年代後半をピークに減少している。これは、図書館を通じた読書環境が貧弱になっていることを意味する。

　2020年秋の文化庁審議会では、送信と引き換えに「補償金」制度の導入を提言しているが、書籍の価格と釣り合いのとれた額がきちんと著作権者や出版社に支払われることが条件になるだろう。補償金は受益者負担として利用者が支払うことになるが、海賊版の防止も含め国が制度構築にどこまで関与するのかも課題である。こうした仕組みは、すでに2000年代に長尾構想として発表されているものでもある（下図参照）。

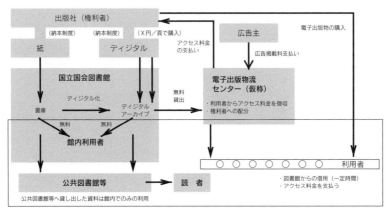

（長尾真国立国会図書館館長（当時）の2009年７月27日シンポジウム配付資料から）

なる著作物の著作権者の許諾も必要とする。

　そのほか、レンタル業（貸しレコード店）の普及から1984年改正によって「貸与権」（26条の3）を設定し、著作者の保護を図っている。なお、ビデオソフトを含む映画著作物については、より強力な「頒布権」がそれ以前から存在する。貸与権の対象は、レコードや書籍・雑誌、さらにゲームソフトなどの複製物が考えられるが、法施行と同時に、附則によって書籍が除外されていたが、2005年に例外措置は撤廃された。

　また、デジタル化は著作物の流通過程を大きく変更する可能性があり、著作権市場の「胴元争い」に火をつけることになるだろう。従来の紙の出版物であれば、出版社がその流通の総元締めとして著作権を管理し課金システムを形成していた。すなわち、作者に印税・原稿料を支払うかたちで出版権を獲得し、本を市場に出すことで読者からその経費を回収するというかたちである。

　しかし出版のデジタル化はそうしたシステムを崩壊させている。たとえば21世紀を迎え、辞書や百科事典は紙の時代から電子辞書・ウエブ事典の時代に大きく様変わりした。その結果、辞書コンテンツは出版社から電子辞書を販売する機器メーカーに渡ることになるが、そこでは市場競争のなかで辞書制作に要した経費を回収できるほどの使用権（ロイヤルティ）が設定できないでいる。

　文化再生産のための著作権保護の仕組みがここでは成立していないといわざるをえないのであって、早急にデジタル出版時代の新たな仕組みを社会として構築していく必要に迫られているといえる。

　その1つが、図書館所蔵図書のデジタルアーカイブ化と送信サービスである。すでに欧州でも、所蔵資料のデジタル化とデータベース化（アーカイブズ）作業が始まっているが、日本でも国立国会図書館 NDL がすでに「近代デジタルライブラリー」を開設、明治・大正期刊行図書や雑誌など275万点をデジタル化したうえ、56万点のインターネット上での提供を実施している。さらに NDL がデジタル化した資料の一部を国内公共図書館内等で利用できるサービスとして、図書館向けデジタル化資料送信サービス（図書館送信）が始まっている。また、教育目的の著作物公衆送信ができる制度改定がなされ、2020年のコロナ禍を受けて前倒し実施された。この間の外出自粛や図書館閉鎖などを受け、図書館所蔵資料全体に送信対象を拡大することも含めさらなる法改正に向けた議論が進んでおり、当面は絶版図書等に限定しての NDL から公共図書館及び一般利用者へのデジタル送信が予定されている。

印刷媒体広告については、①広告作品全体、②コピー（キャッチ・コピー、ボディ・コピー）、③デザイン、④イラスト・キャラクター、⑤写真、などから構成されていると考えられる。このうち、①は「美術著作物」として保護の対象とみなすことができる。この場合の著作権は、広告主に帰属するのが原則であろう。同様なことは③にもあてはまり、素材の選択やレイアウトなどは、創作的な美術著作物の1つとして認める余地が大きい。最近は、アートディレクターやデザイナーのほかにプロデューサーが存在することも多く、作品全体とは別の著作物性が認められることがあるものの、原則は重なり合うものであろう。④のうちキャラクターはすでに多くの訴訟が提起されているとおり、著作権、商標権の対象である。イラストは程度の差があり、独立した作品にもなりうるようなものについては著作物性を認めるのが相当ではなかろうか。②について従来は、事実の伝達に過ぎない（ボディ）、あるいは言語の著作物と呼ぶには至らない（キャッチ）として、著作物として認められてこなかった経緯があるが、1つの言葉が時代を切り結ぶ場合もあることから、独立して著作物性を認めるにふさわしい作品も多いと考える。最後に⑤については原則、著作物と認められると考えられる。

放送媒体広告（テレビCM）については、映像と音声、テロップ等を個別に分離して考えることは難しく、通説では、「映画著作物」と考えられている。また広告会社と制作会社（クリエーター）が広告主と共同作業のなかで作り上げることも多いため、共同著作物として考えるのが適当であろう。そのうえでだれの著作物かについては、全日本シーエム放送連盟（ACC）が、「シーエム（映像広告）の使用に関する契約モデル」を発表しており、これに沿っての解釈が望まれる。現状では広告制作者が著作物の著作者だとされ、社会的にもそのような運用がなされている。一方で著作権者は広告主とする考え方も有力で、2次利用の際の著作権処理においては、広告主の了解をとることが一般的であるといわれている。

コンピュータの検索機能を活用して、ユーザーの希望に合った情報を自己ページで表示することや、検索語を含むニュース記事を集めて表示することが一般化しつつあるなか、これをデータベース著作物あるいはインターネット上の編集著作物の無許諾な2次利用として拒否できるかどうかの問題が生じる。実際は、自社サーバーを検索エンジンサービスを合法とする国におくことによって、日本でも自由にサービス提供を行うことが可能であったわけであるが、2009年著作権法改正によって、この種の検索エンジンが一時的にネット上のコンテンツをサーバーに複製する行為を認めることとした。

● 授業目的公衆送信補償金制度

2018年の改正で、教育機関が著作物を複製使用する場合、学校などが指定監理団体の授業目的公衆送信補償金等管理協会（SARTRAS）に一定額の補償金を支払うことによって、個別に著作者の許諾を得ることなく、著作物を使った教材や授業資料を、LMS（学習管理システム）などを通じて共有・配信したり、授業映像をオンデマンド等で配信することが可能となった（著作権法35条）。2020年度に限って、金額が決まっていなかった補償金を緊急かつ特例で無償とし、制度が前倒し実施された（20年4月28日施行）。教育関係者、有識者、権利者で構成する「著作物の教育利用に関する関係者フォーラム」が、教育現場での著作物利用に関するガイドラインとなる「改正著作権法第35条運用指針（令和2（2020）年度版）」を公表している。

もう一つ、インターネット関連の著作権対応の大きな課題が「海賊版」被害への対応である。近年の法改正により対応を強化しており、映画館等で流されている上映前 CM でもあるとおり、「著作権者の許可なく著作物（全般）をアップロードすること」や、「違法アップロードされた音楽・映像を違法アップロードであることを知りながらダウンロードすること」は違法とされてきた。

　しかし、違法コンテンツへのリンクを集約したリーチサイトや、違法アップロードされた書籍・漫画・論文・コンピュータープログラムについてダウンロードが行われるような場面に対する対策が不十分で、とりわけ漫画コンテンツの被害は出版社の経営を揺るがすほどであるとされている。そこで2020・21年改正でリーチサイト対策およびダウンロード違法化・刑事罰化を柱とした法整備を行った（113条②③ほか）。

● 版面権と電子出版権

　従来から、出版社からは「出版者権（版面権）」を求める声が強い。すなわち、書籍、雑誌、新聞、地図などの形状の区別なく、編集作業を通じてコンテンツをレイアウトした出版物に対しては、いわば出版者固有の権利として「版面の利用・複製権利」を認め、出版活動を保護すべきというものである。複製には事前に許諾を必要とする「著作権」とは違い、版面のコピー後に使用料を支払う報酬請求権とする、著作権法の「著作隣接権」として位置付けるものである。

　一方で電子書籍などを扱う事業体や、その意向を受けた経団連からは、紙媒体とは切り離しデジタルコンテンツの複製・出版を権利化した「電子出版権」を求める声が上がることになった。この両者の主張の妥協案として、2014年に改正著作権法が成立し、著作権者は自分の著作物に対し「紙媒体による出版やCD-ROM等による出版」のほか「インターネット送信による電子出版」について、出版権を設定することが可能となった（著作権法79条）。これによって、インターネット上にアップロードされた海賊版被害にも対処できると説明されているが、その実質的な効果は未知数といえる。

【参考文献】

半田正夫『著作権法概説　第16版』（法学書院、2015年）、岡本薫『著作権の考え方』（岩波新書、2003年）、宮澤溥明『著作権の誕生フランス著作権史』（太田出版、1998年）、著作権情報センター『著作権法入門　2020-2021』（文化庁、2020年）、福井建策『改訂版　著作権とは何か　文化と創造のゆくえ』（集英社新書、2020年）、升田純『写真の撮影・利用をめぐる紛争と法理―肖像権、著作権、著作者人格権、パブリシティ、プライバシー、名誉毀損等の判例』（民事法研究会、2020年）、岡村久道『著作権法　第5版』（民事法研究会、2020年）、早稲田裕美子『そこが知りたい著作権 Q&A100― CRIC 著作権相談室から―　第2版』（著作権情報センター、2020年）

第21講　名誉毀損と批判の自由

I　名誉毀損法制の基本構造

1　守られる名誉とは何か

　口頭か文書かあるいは映像かを問わず、他人の名誉を侵害すると、刑法の定める名誉毀損（法230条）や侮辱（231条）の罪に問われる。また、名誉を毀損した場合に、民法の定める不法行為として民事責任が生じることもすでに確立している（法710条）。なお、これに類似の罪として信用毀損（刑法233条）がある。

　民事上の名誉毀損は不法行為による損害賠償請求が一般的であるが、刑事上の名誉毀損との違いとして事実の摘示の有無があり、民事では具体的事実の公開は必要とされない。刑法は、国家の秩序維持の観点から犯罪を犯した者に刑罰を科すことによって同様の行為の抑制を期待しているが、民法は、名誉毀損の結果生じた損害の回復を目的とし、「不法行為」について名誉毀損罪の成否を判断する場合、刑法230条を準用するものであって、法目的が違うことはいうまでもない。

　名誉毀損罪と侮辱罪はいずれも社会的名誉を保護法益としているが、前者が「公然と事実を摘示」していることを成立要件にしているのに対し、後者は「悪人顔」といった表現のように、明確に事実を指し示していない場合も該当する。罪状には差があり、前者が3年以下の懲役もしくは禁錮または50万円以下の罰金であるのに対し、後者は拘留または科料である。

　次に社会的名誉が具体的に何をさすかであるが、通説では「人の客観的な社会的評価・名声・名誉」をさし、主観的な名誉感情は含まれないとされる。したがって、自分自身では正当であると思っている評価がけなされた場合でも、社会的評価が客観的に低下していなければ名誉毀損にはならないし、そのためにどんなに精神的苦痛を受けても、それだけでは名誉毀損にはならない。

　しかし、実際の判例では名誉感情の低下をもって名誉が毀損されたとする事例が少なからずある。なお近年では、社会的名誉を「社会的情報環境」とする考え方も示されてきている。

　ここでいう名誉は、「その事実の有無にかかわらず」とあるように虚名でもかまわないとされ、そもそも当初の社会的評価が嘘で塗り固められたような事実でなかった場合であっても成立する一方、たとえば書いた記事が真実であっ

● 名誉毀損の成立

刑法の名誉毀損（230条）が成立しその報道が処罰される場合

名誉を害する記事　名誉毀損が成立するための条件（構成要件）は３つある

名誉（個人または法人の客観的社会的な評価・地位・名声）

公然（不特定または多数の知りうる状態）

事実の摘示（具体的事実の公開）

↓

免責要件　名誉毀損が成立しても３つの要件をすべて満たせば処罰されない

公益性（目的・手続きの正当性・公目的さ）

公共性（公共的事柄・公人）

真実性（真実証明）

＊立証責任は記事を書いた側（訴えられた側）

↓

免責要件の拡大　判例によって免責（違法性が阻却される）範囲を拡大している

○真実相当性基準──確実な資料に基づいており真実であると確信

×現実の悪意基準──意図的に悪意をもって書いたものでない

（以下は民事の場合に適用）

△公正論評法理──意見が公正である

×配信者責任法理──通信社からの配信記事である（独自取材ではない）

＊アメリカで発達した考え方で日本では、○認容、×否認、△条件付き認容

民法の不法行為（709条）の成立にも刑法の規定が準用される

不法行為が成立する記事・論評

名誉

公然

事実または意見の摘示＜事実の摘示は不要で意見でも成立＞

↓

不法行為が成立した場合の効果

損害賠償（民法722条１項・417条）に基づく金銭支払い請求

原状回復措置（民法723条）に基づく謝罪広告等

侵害予防措置（民事保全法23条２項）に基づく出版等の事前差止め

　たとえばイギリスでも政府誹謗罪（Seditious libel）に代表される権力者の保護・自己防衛がみられ、「The greater the truth, the greater the libel.」といった法諺にみられるように、真実性証明による免責の不存在があった。

　表現の自由と名誉毀損の関係について、**岩代毎夕新聞事件最高裁判決**（最判1958. 4. 10、刑集12. 5. 830）は「憲法21条は、言論の自由を無制限に保障しているものではない。……他人の名誉を毀損することは、言論の自由の乱用であって、憲法の保障する言論の自由の範囲内に属するものと認めることができない」と判示している。

ても名誉毀損の責任は免れない。こうした考え方は、名誉毀損の歴史を振り返ってみるとよくわかる。そもそも名誉毀損とは、虚構も含め特別な地位にある人、さらにいえば時の権力体制を守るために作られた制度で、真実であろうとなかろうとその人を批判することを許さない、ということが原点にある。

なお、古典的な区分として、文書による名誉毀損（libel）と口頭による名誉毀損（slander）があるが、前者は名誉を傷つけられた者に、金銭的損害が生じなくても成立する。一方で後者は、実害の存在が不法行為成立の要件とされている。ただし、ラジオやテレビの存在でその境界が曖昧になってきており、通常マスメディア表現は libel に分類される（日本ではこのような区別はない）。

名誉毀損罪が時の政治体制を批判することを押さえ込む手段として使われた歴史的経緯のなかで、真実を書くこと、自由に権力を批判するための戦いが継続されてきた。それは、事実であれば罪を問われないということの保障である。具体的には、真実性証明による免責の導入というかたちで、アメリカペンシルバニア州憲法やイギリス・キャンベル名誉毀損法で採用されていった。

日本でも、戦後に表現の自由が保障されたなかで、真実を書くことで罪を負うのでは表現の自由が全うできないと考えられ、刑法230条の2で免責規定を設け、自由の枠を拡大するに至った。「公共の利害に関する事実」を「公益を図る目的」で報じた場合は、その内容が「真実」であれば処罰されない、というルールである。その後、判例によって真実と信ずる「相当な理由（真実相当性）」が存在すればよいと、範囲がさらに広げられた。

さらにアメリカでは、権力批判自由化の流れはとどまらず、「現実的悪意（actual malice）のルール」が提唱され、今日では判例上定着している。これは、公務員の公務に関する名誉毀損が成立するためには、表現者が当該表現が虚偽であることを知っていたか、虚偽であるかどうかにまったく不注意であったこと、つまり当人が「悪意」を持っていたことが必要条件となるというものである。

リーディングケースとなったのは、ニューヨーク・タイムズ対サリバン事件で、米国連邦最高裁は従来、名誉毀損的表現は表現の自由の保護に値しないとみなされていたものを、公的な論点に関する表現は広く開かれ活発な議論がなされなければならないという前提を明確にした。そして、表現者はその表現が真実であることを証明すれば免責されるという「真実性の抗弁」だけでは、表

● **戦前の名誉毀損法制**

　改定律例（1873.6.13）は全３巻12図14律318条からなる刑法典で、旧刑法施行まで新律綱領（1870年）とともに実施。**讒謗律**（1875.6.28）は太政官布告第110号で全８条からなる。讒謗とは名誉毀損を意味する讒毀と、侮辱を意味する誹謗の合成語。小野梓ら英国法研究グループ＜共存同衆＞提出の建議を受けて制定された。天皇（２条）、皇族（３条）、官吏（４条）、一般私人（５条）に対する讒謗罪が規定されたが、前三者がより重罪とされたほか、官吏批判の新聞が４条により取り締まられ、新聞紙条例とともに新聞弾圧法の性格をもった。旧刑法（1880.7.17）は誹毀罪（358～359条）を規定し、讒謗律を吸収、1907年の現刑法に引き継がれた。天皇に対する名誉毀損は別途不敬罪を規定（1947年に廃止）した。同時に、新聞紙発行条目(1873.10.19)、新聞紙条例(1875.6.28)、新聞紙法(1909.5.6)、出版条例(1869.5.3、75年・87年改正)、出版法（1893.4.13、1934年改正）などでは、真実性証明による免責の局限化が図られた。

● **刑法による名誉毀損規定**

刑法（1907.4.24法45）

第230条［名誉毀損］　①公然と事実を摘示し、人の名誉を毀損した者は、その事実の有無にかかわらず、３年以下の懲役若しくは禁錮又は50万円以下の罰金に処する。

②死者の名誉を毀損した者は、虚偽の事実を摘示することによってした場合でなければ、罰しない。

第231条［侮辱］　事実を摘示しなくても、公然と人を侮辱した者は、拘留又は科料に処する。

第232条［親告罪］　①この章の罪は、告訴がなければ公訴を提起することができない。

第233条［信用毀損及び業務妨害］　虚偽の風説を流布し、又は偽計を用いて、人の信用を毀損し、又はその業務を妨害した者は、３年以下の懲役又は50万円以下の罰金に処する。

第234条［威力業務妨害］　威力を用いて人の業務を妨害した者も、前条の例による。

第234条の２［電子計算機損壊等業務妨害］　人の業務に使用する電子計算機若しくはその用に供する電磁的記録を損壊し、若しくは人の業務に使用する電子計算機に虚偽の情報若しくは不正な指令を与え、又はその他の方法により、電子計算機に使用目的に沿うべき動作をさせず、又は使用目的に反する動作をさせて、人の業務を妨害した者は、５年以下の懲役又は100万円以下の罰金に処する。

第230条の２［公共の利害に関する場合の特例］　①前条第１項の行為が公共の利害に関する事実に係り、かつ、その目的が専ら公益を図ることにあったと認める場合には、事実の真否を判断し、真実であることの証明があったときは、これを罰しない。

②前項の規定の適用については、公訴が提起されるに至っていない人の犯罪行為に関する事実は、公共の利害に関する事実とみなす。

③前条第１項の行為が公務員又は公選による公務員の候補者に関する事実に係る場合には、事実の真否を判断し、真実であることの証明があったときは、これを罰しない。

現の自由が十分に保障されないとして、新たなルールを提示したのである。

　同時に立証責任についても、公人については報道された側が負うことがルール化され、その後さらに、公人テスト（public figure test）と公益テスト（public matter test）が一般になされるなどの変更が積み重ねられてきている。ここで重要なのは、それらがすべて権力チェックに代表される、主に公権力に対する報道の自由を確保するための工夫である点である。

　これに対し日本は、身分差別の撤廃として不敬罪や外国元首使節侮辱罪の廃止が行われたり、真実性証明による免責範囲の拡大がなされた。しかし最高裁は、刑法230条の合憲性が争われた事例で、名誉毀損は言論の自由の濫用であるとし、その後もこの態度を維持している（岩代毎夕新聞事件）。下級審でも現実的悪意の法理の採用を否定する判例がみられるなど、むしろ報道範囲の拡大には消極的な姿勢がみてとれる。

2　名誉毀損の判断基準

　名誉を毀損したかどうかは、普通の読者が当該記事を読んでどのような印象を受けたか、すなわち一般の読者の普通の注意と読み方を基準とすることになっている（多摩の上海事件）。また、記事が連載である場合、単に問題とされる記事のみで判断するのでなく、連載全体を通じて判断することとされる（ロス疑惑銃撃Xデー事件）。これらはともに新聞の事例であるが、放送番組にも共通する基準となりえて、一般の視聴者の普通の注意と視聴の仕方によって、その番組の全体的な構成、これに登場した者の発言の内容、画面に表示された文字情報の内容を重視し、映像及び音声に係る情報の内容並びに放送内容全体から受ける印象等を総合的に考慮して判断すべきとされている（所沢ダイオキシン報道事件）。

　また、事実を噂や伝聞として報道しても、名誉毀損は成立する。関連して、媒体の性格から、受け手がそれら情報を必ずしも100％真実であると受け止めないような場合であっても、名誉毀損の成立には直接影響しない（ロス疑惑訴訟夕刊フジ事件及び東スポ事件）。伝聞の場合などにおいては、情報提供者の責任が問われる場合があるが、自分の提供した情報が公表され、その結果名誉が毀損される可能性を推認できた場合には、名誉毀損行為を幇助したものとして民法719条2項により責任を負う必要がある（ユーザーユニオン事件）。ただし、公表者としての責任との関係をどう整理するかについては課題が残る。

● 民法による名誉毀損関連規定

民法（1896. 4. 27法89）

第709条［不法行為による損害賠償］　故意又は過失によって他人の権利又は法律上保護される利益を侵害した者は、これによって生じた損害を賠償する責任を負う。

第710条［財産以外の損害の賠償］　他人の身体、自由若しくは名誉を侵害した場合又は他人の財産権を侵害した場合のいずれであるかを問わず、前条の規定により損害賠償の責任を負う者は、財産以外の損害に対しても、その賠償をしなければならない。

第723条［名誉毀損における原状回復］　他人の名誉を毀損した者に対しては、裁判所は、被害者の請求により、損害賠償に代えて、又は損害賠償とともに、名誉を回復するのに適当な処分を命ずることができる。

第715条［使用者等の責任］　①ある事業のために他人を使用する者は、被用者がその事業の執行について第三者に加えた損害を賠償する責任を負う。ただし、使用者が被用者の選任及びその事業の監督について相当の注意をしたとき、又は相当の注意をしても損害が生ずべきであったときは、この限りでない。

②使用者に代わって事業を監督する者も、前項の責任を負う。

③前2項の規定は、使用者又は監督者から被用者に対する求償権の行使を妨げない。

第719条［共同不法行為者の責任］　①数人が共同の不法行為によって他人に損害を加えたときは、各自が連帯してその損害を賠償する責任を負う。共同行為者のうちいずれの者がその損害を加えたかを知ることができないときも、同様とする。

②行為者を教唆した者及び幇助した者は、共同行為者とみなして、前項の規定を適用する。

● 出版差止め等の仮処分規定

民事保全法（1989. 12. 22法91）

第9条［釈明処分の特例］　裁判所は、争いに係る事実関係に関し、当事者の主張を明瞭にさせる必要があるときは、口頭弁論又は審尋の期日において、当事者のため事務を処理し、又は補助する者で、裁判所が相当と認めるものに陳述をさせることができる。

第23条［仮処分命令の必要性等］　②仮の地位を定める仮処分命令は、争いがある権利関係について債権者に生ずる著しい損害又は急迫の危険を避けるためこれを必要とするときに発することができる。

④第2項の仮処分命令は、口頭弁論又は債務者が立ち会うことができる審尋の期日を経なければ、これを発することができない。ただし、その期日を経ることにより仮処分命令の申立ての目的を達することができない事情があるときは、この限りでない。

第24条［仮処分の方法］　裁判所は、仮処分命令の申立ての目的を達するため、債務者に対し一定の行為を命じ、若しくは禁止し、若しくは給付を命じ、又は保管人に目的物を保管させる処分その他の必要な処分をすることができる。

第33条［原状回復の裁判］　仮処分命令に基づき、債権者が物の引渡し若しくは明渡し若しくは金銭の支払を受け、又は物の使用若しくは保管をしているときは、裁判所は、債務者の申立てにより、前条第1項の規定により仮処分命令を取り消す決定において、債権者に対し、債務者が引き渡し、若しくは明け渡した物の返還、債務者が支払った金銭の返還又は債権者が使用若しくは保管をしている物の返還を命ずることができる。

　名誉毀損の対象は個人（または法人）が特定される必要がある。したがって、差別表現の項で扱ったように集団的名誉毀損といわれる、特定の集団や人種、階層に対する名誉毀損は成立しない。一方、氏名が明示されていなかったり、イニシャルが用いられたりしていても、特定個人が識別できる場合には名誉毀損が成立する（捜査一課長事件）。またモデル小説の場合でも、モデルが誰であるかが原告を知る人であればわかり、読者に実際の話であるかのような印象を与える場合には名誉毀損が成立する（石に泳ぐ魚事件）。

　原告が刑事事件の被告人であっても名誉毀損の成立には原則、関係がない。ただしこの場合、拘置中は時効は停止される場合がある。同様に報道内容に関わる刑事事件での有罪無罪は、民事損害賠償と直接関係がない。ただし、一部の判決では、有罪によって守るべき社会的評価が低下したとの判断を行ったが社会的評価はあくまで報道時点で評価すべきであって、判決の矛盾は免れない（一連のロス疑惑報道事件）。

　名誉毀損となる表現行為としては、記事や番組のほか、受け手に印象を強く与える効果がある見出し、テレビのテロップ、放送の効果音が該当すると考えられる。見出しについては裁判所も記事本文とは別に、独立して名誉毀損が成立することを認めている（ロス疑惑報道事件）。

　刑事名誉毀損の事例は一般に、個人中傷ビラの配布や近年ではインターネット上の表現に対して適用されることが多い。マスメディアが対象となることはほとんどなかったが、2002年には『噂の真相』が訴えられ、有罪判決を受けた。判決内容以前に、通常の市販雑誌に刑事罰を適用することは、公権力による言論弾圧につながる可能性が高く、できる限り避けることが期待されていたのであって、なぜあえて摘発に踏み切ったかについては強い疑問が残る。

　刑法は、死者の名誉毀損について別に定めをおいている（法230条2項）。条文は、死者の名誉毀損が成立するためには、虚偽の事実を摘示することが必要な旨が定められているが、これは死者に対する名誉毀損罪が成立することの裏返しである。判例ではその保護法益を、遺族に対する名誉侵害、遺族の敬愛追慕の情の侵害としており、故人名での訴訟は認められない（落日燃ゆ事件ほか）。

　すなわち、死者自身の名誉毀損を理由とする民事損害賠償請求は、実定法上の根拠がなく認められない一方で、遺族に対する名誉毀損や精神的苦痛による不法行為の成立は認められ、原状回復や損害賠償を求めることはできるとされ

名誉毀損と侮辱

　裁判所は、ある人を「ダニ」（大阪地判1985. 7. 30、判タ560. 314）、「チビ・ブス」（東京地判1985. 11. 27、判時1174. 34）と表現したことについて、名誉毀損を認めている。厳密には侮辱の範疇と考えられるが、実際の訴訟では原告側が侮辱と名誉毀損を両方とも理由とすることで、裁判所の判断も曖昧になっている傾向があると思われる。同様に、私生活上の暴露が虚偽の事実であった場合など、実務上はプライバシーの侵害と名誉毀損の両方で訴えることが一般的で、その際の裁判所の判断も厳密な区分けをしていない場合がみられる。

名誉毀損の判断基準

　多様なメディア、表現態様があるなかで判断基準の原則とされるのは、**多摩の上海事件最高裁判決**（最判1956. 7. 20、民集10. 8. 1059）で、「一般読者の普通の注意と読み方を基準として解釈した意味内容に従う場合、その記事が事実に反し名誉を毀損したと認められる以上、これをもって名誉毀損の記事と目す」とした。これをテレビの場合にあてはめると、一般視聴者が普通の注意・関心をもってテレビ放映を視聴した場合における印象を基準として、社会的評価の低下の有無を判断することになる（大阪地判1995. 11. 30、判時1575. 85）。なお、対象が不特定のまま名誉毀損の成立を認めた例として、**所沢ダイオキシン報道事件高裁判決**（東京高判2002. 2. 20、判時1782. 45）がある。

法人の名誉毀損

　法人の名誉毀損は認めた例（東京地判2000. 5. 31、判時1733. 50）がある一方で、ある社に対する名誉毀損が、業界全体のイメージを低下させた場合については、否定している（大阪地判1993. 3. 26、判時1473. 102）。ただし、政党については評価が分かれるところで、最高裁は**サンケイ新聞反論文掲載請求事件最高裁判決**（最判1987. 4. 24、民集41. 3. 490）で、「政党間の批判・論評は、公共性の極めて強い事項」として、名誉毀損が成立しないことを示唆している。この考え方を敷衍すれば、国や地方公共団体は、名誉毀損の原告にはなりえないと考えられてもおかしくないが、実際は新潟県を批判報道をしたテレビ局に県が名誉毀損訴訟を求める事例などがある（**新潟県・TBS事件**、東京高判2002. 4. 24）。

モデル小説・死者の名誉毀損

　モデル小説における名誉毀損・プライバシー侵害の成立は、創作活動を制約する可能性があるが、**捜査一課長事件最高裁判決**（最判1999. 2. 4）などで、名誉毀損成立の要件は広く解釈されてきた。**石に泳ぐ魚事件最高裁判決**（最判2002. 9. 24、裁判所ウエブサイト）では、同定の基準を本人を知る人としたことから、作家からは私小説が書けなくなるといった強い危惧が表明された。一方で、問題となった雑誌発表小説を、訴訟継続中に原告の反対を押し切って単行本として刊行がなされたこともあり、そのバランスをどうとるかが課題である。**落日燃ゆ事件高裁判決**（東京高判1979. 3. 14、判時918. 21）は、城山三郎による広田弘毅元首相の伝記小説のなかで、女性関係に言及された登場人物の甥が作者を訴えた事件だが、裁判所は「年月を経るに従い、歴史的事実探求の自由あるいは表現の自由への配慮が優位に立つに至ると考えるべきである」とした。また、**密告事件地裁判決**（大阪地堺支判1983. 3. 13、判時1071. 33）は、書かれた内容は根拠のない虚偽のものであるが、実録小説という形式によって読む者に誤解を与えることから、遺族に名誉毀損の成立を認めた。

ている。

　2000年代以降は、インターネット上の名誉毀損が課題になっている。書き込みが刑事・民事を問わず名誉毀損に問われることはリアル社会と同じであるが（発信者特定などのネット特有の問題は第10講参照）、さらに「いいね」（同意）や「リツイート」（転送・拡散）などのオリジナル表現者ではない場合においても、名誉毀損の成否が争われている。「いいね」訴訟とも呼ばれるもので、ジャーナリスト・伊藤詩織が自身のレイプ被害事件に関しての中傷 Twitter の投稿者とリツイートした２人に損害賠償を求めるとともに、「いいね」を押した国会議員についても別途訴訟を提起している（過去の別事例では発信者責任を否定）。なお、リツイートについてはすでに損害賠償が認められた事案がある（橋下大阪府知事事件）。

Ⅱ　免責要件

　刑事名誉毀損は、犯罪構成要件に対し免責事由（違法性阻却事由）を挙げている（刑法230条の２）。免責三要件といわれる、「公共性、公益性、真実性」である。名誉は虚名であっても、報道が事実であっても成立するが、三要件が揃えば違法性が阻却される、という構造になっている。

1　公共性・公益性

　何が公共の利害に関する事実にあたるかは、大変難しい問題である。不特定多数の前に提示することで公共の利益に適う事柄ということになろうが、一般大衆の覗き見嗜好による好奇心や知りたいと思う気持ちとの差は、明らかなようではっきりしない。ましてやそれを、表現の自由の規制テストである明確性基準で明文化することは不可能といってもよかろう。したがってここでも、どのような観点からこの要件を解釈するかが重要になってくる。

　免責の１つ目は「公共の関心事」であるかどうかである。一般には公共領域の拡張傾向がみられ、日本における「公共性」基準のターニングポイントは、月刊ペン事件最高裁判決であるとみられている。すなわちこれは、報道の幅（報道の自由の保障の範囲）を広げたということになる。従来の考え方は、全体的状況、社会的有益性や必要性を重視し、公共の範囲を限定していたが、同判決は「公共の利害に関する事実」にあたるか否かは、適示された事実自体の

テレビメディアの特性

テレビのメディア特性に鑑み、**医療過誤テレビ報道事件地裁判決**では「テレビ放送の視聴者は、新聞や雑誌等の場合と異なり、情報を十分に検討する時間的余裕がなく、映像または音声の形で流された情報を受領しながら、瞬時の検討を余儀なくされるのであり、その後の情報受領過程で、一旦受けた印象を払拭することは必ずしも容易ではなく、むしろ、その印象を前提とした上で、さらに新しい情報を受領し、判断資料に組み入れていく」ことを考慮する必要があるとしている（東京地判1998.6.19、判時1649.136）。関連して、名誉毀損の成否を判断する際に、活字媒体にならい放送媒体でも、当該部分だけでなく番組全体の内容趣旨・目的から総合的に判断されることが判例でも認められている。この点、「画面に表示されたフリップやテロップ等の文字情報の内容を重視すべきことはもとより、映像の内容、効果音、ナレーション等の映像及び音声に係る情報の内容並びに放送内容全体から受ける印象等を総合的に考慮して、判断すべき」（最判2004.10.16、判時1845.78）としている。

一方でテレビの社会的影響力の大きさに着目して、「テレビ放送においては、その伝播性、信用性において社会に対し多大な影響力を持つものであるから、これに従事する者も、テレビ番組の制作、編集に当たり、一般の表現活動を行う場合と比べてより一層高度の注意義務を負担すべきである」（東京地判1994.11.11、判時1531.68）との判例がみられるが、メディアを峻別して媒体の注意義務、ひいては名誉毀損の成否に差異を設けることは好ましいことではなかろう。むしろ影響力については、活字媒体の発行形態や部数とともに、損害賠償額の算定において考慮するにとどめるべきであると考える。

生放送の扱い

放送特有の形態として「生放送」がある。これは、限りなく編集過程を省略したもので、情報流通の収集・加工・頒布の3過程がほとんど同時に行われる特殊な形態といえるだろう。この場合に、放送局にも不法行為責任を負わせるべきかどうかについて、ワイドショーでの発言が問題になったケースで判例は、出演者と放送局の双方に責任を認める判断をしている（東京地判1998.3.4、判タ999.270）。ただしこの点について、2004年のアメリカ・スーパーボール・ハーフタイムショーのハプニング（出演女性歌手の胸がみえたというもの）がきっかけで、大イベントの際にディレイ放送（5秒程度の時間差を設けて「生放送」を行うというもの）が実施されることになった。このような措置は、出演者の表現の自由の問題が生じることになるとともに、放送局の法的責任が増大することを意味するであろう。

レジャー紙・スポーツ紙の特性

特定の新聞の紙面作りが名誉毀損の成否の判断材料になるかについての**ロス疑惑訴訟夕刊フジ事件**で最高裁は、「当該新聞が報道媒体としての性格を有する以上は、その読者も当該新聞に掲載される記事がおしなべて根も葉もないものと認識しているものではなく、当該記事に幾分かの真実も含まれているものと考えるのが、通常であろう」（最判1997.5.27、民集51.5.2009）と、明確にそれを否定した。原審では、「主に興味本位の内容の記事を掲載しているものであって、そのような記事については一般読者も主に娯楽本位の記事として一読しているところである」として不法行為責任の成立を否定していた。最高裁の判断が妥当であろう。

内容・性質に照らして客観的に判断されるべきであるとした。

そして、宗教団体の長を公人として認定することで、公共の範囲を拡大して以降、プロスポーツ業界の内情、新興宗教法人の活動、公益法人の組織運営など、社会的活動の公共性が判例によって承認されてきている。

公共的利害事項の類型化を試みると、第1に政府・公職者の職務に関わる報道があろう。職務上の行為はとりわけ政治家に関しては広く捉えるべきで、プライベートな女性関係も政治家の資質を判断するのに必要という観点からは公共性を持つ事柄であると判断されている。裁判所もほぼ一貫して、広い範囲で免責の可能性を認めている。これは、刑法230条の2第3項による免責事由として、公務員または候補者の場合は公共性を必要としていないこととも、整合性がとれる。

第2が犯罪や裁判に関する報道である。刑法230条の2第2項は、公訴が提起されていない人の犯罪行為については公共の利害に関する事実とみなしている。これは逮捕された被疑者は公共性があるので、それについての報道は原則、名誉毀損は成立しないということである。当然、起訴後もこの原則が適用される。この点については、別項で詳述する。

もっとも判断が厄介なのが、第3の社会的関心事項である。①著名芸能人・文化人の行状・過去、②宗教団体トップの行状・過去、③重大な犯罪と深いかかわりを持つと思われる人物の行状・過去、④プロスポーツの選手・関係者の行状、⑤企業トップの行状、⑥ニュースキャスター・アナウンサー、学者の行状――が具体例として挙げられるだろう。

たとえその人物が公人であるとしても、私生活に関する事項まで公にされなければならないのかについては異論がある。あるいはそもそも、メディアの報道によって意に反して有名人に祭り上げられ、それをもって公共性があるとして指弾されることには違和感が残る。実際に判決でも、女優やプロ野球選手の私生活、女性アナウンサーの学生時代の行状については、公共性を否定している。

免責の2つ目の要件は「専ら公益を図る目的」が存在することである。ここでいう「専ら」は、主たる報道目的が公益を図ることであることを意味し、その他の目的・動機が存在すると、要件を満たさないということにはならない。

公益性とは一般に、行為の動機及び表現方法の正当性や真摯性をさし、敵対感情や個人的な反感から出たものを排除する趣旨であると解釈されている。判決でも、原告に対する人身攻撃が目的であった場合や私憤や怨恨が動機であ

● 公共性判断

「私人の私生活上の行状であっても、そのたずさわる社会的活動の性質及びこれを通じて社会に及ぼす影響力の程度などのいかんによっては、その社会的活動に対する批判ないし評価の一資料として、刑法230条ノ2第1項にいう『公共ノ利害ニ関スル事実』にあたる場合があると解すべきである。……『公共ノ利害ニ関スル事実』にあたるか否かは、摘示された事実自体の内容・性質に照らして客観的に判断されるべきものであり、これを摘示する際の表現方法や事実調査の程度などは、同条にいわゆる公益目的の有無の認定等に関して考慮されるべきことがらであって、摘示された事実が『公共ノ利害ニ関スル事実』にあたるか否かの判断を左右するものではない」という、**月刊ペン事件最高裁判決**（最判1981.4.16、刑集35.3.84）は、刑事名誉毀損の解釈であるが、民事でも妥当するものと考えられている。この事件は、雑誌・月刊ペンが創価学会会長である池田大作の女性スキャンダルを暴露したものであるが、相手方女性も元国会議員であったことや、同会長が信仰上の絶対的な指導者であって、公私を問わず信徒に大きな影響を持ち、同時にその活動が政治的にも影響を与える立場にあったことを指摘した。

公共性とみなされる対象領域の拡大を示す判決群としては、世界チャンピオンを輩出したボクシングジム会長の内情を書いた週刊誌記事をめぐる**「傷だらけの英雄」事件地裁判決**（東京地判1985.1.29、判時1160.97）、有名百貨店の催事に関する週刊誌記事をめぐる**「第二のニセ秘宝」事件地裁判決**（東京地判1992.7.28、判時1452.71）、有名私大常務理事の大学運営の在り方に関する週刊誌記事をめぐる**「N大のヒトラー」事件地裁判決**（東京地判1992.10.27、判時1471.127）、新興宗教団体の活動をめぐる新聞記事に関する**オウム真理教事件地裁判決**（福岡地判1993.9.16、判タ840.147）、有名民間団体の組織運営をめぐる月刊誌記事に関する**日本野鳥の会事件地裁判決**（東京地判1993.10.26、判時1497.92）などがある。

一方、タレントの行状を書いた週刊誌記事に対しては、「俳優等の私生活に関する事実については、そのファン、後援者にとっての話題であったとしても、これが公共の利害に関する事実といえないことは明らかである。……スポーツ新聞、女性週刊誌、テレビのワイドショー番組等において多くの報道がされているものであるが……読者ないし視聴者の好奇心を充たすという観点からの、興味本位の記事ないし番組であって、原告について、このような興味本位の報道が数多くなされていたからといって、原告が一般社会に何らかの影響力を及ぼすような社会的活動にたずさわっていたものと認めることはできない」（東京地判1993.3.29、判タ872.250）として、公共性を否定している。ほかに、**女子アナウンサー事件**（東京地判2001.9.5、判時1773.104）、**清原選手事件**（東京地判2001.3.27、判時1754.93。東京高判2001.12.26）。

一方で、スポーツ紙掲載の女優に関するコラムを、男女関係等の事実は私生活上の事実で公共の利害に関する事実に該当しないとして、公共性・公益性のいずれをも否定したり（**大原麗子事件**、東京地判2001.7.25、判時1760.93）、写真週刊誌の記事に対し「真面目かつ真摯に問題を提起する表現手法」ではないことを理由に公益目的を否定する事例がみられる（**和歌山カレー事件**、大阪高判2002.11.21）。公共性・公益性ともに概念に幅があり、判断が容易でないことを表すものでもあろう。この点、両要件を「表現行為が社会の正当な関心事であること」といった要件に統合する考え方も示されている。

る中傷ビラの配布などをもって、公益性を否定している。

　一方、マスメディアの報道に関して従来は、存在自体が公益性に適うものと判断されており、判例上、問題となることはまずなかった。たとえば一般日刊紙やテレビ・ラジオであれば、公益を図るために編集・発行・放送されており、専ら公共的な事柄を扱っているとして、公共性と公益性の二要件は特段争われることはなかったのが実情である。そこで、裁判の争点はどこまで真実の証明が得られるかという真実性が問題になることが多い。

　ただし、おおよそ2000年以降の判例においては、週刊誌のタレント報道において公益性自体を認めず厳しく断罪する事例も目立ち、それらの事例では高額の損害賠償が出版社に課されている（たとえば、大原麗子事件）。裁判所によっては公益性判断を通じてメディアに対する評価付けをしているかに思われることもあり、公益性要件が報道範囲の拡大に働くことが事実上ない一方で、メディア選別につながり範囲の限定化につながる可能性があるともいえ、検討が必要である。

2　真実性・真実相当性

　「真実であることの証明」が免責要件の第3である。その証明の度合いについて最高裁は、「重要な部分につき真実性の証明があった」ことを求めている（十全会グループ事件）。現実にも、報道内容が完全に真実であることを証明することはきわめて困難であると想定され、妥当な判断であると思われるとともに、相当性基準につながる考え方である。

　なお、真実性の証明時点を、報道時ではなく判決時（裁判時）を基準とする判決がみられる（ロス疑惑報道事件）が、あくまでも容疑者段階で報道側が真実であることを証明しうるだけの取材を行っていたかが問われているのであって、あとで犯人であることがわかった場合には報道時点の認識や取材態様は問わない、と解釈しうる裁判所の判断は疑問である。前述したように、刑事事件で有罪になったことを理由として守られるべき社会的評価を低く設定することも、同様な理由で要件構成の考え方に矛盾をきたすものである。

　最高裁は長く、事実が真実である証明がない以上、メディアが真実であると誤信していたとしても、名誉毀損罪の刑事責任を免れることはできないとの判断を示していたが、夕刊和歌山時事事件において、「名誉が傷つけられたとする事実が真実であるとの証明がなくても、真実であると信ずるにたる相当の理

● **公益性判断**

　黒い抵当証券事件地裁判決（岡山地判2001.9.3、判タ774.217）では、読者の娯楽的興味に応えようとする側面があっても、同時に一般社会の注意を喚起する目的があったことが否定できない以上、公益目的を認めると判示している。また、**月刊ペン事件差戻審**（東京地判1983.6.10、判時1084.37）では、「記事が公益目的に基づき執筆、掲載されたものと認めるられるか否かは、記事の内容・文脈等外形に現れているところだけではなく、……全体的に評価し判定すべき事柄である」と詳細定義している。

● **その他の事例**

虚偽の風説の流布

　経済市場に混乱が起きるような情報を流すことによって、流した本人が不当な経済的利益を得ようとするような場合、その情報によって名誉毀損が成立する可能性もあるものの、一般には信用毀損業務妨害の罪に問われることになる。同様な罪は金融商品取引法158条にも規定されている。**トフロン事件**では、「『虚偽の風説』とは、行為者が確実な資料・根拠を有しないで述べた事実である」（東京地判1974.4.25、刑裁月報1974.6.4.47）として、風説の流布による業務妨害を認めつつ、流した本人には故意がなかったとして無罪の結論を導いている。

見出しによる名誉毀損

　見出しについては、**クサイ貿易会社事件高裁判決**（仙台高判1983.9.30、判タ510.123）がリーディングケースとしてある。見出しの名誉毀損性を独立に判断しうるか、見出しは多少刺激的であっても構わないか、などさらに継続検討が求められている。また、テレビやラジオにおける効果音については、実際は放送内容以上に、視聴者にマイナスイメージを与えることも少なくなく、付随的な表現手法であることから独立して判断することはできないにせよ、度合いを測るうえでは考慮に入れるべき項目であると考えられる。

　ヤマダ電機事件では、新聞社が紙の新聞に報じた内容とおおよそ同じものがインターネットや携帯サイト等のオンライン上でニュースとして配信された場合、その見出し自体が固有に名誉毀損が成立するとされた事例である（東京地判2008.9.12）。

情報提供者の責任

　新聞記者である被報道者が、掲載媒体と情報提供者の双方を名誉毀損で訴えた**ユーザーユニオン事件**で、地裁は、週刊誌に掲載されることを予測し容認しながら談話をしたと推認されることをもって名誉毀損行為を幇助したものとして、民法719条2項による共同不法行為者としての責任を負う、と判示した（東京地判1984.6.4、判時1120.9）。なお、**オリコン・烏賀陽訴訟**では、報道機関には責任を問うことなく、取材に応じてコメントを寄せたいわば情報提供者をのみ訴えた点で、新たな問題を提起した（第23講参照）。

インターネット上の名誉毀損

　Twitter上の投稿が名誉毀損として認められたものとしては、事実無根の内容を投稿された事例（大阪地判2016.9.27、大阪高判2017.6.19）や当時の松井一郎大阪府知事が米山隆一新潟県知事を訴えた事例（大阪地判2018.9.20）がある。橋下徹大阪府知事に関するジャーナリスト岩上安身のリツイート事案では、損害賠償が認められている（大阪地判2018.9.12、大阪高判2020.6.23）。

由があれば、名誉毀損罪は成立しない」との判決を下した。

　判例のなかで確立された「相当性」基準は、報道が真実と誤信したことにつき、真実と信ずるに足る相当の理由に基づいてなされたことを証明することであるが、権力批判や調査報道に際し十分に機能しているとは言い難い状況にある。なぜなら、実際の裁判で裁判所は相当性を厳密に運用することで、報道側にとって厳しい判断が続いているからである。2003年には報道のもととなる事実証明がすべてにわたることを求める判決が出されてもいる（所沢ダイオキシン報道事件）。

　一方で、裁判・事件報道の分野においては、警察発表との関係で相当性理論は整理され、従来の判例は、警察による公式発表に基づき記事を掲載した場合には相当性を認め、非公式発表に基づき記事を掲載した場合、及び独自取材によって記事を掲載した場合には、必要にしてかつ十分な裏付取材のない場合には相当性を認めないという原則を維持してきた。

　しかし公式発表があっても、その発表内容に疑義があるにもかかわらず「鵜呑み」にした場合には、相当性は認められていない（教授が産業スパイ事件、第21講参照）。あるいは、しかるべき地位の捜査担当者からの情報に基づく報道に対しても、公式発表前であることを理由に独自の裏付け取材を求めた事案もある（スロットマシン賭博事件）。これらは1980年代の裁判事例であるが、現在でも公式発表と真実相当性の原則は、おおよそ維持されている。ただし最近は、公式発表があった場合においてもなお、真実証明を求める判例も見受けられる。

● 真実性判断

相当性を最初に認めた**「署名狂やら殺人前科」事件最高裁判決**（最判1966.6.25、判時453.29）は、「事実が真実であることが証明されなくても、その行為者においてその事実を真実と信じるについての相当の理由があるときには、右行為には故意もしくは過失がなく、結局、不法行為は成立しない」と判示した。同事件は民事のリーディングケースであるが、刑事名誉毀損では、**夕刊和歌山時事事件最高裁判決**（最大判1969.6.25、判時559.25）がはじめて真実相当性を認めた。そこでは「確実な資料、根拠に照らし」としていることから、刑事の方が要件が厳しいとの解釈もあるが、判例・通説は、摘示された事実のうち重要でない枝葉末節の点で多少真実と合致しない点があったとしても、重要な部分で真実であることが証明されれば足りると解されており、その差はないと考えるのが妥当であろう。**十全会グループ事件最高裁判決**（最判1983.10.20、判時1112.44）や、**色盲まやかし療法事件最高裁判決**（最判1994.6.7）でも同旨の判断をしている。なお、かつては事実が真実である証明がない以上、真実であると誤信していたとしても、名誉毀損罪の刑事責任を免れることはできないと、相当性を認めないとの判断がなされていた（最判1959.5.7、刑集13.5.641）。

独自取材の場合においても、報道機関の実情に理解を示す判例として、「殊に本件記事のように政治に関するものであるとき、報道の自由を損なわないよう配慮すべきであるから、前記相当の理由については報道機関をして一応真実であると思わせるだけの合理的な資料又は根拠があれば足りる」とした**市有地払い下げ疑惑事件地裁判決**（大阪地判1984.7.23、判示1165.142）や**「インサイダー取引」事件地裁判決**（東京地判1995.3.14、判夕872.298）がある一方、政治家報道で相当性を認められなかった事例としては、**猪木参議院議員事件高裁判決**（東京高判1994.7.21、判時1512.36）などがある。裁判所は、情報源が確かで裏付け取材を行い、本人とも接触をしていれば相当性を認める傾向にある（東京地判1986.4.30、判時1223.71）が、それらが不十分な場合には、相当性を否定している（東京高判1988.5.18、判時128.114）。

いわゆる犯罪報道の真実性証明が、当該容疑者が犯罪を犯したことか、犯罪を犯した疑いがあることで足りるとするかで争いがあるが、独自に犯罪事実を確認できるごくまれな例を除いては、実際の取材・報道にあっては警察・検察情報に頼らざるをえないのが実情であって、刑法230条の2の法の趣旨は後者であると推察され、判例もそれを認めている（大阪高判1950.12.23、高刑特報15.59）。なお、**ロス疑惑報道事件最高裁判決**（最判2002.1.29、判時1778.49）は、報道後に原告は刑事事件で有罪判決を受けていることから、真実性が証明されたと判断した。この真実性立証の判断基準時については、従来、下級審の判断が分かれていたところであるが、摘示事実の重要な部分が真実か否かの判断は「事実審の口頭弁論終結時」に客観的な判断をすべきであるとした。これによって、名誉毀損行為時点では存在しなかった証拠をもって真実性の立証をすることが可能となった。ただし、相当理由の判断基準はあくまで、「名誉毀損行為当時における行為者の認識内容が問題になるため、行為時に存在した資料に基づいて検討することが必要」としている。

また、真実性立証の範囲については、摘示事実の「主要な部分」が真実であればよいとされているが、**所沢ダイオキシン報道事件**で最高裁は、その範囲を報道全般に広げることで真実性証明の義務をメディア側に強く課した（最判2003.10.16差戻、民集57.9.1075）。この判断基準はあまりに免責要件を厳格化するものであるとの批判がある。

第22講 プライバシー侵害

I 権利の成立と展開

1 プライバシー権の確立と発展

　名誉毀損とプライバシー侵害は一緒に議論されることが多い。実際、メディアの報道による人権侵害の代表格の2つといってもよいだろう。しかしその成り立ちはまったく違うことに注意が必要である。名誉毀損はすでに述べたように、もともと権力者が自分を守るために考え出した報道規制手段であり、いかにその殻を打ち破るかの長い闘いが続いてきた。一方でプライバシーの権利は、名誉毀損に比べると非常に新しい考え方で、しかもそれはメディアの行き過ぎた取材・報道に対する防御策として考え出されたものである。

　歴史を遡ると、19世紀末のアメリカにおける「イエロー・ジャーナリズム」の台頭のなかで、大衆紙の私生活の暴露に対抗するため「ひとりにしておいてもらう権利（the right to be let alone）」として発展した。1890年にウォーレン（Warren）とブランダイス（Brandeis）の2人の弁護士が「プライバシーの権利」を提唱したのが始まりである。その後、各州における判例による承認（ニューヨーク州、ジョージア州、カリフォルニア州など）を経て、世界中で認められるようになった。

　ただしこの権利の中身については、まだ「発達中」である。古くは、1960年代のアメリカで有名な「プロッサーの四類型」が定義され、私生活への侵入、真実の公表や虚報によるプライバシー侵害はいまに通じるものといえる。

　そしてさらに、高度情報社会の成立により、公共機関、民間が有するコンピュータで個人情報の処理・蓄積が行われるようになったことに対応して、プライバシー権を「自己情報をコントロールする権利」として再認識する動きが出てきた。管理国家・管理社会の出現への個人としての対抗である。この流れは、アメリカにおける1974年のプライバシー法（Privacy Act）の成立へと結び付く。

　この自己情報コントロール権はその後さらに整理され、OECD8原則として知られる、「公開の原則、個人アクセスの原則、個人参加の原則、収集制限の原則、使用制限の原則、提供制限の原則、情報管理の原則、責任の原則」へと発展、2003年、日本でも個人情報保護法として法制化されることになった（個人情報の保護については第6講参照）。

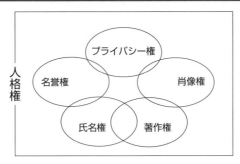

　プライバシーをあえて分類するならば、①私事の公開、②私的領域への侵入、③生活の平穏の侵害、④思想・良心・信教上の自由の侵害、に分けることが可能であろう。このうち、生活の平穏は、公的な場所または私的空間における精神的侵害で、マンションへのビラ配布、地下鉄車輛内の広告、街宣車による騒音といった事例として、他の講でそれぞれ扱う。また、思想・信条の自由の問題も、靖国神社や日の丸・君が代にまつわる訴訟、NHK 国際放送に関わる訴訟として、別個に扱うこととする。

アメリカの不法行為学者であるウイリアムス・プロッサーが行った定義（1960年）
・侵入（Intrusion）：他人の干渉を受けず隔離された私生活を送っているのに侵入されること
・公表（Truthful Disclosure）：他人に知られたくない事実を公表されること
・虚報（False Light）：ある事実が公表されて他人の目に誤った印象を与えたこと
・宣伝（Publicity）：氏名や肖像などが他人によってその人の利益のために利用されたこと

　4つ目の類型は「不正利用」とも呼ばれ、プライバシーの権利と区別されてパブリシティの権利とされることもある。なお、3つ目の類型についてもむしろ名誉毀損として考えた方がわかりやすい側面がある。現在のアメリカにおける典型的なプライバシー訴訟では、公表された情報が私的なもので、その公表が人にとってきわめて不快で、報道価値が認められないものであることを要件としている。

● プライバシーの権利の発達過程

第1世代・19世紀　　**私生活秘匿権＝放っておいてもらう権利**
（1890年代〜）　　　　人格権派生の消極的権利
　　　↓　　　　　　　イエロージャーナリズムへの対抗
第2世代・20世紀　　**自己情報コントロール権＝自分で管理する権利**
（1970年代〜）　　　　国家権力への対抗も想定した自己決定権
　　　↓　　　　　　　コンピュータによる情報管理も視野
第3世代・21世紀　　**自己情報監視請求権＝社会にシステム監視を求める権利**
（2000年代〜）　　　　忘れさせる権利（消去権）
　　　　　　　　　　　デザイン・コントロール？　プライバシー信託？

一人で放っておいてもらう権利、自己情報コントロール権として発達してきたプライバシー権は今後、単に自己情報の開示請求権のレベルにとどまらず、個人情報を含むシステムを監視する権利（外部的監査の法的義務付け）まで拡張されるべきであろう。また、プライバシー権の意味するところについては、社会関係の多様性に応じて自己イメージを使い分ける自由とか、社会の評価からの自由な領域の確保の権利といった主張もみられる。

2　日本におけるプライバシー権の権利性

　日本では法令上、プライバシーを具体的に権利保障する規定は存在しないが、憲法13条の幸福追求権の１つとして、プライバシーの侵害は民法の不法行為を構成することが、学説・判例ともに認められている。1960年代以降、判決は、権利性を一貫して認めてきており、私生活をみだりに公表されない権利としてのプライバシー権は確立したといえる。最初に判例上、明確に意識されたのは宴のあと事件で、プライバシー侵害を理由として謝罪広告と損害賠償を求めたことに対し、裁判所は私生活をみだりに公開されないことの権利性を容認し、権利侵害に対する差止めと損害賠償の可能性を認めた。

　同地裁判決では、プライバシー権を「私生活をみだりに公開されないという法的保障ないし権利」と定義付けた。そこで示された、公開された内容がプライバシー違反となるのに必要な「プライバシー三要件」とは、①私生活上の事実または事実らしく受けとられるおそれのある事柄であること、②一般人の感受性を基準にして、当該私人の立場に立った場合、公開を欲しないであろうと認められる事柄であること、③一般の人々にいまだ知られていない事柄であること――の３つである（さらに、④本人が公開によって実際に不快、不安の念を覚えたこと、とあわせ四要件とする場合もある）。

　その後、京都市中京区役所事件で最高裁は、「前科及び犯罪経歴は人の名誉、信用に直接かかわる事項であり、前科等のある者もこれをみだりに公表されないという法律上の保護に値する利益を有する」として国家賠償請求を認め、これをもって、裁判所が事実上、自己情報コントロール権を承認したと解釈されている。

　さらにノンフィクション逆転事件地裁判決では、プライバシーの新定義として「他人がみだりに個人の私的事柄についての情報を取得することを許さず、また、他人が自己の知っている個人の私的事柄をみだりに第三者へ公表した

● プライバシー権の根拠・関連法規

日本国憲法（1946. 11. 3公布、1947. 5. 3施行）
第13条［個人の尊重］　すべて国民は、個人として尊重される。生命、自由及び幸福追求に対する国民の権利については、公共の福祉に反しない限り、立法その他の国政の上で、最大の尊重を必要とする。

刑法（1907. 4. 24法45）
第130条［住居侵入等］　正当な理由がないのに、人の住居若しくは人の看守する邸宅、建造物若しくは艦船に侵入し、又は要求を受けたにもかかわらずこれらの場所から退去しなかった者は、3年以下の懲役又は10万円以下の罰金に処する。

民法（1896. 4. 27法89）
第235条　①境界線から1メートル未満の距離において他人の宅地を見通すことのできる窓又は縁側を設ける者は、目隠しを付けなければならない。

● プライバシー侵害の成立

民法の不法行為（709条）が成立しその報道が責めを負う場合

[プライバシーを侵す記事]　プライバシー侵害が成立するための条件（構成要件）は3つある

　私的事実　　私的な事柄であること
　非公開希望　普通人が公開を希望しないこと
　非公知　　　いまだ一般に知られていないこと
　（不快の念）　本人が公開によって不快に感じること
　　　　＊原則として論評でも同様
　　　　＊隣接して肖像権のほか、なりすまし拒絶、アイデンティティ保護の権利がある
　　　↓

[免責要件]　名誉毀損と異なり明確な「免責」の条件ではない

　公共性
　公益性
　　　＊立証責任は記事を書いた側（訴えられた側）
　　＋著名人の法理　　有名人は受忍範囲が広い
　　－時の経過の法理　時間の経過によってプライバシーが復活
　　　↓

[不法行為が成立した場合の効果]

　損害賠償（民法）
　謝罪＝原状回復措置（民法）　名誉毀損と異なり「回復」にはならない
　侵害予防措置（民事保全法）　名誉毀損より広範に認められる余地あり

り、利用することを許さず、もって人格的自律ないし私生活上の平穏を維持するという利益」が示された。

　その後、最高裁は2002年の石に泳ぐ魚事件でプライバシーを理由とした出版差止めを認めるに至っている。ただし、その概念は必ずしも明確に定まったとまではいえない面が残る。すなわち、宴のあと事件判決で示された伝統的な、一人で放っておいてもらう権利としてのプライバシー権と、その後の自己情報コントロール権としてのプライバシー権のそれぞれに依拠する判決が混在しており、最高裁ではいまだ統一した明確な基準や定義が示されていないからである。

Ⅱ　権利侵害の成立要件

1　プライバシー権侵害の要件

　権利侵害をした場合、一般には民事上の損害賠償、謝罪広告などが報道側に課されることになる。便宜上、２つの時代区分に分けて考えた場合、1965～85年は、プライバシーが改めて公判廷で暴露されることを恥とする意識と、プライバシー侵害をも射程内におさめた名誉毀損判例理論（私行法理）が影響して、対メディアのプライバシー訴訟がそれほど多くなかった。

　一方で1985年以降は、対メディア・プライバシー訴訟の増加を特徴とする。具体的事例としては、私生活の公開、私生活への侵入、盗撮、小説におけるプライバシーや訴訟当事者のプライバシーに対するものなど、多様な侵害態様がみてとれる。また、他人に知られたくない個人情報については、前科を中心に、雑誌の定期購読申し込み、個人の容姿、年金の受給などが裁判で争われた。

　それには、写真週刊誌を中心としたセンセーショナル・ジャーナリズムの隆盛（『フォーカス』『フライデー』の爆発的売行きと覗き見的写真に対する社会的批判）、テレビ・クルー取材を中心としたパック・ジャーナリズムの加熱、市民及び法律実務家の間でのプライバシーに対する認識の高まり——などが理由として考えられる。

　宴のあと事件で示されたプライバシー要件に従うならば、公開された内容が「私的事実、非公開希望、非公知」の３つであり、さらに公開によって「不快

　宴のあと事件は、元外務大臣・有田八郎が、三島由紀夫のモデル小説『宴のあと』により自己のプライバシーを侵害されたとして提起した、日本で最初のプライバシー権訴訟。地裁は「プライバシー権は私生活をみだりに公開されないという法的保障ないし権利として理解され……プライバシーの侵害に対し法的な救済が与えられるためには、公開された内容が（イ）私生活上の事実または私生活上の事実らしく受け取られるおそれのあることがらであること、（ロ）一般人の感受性を基準にして当該私人の立場に立った場合公開を欲しないであろうと認められることがらであること……、（ハ）一般の人々に未だ知られていないことがらであることを必要とし、このような公開によって当該私人が実際に不快、不安の念を覚えたことを必要とする」として、プライバシー侵害を認めて損害賠償を命じた（東京地判1964. 9. 28、判時385. 12）。

　前科照会（京都市中京区役所）事件は、区長が弁護士から弁護士法23条の2に基づき照会を求められ、前科及び犯罪経歴を開示した事件。なお、最高裁判決のなかで伊藤正己裁判官は「他人に知られたくない個人の情報は、それがたとえ真実に合致するものであっても、その者のプライバシーとして法律上の保護を受け、これをみだりに公開することは許されず、違法に他人のプライバシーを侵害することは不法行為を構成するものといわなければならない。……前科等は、個人のプライバシーのうちでも最も他人に知られたくないものの一つ」であると明解に述べている（最判1981. 4. 14、民集35. 3. 620）。自己情報コントロール権に関連し、本人同意なき警察への個人情報の提供が「プライバシーを侵害するもの」と認めたものに**早稲田大学講演会名簿提出事件**がある（最判2003. 9. 12、民集57. 8. 973）。

　ノンフィクション逆転事件は、ノンフィクション作品『逆転』（伊佐千尋著）をめぐる訴訟。事件や裁判から12年が経過していることを理由に、高裁は「個人に関する一定領域の事柄について、社会的評価が及ばないものとし、他人の干渉を許さず、それによって人格の自律性や私生活の平穏を保持するという利益（以下「プライバシー」という。）も、このような人格的法益の一環として私法的保護の対象となる」として前科の公表をプライバシー侵害と認めた（最判1994. 2. 8、民集48. 2. 149。東京高判1989. 9. 5、判時1323. 37）。一方で最高裁は、「前科等にかかわる事実を公表されないことにつき、法的保護に値する利益を有する」とする一方、「刑事事件ないし刑事裁判という社会一般の関心あるいは批判の対象となるべき事項に関わるものであるから、事件それ自体を公表することに歴史的又は社会的な意義が認められるような場合には、事件の当事者についても、その実名を明らかにすることが許されないとはいえない」と比較衡量を試み、その結果として「事実を公表したことを正当とするまでの理由はない」と判示した。

　石に泳ぐ魚事件最高裁判決（最判2002. 9. 24、裁判所ウエブサイト）は、柳美里が雑誌『新潮』で発表した「石に泳ぐ魚」をめぐる事件で、登場人物と実在するモデルは容易に同定が可能であるとし、同小説と「表現のエチカ」公表による名誉毀損、プライバシー・名誉感情の侵害を認め、損害賠償と出版差止めを認めた。その理由として、「人格的価値を侵害された者は、人格権に基づき、加害者に対し、現に行われている侵害行為を排除、又は将来生ずべき侵害を予防するため」を挙げた。

の念」を当人が覚えたことが求められている。そこで順次これらの要件を吟味することにしたい。

プライバシー要件の1点目の私的事実とは、字句どおり家族関係や恋愛関係など私生活に関する事実がプライバシーだと考えられている（宴のあと事件など）。さらに判決では、前科や病歴、健康状態やヌード写真も、この範疇に包含されることを認めてきた。この点からも、相当な広範囲で守るべきプライバシー情報を認めてきているといえる。

2点目の要件は、「普通の人」が公開を欲しないという点である。ある人にとっては、自分の名前を知られたくないかも知れないが、名前は私的情報には違いないものの、普通は公開されてもやむなしと考えられ、一般にプライバシー侵害とはならない。しかし、第1点に示した私的事実は普通、誰もが他人に知られたくない事柄であると認められる。

3点目は、未だその事実が一般に知られていないことを要件としている。特定会員向けの刊行物や、一定のエリアのみで販売されているものであっても、公刊されているものについては非公知とはいわないが、逆に、ある特定の地域では知られていることであっても、広く一般には知られていない事柄についてはプライバシーが成立する。

また、プライバシー独特の要件に「時の経過」があるが、かつては公知であった事実が時間の経過によって、世の中に知る人が限定された場合、その事柄はプライバシーとなりうる。もっとも典型的なものは前科で、犯罪当時や裁判が行われていた時は、その事柄は公共の関心事であるが、たとえばその人の刑の執行が終わり、社会復帰した時点で過去の犯罪歴はプライバシー事項であるといえる（ノンフィクション逆転事件など）。

プライバシー侵害の違法性阻却事由については、著名人の法理、公共性・公益性の理論などの判例が蓄積されてきている。名誉毀損ともっとも異なるのは、真実性の抗弁が成立しない点である。容易に想像がつくように、プライベートな情報内容をオープンにしたこと自体がその人に対する権利侵害なのであって、その際の情報が真実であれば免責されないどころか、真実であるからこそ問題なのである（むしろ虚偽であった場合は、名誉毀損の問題になる場合が多いだろう）。

この場合も実際に判断に迷うのは、プライバシーの範囲が誰でも同じなのか、という点である。名誉毀損で検討したように、公共性が高い事柄であった

● その他の関連法規

郵便法（1947. 12. 12法165）
第77条［郵便物を開く等の罪］　会社の取扱中に係る郵便物を正当の事由なく開き、き損し、隠匿し、放棄し、又は受取人でない者に交付した者は、これを3年以下の懲役又は50万円以下の罰金に処する。ただし、刑法の罪に触れるときは、その行為者は、同法の罪と比較して、重きに従つて処断する。
第80条［信書の秘密を侵す罪］　①会社の取扱中に係る信書の秘密を侵した者は、これを1年以下の懲役又は50万円以下の罰金に処する。
②郵便の業務に従事する者が前項の行為をしたときは、これを2年以下の懲役又は100万円以下の罰金に処する。

刑法（1907. 4. 24法45）
第133条［信書開封］　正当な理由がないのに、封をしてある信書を開けた者は、1年以下の懲役又は20万円以下の罰金に処する。

軽犯罪法（1948. 5. 1法39）
第1条　左の各号の一に該当する者は、これを拘留又は科料に処する。
　二十三　正当な理由がなくて人の住居、浴場、更衣場、便所その他人が通常衣服をつけないでいるような場所をひそかにのぞき見た者

ストーカー規制法＜ストーカー行為等の規制等に関する法律＞（2000. 5. 24法81）
第2条［定義］　①この法律において「つきまとい等」とは、特定の者に対する恋愛感情その他の好意の感情又はそれが満たされなかったことに対する怨恨の感情を充足する目的で、当該特定の者又はその配偶者、直系若しくは同居の親族その他当該特定の者と社会生活において密接な関係を有する者に対し、次の各号のいずれかに掲げる行為をすることをいう。
　一　つきまとい、待ち伏せし、進路に立ちふさがり、住居、勤務先、学校その他その通常所在する場所の付近において見張りをし、又は住居等に押し掛けること。
　二　その行動を監視していると思わせるような事項を告げ、又はその知り得る状態に置くこと。
　三　面会、交際その他の義務のないことを行うことを要求すること。
　四　著しく粗野又は乱暴な言動をすること。
　五　電話をかけて何も告げず、又は拒まれたにもかかわらず、連続して、電話をかけ、ファクシミリ装置を用いて送信し、若しくは電子メールを送信すること。
　六　汚物、動物の死体その他の著しく不快又は嫌悪の情を催させるような物を送付し、又はその知り得る状態に置くこと。
　七　その名誉を害する事項を告げ、又はその知り得る状態に置くこと。
　八　その性的羞恥心を害する事項を告げ若しくはその知り得る状態に置き、又はその性的羞恥心を害する文書、図画その他の物を送付し若しくはその知り得る状態に置くこと。
第3条［つきまとい等をして不安を覚えさせることの禁止］　何人も、つきまとい等をして、その相手方に身体の安全、住居等の平穏若しくは名誉が害され、又は行動の自由が著しく害される不安を覚えさせてはならない。

り、著名人の私的情報については、一般市民の知る権利（メディアの報道の自由）が優先される場合があるのではないかと考えられる。

　まず、公人の場合には私生活に関する事柄についても広く公共の利益にあたると考えられている。たとえば、政治家の健康状態についてはその報道が広く許容されているほか、タレントのプライバシーの範囲が一般人に比較して狭いことに、おおよそ異論はなかろう。一般には、タレント活動の話題作りとして、結婚や出産などの私的情報を進んで公表することが行われているが、判決でも一般人に比べ「人権的利益の保護が縮減される」として保護範囲が狭いことを認めている。なお、その代わりに後述のパブリシティ権が認められているともいえる。

　なおこの前提には、プライバシーの権利が無制約に守られるものではなく表現の自由との間での調整が求められ、公益を図る目的で私的事実を発表した場合には、その報道行為は許容されるべきとの考え方が存在することはいうまでもない（宴のあと事件）。最高裁も、事件報道に歴史的・社会的意義がある場合は前科の公表が認められるとしているのも同趣旨であると理解できる。

　裁判所は、著名人も私生活の平穏を享受する利益を有するとしつつ、事柄によってはプライバシーを放棄したと考えられる場合や、私生活の一部が公的関心の対象である場合があり、これらについてはプライバシー侵害は成立しないとしている（劇画作家事件）。

　もう1つプライバシーの暴露が問題となるのは「犯罪報道」であり、一般に被疑者（容疑者）・被告人の実名報道の是非として問題になることが多い。刑事事件においては、国家的法益に対する犯罪であれ、社会的法益に対する犯罪であれ、その犯罪を犯した行為者（犯罪者）に関する事実部分は、どの事件であってもきわめて個人的であり、プライベートな性格を持つ側面を否定できない。

　裁判所は、犯罪に関する事実は一般に公共の利益に関する事実であるとし、事件発生当時や裁判継続中の報道は妥当であるとしている（ノンフィクション逆転事件）。しかしだからといって、事件に少しでも関連する事柄であれば何でも報道してよいかといえば、答えはノーだろう。たとえば、前述の前科報道はその1つの例外である。

　刑法230条の2で規定された名誉毀損の免責要件を、そのまま民法上のプライバシー侵害の違法性阻却事由として準用することに本当に正当性があるの

著名人の法理

　宴のあと事件（東京地判1964.9.28、判時385.12）では、「公人ないし公職の候補者については、その公的な存在、活動に附随した範囲及び公的な存在、活動に対する評価を下すに必要または有益と認められる範囲では、その私生活を報道、論評することも正当とされなければならないことは前述のとおりであるが、それにはこのような公開が許容される目的に照らして自ら一定の合理的な限界があることはもちろんであって無差別、無制限な公開が正当化される理由はない」と判示した。また、**劇画作家事件**（東京地判1974.7.15、判時777.60）では、「著名人については事項の如何によってプライバシーの権利を放棄したと考えられる場合があり、またその社会的地位に照らし、私生活の一部が公の正当な関心の対象となる場合も考えられ、右のような場合にはプライバシーの権利の侵害を主張し得ない」とされている。さらに**有名女優離婚報道事件**（東京地判1993.9.22、判夕843.234）でも、「芸能人であるからといって、一律・無限定に、プライバシーの放棄があったものとしてその私生活を報道等の対象とすることが許されないのはいうまでもない。ことに芸能人の私生活について公表することが、芸能人本人以外の家族や第三者のプライバシーをも公表する結果となるときは、家族等が公表を容認しているかどうか、家族等のプライバシーを不当に侵害することはないかどうかを慎重に判断して、報道等にあたるべきことは当然である。家族等が自らのプライバシーについて公表を容認していないのに、芸能人本人が容認しているからとして、家族等のプライバシーに属する部分を含めて公表したときは、芸能人本人に対しては適法行為とされても、家族等に対する関係では、違法なプライバシーの侵害として不法行為を構成することがあるといわなければならない」とした。

公共性・公益性

　ノンフィクション逆転事件高裁判決（東京高判1989.9.5、判時1323.37）では、「一般的には社会的評価が及ばないとされるような性質の事実についても、当該事実が公共の利害に関わり、これに対する社会一般の関心が正当なものと認められるような特別な事情がある場合に、公益を図る目的で当該事実を公表することは適法であると解される。そして、事実の公表が著作によってされた場合には、目的の公益性の有無は、当該著作全体の目的のみによって決せられるのではなく、当該事実自体の公表が公益を図るため必要であったかどうかによるものというべきである」と判示している。

時の経過

　同じく**ノンフィクション逆転事件高裁判決**は、「いったん公表された犯罪及び刑事裁判に関する事実も、その後常にプライバシーとしての保護の対象外に置かれ、これを公然と指摘して論議の対象とすることが許されるとは限らず、事柄の性質によっては、時間の経過等によって、その秘匿が法的保護の対象となりうるものと解される。……一般に、犯行当時新聞等で報道された犯罪に係る前科であっても、犯行後相当の年月が経過し、犯人に対する刑の執行も終わったときは、その前科に関する情報は、原則として、未公開の情報と同様に、かつ、正当な社会的関心の対象外のものとして取り扱われるべきであり、実名をもってその者が犯罪を犯したことを改めて指摘、公表することは、特段の事由がない限りプライバシーの不当な侵害として許されないものというべきである」とした。忘れられる権利の議論も、この延長線上で考えることも可能であろう（たとえば、さいたま地決2015.12.22、判時222.78、最決2017.1.31、民集71.1.63）。

か、あるいは逮捕時点での本人特定情報（とりわけ実名・顔写真）の公開（報道）が法的にほぼ無条件に認められている現状について、改めて考えてみるべき時期にきているのではなかろうか。

2　肖像権・パブリシティ権の概念

　肖像権の概念は、1969年のデモ隊写真撮影事件で、最高裁が「何人も、その承諾なしに、みだりにその容ぼう・姿態を撮影されない自由を有する」と判示し、肖像権は承認されたと解されている。その違法性阻却事由については、その後の判例のなかで、著名人の法理、公共性・公益性の理論が示されてきており、とりわけ撮影の目的・手段の相当性が重視される傾向にある。

　その基準は、まず被撮影者が公人であるか、撮影目的に公益性があるか、手段が不正ではないか、が考えられる。逆にいえば、公人で公表に公益性があり、正当な手段で撮影された場合は、本人の許諾がなくても肖像権の侵害にはならないと考えられる。たとえば、選挙期間中の候補者であれば、いちいち撮影許可を求める必要がないことは容易に想像がつく。

　一方で、グレーゾーンが、政治家の隠密入院や法廷での様子などである。場合によっては住居侵入や裁判所規則違反に問われることになろうが、肖像権侵害が成立するかどうかは微妙である。ただし裁判所は、和歌山カレー報道事件において肖像権の侵害を認めており、法廷内においては厳しい判断が示されている。あわせて人格権としての氏名権についても、判例上、氏名権侵害に基づく差止請求が認められつつある。

　なお、これら肖像権や氏名権を本人の承諾なしに営利的に使用することは、その人の人格権を侵害するとともに、経済的利益を侵害することにもなる。そこでこうした経済的利益の侵害行為に対し、法的保護を求める声が高まり、「パブリシティの権利（パブリシティ権）」として権利保護をする方向にある。

　このように、人格権としての肖像権と、著作権の周縁の権利である財産権としてのパブリシティ権は、コインの裏表の関係であることから、本来であれば著作権のなかで扱うことが好ましいパブリシティ権についても、あわせて触れておく。

　パブリシティ権は一般に、「使用権」と訳されることが多い権利で、有名人の名前や顔写真を使用する場合の根拠規定となる権利である。最近では、活字

　リーディングケースはデモ行進を警察が無断で撮影したことに関する**デモ隊写真撮影（京都府学連デモ）事件**で、最高裁は「個人の私生活上の自由の一つとして、何人も、その承諾なしに、みだりのその容ぼう・姿態を撮影されない自由を有する」と判示した（最大判1969. 12. 24、刑集23. 12. 1625）。**人違い写真掲載事件地裁判決**（東京地判1987. 6. 15、判時1243. 54）では、「プライバシーの権利として、何人も、承諾をしていないのに自己の容ぼう・姿態をみだりに撮影されこれを公表されないという法的利益を有している。そして、人は無断でその容ぼう・姿態を写されるだけで苦痛を感ずることがあるから、公表されると否とにかかわらず撮影されること自体で権利侵害が生ずると解すべきである」と判示し、**おニャン子クラブ事件高裁判決**（東京高判1991. 9. 26、判時1400. 3）では、「氏名・肖像を利用して自己の存在を広く大衆に訴えることを望むいわゆる芸能人にとって、私事性を中核とする人格的利益の享受の面においては、一般私人とは異なる制約を受けざるを得ない。すなわち、これを芸能人の氏名・肖像の使用行為についてみると、当該芸能人の社会的評価の低下をもたらすような使用行為はともかくとして、社会的に許容される方法、態様等による使用行為については、当該芸能人の周知性を高めるものではあっても、その人格的利益を毀損するものとは解し難いところである」とした。

　一方、**消費者金融会長病院内撮影事件地裁判決**（東京地判1990. 5. 22、判時1357. 93）では、「プライバシーの侵害が違法となるかどうかは、当該事項の秘匿を期待する度合いがどの程度か、その公表による権利侵害の程度がどの位か、自ら人目を引くようなことを行うなどプライバシー権の放棄を窺わせるような事情がないかどうか、当該事項がその者の社会的活動に関係する度合いがどの程度か等を考慮し、プライバシー保護の必要性と言論の自由保護の必要性とを比較衡量して、その侵害が社会生活上受忍すべき限度を超えるかどうかを判断してこれを決すべきである」とした。この点、**和歌山カレー報道事件最高裁判決**（最判2005. 11. 10、民集59. 9. 2428）でも、「撮影者の社会的地位、撮影された被撮影者の活動内容、撮影の場所、撮影の目的、撮影の態様、撮影の必要性等を総合考慮して、被撮影者の上記人格的利益の侵害が社会生活上受忍すべき限度を超えるものかどうかを判断して決すべきである」としたうえで、『フォーカス』2009年5月19日号、26日号の法廷内で無断撮影した写真と、同年8月18日号、25日号のイラスト画のうち、一部のイラスト画を除き、違法とした。なお、地裁判決によると、描写が正確・写実的である法廷画の場合は「人物の特定機能」を果たしており、肖像権を侵害するとの理由付けがなされている（大阪地判2002. 2. 19、判タ1109. 170）。

　さらに最近では、防犯監視カメラやカメラ付き携帯電話による撮影が、社会問題化した。また古くから、公安警察による公道上のデモ撮影や、交通違反取り締まりのためのオービス（あるいは、犯罪捜査のためのNシステム）による写真撮影の問題性が指摘されてきている。刑事事件の逮捕・裁判報道における顔写真や連行写真の掲載・放送が、記事・番組内容の名誉毀損・プライバシー侵害とは別に、肖像権侵害として争われた裁判事例も存在する（これらの多くはプライバシー一般の問題として取り上げている）。判例一般には、プライバシー侵害と肖像権侵害は同一の判断基準であると推測されるが、受け手の印象や記憶からは、より絵柄の方にインパクトがあることから、その判断基準が同じでよいかについては、さらに検討が必要であろう。

本をそのまま電子本化する場合（たとえば電子辞書がその典型例）の、ロイヤルティ（使用権）とむしろ一緒に議論されることすらあり、財産的な権利としてのみの性格が強まっていることがわかる。

　一般には、人の氏名や肖像を利用する際に生じうる経済的な価値を排他的に支配する財産的権利を意味し、実質的には、とりわけ俳優、芸能人、スポーツ選手などのいわゆる「有名人のネームバリュー」によってもたらされる経済効果を法的に保護するものである。広義の著作権のうち、財産的権利のみで成立しているものと考えてよい。

　このようにパブリシティ権自体は、純粋な財産権であるものの、その主体はパブリシティの価値を生じさせている本人の氏名や肖像である。したがって、パブリシティ権は財産権のように完全な譲渡が認められず、その目的に応じ部分的な譲渡が認められるにすぎない。パブリシティ権はもともと、1950年代にアメリカで発達した権利であるが、マーク・レスター事件判決において判例上承認され、おニャン子クラブ事件を通じさらに明らかなものになった。

　いわゆる芸能人のパブリシティは、プライバシーと表裏の関係にあり、パブリシティの価値が高いほどプライバシーが制約される可能性も高くならざるをえない。なお最近は、人の氏名や肖像以外に物についてもパブリシティ権（影像権）を認める判例もいくつかみられる。

マーク・レスター事件地裁判決（東京地判1976.6.29、判時817.23）では、「俳優等は、右のように人格的利益の保護が縮減される一方で、一般市井人がその氏名及び肖像について通常有していない利益を保持しているといいうる。すなわち、俳優等の氏名や肖像を商品等の宣伝に利用することにより、俳優等の社会的評価、名声、印象等が、その商品等の宣伝、販売促進に望ましい効果を収め得る場合があるのであって、これを俳優等の側からみれば、俳優等は、自らかち得た名声の故に、自己の氏名や肖像を対価を得て第三者に専属的に利用させうる利益を有しているのである」とその権利性を認めた。さらに、**おニャン子クラブ事件高裁判決**（東京高判1991.9.26、判時1400.3）では、「固有の名声、社会的評価、知名度等を獲得した芸能人の氏名・肖像を商品に付した場合には、当該商品の販売促進に効果をもたらすことがあることは、公知のところである。そして、芸能人の氏名・肖像がもつかかる顧客吸引力は、当該芸能人の獲得した名声、社会的評価、知名度等から生ずる独立した経済的な利益ないし価値として把握することが可能であるから、これが当該芸能人に固有のものとして帰属することは当然のことというべきであり、当該芸能人は、かかる顧客吸引力のもつ経済的利益ないし価値を排他的に支配する財産的権利を有するものと認めるのが'相当である」と述べている。**ピンク・レディー事件**で最高裁は、「顧客吸引力を排他的に利用する権利（以下「パブリシティ権」という。）は、肖像等それ自体の商業的価値に基づくものであるから……人格権に由来する権利の一内容を構成する」と判示する（最判2012.2.2、民集66.2.89）。

一方で、**中田事件高裁判決**（東京高判2000.12.25、判時1743.130）のように、有名プロサッカー選手の幼少時代の生い立ちを書いた本の記述が、「生活上の事実であることにかわりはなく、一般人の感性を基準として公開を欲しない事柄に属するというべきである。……選手としての身体能力、精神力……等の要素は、同人のすべての身体的、人格的側面と関連するから、このような事項を公表してもプライバシーの侵害は成立しないものとすれば、事実上サッカー選手には保護されるべきプライバシー権がないというに等しいこととなる」と判断し、有名スポーツ選手のプライバシーの範囲を広く解釈した。単純なプライバシー侵害というより、保護法益としては肖像権に近いものをイメージしているように思われる。

第23講 報道被害の規制と救済

I 名誉毀損・プライバシー侵害の救済手段

1 損害賠償と名誉回復処分

　不法行為としての名誉毀損やプライバシー侵害が成立した場合、損害賠償義務を負うことになる。日本においては損害賠償は「慰謝料」、すなわち社会的評価の低下による精神的苦痛に対する代償として理解され、低額で推移してきた経緯がある。具体的には対メディア訴訟が起き始めた1970年代以降、長い間、賠償額は数万から数十万円で推移し、90年代に入って100万円判決がみられるにすぎなかった。

　一方でアメリカにおいては、悪意のある名誉毀損に対して、懲罰的損害賠償（punitive damage）が認められてきた。マスメディアに命じられる損害賠償額が著しく高額化し、損害賠償を払えないメディアも出現するとともに、修正１条保険と呼ばれる、損害賠償対応の保険が誕生するに至っている。

　こうしたなか日本では、2000年前後から損害賠償の高額化が法曹界内部で検討され、最高裁自身の強い指導と思われる状況のもとで、400万から500万円の高額賠償が珍しくなくなり、下級審レベルでは1000万円を超える判決もみられるようになった。なお、こうした一連の流れを作ったきっかけの１つは、自民党政務調査会の「報道と人権等のあり方に関する検討会」報告書（1999.8）であると思われる。以後、公明党も国会の場で高額化を強く求めるなか、裁判所側からも研究論文のかたちで具体的な賠償額算定基準の提案がなされた。

　他方、民法723条は、損害賠償の代わりに名誉回復措置をとることができる旨定めている。一般に原状回復措置といっているもので、日本では「謝罪広告」を強制的に掲載させたり放送させたりすることが一般的で、判例により定着している。被害者が金銭的保障よりも名誉の回復を求めることも多く、その意味で有効な救済手段であるといえる。なお、損害賠償との併用も可能である。

　しかし、この日本特有の謝罪広告については、憲法19条（思想・良心の自由）違反の疑いも指摘されている。編集者や記者に謝る意思がない場合でも、裁判所命令で謝罪を強制せられるからである。ただし最高裁は、「単に事態の真相を告発し謝罪の意を表明するに止まる程度」のものは良心の自由を侵害するものではないと判示している（謝罪広告事件）。

　放送の場合は、同条に基づく原状回復措置としての「謝罪放送」のほか、放

	被報道者(原告)	媒体(被告)	裁判所	判決年月日	判決結果	内容
①	女優	女性自身	東京地裁 東京高裁	01. 2. 26 01. 7. 5	500万円 同 (1000万円相当)	名誉毀損
②	野球選手	週刊ポスト	東京地裁 東京高裁	01. 3. 27 01. 12. 26	1000万円謝罪広告 600万円謝罪広告	名誉毀損
③	女性アナ	週刊現代	東京地裁	01. 9. 5	770万円謝罪広告	名誉毀損
④	建築家	週刊文春	東京地裁 東京高裁	01. 10. 22 02. 7. 18	660万円謝罪広告 600万円謝罪広告	名誉毀損
⑤	タレント	週刊文春	東京地裁 東京高裁 最高裁	02. 3. 27 03. 7. 15 04. 2. 24	880万円 120万円 同	名誉毀損
⑥	政治家	噂の真相	京都地裁 大阪高裁 最高裁	02. 6. 25 03. 3. 25 03. 10. 24	500万円 350万円 同	名誉毀損
⑦	病院	週刊新潮	熊本地裁 福岡高裁	02. 12. 27 04. 1. 29	990万円謝罪広告 同	名誉毀損
⑧	タレント	竹書房	東京地裁	03. 3. 3	700万円	名誉毀損
⑨	病院	フォーカス	東京地裁 東京高裁 最高裁	03. 4. 15 03. 10. 30 04. 10. 1	1320万円 1980万円 同	名誉毀損、肖像権侵害
⑩	被害者	週刊文春	大分地裁 福岡高裁	03. 5. 15 04. 2. 23	920万円謝罪広告 660万円謝罪広告	名誉毀損
⑪	被害者親族	週刊文春	東京地裁 東京高裁	06. 9. 28 07. 8. 6	1100万円 同	名誉毀損
⑫	経営者	週刊新潮	東京地裁	09. 1. 26	990万円	名誉毀損
⑬	相撲力士等	週刊現代	東京地裁 東京高裁	09. 3. 5 10. 3. 7	1540万円 440万円	名誉毀損
⑭	相撲力士等	週刊現代	東京地裁 最高裁	09. 3. 26 10. 10. 21	4290万円 4400万円 (⑬＋⑭)	名誉毀損
⑮	メディア企業	週刊文春	東京地裁 東京高裁	14. 3. 4 14. 7. 18	1210万円謝罪広告 同	名誉毀損
⑯	企業	週刊文春	東京地裁 東京高裁	16. 12. 16 17. 11. 22	2492万円 110万円	名誉毀損

　1990年代半ば過ぎまでおおよそ20～50万円で高い場合でも100万円だった損害賠償額の「相場」が、1998年頃から200～300万台が相次ぎ、急上昇し始める。そして①と②が500万超えの嚆矢といわれる大原麗子事件と清原和博事件で、いずれもその私生活の暴露が名誉毀損にあたるとされたものである。2001年以降に高額賠償が続いているが、そこでは政治家、芸能人、宗教関係、経営者などの「有名人」が多いことがわかる。その理由の１つが、算定表の仕組みで、社会的地位による加算では「タレント、議員」が上位を占めている。そしてもう１つの特徴が、表からはわからないが、賠償請求額の異常な高さである。⑫楽天の15億、⑭相撲協会の６億をはじめ、１億以上の請求が軒並みで、それが結果的に高額賠償にもつながっているし、さらには請求対象として媒体に執筆者個人を加えることが大きな「圧力」になっている。そしてまた、こうした高額賠償の流れは、雑誌の廃刊・休刊を強く後押しもしたとされる（『週刊宝石』『フォーカス』『噂の真相』）。

送法に基づく「訂正放送」がある。実務上は訂正放送を求める場合が一般的かと思われるが、謝罪放送を求めることも可能とする判例があるほか、訂正放送と損害賠償の併用も可能である。ただし、放送法に基づく訂正放送の請求は否定されている（第9講参照）。

謝罪広告に対して、外国でより一般的な方法は、反論文（反論広告）、訂正文、判決文の掲載であり、日本においても新しい名誉回復措置の1つとして検討されつつある。これまで採用されてこなかった理由は、反論権の容認は編集権を侵害するものとして報道界から強い批判があったからであるが、下級審判例のなかには、傍論においてではあるが、民法723条に規定される名誉回復処分の1つとして、反論文掲載の可能性を示唆するものが現れており、実際に名誉毀損事件で原告の反論文の掲載を命ずる判決が出されるか注目されるところである（諸君！反論文掲載請求訴訟やサンケイ新聞反論文掲載請求訴訟）。

名誉毀損が認められた場合には、メディア側は当事者に反論させる程度の痛みは負うべきであろうし、対抗言論の考え方からも妥当な救済手段ではなかろうか。また、謝罪広告や反論文掲載の代替手段として、実務上の工夫が判決文の掲載で、すでに下級審では認められる例が出ている。

2　差止め請求

出版や放送の事前差止めの法的根拠の1つは民事保全法で、いったん本や雑誌が出版されたり、番組が放送されるととり返しがつかないような「著しい損害又は急迫の危険」（法23条2項）がある場合は、それを避けるために裁判所は仮処分命令として事前及び事後の差止めを発することができる。

一方で民法上には、名誉毀損やプライバシー侵害に対する事前差止めを明文化した条文は存在せず、憲法で検閲を禁止しているところから、司法による表現行為の事前差止めについては従来、強い異論があった。しかしながら、金銭賠償や謝罪広告では十分な名誉回復が図れないことや、いったん暴かれたプライバシーは回復のしようがないことから、差止めを認めるべきではないかという声が高まった。裁判所も北方ジャーナル事件においてはじめて、差止めは検閲に該当せず許されるという判断をし、出版の事前差止めが認められた（第2講参照）。

この後、最高裁、下級審ともに、名誉毀損やプライバシー侵害を理由とした出版差止めを、認めてきている。しかも、リーディングケースの北方ジャーナ

● 賠償額算定基準

　裁判所からの具体的賠償額算定基準の提案としては、最高裁の依頼で執筆したとされる元判事の論文（判タ2001年5月15日号）では交通死亡事故（もっともポピュラーな点数式の賠償額計算事例）の慰謝料の25%相当額である500万円への引き上げが提唱され、司法研修所・損害賠償実務研究会名（判タ2001年11月15日号）での論文では点数制の算定基準を公表した。そこでは社会的地位などによって点数をかえ、たとえばタレントは基準値より＋10点、国会議員は＋8点としている。点数制の是非も議論すべきであるが、有名人ほど損害賠償額が高くなる計算方式が妥当かどうか批判も強い。ほかに、東京地方裁判所損害賠償訴訟研究会（ジュリスト2001年10月1日号）や大阪地方裁判所損害賠償実務研究会（NBL2002年2月15日号）の名での検討結果も発表されており、それらにおいても100万円ルールから500万円ルールへの移行が提唱されている。

● 原状回復措置

　謝罪広告事件最高裁判決（最大判1956.7.4、民集10.7.785）では、「単に事態の真相を告白し陳謝の意を表明するに止まる程度のものにあっては、これが強制執行も代替行為として民訴733条〔現民事執行法171条〕の手続によることを得るものといわなければならない。……屈辱的もしくは苦役的労苦を科し、または侵害することを要求するものとは解されない」と判示。なお、田中耕太郎裁判官は判決文のなかで、憲法19条は世界観や主義、思想や主張を持つことをさし、道徳的な反省とか誠実さを含まないとし、思想・良心の自由が広く内心の自由を保障したものではないことを示唆している。

　同様に**サンケイ新聞反論文掲載請求事件最高裁判決**（最判1987.4.24、民集41.3.490）では、「掲載を強制されることに……なる等の負担を強いられるのであって……批判的記事、ことに公的事項に関する批判記事の掲載をちゅうちょさせ、憲法の保障する表現の自由を間接的に侵す危険につながるおそれも多分に存する」という。

　一方で、**諸君！反論文掲載請求訴訟東京地裁判決**（東京地判1992.2.25、判タ784.84）では、「反論文掲載請求権の内容、要件について、『新聞紙等の記事に取り上げられた者が、当該新聞紙等を発行する者に対し、右記事に対する自己の反論文を当該新聞紙等に無修正かつ無料で求めることはできる。』とするのは、これを許す立法を欠く我が国の法制上認められる余地はない。……右〔民法723条、著作権法115条〕の処分又は措置としては、通常は、謝罪広告又は謝罪文の交付であるが、これに代えて又はこれと共に、反論文を掲載するが有効、適切である場合には、反論文掲載請求が許容されることもありうると考えられる」とする。

　このほかの回復措置（処分）としては、謝罪文の交付、取消しないし訂正の広告、判決の結論の広告などが考えられ、実際に争われてもいる。謝罪文請求について裁判所は認める判決もみられるものの（東京地判2000.11.13、判時1736.118）、当事者間での謝罪の強制であって謝罪広告と同様の良心の自由の問題がより明白に生じるうえに、低下した社会的評価を回復する手段としてもそれ自体に相当性が乏しいのではなかろうか。

　誤報の取消しや訂正の広告を命じる例は少なくない。たとえば八百長相撲に関する週刊紙記事については「十分な裏付けを欠くものですので、これを取り消します」との広告掲載を命じている（東京地判2009.3.26、判時2039.25）。判決の結論の広告については認められた事例が少なく、判決を出版社名義で告知する形式をとるもの（東京地判2005.7.27）などがみられるにとどまっている。

ル事件では、差止めはあくまで例外的措置であり、表現の対象となるのが公務員や公職候補者であることから、特段に表現の自由を優先する必要があるとしていたが、その後の判決はこうした基準を曖昧にしたまま、差止めが容易に認められる傾向が進んでいるといえる。

たとえばスウェーデンでは、プライバシー侵害については差止めを認めても名誉毀損については認めないといったルールを持っているが、日本においては現在、損害賠償額の高額化とともに、被害者の立場をより重視する傾向がはっきりみられる。しかし差止めの判断基準としては、単純に被報道者の被害と利益較量するのではなく、もっとも厳しい事前抑制の表現規制形態であることに鑑み、よりいっそう厳格かつ明確な基準を持つ必要があるだろう。

近時、報じる側に物理的な重しを負わせることにより、「新たな報道」をさせないという意味で事前差し止め同様の効果を生んでいるものに、「スラップ訴訟（SLAPP、strategic lawsuit against public participation）」がある。嫌がらせ訴訟とか恫喝訴訟とも呼ばれる、高額あるいは個人を狙い撃ちした賠償請求訴訟である。訴訟を提起されることで、その時間や手間、あるいはかかる経費によって、次の取材を妨げられるといったことが起きやすい。もちろん、高額請求されることでの心理的負担も極めて大きい。

実際、テレビに出演したコメンテーターや雑誌に寄稿したフリーライターなどを、個別に訴える例が2000年以降、相次いで社会問題化したことである。それらは一般に、媒体ではなく個人を狙い撃ちすることで、発言者の「口封じ」を目的としたものとみられ、名誉毀損訴訟の一種の病理現象であるが、表現の自由を守るためには、立証責任の転換などの制度的な措置を講じる必要があろう。

裁判所は、不当提訴であるとして訴えを退けるなどしているものの、精神的・経済的・物理的苦痛を与えるには十分で、訴訟の勝ち負けとは別に訴訟を提起したこと自体で目的は達した面もあるなど、表現をめぐる訴訟の難しさを示す事例である（武富士会長訴訟）。訴えられた限りは、掲載・放送媒体が、発言者個人を守る姿勢をとることが、表現の自由を実質的に支える重要な要素になることはいうまでもない。

なお、訴訟提起の仕方そのものの問題性としては、公権力や大企業は、その行為に関しては一定の批判を甘受すべき社会的責任があるとともに、反論の機会と手段を一般に有しているだけに、一義的には言論において対抗するのが民

● 出版等の差止め事例

「宴のあと」事件地裁判決（東京地判1964.9.28、判時385.12）は、仮処分によるプライバシー侵害の事前差止めの実現可能性を示唆したものと解され、さらに「エロス＋虐殺」事件地裁決定（東京地判1970.3.14、判時486.41）では、差止め容認基準として「高度の違法性」基準を提示し、「エロス＋虐殺」事件高裁決定（東京高決1970.4.13、判時587.31）では、差止め容認基準として「比較衡量」基準を提示した。さらに北方ジャーナル事件最高裁判決（最大判1986.6.11、民集40.4.872）は、はじめて差止め容認基準として「要件定立」基準を提示し、「憲法21条1項の趣旨に照らし、その表現が私人の名誉権に優先する社会的価値を含む憲法上特に保護されるべきであることをかんがみると、当該表現行為に対する事前差止めは、原則として許されないものといわなければならない」と原則の禁止を宣言したうえで、「表現内容が真実でなく、又はそれが専ら公益を図る目的のものでないことが明白であって、かつ、被害者が重大にして著しく回復困難な損害を被る虞がある」という三要件を満たしている場合には、「例外的に事前差し止めが許される」とした。

その後、現職市長が日刊新聞を訴えた事件で裁判所は、掲載差止めの対象となる記事が実際に存在しなくても、その可能性があることをもって掲載差止めの仮処分を認める判断を下している（伊勢新聞事件・津地判1998.5.14、判時1676.99）。刊行済みの出版物に対する出版・販売の差止めについては、有名タレントの個人情報を掲載したいわゆる追っかけ本に関する一連の出版差止訴訟があり、裁判所は差止めを認めてきている（たとえば東京地判1998.11.30、判夕995.290）。さらに2002年に「石に泳ぐ魚」事件で最高裁は、事前差止めの条件をさらに緩め、「将来生ずべき侵害を予防するため」とした。なお同事件の下級審では、仮処分申請段階で原告・被告の双方が出版しないことを合意していた事実があるとして（筆者側は否定している）差止めを認め（東京地判1999.6.22、判時1691.91）、高裁では地裁判断を修正したものの、比較較量によって差止めを認めている（東京高判2001.2.15、判時1741.68）。

2004年には『週刊文春』3月25日号が有名政治家の娘の離婚話について記事にしたところ、地裁からプライバシー侵害を理由に出版差止め命令が出され、あわせて「間接強制」（保全命令を破った場合の制裁金支払い）についても一部認められた（『週刊文春』事前差止め事件）。該当記事以外も含め一般週刊誌の差止めが丸ごと認められた点、従来であれば事後の損害賠償の対象と思われる程度の内容の記事が対象となった点などで、大きな社会的話題となった。週刊文春側の抗告を受けた高裁はプライバシー侵害は認めたものの、差止め命令は取り消した（東京高決2004.3.19、判時1865.18、最高裁への特別抗告は行われなかった）。

差止め請求の別形態として、図書館の利用制限を求めるものがある。裁判所は、判決内容を告知する付箋を当該刊行物に添付する依頼文書を、全国の主要図書館に送付することを求める請求を認めていない（フライデー事件東京高判1990.7.24、判時1356.40、石に泳ぐ魚事件東京地判1999.6.22、判時1691.91）。ただし図書館側は、国立国会図書館の閲覧禁止（当該ページをマスキング処理）をはじめ自主的に閲覧制限を行った。権利侵害者に対する損害賠償・差止め等の基準と、市民の知る権利を実効的に保障する社会的役割を担う図書館に対してでは、自ずと判断基準が異なり利用制限にはより厳しい基準が適用されるべきであろう。一方で、猥褻文書や差別的表現が含まれる図書資料一般に共通する問題でもあるが、司法判断が出たことをもって、自動的にその資料を閲覧・貸し出し制限する図書館自体の対応には問題がある。閲覧制限や注意書き添付や、複写や貸し出し制限が行われる可能性はあるとしても、個々の図書館としての独自の判断が求められることになるだろう。

主主義のルールであろう。こうした近時の訴訟傾向は、政治家からの名誉毀損訴訟においても、共通した問題を孕んでいるといえる。

Ⅱ　事件報道免責規定と論評の自由

1　特例による免責

　刑法230条の2第2項・3項では、犯罪被疑者、公務員、政治家について特別に定めており、報道機関による事件報道の拠りどころとなっている。では具体的には、犯罪被疑者についてどのような基準で報道がなされ、判例上それが容認されてきたかを確認してみる。

　まず公共性については、条文上では「公訴が提起されるに至っていない人の犯罪行為に関する事実」と述べるにとどまっているが、実際は「逮捕」されることで無条件に公共的関心事になるとの運用がされている。そこでは、重要参考人段階や警察の捜査段階では公共性は認められないと一般に解されており、報道の場合、逮捕までは犯人と目される人物の特定情報を出さない（顔写真や実名を伏せる）という報道姿勢につながっている。

　次に相当性との関係では、警察による公式発表の有無が最大の基準である。ここでいう公式発表は正式な記者会見をさし、判例傾向からすると従来はその範囲に含まれるとの解釈もあった「捜査の経緯を発表する権限を有する刑事官」（通常は課長や担当検事）は該当しない。これに伴い、記者会見に準じる非公式のブリーフィングについても、含まれない可能性が高いことに注意が必要である。

　最高裁は、一般日刊紙の事件報道にあたって、捜査当局の公式発表前であったことを重視し、当時の一般的な取材実態を上回る裏付け取材を要請した（嬰児変死事件）。従来であれば、公式発表があった場合は必要最小限の確認作業（裏付取材）がなかった場合はしかるべき独自取材が求められると解されていたが、そのレベルは本人確認も含むかなりの程度の裏付け取材を要請していると解される。さらに、公式発表があった場合であっても、記事が断定調であったり、発表にない事実を補足して書いたりした場合は、同様に相当性を否定してきている。

　こうした解釈や報道実態は、警察による逮捕が公権力の行使による身柄の拘

● スラップ訴訟

　名誉毀損の体裁をとりながらも、事実上、既存の大マスコミが扱いづらいテーマにあえて挑んできたフリージャーナリストを対象としていることが特徴で、執筆者に対する強迫や嫌がらせを目的とするかのような訴訟が続いている。訴訟提起をした側はより大きなプレッシャーをかけるため、より高額の請求をするという状況がみられる。リーディングケースが、『サイゾー』に掲載されたコメントのみを地の文から切り離して5000万円の損害賠償請求を起こされた**オリコン・烏賀陽訴訟**がある。1審では敗訴したものの2審段階でオリコンが請求放棄する内容で裁判所和解（第21講参照）。「業界における地位に恥じない企業活動をすべき社会的責任を負っているのであり……言論、特に執筆者も出版責任者も明らかにして出版された書籍中の批判記事に対しては、資料の裏付けのある言論によって応酬するのが民主主義社会における表現活動の当然の在り方」であると、不当提訴であることを認めている（東京地判2005.3.30、判時1896.49。東京高判2005.10.19）。

　裁判所は、訴えの提起が違法となる場合の最高裁判決（最小判1988.1.26、判タ671.119）を援用し、提訴側に不法行為の損害賠償の責任を負わせることもしている。例えば大手消費者金融会社が、批判記事を書いたフリーランスの記者と『週刊金曜日』に対し5500万円の名誉毀損訴訟を提起した事件（武富士会長訴訟）で、出版側がこの訴訟の提起自体が不法行為にあたるとして反訴し、裁判所はその請求を認容した。

● 警察取材と相当性

　1960年代までの判例の多くは、捜査当局に取材をかけ、その内容をそのまま報道した場合には、ほぼ自動的に相当の理由があるとするものが多かった（福岡高判1953.1.16、高民集6.1.1）。しかし70年代以降は判断基準を厳しくし、相当性を安易に認めない判例が増える傾向にある。

　スロットマシン賭博事件最高裁判決（最判1980.10.30、判時986.41）は、公式発表こそないものの、逮捕に立ち会った捜査官から情報を入手して紙面化した事例、**嬰児変死事件（下野新聞事件）最高裁判決**（最判1972.11.16、判時287.48）は、病院の医師や権限を有する捜査官から取材し報道することも了解を得ていた事例である。最高裁は、前者について真実と誤信した相当な根拠を認めず、後者は家族を再度取材することが必要であったとした。

　さらに、公式発表のあった場合においても相当性を認めない判例としては、**教授が産業スパイ事件高裁判決**（大阪高判1985.6.12、判時1174.75）では、「発表内容に含まれない部分もあり、これにつき真実であるか真実と信ずべき相当の理由があることを認めうる証拠はない」と判示した。また、**弁護士疑惑事件地裁判決**（東京地判1988.7.25、判時1293.105）では、「報道される当事者が報道内容事実を事前に否定している場合には、右否定を虚偽、架空と断じ得る程度の資料が必要であり、これがなされていない限り、報道される当事者の主張を記事内に併記したからといって、報道者の不法行為責任を阻却し得るものではない」としている。

　ただし一方で、「犯罪捜査にあたる警察署の捜査官が、捜査結果に基づいて判明した被疑事実を記者発表の場などで公にした場合には、その発表内容などに疑問を生じさせるような事情がある場合は格別、そうでない限りは、当該事実を真実と信じたとしても相当な理由があるというべき」（東京地判2000.3.23、判時1373.73）との判決もみることができる。

束であって、重大な意味を持つという観点からなされているわけであるが、同時に、被疑者の有罪が前提となっている面を否定できない。つまり、被疑者を逮捕した警察、あるいは被告人を起訴した検察官の立場に立ち、あるいはその立場と一体化して、被疑者・被告人を有罪視した報道がなされているということである。ここでは事実上、被疑者・被告人はすでに犯罪事実を犯した者として報道されてしまい、有罪判決を待たずに、視聴者・読者にとっては犯人としての印象を持たせることになる。

　この点において、「無罪推定の原則」が問題となる。同原則は、被疑者・被告人は、判決によって有罪を宣告されるまでは、「罪を犯していないもの」として扱われなければならないとするもので、フランス人権宣言９条に由来する。この原則は国家機関を拘束するのみであって、報道機関を拘束するものではないという考え方もあるが、憲法13条の「個人の尊厳」に通じる憲法原則に類するものであることに鑑みれば、報道機関を含めた私人においても尊重されなければならないと考えられる。

　なお、条文上は被疑者にのみ言及しており、家族やその他関係者（たとえば、近隣住民や勤務先など）、被害者に関する定めはない。したがって、それらの事件関係者は、報道倫理上の問題は別として、少なくとも法解釈上は一般市民同様に考えるべきであろう。

2　論評による名誉毀損と配信記事の責任

　民事では事実の摘示は不要で、「意見」でも名誉毀損が成立する。しかし、コメントや論評についても、事実報道と同じだけの厳格さを求めると、自由な批判を事実上封じてしまうことにもなりかねないことから、アメリカにおいて新しい判断基準が提唱された。それが「フェアコメント（公正論評）の法理」と呼ばれるものである。そこでは、虚偽と証明されるものを除いては、意見が公正であれば名誉毀損の責任を負わないこととした。

　日本でもこの考え方を採用し、事実の叙述ではない論評の場合、①論評の前提となる事実が、真実か真実相当の理由があること、②公益目的であること、③論評対象が公共の利害か一般公衆の関心事であること――の三要件を満たす場合は論評者はその責任を負うことはないとした（女子プロレス事件）。

　ただし一方で最高裁が、記事を「事実言明」と「意見言明」に分離し、意見言明についても意見形成の基礎をなす事実が同一記事中に記載され、真実証明

　女子プロレス事件地裁判決（東京地判1972.7.12、判時688.79）の考え方を、**有害無能教師事件（長崎教師批判ビラ事件）**で最高裁は引き継ぎ、公益目的で前提事実の主要な点が真実であることの証明がある場合は、「人身攻撃に及ぶなど論評としての域を逸脱したものでない限り、名誉侵害の不法行為の違法性を欠く」と判示した（最判1989.12.21、民集43.12.2252）。この延長線上で、自作への批判書を「ドロボー本」と読んだ書籍について最高裁は、人身攻撃に及んでおらず意見ないし論評の域を逸脱するものではないとした（**「新・ゴーマニズム宣言」事件**、最判2004.7.15、民集58.5.1615）。

　ロス疑惑訴訟夕刊フジ事件では、事実の立証が求められることになるわけであるが、事実が当該論評に明示されていない場合は、記事の前後の文脈や、その当時世間一般に知れ渡っていたとして、一般読者が知りえたであろう情報をもとに間接的、婉曲的もしくは黙示的な事実の主張がなされているかが問題となり、これを論評者が立証する必要がある。一方、人身攻撃に及んでいるか否かについては、被論評者に立証責任があると一般に解されている（最判1997.9.9差戻、民集51.8.3804）。

　従来、下級審では通信社の配信記事と掲載新聞社の責任について判断が割れていたが、ロス疑惑報道事件をめぐる一連の地方紙やスポーツ紙の報道に関する最高裁判決は、これに一定の決着をつけた（最判2002.1.29、民集56.1.185）。すなわち最高裁は、配信記事であるということだけをもって掲載した新聞社に真実相当性を信ずる理由があるとは認められないとして、配信サービスの抗弁を認めなかった。また最高裁は、配信記事を「私人の犯罪行為とに関する報道」と「その他の報道分野の記事」に二分し、後者については「文面上一見してその内容が真実でないとわかる場合や掲載紙自身が誤報であることを知っている等の事情がある場合を除き、当該他人に対する損害賠償義務を負わないとする法理を採用しうる余地がある」とした。これは報道機関に一見理解を示したようにみられるが、個人情報保護法の報道定義（第3講参照）などと合わせて考えるならば、記事の種別や事実報道かどうかという枠組みで、表現の自由の範囲を狭めるものであって、報道する立場からは受け入れがたいのではなかろうか。

　この判決ののち別の事件でも、最高裁は配信サービスの抗弁を否定したが（最判2002.3.8、判時1785.38）、そこでは、①配信社クレジットを入れずに抗弁を主張するのはフェアではない、②通信社と加盟社（掲載社）とは実質的に報道主体としての同一性があり、通信社に真実相当理由がある場合は加盟社もそれを援用できる、といった意見が付された。

　現行法規定によれば、裁判報道について規制の網は刑法及び民法の名誉毀損罪（それに基づく不法行為）が挙げられる。ただし、判決を公正に伝えている限りにおいて、真実性（真実相当性）が認められ、無条件に免責が認められるべきであろう。また、判決の認定事実を真実と信じて報道した場合についても、特段の事情がない限り相当な理由が認められてよかろう（裁判員制度に伴う取材・報道規制は第7講参照）。

が要請されていることなどから、実務上では、意見であっても結局は事実関係について真実性の証明が求められることになり、事実報道の場合と大きな差異がないのではないか、という疑問も呈されている。その後、裁判所は①公共の利害に関する事実であって、②目的が専ら公益を図ることにある場合、③意見の前提となっている事実の重要な部分について真実・真実相当性の証明があり、④人身攻撃に及ぶなどの意見の域を逸脱したものでない場合は、当該意見・論評は違法性を欠くと判断している（ロス疑惑訴訟夕刊フジ事件）。

　放送や掲載した媒体ではなく、そこに情報を提供した側の責任が問われる場合がある。その１つは通信社が配信した記事の責任の所在である。日本に限らず外国でも新聞社は通常、通信社からの記事を買って自分の紙面に掲載している。日本の場合であれば、主要な地方紙はすべて共同、時事の両通信社から国内外のニュースの配信を受けている。受けた記事は各新聞社の責任で掲載するかどうかを決め、見出しを付けて紙面化するわけであるが、容易に想像がつくとおり、東京で起きたニュースの記事をたとえば沖縄の新聞社がチェックすることは事実上不可能であり、そのまま掲載することが一般的である。

　問題はこうして掲載された記事に誤りがあった場合に、掲載した新聞社と通信社のどちらが名誉毀損の責任を負うかである。この問題を考えるにあたって、アメリカには「配信社責任の原則」がある。それは、前記したように掲載社がチェックする能力も、場合によっては時間的余裕もないなかで紙面化している事実関係に則り、その責任は配信社がすべて負うというものである（掲載社に責任がないとの言い分を認めることを「配信サービスの抗弁」と呼ぶ）。

　日本の場合も事情は似ているが、重要な違いは以下の２点である。１つ目は、外国紙のように掲載社は配信記事であることを紙面上で明記していないこと、２つ目は、掲載紙が自らの責任で記事の一部を削除したり加筆したりすることが一般的であること、である。そのために責任の所在が曖昧になっている面があり、裁判所の判断も分かれがちであった。

　日本の事情に即して考えるのであれば、一義的には掲載紙が責任を負うこととし、配信を受ける新聞社と通信社の間では別途、契約によって訴訟対応を行うことが適切ではなかろうか。最高裁も理由は必ずしも明確ではないものの、結果としては掲載社に責任を負わせることとしている（ロス疑惑報道事件）。

　なお、同様な問題はテレビ局においても存在し、キー局が送信したニュース素材をネットワークのローカル局が放映した場合の責任の所在が問題となる。

報道による人権侵害に対する裁判所の意図を明確に表した判決として、「近時においては、国民の人格権に対する重要性の認識やその社会的、経済的価値に対する認識が高くなってきており、人格権の構成要素である名誉権、肖像権……及びプライバシーの権利の保護やそれに対する侵害に対する補償についての要求も高くなっている」とするものがある。同判決はさらに、判例上認められてきた免責要件である相当性理論について、「民事私法上の実定法上の規定もないのに……マスメディアに緩やかな免責法理が認められてきて」いるとの認識を示している（**大原麗子事件高裁判決**）。こうした裁判所の傾向は、損害賠償高額化や事前差し止め範囲の拡大傾向とともに、従来の表現の自由法理、とりわけ報道機関の取材・報道に対する免責要件法理の変容を意味するものなのか、吟味が必要である（第21講参照）。少なくとも一連の判決には、該当する出版活動を表現の自由の行使ではなく、商業主義的な営利追求行為であって人権（としての表現の自由）の行使とは認めていない節があり、こうした裁判所の姿勢は従来の表現の自由の考え方とも、名誉毀損法理の発展の方向性とも異なるものといわざるをえない。

● **企業（経営者）責任**

和歌山カレー事件被告盗撮事件で、発行社の社長に対し「社内的に本件写真週刊誌の取材や報道行為に関し違法行為の発生を防止する管理体制を整えなかった点」について重過失があったとみなし、使用者責任にとどまらず取締役責任を負わせた（大阪地判2002. 2. 19、判タ1109. 170、大阪高判2002. 11. 21、民集59. 9. 2488、最判2005. 11. 10、民集59. 9. 2428、差戻大阪高判2006. 4. 25、2006WLJPCA04250007）。判決では、新潮社が過去に不法行為責任を問われた裁判例や法務省人権擁護局からの勧告等を列挙し、取材・報道行為を通じて「違法行為が繰り返されてきた」と断罪しており、後述する損害賠償額の高騰化現象とともに裁判所のメディアに対する厳しい姿勢を具体的に表すものと考えられる。2009年に入り、改めて新潮社と講談社に取締役の責任を問う判決が続いた（東京地判2009. 2. 4、判時2033. 3、東京高判2011. 7. 28、LexisNexisJP）。

民法（1896. 4. 27法89）
第715条［使用者等の責任］　①ある事業のために他人を使用する者は、被用者がその事業の執行について第三者に加えた損害を賠償する責任を負う。ただし、使用者が被用者の選任及びその事業の監督について相当の注意をしたとき、又は相当の注意をしても損害が生ずべきであったときは、この限りでない。

会社法（2005. 7. 26法86）
第350条［代表者の行為についての損害賠償責任］　株式会社は、代表取締役その他の代表者がその職務を行うについて第三者に加えた損害を賠償する責任を負う。
第429条［役員等の第三者に対する損害賠償責任］　①役員等がその職務を行うについて悪意又は重大な過失があったときは、当該役員等は、これによって第三者に生じた損害を賠償する責任を負う。
＊旧商法266条の3の規定を引き継ぐもの

この場合には、ローカル局は物理的にもまったくチェックする機会も手段も持たないことから、アメリカの配信責任原則と同様の考え方を適用する余地があるのではないかと思われる。

企業責任という点で、もう１つ大きな課題が生まれている。記事や番組に名誉毀損やプライバシー侵害があった場合、一義的には担当した記者や制作者（ディレクター・プロデューサー）と、その編集責任者（編集長といった部署の責任者）が法的責任を負うことになる。ただし実際に訴訟が起きた場合には、実効的な賠償責任を保証する意味から企業体に責任を負わせることも少なからず存在する。また訴えられた側も、特例的な場合を除き、その訴訟費用（弁護士費用など）は企業で負担するのが一般的だ。

そうしたなかで裁判所が、使用者である会社と取締役個人の双方に対し責任を負わせることで、会社としての責任を問う事例が出てきている。発行者の社長に対し、違法行為の発生を防止する管理体制を整えなかったことを理由として重過失があるとみなし、その結果、より高額の賠償責任を負う場合が生じている。

ある会社において、不正行為が繰り返されてきたという事情が特に存在する場合には、使用者責任にとどまらず取締役として善管注意義務（善良なる管理者の注意義務）の一環として、内部統制システムを構築し運用する義務に反するとされるわけだ。出版社の同じ媒体で、同種のプライバシー侵害事案が続いたことを理由に、その社長に責任があるとされた事案である（和歌山カレー事件の新潮社『フォーカス』の事案、貴乃花をめぐる『週刊新潮』事案など）。日本の場合、編集権が社長（取締役）にあることとも関連しているが、メディア企業の発行責任者に編集責任を負わせることは、編集の独立性の観点から問題があろう。

【参考文献】（第21〜23講分）

松井茂記『表現の自由と名誉毀損』（有斐閣、2013年）、堀田貢得・大亀哲郎『編集者の危機管理術　名誉・プライバシー・著作権・表現』（青弓社、2011年）、平山信一『名誉毀損』（自由国民社、1995年）、のぞみ綜合法律事務所編『名誉毀損』（商事法務研究会、1998年）、竹田稔・堀部政男編『名誉・プライバシー保護関係訴訟法』（青林書院、2001年）、飯室勝彦『報道の中の名誉毀損・プライバシー』（現代書館、1991年）、伊藤正己編『現代損害賠償法講座2　名誉・プライバシー』（日本評論社、1972年）、平川宗信『名誉毀損罪と表現の自由』（有斐閣、1983年）、喜田村洋一『報道被害者と報道の自由』（白水社、1999年）、五十嵐清『人格権論』（一粒社、1989年）、斉藤博『人格権法の研究』（一粒社、1979年）、三島宗彦『人格権の保護』（有斐閣、1965年）、塚本重頼『英米法における名誉毀損の研究』（中央大学出版部、1988年）、日本新聞協会編『新聞の責任』（岩波書店、1956年）、佃克彦『名誉毀損の法律実務 第3版』（弘文堂、2017年）、浜辺陽一郎『名誉毀損裁判』（平凡社新書、2005年）、山田隆司『名誉毀損』（岩波新書、2009年）、清水英夫編『マスコミと人権』（三省堂、1987年）、竹田稔『増補改訂版　プライバシー侵害と民事責任第2版』（判例時報社、1998年）、阪本昌成『プライヴァシーの権利』（成文堂、1982年）、阪本昌成『プライヴァシー権論』（日本評論社、1986年）、山本健治編『プライバシー侵害──〈保護法〉で私たちは守られるか』（柘植書房、1988年）、森田明他編『先生、プライバシーを返して──どうなる子どもと患者の個人情報』（三省堂、1990年）、村上孝止『プライバシーvs マスメディア』（学陽書房、1996年）、船越一幸『情報とプライバシーの権利』（北樹出版、2001年）、村上孝止『勝手に撮るな！　肖像権がある！』（青弓社、2002年）、堀部政男『現代のプライバシー』（岩波新書、1980年）、佃克彦『プライバシー権・肖像権の法律実務 第3版』（弘文堂、2020年）、烏賀陽弘道・西岡研介「俺たち訴えられました！　SLAPP 裁判との闘い」（河出書房新社、2010年）、松尾剛行・山田悠一郎『最新判例にみるインターネット上の名誉毀損の理論と実務　第2版』（勁草書房、2019年）

謝辞

　本書は、かたちのうえでは2004年に刊行された『法とジャーナリズム』の第4版である。しかし装いも一新し、中身についても直近の日本学術会議の「事件」や、2021年度に入ってからの新規立法まで盛り込み、全編にわたって見直しをした、いわば「全改訂版」である。今回の改訂は、出版社（版元）の引っ越しを伴うことになったが、無事、ほぼ途切れることなく出版ができたことを安堵するとともに、これほど＜表現の自由＞がさまざまな場面で問題になっているタイミングで、少しでもその議論の素材を提供する役割を果たし続けることができることを嬉しく思う。

　前刷からも5年、初版からは15年を経過することになるが、この間は、表現の自由に関わる立法が相次ぎ、また「忖度」という言葉が市民権を得る中で、社会全体の自由の縮減状況が続いてきた期間でもある。まだ記憶に新しい「あいちトリエンナーレ」の展示中止事件は、社会全体の大きな関心と議論を巻き起こした。そのほかの美術館や博物館、あるいはデモや集会といった市民の表現活動においても、公権力と表現者の間での軋轢が続いている。

　また、ヘイトスピーチやインターネット上の誹謗中傷も、大きな問題となり、新しい法・社会制度の整備が国や地方自治体レベルで進んでいる。放送制度についても、この間、ネット同時配信が開始され、多くの番組（動画）配信サイトが人気を得るなか、根本的な見直し機運が高まっている。まさに、通信と放送の分野においては、継続的な変更が続いてきたし、さらなる大きな転換が目前に迫っているということだ。

　一方で、21世紀の始まりとともにせっかく法制度が整備されたにもかかわらず、実際の運用主体である行政において公文書の廃棄・改竄・隠蔽が続き、日本の公文書管理と情報公開制度は、その根幹が大きく揺らぐ事態を迎えている。また、個人情報保護法もビッグデータの利活用という大命題に加え、今般の新型コロナウイルス感染症への対応として、命を守るためという御旗のもとで個人情報の提供・活用の流れが強まった。それは、普及が進まないマイナンバーカードの活用拡大策を巡ってもいえることだ。

　この政府の見える化と監視社会の同時進行という相克は、ここ当面の大きな課題である。これには、2010年代に入ってからの、特定秘密保護法、改正盗聴

法、共謀罪法といった、直接的にジャーナリズム活動を含む表現行為に大きな影響を及ぼす新規立法が大きな影を落としている。さらには、各種特措法に基づく緊急事態宣言が発令され、当たり前だった日常生活の中の自由がいとも簡単に制約されることも知ったし、それへの抵抗感が社会全体に希薄で、むしろ歓迎する傾向にあることも明らかになった。

　もちろん、未知の病に人類がどう対応するかという重大事態を迎えての対応という側面もあるが、こうした緊急事態を理由とした自由の縮減には注意が必要である。当然、その自由の中核的な1つが言論・表現の自由であって、2020年中の緊急事態宣言等によって、集会の自由をはじめとする表現の自由が大きく制約を受けることになった。

　こうした状況の中だからこそ、いっそう版を重ねる意味があると思う一方、必要となる事態が増えることは、少なくとも民主主義社会においては悲しいことでもあるという現実を噛みしめざるをえない。そして現在の状況を少しでも好転させるために、本書が少しでも役立つことを願わずにいられない。そして『法とジャーナリズム』というタイトルにある通り、日々の言論報道活動において、本書をぜひ活用いただきたい。

　最後に、このたび継続出版を快くお引き受けいただいた勁草書房に重ねてお礼申し上げます。しかもコロナ禍にあって、さまざまな「非日常」が押し寄せ、編集作業も大変ななかで、引き継ぎ作業から丁寧な校閲まで、刊行のすべてをバックアップしていただいた鈴木クニエさんに、心より感謝いたします。

2021年5月

〈初版刊行にあたって〉

　本書執筆中に、表現の自由に関連するいくつかの重要な法律が制定されました。個人情報保護法しかり、有事関連立法しかりです。一方、継続審議が繰り返されたのち廃案となり、未だその最終決着のかたちがみえない人権擁護法案や、裁判員制度の導入やサイバー犯罪条約の国内法整備に伴う法律案は、本書刊行後に新たな動きがあれば、何らかのかたちでフォローする必要があると考えています。

　その手段として、新しい技術は私たちにいろいろな選択肢を与えてくれます。すでに、海外を中心に学術出版の世界ではウエブ上での情報提供と連動した紙のテキスト

出版が珍しくなくなっています。本書のタイトルからすれば、こうした出版方法にトライすることも必要だったかも知れません。しかし一方で、一覧性や携帯性を備えた書籍の価値は減退していませんし、日本ではまだオンライン上のコンテンツ流通のルールが確立していない状況にあります。

そこで、ひとまず本書を紙媒体として刊行したうえで、そのアップ・ツー・デートな情報は、できる限りウエブ上で公開していきたいと考えています。必要な情報をご希望の方は、presslaw@ken.nifty.jp あてにご連絡いただきたいと思います。同時に、本書への叱責、アドバイス等、何でもご意見をいただければ幸いです。

本書は、法律専門の研究家でもなく、報道現場で働く者でもないものの、法とジャーナリズムの中間で、その両方の状況を見据えて分析できるポジションを、最大限に生かしてまとめることができたと思っています。

しかも幸いなことに、筆者の周辺には本務以外にも、日本ペンクラブや自由人権協会、情報公開クリアリングハウスや放送批評懇談会と、そのバックボーンは異なるものの、日ごろから「表現」あるいは「言論の自由」にこだわる諸先輩や多くの友人に恵まれ、さまざまな視点から言論法を考えることが可能でした。こうした活動を通じ、多くの示唆を得、研究の原動力にすることができました。

このように筆者が今日あるのは、数多くの研究者、法律実務家やNGOの方々、そして報道現場で日夜格闘しつづけているジャーナリストとの交流のたまものです。本来であればここにそのすべてのお名前を記すべきであります。しかしながらそれがかなわぬ以上、5人の恩師のお名前を特に挙げておきたいと思います。

公私ともに大学在籍以来一貫して指導いただいている清水英夫・青山大学名誉教授、研究会等を通じ多くの示唆をいただいている奥平康弘・東京大学名誉教授と天野勝文・日本大学教授、そして国際人権法の観点から折に触れてご教示いただいている江橋崇・法政大学教授とKevin Boyle英国エセックス大学教授です。この場をお借りして、改めてお礼申しあげます。

執筆にあたっては、学陽書房の編集者である良知令子さんにひとかたならぬ叱咤激励と貴重なアドバイスをいただきました。とりわけ、新たな立法状況に対応するためゲラ段階での全面改稿をお許しいただき、面倒な左右組みをまとめあげていただいたことに感謝します。また、装丁には新進気鋭のアーティストである野村浩氏の協力をいただけたことは望外の喜びです。本書の刊行をともに喜びたいと思います。

2004年4月

〈第2版刊行にあたって〉

　初版から5年が経ち、この間にも刷りを重ねるごとに微修正を重ねてきたものの、抜本的な改訂なしには、本書で紹介する法制度が現状に対応し得ないほどに大きな変化が言論界に訪れています。それは通読いただいた読者には明らかなとおり、デジタル化に伴うもののほか、安心・安全が共通した国家政策としてうたわれるような社会状況を受けたものなど、その要因は様々ですが、近年にはないほど急ピッチで、しかも大きな変革がメディアを取り巻く法制・倫理を変えてきているからです。

　そうしたなかで昨2009年秋には政権交代が起き、新たに政権の座に着いた民主党はメディア政策を政策集に盛り込むなど、通信・放送分野を中心に広くメディア全般にさらなる改革の風を吹き込んでいます。したがって、本書の内容がいつ過去のものになるかも分からないわけですが、むしろこうした大きな変革が行われる可能性があるからこそ、現在の言論法の全体像をきちんと示しておく必要があると思います。

　この5年間は、言論法状況の変化同様に、個人的にも大きな変化がありました。ホームグラウンドを大学に移し、且つ本年4月には日本で初めてジャーナリズムを学科名称に冠する「人文・ジャーナリズム学科」を開設することになりました。そうした最中の昨夏に過労から慶應義塾大学病院に運び込まれるアクシデントもありましたが、内科循環器科チームによる根治治療で身体のオーバーホールも実現できました。チーフの高月誠司医師はじめお世話になった皆さんに、この場を借りて改めてお礼申しあげます。

　最後に、厳しい出版状況の中、快く改訂作業を許していただいた学陽書房にお礼申しあげると共に、章だてを変更したほかほぼ全ページにわたって修正を加えるという、書き下ろし以上に面倒な作業を全面的にサポートしていただいた、編集者・齋藤岳大さん、新留美哉子さんに心より感謝いたします。

2010年1月

〈第3版刊行にあたって〉

　前版からまだ5年も経っていないものの、その間、通信と放送の融合を目指した放送法の大改正があり、新たな秘密保護制度をめざす特定秘密保護法が成立しました。これらは、日本の表現の自由状況に大きな影響を与える法改正であり、本書も当然ながらこれらに対応する必要があると考え、改訂を決断するに至りました。

　あるいは、ヘイトスピーチという言葉が市民権を得、人種差別表現を法規制しようという声も高まっています。子どもポルノの根絶とともに、平等社会の実現や子ども

の人権擁護という社会目的を掲げるもので、それ自体は積極的に推進すべきことに違いないものの、一方で「普通の国」を目指して表現規制を強める側面を持つことは否定できません。

　一方で、メディアをめぐる社会環境はますますインターネットへの傾斜を強め、新聞やテレビといった伝統的なメディアの影はますます薄くなっています。それによって当然、従来のジャーナリズムを支える法社会制度も変更を余儀なくされているといえるでしょう。それらに対応する法制度変更はまだ、対処療法の域を出ていませんが、今後、大きなテーマになることは間違いないと思われます。

　こうした表現の自由やジャーナリズムの大きな転換期に、二人の恩師を失ったことは痛恨の極みです。初版で名前を挙げさせていただいた清水英夫先生とKevin Boyle先生のお二人に本書を捧げたいと思います。

　最後になりましたが、引き続き面倒な校正作業を一手にこなし、本書を世に出してくれました学陽書房編集部の齋藤岳大さんと後藤敬子さんに厚くお礼申し上げます。

2014年8月

本書は、2018・2019年度専修大学研究助成（第2種）「公共空間（パブリック・スペース）における言論表現活動の自主規制メカニズムの考察」の研究成果の一部である。

法令・事件索引

【あ】

アイヌ施策推進法 …………………………………290
愛のコリーダ事件 …………………………………303
悪徳の栄え事件 ………………81, 148, 301, 302
上尾市福祉会館事件 ……………………………265
朝日新聞記者証言拒否事件 …………38, 39, 42, 43
あん摩師はり師きゅう師法 ……………………332
あん摩師法事件 ……………………………334, 335
石に泳ぐ魚事件 ………163, 376, 377, 390, 391, 405
泉佐野市民会館事件 ……………………………265
伊勢新聞事件 ………………………………………405
猪木参議院議員事件 ……………………………385
医療過誤テレビ報道事件 ………………………379
医療ビッグデータ法 ……………………103, 127
医療法 ………………………………………99, 342
岩代毎夕新聞事件 …………………………371, 374
インサイダー取引事件 …………………………385
印紙税法 ……………………………………………22
宴のあと事件 ……388, 390, 391, 392, 394, 395
瓜芸ヌード講座訴訟→環境型セクハラ訴訟
映画法 ……………………………………………24, 25
嬰児変死事件 ……………………………406, 407
エロス＋虐殺事件 ………………………………405
オウム真理教事件 …………………………148, 381
大分立て看板事件 ………………………………281
大蔵住宅事件 ……………………………………293
大阪市広告物条例事件 …………………………281
大阪市条例違憲訴訟 ……………………………293
大阪地下鉄事件 …………………………334, 335
大阪安威川ダム調査資料公開訴訟 ……………93
大阪府水道部懇談会公開訴訟 …………………93
大田立て看板事件 ………………………………281
大原麗子事件 ……………381, 382, 401, 411
岡田事件 …………………………………………244
沖縄米軍ヘリ墜落事故公開訴訟 ………………89
沖縄密約公開請求訴訟 …………………………93
屋外広告物規制違憲訴訟 ………………………11
屋外広告物条例・法 ………280, 334, 339, 340
おニャン子クラブ事件 …………………………398
オリコン・烏賀陽訴訟 …………………383, 407
NHK記者証言拒否事件 …………………………43
NHK情報公開規程 ……………………………185
NHK生活ほっとモーニング事件 ……………183
NHK番組改変訴訟 ……………………………191
N大のヒトラー事件 ……………………………381
FLMASKリンク事件 ……………………………213
MSA秘密保護法 …………216, 217, 219, 224

【か】

外国人登録法 ……………………………………113
会社法 …………………………50, 62, 68, 73, 411
改定律例 ………………………………………24, 373
外務省沖縄密約事件 ………39, 40, 84, 218, 229
外務省秘密電文事件 ……………………………219
科学技術・イノベーション基本法 ……………79
鹿児島県制圧事件 ………………………………46
加須市長選ポスター事件 ………………………293
学校教育法 …………………………235, 236, 239
葛飾政党ビラ配布事件 …………………281, 282
鴨川ダムサイト事件 ……………………………93
神奈川県建築確認書公開訴訟 …………………93
金山町公文書公開条例 …………………………93
川崎市ヘイトスピーチ規制条例 ………………291
環境型セクハラ訴訟 ……………………………307
関税定率法 …………………29, 71, 149, 303, 306
関税法 …………………29, 149, 299, 306
官民データ活用推進基本法 ……………………125
議院証言法 ………………………40, 142, 143
基幹放送局の開設の根本的基準 ………………171
基幹放送の業務に係る特定役員及び支配関係の定義
　並びに表現の自由享有基準の特例に関する省令
　……………………………………………………61
記者クラブ訴訟 …………………………………51
傷だらけの英雄事件 ……………………………381
吉祥寺駅ビラ配布事件 …………………281, 282
岐阜県青少年条例訴訟 …………………………313
君が代伴奏強制事件 ……………………………19
逆転事件 ……………388, 391, 392, 394, 395
9条俳句不掲載事件 ……………………166, 265
教育基本法 …………………………235, 236, 239
教科書訴訟 …………………………29, 238, 239
教科書無償措置法 ………………………………238
教授が産業スパイ事件 …………………………407
行政機関個人情報保護法 ……103, 105, 106, 107
行政手続オンライン化法 ………………………120
行政手続法 ………………………………95, 238
行政不服審査法 ……………92, 95, 109, 167
共通番号法→マイナンバー法
京都市記者クラブ訴訟 …………………………51
京都市政記者クラブ訴訟 ………………………51
京都市中京区役所事件→前科照会事件
京都府学連事件→デモ隊写真撮影事件
京都朝鮮学校襲撃事件 …………………293, 297
京都府記者クラブ訴訟 …………………………51
共謀罪法（組織的犯罪処罰法） ………………275
清原選手事件 ……………………………………381
ギンズバーグ事件 ………………………………309
金融商品取引法 …………48, 67, 73, 342, 383
Googleブック検索訴訟 …………………………161
クサイ貿易会社事件 ……………………………383
国の庁舎等の使用又は収益を許可する場合の取扱の
　基準について ……………………………………51
クライマー事件 …………………………………163
軍機保護法 …………………………224, 228, 230
警察官職務執行法 ………………………………269
警察法 …………………………………………25, 269

刑事確定訴訟記録法 ························130, 133, 135
刑事収容施設法→被収容者処遇法
刑事訴訟法 ·········42, 43, 45, 130, 133, 135, 272
刑事特別法 ··················25, 36, 216, 217, 224
軽犯罪法ビラ貼り事件 ·····························281
軽犯罪法 ·····276, 277, 279, 280, 281, 338, 393
景表法 ··············337, 338, 339, 340, 343, 344
刑法 ·····48, 195, 197, 212, 229, 270, 281, 298, 299,
　　　　370, 371, 389, 393, 406
計量法 ···340
劇画作家事件 ·······································394, 395
激戦区シリーズ事件 ·································257
月刊ペン事件 ·································378, 381, 383
県警・県議会出張旅費公開訴訟 ··················93
健康増進法 ·································341, 342, 348
元号法 ··19
検察審査会法 ·································134, 136, 141
原発バイバイ CM 事件 ·························177, 183
憲法 ····3, 8, 24, 34, 38, 58, 76, 197, 222, 258, 288,
　　　　292, 372, 388
憲法改正手続法 ·································258, 263
原野商法事件 ·······································349
権利の章典 ···22
言論、出版、集会、結社等臨時取締法 ·······24, 25
公益通報者保護法 ·································66, 67
工業標準化法 ···111
公職選挙法 ·················50, 67, 246, 267, 268
高度情報通信ネットワーク社会形成基本法（IT 基
　　本法）···125
公文書館法 ··································96, 98, 99
公文書管理法 ·············94, 97, 98, 101, 127
神戸児童連続殺傷事件 ·········132, 162, 324, 325
国際組織犯罪防止条約 ·························5, 273
国際放送実施要請違憲訴訟 ·······················189
国民投票法→憲法改正手続法
国民保護法 ·································220, 222, 225
国立公文書館法 ··································96, 98, 99
国立大学法人法 ·································235, 236
個人情報保護法 ·····49, 50, 99, 103, 104, 386
国会議事堂等周辺地域静穏保持法 ···············279
国会 ·················140, 141, 230, 258, 259
国家公務員法 ··············218, 221, 242, 245, 289
国家総動員法 ·······································25, 27
国家秘密法案→特定秘密保護法
国旗及び国歌に関する法律 ·······················19
子どもインターネット保護法（CIPA）·········309
子どもオンライン保護法（COPA）··············199
子どもの権利条約 ··················234, 314, 315, 319
子どもポルノ禁止条約 ·························314, 319
子どもポルノ禁止法 ·······273, 302, 314, 317, 342
子どもポルノ防止法（CPPA）·····················309
戸別訪問禁止違憲訴訟 ·······························11
コロナウイルス特措法→新型インフルエンザ等対策
　　特別措置法
コンテンツの創造、保護及び活用促進法 ·········125

【さ】
災害対策基本法 ·································222, 227
サイバーセキュリティ基本法 ·····················125
サイバー犯罪条約 ··················212, 272, 273
裁判員法 ·············132, 136, 138, 139, 218
裁判官分限法 ·······································244, 245
裁判所法 ···························135, 244, 245
差別禁止法 ···284, 285
猿払事件 ·······································11, 244, 245
サンケイ新聞反論文掲載請求事件 ··········377, 403
サンデー娯楽事件 ···································301
讒謗律 ·····························24, 27, 228, 373
自衛隊法 ·············217, 218, 219, 220, 226
色盲まやかし療法事件 ·····························385
資産公開法 ··86, 145
実演・レコード条約 ···································355
渋谷暴動テレビフィルム証拠採用事件 ········45, 46
市民的及び政治的権利に関する国際規約
　　→自由権規約
謝罪広告事件 ·································400, 403
週刊文春仮名報道事件 ·····························323
週刊文春事前差止め事件 ·····························405
週刊文春販売拒否事件 ·····························151
自由権規約 ··············5, 6, 7, 38, 277, 287, 288
十全会グループ事件 ·································382, 385
市有地払い下げ疑惑事件 ·····························385
住民基本台帳法 ·····42, 104, 115, 120, 121, 122
住基ネット違憲訴訟 ·································121
受刑者投稿不許可処分訴訟 ·················241, 242
首相野次排除事件 ···································269
受信料支払い拒否事件 ·····························189
出版法（条例）··················24, 25, 27, 134, 373
障害者差別解消法 ·································289, 290
正気塾意見広告事件 ·································335
少年供述調書漏洩事件→僕パパ事件
少年警察活動要綱 ···································321
少年審判規則 ·······································318, 321
少年非行防止のための国連ガイドライン ·········327
少年法 ·················314, 318, 321, 322
消費者金融会長病院内撮影事件 ···················397
消費者契約法 ···348
消費者（保護）基本法 ·····························340
消費者保護条例 ·······································340
情報公開条例 ··················93, 101, 140
情報公開・個人情報保護審査会設置法 ···········91
情報公開法 ·········80, 130, 140, 216, 228, 358
情報自由法（FOIA）··················81, 87, 88
昭和女子大事件 ·································234, 235
食糧緊急措置令違反事件 ·····························11
諸君！反論文掲載請求訴訟 ·················402, 403
女子アナウンサー事件 ·····························381
女子プロレス事件 ·································408, 409
女性器3D データ送信訴訟 ·················306, 307
署名狂やら殺人前科事件 ·····························385
新型インフルエンザ等対策特別措置法（新型インフ
　　ル特措法）··························222, 223, 283

人権啓発法 ………………………291
人権擁護施策推進法 ……………291
人権擁護法案 ……………………288
新・ゴーマニズム宣言事件 ……409
人種差別撤廃条約 ……286, 287, 292
新潮45実名報道事件 ……………323
新聞閲読制限事件 ………11, 81, 241
新聞業における特定の不公正な取引方法
　→特殊指定
新聞紙法（条例）……24, 25, 27, 134, 182, 373
スーパーシティ法（改正国家戦略特区法）………103
スコーキー事件 …………………297
ストーカー規制法 ………………393
スパイ防止法案→特定秘密保護法
スロットマシン賭博事件 ………407
税関検査事件 ……………28, 29, 31
政経タイムス事件 …………256, 257
政見放送削除事件 …29, 252, 257, 293
政治資金規正法 …………86, 144, 145
青少年健全育成基本法案 ………300, 313
青少年条例 …29, 151, 300, 304, 311, 313, 314
青少年ネット規制法 …………209, 300
青少年保護条例 …………34, 151, 340
製造物責任法（PL法）…………348
世界人権宣言 ………………5, 6, 26
前科照会事件 ……………………391
相互アクセス権訴訟 ………132, 132
捜査一課長事件 …………………376, 377
租税特別措置法施行令 …………71

【た】
大日本帝国憲法 ………………24, 25
第二のニセ秘宝事件 ……………381
武富士会長訴訟 …………404, 407
立川反戦ビラ配布事件 ……280, 281
たばこ事業法 ……………………337
多摩の上海事件 …………374, 377
探偵業法 …………………………49
治安維持法 …………24, 25, 27, 228, 270
地域人権条約 ……………………7
地方自治法 ……………43, 44, 140, 141
チャタレー事件 …………301, 302
徴税トラの巻事件 ………………219
朝鮮学校襲撃事件 ………293, 297
著作権等管理事業法 ……………363
著作権法 ……………52, 161, 352
通信品位法（CDA）………199, 309, 312
通信傍受法→共謀罪法
通信・放送融合技術の開発促進法 ………125
つくばみらい市講演中止事件 …278
出会い系サイト規制法 …150, 207, 342, 343
デコまん訴訟→女性器3Dデータ送信訴訟
デジタル社会形成基本法 ……103, 125
デジタル庁設置法 ………………125
鉄道営業法 ………………………277
デモ隊写真撮影事件 ……………396

寺澤有記者クラブ訴訟 …………51
寺西事件 …………………………245
電気通信事業法 ……168, 170, 197, 204
天皇機関説事件 …………………27
天皇風刺ビラ差押え事件 ………29
電波監理委員会設置法 …………168
電波三法 …………………………168
電波法 …………61, 168, 171, 180, 193
デンマーク事件 …………………295
投資ジャーナル事件 ……………183, 184
東芝クレーマー事件 ……………199, 210
「闘争と弁護」閲読不許可処分事件 …241
盗聴 ………………272, 273, 275
道路交通法 ………………276, 279, 338
徳島政見放送名誉毀損事件 ……252, 257
特定商取引法 ……………211, 340, 342
特定秘密保護法 …………90, 216, 224
独立行政法人等個人情報保護法 ………127
独立行政法人等情報公開法 …85, 98, 100
所沢ダイオキシン報道事件 …374, 377, 384
図書館法 …………………99, 159, 357
土地規制法 ………………223, 226
特許検閲法 ………………………22
特許法 ……………338, 342, 354, 361
独禁法 …………52, 70, 153, 156, 157
トフロン事件 ……………………383
富山県立近代美術館事件 …166, 167, 358
ドローン規制法 …………219, 226
TBSビデオテープ差押え事件 ……45
TBS放送番組視聴請求事件 ………182, 183
TRIPS協定 ………………………355

【な】
中田事件 …………………………399
長野県労組員差別事件 …………293
成田空港緊急措置法 ……………270, 271
新潟県・TBS事件 ………………377
日米秘密軍事情報保護協定 ……217, 218
日刊新愛媛事件 …………………41
日刊新聞紙特例法 ………………50, 67
ニフティサーブ事件 ……………197, 208
日本学術会議法 …………………79
日本コーポ事件 …………………348, 349
日本テレビビデオテープ差押え事件 ………45
日本放送協会放送受信規約 ……189
日本野鳥の会事件 ………………381
ニューヨーク・タイムズ対サリバン事件
　………………………330, 331, 372
ノンフィクション逆転事件→逆転事件

【は】
陪審法 ……………………48, 134, 141
売春防止法 ……148, 299, 304, 305, 342, 343
破壊活動防止法 …………36, 67, 270, 271, 289, 292
博多駅テレビフィルム提出命令事件
　………………38, 39, 45, 46, 80, 81

博物館法………………………………165
橋下大阪府知事事件………………………378
白虹事件………………………………27
バルジャー事件……………………………327
パロディ事件…………………………358, 359
万国著作権条約……………………………355
犯罪捜査規範………………………………321
犯罪被害者等基本法………………………41
犯罪被害者保護法…………………130, 133
犯罪防止条約…………………………5, 273
東大和市図書館事件………………………163
光市母子殺人事件…………………………325
被収容者処遇法………………137, 240, 242, 243
人違い写真掲載事件………………………397
一ツ橋小学校事件…………………………293
日の丸君が代違憲訴訟……………………19
日の丸焼却事件……………………………19
秘密保護法→特定秘密保護法
ピンクチラシ事件…………………………305
ピンク・レディー事件……………………399
風営法…………………………………213, 342
福岡県大蔵住宅事件………………………293
不正アクセス禁止法………………211, 212
不正競争防止法………………339, 340, 361
船橋西図書館蔵書廃棄事件………………163
フライデー事件……………………………405
部落差別解消法………………………289, 290
武力攻撃事態法………………220, 222, 223
プリンスホテル教研集会使用拒否事件………278
プレス・コード……………………………24
プロバイダ責任（制限）法………150, 200, 248
文化芸術基本法……………………………165
ヘイトスピーチ解消法………290, 291, 293
ヘイトデモ禁止仮処分命令申立て事件………293
北京ルール………………………………314, 327
ベッコアメ事件……………………………213
ベルヌ条約…………………………………355
弁護士疑惑事件……………………………407
ペンタゴンズ・ペーパー事件……………82
放映済みテープ証拠採用拒否事件………45
暴騒音規制条例……………………………283
放送法………33, 61, 63, 77, 168, 255, 259, 336, 346,
　　　　　347, 402
法定外文書図画頒布禁止事件……………246
法廷等の秩序維持に関する法律…………131
法廷内カメラ取材の標準的な運用基準………131
法廷メモ訴訟（レペタ訴訟）……………131
暴力団対策法…………………………270, 271
暴力団排除条例……………………………271
僕パパ事件…………………………………48
補助金適正化法………………………165, 166
北海タイムス事件………38, 39, 128, 131
北海道新聞記者証言拒否事件………42, 43
北方ジャーナル事件………9, 28, 29, 402, 405
ポポロ事件……………………………235, 236
ポルノカラー写真誌事件…………………303

PL 法→製造物責任法

【ま】
マイナンバー法………103, 106, 120, 122, 123
毎日放送喫茶店廃業事件……………183, 184
マーク・レスター事件………………398, 399
未決拘禁者新聞閲読制限事件……………11, 241
未決拘禁者投稿制限事件…………………241
三島署事件…………………………………132
密告事件……………………………………377
蜜室事件………………………………305, 306
民事訴訟法………42, 43, 44, 95, 130, 135
民事保全法………………371, 375, 389, 402
民法………370, 371, 375, 388, 389, 400, 411
メイプルソープ事件…………………303, 306
迷惑メール対策法………211, 342, 343, 350

【や】
薬事法……………………………9, 341, 342
薬事法事件……………………………………9
ヤマダ電機事件……………………………383
有害無能教師事件…………………………409
夕刊フジ事件………………374, 379, 409, 410
夕刊和歌山時事事件…………………382, 385
ユーザーユニオン事件………………374, 383
有線テレビジョン放送法………168, 170, 174
有線電気通信法………………………168, 227
郵便法…………………50, 52, 68, 69, 393
有名女優離婚報道事件……………………395
ヨーロッパ人権条約………………7, 295
横浜事件…………………………………27, 37
四畳半襖の下張事件…………………302, 303
よど号乗っ取り事件新聞記事抹消事件
　　→未決拘禁者新聞閲読制限事件

【ら】
落日燃ゆ事件…………………………376, 377
緑風出版出版広告事件……………………335
ローマ条約…………………………………355
録画ビデオテープ証拠採用事件…………45
ロス疑惑報道事件………376, 382, 385, 409, 410

【わ】
猥褻刊行物ノ流布及取引ノ禁止ノ為ノ国際条約
　…………………………………………309
和歌山カレー事件………………381, 411, 413
和歌山県タクシー事件……………………293
早稲田大学講演会名簿提出事件…………391
WIPO 著作権条約…………………………355

事 項 索 引

【あ】

アーキビスト ······························97
あいちトリエンナーレ ·············29, 166, 167
アウシュビッツの嘘 ······················14
アカウンタビリティ ·············85, 90, 228, 262
悪書→有害図書
アクセス権 ···········82, 132, 137, 138, 211
アクセスログ ·······················207, 212
悪魔の詩 ···························21, 151
アジア歴史資料センター ···················98
アドバトリアル ·························347
アルコール広告 ························337
アレオパジチカ ·····················20, 23
イエロー・ジャーナリズム ·············28, 386
意見広告 ···········183, 263, 266, 330, 351
違憲立法審査 ·····················10, 12, 13
イコールタイム→公正原則
意思決定過程文書 ·······················94
萎縮 ·············12, 126, 177, 236, 312, 324
委託放送事業者 ························172
一般的注意義務 ························348
一般放送 ···············73, 174, 179, 192
一本化調整 ···························171
違法性阻却事由→免責事件
嫌がらせ（恫喝）訴訟 ····················404
イラク現地取材に関する取材報道規制 ·········229
インカメラ方式 ·····················89, 94
印紙税 ·······························22
インターネット ······30, 33, 47, 58, 62, 80, 87, 142,
　　　　　　　　150, 188, 194, 247, 248, 249,
　　　　　　　　252, 290, 317, 326, 343, 351,
　　　　　　　　360, 361, 383
インターネット上の選挙活動 ··········248, 266
インターネット接続業者 ·······152, 196, 200
インターネット放送 ··················194, 361
引用 ·····················325, 357, 358, 359
ウエブログ ···························210
裏付取材 ·························384, 406
衛星放送 ···············170, 172, 173, 186
映倫 ···························152, 310
エシュロン ···························273
閲覧の自由 ······················32, 162
美味しんぼ ···························265
押収→差押え
応諾義務→取材拒否
沖縄密約公開請求訴訟 ····················93
穏やかな基準 ··························13
おとり広告 ···························340
オプトアウト（オプトイン） ·········117, 161
オフレコ ·····························53
オンレコ→オフレコ
お漏らしジャーナリズム→発表ジャーナリズム
IC旅券 ······························118

AP（アクセスプロバイダ） ···········203, 205
ISP（インターネット・サービス・プロバイダ）
　　　　　　　　　　　　　　　　　·······196, 205
SNS（ソーシャル・ネットワーキング・サービス）
　　　　　　　　　　　　　　　··········202, 204, 351
FCC（米国連邦通信委員会） ··············177
Nシステム ···························397
NHK ··········100, 176, 186, 222, 250, 252, 293
NHK情報公開基準 ·················100, 185
LRA→より制限的でない他の選びうる手段
LGBTQ ·····························298
OECDプライバシーガイドライン8原則
　　　　　　　　　　　　　　　··········108, 386

【か】

会議情報 ······························84
外交史料館 ····························98
外国人所有制限 ·······················170
外国人登録証 ·························113
外資規制 ·······················193, 197
外事交通 ···························242
開示請求権 ·······39, 82, 85, 89, 200, 203, 388
解釈宣言 ···························287
海賊版 ···················363, 365, 368, 369
ガイドライン ······94, 111, 112, 205, 206, 211, 224,
　　　　　　　　326, 342, 345
顔写真 ·················113, 320, 396, 397
価格の下方硬直性 ······················156
閣議 ·····························101
学問の自由 ·············3, 78, 234, 264, 302
過剰反応 ···························112
価値の序列付け ························18
仮名 ·······················116, 323, 325
仮名加工情報→匿名加工情報
監視社会 ···························124
株式上場規制 ·························170
仮処分 ······28, 29, 151, 203, 278, 293, 375, 402, 405
カルテ開示 ····························99
監視カメラ ···························397
間接強制 ···························405
観点規制 ························10, 18
キオスク ···············32, 72, 151, 152
基幹放送 ···············61, 63, 171, 176, 227
基幹放送局の開設の根本的基準 ·······171, 180
記者クラブ ···········48, 66, 138, 226
糾弾 ···························294, 296
キュレーター ·····················164, 166
教育委員会 ···········234, 237, 238, 313
教科書検定 ···········234, 235, 236, 238, 239
教科書採択 ·························237
行政指導 ·········95, 171, 176, 177, 180, 342
共通番号制度→マイナンバー
共同規制 ···························206

虚偽・誇大 ················332, 338, 340, 342
虚偽の風説 ···············281, 373, 383
ギルド（書籍商組合）··················20
緊急事態（宣言）··216, 220, 223, 224, 277
緊急指定 ·········148, 151, 290, 306, 311
禁書目録 ··································23
グーテンベルグ ···························20
クーポン広告 ··························337
草の根ファシズム ···············150, 311
宮内庁 ············92, 93, 98, 150, 151
クロス・オーナーシップ ················68
訓示規定 ·····················222, 324, 326
経営委員会 ·······100, 181, 185, 188, 191
形式秘 ·······························92, 218
芸能人（タレント）→有名人
経歴放送 ·································251
系列化→ネットワーク
ケーブルテレビ ···········170, 172, 206
下品な表現 ·····························312
検閲 ······3, 8, 12, 20, 149, 159, 163, 197, 222, 236,
      239, 240, 242, 290, 305, 311, 313, 324, 402
厳格な審査基準 ·························13
現実的悪意 ·····················372, 374
原状回復措置 ······182, 371, 389, 400, 403
現用文書 ···························96, 99
言論の多様性 ·········60, 61, 68, 156, 190
公益性 ···73, 115, 227, 371, 378, 389, 392, 395, 396
公共性 ·····60, 72, 173, 371, 377, 378, 389, 392, 395,
      396, 406
公共貸与権 ·····························359
公共の場 ···············163, 291, 335
公共の福祉 ·······10, 11, 28, 171, 179, 186, 238, 246,
      270, 276, 298, 323, 332, 389
公共放送 ·········168, 173, 178, 186, 189
公告 ·················50, 68, 73, 336
広告 ··52, 68, 69, 178, 180, 186, 207, 211, 250, 258,
     266, 274, 278, 280, 330, 367, 400, 402, 403
広告代理店（広告会社）··············36, 331
広告主（スポンサー）··············330, 340
公式発表 ·····················384, 406, 407
皇室 ··········25, 27, 92, 96, 98, 150, 151
公衆送信権 ·····························364
公人 ·············228, 371, 374, 380, 394, 395, 396
公正 ·····128, 176, 177, 178, 185, 246, 249, 250, 254,
     255, 258, 332, 338, 362, 408, 409
公正競争規約 ···········338, 340, 342, 344
公正原則→フェアネス・ドクトリン
公正取引委員会 ·········153, 156, 157, 337, 340, 343
公正論評 ·····················371, 408, 409
公然性を有する通信 ····················194
公的責務（公的任務）→社会的責任
公表権 ·································354
公文書館 ···························94, 135
公平→政治的公平
公民館 ···············160, 164, 264, 265
コーヒーハウス ··························23

国際放送 ···········181, 185, 186, 188, 189
国際連合 ·················6, 273, 286
国政調査権 ···············142, 144, 161
国内人権委員会 ·························290
国民総背番号制 ···············120, 122
国民投票運動 ·························258
国民投票広報協議会 ·········258, 259, 260, 261, 266
国立公文書館 ·········94, 96, 97, 98, 99, 135
国立国会図書館 ·········140, 148, 161, 365, 366, 405
個人情報取扱事業者 ·········49, 108, 110, 112
個人情報 ···············49, 102, 386
個人情報の保護に関する基本方針 ·········112
個人情報保護委員会 ·········106, 107, 125, 126
個人情報保護マネジメントシステム ·······111, 114
個人データ（個人情報データベース）
      ···········49, 108, 114, 116, 119, 122, 198
国会カメラ ·································40
国家からの（による）自由 ·········14, 16, 236
国家秘密 ···········90, 216, 226, 230
国旗・国歌→日の丸・君が代
言葉狩り ·····················296, 297
子どもの権利 ···············234, 311, 314
子どもの成長発達権 ···············328, 329
子どもポルノ ·········272, 273, 302, 309, 314
戸別訪問 ···········11, 246, 248, 249
コモンキャリア ···············33, 152, 154
コロナ禍 ·········41, 56, 106, 122, 143, 205, 366
コンビニ（エンスストア）···148, 149, 151, 152, 306,
      311, 313
コンプライアンス ·························111
CP（コンテンツプロバイダ）·············205
GAFA ··································62
Google（グーグル）·············62, 117, 161

【さ】
災害放送 ·································192
在監者 ···········29, 132, 241, 242, 243
サイバースペース ·························194
再販 ·········68, 70, 153, 155, 156
裁判員制度 ···················40, 132
裁判員接触 ·····························138
裁判員特定情報 ·························136
裁判記録 ···········66, 94, 128, 130, 145
裁判の公開 ···············128, 138
再免許 ···············171, 174
在留カード ·····························113
差押え（許可状）··············24, 29, 44, 46, 148, 164
差止め ···28, 29, 32, 34, 151, 293, 303, 340, 371,
      375, 388, 391, 402, 411
雑誌広告倫理綱領 ·························346
差別（的）表現 ···············16, 151, 284
自己情報コントロール権
      ···········84, 114, 124, 386, 387, 388, 390
事実証明 ·································408
死者の名誉毀損 ···············376, 377
自主規制 ··11, 36, 111, 146, 150, 176, 183, 184, 205,

206, 255, 294, 300, 306, 308, 316, 326, 336, 337, 344

司書 …………………………………………160, 164

事前運動 ……………………………………249, 250

事前抑制→検閲

思想の自由市場 ……………………9, 14, 20, 21, 30

視聴率 …………………………………64, 298, 320

実質秘 …………………………………92, 218, 219

実名報道 …………………41, 161, 318, 322, 394

指定公共機関 ……………220, 222, 223, 225, 227

私的複製 …………………………………………360

自動公開制度 ………………………………………88

自動公衆送信 ………………………………361, 364

自販機規制 ………………………………………311

自民党 ……3, 142, 151, 191, 220, 228, 311, 400

氏名権 ……………………………………………396

氏名表示権 ………………………………………354

社会的情報環境 …………………………………370

社会的責任 ……………60, 74, 75, 173, 204, 322, 404

社会保障カード …………………………………120

謝罪広告 ……………371, 388, 400, 402, 403

写真週刊誌 …………………28, 381, 390, 411

住基カード ……………………………118, 120, 165

住基ネット ………103, 104, 118, 120, 121, 124

収集の自由 …………………………………159, 160

集団の名誉毀損 ……………………………284, 376

集中排除原則→マスメディア集中排除原則

自由論 ………………………………………20, 21

授業目的公衆送信補償金制度 …………………367

取材拒否 …………………40, 41, 42, 54, 57, 226

取材源の秘匿 ……………………41, 42, 43, 44

受信料 …………173, 185, 186, 188, 189, 190

受託放送事業者 …………………………………172

出版倫理協議会 …………………………………310

守秘義務 ……………132, 203, 216, 221, 229

受領権 ………………………………26, 32, 281

春画 …………………………………………307, 308

使用権 …………………354, 360, 364, 396

肖像権 ……………………………323, 396, 411

象徴的な表現 ………………………………12, 19

消費者金融CM …………………………………347

消費者庁 …………………………106, 340, 351

消費者の4つの権利 ……………………………334

消費者保護 ………………………………………340

情報化社会 ……………80, 101, 193, 352, 354

情報監視審査会 …………………………………230

情報公開・個人情報保護審査会 …………91, 92, 101

情報公開制度 ……………66, 80, 140, 191, 216

情報主権者 ………………………………80, 101

情報提供 …………42, 54, 87, 88, 205, 206, 260, 348

情報民主主義 ………………………………………83

情報流通 ……30, 38, 76, 146, 152, 160, 164, 204, 260

職務上知り得た秘密 ……………………138, 139, 141

書店 ……32, 70, 146, 152, 165, 298, 305, 306, 310, 311, 324, 359

所有制限 ……………………68, 70, 170, 193

知りたくない自由 ………………………………334

知る権利 ……15, 38, 39, 53, 54, 55, 58, 76, 78, 80, 128, 136, 144, 146, 160, 228, 233, 241, 246, 365, 405

知る自由 …………………80, 81, 159, 161, 241

白バラ ………………………………………………21

人格権 …293, 323, 354, 355, 359, 387, 391, 396, 411

新型コロナウイルス感染症→コロナ禍

人権教育・啓発に関する基本計画 ……………291

人権理事会 ……………………………………6, 7

審査公報 …………………………………………250

真実性 …346, 371, 372, 378, 382, 392, 409, 410

真実相当性 ……228, 371, 372, 382, 385, 409, 410

新聞協会→日本新聞協会

新聞広告 ………77, 250, 251, 261, 336, 344, 345, 349

新聞広告審査協会 ………………………………344

新聞広告倫理綱領 ……………………………345, 346

新聞倫理綱領 ……………………………………24

臣民 ……………………………………………25, 26

推知報道 …………………………321, 326, 329

スクランブル（放送）…………………188, 189

スターチェンバー（星座裁判所）………………22

ステマ（ステルスマーケティング）……………351

ストリートビュー ………………………………117

スピーチ・プラス ………………………………12

スポーツ紙 ……………71, 306, 379, 381, 409

スラップ（SLAPP）訴訟 ………203, 404, 407

政見放送 …29, 247, 250, 251, 255, 257, 293

性行為非公然性の原則 …………………………298

性差別表現 ………………………………298, 304

政治資金情報 ……………………………………84

政治的公平 …………178, 256, 262, 263, 267

性自認 ……………………………………………298

青少年育成施策大綱 ……………………………313

青少年育成推進本部 ……………………………313

青少年問題に関する特別委員会 ………………300

成人マーク ………………………………………311

生体認証（バイオメトリクス）…………………118

性的指向 …………………………………………298

政党活動 …………………………………248, 268

政府言論 ……………………262, 264, 265, 266

政府広報 …………………………………265, 331

説明責任（義務）→アカウンタビリティ

前科 …………120, 137, 385, 388, 391, 392, 395

善管注意義務 ……………………………………412

選挙活動（運動）…12, 242, 246, 260, 266, 267, 293

選挙広告 …………68, 250, 251, 268, 336

選挙公報 …………………………………………250

選挙人名簿 ………………………………115, 121

選挙報道 …………66, 178, 246, 258, 267

選挙予測報道 ……………………………………255

センシティブ情報 ………………………110, 113

全日本広告連盟 …………………………………344

善良風俗 …………………………146, 178, 298

騒音 …………………………12, 276, 278, 283

双方向 ……………………………64, 80, 200

総務省‥‥‥‥‥61, 91, 111, 119, 168, 194, 246, 347
ゾーニング‥‥‥‥‥‥‥‥‥‥‥304, 308, 310
訴訟記録‥‥‥‥‥‥130, 132, 133, 135, 145
損害賠償‥‥183, 202, 248, 293, 322, 326, 335, 356, 370, 386, 400
忖度‥‥‥‥‥‥‥‥‥‥‥‥‥‥‥‥‥‥11
GHQ‥‥‥‥‥‥‥‥‥‥‥‥‥‥‥24, 51
JIS Q15001‥‥‥‥‥‥‥‥‥‥‥111, 114
GDPR（EU 一般データ保護規則）‥‥‥‥‥116

【た】
第一級の自由‥‥‥‥‥‥‥‥‥‥‥‥‥‥6
大学の自治‥‥‥‥‥‥‥‥‥234, 235, 236
対抗言論‥‥‥‥‥‥‥14, 197, 288, 402
第三種郵便‥‥‥‥52, 66, 69, 72, 158, 252
貸与権‥‥‥‥‥‥‥‥‥‥‥‥‥359, 366
大量閲覧制度‥‥‥‥‥‥‥‥‥‥‥‥115
闘う民主主義思想‥‥‥‥‥‥‥‥‥‥292
脱・記者クラブ宣言‥‥‥‥‥‥‥‥‥‥57
立て看板‥‥‥‥‥‥‥276, 280, 281, 334
たばこ広告‥‥‥‥‥‥‥‥‥‥‥‥336
単純所持罪‥‥‥‥‥‥‥273, 314, 317
知識への課税‥‥‥‥‥‥‥‥‥‥‥‥22
地上波デジタルテレビ放送（地デジ）‥‥‥‥186
知的財産権‥‥‥‥‥‥‥‥‥‥‥‥354
知的資源‥‥‥‥‥‥‥‥‥‥94, 97, 98
ちびくろサンボ‥‥‥‥‥151, 285, 297
地方自治情報センター‥‥‥‥‥‥‥‥118
チャタレイ夫人の恋人‥‥‥‥‥‥‥‥301
チャタレー裁判‥‥‥‥‥‥‥‥‥‥298
調査報道‥‥‥‥‥‥‥‥‥‥‥57, 384
庁舎管理権‥‥‥‥‥‥‥‥‥40, 42, 54
懲罰的損害賠償‥‥‥‥‥‥‥‥‥‥400
著作権（コピーライツ）‥‥‥‥‥‥‥‥352
著作権等管理事業法‥‥‥‥‥‥‥‥363
著作財産権‥‥‥‥‥‥‥354, 355, 359
著作者人格権‥‥‥354, 355, 356, 359, 369
著作物‥‥‥‥‥‥‥‥‥‥52, 152, 352
著名人の法理‥‥‥‥‥389, 392, 395, 396
チラシ‥‥‥‥‥148, 274, 305, 306, 337
通信社‥‥‥‥‥‥‥48, 408, 409, 410
通信の秘密‥‥3, 26, 33, 34, 194, 196, 197, 200, 202, 203, 207, 242, 272, 274, 275
通販広告‥‥‥‥‥‥‥180, 336, 346, 347
通報制度‥‥‥‥‥‥‥‥‥‥‥306, 311
ディスクロージャー制度‥‥‥‥‥‥‥‥68
訂正文‥‥‥‥‥‥‥‥‥‥‥‥‥‥402
訂正放送‥‥‥‥‥64, 77, 182, 183, 184, 402
ディレイ放送‥‥‥‥‥‥‥‥‥‥‥379
データ結合‥‥‥‥‥‥112, 113, 165, 198
データベース著作物‥‥‥‥‥‥‥364, 367
適用除外‥‥‥‥49, 66, 70, 90, 96, 104, 109, 110, 126, 136, 153, 216
デモ‥‥‥‥‥‥274, 290, 293, 297, 396, 397
テレコムサービス協会‥‥‥‥‥‥‥‥206
テレビショッピング番組‥‥‥‥178, 180, 346, 347

電子掲示板‥‥‥‥‥‥150, 196, 200, 203, 206, 208
電子出版権‥‥‥‥‥‥‥‥‥‥‥‥369
電子タグ‥‥‥‥‥‥‥‥‥‥‥‥‥117
電子パスポート‥‥‥‥‥‥‥‥‥‥118
電子メール‥‥87, 203, 211, 212, 248, 249, 272, 273, 343, 393
天皇伝説‥‥‥‥‥‥‥‥‥‥‥‥‥278
同一性保持権‥‥‥‥‥‥‥‥‥‥‥354
恫喝訴訟→スラップ訴訟
東北新社‥‥‥‥‥‥‥‥‥‥‥‥‥193
特定少年→年長少年
トーマス・エマースン‥‥‥‥‥‥‥‥‥9
トーマス・ジェファーソン‥‥‥‥‥‥‥10
時の経過‥‥‥‥‥296, 389, 392, 395
独自取材‥‥‥‥‥‥371, 384, 385, 406
特殊指定‥‥‥‥‥‥‥‥‥‥‥‥‥157
ドクターキリコ診察室‥‥‥‥‥‥‥‥199
特定秘密保護法‥‥‥‥‥‥90, 216, 224
特定報道→推知報道
特定歴史文書‥‥‥‥‥‥‥‥‥94, 96
特別権力関係‥‥‥‥‥‥‥‥‥‥‥240
匿名加工情報‥‥‥‥‥49, 106, 107, 116
匿名言論‥‥‥‥‥‥‥‥‥‥204, 207
匿名性‥‥‥‥‥165, 196, 198, 200, 207, 329
匿名発表‥‥‥‥‥‥‥‥‥‥‥41, 42
匿名報道‥‥‥‥‥‥‥‥‥‥‥‥‥325
図書館（の自由）‥‥‥‥101, 148, 159, 161, 163, 167
特権（特恵的待遇）‥‥39, 41, 52, 54, 59, 60, 66, 74
トップシェル規定‥‥‥‥‥‥‥‥‥149
とらわれの聞き手（とらわれの聴衆）‥‥‥335
とらわれの広告‥‥‥‥‥‥‥‥‥‥334
取次‥‥‥32, 36, 70, 149, 150, 155, 310, 349
Dノーティス‥‥‥‥‥‥‥‥‥‥‥222
Twitter（ツイッター）‥‥‥‥‥‥‥‥378

【な】
内在的制約‥‥‥‥‥‥‥‥‥10, 12, 26
内部的自由‥‥‥‥‥‥‥‥‥‥75, 77
内部統制‥‥‥‥‥‥‥‥‥‥‥75, 412
内容中立的規制‥‥‥‥‥‥‥‥‥‥13
生放送‥‥‥‥‥‥‥‥‥‥‥‥‥‥379
名寄せ‥‥‥‥‥‥‥‥‥‥‥‥‥‥198
二重の基準‥‥‥‥‥‥‥‥‥8, 9, 13
日教組‥‥‥‥‥‥‥‥‥‥‥‥‥‥278
日本アドバイザーズ協会‥‥‥‥‥‥333, 344
日本映像倫理審査機構‥‥‥‥‥‥‥312
日本音楽著作権協会（JASRAC）‥‥‥‥356
日本銀行‥‥‥‥‥‥‥‥‥100, 222, 227
日本広告業協会‥‥‥‥‥‥‥‥333, 344
日本広告審査機構（JARO）‥‥‥‥333, 344
日本広告主協会→日本アドバイザーズ協会
日本コンテンツ審査センター‥‥‥‥‥312
日本新聞協会‥‥24, 41, 52, 53, 55, 57, 75, 224, 226, 229, 322, 345
日本図書館協会‥‥‥‥‥101, 148, 159, 161
日本の規制改革に関するEU優先提案‥‥‥‥53

日本ビデオ倫理協会（ビデ倫）······················312
日本複製権センター······························356
日本複写権センター→日本複製権センター
日本文藝家協会··························356, 359
日本民間放送連盟放送基準··················345, 346
入管（入国管理）························113, 241
ニューサンス································310
人気投票結果の報道··························252
認証マーク制度·······························111
認定個人情報保護団体························110
認定放送持株会社制度·························170
ネガティブリスト方式························104
ネットワーク系列化·····················183, 190
年長少年·································328, 329

【は】
パーソナルコミュニケーション··········34, 58, 194
パーソナル情報·······························102
ハード・コア····························302, 303
ハードとソフトの分離（ハードとソフトの一致）
······································172, 175
配信社サービス·······························409
媒体責任·············341, 344, 346, 347, 348, 349
博物館（の自由）························160, 164
パック・ジャーナリズム······················390
ハックルベリー・フィンの冒険················163
発信者開示··································203
発表ジャーナリズム···························64
パブリシティの権利（パブリシティ権）·········396
パブリック・フォーラム··········163, 265, 281, 282
パロディ································358, 359
番組基準···················174, 181, 185, 192
番組審査機関····························64, 192
番組調和原則··························175, 178, 182
番組編集準則·····················177, 178, 180, 182
番組保管義務································183
半現用文書··································96
犯罪報道································322, 385, 394
頒布権·····································366
版面権·····································369
反論権·····························75, 77, 176, 402
比較広告····································337
非課税措置··································73
非公知································219, 389, 390, 392
非識別加工情報→匿名加工情報
非実在青少年·······························302
被収容者·····················137, 240, 241, 242, 243
非訟（事件）手続························73, 203
ビッグデータ···························116, 119
ビデオテープ提出························45, 46
ビデ倫（日本ビデオ倫理協会）··············312
一人で放っておいてもらう権利··········388, 390
日の丸・君が代························19, 234, 387
秘密会·································140, 141
評議の秘密·····················136, 138, 139, 141
表現行動二分基準·························12, 13

表現内容中立規制·························10, 36
表現の自由享有基準···························61
ビラ·······················248, 249, 274, 281, 293
ピンクチラシ····················148, 283, 305, 306
フィルタリング·····················208, 209, 309
フェアコメントの法理→公正論評
フェアネス・ドクトリン··················176, 177
フェアユース·······················161, 362, 363, 364
付加価値税···························59, 70, 158
複製権·································354, 356, 369
複本問題····································160
侮辱··················167, 244, 284, 370, 373, 374, 377
付随的制限····································12
不法行為·····348, 349, 370, 371, 375, 378, 387, 388,
　　　　　　389, 400, 411
プライバシー権······83, 93, 102, 121, 128, 138, 165,
　　　　　　206, 318, 323, 324, 327, 328,
　　　　　　386, 400
プライバシーマーク（Pマーク）··············111
部落差別··························284, 289, 290, 292
ブラック校則································234
ブラックリスト·····················104, 149, 209
プラットフォーム（事業者）··········196, 199, 208
ブランデンバーグ法理·························13
プリミティブ···················76, 276, 280, 282
プリンセス・マサコ···························151
プレス·······················38, 39, 48, 58, 82
プロダクト・プレイスメント··············346, 347
プロッサー································386, 387
プロバイダ·········150, 196, 200, 212, 213, 248, 273
分限裁判····································244
ヘイトスピーチ·······························284
便宜供与·····················51, 54, 57, 66, 136
編集権（声明）·······················75, 77, 402
編集著作物·······················358, 364, 367
防衛研究所図書館····························98
包括指定·················148, 151, 306, 311, 313
放送・通信52年体制···························168
放送権·····································364
放送と人権等権利に関する委員会機構（BRO）
　　　　　→放送倫理・番組向上機構
放送と通信の融合····························194
放送（番組）基準····························184
放送番組審議機関························181, 186, 192
放送倫理・番組向上機構（BPO）·····184, 310, 347
傍聴·····40, 41, 66, 128, 129, 131, 133, 136, 139, 141,
　　　143
法廷内カメラ·······················40, 128, 131
法廷侮辱····································132
報道協定·····················55, 56, 57, 222, 226
報道被害·····················75, 210, 216, 413
泡沫候補·······················177, 256, 257
法務省·······113, 137, 161, 199, 208, 241, 242, 243,
　　　　273, 284, 290, 291, 321, 322, 325, 326
法律ノ範囲·······························24, 25
暴力主義的破壊活動·····················270, 271, 292

ボートマッチ ･･････････････････････････････254
ボーン・インデックス方式 ･･････････････94, 220
保護法益 ･･･････････189, 283, 305, 370, 376, 399
ポジティブリスト方式 ･･･････････････････････104
保証金制度 ･･････････････････････････････････27
ポルノ→猥褻
ホワイトリスト ･･････････････････････････････209
BPO →放送倫理・番組向上機構
PDCA サイクル ･･････････････････････････････111
V チップ ････････････････････････････････････313

【ま】
マイナンバー（カード）･･････････106, 124, 127, 165
マスメディア集中排除原則
　　･･････････････････61, 63, 68, 173, 190
マッキノン ･･････････････････････････････304, 313
マニフェスト ･･････････････････････248, 254, 267
©表示 ･･･････････････････････････････････････355
まん延防止等重点措置 ･･･････････････････････283
ミッキーマウス著作権 ･･････････････････352, 361
民事代表訴訟 ･･･････････････････････････････293
民主主義の維持装置 ････････････････････････58, 78
民主主義プロセス論 ･････････････････････････････9
民主党 ･･･････････････････56, 101, 122, 182, 228
民法 ･････182, 183, 189, 323, 370, 371, 374, 375, 388,
　　　　　389, 400, 403, 411
民放連（日本民間放送連盟）･･････47, 181, 183, 184,
　　　　　226, 229, 255, 346, 347, 356
無罪推定の原則 ･････････････････････････････408
明確性 ･･････････12, 28, 31, 212, 278, 300, 345, 378
明白かつ現存する危険 ･･･････････････････12, 13
名誉感情 ･･････････････････････････････370, 391
名誉毀損 ･･･27, 28, 151, 182, 183, 194, 197, 200,
　　　　　206, 248, 252, 257, 284, 292, 293,
　　　　　323, 370, 386, 400
迷惑メール ･･･････････211, 280, 338, 342, 343, 350
免許 ･･･････50, 61, 168, 171, 173, 174, 175, 176, 177,
　　　　　180, 186, 191, 193
免責要件 ･･････････････11, 378, 392, 394, 395, 396
モア・スピーチ→対抗言論
モデル小説 ･････････････････････････376, 377, 391

【や】
靖国　YASUKUNI ･･････････････････････････278
優越的地位 ･･････････････････････8, 9, 18, 39, 248
有害図書 ･･････････････29, 151, 300, 305, 311, 313
有事 ･･････････････4, 218, 220, 222, 224, 225, 226
郵政省→総務省
優先取材権の確保 ･･･････････････････････････66
有線放送権 ･････････････････････････････････364
有名人 ･･････････････380, 389, 396, 398, 401, 403
緩やかな基準 ･･････････････････････････････8, 246
要配慮個人情報 ･････････････････････････････107
ヨーロッパ人権裁判所 ･･････････････････････7, 295
横浜毎日新聞 ･･･････････････････････････････23
予断報道 ･･･････････････････････････････････134

より制限的でない他の選びうる手段（LRA）
　　････････････････････12, 13, 146, 309
US-VISIT ･････････････････････････････113, 118

【ら】
ライツビジネス ･･････････････････････････････352
ライベル（libel）･･･････････････････････････････372
ラベリング ･･･････････････････････162, 314, 327
リヤド・ガイドライン ･･･････････････････････････327
利益衡量 ･･･････････････････････････････････10
留保 ･･･････････････････････26, 287, 288, 292
リンク ･･････････････････････････213, 361, 368
令状 ･･･････････････････148, 164, 275, 316
レーティング ･･･････････････････････････152, 154
歴史文書 ･･････････････････････････94, 96, 99
レッドパージ ･･･････････････････････････････21
レンタル ･･･････････148, 152, 304, 359, 360, 366
ローマ教皇 ･･･････････････････････････20, 23
ログ（通信記録）･････････････････････････････272
ロス疑惑 ･･･････374, 376, 379, 382, 385, 409, 410

【わ】
猥褻 ･･･28, 29, 36, 146, 149, 161, 194, 208, 212, 213,
　　　　270, 273, 298, 314, 338, 349, 405
猥褻三要件 ･･････････････････････････････298, 302
猥褻・ポルノ ･･････････････････298, 304, 308, 314
わが闘争 ･････････････････････････････････285
忘れられる権利（忘れさせる権利）
　　････････････････････････114, 210, 387

著者略歴 1959 年、京都生まれ。専修大学文学部ジャーナリズム学科教授。専門は、言論法、ジャーナリズム研究。放送批評懇談会理事、情報公開クリアリングハウス理事等を務める。BPO（放送倫理・番組向上機構）放送人権委員会委員、日本ペンクラブ専務理事、自由人権協会理事・事務局長など歴任。日本新聞協会職員、日本新聞博物館学芸員、英国エセックス大学国際人権法研究所訪問研究員を経て、2006 年より専修大学。主著に、『愚かな風』（田畑書店、2020 年）、『沖縄報道』（ちくま新書、2018 年）、『見張塔からずっと』（田畑書店、2016 年）、『放送法と権力』（田畑書店、2016 年）、『3・11 とメディア』（トランスビュー、2013 年）、『言論の自由』（ミネルヴァ書房、2012 年）、『ジャーナリズムの行方』（三省堂、2011 年）。共編書に、『現代ジャーナリズム事典』（三省堂、2014 年）ほか多数。

法とジャーナリズム　〈第 4 版〉

2004 年 5 月 20 日　第 1 版第 1 刷発行
2021 年 6 月 20 日　第 4 版第 1 刷発行

著者　山田健太

発行者　井村寿人

発行所　株式会社　勁草書房

112-0005 東京都文京区水道 2-1-1　振替 00150-2-175253
（編集）電話 03-3815-5277／FAX 03-3814-6968
（営業）電話 03-3814-6861／FAX 03-3814-6854
三秀舎・中永製本

山田健太

ジャーナリズムの倫理　　　　　　　　　　A 5 判　　近刊

畑仲哲雄

ジャーナリズムの道徳的ジレンマ　　　　　A 5 判　2,430 円

カリン・ウォール＝ヨルゲンセン／三谷文栄・山腰修三訳

メディアと感情の政治学　　　　　　　　　四六判　3,850 円

山口　仁

メディアがつくる現実、メディアをめぐる現実　A 5 判　4,950 円
ジャーナリズムと社会問題の構築

成原　慧

表現の自由とアーキテクチャ　　　　　　　A 5 判　5,720 円

樋口陽一

六訂　憲法入門　　　　　　　　　　　　　四六判　1,980 円

松尾剛行・山田悠一郎

最新判例にみるインターネット上の　　　　A 5 判　6,050 円
名誉毀損の理論と実務［第 2 版］

――――――――――――――――――――――勁草書房刊

＊表示価格は 2021 年 6 月現在。消費税 10％ が含まれております。